KB002605

물류관리사

CERTIFIED PROFESSIONAL LOGISTICIAN

동영상강의 www.pmg.co.kr

물류관련법규

박민규 편저

합격기준 박문각 물류관리사

물류관리사

CERTIFIED PROFESSIONAL LOGISTICIAN

물류관련법규

이 책의 머리말

2년 만에 물류관리사 물류관련법규 책을 개정한다.

물류정책기본법, 물류시설의 개발 및 운영에 관한 법률, 화물자동차 운수사업법, 철도사업법, 항만운송사업법, 농안법 등 거의 모든 법률이 개정되었다. 특히 화물자동차 운수사업법, 항만운송사업법은 많은 내용이 추가되거나 변경되었다.

2020년 7월에 실시된 물류관리사 자격시험의 물류관련법규 문제는 어느 때보다 어려웠다. 과연 정해진 시간 내에 40문제를 읽고 문제를 풀 수 있는 사람이 몇 사람이나 될까 하는 의문이 들었다. 화물자동차 운수사업법 문제는 지문이 길고 난이도가 높은 문제가 다수 출제되었다. 여러 문제에서 벌칙과 과태료 금액을 묻는 문제까지 출제되었다. 출제위원들은 물류관리사 자격시험을 응시하는 사람들이 법률전문가가 아니고 물류관리를 할 수 있는 일반적인 지식을 가진 사람에게 자격을 부여하는 시험임을 기억했으면 한다.

본서는 2021년 1월 시행예정인 내용까지 포함했다. 그러나 시행령, 시행규칙 등 하위법령이 개정이 안 된 법령이 있고, 내년 시험까지 많은 시간이 있다. 수험생들은 본서를 기본으로 공부하되 법령 개정사항을 확인하고 준비해야 할 것으로 보인다.

이 책으로 자격시험을 준비하는 모든 사람들의 합격을 기원한다.

편저자 박민규

와이드 정보

01 \ 물류관리사란?

❶ 물류관리사(CPL : Certified Professional Logistician)

물류에 관한 전문지식이 필요한 사항에 대하여 계획·조사·연구·진단·평가 또는 이에 관한 상담·자문을 통하여 화물의 수송·보관·하역·포장 등의 물류관리에 필요한 직무를 수행하는 자를 말한다. 물류관리사가 되고자 하는 자는 국토교통부 장관이 실시하는 시험에 합격하여야 한다.

❷ 물류관리사의 업무영역

물류관리사는 물류시스템 기획, 물류정보시스템 개발, 물류기술 개발, 물류센터 운영, 수배송 관리업무, 물류 창고 및 자재·재고관리 업무, 물류컨설팅 등의 업무를 담당하며, 전 산업분야에서 활동하고 있다.

물류관리사를 필요로 하는 조직
- 유통업체
- 생산업체
- 교육기관
- 정부기관
- 서비스기관
- 컨설팅회사
- 물류기업(운송, 보관)

❸ 물류관리사의 향후 전망

현재 물류관리사는 국내 제조업의 47%, 유통업의 24%가 물류전문인력이 부족한 상태이며, 앞으로 인력수요가 제조업은 3만여 명, 유통업은 7천여 명에 이를 것으로 예측하고 있다.

물류관리사는 물류관련 정부투자기관, 공사와 운송·유통·보관 전문회사, 대기업 또는 중소기업의 물류관련 부서(물류, 구매, 자재, 수송 등), 물류연구기관에 취업이 가능하며, 수송·보관·하역·포장 등 물류전부문의 효율성, 적시성, 생산성을 제고하기 위하여 부문별로 표준화, 자동화, 정보화 등을 계획·추진하여 기업의 합리적인 일관 물류체계를 구축하고 물류비를 절감하는 일을 담당할 것으로 기대된다.

각계 전문기관에서 물류부문을 전자상거래와 함께 21C 유망직종 중의 하나로 분류하고 있으며, 정부 차원에서 국가물류기본계획(2016~2025)을 수립하여 우리나라가 지향하는 물류미래상을 제시하고 세계 속에서 경쟁할 수 있는 물류전문인력을 양성·보급한다는 장기 비전을 제시하고 있다.

❹ 물류관리사 합격자 통계현황

물류관리사는 지난 1997년 처음 도입한 후 제1회 시험부터 제23회 시험까지 총 31,076명이 배출되었다. 최근 5년간의 합격자는 제19회 1,727명(합격률 29.18%), 제20회 1,173명(합격률 21.22%), 제21회 1,657명(합격률 34.2%), 제22회 1,994명(합격률 40.5%), 제23회 1,474명(합격률 26.82%)이다.

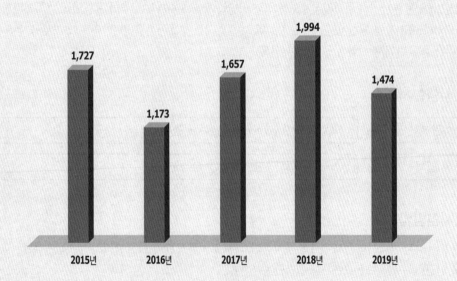

Wide information

와이드 정보

02 물류관리사 시험

❶ 시험 개요

물류에 대한 사회적 인식의 제고와 함께 물류체계 개선을 위한 다각적인 대책이 강구되고 있는 시점에서 국가물류비 절감을 위해 H/W 측면의 물류시설 확충과 함께 이를 합리적으로 운영·관리할 물류 전문인력의 체계적 양성이 요구됨에 따라 물류 전문인력의 양성을 위하여 1995년 화물유통촉진법(현, 물류정책기본법)에 물류관리사 자격시험제도를 신설 입법화한 후, 1997년 9월부터 물류관리사 자격시험제도가 시행되었다(응시자격 제한 없음. 단, 부정행위로 인해 시험 무효처분을 받은 자는 그 처분을 받은 날로부터 3년간 물류관리사 시험에 응시할 수 없음).

❷ 시험실시기관

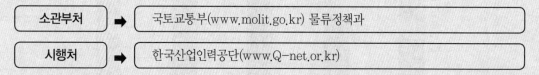

| 소관부처 | ➡ | 국토교통부(www.molit.go.kr) 물류정책과 |
| 시행처 | ➡ | 한국산업인력공단(www.Q-net.or.kr) |

❸ 시험방법

① 물류관리사 자격시험은 매년 1회 실시하되, 국토교통부장관이 물류관리사의 수급상 특히 필요하다고 인정하는 경우에는 2년마다 실시할 수 있다.
② 응시원서 접수는 인터넷 접수만 가능하며 시험장소는 원서 접수시 수험자가 직접 선택한다.
③ 시험은 필기의 방식으로 실시하며, 과목당 40문항씩 5지 택일형을 원칙으로 하되 기입형을 가미할 수 있다.

❹ 시험일정

매년 6월 또는 7월에 실시

❺ 시험과목 및 시험시간

시험은 물류관리 업무수행에 필요한 소양 및 지식의 검정과 이론 및 실무능력의 검정에 중점을 둔다.

분류	시험과목	세부사항	문항 수	시험시간
1교시 (3과목)	물류관리론	물류관리론 내의 화물운송론·보관하역론 및 국제물류론은 제외	40	120분
	화물운송론		40	
	국제물류론		40	
2교시 (2과목)	보관하역론		40	80분
	물류관련법규	「물류정책기본법」, 「물류시설의 개발 및 운영에 관한 법률」, 「화물자동차 운수사업법」, 「항만운송사업법」, 「유통산업발전법」, 「철도사업법」, 「농수산물 유통 및 가격안정에 관한 법률」 중 물류 관련 규정	40	

↻ 시험과 관련하여 법률 등을 적용하여 정답을 구하여야 하는 문제는 시험 시행일을 기준으로 현재 시행 중인 법률을 적용하여 그 정답을 구하여야 함.

❻ 시험과목의 일부면제 및 제출서류

면제과목	물류관리론(화물운송론·보관하역론 및 국제물류론은 제외)·화물운송론·보관하역론 및 국제물류론에 관한 과목이 개설되어 있는 대학원에서 해당 과목을 모두 이수(학점을 취득한 경우로 한정함)하고 석사학위 이상의 학위를 받은 자는 시험과목 중 물류관련법규를 제외한 과목의 시험을 면제한다(과목면제자는 물류관련법규만 응시).
제출서류	과목면제 서류심사 신청서 1부, 대학원 성적증명서(원본) 1부, 학위증(학위기재) 사본 또는 졸업증명서 원본 1부

❼ 합격자 결정기준

매 과목 100점을 만점으로 하여 매 과목 40점 이상, 전 과목 평균 60점 이상 득점한 자를 합격자로 결정한다.

와이드 정보

03 출제경향 및 수험대책

❶ 과년도 문제분석

구 분	제20회	제21회	제22회	제23회	제24회	총 계	비율(%)
물류정책기본법	8	8	8	8	8	40	20.0
물류시설의 개발 및 운영에 관한 법률	8	8	8	8	8	40	20.0
화물자동차 운수사업법	8	10	10	10	10	48	24.0
유통산업발전법	8	5	5	5	5	28	14.0
항만운송사업법	3	3	3	3	3	15	7.5
철도사업법	3	4	4	4	4	19	9.5
농수산물 유통 및 가격안정에 관한 법률	2	2	2	2	2	10	5.0
계	40	40	40	40	40	200	100.0

❷ 출제경향

제24회 물류관리사 자격시험의 물류관련법규 문제는 어느 때보다 어려웠다. 과연 정해진 시간 내에 40문제를 읽고 문제를 풀 수 있는 사람이 몇 사람이나 될까 하는 의문이 들었다. 화물자동차 운수사업법 문제는 지문이 길고 난이도가 높은 문제가 다수 출제되었고, 여러 문제에서 벌칙과 과태료 금액을 묻는 문제까지 출제되어 수험생의 체감 난이도는 훨씬 높았으리라 생각된다.

물류관련법규의 법률별 출제 비중은 2017년 이후 같은 비율을 유지하고 있다. 절반 이상의 출제 비중을 차지하는 화물자동차 운수사업법, 물류정책기본법, 물류시설의 개발 및 운영에 관한 법률은 높은 출제비율을 꾸준히 유지하였다. 그러나 분량이 가장 많은 법 가운데 하나인 농수산물 유통 및 가격안정에 관한 법률에서도 그 비율이 유지되어 계속 2문제만이 출제가 되고 있다. 따라서 법률별 출제 비중에 따라 학습량을 달리해야 할 것으로 보인다.

❸ 수험대책

물류관련법규는 물류관리사 시험에서 가장 어려운 과목이다. 학습해야 할 분량도 많고 매년 법령이 개정되어 새로이 학습을 해야 하는 어려움도 있다. 수험생들은 복잡하고 어려운 내용을 모두 암기할 수 없으므로 내용을 정확하게 이해하고 필요한 부분만을 암기해야 할 것이다. 복잡한 시험문제도 내용을 이해하고 있으면 쉽게 풀 수 있는 경우가 많다. 따라서 강의 등으로 체계를 잡고 이해를 한 후에 문제풀이와 암기를 하며 정리를 하는 것이 효과적이다.

물류관련법규 시험에서 자주 출제되는 분야는 분명히 있다.
먼저 법률이 개정된 부분이다. 시험분야인 7개의 법률은 타법개정을 포함하면 매년 법률이 개정된다. 법률이 개정되는 이유는 법률이 사회적·경제적으로 중요한 사항이기 때문이므로 물류전문가인 물류관리사는 이러한 사항을 반드시 알고 있어야 한다. 따라서 시험 시행일 기준으로 시행되는 법률을 중심으로 학습할 것을 권장한다.

다음으로 물류사업과 관련되는 분야이다. 물류정책기본법에 의하면 물류사업에는 운송업, 물류시설업, 서비스업이 있는데, 이러한 물류사업의 개시 요건(등록·허가·면허) 및 절차, 결격사유, 취소사유, 사업자의 준수사항 등이 가장 많이 출제된다.

또한 물류관련 각종 계획과 관련된 문제도 많이 출제된다. 물류정책기본법, 물류시설의 개발 및 운영에 관한 법률, 유통산업발전법에서는 물류와 유통 관련 10년 또는 5년 단위의 계획을 수립하도록 하고 있는데, 이와 관련하여 계획의 수립절차, 계획에 포함되어야 하는 내용, 심의 절차 등이 자주 출제된다. 그리고 법률에서 규정하고 있는 법률의 정의, 정보보안, 과태료 부과절차, 법에서 규정하고 있는 기한 등에 대해서도 자주 출제된다.

마지막으로 수험생들에게 부탁하고 싶은 것은 물류관련법규가 계속 개정됨에 따라 학습해야 할 법령이 많으므로 최신 법령을 계속 읽고 이를 정리하라는 것이다. 이때 수험생들은 반드시 최신 교재와 법령으로 학습해야 함을 잊지 말아야 한다.

Contents

이 책의 차례

Contents

이 책의 차례

물류관리사

CERTIFIED PROFESSIONAL LOGISTICIAN

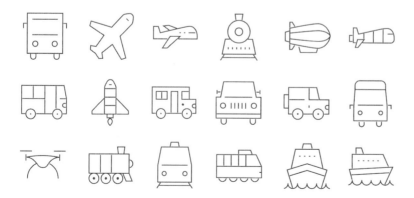

물류정책기본법

01 물류정책기본법

| 학습목표 | 1. 국가 물류정책방향을 결정하는 행정(물류)계획에 대하여 학습
2. 물류산업 발전을 위한 표준화, 자동화, 정보화, 우수물류기업에 대한 이해
3. 국제물류주선업의 등록기준, 행정처분, 사업의 승계 등에 대한 학습
4. 물류보안의 경우 「유통산업발전법」의 유통정보보안과 비교 학습

| 단원열기 | 국가물류기본계획과 지역물류기본계획, 물류 표준화와 자동화, 물류정보화, 전자문서와 물류정보의
공개, 인증우수물류기업, 국제물류주선업, 환경친화적 물류 촉진

제1절 총 칙

1 법의 목적

「물류정책기본법」은 물류체계의 효율화, 물류산업의 경쟁력 강화 및 물류의 선진화·국제화를 위하여 국내외 물류정책·계획의 수립·시행 및 지원에 관한 기본적인 사항을 정함으로써 국민경제의 발전에 이바지함을 목적으로 한다.

2 기본이념

「물류정책기본법」에 따른 물류정책은 물류가 국가 경제활동의 중요한 원동력임을 인식하고, 신속·정확하면서도 편리하고 안전한 물류활동을 촉진하며, 정부의 물류관련정책이 서로 조화롭게 연계되도록 하여 물류산업이 체계적으로 발전하게 하는 것을 기본이념으로 한다.

3 물류의 정의

「물류정책기본법」에서 '물류'는 재화가 공급자로부터 조달·생산되어 수요자에게 전달되거나 소비자로부터 회수되어 폐기될 때까지 이루어지는 운송, 보관, 하역(荷役) 등과 이에 부가되어 가치를 창출하는 가공, 조립, 분류, 수리, 포장, 상표부착, 판매, 정보통신 등을 말한다.

▮4 국가 및 지방자치단체의 책무

(1) 국가는 물류활동을 원활히 하고 물류체계의 효율성을 높이기 위하여 국가 전체의 물류와 관련된 정책 및 계획을 수립하고 시행하여야 하며, 물류산업이 건전하고 고르게 발전할 수 있도록 육성하여야 한다.

(2) 지방자치단체는 국가의 물류정책 및 계획과 조화를 이루면서 지역적 특성을 고려하여 지역물류에 관한 정책 및 계획을 수립하고 시행하여야 한다.

▮5 물류기업 및 화주의 책무

물류기업 및 화주는 물류사업을 원활히 하고 물류체계의 효율성을 증진시키기 위하여 노력하고, 국가 또는 지방자치단체의 물류정책 및 계획의 수립·시행에 적극 협력하여야 한다.

▮6 다른 법률과의 관계

물류에 관한 다른 법률을 제정하거나 개정하는 경우에는 물류정책기본법의 목적과 물류정책의 기본이념에 맞도록 하여야 한다. 「물류정책기본법」에 규정된 것 외의 물류시설의 개발 및 운영, 물류사업의 관리와 육성 등에 관하여는 따로 법률로 정한다.

제 2 절 물류정책의 종합 · 조정

1 국가물류기본계획

(1) **계획의 수립**

국토교통부장관 또는 해양수산부장관은 국가물류정책의 기본방향을 설정하는 10년 단위의 국가
물류기본계획을 5년마다 공동으로 수립하여야 한다.

(2) **계획의 내용**

국가물류기본계획에는 다음의 사항이 포함되어야 한다.

국가물류기본계획 포함사항

① 국내외 물류환경의 변화와 전망
② 국가물류정책의 목표와 전략 및 단계별 추진계획
③ 운송, 보관, 하역, 포장 등 물류기능별 물류정책 및 도로, 철도, 해운, 항공 등 운송수단별 물류
　 정책의 종합 · 조정에 관한 사항
④ 물류시설 · 장비의 수급 · 배치 및 투자 우선순위에 관한 사항
⑤ 연계물류체계의 구축과 개선에 관한 사항
⑥ 물류 표준화 · 공동화 · 정보화 등 물류체계의 효율화에 관한 사항
⑦ 물류산업의 경쟁력 강화에 관한 사항
⑧ 물류인력의 양성 및 물류기술의 개발에 관한 사항
⑨ 국제물류의 촉진 · 지원에 관한 사항
⑩ 국가물류정보화사업에 관한 사항
⑪ 물류보안에 관한 사항
⑫ 환경친화적 물류활동의 촉진 · 지원에 관한 사항
⑬ 그 밖에 물류체계의 개선을 위하여 필요한 사항

---

(3) **계획수립 절차**

① **자료제출 요청**: 국토교통부장관 또는 해양수산부장관은 관계 중앙행정기관의 장, 시 · 도지
　 사, 물류기업 및 「물류정책기본법」에 따라 지원을 받는 기업 · 단체 등에 대하여 국가물류기본
　 계획의 수립 · 변경을 위한 관련 기초 자료의 제출을 요청할 수 있다. 이 경우 협조를 요청받은
　 자는 특별한 사정이 없는 한 이에 따라야 한다.

② **협의와 심의**: 국토교통부장관 또는 해양수산부장관은 국가물류기본계획을 수립하거나 다음
　 과 같은 중요한 사항을 변경하려는 경우에는 관계 중앙행정기관의 장 및 시 · 도지사와 협의한
　 후 국가물류정책위원회의 심의를 거쳐야 한다.

> **변경시 협의 · 심의 필요사항**
>
> ㉠ 국가물류정책의 목표와 주요 추진전략에 관한 사항
> ㉡ 물류시설 · 장비의 투자 우선 순위에 관한 사항
> ㉢ 국제물류의 촉진 · 지원에 관한 기본적인 사항
> ㉣ 그 밖에 국가물류정책위원회의 심의가 필요하다고 인정하는 사항

③ **협의 · 심의 대상 제외** : 다만, 위의 사항이 「국토기본법」에 따른 국토종합계획, 「국가통합교통체계효율화법」에 따른 국가기간교통망계획이나 「물류시설의 개발 및 운영에 관한 법률」에 따른 물류시설개발종합계획 등 국가물류기본계획과 관련된 다른 계획의 변경으로 인한 사항을 반영하는 내용인 경우에는 협의 및 심의 대상에서 제외한다.

④ **관보 고시 및 통보** : 국토교통부장관은 국가물류기본계획을 수립하거나 변경한 때에는 이를 관보에 고시하고, 관계 중앙행정기관의 장 및 시 · 도지사에게 통보하여야 한다.

⑤ **연도별 시행계획의 수립**

㉠ 계획수립 및 자료요청 : 국토교통부장관 또는 해양수산부장관은 국가물류기본계획을 시행하기 위하여 연도별 시행계획을 매년 공동으로 수립하여야 한다. 연도별 시행계획의 수립 · 변경을 위한 자료제출의 요청 등에 관하여는 계획의 수립 · 변경을 위한 자료제출 요청 절차를 준용한다.

㉡ 수립절차

ⓐ 국토교통부장관 또는 해양수산부장관은 국가물류기본계획의 연도별 시행계획을 수립하려는 경우에는 미리 관계 중앙행정기관의 장, 특별시장 · 광역시장 · 특별자치시장 · 도지사 및 특별자치도지사와 협의한 후 물류정책분과위원회의 심의를 거쳐야 한다.

ⓑ 국토교통부장관 또는 해양수산부장관은 수립된 연도별 시행계획을 관계 행정기관의 장에게 통보하여야 하며, 관계 행정기관의 장은 연도별 시행계획의 원활한 시행을 위하여 적극 협조하여야 한다.

ⓒ 관계 행정기관의 장은 전년도의 연도별 시행계획의 추진실적과 해당 연도의 시행계획을 매년 2월 말까지 국토교통부장관 또는 해양수산부장관에게 제출하여야 한다.

⑷ **다른 계획과의 관계**

국가물류기본계획은 「국토기본법」에 따라 수립된 국토종합계획 및 「국가통합교통체계효율화법」에 따라 수립된 국가기간교통망계획과 조화를 이루어야 한다. 국가물류기본계획은 다른 법령에 따라 수립되는 물류에 관한 계획에 우선하며 그 계획의 기본이 된다.

■ 2 지역물류기본계획

(1) 계획의 수립

① 수립주체

㉠ 특별시장 및 광역시장은 지역물류정책의 기본방향을 설정하는 10년 단위의 지역물류기본 계획을 5년마다 수립하여야 한다.

㉡ 특별자치시장·도지사 및 특별자치도지사는 지역물류체계의 효율화를 위하여 필요한 경 우에는 지역물류기본계획을 수립할 수 있다.

② **지침수립·통보**: 국토교통부장관은 지역물류기본계획의 수립방법 및 기준 등에 관한 지침을 작성하여 특별시장 및 광역시장(지역물류기본계획을 수립하는 특별자치시장·도지사 및 특별자 치도지사 포함)에게 통보하여야 한다.

(2) 계획의 내용

지역물류기본계획은 국가물류기본계획에 배치되지 아니하여야 하며, 다음 사항이 포함되어야 한다.

지역물류기본계획 포함사항

① 지역물류환경의 변화와 전망

② 지역물류정책의 목표·전략 및 단계별 추진계획

③ 운송, 보관, 하역, 포장 등 물류기능별 지역물류정책 및 도로, 철도, 해운, 항공 등 운송수단별 지역물류정책에 관한 사항

④ 지역의 물류시설·장비의 수급·배치 및 투자 우선순위에 관한 사항

⑤ 지역의 연계물류체계의 구축 및 개선에 관한 사항

⑥ 지역의 물류 공동화 및 정보화 등 물류체계의 효율화에 관한 사항

⑦ 지역 물류산업의 경쟁력 강화에 관한 사항

⑧ 지역 물류인력의 양성 및 물류기술의 개발·보급에 관한 사항

⑨ 지역차원의 국제물류의 촉진·지원에 관한 사항

⑩ 지역의 환경친화적 물류활동의 촉진·지원에 관한 사항

⑪ 그 밖에 지역물류체계의 개선을 위하여 필요한 사항

---

(3) 계획의 수립절차

① **자료요청**: 특별시장 및 광역시장은 인접한 시·도의 시·도지사, 관할 시·군·구의 시장· 군수·구청장, 「물류정책기본법」에 따라 해당 시·도의 지원을 받는 기업·단체 등에 대하여 지역물류기본계획의 수립·변경을 위한 관련 기초 자료의 제출을 요청할 수 있다. 이 경우 협 조를 요청받은 자는 특별한 사정이 없는 한 이에 따라야 한다.

② **협의·심의·승인**: 특별시장 및 광역시장이 지역물류기본계획을 수립하거나 다음과 같은 중 요한 사항을 변경하려는 경우에는 미리 해당 시·도에 인접한 시·도의 시·도지사와 협의한 후 지역물류정책위원회의 심의를 거쳐 국토교통부장관의 승인을 받아야 한다.

01

> **변경시 협의 · 심의 · 승인 필요사항**
> ㉠ 지역물류정책의 목표와 주요 추진전략에 관한 사항
> ㉡ 지역의 물류시설 · 장비의 투자 우선순위에 관한 사항
> ㉢ 지역 차원의 국제물류의 촉진 · 지원에 관한 기본적인 사항
> ㉣ 그 밖에 지역물류정책위원회의 심의가 필요하다고 인정하는 사항

③ **협의 · 심의 대상 제외**: 그러나 위와 같은 사항이 「국토기본법」에 따른 국토종합계획, 「국가통합교통체계효율화법」에 따른 국가기간교통망계획이나 「물류시설의 개발 및 운영에 관한 법률」에 따른 물류시설개발종합계획 등 국가물류기본계획과 관련된 다른 계획의 변경으로 인한 사항을 반영하는 내용일 경우에는 협의나 심의를 받을 대상에서 제외한다.

④ **연도별 시행계획의 수립**

 ㉠ 지역물류기본계획을 수립한 특별시장 및 광역시장은 그 계획을 시행하기 위하여 연도별 시행계획(지역물류시행계획)을 매년 수립하여야 한다. 지역물류시행계획의 수립 · 변경을 위한 자료제출의 요청 등은 계획을 수립 · 변경할 때 자료요청을 하는 절차를 준용한다.

 ㉡ 특별시장 또는 광역시장(지역물류기본계획을 수립하는 특별자치시장 · 도지사 및 특별자치도지사 포함)은 지역물류시행계획을 수립하려는 경우에는 미리 국토교통부장관, 관계 중앙행정기관의 장, 해당 특별시 · 광역시 · 도 및 특별자치시 · 특별자치도(시 · 도)에 인접한 시 · 도의 시 · 도지사와 협의한 후 지역물류정책위원회의 심의를 거쳐야 한다.

 ㉢ 특별시장 또는 광역시장은 지역물류시행계획을 수립한 경우에는 국토교통부장관, 관계 중앙행정기관의 장, 해당 시 · 도에 인접한 시 · 도의 시 · 도지사, 관할 시 · 군 및 구의 시장 · 군수 및 구청장(시장 · 군수 · 구청장)에게 이를 통보하여야 하고, 해당 시 · 도에 인접한 시 · 도의 시 · 도지사, 관할 시 · 군 · 구의 시장 · 군수 · 구청장 및 관련 법령에 따라 해당 시 · 도 또는 시 · 군 · 구의 지원을 받는 기업 및 단체 등은 지역물류시행계획의 원활한 시행을 위하여 적극 협조하여야 한다.

3 물류정책위원회

(1) 국가물류정책위원회

① **설치**: 국가물류정책에 관한 주요 사항을 심의하기 위하여 국토교통부장관 소속으로 국가물류정책위원회를 둔다.

② **기능**: 국가물류정책위원회는 다음의 사항을 심의 · 조정한다.

> ### 국가물류정책위원회 심의·조정사항
>
> ㉠ 국가물류체계의 효율화에 관한 중요 정책 사항
> ㉡ 물류시설의 종합적인 개발계획의 수립에 관한 사항
> ㉢ 물류산업의 육성·발전에 관한 중요 정책 사항
> ㉣ 국제물류의 촉진·지원에 관한 중요 정책 사항
> ㉤ 「물류정책기본법」또는 다른 법률에서 국가물류정책위원회의 심의를 거치도록 한 사항
> ㉥ 물류보안에 관한 중요 정책 사항
> ㉦ 그 밖에 국가물류체계 및 물류산업에 관한 중요한 사항으로서 위원장이 회의에 부치는 사항

③ **국가물류정책위원회**

㉠ 구성 : 국가물류정책위원회는 위원장을 포함한 23명 이내의 위원으로 구성한다.

㉡ 위원장 : 국가물류정책위원회의 위원장은 국토교통부장관이 된다.

㉢ 위원장의 직무 : 위원장은 위원회를 대표하고, 위원회의 업무를 총괄한다. 위원장이 사고가 있거나 그 밖의 다른 사유로 인하여 회의에 참석하지 못하는 경우에는 국토교통부장관이 지정하는 자가 그 직무를 대행한다.

㉣ 위 원

ⓐ 위원은 다음의 자가 된다.

　•기획재정부, 교육부, 과학기술정보통신부, 외교부, 농림축산식품부, 산업통상자원부, 고용노동부, 국토교통부, 해양수산부, 중소벤처기업부, 국가정보원 및 관세청의 고위공무원단에 속하는 공무원 또는 이에 상당하는 공무원 중에서 해당 기관의 장이 지명하는 자 각 1명

　•물류관련 분야에 관한 전문지식 및 경험이 풍부한 자 중에서 위원장이 위촉하는 10명 이내의 자

ⓑ 공무원이 아닌 위원의 임기는 2년으로 하되, 연임할 수 있다. 위원장은 위촉 위원이 금고 이상의 형의 선고를 받거나 장기간의 심신쇠약 등으로 직무를 수행할 수 없게 되는 등 특별한 사유가 있는 때에는 해촉할 수 있다. 이 경우 보궐위원의 임기는 전임자의 잔임기간으로 한다.

㉤ 간사 : 국가물류정책위원회의 사무를 처리하기 위하여 간사 1명을 두되, 간사는 국토교통부 소속 공무원으로서 고위공무원단에 속하는 일반직공무원 중에서 위원장이 지명한다. 간사는 위원장의 명을 받아 위원회의 사무를 처리한다.

④ **위원회의 회의**

㉠ 위원장은 위원회의 회의를 소집하며, 그 의장이 된다. 위원장이 회의를 소집하려는 경우에는 회의 개최일 5일 전까지 회의의 일시·장소 및 심의안건을 각 위원에게 통지하여야 한다. 다만, 긴급을 요하거나 부득이한 사유가 있는 경우에는 그러하지 아니하다.

ⓛ 회의는 재적위원 과반수의 출석으로 개의하고, 출석위원 과반수의 찬성으로 의결한다.

ⓒ 위원회는 안건 심의와 그 밖의 업무수행에 필요하다고 인정되는 관계 기관에 자료의 제출을 요청하거나 관계인 또는 전문가를 출석하게 하여 그 의견을 들을 수 있다.

⑤ **국가물류정책위원회의 전문위원**

ⓛ 물류정책에 관한 중요 사항을 조사·연구하기 위하여 국가물류정책위원회에 5명 이내의 비상근 전문위원을 둘 수 있다. 전문위원은 다음에 해당하는 자 중에서 국토교통부장관이 위촉한다.

   ⓐ 기획재정부, 교육부, 과학기술정보통신부, 외교부, 농림축산식품부, 산업통상자원부, 고용노동부, 국토교통부, 해양수산부, 중소벤처기업부, 국가정보원 및 관세청장 등 중앙행정기관의 장이 추천하는 자

   ⓑ 물류관련 분야에 관한 전문지식 및 경험이 풍부한 자

ⓒ 전문위원의 임기는 3년 이내로 하되, 연임할 수 있다. 전문위원은 위원회와 분과위원회에 출석하여 발언할 수 있다.

⑥ **분과위원회**

ⓛ 종류 : 국가물류정책위원회의 업무를 효율적으로 추진하기 위하여 물류정책분과위원회, 물류시설분과위원회, 국제물류분과위원회를 둘 수 있다.

ⓒ 심의·조정 사항

   ⓐ 각 분과위원회는 그 소관에 따라 다음의 사항을 심의·조정한다.
   • 국가물류정책위원회에서 심의·조정할 안건으로서 사전검토가 필요한 사항
   • 국가물류정책위원회에서 위임한 사항
   • 「물류정책기본법」 또는 다른 법률에서 분과위원회의 심의·조정을 거치도록 한 사항

   ⓑ 분과위원회가 국가물류정책위원회에서 위임한 사항 및 「물류정책기본법」 또는 다른 법률에서 분과위원회의 심의·조정을 거치도록 한 사항을 심의·조정한 때에는 분과위원회의 심의·조정을 국가물류정책위원회의 심의·조정으로 본다.

ⓒ 위원회별 기능 : 분과위원회는 다음의 사항을 심의·조정한다.

   ⓐ 물류정책분과위원회 : 중장기 물류정책의 수립·조정, 물류산업 및 물류기업의 육성·지원, 물류인력의 양성에 관한 사항과 물류시설분과위원회 및 국제물류분과위원회의 소관에 속하지 아니하는 사항

   ⓑ 물류시설분과위원회 : 물류의 공동화·표준화·정보화 및 자동화, 물류시설·장비 및 프로그램의 개발에 관한 사항

   ⓒ 국제물류분과위원회 : 국제물류협력체계 구축, 국내물류기업의 해외진출, 해외물류기업의 유치 및 환적화물의 유치, 해외물류시설 투자 등 국제물류의 촉진 및 지원에 관한 사항

ⓓ 위원장 : 각 분과위원회의 위원장은 분과위원회의 위원 중에서 국토교통부장관이 지명한다.

      ⓜ 분과위원회 위원

        ⓐ 분과위원회의 위원은 다음의 사람이 된다.

          • 중앙행정기관 중 해당 분과위원회에서 심의·조정할 사항에 관련되는 기관의 고위공무원단에 속하는 일반직공무원

          • 각 분과위원회의 소관 사항에 관한 전문지식 및 경험이 풍부한 사람 중에서 성별을 고려하여 국토교통부장관이 해양수산부장관과 협의하여 위촉하는 5명 이상 10명 이내의 사람(국제물류분과위원회의 경우에는 해양수산부장관이 국토교통부장관과 협의하여 위촉하는 5명 이상 10명 이내의 사람으로 한다)

        ⓑ 분과위원회의 위원 중 공무원이 아닌 위원의 임기는 2년으로 하되, 연임할 수 있다. 분과위원회에 관하여는 위원회의 위원장의 직무와 위원회의 회의절차 규정을 준용한다.

      ⓗ 수당 : 위원회 또는 분과위원회에 출석한 위원에게는 예산의 범위에서 수당과 여비를 지급할 수 있다. 다만, 공무원인 위원이 그 소관 업무와 직접 관련되어 출석하는 경우에는 그러하지 아니하다.

      ⓢ 운영세칙 : 위원회 및 각 분과위원회 운영에 필요한 사항은 위원회의 의결을 거쳐 위원회의 위원장이 정한다.

(2) 지역물류정책위원회

    ① **설치** : 지역물류정책에 관한 주요 사항을 심의하기 위하여 시·도지사 소속으로 지역물류정책위원회를 둔다.

    ② **구 성**

      ㉠ 지역물류정책위원회는 위원장을 포함한 20명 이내의 위원으로 구성한다. 지역물류정책위원회의 위원장은 해당 지역의 시·도지사가 되고, 위원은 다음의 자 중에서 위원장이 위촉 또는 지명하는 자가 된다.

        ⓐ 관할 및 인접 시·군·구의 시장·군수·구청장

        ⓑ 해당 시·도의 물류관련 업무를 담당하는 3급 이상의 공무원

        ⓒ 물류관련 분야에 관한 전문지식 및 경험이 풍부한 자

      ㉡ 공무원이 아닌 위원의 임기는 2년으로 하되, 연임할 수 있다. 지역물류정책위원회에 관하여는 국가물류정책위원회에 관한 규정을 준용한다. 그 밖에 지역물류정책위원회의 구성 및 운영에 필요한 사항은 해당 시·도의 조례로 정한다.

제 3 절 　물류체계의 효율화

1 물류체계

효율적인 물류활동을 위하여 시설·장비·정보·조직 및 인력 등이 서로 유기적으로 기능을 발휘할 수 있도록 연계된 집합체를 말한다.

2 물류시설·장비의 확충

(1) 물류시설

물류에 필요한 다음의 시설을 말한다.

① 화물의 운송·보관·하역을 위한 시설

② 화물의 운송·보관·하역 등에 부가되는 가공·조립·분류·수리·포장·상표부착·판매·정보통신 등을 위한 시설

③ 물류의 공동화·자동화 및 정보화를 위한 시설

④ 위의 시설이 모여 있는 물류터미널 및 물류단지

(2) 권고 및 지원

① 국토교통부장관·해양수산부장관 또는 산업통상자원부장관은 효율적인 물류활동을 위하여 필요한 물류시설 및 장비를 확충할 것을 물류기업에 권고할 수 있으며, 이에 필요한 행정적·재정적 지원을 할 수 있다.

② 국토교통부장관·해양수산부장관 또는 산업통상자원부장관은 물류시설 및 장비를 원활하게 확충하기 위하여 필요하다고 인정되는 경우 관계 행정기관의 장에게 필요한 지원을 요청할 수 있다.

3 물류시설 간의 연계와 조화

국가, 지방자치단체, 「공공기관의 운영에 관한 법률」에 따른 공공기관 중 물류와 관련된 기관, 「지방공기업법」에 따른 지방공기업 중 물류와 관련된 기관, 「민법」에 따라 설립된 물류와 관련된 비영리법인 등 물류관련기관과 물류기업 등이 새로운 물류시설을 건설하거나 기존 물류시설을 정비할 때에는 다음의 사항을 고려하여야 한다.

① 주요 물류거점시설 및 운송수단과의 연계성

② 주변 물류시설과의 기능 중복 여부

③ 「공항시설법」에 따른 공항 중 화물의 운송을 위한 시설을 갖춘 공항, 「항만법」에 따른 항만 중 화물의 운송을 위한 시설을 갖춘 항만, 「산업입지 및 개발에 관한 법률」에 따른 국가산업단지 등의 경우 적정한 규모 및 기능을 가진 배후 물류시설 부지의 확보 여부

▎4 물류공동화 · 자동화 촉진

(1) 물류공동화

물류기업이나 화주기업(貨主企業)들이 물류활동의 효율성을 높이기 위하여 물류에 필요한 시설 · 장비 · 인력 · 조직 · 정보망 등을 공동으로 이용하는 것을 말한다. 다만, 「독점규제 및 공정거래에 관한 법률」의 '부당한 공동행위'와 '사업자단체 금지행위'에 해당하는 경우(공정거래위원회의 인가를 받은 경우를 제외)를 제외한다.

(2) 물류공동화 지원

① 국토교통부장관 · 해양수산부장관 · 산업통상자원부장관 또는 시 · 도지사는 물류공동화를 추진하는 물류기업이나 화주기업 또는 물류관련단체에 대하여 예산의 범위에서 필요한 자금을 지원할 수 있다.

② 국토교통부장관 · 해양수산부장관 · 산업통상자원부장관 또는 시 · 도지사는 화주기업이 물류공동화를 추진하는 경우에는 물류기업이나 물류관련단체와 공동으로 추진하도록 권고할 수 있으며, 권고를 이행하는 경우에 우선적으로 지원을 할 수 있다.

③ 국토교통부장관 · 해양수산부장관 · 산업통상자원부장관 또는 시 · 도지사는 물류기업이 「클라우드컴퓨팅 발전 및 이용자 보호에 관한 법률」 클라우드컴퓨팅 등 정보통신기술을 활용하여 물류공동화를 추진하는 경우 우선적으로 지원을 할 수 있다.

(3) 물류공동화 시범사업

국토교통부장관 · 해양수산부장관 · 산업통상자원부장관 또는 시 · 도지사는 물류공동화를 확산하기 위하여 필요한 경우에는 시범지역을 지정하거나 시범사업을 선정하여 운영할 수 있다.

(4) 물류자동화 지원

국토교통부장관 · 해양수산부장관 · 산업통상자원부장관은 물류기업이 물류자동화를 위하여 물류시설 및 장비를 확충하거나 교체하려는 경우에는 필요한 자금을 지원할 수 있다.

(5) 협 의

국토교통부장관 · 해양수산부장관 또는 산업통상자원부장관은 필요한 조치를 하려는 경우에는 중복을 방지하기 위하여 미리 협의하여야 한다.
시 · 도지사는 조치를 하려는 경우에는 중복을 방지하기 위하여 미리 해당 조치와 관련하여 국토교통부장관 · 해양수산부장관 또는 산업통상자원부장관과 협의하고, 그 내용을 지역물류기본계획과 지역물류시행계획에 반영하여야 한다.

5 물류표준화

(1) 물류표준

「산업표준화법」에 따른 한국산업표준 중 물류활동과 관련된 것을 말한다.

(2) 물류표준화

원활한 물류를 위하여 다음의 사항을 물류표준으로 통일하고 단순화하는 것을 말한다.[1]

① 시설 및 장비의 종류·형상·치수 및 구조

② 포장의 종류·형상·치수·구조 및 방법

③ 물류용어, 물류회계 및 물류관련 전자문서 등 물류체계의 효율화에 필요한 사항

(3) 물류표준의 보급촉진

① 국토교통부장관 또는 해양수산부장관은 물류표준화에 관한 업무를 효과적으로 추진하기 위하여 필요하다고 인정하는 경우에는 산업통상자원부장관에게 「산업표준화법」에 따른 한국산업표준의 제정·개정 또는 폐지를 요청할 수 있다.

② 국토교통부장관·해양수산부장관 또는 산업통상자원부장관은 물류표준의 보급을 촉진하기 위하여 필요한 경우에는 관계 행정기관, 「공공기관의 운영에 관한 법률」에 따른 공공기관, 물류기업, 물류에 관련된 장비의 사용자 및 제조업자에게 물류표준에 맞는 장비(물류표준장비)를 제조·사용하게 하거나 물류표준에 맞는 규격으로 포장을 하도록 요청하거나 권고할 수 있다.

(4) 물류표준장비의 사용자 등에 대한 우대조치

① 국토교통부장관·해양수산부장관 또는 산업통상자원부장관은 관계 행정기관, 공공기관 및 물류기업 등에 물류표준장비의 사용자 또는 물류표준에 맞는 규격으로 재화를 포장하는 자에 대하여 운임·하역료·보관료의 할인 및 우선구매 등의 우대조치를 할 것을 요청하거나 권고할 수 있다.

② 국토교통부장관·해양수산부장관 또는 산업통상자원부장관은 물류표준장비의 보급 확대를 위하여 물류기업, 물류표준장비의 사용자 또는 물류표준에 맞는 규격으로 재화를 포장하는 자 등에 대하여 소요자금의 융자 등 필요한 재정지원을 할 수 있다.

6 물류회계의 표준화

(1) 지침 고시

국토교통부장관은 해양수산부장관 및 산업통상자원부장관과 협의하여 물류기업 및 화주기업의 물류비 산정기준 및 방법 등을 표준화하기 위하여 기업물류비 산정지침을 작성하여 고시하여야 한다. 기업물류비 산정지침에는 다음의 사항이 포함되어야 한다.

---

1) 「유통산업발전법」에서 '물류표준화'라 함은 화물의 원활한 유통을 위하여 물류기기 및 설비의 종류·형상·치수·구조 및 성능과 포장의 종류·형상·치수·구조 및 방법을 통일하고 단순화 및 효율화하는 것을 말한다.

> **기업물류비 산정지침 포함사항**
> ① 물류비 관련 용어 및 개념에 대한 정의
> ② 영역별·기능별 및 자가·위탁별 물류비의 분류
> ③ 물류비의 계산기준 및 계산방법
> ④ 물류비 계산서의 표준서식

(2) 지 원

① 국토교통부장관은 물류기업 및 화주기업이 기업물류비 산정지침에 따라 물류비를 관리하도록 권고할 수 있다.

② 국토교통부장관은 해양수산부장관 및 산업통상자원부장관과 협의하여 기업물류비 산정지침에 따라 물류비를 계산·관리하는 물류기업 및 화주기업에 대하여는 필요한 행정적·재정적 지원을 할 수 있다.

7 물류현황조사

(1) 국가물류현황조사

① **물류현황조사 내용**: 국토교통부장관 또는 해양수산부장관은 물류에 관한 정책 또는 계획의 수립·변경을 위하여 필요하다고 판단될 때에는 관계 행정기관의 장과 미리 협의한 후 물동량의 발생현황과 이동경로, 물류시설·장비의 현황과 이용실태, 물류인력과 물류체계의 현황, 물류비, 물류산업과 국제물류의 현황 등에 관하여 조사할 수 있다. 이 경우 「국가통합교통체계효율화법」의 국가교통조사와 중복되지 아니하도록 하여야 한다.

② **자료요청**: 국토교통부장관 또는 해양수산부장관은 다음의 자에게 물류현황조사에 필요한 자료의 제출을 요청하거나 그 일부에 대하여 직접 조사하도록 요청할 수 있다.
   ㉠ 관계 중앙행정기관의 장
   ㉡ 특별시장·광역시장·특별자치시장·도지사
   ㉢ 물류기업 및 「물류정책기본법」에 따라 지원을 받는 기업·단체 등
   이 경우 협조를 요청받은 자는 특별한 사정이 없으면 요청에 따라야 한다.

③ **물류현황조사 지침**
   ㉠ 국토교통부장관은 물류현황조사를 요청하는 경우에는 효율적인 물류현황조사를 위하여 조사의 시기, 종류 및 방법 등에 관하여 조사지침을 작성하여 통보할 수 있다.
   ㉡ 국토교통부장관은 지침을 작성하려는 경우에는 미리 관계 중앙행정기관의 장과 협의하여야 한다.
   ㉢ 물류현황조사 지침에는 다음의 사항이 포함되어야 한다.

물류현황조사 지침 포함사항

ⓐ 조사의 종류 및 항목
ⓑ 조사의 대상·방법 및 절차
ⓒ 조사의 체계
ⓓ 조사의 시기 및 지역
ⓔ 조사결과의 집계·분석 및 관리
ⓕ 그 밖에 효율적인 물류현황조사를 위하여 필요한 사항

---

④ **조사대행**

ㄱ 국토교통부장관 또는 해양수산부장관은 물류현황조사를 효율적으로 수행하기 위하여 필요한 경우에는 물류현황조사의 전부 또는 일부를 전문기관으로 하여금 수행하게 할 수 있다.

ㄴ 물류현황조사를 수행하는 자는 물류현황조사 지침에 따라 조사를 수행하여야 한다.

⑤ **활용**: 국토교통부장관 또는 해양수산부장관은 물류현황조사의 결과에 따라 물류비 등 물류지표를 설정하여 물류정책의 수립 및 평가에 활용할 수 있다.

(2) 지역물류현황조사

① **현황조사**: 시·도지사는 지역물류에 관한 정책 또는 계획의 수립·변경을 위하여 필요한 경우에는 해당 행정구역의 물동량 현황과 이동경로, 물류시설·장비의 현황과 이용실태, 물류산업의 현황 등에 관하여 조사할 수 있다. 이 경우 「국가통합교통체계효율화법」의 국가교통조사와 중복되지 아니하도록 하여야 한다.

② **자료제출 요청**: 시·도지사는 관할 시·군 및 구의 시장·군수 및 구청장, 물류기업 및 「물류정책기본법」에 따라 지원을 받는 기업·단체 등에 지역물류현황조사에 필요한 자료를 제출하도록 요청하거나 그 일부에 대하여 직접 조사하도록 요청할 수 있다. 이 경우 협조를 요청받은 자는 특별한 사정이 없는 한 이에 따라야 한다.

③ **조사대행**: 시·도지사는 지역물류현황조사의 효율적인 수행을 위하여 필요한 경우에는 지역물류현황조사의 전부 또는 일부를 전문기관으로 하여금 수행하게 할 수 있다.

④ **조사지침**: 시·도지사는 지역물류현황조사를 요청하는 경우에는 효율적인 지역물류현황조사를 위하여 조사의 시기, 종류 및 방법 등에 관하여 해당 특별시·광역시·도 및 특별자치시·특별자치도의 조례로 정하는 바에 따라 조사지침을 작성하여 통보할 수 있다.

(3) 물류개선조치의 요청

① 국토교통부장관 또는 해양수산부장관은 물류현황조사 등을 통하여 물류수요가 특정 물류시설이나 특정 운송수단에 치우쳐 효율적인 물류체계 운용을 해치거나 관계 중앙행정기관의 장 또는 시·도지사의 물류관련 정책 또는 계획이 국가물류기본계획에 위배된다고 판단될 때에는 해당 중앙행정기관의 장이나 시·도지사에게 이를 개선하기 위한 조치를 하도록 요청할 수 있다. 이 경우 국토교통부장관 또는 해양수산부장관은 미리 해당 중앙행정기관의 장 또는 시·도지사와 개선조치에 대하여 협의하여야 한다.

② 개선조치를 요청받은 관계 중앙행정기관의 장이나 해당 시·도지사는 특별한 사유가 없는 한 이를 개선하기 위한 조치를 강구하여야 한다.

③ 관계 중앙행정기관의 장이나 시·도지사는 개선조치의 요청에 이의가 있는 경우에는 국가물류정책위원회에 조정을 요청할 수 있다.

8 물류정보화

(1) 물류정보화의 촉진

① 물류정보화 시책

ㄱ 국토교통부장관·해양수산부장관·산업통상자원부장관 또는 관세청장은 물류정보화를 통한 물류체계의 효율화를 위하여 필요한 시책을 강구할 때에는 다음 사항이 포함되도록 하여야 한다.

> **물류정보화 시책 포함사항**
> ⓐ 물류정보의 표준에 관한 사항
> ⓑ 물류분야 정보통신기술의 도입 및 확산에 관한 사항
> ⓒ 물류정보의 연계 및 공동활용에 관한 사항
> ⓓ 물류정보의 보안에 관한 사항
> ⓔ 그 밖에 물류효율의 향상을 위하여 필요한 사항

ㄴ 국토교통부장관·해양수산부장관·산업통상자원부장관 또는 관세청장은 위의 사항을 추진함에 있어서 필요한 경우에는 그 내용을 고시하거나 물류관련기관 또는 기업 등에 이행을 권고할 수 있다.

② **지원**: 국토교통부장관·해양수산부장관·산업통상자원부장관 또는 관세청장은 물류정보화를 촉진하기 위하여 필요한 경우에는 예산의 범위에서 물류기업 또는 물류관련단체에 대하여 물류정보화에 관련된 설비 또는 프로그램의 개발·운용비용의 일부를 지원할 수 있다.

(2) 단위물류정보망

① **단위물류정보망의 정의**: 기능별 또는 지역별로 관련 행정기관, 물류기업 및 그 거래처를 연결하는 일련의 물류정보체계를 말한다.

② **구축**: 관계 행정기관 및 물류관련기관은 소관 물류정보의 수집·분석·가공 및 유통 등을 촉진하기 위하여 필요한 때에는 단위물류정보망을 구축·운영할 수 있다. 이 경우 관계 행정기관은 전담기관을 지정하여 단위물류정보망을 구축·운영할 수 있다.

③ **단위물류정보망 전담기관**

ㄱ 지정: 관계 행정기관은 다음 공공기관 또는 물류정보의 수집·분석·가공·유통과 관련한 적절한 시설장비와 인력을 갖춘 자 중에서 단위물류정보망 전담기관을 지정한다.

ⓛ 지정 대상 공공기관

ⓐ 「인천국제공항공사법」에 따른 인천국제공항공사

ⓑ 「한국공항공사법」에 따른 한국공항공사

ⓒ 「한국도로공사법」에 따른 한국도로공사

ⓓ 「한국철도공사법」에 따른 한국철도공사

ⓔ 「한국토지주택공사법」에 따른 한국토지주택공사

ⓕ 「항만공사법」에 따른 항만공사

ⓒ 다음 기준과 자격을 갖춘 「상법」상의 주식회사

ⓐ 다음의 시설장비를 갖출 것

- 물류정보 및 이와 관련된 전자문서의 송신·수신·중계 및 보관 시설장비
- 단위물류정보망을 안전하게 운영하기 위한 보호 시설장비
- 단위물류정보망의 정보시스템 관리 및 복제·저장 시설장비
- 단위물류정보망에 보관된 물류정보와 전자문서의 송신·수신의 일자·시각 및 증적 (證迹) 등을 기록·관리하는 시설장비
- 다른 단위물류정보망 및 국가물류통합정보센터와의 정보연계에 필요한 시설장비

ⓑ 다음의 인력을 보유할 것

- 「국가기술자격법」에 따른 정보통신기사·정보처리기사 또는 전자계산기조직응용기사 이상의 국가기술자격이나 이와 동등한 자격이 있다고 국토교통부장관이 정하여 고시하는 사람 2명 이상
- 「국가기술자격법」에 따른 정보통신분야(기술·기능 분야)에서 3년 이상 근무한 경력이 있는 사람 1명 이상

ⓒ 자본금이 2억원 이상일 것

ⓔ 전담기관 지정절차 공고: 관계 행정기관은 단위물류정보망의 전부 또는 일부를 구축·운영하는 전담기관을 지정하려는 경우에는 신청방법 등을 정하여 30일 이상 관보, 공보 또는 인터넷 홈페이지에 이를 공고하여야 한다.

ⓜ 단위물류정보망 전담기관의 지정 신청

ⓐ 단위물류정보망 전담기관으로 지정받으려는 자는 공고가 있는 때에 지정신청서에 다음 첨부서류를 갖추어 관계 행정기관의 장에게 제출하여야 한다.

- 지정 대상 공공기관 또는 공공기관이 아닌 자로서 단위물류정보망 전담기관으로 지정받을 수 있는 자의 시설장비와 인력 등의 지정 기준에 해당함을 증명하는 서류
- 업무 수행에 필요한 시설장비와 인력 등에 관한 운영계획서
- 단위물류정보망 구축·운영에 관한 사업계획서 및 요약서

ⓑ 관계 행정기관은 전담기관을 지정하려는 경우 신청자의 사업수행 능력과 사업계획의 타당성 등을 종합적으로 검토하여야 한다.

ⓒ 관계 행정기관은 전담기관을 지정한 때에는 지정증을 발급하여야 한다. 이 경우 관계 행정기관은 국토교통부장관에게 그 사실을 통보하여야 한다.

④ **지원**: 관계 행정기관이 전담기관을 지정하여 단위물류정보망을 구축·운영하는 경우에는 소요비용의 전부 또는 일부를 예산의 범위에서 지원할 수 있다.

⑤ **연계체계 구축**

ㄱ 단위물류정보망을 구축하는 행정기관 및 물류관련기관은 소관 단위물류정보망과 국가물류통합정보센터 또는 다른 단위물류정보망 간의 연계체계를 구축하여야 한다.

ㄴ 단위물류정보망을 운영하고 있는 관계 행정기관 및 물류관련기관은 국가물류통합정보센터 및 다른 단위물류정보망을 운영하고 있는 행정기관 또는 물류관련기관이 연계를 요청하는 경우에는 상호 협의를 거쳐 특별한 사정이 없으면 이에 협조하여야 한다.

ㄷ 단위물류정보망을 구축·운영하는 관계 행정기관의 장은 국가물류통합정보센터 또는 단위물류정보망 간의 연계체계를 구축하기 위하여 필요한 때에는 국토교통부장관과 협의를 거쳐 물류시설분과위원회에 국가물류통합정보센터와의 연계 또는 단위물류정보망 간의 연계체계의 조정을 요청할 수 있다.

⑥ **지정취소**: 전담기관을 지정하여 단위물류정보망을 구축·운영하는 관계 행정기관은 단위물류정보망 전담기관이 거짓이나 그 밖의 부정한 방법으로 지정을 받은 경우에는 지정을 취소하여야 하고, 지정기준에 미달하게 된 경우에는 그 지정을 취소할 수 있다.

(3) 국가물류통합데이터베이스

① **구축**: 국토교통부장관은 해양수산부장관·산업통상자원부장관 및 관세청장과 협의하여 관계 행정기관, 물류관련기관 또는 물류기업 등이 구축한 단위물류정보망으로부터 필요한 정보를 제공받거나 물류현황조사에 따라 수집된 정보를 가공·분석하여 물류관련 자료를 총괄하는 국가물류통합데이터베이스를 구축할 수 있다.

② **자료요청**: 국토교통부장관은 국가물류통합데이터베이스의 구축을 위하여 필요한 경우 관계 행정기관, 지방자치단체, 물류관련기관 또는 물류기업 등에 대하여 자료의 제공을 요청할 수 있다.

(4) 국가물류통합정보센터의 설치·운영

① **설치·운영**: 국토교통부장관은 국가물류통합데이터베이스를 구축하고 물류정보를 가공·축적·제공하기 위한 통합정보체계를 갖추기 위하여 국가물류통합정보센터를 설치·운영할 수 있다.

② **운영자 지정**: 국토교통부장관은 다음에 해당하는 자를 국가물류통합정보센터의 운영자로 지정할 수 있다.

   ㉠ 공공기관 및 단체

      ⓐ 「인천국제공항공사법」에 따른 인천국제공항공사

      ⓑ 「한국공항공사법」에 따른 한국공항공사

      ⓒ 「한국도로공사법」에 따른 한국도로공사

      ⓓ 「한국철도공사법」에 따른 한국철도공사

      ⓔ 「한국토지주택공사법」에 따른 한국토지주택공사

      ⓕ 「항만공사법」에 따른 항만공사

      ⓖ 중앙행정기관

      ⓗ 「정부출연연구기관 등의 설립·운영 및 육성에 관한 법률」 또는 「과학기술분야 정부출연연구기관 등의 설립·운영 및 육성에 관한 법률」에 따른 정부출연연구기관

      ⓘ 물류관련협회

   ㉡ 다음 기준과 자격을 갖춘 「상법」상의 주식회사

      ⓐ 자본금이 2억원 이상일 것

      ⓑ 다음 시설장비를 갖출 것

> • 물류정보 및 이와 관련된 전자문서의 송신·수신·중계 및 보관 시설장비
> • 국가물류통합정보센터를 안전하게 운영하기 위한 보호 시설장비
> • 국가물류통합정보센터의 정보시스템 관리 및 복제·저장 시설장비
> • 국가물류통합정보센터에 보관된 물류정보와 전자문서의 송신·수신의 일자·시각 및 증적 등을 기록·관리하는 시설장비
> • 단위물류정보망 및 외국의 물류정보망과의 정보연계에 필요한 시설장비

      ⓒ 다음 인력을 보유할 것

> • 물류관리사 1명 이상
> • 「국가기술자격법」에 따른 정보통신기사·정보처리기사 또는 전자계산기조직응용기사 이상의 국가기술자격이나 이와 동등한 자격이 있다고 국토교통부장관이 정하여 고시하는 사람 1명 이상
> • 「국가기술자격법」에 따른 정보통신분야(기술·기능 분야)에서 3년 이상 근무한 경력이 있는 사람 1명 이상
> • 물류정보의 처리·보관 및 전송 등을 위한 표준전자문서의 개발 또는 전자문서의 송신·수신 및 중계방식과 관련된 기술 분야에서 3년 이상 근무한 경력이 있는 사람 1명 이상
> • 국가물류통합정보센터의 시스템을 운영하고, 국가물류통합정보센터가 제공하는 물류정보의 이용자에 대한 상담이 가능한 전문요원 1명 이상

③ 지정절차

　㉠ 심의 및 공고 : 국토교통부장관은 국가물류통합정보센터의 전부 또는 일부를 운영하는 자 (국가물류통합정보센터운영자)를 지정하려는 경우에는 미리 물류시설분과위원회의 심의를 거쳐 신청방법 등을 정하여 30일 이상 관보 또는 인터넷 홈페이지에 이를 공고하여야 한다.

　㉡ 지정 신청 : 국가물류통합정보센터운영자로 지정받으려는 자는 공고가 있는 때에 지정신 청서에 다음 첨부서류를 갖추어 국토교통부장관에게 제출하여야 한다.

　　ⓐ 지정대상에 해당함을 증명하는 서류

　　ⓑ 업무수행에 필요한 기준과 자격에 관한 운영계획서

　　ⓒ 국가물류통합데이터베이스 구축 및 국가물류통합정보센터 운영에 관한 사업계획서 및 요약서

　㉢ 검토 : 국토교통부장관은 국가물류통합정보센터운영자를 지정하려는 경우에는 신청자의 사업수행 능력과 사업계획의 타당성 등을 종합적으로 검토하여야 한다.

　㉣ 지정 및 공고 : 국토교통부장관은 국가물류통합정보센터운영자를 지정한 때에는 지정증을 발급하고, 그 사실을 관보 또는 인터넷 홈페이지에 공고하여야 한다.

④ **지원** : 국토교통부장관은 해양수산부장관·산업통상자원부장관 및 관세청장과 협의하여 국가 물류통합정보센터의 효율적인 운영을 위하여 국가물류통합정보센터운영자에게 필요한 지원 을 할 수 있다.

⑤ **지정의 취소** : 국토교통부장관은 국가물류통합정보센터운영자가 거짓이나 그 밖의 부정한 방 법으로 지정을 받은 경우에는 지정을 취소하여야 하며 지정기준에 미달하게 된 경우나 국가물 류통합정보센터운영자가 국가물류통합데이터베이스의 물류정보를 영리를 목적으로 사용한 경우에는 지정을 취소할 수 있다.

(5) **전자문서의 이용·개발**

① **전자문서** : 정보처리시스템(전자문서의 작성, 송신·수신 또는 저장을 위하여 이용되는 정보처리 능력을 가진 전자적 장치 또는 체계)에 의하여 전자적 형태로 작성, 송신·수신 또는 저장된 정 보를 말한다.

② **전자문서의 이용** : 물류기업, 물류관련기관 및 물류관련단체가 물류에 관한 업무를 전자문서 (「전자문서 및 전자거래 기본법」의 전자문서를 말한다)로 처리하려는 경우에는 다음에 해당하는 전자문서를 이용하여야 한다.

　㉠ 지정된 단위물류정보망 전담기관 또는 국가물류통합정보센터운영자가 취급하는 전자문서

　㉡ 국가, 지방자치단체 또는 물류관련기관이 취급하는 전자문서

　㉢ 물류기업이 위의 전자문서와 호환되는 방식으로 직접 처리하는 전자문서

③ **전자문서 이용업무 범위**: ㉠「선박의 입항 및 출항 등에 관한 법률」, ㉡「검역법」, ㉢「도선법」, ㉣「물류시설의 개발 및 운영에 관한 법률」, ㉤「상법」, ㉥「철도사업법」, ㉦「공항시설법」, ㉧「항만법」, ㉨「항만운송사업법」, ㉩「해운법」, ㉪「화물자동차 운수사업법」, ㉫ 그 밖에 국토교통부장관이 관계 중앙행정기관의 장과 협의하여 고시하는 법률과 이에 따른 명령에 의한 업무 중 물류시설의 개발 및 이용, 물류사업의 지원, 물류사업에 대한 각종 신청 및 신고, 그 밖에 물류관리와 관련된 업무를 말한다.

④ **개발 · 보급계획 수립**: 국토교통부장관은 해양수산부장관 및 산업통상자원부장관과 협의하여 표준전자문서의 개발 · 보급계획을 수립하여야 한다.

⑤ **전자문서 이용의 촉진**
　㉠ 국토교통부장관은 산업통상자원부장관과 협의하여 물류기업, 물류관련기관 및 물류관련단체에 물류시설의 이용 등 관련 업무를 전자문서로 처리할 것을 요청할 수 있다.
　㉡ 국토교통부장관은 산업통상자원부장관과 협의하여 전자문서로 업무를 처리하는 물류기업에 대하여 물류관련기관으로 하여금 해당 화물의 우선처리, 요금할인 등 우대조치를 할 것을 요청할 수 있다.

⑹ **전자문서 및 물류정보의 보안**

① **금지행위**
　㉠ 누구든지 단위물류정보망 또는 전자문서를 위작(僞作) 또는 변작(變作)하거나 위작 또는 변작된 전자문서를 행사하여서는 아니 된다.
　㉡ 누구든지 국가물류통합정보센터 또는 단위물류정보망에서 처리 · 보관 또는 전송되는 물류정보를 훼손하거나 그 비밀을 침해 · 도용(盜用) 또는 누설하여서는 아니 된다.
　㉢ 처벌: 전자문서를 위작 또는 변작하거나 그 사정을 알면서 위작 또는 변작된 전자문서를 행사한 자는 10년 이하의 징역 또는 2억원 이하의 벌금에 처한다. 이 경우 미수범은 본죄에 준하여 처벌한다.

② **전자문서 및 물류정보의 보관**
　㉠ 기간: 국가물류통합정보센터운영자 또는 단위물류정보망 전담기관은 전자문서 및 정보처리장치의 파일에 기록되어 있는 물류정보를 2년 동안 보관하여야 한다.
　㉡ 처벌: 전자문서 또는 물류정보를 2년 동안 보관하지 아니한 자는 1년 이하의 징역 또는 1천만원 이하의 벌금에 처한다.

③ **보안조치 강구**: 국가물류통합정보센터운영자 또는 단위물류정보망 전담기관은 전자문서 및 물류정보의 보안에 필요한 보호조치를 강구하여야 한다. 누구든지 불법 또는 부당한 방법으로 보호조치를 침해하거나 훼손하여서는 아니 된다.

(7) 전자문서 및 물류정보의 공개

① **공개금지 원칙**: 국가물류통합정보센터운영자 또는 단위물류정보망 전담기관은 전자문서 또는 물류정보를 공개하여서는 아니 된다. 전자문서 또는 물류정보를 공개한 자는 3천만원 이하의 벌금에 처한다.

② **예외적 공개사유**: 국가의 안전보장에 위해가 없고 기업의 영업비밀을 침해하지 아니하는 경우로서, 다음의 어느 하나에 해당하는 경우에는 공개를 할 수 있다.

> **물류정보 공개가 가능한 경우**
>
> ㉠ 관계 중앙행정기관 또는 지방자치단체가 행정목적상의 필요에 따라 신청하는 경우
> ㉡ 수사기관이 수사목적상의 필요에 따라 신청하는 경우
> ㉢ 법원의 제출명령에 따른 경우
> ㉣ 다른 법률에 따라 공개하도록 되어 있는 경우
> ㉤ 그 밖에 국가물류통합정보센터운영자 또는 단위물류정보망 전담기관의 요청에 따라 국토교통부장관이 공개하는 것이 필요하다고 인정하는 경우

③ **공개절차**: 국가물류통합정보센터운영자 또는 단위물류정보망 전담기관은 전자문서 또는 물류정보를 공개하려는 때에는 미리 공개하려는 전자문서 또는 물류정보에 대하여 직접적인 이해관계를 가진 자의 동의를 받아야 한다. 동의는 위의 경우에 따른 신청 등이 있은 날부터 60일 이내에 서면(전자문서 포함)으로 받아야 한다.

(8) 국가물류보안 시책의 수립 및 지원

① **물류보안**: 공항·항만과 물류시설에 폭발물, 무기류 등 위해물품을 은닉·반입하는 행위와 물류에 필요한 시설·장비·인력·조직·정보망 및 화물 등에 위해를 가할 목적으로 행하여지는 불법행위를 사전에 방지하기 위한 조치를 말한다.

② **국가물류보안 시책의 수립**: 국토교통부장관은 관계 중앙행정기관의 장과 협의하여 국가물류보안 수준을 향상시키기 위하여 물류보안 관련 제도 및 물류보안 기술의 표준을 마련하는 등 국가물류보안 시책을 수립·시행하여야 한다.

③ **지원**: 국토교통부장관은 관계 중앙행정기관의 장과 협의하여 물류기업 또는 화주기업이 다음 활동을 하는 경우에는 행정적·재정적 지원을 할 수 있다.
  ㉠ 물류보안 관련 시설·장비의 개발·도입
  ㉡ 물류보안 관련 제도·표준 등 국가물류보안 시책의 준수
  ㉢ 물류보안 관련 교육 및 프로그램의 운영
  ㉣ 물류보안 관련 시설·장비의 유지·관리
  ㉤ 물류보안 사고 발생에 따른 사후복구조치
  ㉥ 그 밖에 국토교통부장관이 정하여 고시하는 활동

④ **물류보안 관련 국제협력 증진**
  ㉠ 물류보안 국제협력 시책 수립 : 국토교통부장관은 관계 중앙행정기관의 장과 협의하여 물류보안 관련 국제협력의 증진을 위한 시책을 수립·시행하여야 한다.
  ㉡ 예산지원 : 국토교통부장관은 물류보안 관련 국제협력에 필요한 경비를 예산의 범위에서 지원할 수 있다.
  ㉢ 국제조화 : 국토교통부장관은 물류보안 표준이 국제적인 기준과 조화를 이루도록 하여야 한다.
  ㉣ 국제협력 필요사항 : 물류보안 관련 국제협력을 위한 외국 및 국제기구와의 물류보안 관련 공동연구, 전문인력의 상호파견, 물류보안 기술개발 정보의 공유 등 물류보안 관련 국제협력을 위하여 필요한 사항은 대통령령으로 정한다.

(9) **위험물질운송안전관리센터**

① **설치·운영** : 국토교통부장관은 다음 위험물질의 안전한 도로운송을 위하여 위험물질을 운송하는 차량(위험물질 운송차량)을 통합적으로 관리하는 센터(위험물질운송안전관리센터)를 설치·운영한다. 이 경우 국토교통부장관은 「한국교통안전공단법」에 따른 한국교통안전공단에 위험물질운송안전관리센터의 설치·운영을 대행하게 할 수 있다.
  ㉠ 「위험물안전관리법」 제2조 제1항 제1호에 따른 위험물
  ㉡ 「화학물질관리법」 제2조 제7호에 따른 유해화학물질
  ㉢ 「고압가스 안전관리법」 제2조에 따른 고압가스
  ㉣ 「원자력안전법」 제2조 제18호에 따른 방사성폐기물
  ㉤ 「폐기물관리법」 제2조 제4호에 따른 지정폐기물
  ㉥ 「농약관리법」 제2조 제1호·제3호에 따른 농약과 원제(原劑)
  ㉦ 그 밖에 대통령령으로 정하는 물질

② **업 무**
  ㉠ 위험물질 운송차량의 소유자 및 운전자 정보, 운행정보, 사고발생 시 대응 정보 등 위험물질운송안전관리센터 운영에 필요한 정보의 수집 및 관리
  ㉡ 제29조의2 제1항·제2항 및 제5항에 따른 단말장치의 장착·운용 및 운송계획정보의 입력 등에 관한 교육
  ㉢ 위험물질운송안전관리센터의 업무 수행을 지원하기 위한 전자정보시스템(이하 "위험물질운송안전관리시스템"이라 한다)의 구축·운영
  ㉣ 위험물질 운송차량의 사고 관련 상황 감시 및 사고발생 시 사고 정보 전파
  ㉤ 「도로교통법」에 따라 각 지방경찰청장이 공고하는 통행 금지 및 제한 구간, 「물환경보전법」에 따른 상수원보호구역 등 통행제한 구간, 그 밖에 국토교통부령으로 정하는 통행제한 구간(이하 "통행제한구간"이라 한다)에 진입한 위험물질 운송차량에 대한 통행금지 알림 및 관계 기관 등에 해당 위험물질 운송차량의 통행제한구간 진입 사실 전파

    ⅎ 관계 행정기관과의 위험물질운송안전관리시스템 공동 활용 체계 구축

    ⓢ 그 밖에 위험물질 운송차량의 사고예방 및 사고발생 시 신속한 방재 지원에 필요한 사항

③ **운영계획서**: 한국교통안전공단은 매년 다음 사항이 포함된 다음 연도 위험물질운송안전관리센터 운영계획서를 국토교통부장관에게 제출하여 승인을 받아야 한다. 이 경우 한국교통안전공단은 그 운영계획서를 직전 연도 12월 15일까지 국토교통부장관에게 제출하여야 한다.

    ㉠ 업무 수행에 관한 사항

    ㉡ 업무 수행에 필요한 예산 내역

④ **운영결과제출**: 한국교통안전공단은 해당 연도의 위험물질운송안전관리센터 운영결과를 다음 연도 2월 말일까지 국토교통부장관에게 제출하여야 한다.

⑤ **지원**: 국토교통부장관은 예산의 범위에서 위험물질운송안전관리센터의 설치 및 운영을 대행하는데 필요한 예산을 지원할 수 있다.

⑥ **취득한 정보의 목적 외의 용도 사용 금지**: 위험물질운송안전관리센터의 운영에 필요한 정보를 수집·관리 및 활용하는 자(위험물질운송안전관리센터의 설치 및 운영을 대행하는 한국교통안전공단의 임직원과 정보를 공동으로 활용하는 관계 행정기관의 소속 직원을 포함한다)는 취득한 정보를 목적 외의 용도로 사용하여서는 아니 된다.

⑦ **정보의 공동 활용**: 관계 행정기관의 장은 위험물질운송안전관리시스템을 통하여 위험물질운송안전관리센터가 수집·관리하는 정보를 공동으로 활용할 수 있다.

⑧ **파견 및 협조 요청**: 국토교통부장관은 위험물질운송안전관리센터의 운영을 위하여 필요한 경우에는 관계 행정기관 및 공공기관·법인 등의 장에게 소속 공무원 또는 임직원의 파견과 자료 및 정보의 제공 등 업무 수행에 필요한 협조를 요청할 수 있다. 이 경우 요청을 받은 관계 행정기관 등의 장은 특별한 사유가 없으면 그 요청에 따라야 한다.

⑽ **위험물질 운송차량의 소유자 등의 의무 등**

① **단말장치 장착 의무**: 도로운송 시 위험물질운송안전관리센터의 감시가 필요한 위험물질을 운송하는 위험물질 운송차량 중 최대 적재량이 일정 기준 이상인 차량의 소유자(「자동차관리법」 제7조에 따른 자동차등록원부에 기재된 자동차 소유자를 말한다. 이하 같다)는 위험물질운송안전관리시스템과 무선통신이 가능하고 위험물질 운송차량의 위치정보의 수집 등이 가능한 이동통신단말장치(이하 "단말장치"라 한다)를 차량에 장착하여야 한다. 이 경우 도로운송 시 위험물질운송안전관리센터의 감시가 필요한 위험물질의 종류 및 위험물질 운송차량의 최대 적재량 기준 등은 관계 중앙행정기관의 장과 협의를 거쳐 국토교통부령으로 정한다.

② **위험물질의 종류**: 위험물질운송안전관리센터의 감시가 필요한 위험물질의 종류는 다음과 같다.

    ㉠ 「위험물안전관리법」 제2조 제1항 제1호에 따른 위험물

    ㉡ 「폐기물관리법」 제2조 제4호에 따른 지정폐기물(액상 폐기물 및 같은 법 시행령 제7조 제1항 제12호에 따라 환경부장관이 정하여 고시한 폐기물 중 금속성 분진·분말로 한정한다). 다만, 같은 법 시행령 별표 1 제10호에 따른 의료폐기물은 제외한다.

ⓒ 「화학물질관리법」 제2조 제7호에 따른 유해화학물질

ⓔ 「고압가스 안전관리법 시행규칙」 제2조 제1항 제1호 및 제2호에 따른 가연성가스와 독성

③ **최대 적재량 기준**: 가스 위험물질 운송차량의 최대 적재량 기준은 다음과 같다.

    ⓐ 「위험물안전관리법」에 따른 위험물질을 운송하는 차량: 10,000리터 이상

    ⓑ 「폐기물관리법」에 따른 지정폐기물질을 운송하는 차량: 10,000킬로그램 이상

    ⓒ 「화학물질관리법」에 따른 유해화학물질을 운송하는 차량: 5,000킬로그램 이상

    ⓓ 「고압가스 안전관리법 시행규칙」에 따른 가연성가스를 운송하는 차량: 6,000킬로그램 이상

    ⓔ 「고압가스 안전관리법 시행규칙」에 따른 독성가스를 운송하는 차량: 2,000킬로그램 이상

④ **장착 · 기술 기준**: 이동통신단말장치(단말장치)의 장착 · 기술 기준은 다음과 같다.

    ⓐ 단말장치는 위험물질 운송차량의 운전자가 차량운행 시 작동 여부를 확인할 수 있는 위치에 설치할 것

    ⓑ 단말장치는 위험물질운송안전관리센터에 해당 운송차량의 위치정보를 실시간으로 전송하여 수집되도록 할 것

    ⓒ 단말장치는 위험물질 운송차량의 운전자가 해당 차량을 운행하는 동안 작동되도록 할 것

⑤ **단말장치 점검 · 관리**: 단말장치를 장착한 위험물질 운송차량의 소유자는 단말장치의 정상적인 작동 여부를 점검 · 관리하여야 하며, 단말장치 장착차량의 운전자는 위험물질을 운송하는 동안 단말장치의 작동을 유지하여야 한다. 단말장치의 점검 · 관리 방법 등은 다음과 같다.

    ⓐ 위험물질 운송차량의 소유자는 단말장치가 정상적으로 작동하는지 여부를 수시로 점검하고 관리할 것

    ⓑ 점검한 결과 단말장치가 정상적으로 작동하지 아니하는 경우 위험물질운송안전관리센터에 알리고 필요한 조치를 취할 것

    ⓒ 위험물질 운송차량의 운전자는 차량운행 시 단말장치의 전원을 차단하는 등 위치정보가 실시간으로 전송되는 것을 방해하는 행위를 하지 말 것

⑥ **비용지원**: 국토교통부장관은 위험물질 운송차량의 소유자가 단말장치를 장착 · 운용하는 데 필요한 비용의 전부 또는 일부를 지원할 수 있다.

⑦ **단말장치의 장착 및 개선 명령**: 시 · 도지사는 단말장치를 장착하지 아니하거나 단말장치의 장착 · 기술 기준을 준수하지 아니한 자에게 국토교통부령으로 정하는 바에 따라 기간을 정하여 단말장치를 장착하거나 개선할 것을 명할 수 있다. 단말장치의 장착 · 기술 기준 및 점검 · 관리 방법 등 단말장치의 장착 · 운용에 필요한 사항은 국토교통부령으로 정한다. 시 · 도지사는 단말장치의 장착 또는 개선을 명하는 경우 14일의 범위에서 그 기간을 정하여야 한다. 시 · 도지사는 단말장치의 장착 또는 개선을 명하는 경우 단말장치 장착 · 개선명령서를 발급하여야 한다. 단말장치 장착 · 개선명령서를 받은 자는 장착 또는 개선 기간 안에 단말장치의 장착 또는 개선을 완료한 후 그 사실을 시 · 도지사에게 알려야 한다.

⑧ **차량의 운행중지명령**: 시·도지사는 조치명령을 받은 자가 그 명령을 이행하지 아니한 경우 그 위험물질 운송차량의 운행중지를 명할 수 있다. 시·도지사는 위험물질 운송차량의 운행중지를 명할 때에는 그 차량 소유자에게 차량 운행중지명령서를 발급하여야 한다. 이 경우 국토시·도지사는 해당 차량 소유자에 대한 운행중지명령서 발급 사실을 관계 행정기관 및 지방경찰청장 또는 관할 경찰서장에게 통지하여야 한다.

⑨ **정보 입력**: 단말장치 장착차량의 소유자는 위험물질을 운송하려는 경우 사전에 국토교통부령으로 정하는 바에 따라 해당 차량의 운전자 정보, 운송하는 위험물질의 종류, 출발지 및 목적지 등 운송계획에 관한 정보(이하 "운송계획정보"라 한다)를 위험물질운송안전관리시스템에 입력하여야 한다. 위험물질운송안전관리시스템에 입력해야 하는 운송계획정보는 다음과 같다. 다만, 「화학물질관리법」 제15조 제3항에 따라 유해화학물질 운반계획서를 제출한 경우 또는 「폐기물관리법」 제18조 제3항에 따라 전자정보처리프로그램에 자료를 입력한 경우에는 이 법에 따라 운송계획정보를 입력한 것으로 본다.

ㄱ 운전자의 성명 및 휴대전화번호

ㄴ 위험물질명, 적재량(지정폐기물의 경우 예상 적재량을 말한다) 및 최대 적재량

ㄷ 운송시작시간, 출발지, 경유지, 최종목적지

ㄹ 그 밖에 국토교통부장관이 위험물질운송안전관리를 위해 필요하다고 인정하는 사항

⑩ **협의**: 국토교통부장관은 단말장치의 장착·기술 기준 및 운송계획정보를 입력하기 위하여 필요한 사항을 정할 때에는 사전에 관계 중앙행정기관의 장과 협의하여야 한다.

⑪ **출입·조사**: 국토교통부장관은 단말장치의 장착·운용 및 운송계획정보의 입력에 대한 위반 여부를 확인하기 위하여 관계 공무원 또는 위험물질운송단속원(한국교통안전공단의 임직원 중에서 위험물질 운송안전 관리 업무를 담당하는 사람을 말한다)으로 하여금 위험물질 운송차량을 조사하게 하거나 위험물질 운송차량의 사업장에 출입하여 관련 서류 등을 조사하게 할 수 있다. 위험물질 운송차량의 소유자, 운전자 또는 관련 사업장의 관계인은 정당한 사유 없이 출입·조사를 거부·방해 또는 기피하여서는 아니 된다. 출입·조사를 하는 공무원 또는 위험물질운송단속원은 그 권한을 표시하는 증표를 지니고 이를 관계인에게 보여주어야 한다.

제 4 절 물류산업의 경쟁력 강화

1 물류산업의 육성

(1) 경쟁력 강화시책 강구

국토교통부장관 및 해양수산부장관은 화주기업에 대하여 운송·보관·하역 등의 물류서비스를 일관되고 통합된 형태로 제공하는 물류기업을 우선적으로 육성하는 등 물류산업의 경쟁력을 강화하는 시책을 강구하여야 한다.

(2) 지 원

국토교통부장관·해양수산부장관 또는 산업통상자원부장관은 물류기업의 육성을 위하여 「물류정책기본법」 또는 ① 「선박의 입항 및 출항 등에 관한 법률」, ② 「검역법」, ③ 「도선법」, ④ 「물류시설의 개발 및 운영에 관한 법률」, ⑤ 「상법」, ⑥ 「철도사업법」, ⑦ 「공항시설법」, ⑧ 「항만법」, ⑨ 「항만운송사업법」, ⑩ 「해운법」, ⑪ 「화물자동차 운수사업법」, ⑫ 「유통산업발전법」, ⑬ 「농수산물 유통 및 가격안정에 관한 법률」, ⑭ 그 밖에 국토교통부장관이 해양수산부장관, 농림축산식품부장관, 산업통상자원부장관과 협의하여 고시하는 법률 등 물류관련 법률에 따라 국가 또는 지방자치단체의 지원을 받는 물류시설에의 우선 입주를 위한 지원과 물류시설·장비의 확충, 물류표준화·정보화 등 물류 효율화에 필요한 자금의 원활한 조달을 위하여 필요한 지원을 할 수 있다.

(3) 물류사업

화주의 수요에 따라 유상으로 물류활동을 영위하는 것을 업으로 하는 것으로 다음 사업을 말한다.

① **화물운송업** : 자동차·철도차량·선박·항공기 또는 파이프라인 등의 운송수단을 통하여 화물을 운송

② **물류시설운영업** : 물류터미널이나 창고 등의 물류시설을 운영

③ **물류서비스업** : 화물운송의 주선, 물류장비의 임대, 물류정보의 처리 또는 물류컨설팅 등의 업무 제공

④ **종합물류서비스업** : ①부터 ③까지의 물류사업을 종합적·복합적으로 영위

◉ 물류사업의 범위

대분류	세분류	세세분류
화물운송업	육상화물운송업	화물자동차 운송사업, 화물자동차 운송가맹사업, 철도사업
	해상화물운송업	외항정기화물운송사업, 외항부정기화물운송사업, 내항화물운송사업
	항공화물운송업	정기항공운송사업, 부정기항공운송사업, 상업서류송달업
	파이프라인운송업	파이프라인운송업
물류시설 운영업	창고업 (공동집배송센터 운영업 포함)	일반창고업, 냉장 및 냉동 창고업, 농수산물 창고업, 위험물품보관업, 그 밖의 창고업
	물류터미널운영업	복합물류터미널, 일반물류터미널, 해상터미널, 공항화물터미널, 화물차전용터미널, 컨테이너화물조작장(CFS), 컨테이너장치장(CY), 물류단지, 집배송단지 등 물류시설의 운영업
물류서비스업	화물취급업 (하역업 포함)	화물의 하역, 포장, 가공, 조립, 상표 부착, 프로그램 설치, 품질검사 등 부가적인 물류업
	화물주선업	국제물류주선업, 화물자동차 운송주선사업
	물류장비임대업	운송장비임대업, 산업용 기계·장비 임대업, 운반용기임대업, 화물자동차임대업, 화물선박임대업, 화물항공기임대업, 운반·적치·하역장비 임대업, 컨테이너·파렛트 등 포장용기임대업, 선박대여업
	물류정보처리업	물류정보 데이터베이스 구축, 물류지원 소프트웨어 개발·운영, 물류관련 전자문서처리업
	물류컨설팅업	물류관련 업무프로세스 개선 관련 컨설팅, 자동창고, 물류자동화 설비 등 도입 관련 컨설팅, 물류관련 정보시스템 도입 관련 컨설팅
	해운부대사업	해운대리점업, 해운중개업, 선박관리업
	항만운송사업	항만하역사업, 검수사업, 감정사업, 검량사업
	항만운송관련업	항만용역업, 선용품공급업, 선박연료공급업, 컨테이너 수리업, 예선업
종합물류 서비스업	종합물류서비스업	종합물류서비스업

(4) 물류기업

물류사업을 1개 이상 영위(실제 매출액이 발생하는 경우를 말한다)하는 물류사업자를 말한다.

2 국제물류주선업

(1) 정 의

타인의 수요에 따라 자기의 명의와 계산으로 타인의 물류시설·장비 등을 이용하여 수출입화물의 물류를 주선하는 사업을 말한다.

(2) 사업의 등록

국제물류주선업을 경영하려는 자는 시·도지사에게 등록하여야 한다.

(3) 등록기준 및 등록기준 신고

① **등록기준**: 등록을 하려는 자는 3억원 이상의 자본금(법인이 아닌 경우에는 6억원 이상의 자산평가액을 말한다)을 보유하고 다음 어느 하나에 해당하는 경우를 제외하고는 1억원 이상의 보증보험에 가입하여야 한다.

> **국제물류주선업의 보증보험 가입제외 대상**
> ㉠ 자본금 또는 자산평가액이 10억원 이상인 경우
> ㉡ 컨테이너장치장을 소유하고 있는 경우
> ㉢ 「은행법」에 따른 은행으로부터 1억원 이상의 지급보증을 받은 경우
> ㉣ 1억원 이상의 화물배상책임보험에 가입한 경우

② **등록기준 신고**
  ㉠ 신고절차 : 국제물류주선업자는 등록기준에 관한 사항을 3년이 경과할 때마다 신고하여야 한다. 국제물류주선업자는 국제물류주선업을 등록한 날부터 3년이 경과할 때(등록기준 신고시점)부터 60일 이내에 국제물류주선업 등록기준 신고서에 첨부서류를 갖추어 시·도지사에게 제출하여야 한다.
  ㉡ 제출서류 및 확인 : 신고시 신고인이 제출하거나 시·도지사가 확인하여야 하는 서류에 관하여는 등록신청을 할 때 제출하여야 하는 서류 및 확인 관련 규정을 준용한다.
  ㉢ 심사 : 시·도지사는 신고를 받은 경우에는 등록기준에 적합한지의 여부를 심사하여야 한다.
  ㉣ 다음 신고시점 기재 : 시·도지사는 심사하여 국제물류주선업 등록기준 신고서를 수리한 때에는 국제물류주선업 등록증 및 국제물류주선업 등록대장에 다음 번의 등록기준 신고시점을 기재하여야 한다.

(4) 등록의 결격사유

다음의 어느 하나에 해당하는 자는 국제물류주선업의 등록을 할 수 없으며, 외국인 또는 외국의 법령에 따라 설립된 법인의 경우에는 해당 국가의 법령에 따라 다음 어느 하나에 해당하는 경우에도 또한 같다.

① 피성년후견인 또는 피한정후견인

② 「물류정책기본법」, 「화물자동차 운수사업법」, 「항공사업법」, 「항공안전법」, 「공항시설법」 또는 「해운법」을 위반하여 금고 이상의 실형을 선고받고 그 집행이 종료(집행이 종료된 것으로 보는 경우를 포함한다)되거나 집행이 면제된 날부터 2년이 지나지 아니한 자

③ 「물류정책기본법」, 「화물자동차 운수사업법」, 「항공사업법」, 「항공안전법」, 「공항시설법」 또는 「해운법」을 위반하여 금고 이상의 형의 집행유예를 선고받고 그 유예기간 중에 있는 자

④ 「물류정책기본법」, 「화물자동차 운수사업법」, 「항공사업법」, 「항공안전법」, 「공항시설법」 또는 「해운법」을 위반하여 벌금형을 선고받고 2년이 지나지 아니한 자

⑤ 등록이 취소(피성년후견인 또는 피한정후견인에 해당하여 등록이 취소된 경우는 제외한다)된 후 2년이 지나지 아니한 자

⑥ 법인으로서 대표자가 위의 어느 하나에 해당하는 경우

⑦ 법인으로서 대표자가 아닌 임원 중에 ②부터 ⑤까지의 어느 하나에 해당하는 사람이 있는 경우

(5) 등록절차

① **등록신청** : 국제물류주선업의 등록을 하려는 자는 국제물류주선업등록·변경등록 신청서(전자문서로 된 신청서 포함)를 시·도지사에게 제출하여야 한다.

② **첨부서류** : 등록신청서에는 다음의 서류(전자문서 포함)를 첨부하여야 한다.

  ㉠ 등록기준에 적합함을 증명하는 서류

  ㉡ 자기명의로 발행할 한글 또는 영문으로 작성된 선하증권 및 항공화물운송장의 양식·약관에 관한 서류

  ㉢ 신청인이 외국인(법인인 경우에는 임원이 외국인인 경우를 말한다)인 경우에는 결격사유에 해당하지 아니함을 확인할 수 있는 다음 구분에 따른 서류

   ⓐ 「외국공문서에 대한 인증의 요구를 폐지하는 협약」을 체결한 국가의 경우
   해당 국가의 정부 그 밖에 권한 있는 기관이 발행한 서류이거나 공증인이 공증한 해당 외국인의 진술서로서 해당 국가의 아포스티유(Apostille) 확인서 발급 권한이 있는 기관이 그 확인서를 발급한 서류

   ⓑ 「외국공문서에 대한 인증의 요구를 폐지하는 협약」을 체결하지 않은 국가의 경우
   해당 국가의 정부 그 밖에 권한 있는 기관이 발행한 서류이거나 공증인이 공증한 해당 외국인의 진술서로서 해당 국가에 주재하는 우리나라 영사가 확인한 서류

  ㉣ 외국인투자기업인 경우에는 「외국인투자 촉진법」에 따른 외국인투자를 증명할 수 있는 서류

③ **확인** : 시·도지사는 국제물류주선업의 등록신청서를 제출받은 경우에는 「전자정부법」에 따른 행정정보의 공동이용을 통하여 다음 정보를 확인하여야 한다. 다만, 다음 정보에 대해서는 신청인이 확인에 동의하지 아니하는 경우에는 해당 서류(외국인인 경우에는 「출입국관리법」에 따른 외국인등록증 사본으로, 재외국민인 경우에는 여권 사본으로 대신할 수 있다)를 첨부하도록 하여야 한다.

　㉠ 신청인이 개인인 경우 : 주민등록증 사본. 다만, 신청인이 직접 신청서를 제출하는 경우에
　　는 주민등록증 등 신분증명서의 제시로 갈음한다.

　㉡ 신청인이 법인(대표자 또는 임원이 외국인인 법인은 제외한다)인 경우 : 법인 등기사항증
　　명서

　㉢ 신청인이 외국인(대표자 또는 임원이 외국인인 법인을 포함한다)인 경우 :「출입국관리법」
　　제88조에 따른 외국인등록 사실증명

　㉣ 외국인이나 외국의 법령에 따라 설립된 법인이 국내에 영업소를 설치하고 등기를 한 경우 :
　　이를 확인할 수 있는 영업소 등기사항증명서

　㉤ 신청인이 「재외국민등록법」 제3조에 따른 재외국민인 경우 : 여권정보

④ **심 사**

　㉠ 시·도지사는 등록신청을 받은 경우에는 등록의 결격사유 유무와 해당 신청이 등록기준에
　　적합한지의 여부를 심사하여야 하며, 그 신청내용이 적합하다고 인정할 때에는 국제물류주
　　선업 등록증을 발급하여야 한다.

　㉡ 시·도지사는 국제물류주선업 등록증을 발급한 때에는 국제물류주선업 등록대장에 이를
　　기록·관리하여야 한다.

(6) 변경등록

① 국제물류주선업을 등록한 자(국제물류주선업자)가 등록한 사항 중 다음과 같은 중요한 사항을
　변경하려는 경우에는 변경등록을 하여야 한다.

> **변경등록 필요사항**
>
> ㉠ 상호
> ㉡ 자본금 또는 자산평가액
> ㉢ 성명(법인인 경우에는 임원의 성명을 말한다) 및 주민등록번호(법인인 경우에는 법인등
> 　록번호를 말한다)
> ㉣ 주사무소 소재지
> ㉤ 국적 또는 소속 국가명

② 국제물류주선업자가 등록한 사항을 변경하려는 경우에는 그 변경사유가 발생한 날부터 60일
　이내에 국제물류주선업 등록·변경등록 신청서에 변경사실을 증명하는 서류를 첨부하여 시·
　도지사에게 제출하여야 한다. 시·도지사는 국제물류주선업자가 그 주사무소를 다른 시·도
　로 이전하기 위하여 변경등록을 신청한 때에는 해당 지역을 관할하는 시·도지사에게 등록관
　련 서류를 이관하여야 한다.

⑺ **사업의 승계**

국제물류주선업자가 그 사업을 양도하거나 사망한 때 또는 법인이 합병한 때에는 그 양수인·상속인 또는 합병 후 존속하는 법인이나 합병으로 설립되는 법인은 국제물류주선업의 등록에 따른 권리·의무를 승계한다. 국제물류주선업의 등록에 따른 권리·의무를 승계한 자는 시·도지사에게 신고하여야 한다. 승계받은 자의 결격사유는 등록 결격사유를 준용한다.

① **사업승계의 신고** : 국제물류주선업의 양도·양수를 신고하려는 자는 양도·양수신고서(전자문서로 된 신고서 포함)를, 상속을 신고하려는 자는 상속신고서(전자문서로 된 신고서 포함)를, 국제물류주선업자인 법인의 합병을 신고하려는 자는 법인합병신고서(전자문서로 된 신고서 포함)를 그 권리·의무를 승계한 날부터 30일 이내에 시·도지사에게 제출하여야 한다.

② **첨부서류** : 각각의 신고서에는 다음의 구분에 따른 서류(전자문서 포함)를 첨부하여야 한다.
　㉠ 사업의 양도·양수신고의 경우
　　ⓐ 양도·양수계약서의 사본
　　ⓑ 양수인(법인인 경우에는 그 임원)이 외국인인 경우에는 결격사유에 해당하지 아니함을 증명하는 해당 국가의 정부, 그 밖의 권한 있는 기관이 발행한 서류 또는 공증인이 공증한 신청인의 진술서로서 「재외공관 공증법」에 따라 해당 국가에 주재하는 대한민국공관의 영사관이 확인한 서류
　　ⓒ 양수인이 외국인투자기업인 경우에는 「외국인투자 촉진법」에 따른 외국인투자를 증명할 수 있는 서류
　㉡ 사업의 상속신고의 경우
　　ⓐ 신고인인 상속인과 피상속인의 관계를 증명하는 서류
　　ⓑ 신고인과 같은 순위의 다른 상속인이 있는 경우에는 그의 동의서
　　ⓒ 피상속인이 사망하였음을 증명하는 서류
　　ⓓ 상속인이 외국인인 경우에는 결격사유에 해당하지 아니함을 증명하는 해당 국가의 정부, 그 밖의 권한 있는 기관이 발행한 서류 또는 공증인이 공증한 신청인의 진술서로서 「재외공관 공증법」에 따라 해당 국가에 주재하는 대한민국공관의 영사관이 확인한 서류
　㉢ 법인의 합병신고의 경우
　　ⓐ 합병계약서의 사본
　　ⓑ 합병당사자인 법인의 최근 1년 이내의 사업용 고정자산의 명세서
　　ⓒ 합병 후 존속하거나 합병으로 설립되는 법인의 임원이 외국인인 경우에는 결격사유에 해당하지 아니함을 증명하는 해당 국가의 정부, 그 밖의 권한 있는 기관이 발행한 서류 또는 공증인이 공증한 신청인의 진술서로서 「재외공관 공증법」에 따라 해당 국가에 주재하는 대한민국공관의 영사관이 확인한 서류
　　ⓓ 합병 후 존속하거나 합병으로 설립되는 법인이 외국인투자기업인 경우에는 「외국인투자 촉진법」에 따른 외국인투자를 증명할 수 있는 서류

ㄹ 확인: 시·도지사는 신고서를 제출받은 경우에는 「전자정부법」에 따른 행정정보의 공동
이용을 통하여 양수인과 합병 후 존속하거나 합병으로 설립되는 법인에 관한 등록 신청을
할 때 확인해야 하는 정보를 확인하여야 한다. 이 경우 신청인이 확인에 동의하지 아니하
는 경우에는 해당 서류(외국인인 경우에는 「출입국관리법」에 따른 외국인등록증 사본으로,
재외국민인 경우에는 여권 사본으로 대신할 수 있다)를 첨부하도록 하여야 한다.

⑻ **사업의 휴업·폐업 관련 정보의 제공 요청**

시·도지사는 국제물류주선업자의 휴업·폐업 사실을 확인하기 위하여 필요한 경우에는 관할 세
무관서의 장에게 휴업·폐업에 관한 과세정보의 제공을 요청할 수 있다. 이 경우 요청을 받은 세
무관서의 장은 정당한 사유가 없으면 그 요청에 따라야 한다. 시·도지사는 관할 세무관서의 장에
게 국제물류주선업자의 휴업·폐업에 관한 과세정보의 제공을 요청하는 경우에는 해당 국제물류
주선업자의 「소득세법」 제168조 제3항, 「법인세법」 제111조 제3항 또는 「부가가치세법」 제8조 제
5항에 따른 사업자등록번호를 명시하여야 한다.

⑼ **행정처분**

① **사유**: 시·도지사는 국제물류주선업자가 다음에 해당하는 경우에는 등록을 취소하거나 6개
월 이내의 기간을 정하여 사업의 전부 또는 일부의 정지를 명할 수 있다.

◉ 위반행위별 처분기준

위반행위	처분내용			
	1차 위반	2차 위반	3차 위반	4차 위반
거짓이나 그 밖의 부정한 방법으로 등록을 한 경우	등록취소			
결격사유(사업 승계를 할 때 준용하는 경우를 포함한다)에 해당하게 된 경우[그 지위를 승계받은 상속인이 결격사유의 어느 하나에 해당하는 경우에 상속일부터 3개월 이내에 그 사업을 다른 사람에게 양도한 경우와 법인(합병 후 존속하는 법인 또는 합병으로 설립되는 법인을 포함한다)이 임원 중에 결격사유에 해당하는 경우에 그 사유가 발생한 날(법인이 합병하는 경우에는 합병일을 말한다)부터 3개월 이내에 해당 임원을 개임한 경우에는 그러하지 아니하다]	등록취소			
다른 사람에게 자기의 성명 또는 상호를 사용하여 영업을 하게 하거나 등록증을 대여한 때	등록취소			
등록기준에 못 미치게 된 때	경고	사업정지 30일	사업정지 60일	등록취소
등록기준 신고를 하지 아니하거나 거짓으로 신고한 때	경고	사업정지 30일	사업정지 60일	등록취소

② **폐업사실의 확인** : 다음 어느 하나에 해당하는 때에는 국제물류주선업자의 폐업사실을 확인한 것으로 본다.
- ㉠ 폐업사실이 게시된 것을 확인한 때
- ㉡ 법인 등기사항증명서가 말소된 것을 확인한 때
- ㉢ 사업자등록이 말소된 것을 확인한 때

③ **공고** : 시·도지사는 등록을 취소하는 경우에는 그 내용을 공보 또는 인터넷 홈페이지에 20일 이상 공고하여야 한다.

(10) 과징금

① **과징금의 부과** : 시·도지사는 국제물류주선업자에게 사업의 정지를 명하여야 하는 경우로서 그 사업의 정지가 당해 사업의 이용자 등에게 심한 불편을 주는 경우에는 그 사업정지처분을 갈음하여 1천만원 이하의 과징금을 부과할 수 있다.

② **대상과 금액**
- ㉠ 시·도지사가 과징금을 부과하는 경우는 국제물류주선업 등록기준에 못 미치게 되거나 등록기준 신고를 하지 않거나 거짓으로 신고한 때이며 과징금액은 2차 위반때에는 100만원, 3차 위반때에는 200만원이다.
- ㉡ 시·도지사는 국제물류주선업자의 사업규모, 사업지역의 특수성, 위반행위의 정도 및 횟수 등을 고려하여 과징금의 금액의 2분의 1의 범위에서 이를 늘리거나 줄일 수 있다. 이 경우 과징금을 늘리더라도 과징금의 총액은 1천만원을 초과할 수 없다.

③ **과징금의 부과 및 납부**
- ㉠ 시·도지사는 위반행위를 한 자에 대하여 과징금을 부과하려는 경우에는 해당 위반행위를 조사·확인한 후 위반사실, 이의방법, 이의기간 등을 서면으로 명시하여 이를 낼 것을 과징금 부과대상자에게 통지하여야 한다.
- ㉡ 통지를 받은 자는 통지를 받은 날부터 20일 이내에 시·도지사가 정하는 수납기관에 과징금을 내야 한다. 다만, 천재지변이나 그 밖의 부득이한 사유로 그 기간 안에 과징금을 낼 수 없는 경우에는 그 사유가 없어진 날부터 7일 이내에 내야 한다.
- ㉢ 과징금의 납부를 받은 수납기관은 그 납부자에게 영수증을 교부하여야 한다. 과징금의 수납기관은 과징금영수증을 교부한 때에는 시·도지사에게 영수필통지서를 송부하여야 한다.
- ㉣ 과징금은 분할하여 낼 수 없다.
- ㉤ 과징금을 기한 내에 납부하지 아니한 때에는 시·도지사는 「지방행정제재·부과금의 징수 등에 관한 법률」에 따라 징수한다.

(11) 과태료

과태료는 대통령령으로 정하는 바에 따라 국토교통부장관, 해양수산부장관 또는 시·도지사가 부과·징수한다. 과태료 부과 사유와 부과기준은 다음과 같다.

1. 일반기준

　가. 위반행위의 횟수에 따른 과태료의 가중된 부과기준은 최근 1년 동안 같은 위반행위로 과태료 부과처분을 받은 경우에 적용한다. 이 경우 기간의 계산은 같은 위반행위에 대하여 과태료 부과처분을 받은 날과 그 처분 후 다시 같은 위반행위를 하여 적발된 날을 기준으로 하여 계산한다.

　나. 가목에 따라 가중된 부과처분을 하는 경우 가중처분의 적용 차수는 그 위반행위 전 부과처분 차수(가목에 따른 기간 내에 과태료 부과처분이 둘 이상 있었던 경우에는 높은 차수를 말한다)의 다음 차수로 한다.

　다. 부과권자는 다음의 어느 하나에 해당하는 경우에는 제2호의 개별기준에 따른 과태료 금액의 2분의 1 범위에서 그 금액을 줄일 수 있다. 다만, 과태료를 체납하고 있는 위반행위자의 경우에는 그렇지 않다.

　　1) 위반행위자가 「질서위반행위규제법 시행령」 제2조의2 제1항 각 호의 어느 하나에 해당하는 경우

　　2) 위반행위가 사소한 부주의나 오류 등으로 인한 것으로 인정되는 경우

　　3) 위반행위를 지체없이 정정하거나 시정하여 해소한 경우

　　4) 그 밖에 위반행위의 정도, 위반행위의 동기와 그 결과 등을 고려하여 감경할 필요가 있다고 인정되는 경우

　라. 부과권자는 다음의 어느 하나에 해당하는 경우에는 제2호의 개별기준에 따른 과태료 금액의 2분의 1 범위에서 그 금액을 늘릴 수 있다. 다만, 법 제73조에 따른 과태료 금액의 상한을 넘을 수 없다.

　　1) 위반의 내용 및 정도가 중대하고, 이로 인한 피해가 크다고 인정되는 경우

　　2) 법 위반상태의 기간이 6개월 이상인 경우

　　3) 그 밖에 위반행위의 정도, 위반행위의 동기와 그 결과 등을 고려하여 과태료 금액을 늘릴 필요가 있다고 인정되는 경우

2. 개별기준

위반행위	과태료 금액		
	1차 위반	2차 위반	3차 이상 위반
가. 법 제7조 제2항, 제11조 제3항(법 제13조 제2항에서 준용하는 경우를 포함한다) 또는 제15조 제1항(법 제16조 제2항에서 준용하는 경우를 포함한다)에 따른 자료를 제출하지 않거나 거짓의 자료를 제출한 경우(법 제7조 제2항 제3호, 제11조 제3항 제3호 및 제15조 제1항 제3호에 해당하는 경우만 해당한다)	50만원	100만원	150만원
나. 단말장치를 장착하지 않은 경우	50만원	100만원	200만원
다. 단말장치를 점검·관리하지 않거나 단말장치의 작동을 유지하지 않은 경우	50만원	100만원	200만원

라. 운송계획정보를 입력하지 않거나 거짓으로 입력한 경우	50만원	100만원	200만원
마. 법 제29조의2 제8항을 위반하여 정당한 사유 없이 출입·조사를 거부·방해 또는 기피한 경우	50만원	100만원	200만원
바. 인증마크를 계속 사용한 경우	50만원	100만원	200만원
사. 국제물류주선업 변경등록을 하지 않은 경우			
1) 변경등록 지연기간이 10일 이하인 경우	10만원	20만원	30만원
2) 변경등록 지연기간이 10일 초과 90일 미만인 경우	10만원에 11일째부터 계산하여 1일마다 1만5천원을 더한 금액	20만원에 11일째부터 계산하여 1일마다 1만5천원을 더한 금액	30만원에 11일째부터 계산하여 1일마다 1만5천원을 더한 금액
3) 변경등록 지연기간이 90일 이상인 경우	130만원	140만원	150만원
아. 법 제45조에 따른 신고를 하지 않은 경우			
1) 신고 지연기간이 10일 이하인 경우	10만원	20만원	30만원
2) 신고 지연기간이 10일 초과 90일 미만인 경우	10만원에 11일째부터 계산하여 1일마다 1만5천원을 더한 금액	20만원에 11일째부터 계산하여 1일마다 1만5천원을 더한 금액	30만원에 11일째부터 계산하여 1일마다 1만5천원을 더한 금액
3) 신고 지연기간이 90일 이상인 경우	130만원	140만원	150만원
자. 법 제60조의6 제2항을 위반하여 지정표시를 계속 사용한 경우	50만원	100만원	200만원

⑿ **자금의 지원**

국가는 국제물류주선업의 육성을 위하여 필요하다고 인정하는 경우에는 국제물류주선업자에게 그 사업에 필요한 소요자금의 융자 등 필요한 지원을 할 수 있다.

3 제3자 물류의 촉진

⑴ **제3자 물류**

화주가 그와 「법인세법 시행령」에서 규정하고 있는 특수관계자의 범위에 해당하지 아니한 물류기업에 물류활동의 일부 또는 전부를 위탁하는 것을 말한다.

⑵ **시책 강구**

국토교통부장관은 해양수산부장관 및 산업통상자원부장관과 협의하여 화주기업과 물류기업의 제3자물류 촉진을 위한 시책을 수립·시행하고 지원하여야 한다.

01

(3) **지 원**

화주기업 또는 물류기업이 다음 각 호의 어느 하나에 해당하는 활동을 하는 때에는 행정적·재정적 지원을 할 수 있다.

① 제3자물류를 활용하기 위한 목적으로 화주기업이 물류시설을 매각·처분하거나 물류기업이 물류시설을 인수·확충하려는 경우

② 제3자물류를 활용하기 위한 목적으로 물류컨설팅을 받으려는 경우

③ 그 밖에 제3자물류 촉진을 위하여 필요하다고 인정하는 경우

(4) **홍 보**

국토교통부장관은 해양수산부장관 및 산업통상자원부장관과 협의하여 제3자 물류 활용을 촉진하기 위하여 제3자 물류 활용의 우수사례를 발굴하고 홍보할 수 있다.

4 물류신고센터

(1) **설 치**

국토교통부장관 또는 해양수산부장관은 물류시장의 건전한 거래질서를 조성하기 위하여 물류신고센터를 설치·운영할 수 있다.

(2) **신고 대상**

누구든지 물류시장의 건전한 거래질서를 해치는 다음 행위로 분쟁이 발생하는 경우 그 사실을 물류신고센터에 신고할 수 있다.

① 화물의 운송·보관·하역 등에 관하여 체결된 계약을 정당한 사유 없이 이행하지 아니하거나 일방적으로 계약을 변경하는 행위

② 화물의 운송·보관·하역 등의 단가를 인하하기 위하여 고의적으로 재입찰하거나 계약단가 정보를 노출하는 행위

③ 화물의 운송·보관·하역 등에 관하여 체결된 계약의 범위를 벗어나 과적·금전 등을 제공하도록 강요하는 행위

④ 화물의 운송·보관·하역 등에 관하여 유류비의 급격한 상승 등 비용 증가분을 계약단가에 반영하는 것을 지속적으로 회피하는 행위

(3) **신고센터 설치 및 운영**

물류신고센터는 다음 업무를 수행한다.

① 신고의 접수, 신고 내용에 대한 사실관계 확인 및 조사

② 조정의 권고

③ 자료의 제출 또는 보고의 요구

④ 그 밖에 신고업무 처리에 필요한 사항

물류신고센터의 장은 국토교통부 또는 해양수산부의 물류정책을 총괄하는 부서의 장으로서 국토
교통부장관 또는 해양수산부장관이 지명하는 사람이 된다.

(4) 물류분쟁의 신고 및 관리 절차

① **물류분쟁의 신고**: 분쟁 사실을 신고하려는 자는 신고서(전자문서로 된 신고서를 포함한다)를
물류신고센터에 제출해야 한다.

신고서를 받은 물류신고센터는 다음 사항을 확인할 수 있다.

㉠ 신고 대상에 해당하는지에 대한 사실관계의 확인

㉡ 신고자 및 피신고자의 인적사항

㉢ 신고 내용을 증명할 수 있는 참고인 또는 증거자료의 확보 여부

㉣ 신고 내용의 확인 시 물류신고센터 및 관계 공무원 외의 자에게 신고자의 신분을 밝히거나
암시하는 것에 대한 동의 여부

② **보완**: 물류신고센터는 확인 결과 보완이 필요하다고 인정하는 때에는 신고자로 하여금 15일
이내의 기간을 정하여 그 내용을 보완하게 할 수 있다. 다만, 15일 이내에 자료를 보완하기
곤란한 사유가 있다고 인정되는 경우에는 신고자와 협의하여 보완기간을 따로 정할 수 있다.

③ **물류분쟁 신고의 처리**: 물류신고센터는 신고서를 받은 날부터 60일 이내에 신고를 처리하고
그 결과를 신고자에게 통지해야 한다. 이 경우 보완기간은 제외한다. 물류신고센터는 신고서
를 받은 날부터 60일 이내에 처리가 곤란한 경우에는 30일 이내의 범위에서 그 기간을 연장할
수 있다. 이 경우 그 사유와 연장기간을 신고자에게 미리 통지해야 한다.

④ **물류분쟁 신고의 종결처리**: 물류신고센터는 다음에 해당하는 경우 접수된 신고를 종결할 수
있다. 이 경우 종결 사실과 그 사유를 신고자에게 서면 등의 방법으로 통보해야 한다.

㉠ 신고 내용이 명백히 거짓인 경우

㉡ 신고자가 보완요구를 받고도 보완기간에 보완을 하지 않는 경우

㉢ 신고에 대한 처리결과를 통보받은 사항에 대하여 정당한 사유 없이 다시 신고한 경우로서
새로운 증거자료 또는 참고인이 없는 경우

㉣ 신고 내용이 재판에 계류 중이거나 법원의 판결에 의해 확정된 경우

㉤ 신고 내용이 이미 수사나 감사 중에 있는 경우

㉥ 그 밖에 신고 내용을 확인할 수 없는 등 분쟁 처리가 불가능하다고 물류신고센터의 장이
인정하는 경우

⑤ **기록·관리과 비밀누설 금지**: 물류신고센터는 접수된 신고 내용을 접수대장에 기록·관리해
야 한다. 이 경우 전자적 방법으로 기록·관리할 수 있다. 물류신고센터와 관련한 직무에 종사
하거나 종사했던 사람(위탁받은 업무를 처리하거나 처리했던 사람을 포함한다)은 그 직무상 알
게 된 사업자의 비밀을 누설하거나 목적 외에 이를 이용해서는 안 된다.

⑥ **조정의 권고** : 물류신고센터가 조정을 권고하는 경우에는 다음 사항을 명시하여 서면으로 통지해야 한다.

㉠ 신고의 주요내용

㉡ 조정권고 내용

㉢ 조정권고에 대한 수락 여부 통보기한

㉣ 향후 신고 처리에 관한 사항

⑸ **조 정**

국토교통부장관 또는 해양수산부장관은 신고의 내용이 타인이나 국가 또는 지역 경제에 피해를 발생시키거나 발생시킬 우려가 있다고 인정하는 때에는 국토교통부령 또는 해양수산부령으로 정하는 바에 따라 해당 화주기업 또는 물류기업 등 이해관계인에게 조정을 권고할 수 있다. 국토교통부장관 또는 해양수산부장관은 조정의 권고를 위하여 필요한 경우 해당 화주기업 또는 물류기업 등 이해관계인에게 국토교통부령 또는 해양수산부령으로 정하는 자료를 제출하게 하거나 보고하게 할 수 있다. 국토교통부장관 또는 해양수산부장관은 조정의 권고를 위하여 필요한 경우 관계 공무원으로 하여금 해당 화주기업 또는 물류기업 등 이해관계인의 사업장 또는 그 밖의 장소에 출입하여 장부나 서류, 그 밖의 물건을 조사하게 할 수 있다. 이 경우 조사를 하는 공무원은 그 권한을 표시하는 증표를 지니고 이를 관계인에게 내보여야 한다.

⑹ **자문위원회**

물류분쟁에 대한 조정의 권고 등 물류신고센터의 업무와 그 운영에 대한 국토교통부장관 또는 해양수산부장관의 자문에 응하게 하기 위하여 국토교통부 또는 해양수산부에 자문위원회를 둘 수 있다. 따른 자문위원회의 구성과 운영에 필요한 사항은 국토교통부장관 또는 해양수산부장관이 각각 정한다.

⑺ **관계기관 통보**

국토교통부장관 또는 해양수산부장관은 신고의 내용이 「독점규제 및 공정거래에 관한 법률」, 「하도급거래 공정화에 관한 법률」, 「대리점거래의 공정화에 관한 법률」 등 다른 법률을 위반하였다고 판단되는 때에는 관계부처에 신고의 내용을 통보하여야 한다.

⑻ **자료제출 및 보고**

물류신고센터는 해당 화주기업 또는 물류기업 등 이해관계인에게 다음 자료를 제출하게 하거나 관련 사항을 보고하게 할 수 있다.

① 계약서, 거래내역 등 분쟁과 관련된 자료

② 신고 내용을 확인하거나 증명하는 데 필요한 자료

③ 그 밖에 조정의 권고를 위하여 필요하다고 인정하는 자료

4 우수물류기업

(1) 우수물류기업의 인증

① 인증 : 국토교통부장관 및 해양수산부장관은 물류기업의 육성과 물류산업 발전을 위하여 소관 물류기업을 각각 우수물류기업으로 인증할 수 있다. 우수물류기업의 인증은 물류사업별로 운영할 수 있다.

② 물류사업별 우수물류기업 인증의 주체와 대상 : 사업별 인증의 주체와 대상은 다음과 같다.

물류사업	인증 대상 물류기업	인증 주체
화물운송업	화물자동차운송기업	국토교통부장관
물류시설운영업	물류창고기업	국토교통부장관 또는 해양수산부장관(「항만법」 제2조 제4호에 따른 항만구역에 있는 창고를 운영하는 기업의 경우만 해당한다)
물류서비스업	국제물류주선기업	국토교통부장관
	화물정보망기업	국토교통부장관
종합물류서비스업	종합물류서비스기업	국토교통부장관·해양수산부장관 공동

③ 요건 : 우수물류기업 인증의 요건은 다음과 같다.

인증 대상 물류기업	인증기준
화물 자동차 운송기업	다음 요건을 모두 갖출 것 가. 「화물자동차 운수사업법」 제3조 제1항에 따른 화물자동차 운송사업의 허가를 받은 자일 것 나. 화물운송에 관한 정보를 화주에게 원활하게 제공할 수 있도록 화물운송에 관한 정보시스템을 갖출 것 다. 교통사고로 인한 피해의 예방체계 등을 갖출 것 라. 안정적인 운송서비스 제공이 가능한 경영상태를 유지할 것 마. 그 밖에 국토교통부장관과 해양수산부장관이 공동으로 정하여 고시하는 기준을 충족할 것
물류창고 기업	다음 요건을 모두 갖출 것 가. 「물류시설의 개발 및 운영에 관한 법률」 제21조의2 제1항에 따른 물류창고업의 등록을 한 자일 것 나. 화물의 안전한 보관을 위하여 화재보험 가입 등 화재예방 및 화재대응 매뉴얼을 갖출 것 다. 창고 운영을 위한 정보시스템 및 운영 매뉴얼을 갖출 것 라. 국내외 화물의 보관 실적 및 고용창출 실적이 우수할 것 마. 그 밖에 국토교통부장관과 해양수산부장관이 공동으로 정하여 고시하는 기준을 충족할 것

국제물류주선기업	다음 요건을 모두 갖출 것 가. 국제물류주선업의 등록을 한 자일 것 나. 총매출액 중 제3자 물류의 매출액 비율이 50퍼센트 이상일 것 다. 자기 명의로 발행하는 선하증권 및 항공화물 운송장이 연간 3천 건 이상일 것 라. 거래하는 수출 또는 수입 화물이 도착하는 국가가 연간 5개국 이상일 것 마. 그 밖에 국토교통부장관과 해양수산부장관이 공동으로 정하여 고시하는 기준을 충족할 것
화물정보망기업	다음 요건을 모두 갖출 것 가. 화물운송 거래정보 관리체계가 우수할 것 나. 화물정보망 운영의 안정성 및 보안관리가 양호할 것 다. 화물정보망의 이용 및 거래 실적이 적정할 것 라. 화물운송거래의 투명화 및 서비스 개선을 위한 실적이 양호할 것 마. 그 밖에 국토교통부장관과 해양수산부장관이 공동으로 정하여 고시하는 기준을 충족할 것
종합물류서비스기업	다음 각 목의 요건의 어느 하나에 해당하는 자일 것 가. 화물자동차운송기업, 물류창고기업, 국제물류주선기업까지의 인증을 모두 받거나, 화물자동차운송기업, 물류창고기업 및 화물정보망기업의 인증을 모두 받은 자일 것 나. 다음의 요건을 모두 갖춘 자일 것 　1) 물류사업 대분류(종합물류서비스업은 제외한다)별 세분류에 해당하는 물류사업을 각각 1개 이상씩 영위할 것 　2) 영위하는 1개 물류사업의 매출액이 각각 전체 물류사업 총매출액의 3퍼센트 이상 또는 30억원 이상일 것 　3) 전체 물류사업 총매출액 중 제3자 물류의 매출액 비율이 40퍼센트 이상일 것 　4) 그 밖에 국토교통부장관과 해양수산부장관이 공동으로 정하여 고시하는 기준을 충족할 것 🔶비 고 종합물류서비스기업의 인증기준을 충족하는 물류기업은 해당 물류기업이 영위하는 물류사업에 대하여 자동차, 창고, 주선, 정보망의 인증기준을 충족한 것으로 본다.

④ **인증신청** : 우수물류기업으로 인증을 받으려는 자는 우수물류기업 인증신청서에 다음 서류를 첨부하여 「물류정책기본법 시행령」 별표 1의2에 따른 인증 대상별 인증 주체의 구분에 따라 국토교통부장관 또는 해양수산부장관에게 제출하여야 한다. 이 경우 인증 대상이 종합물류서비스기업인 경우에는 주된 물류사업을 관장하는 인증 주체에게 제출하여야 한다.

㉠ 최근 3년간의 재무제표
㉡ 최근 3년간의 「부가가치세법」 제32조에 따른 세금계산서
㉢ 그 밖에 국토교통부장관과 해양수산부장관이 공동으로 정하여 고시하는 서류

⑤ **확인**: 신청을 받은 국토교통부장관 또는 해양수산부장관은 「전자정부법」 제36조 제1항에 따른 행정정보의 공동이용을 통하여 법인 등기사항증명서 및 사업자등록증을 확인하여야 한다. 다만, 신청인이 사업자등록증의 확인에 동의하지 아니하는 경우에는 사업자등록증 사본을 첨부하게 하여야 한다.

⑥ **심사**(인증심사의 기간): 국토교통부장관 및 해양수산부장관은 인증신청을 받은 경우에는 그 신청이 인증기준에 적합한지를 90일 이내에 심사하여야 한다.

⑦ **인증서 발급 및 공고**: 국토교통부장관 또는 해양수산부장관은 인증신청을 심사한 결과 인증기준에 적합하다고 인정되는 경우에는 신청인을 우수물류기업으로 인증하고, 신청인에게 우수물류기업 인증서를 발급하여야 한다. 국토교통부장관 또는 해양수산부장관은 우수물류기업 인증을 한 경우에는 그 사실을 관보나 국토교통부 또는 해양수산부의 인터넷 홈페이지에 공고하여야 한다.

⑧ **인증우수물류기업에 대한 점검**

　⑴ 국토교통부장관 또는 해양수산부장관은 우수물류기업으로 인증을 받은 자(인증우수물류기업)가 요건을 유지하는지에 대하여 인증한 날을 기준으로 3년마다(매 3년이 되는 해의 기준일과 같은 날 전까지를 말한다) 정기 점검을 실시하여야 한다.

　⑴ 국토교통부장관 또는 해양수산부장관은 인증우수물류기업이 요건을 유지하지 못한다고 판단되는 경우에는 수시 점검을 실시할 수 있다.

⑨ **수수료**: 수수료는 다음 구분에 따른 금액으로 한다.

　⑴ 우수물류기업의 인증신청 수수료: 300만원

　⑴ 우수물류기업의 점검신청 수수료: 150만원

수수료는 현금, 신용카드, 정보통신망을 이용한 전자화폐 또는 전자결제 등의 방법으로 납부하여야 한다. 수수료의 납부 등에 필요한 사항은 국토교통부장관과 해양수산부장관이 공동으로 정하여 고시한다.

⑵ **인증우수물류기업 인증의 취소**

① **인증 취소사유**: 국토교통부장관 또는 해양수산부장관은 소관 인증우수물류기업이 다음의 어느 하나에 해당하는 경우에는 그 인증을 취소할 수 있다. 다만, 거짓이나 그 밖의 부정한 방법으로 인증을 받은 경우에는 인증을 취소하여야 한다.

> **인증 취소사유**
> ⑴ 거짓이나 그 밖의 부정한 방법으로 인증을 받은 경우
> ⑴ 물류사업으로 인하여 공정거래위원회로부터 시정조치 또는 과징금 부과 처분을 받은 경우
> ⑴ 점검을 정당한 사유 없이 3회 이상 거부한 경우
> ⑴ 인증기준에 맞지 아니하게 된 경우
> ⑴ 다른 사람에게 자기의 성명 또는 상호를 사용하여 영업을 하게 하거나 인증서를 대여한 경우

② **인증 취소 후 조치** : 인증우수물류기업은 우수물류기업의 인증이 취소된 경우에는 인증서를 반납하고, 인증마크의 사용을 중지하여야 한다.

(3) **인증심사 대행기관**

① **업무** : 국토교통부장관 및 해양수산부장관은 우수물류기업의 인증과 관련하여 우수물류기업 인증심사 대행기관(심사대행기관)을 공동으로 지정하여 다음 업무를 하게 할 수 있다.
  ㉠ 인증신청의 접수
  ㉡ 요건에 맞는지에 대한 심사
  ㉢ 점검의 대행
  ㉣ 인증의 심사방법, 심사절차 등 인증업무에 대한 세부규정 마련
  ㉤ 인증심사계획 및 점검계획의 수립 및 결과 보고
  ㉥ 인증심사위원의 관리
  ㉦ 인증제도 및 인증우수물류기업에 대한 홍보
  ㉧ 인증제도에 대한 연구
  ㉨ 인증심사위원회의 구성 및 운영
  ㉩ 수수료의 수납 및 관리
  ㉪ 그 밖에 국토교통부장관과 해양수산부장관이 공동으로 정하여 고시하는 업무

② **심사대행기관의 지정 및 공고**
  ㉠ 심사대행기관은 다음 어느 하나에 해당하는 기관 중에서 지정한다.
    ⓐ 공공기관
    ⓑ 정부출연연구기관
  ㉡ 국토교통부장관과 해양수산부장관은 심사대행기관을 지정한 때에는 그 사실을 관보에 공고하여야 한다.

③ **운영 및 지원**
  ㉠ 심사대행기관의 장은 업무를 수행할 때 필요한 경우에는 관계 행정기관 또는 관련 있는 기관에 협조를 요청할 수 있다.
  ㉡ 심사대행기관의 조직 및 운영 등에 필요한 사항은 공동부령으로 정한다.
  ㉢ 국토교통부장관 및 해양수산부장관은 심사대행기관을 지도·감독하고, 그 운영비의 일부를 지원할 수 있다.
  ㉣ 우수물류기업 인증심사 대행기관(이하 심사대행기관)에는 우수물류기업 인증과 관련한 업무를 수행하기 위한 전담기구(이하 전담기구)를 설치하여야 한다. 전담기구에는 책임자와 필요한 직원을 두어야 한다. 전담기구의 책임자는 물류 분야의 박사학위를 취득한 사람 또는 물류 관련 업무에 15년 이상 종사한 사람이어야 한다.

④ **위원회** : 심사대행기관은 심사의 공정성과 중립성을 확보하기 위하여 물류 관련 전문가로 구성된 인증심사위원회를 설치·운영하여야 한다.

⑤ **준수사항** : 심사대행기관은 다음 사항을 준수하여야 한다.

　　㉠ 심사 결과의 원본 자료와 일치하도록 인증심사대장을 작성할 것

　　㉡ 심사 결과의 원본 자료와 인증심사대장을 3년간 보관할 것

　　㉢ 국토교통부장관과 해양수산부장관이 공동으로 정하여 고시하는 준수사항을 지킬 것

⑥ **서류작성 및 제출** : 심사대행기관은 인증심사대장을 작성・비치하고, 매 분기 종료일부터 30일 이내에 인증심사 실적을 국토교통부장관 또는 해양수산부장관에게 제출하여야 한다.

⑦ **심사대행기관의 지정취소** : 국토교통부장관 및 해양수산부장관은 심사대행기관이 거짓 또는 부정한 방법으로 지정을 받은 경우에는 공동으로 그 지정을 취소해야 한다. 고의 또는 중대한 과실로 인증 기준 및 절차를 위반한 경우나 정당한 사유 없이 인증업무를 거부한 경우에는 그 지정을 취소할 수 있다.

(4) 인증서와 인증마크

① 국토교통부장관 또는 해양수산부장관은 소관 인증우수물류기업에 대하여 인증우수물류기업에 인증서를 교부하고, 인증을 나타내는 표시(인증마크)를 제정하여 인증우수물류기업이 사용하게 할 수 있다.

② 인증마크의 도안 및 표시방법 등에 대하여는 국토교통부장관 및 해양수산부장관이 공동으로 정하여 고시한다.

③ 인증우수물류기업이 아닌 자는 거짓의 인증마크를 제작・사용하거나 그 밖의 방법으로 인증 우수물류기업임을 사칭하여서는 아니 된다.

④ 인증우수물류기업은 해당 기업에 대하여 또는 해당 기업이 취급하는 포장・용기・홍보물 등에 인증을 나타내는 표시(인증마크)를 사용할 수 있다.

▐▌▌ 5 우수녹색물류실천기업 지정

(1) 지 정

국토교통부장관은 환경친화적 물류활동을 모범적으로 하는 물류기업과 화주기업을 우수기업으로 지정할 수 있다.

(2) 우수녹색물류실천기업의 지정기준

우수기업으로 지정받으려는 자는 국토교통부장관이 정하여 고시하는 바에 따라 다음 평가항목에 대한 합산 점수가 80점 이상이어야 하고, 평가항목별 배점의 5할 이상을 취득하여야 한다.

① 물류시설, 운송수단 등에 관한 환경친화적 물류활동의 관리범위 설정 및 관리체계 구축

② 물류분야 에너지, 온실가스 및 화물운송량 관리수준

③ 환경친화적 물류활동에 관한 사업추진 계획 수립 및 이행 실적

④ 물류분야 에너지 사용량 또는 온실가스 배출량에 관한 감축목표 설정 및 달성률

⑤ 환경친화적 물류활동에 대한 효과분석 및 정부 보고

01

(3) **지정절차**

① **신 청**

㉠ 우수녹색물류실천기업으로 지정받으려는 자는 우수녹색물류실천기업 지정신청서에 다음 서류를 첨부하여 우수녹색물류실천기업 지정심사 대행기관(지정심사대행기관)에 제출하여야 한다.

ⓐ 법인 등기사항증명서(법인인 경우만 해당한다)

ⓑ 사업자등록증

ⓒ 평가항목별 평가를 위하여 필요한 보고서 및 입증자료로서 국토교통부장관이 정하여 고시하는 서류

㉡ 다만, 「전자정부법」에 따른 행정정보의 공동이용을 통하여 첨부서류에 대한 정보를 확인할 수 있는 경우에는 그 확인으로 첨부서류의 제출에 갈음할 수 있다.

② **지정증 발급**: 국토교통부장관은 지정 신청한 자가 지정기준을 충족하는 경우에는 그 신청자에게 지정증을 발급한다.

③ **고시**: 우수녹색물류실천기업의 지정에 필요한 평가항목, 평가지표, 평가방법, 지정절차 및 지정방법 등에 관하여 필요한 사항은 국토교통부장관이 정하여 고시한다.

(4) **점 검**

국토교통부장관은 지정받은 자가 지정기준을 적합하게 유지하고 있는지를 2년마다 정기적으로 점검하여야 한다.

(5) **우수녹색물류실천기업 지정증과 지정표시**

① 국토교통부장관은 우수녹색물류실천기업에 지정증을 발급하고, 지정을 나타내는 표시(이하 '지정표시'라 한다)를 정하여 우수녹색물류실천기업이 사용하게 할 수 있다.

② 지정표시의 도안 및 표시 방법 등에 대해서는 국토교통부장관이 정하여 고시한다.

③ 우수녹색물류실천기업이 아닌 자는 지정표시나 이와 유사한 표시를 하여서는 아니 된다.

(6) **우수녹색물류실천기업의 지정취소**

① **사유**: 국토교통부장관은 우수녹색물류실천기업이 다음 어느 하나에 해당하는 경우에는 그 지정을 취소할 수 있다. 다만, 거짓이나 그 밖의 부정한 방법으로 지정을 받은 경우에는 지정을 취소하여야 한다.

㉠ 거짓이나 그 밖의 부정한 방법으로 지정을 받은 경우

㉡ 지정 요건을 충족하지 아니하게 된 경우

㉢ 점검을 정당한 사유 없이 3회 이상 거부한 경우

② **반납 및 중지**: 우수녹색물류실천기업은 지정이 취소된 경우에는 지정증을 반납하고, 지정표시의 사용을 중지하여야 한다.

⑺ **우수녹색물류실천기업 지정심사대행기관**

① **지정 및 업무**: 국토교통부장관은 우수녹색물류실천기업 지정과 관련하여 우수녹색물류실천기업 지정심사대행기관(이하 "지정심사대행기관"이라 한다)을 지정하여 다음 업무를 하게 할 수 있다.

㉠ 우수녹색물류실천기업 지정신청의 접수

㉡ 우수녹색물류실천기업의 지정기준에 충족하는지에 대한 심사

㉢ 우수녹색물류실천기업에 대한 점검

㉣ 우수녹색물류실천기업에 대한 홍보

② **지정대상**: 지정심사대행기관은 대통령령으로 정하는 바에 따라 다음 어느 하나에 해당하는 기관 중에서 지정한다.

㉠ 공공기관

㉡ 정부출연연구기관

③ **지정심사대행기관 지정의 공고**: 국토교통부장관은 지정심사대행기관을 지정하였을 때에는 그 사실을 관보에 공고하여야 한다.

④ **지정심사대행기관의 조직·운영**: 지정심사대행기관으로 지정된 기관은 우수녹색물류실천기업의 심사·점검에 필요한 전담조직 및 인력을 갖추어야 한다.

⑻ **지정심사대행기관의 지정취소**

① **취소사유**: 국토교통부장관은 지정심사대행기관이 다음 어느 하나에 해당하는 경우에는 그 지정을 취소할 수 있다.

㉠ 거짓 또는 부정한 방법으로 지정을 받은 경우

㉡ 고의 또는 중대한 과실로 지정 기준 및 절차를 위반한 경우

㉢ 정당한 사유 없이 지정업무를 거부한 경우

② **의무취소**: 거짓 또는 부정한 방법으로 지정을 받은 경우에는 지정을 취소하여야 한다.

⑼ **인증우수물류기업 및 우수녹색물류실천기업에 대한 지원**

국가·지방자치단체 또는 공공기관은 인증우수물류기업 또는 우수녹색물류실천기업에 대하여 행정적·재정적 지원을 할 수 있다.

① **공공물류시설 우선 입주**: 국가·지방자치단체 또는 공공기관은 스스로 운영·관리하는 다음 시설에 물류시설 우선입주대상자나 그 밖의 자보다 인증우수물류기업 또는 우수녹색물류실천기업을 우선 입주하게 할 수 있다.

인증물류기업 우선 입주대상 물류시설

㉠ 「물류시설의 개발 및 운영에 관한 법률」에 따른 물류단지 또는 복합물류터미널·일반물류터미널
㉡ 「항만법」에 따른 항만배후단지 중 물류시설
㉢ 「산업입지 및 개발에 관한 법률」에 따른 산업단지 중 물류시설
㉣ 「철도산업발전기본법」에 따른 철도시설 중 물류시설 및 그 부대시설
㉤ 「공항시설법」에 따른 공항시설 중 공항구역 안에 있는 화물의 운송을 위한 시설과 그 부대시설 및 지원시설
㉥ 「유통산업발전법」에 따른 집배송시설 및 공동집배송센터
㉦ 국토교통부장관과 해양수산부장관이 관계 중앙행정기관의 장과 협의하여 공동으로 고시하는 물류 관련 시설

---

② **민간 물류시설 입주 권고**: 국가 또는 지방자치단체는 위의 물류시설을 운영·관리하는 자에 대하여 일반 물류기업 지원에 따른 물류시설 우선입주대상자나 그 밖의 자보다 인증우수물류기업 또는 우수녹색물류실천기업을 우선 입주하게 할 것을 권고할 수 있다.

③ **사업 융자 및 부지 확보 지원**: 국가 또는 지방자치단체는 인증우수물류기업이 다음의 사업을 수행하는 경우에는 다른 물류기업에 우선하여 소요자금의 일부를 융자하거나 부지의 확보를 위한 지원 등을 할 수 있다.

인증우수물류기업 지원대상 사업

㉠ 물류시설의 확충
㉡ 물류 정보화·표준화 또는 공동화
㉢ 첨단물류기술의 개발 및 적용
㉣ 환경친화적 물류활동
㉤ 그 밖에 물류사업을 효율적으로 운영하기 위하여 필요한 사항으로서 공동부령으로 정하는 사항

---

④ **우선지원**: 국가 또는 지방자치단체는 인증우수물류기업이 해외시장을 개척하는 경우에는 위 ③의 지원 외에 다음 사항을 우선적으로 지원할 수 있다.

㉠ 국제물류주선업의 육성을 위하여 필요하다고 인정하는 경우에는 국제물류주선업자에게 그 사업에 필요한 소요자금의 융자 등 필요한 지원
㉡ 해외시장 개척에 소요되는 비용 지원

⑤ **다른 법률 지원 사업 우선 지원**: 국가 또는 지방자치단체는 인증우수물류기업에 대하여 다음 자금을 우선적으로 지원할 수 있다.

㉠ 「물류시설의 개발 및 운영에 관한 법률」 제21조의5에 따른 자금
㉡ 「화물자동차 운수사업법」 제43조에 따른 자금

■■■ 6 물류인력의 양성

(1) 사업의 실시

국토교통부장관 및 해양수산부장관은 물류사업에 관련된 분야, 물류시설 및 장비에 대한 연구 · 개발, 물류 정보화 · 표준화 · 공동화에 대한 연구 · 개발 분야의 기능인력 및 전문인력을 양성하기 위하여 다음의 사업을 할 수 있다.

> **물류관련 연구개발 인력양성대상 사업**
>
> ① 화주기업 및 물류기업에 종사하는 물류인력의 역량강화를 위한 교육 · 연수
> ② 물류체계 효율화 및 국제물류 활성화를 위한 선진기법, 교육프로그램 및 교육교재의 개발 · 보급
> ③ 외국 물류대학의 국내유치활동 지원 및 국내대학과 외국대학 간의 물류교육 프로그램의 공동 개발활동 지원
> ④ 물류시설의 운영과 물류장비의 조작을 담당하는 기능인력의 양성 · 교육
> ⑤ 그 밖에 신규 물류인력 양성, 물류관리사 재교육 또는 외국인 물류인력 교육을 위하여 필요한 사업

(2) 물류교육 · 연수기관

국토교통부장관 및 해양수산부장관은 다음의 어느 하나에 해당하는 자가 위의 사업을 하는 경우에는 예산의 범위에서 사업수행에 필요한 경비의 전부나 일부를 지원할 수 있다.

① 정부출연연구기관

② 「고등교육법」 또는 「경제자유구역 및 제주국제자유도시의 외국교육기관 설립 · 운영에 관한 특별법」에 따라 설립된 대학이나 대학원

③ 물류관련협회 또는 물류관련협회가 설립한 교육 · 훈련기관

④ 물류지원센터

⑤ 「화물자동차 운수사업법」에 따라 화물자동차 운수사업자가 설립한 협회 또는 연합회와 화물자동차 운수사업자가 설립한 협회 또는 연합회가 설립한 교육 · 훈련기관

⑥ 「대한무역투자진흥공사법」에 따른 대한무역투자진흥공사

⑦ 「민법」에 따라 설립된 물류와 관련된 비영리법인

⑧ 「한국해양수산연수원법」에 따른 한국해양수산연수원

⑨ 「항만운송사업법」에 따라 국토교통부장관의 설립인가를 받아 설립된 교육훈련기관

⑩ 그 밖에 「항만운송사업법」에 따라 국토교통부장관의 설립인가를 받아 설립된 교육훈련기관이 지정 · 고시하는 기관

(3) 화주기업 및 물류기업에 종사하는 물류인력의 역량강화를 위한 교육·연수

① **교육의 실시**: 국토교통부장관 및 해양수산부장관은 필요한 경우 화주기업 및 물류기업에 종사하는 물류인력의 역량강화를 위한 교육·연수를 직접 하거나 전문교육기관에 위탁하여 실시할 수 있다.

② **위탁교육**

    ㉠ 국토교통부장관 및 해양수산부장관은 물류교육·연수기관과 협약을 체결하여 교육·연수를 위탁하여 실시할 수 있다.

    ㉡ 국토교통부장관 및 해양수산부장관은 협약을 체결하려는 경우에는 지원대상이 되는 교육·연수 프로그램의 명칭, 협약체결기관의 선정방법, 협약체결의 신청방법 및 절차 등 협약의 체결에 필요한 사항을 관보에 공고하여야 한다.

③ **협약신청**: 물류교육·연수기관이 협약의 체결을 신청하려는 경우에는 국토교통부장관 및 해양수산부장관에게 다음의 사항이 포함된 서류를 제출하여야 한다.

    ㉠ 교육·연수의 목적 및 대상자

    ㉡ 교육·연수의 내용, 방법, 기간, 강사 및 장소

    ㉢ 교육·연수에 소요되는 비용

④ **협약체결**: 국토교통부장관 및 해양수산부장관은 서류를 제출받은 때에는 교육·연수에 적합하다고 인정되는 물류교육·연수기관을 선정하여 다음의 사항이 포함된 협약을 체결하여야 한다.

    ㉠ 물류교육·연수기관의 명칭, 대표자 및 위치

    ㉡ 지원대상이 되는 교육·연수프로그램

    ㉢ 지원사항·지원방법 및 지원조건

    ㉣ 협약의 변경 및 해지에 관한 사항

    ㉤ 협약의 위반에 관한 조치

7 물류관리사

(1) 물류관리사

물류관리에 관한 전문지식을 가진 자로서 「물류정책기본법」에 의한 자격을 취득한 사람을 말한다.

(2) 물류관리사 자격시험

물류관리사가 되려는 자는 국토교통부장관이 실시하는 시험에 합격하여야 한다. 시험에 응시하여 부정행위를 한 자에 대하여는 그 시험을 무효로 한다. 시험무효처분을 받은 자는 그 처분을 받은 날부터 3년간 시험에 응시할 수 없다.

① **물류관리사 자격시험의 주기**: 물류관리사 자격시험(시험)은 매년 1회 실시하되, 국토교통부장관이 물류관리사의 수급상 특히 필요하다고 인정하는 경우에는 2년마다 실시할 수 있다.

② **시험방법**

  ㉠ 시험은 필기의 방식으로 실시한다.

  ㉡ 시험은 선택형을 원칙으로 하되, 기입형을 가미할 수 있다.

  ㉢ 시험은 물류관리 업무수행에 필요한 소양 및 지식의 검정과 이론 및 실무능력의 검정에 중점을 둔다.

③ **시험과목** : 시험과목은 다음과 같다.

시험과목	비 고
물류관리론	화물운송론 · 보관하역론 및 국제물류론은 제외한다.
화물운송론	
보관하역론	
국제물류론	
물류관련법규	「물류정책기본법」, 「물류시설의 개발 및 운영에 관한 법률」, 「화물자동차 운수사업법」, 「항만운송사업법」, 「유통산업발전법」, 「철도사업법」, 「농수산물 유통 및 가격안정에 관한 법률」 중 물류관련규정으로 한다.

④ **과목면제** : 물류관리론(화물운송론 · 보관하역론 및 국제물류론 제외) · 화물운송론 · 보관하역론 및 국제물류론에 관한 과목이 개설되어 있는 대학원에서 해당 과목을 모두 이수(학점을 취득한 경우로 한정한다)하고 석사학위 이상의 학위를 받은 자는 시험과목 중 물류관련법규를 제외한 과목의 시험을 면제한다.

⑤ **시험의 출제** : 국토교통부장관은 물류관련분야에 관한 전문지식 및 경험이 풍부한 자 중에서 시험의 출제 및 선정을 담당할 자(출제위원)를 위촉 또는 지명할 수 있다. 위촉된 출제위원 및 시험감독 업무에 종사하는 자에게는 예산의 범위에서 수당과 여비를 지급할 수 있다.

⑥ **시험의 공고** : 국토교통부장관은 시험을 시행하려는 때에는 시험내용 · 일시 · 장소 및 합격자 결정방법 등의 필요한 사항을 시험시행일 30일 전까지 주요 일간신문에 공고하여야 한다.

⑦ **시험의 응시와 수수료**

  ㉠ 시험에 응시하려는 자는 응시원서를 국토교통부장관에게 제출하여야 한다.

  ㉡ 응시원서를 제출하는 자는 수수료를 내야 하며, 물류관리사 자격시험 응시수수료는 2만원으로 하며, 정보통신망을 이용하여 전자화폐 · 전자결제 등의 방법으로 낼 수 있다.

  ㉢ 수수료를 낸 자가 수수료를 과오납하거나 시험시행일의 일정 기간 전까지 응시 의사를 철회하는 등 다음 사유가 있는 경우에는 응시수수료의 전부 또는 일부를 반환하여야 한다. 응시수수료의 반환사유 및 기준은 다음과 같다.

    ⓐ 수수료를 과오납한 경우에는 그 과오납한 금액의 전부

    ⓑ 시험시행기관의 귀책사유로 시험에 응하지 못한 경우에는 납입한 수수료의 전부

    ⓒ 응시원서 접수기간 내에 접수를 취소하는 경우에는 납입한 수수료의 전부

ⓓ 응시원서 접수마감일의 다음 날부터 시험시행일 20일 전까지 접수를 취소하는 경우에는 납입한 수수료의 100분의 60

ⓔ 시험시행일 19일 전부터 10일 전까지 접수를 취소하는 경우에는 납입한 수수료의 100분의 50

⑧ **시험합격자의 결정**

㉠ 시험에 있어서는 매 과목 100점을 만점으로 하여 매 과목 40점 이상, 전 과목 평균 60점 이상을 득점한 자를 합격자로 결정한다. 다만, 국토교통부장관이 물류관리사의 수급상 특히 필요하다고 인정하여 미리 선발예정인원을 공고한 경우에는 선발예정인원의 범위에서 매 과목 40점 이상인 자 중 고득점자 순으로 합격자를 결정한다.

㉡ 합격자를 결정함에 있어서 동점자로 인하여 선발예정인원을 초과하는 때에는 해당 동점자 모두를 합격자로 한다. 이 경우 동점자의 점수 계산은 소수점 이하 둘째 자리까지 한다.

㉢ 합격자 공고 : 국토교통부장관은 합격자가 결정된 때에는 이를 관보에 공고한다.

㉣ 자격증의 발급 : 물류관리사 자격증의 발급을 신청하려는 사람은 물류관리사 자격증 발급 신청서에 6개월 이내에 촬영한 탈모 정면 상반신 반명함판(3×4cm) 사진 2장을 첨부하여 국토교통부장관에 제출하여야 한다.

⑶ **물류관리사의 직무**

물류관리사는 물류활동과 관련하여 전문지식이 필요한 사항에 대하여 계획·조사·연구·진단 및 평가 또는 이에 관한 상담·자문, 그 밖에 물류관리에 필요한 직무를 수행한다.

⑷ **물류관리사 자격의 취소**

국토교통부장관은 물류관리사가 자격을 부정한 방법으로 취득한 때나, 다른 사람에게 자기의 성명을 사용하여 영업을 하게 하거나 자격증을 대여한 때에는 그 자격을 취소할 수 있다. 다만, 자격을 부정한 방법으로 취득한 때에는 그 자격을 취소하여야 한다.

⑸ **물류관리사 고용사업자에 대한 우선지원**

① 국토교통부장관 또는 시·도지사는 물류관리사를 고용한 물류관련사업자에 대하여 다른 사업보다 우선하여 행정적·재정적 지원을 할 수 있다.

② 시·도지사는 지원을 하려는 경우에는 중복을 방지하기 위하여 미리 국토교통부장관과 협의하여야 한다.

⑹ **위 탁**

국토교통부장관은 물류관리사 자격시험의 관리에 관한 사무 및 자격증 발급 등에 관한 업무를 「한국산업인력공단법」에 따라 설립된 한국산업인력공단 또는 「물류정책기본법」에 따라 국토교통부장관의 인가를 받아 설립된 물류관련협회 등에 위탁할 수 있다.

■8 물류관련협회

(1) 설립 및 지원

① 물류기업, 화주기업, 그 밖에 물류활동과 관련된 자는 물류체계를 효율화하고 업계의 건전한 발전 및 공동이익을 도모하기 위하여 필요할 경우 협회(물류관련협회)를 설립할 수 있다. 다만, 다른 법률에서 달리 정하고 있는 경우는 제외한다.

② 물류관련협회를 설립하려는 경우에는 해당 협회의 회원이 될 자격이 있는 기업 100개 이상이 발기인으로 정관을 작성하여 해당 협회의 회원이 될 자격이 있는 기업 200개 이상이 참여한 창립총회의 의결을 거친 후 소관에 따라 국토교통부장관 또는 해양수산부장관의 설립인가를 받아야 한다.

③ 물류관련협회는 설립인가를 받아 설립등기를 함으로써 성립하며, 법인으로 한다.

④ 물류관련협회에 관하여 「물류정책기본법」에 규정한 것 외에는 「민법」 중 사단법인에 관한 규정을 준용한다.

⑤ 국토교통부장관 또는 해양수산부장관은 물류관련협회의 발전을 위하여 필요한 경우에는 물류관련협회를 행정적·재정적으로 지원할 수 있다.

(2) 신 청

물류기업, 화주기업, 그 밖에 물류활동과 관련된 자가 물류관련협회를 설립하려는 때에는 설립인가신청서에 다음의 서류를 첨부하여 소관에 따라 국토교통부장관 또는 해양수산부장관에게 제출하여야 한다.

① 정관
② 발기인의 명부 및 이력서
③ 회원의 명부
④ 사업계획서 및 예산의 수입지출계획서
⑤ 창립총회 회의록

(3) 물류관련협회의 업무

물류관련협회는 다음의 업무를 수행한다.

① 해당 사업의 건전한 발전과 해당 사업자의 공동이익을 도모하는 사업
② 해당 사업의 진흥·발전에 필요한 통계의 작성·관리와 외국자료의 수집·조사·연구사업
③ 경영자와 종업원의 교육·훈련
④ 해당 사업의 경영개선에 관한 지도
⑤ 국토교통부장관 또는 해양수산부장관으로부터 위탁받은 업무
⑥ 위의 업무에 부수되는 업무

(4) 물류관련협회의 정관

물류관련협회의 정관에 포함되어야 하는 사항에 관하여는 국제물류주선업협회의 정관에 관한 규정을 준용한다.

▮9 민·관 합동 물류지원센터

(1) 설 치

국토교통부장관·해양수산부장관·산업통상자원부장관과 다음의 어느 하나에 해당하는 물류관련협회 및 물류관련 전문기관·단체는 공동으로 물류체계 효율화를 통한 국가경쟁력을 강화하고 국제물류사업을 효과적으로 추진하기 위하여 물류지원센터를 설치·운영할 수 있다.

① 국제물류주선업협회
② 물류관련협회
③ 「화물자동차 운수사업법」에 따라 화물자동차 운수사업자가 설립한 협회 및 연합회
④ 「민법」에 따라 설립된 물류와 관련된 비영리법인
⑤ 그 밖에 국토교통부장관이 관계 행정기관의 장과 협의하여 지정·고시하는 기관

(2) 업 무

물류지원센터는 국내 물류기업의 해외 진출 및 해외 물류기업의 국내 투자유치 지원, 물류산업의 육성·발전을 위한 조사·연구, 그 밖에 물류 공동화 및 정보화 지원 등 물류체계 효율화를 위하여 필요한 업무를 수행한다.

(3) 물류지원센터의 운영

물류지원센터에는 물류지원센터의 장과 업무수행에 필요한 조직을 둔다. 물류지원센터의 장은 매 연도별로 사업계획을 수립하고, 물류지원센터의 조직·인사·복무·보수·회계·물품·문서의 처리에 관한 규정을 정한 후, 이에 따라 사무를 처리하여야 한다.

(4) 지 원

국토교통부장관·해양수산부장관·산업통상자원부장관은 물류지원센터를 효율적으로 운영하기 위하여 필요한 경우 행정적·재정적인 지원을 할 수 있다. 행정적·재정적 지원을 하는 관계 중앙행정기관의 장은 해당 물류지원센터의 장에 대하여 매년 2월 말까지 업무가 포함된 전년도의 사업추진실적 및 해당 연도의 사업추진계획을 작성하여 제출할 것을 요청할 수 있다.

제5절 물류의 선진화 및 국제화

1 물류관련 연구개발

(1) 물류관련 신기술·기법의 보급촉진

① **시책 마련**: 국토교통부장관·해양수산부장관 또는 시·도지사는 첨단화물운송체계·클라우드컴퓨팅·무선주파수인식 등 물류 관련 신기술·기법(물류신기술)의 연구개발 및 이를 통한 첨단 물류시설·장비·운송수단(첨단물류시설등)의 보급·촉진을 위한 시책을 마련하여야 한다.

② **활동지원**: 국토교통부장관·해양수산부장관 또는 시·도지사는 물류기업이 다음의 활동을 하는 경우에는 이에 필요한 행정적·재정적 지원을 할 수 있다.

　㉠ 물류신기술을 연구개발하는 경우

　㉡ 기존 물류시설·장비·운송수단을 첨단물류시설등으로 전환하거나 첨단물류시설등을 새롭게 도입하는 경우

　㉢ 그 밖에 물류신기술 및 첨단물류시설등의 개발·보급을 위하여 대통령령으로 정하는 사항

③ **물류기업에 대한 지원 기준**: 국토교통부장관·해양수산부장관 또는 시·도지사는 물류기업에 행정적·재정적 지원을 하려는 경우 그 기업이 개발한 물류신기술 및 첨단물류시설등(물류신기술등)이 다음 기준을 갖추었는지를 고려해야 한다.

　㉠ 국내에서 최초로 개발된 기술이거나 외국에서 도입해 소화·개량된 기술일 것

　㉡ 신규성·진보성 및 안전성이 있는 기술일 것

　㉢ 물류산업에 파급효과가 있는 기술일 것

④ **협의**: 시·도지사는 시책 마련과 지원 조치를 하려는 경우에는 중복을 방지하기 위하여 미리 국토교통부장관 및 해양수산부장관과 협의하고, 그 내용을 지역물류기본계획과 지역물류시행계획에 반영하여야 한다.

(2) 물류관련 연구의 촉진

① **물류 관련 연구기관 및 단체의 육성 등**: 국토교통부장관·해양수산부장관 또는 시·도지사는 물류 관련 기술의 진흥 및 물류신기술의 연구개발을 위하여 관련 연구기관 및 단체를 지도·육성하여야 한다.

② **공동출연**: 국토교통부장관·해양수산부장관 또는 시·도지사는 물류 관련 기술의 진흥 및 물류신기술의 연구개발을 위하여 필요하다고 인정하는 경우에는 공공기관 등으로 하여금 물류기술의 연구·개발에 투자하게 하거나 연구기관 및 단체에 출연하도록 권고할 수 있다.

③ **포상**: 국토교통부장관·해양수산부장관 또는 시·도지사는 물류분야의 연구나 물류기술의 진흥 등에 현저한 기여를 했다고 인정되는 공공기관·물류기업 또는 개인 등에게 포상할 수 있다.

2 우수 물류신기술 등에 대한 지원

① **우수 물류신기술 등에 대한 지원** : 국토교통부장관 또는 해양수산부장관은 물류신기술 · 첨단 물류시설 등 중 성능 또는 품질이 우수하다고 인정되는 경우 우수한 물류신기술 · 첨단물류시 설등으로 지정하여 이의 보급 · 활용에 필요한 행정적 · 재정적 지원을 할 수 있다. 공공기관은 우수 물류신기술 등을 활용한 제품이나 공사 등을 발주하는 경우 국토교통부장관 또는 해양수 산부장관이 정해서 고시하는 바에 따라 발주 제품 또는 공사 등과 관련된 우수 물류신기술 등에 입찰 가산점 부여 등의 우대 조치를 할 수 있다. 국토교통부장관 또는 해양수산부장관은 우수 물류신기술 등의 보급 · 활용을 촉진하기 위해서 다음 지원 또는 지원 요청을 할 수 있다.

㉠ 우수 물류신기술 등의 지정을 받은 자 및 그 기술을 이용해서 제품을 제조하는 자가 금융지 원을 요청하는 경우 관계 기관에 대해 다음 자금 또는 보증의 우선 지원 요청

ⓐ 「한국산업은행법」에 따른 한국산업은행 또는 「중소기업은행법」에 따른 중소기업은행 의 지원 자금

ⓑ 「여신전문금융업법」에 따라 신기술사업금융업을 등록한 여신전문금융회사의 신기술사 업자금

ⓒ 「기술보증기금법」에 따른 기술보증기금의 기술보증

ⓓ 그 밖에 기술개발 및 보급 등을 위해서 정부 및 공공기관이 조성한 자금

㉡ 공공기관에 우수 물류신기술 등의 우선 적용 권고 또는 우수 물류신기술 등을 적용한 제품 구매 권고

㉢ 우수 물류신기술 등에 대한 전시회 개최, 해외진출 지원, 상용화 성능확인서 발급 등 홍보 및 기술사업화 지원

㉣ 해외 기술정보 등 보유 기술정보의 제공

㉤ 그 밖에 국토교통부장관 또는 해양수산부장관이 우수 물류신기술 등의 보급 및 촉진을 위 해서 필요하다고 인정하는 조치

② **우수 물류신기술 등의 지정 신청 등** : 우수한 물류신기술 등의 지정을 받으려는 자는 다음 서 류를 첨부해서 국토교통부장관 또는 해양수산부장관에게 우수 물류신기술 등의 지정을 신청 해야 한다. 우수 물류신기술 등의 지정을 신청하려는 자는 공동부령으로 정하는 바에 따라 심 사에 드는 비용을 납부해야 한다.

㉠ 물류신기술 등의 명칭 · 범위 및 개발배경을 적은 서류

㉡ 물류신기술 등의 내용(물류신기술 등의 요지 및 물류신기술 등의 신규성 · 진보성 · 안전성 등 에 관한 구체적인 내용을 포함한다)을 적은 서류

㉢ 국내외 시장에서의 활용 전망 및 보급 가능성을 적은 서류

㉣ 물류신기술 등의 설계도 또는 기술설명서

㉤ 그 밖에 국내외의 특허 또는 안전성 등의 시험성적서 등 물류신기술 등을 심사하는 데 필요 하다고 인정되는 서류

③ **우수 물류신기술 등의 지정 심사 등** : 국토교통부장관 또는 해양수산부장관은 지정 신청을 받으면 신청일부터 120일 이내에 우수 물류신기술 등의 지정 여부를 결정해야 한다. 국토교통부장관 또는 해양수산부장관은 신청된 물류신기술 등이 우수 물류신기술 등에 해당하는지를 심사하면서 필요한 경우 이해관계인의 의견을 듣거나 물류기술과 관련된 기관, 협회, 학회, 조합 등에 의견을 요청할 수 있다. 국토교통부장관 또는 해양수산부장관은 이해관계인의 의견을 들으려는 경우에는 신청된 물류신기술 등에 관한 주요 내용을 국토교통부장관 또는 해양수산부장관이 정하는 인터넷 홈페이지 등에 공고할 수 있다. 국토교통부장관 또는 해양수산부장관은 신청된 물류신기술 등이 기준에 해당하고 그 성능 또는 품질이 우수하다고 판단되는 경우(다른 법령에 따라 신기술로 지정을 받은 경우는 제외한다) 5년의 범위에서 우수 물류신기술 등으로 지정할 수 있다. 이 경우 공동부령으로 정하는 우수 물류신기술 등 지정증서를 발급해야 한다. 기타 우수 물류신기술 등 심사의 세부기준 및 절차 등에 관한 사항은 국토교통부장관 또는 해양수산부장관이 정해서 고시한다.

④ **우수 물류신기술 등의 지정기간의 연장 등** : 우수 물류신기술 등의 지정을 받은 자가 우수 물류신기술 등의 지정기간을 연상 받으려면 그 지정기간이 끝나기 150일 전까지 활용실적을 증명하는 서류 및 지정기간 연장의 필요성을 적은 서류 등을 첨부해서 국토교통부장관 또는 해양수산부장관에게 제출해야 한다. 지정기간 연장 심사 및 결정 등에 대해서는 신청과 심사 절차를 준용한다. 우수 물류신기술 등으로 지정을 받은 자는 그 기술 또는 제품의 활용실적을 매년 12월 31일을 기준으로 다음 해 2월 말까지 국토교통부장관 또는 해양수산부장관에게 제출해야 한다.

⑤ **우수 물류신기술 등 심사비용** : 우수 물류신기술 등의 지정 및 지정기간의 연장을 신청하려는 자가 납부해야 하는 심사비용 등의 산출기준은 시행규칙 별표 3과 같다.

⑥ **우수 물류신기술 등 지정증서** : 우수 물류신기술 등 지정증서는 시행규칙 별지 제15호의3 서식과 같다. 우수 물류신기술 등 지정증서가 분실되거나 훼손되어 재발급을 받으려는 경우에는 별지 제15호의4 서식의 우수 물류신기술 등 지정증서 재발급 신청서를 국토교통부장관 또는 해양수산부장관에게 제출해야 한다. 국토교통부장관 또는 해양수산부장관은 제2항에 따라 우수 물류신기술 등 지정증서 재발급 신청서를 제출받은 때에는 신청일부터 30일 이내에 우수 물류신기술 등 지정증서를 재발급해야 한다.

⑦ **우수 물류신기술 등 활용실적의 제출** : 우수 물류신기술 등으로 지정을 받은 자가 그 기술 또는 제품의 활용실적을 제출하려면 우수 물류신기술 등 현장 활용실적서 또는 우수 물류신기술 등 제품판매 실적서에 다음 구분에 따른 서류를 첨부해서 제출해야 한다.

　㉠ 우수 물류신기술 등 현장 활용실적

　　ⓐ 국가 또는 지방자치단체 등 물류시설공사 발주자가 발행하는 우수 물류신기술 등 활용 실적 증명서(물류시설공사의 경우만 해당한다)

　　ⓑ 세금계산서 또는 부가가치세 공급가액증명서 등 납세증명서

ⓒ 도급계약서 또는 하도급계약서(가목에 따른 발주자 외의 자가 도급 또는 하도급하는 공사의 경우만 해당한다)

ⓓ 그 밖에 우수 물류신기술 등 활용실적을 증명하는 서류

ⓛ 우수 물류신기술 등 제품판매 실적

ⓐ 발주자가 발행하는 제품납품 증명서

ⓑ 세금계산서 또는 부가가치세 공급가액증명서 등 납세증명서

ⓒ 그 밖에 판매 실적을 증명하는 서류

3 환경친화적 물류의 촉진

(1) 환경친화적 물류의 촉진

① **시책 마련** : 국토교통부장관·해양수산부장관 또는 시·도지사는 물류활동이 환경친화적으로 추진될 수 있도록 관련 시책을 마련하여야 한다.

② **지원** : 국토교통부장관·해양수산부장관 또는 시·도지사는 물류기업 또는 화주기업이 환경친화적 물류활동을 위하여 다음의 활동을 하는 경우에는 행정적·재정적 지원을 할 수 있다.

> **지원대상 환경친화적 물류활동**
>
> ㉠ 환경친화적인 운송수단 또는 포장재료의 사용
> ㉡ 기존 물류시설·장비·운송수단을 환경친화적인 물류시설·장비·운송수단으로 변경
> ㉢ 환경친화적인 물류시스템의 도입 및 개발
> ㉣ 물류활동에 따른 폐기물 감량
> ㉤ 그 밖에 물류자원을 절약하고 재활용하는 활동으로서 국토교통부장관이 정하여 고시하는 사항

③ **협의** : 시·도지사는 조치를 하려는 경우에는 중복을 방지하기 위하여 미리 국토교통부장관 및 해양수산부장관과 협의하고, 그 내용을 지역물류기본계획과 지역물류시행계획에 반영하여야 한다.

(2) 환경친화적 운송수단으로의 전환 촉진

① **권고·지원** : 국토교통부장관·해양수산부장관 또는 시·도지사는 물류기업 및 화주기업에 대하여 환경친화적인 운송수단으로의 전환을 권고하고 지원할 수 있다.

② **지원대상** : 화물자동차, 철도차량, 선박, 항공기 등의 배출가스를 저감하거나 배출가스를 저감할 수 있는 운송수단으로 전환하는 경우 및 이를 위한 시설·장비투자를 하는 경우와 환경친화적인 연료를 사용하는 운송수단으로 전환하는 경우 및 이를 위한 시설·장비투자를 하는 경우이다.

③ 지원내용

    ㉠ 환경친화적 운송수단으로의 전환에 필요한 자금의 보조·융자 및 융자 알선

    ㉡ 환경친화적 운송수단으로의 전환에 필요한 교육, 컨설팅 및 정보의 제공

    ㉢ 그 밖에 환경친화적 운송수단으로의 전환을 지원하기 위하여 국토교통부장관이 관계 행정 기관의 장과 협의하여 고시하는 사항

▊4 녹색물류협의기구

(1) 설 치

국토교통부, 관계 행정기관, 물류관련협회, 물류관련 전문기관·단체, 물류기업 및 화주기업 등은 환경친화적 물류활동을 촉진하기 위하여 협의기구(이하 '녹색물류협의기구'라 한다)를 설치·운영 할 수 있다.

(2) 업 무

녹색물류협의기구는 다음 업무를 수행한다.

① 환경친화적 물류활동 촉진을 위한 정책 개발·제안 및 심의·조정

② 물류기업과 화주기업의 환경친화적 협력체계 구축을 위한 정책과 사업의 개발 및 제안

③ 기업의 환경친화적 물류활동 지원을 위한 사업의 심사 및 선정

④ 환경친화적 물류활동 촉진을 위한 연구·개발, 홍보 및 교육 등

(3) 지 원

국토교통부장관은 녹색물류협의기구가 업무를 수행하는 데 필요한 행정적·재정적 지원을 할 수 있다.

(4) 구성 및 운영

① **구성**: 녹색물류협의기구는 위원장을 포함한 15명 이상 30명 이내의 위원으로 구성한다.

② **위원장**: 녹색물류협의기구의 위원장은 위원 중에서 호선(互選)한다.

③ **위원**: 녹색물류협의기구의 위원은 다음 어느 하나에 해당하는 자 중에서 국토교통부장관이 위촉하는 사람이 된다.

    ㉠ 대학에서 물류 또는 에너지 분야의 과목을 강의하는 조교수 이상인 사람

    ㉡ 물류 또는 에너지 분야 연구기관에서 부연구위원급 이상인 사람

    ㉢ 물류 또는 에너지관련 단체의 부서장 이상인 사람

    ㉣ 기업에서 물류 또는 에너지 분야에 부서장 이상인 사람

    ㉤ ㉠에서 ㉣까지 해당하는 사람과 동등한 자격이 있다고 국토교통부장관이 인정하는 사람

④ **위촉 위원의 임기**: 위원의 임기는 2년으로 하되, 연임할 수 있다. 다만 보궐위원의 임기는 전임자의 잔임기간으로 한다.

⑤ **운영**: 녹색물류협의기구의 위원장은 녹색물류협의기구의 회의를 소집하고 그 의장이 된다. 녹색물류협의기구 회의는 과반수의 출석으로 개의하고 출석위원 과반수의 찬성으로 의결한다.

⑥ **사무국**: 녹색물류협의기구의 사무를 지원하기 위하여 사무국을 둔다.

⑦ **고시**: 기타 녹색물류협의기구 구성 및 운영에 필요한 사항은 국토교통부 고시로 정한다.

5 국제물류사업의 촉진 및 지원

(1) 시책 강구

국토교통부장관·해양수산부장관 또는 시·도지사는 국제물류협력체계 구축, 국내 물류기업의 해외 진출, 해외 물류기업의 유치 및 환적(換積)화물의 유치 등 국제물류 촉진을 위한 시책을 마련하여야 한다.

(2) 국제물류사업의 범위

국토교통부장관·해양수산부장관 또는 시·도지사는 물류기업 또는 관련 단체가 추진하는 다음 국제물류사업에 대하여 행정적인 지원을 하거나 예산의 범위에서 필요한 경비의 전부나 일부를 지원할 수 있다.

> **지원대상 국제물류사업**
> ① 물류관련 정보·기술·인력의 국제교류
> ② 물류관련 국제표준화, 공동조사, 연구 및 기술협력
> ③ 물류관련 국제학술대회, 국제박람회 등의 개최
> ④ 해외 물류시장의 조사·분석 및 수집정보의 체계적인 배분
> ⑤ 국가 간 물류활동을 촉진하기 위한 지원기구의 설립
> ⑥ 외국 물류기업의 유치
> ⑦ 국내 물류기업의 해외 물류기업 인수 및 해외 물류 인프라 구축
> ⑧ 그 밖에 물류의 국제화를 위하여 필요하다고 인정되는 사항

(3) 추진기관

국제물류사업을 추진할 수 있는 물류기업 또는 관련단체는 다음과 같다.

① 물류사업을 영위하는 기업

② 「정부출연연구기관 등의 설립·운영 및 육성에 관한 법률」에 따른 국토연구원, 한국교통연구원, 한국해양수산개발원

③ 「과학기술분야 정부출연연구기관 등의 설립·운영 및 육성에 관한 법률」에 따른 한국철도기술연구원

④ 국제물류주선업협회

⑤ 물류관련협회

⑥ 민·관 합동 물류지원센터

⑦ 「화물자동차 운수사업법」에 따라 화물자동차 운수사업자가 설립한 협회 및 연합회

⑧ 「민법」에 따라 산업통상자원부장관의 허가를 받아 설립된 한국무역협회

⑨ 그 밖에 국토교통부장관이 산업통상자원부장관과 협의하여 지정·고시하는 단체

(4) 심 의

국토교통부장관·해양수산부장관 또는 시·도지사는 범정부차원의 지원이 필요한 국가 간 물류협력체의 구성 또는 정부 간 협정의 체결 등에 관하여는 미리 국가물류정책위원회의 심의를 거쳐야 한다.

(5) 지 원

국토교통부장관·해양수산부장관 또는 시·도지사는 물류기업 및 국제물류관련기관·단체의 국제물류활동을 촉진하기 위하여 필요한 행정적·재정적 지원을 할 수 있다.

(6) 시·도지사의 협의

시·도지사는 조치를 하려는 경우에는 중복을 방지하기 위하여 미리 국토교통부장관 및 해양수산부장관과 협의하고, 그 내용을 지역물류기본계획과 지역물류시행계획에 반영하여야 한다.

6 공동 투자유치활동과 평가

(1) 투자유치활동

① **공동활동** : 국토교통부장관·해양수산부장관 또는 시·도지사는 물류시설에 외국인투자기업 및 환적화물을 효과적으로 유치하기 위하여 필요한 경우에는 당해 물류시설관리자(공항, 항만 등 물류시설의 소유권 또는 개별 법령에 따른 관리·운영권을 인정받은 자를 말한다) 또는 국제물류관련기관·단체와 공동으로 투자유치활동을 수행할 수 있다. 물류시설관리자와 국제물류관련기관·단체는 공동 투자유치활동에 대하여 특별한 사유가 없는 한 적극 협조하여야 한다.

② **협조요청** : 국토교통부장관·해양수산부장관 또는 시·도지사는 효율적인 투자유치를 위하여 필요하다고 인정되는 경우에는 재외공관 등 관계 행정기관 및 「대한무역투자진흥공사법」에 따른 대한무역투자진흥공사 등 관련 기관·단체에 협조를 요청할 수 있다.

③ **협의** : 시·도지사는 조치를 하려는 경우에는 중복을 방지하기 위하여 미리 국토교통부장관 및 해양수산부장관과 협의하여야 한다.

(2) 평 가

국토교통부장관·해양수산부장관 또는 시·도지사는 물류시설관리자의 외국인투자기업 및 환적화물에 대한 적극적인 유치활동을 촉진하기 위하여 필요한 경우에는 해당 물류시설관리자의 투자유치활동에 대한 평가를 할 수 있다.

① **평가대상기관**: 국토교통부장관 및 해양수산부장관은 「공항시설법」에 따른 공항 중 국제공항 및 그 배후지에 위치한 물류시설과 「항만법」에 따른 지정항만 중 무역항 및 그 배후지에 위치한 물류시설에 대한 소유권 또는 관리·운영권을 인정받은 자에 대하여 투자유치활동에 대한 평가를 할 수 있다.

② **자료제출**: 국토교통부장관 및 해양수산부장관은 평가를 위하여 필요한 경우에는 평가대상기관에 대하여 관련 자료의 제출을 요청할 수 있다.

③ **평가기준과 방법**: 평가에 필요한 기준과 방법은 국토교통부장관 및 해양수산부장관이 협의하여 정하되, 평가대상기관의 사업내용 및 특성, 투자유치 목표의 달성 정도와 능률성을 객관적으로 측정할 수 있도록 하여야 한다.

④ **평가결과의 반영**: 국토교통부장관 및 해양수산부장관은 평가대상기관에 대하여 그 평가결과에 따라 행정적·재정적 지원을 달리할 수 있다.

7 권한의 위임 및 사무의 위탁

(1) 권한의 위임

국토교통부장관은 다음 권한을 시·도지사에게 위임한다. 시·도지사는 위임받은 업무를 처리한 때에는 이를 분기별로 종합하여 해당 분기 종료 후 15일 이내에 국토교통부장관에게 보고하여야 한다.

① 위험물질 운송차량 단말장치의 장착 및 개선명령

② 위험물질 운송차량의 운행중지명령

③ 과태료의 부과·징수

(2) 사무의 위탁

① 국토교통부장관 또는 해양수산부장관은 다음 업무를 「건설기술 진흥법」 제11조에 따라 설립된 기술평가기관 또는 「해양수산과학기술 육성법」 제23조에 따라 설립된 해양수산과학기술진흥원에 위탁한다.

　㉠ 우수 물류신기술 등의 지정 또는 지정기간 연장을 위한 신청의 접수, 심사, 의견 요청·청취 및 공고 업무

　㉡ 홍보 및 기술사업화 지원 업무

　㉢ 보유 기술정보의 제공 업무

② 국토교통부장관·해양수산부장관 또는 시·도지사는 다음 업무를 물류 분야의 전문성을 갖춘 기관·단체 또는 법인에 위탁할 수 있다.

  ㉠ 물류신고의 접수 및 그 신고 내용에 대한 사실관계 확인

  ㉡ 조정권고 관련 제출 또는 보고된 자료의 접수

  ㉢ 환경친화적 물류활동의 추진 시책 마련에 필요한 조사

  ㉣ 행정적·재정적 지원을 위한 신청의 접수, 확인 및 심사

  ㉤ 환경친화적 운송수단으로의 전환을 위한 신청의 접수, 확인 및 심사

  ㉥ 녹색물류협의기구의 운영

8 고유식별정보의 처리

국토교통부장관·해양수산부장관 및 시·도지사(해당 권한이 위임·위탁된 경우에는 그 권한을 위임·위탁받은 자를 포함한다)는 다음 사무를 수행하기 위하여 불가피한 경우 「개인정보 보호법 시행령」 제19조에 따른 주민등록번호, 여권번호 또는 외국인등록번호가 포함된 자료를 처리할 수 있다.

① 물류신고센터의 운영에 관한 사무

② 국제물류주선업의 등록 및 등록기준에 관한 사항의 신고에 관한 사무

③ 국제물류주선업 권리·의무 승계의 신고에 관한 사무

④ 물류관리사 자격시험에 관한 사무

제6절 보칙과 벌칙

1 업무소관의 조정

「물류정책기본법」에 따른 국토교통부장관·해양수산부장관 및 산업통상자원부장관의 업무소관
이 중복되는 경우에는 서로 협의하여 업무소관을 조정한다.

2 등록증 대여 등의 금지

인증우수물류기업·국제물류주선업자·물류관리사 및 우수녹색물류실천기업은 다른 사람에게 자
기의 성명 또는 상호를 사용하여 사업을 하게 하거나 그 인증서·등록증·지정증 또는 자격증을
대여하여서는 아니 된다.

3 청 문

국토교통부장관 및 해양수산부장관, 시·도지사 및 행정기관은 다음에 해당하는 취소를 하려는 경우
에는 청문을 실시하여야 한다.

> **청문대상 행정처분**
> ① 단위물류정보망 전담기관에 대한 지정의 취소
> ② 국가물류통합정보센터운영자에 대한 지정의 취소
> ③ 인증우수물류기업에 대한 인증의 취소
> ④ 국제물류주선업자에 대한 등록의 취소
> ⑤ 물류관리사 자격의 취소
> ⑥ 심사대행기관 지정의 취소
> ⑦ 우수녹색물류실천기업의 지정취소
> ⑧ 우수녹색물류실천기업 지정심사대행기관의 지정취소

4 수수료

(1) 다음에 해당하는 신청을 하는 경우에는 국토교통부장관(업무 위탁 경우 위탁받은 자 포함)·해양
수산부장관, 시·도지사, 심사대행기관 또는 지정심사대행기관의 장에게 수수료를 납부하여야 한다.

① 우수물류기업의 인증 또는 점검의 신청
② 국제물류주선업의 등록 또는 변경등록의 신청
③ 물류관리사 자격시험 응시와 자격증 발급의 신청
④ 우수녹색물류실천기업 지정 또는 점검의 신청

(2) 수수료의 산정기준 및 징수절차 등에 관하여 필요한 사항은 국토교통부령(제1항 제1호의 경우에는 공동부령을 말한다)으로 정한다. 국제물류주선업의 등록 또는 변경등록의 신청 수수료는 1건당 2만원으로 하며, 정보통신망을 이용하여 전자화폐·전자결제 등의 방법으로 낼 수 있다.

5 벌칙 적용에서의 공무원 의제

우수물류업 인증업무를 행하는 심사대행기관의 임직원, 우수녹색물류실천기업 지정심사대행 업무를 행하는 지정심사대행기관의 임직원은 「형법」 제129조(수뢰, 사전수뢰)부터 제132조(알선수뢰)까지의 규정에 따른 벌칙의 적용에서는 공무원으로 본다.

6 벌 칙

(1) 「물류정책기본법」의 행정형벌 종류

① **10년 이하의 징역 또는 1억원 이하의 벌금**: 전자문서를 위작 또는 변작하거나 그 사정을 알면서 위작 또는 변작된 전자문서를 행사한 자는 10년 이하의 징역 또는 1억원 이하의 벌금에 처한다. 이 경우 미수범은 본죄에 준하여 처벌한다.

② **5년 이하의 징역 또는 5천만원 이하의 벌금**: 국가물류통합정보센터 또는 단위물류정보망에 의하여 처리·보관 또는 전송되는 물류정보를 훼손하거나 그 비밀을 침해·도용 또는 누설한 자는 5년 이하의 징역 또는 5천만원 이하의 벌금에 처한다.

③ **3년 이하의 징역 또는 3천만원 이하의 벌금**: 국가물류통합정보센터 또는 단위물류정보망의 보호조치를 침해하거나 훼손한 자는 3년 이하의 징역 또는 3천만원 이하의 벌금에 처한다.

④ **1년 이하의 징역 또는 1천만원 이하의 벌금**: 전자문서 또는 물류정보를 2년 동안 보관하지 아니한 자나 국제물류주선업의 등록을 하지 아니하고 국제물류주선업을 경영한 자는 1년 이하의 징역 또는 1천만원 이하의 벌금에 처한다.

⑤ **3천만원 이하의 벌금**: 전자문서 또는 물류정보를 공개한 자, 거짓의 인증마크를 제작·사용하거나 그 밖의 방법으로 인증받은 기업임을 사칭한 자는 3천만원 이하의 벌금에 처한다.

⑥ **1천만원 이하의 벌금**: 위험물질 운송차량의 운행중지 명령에 따르지 아니한 자, 자료 제출 및 보고를 하지 아니하거나 거짓으로 한 자, 조사를 거부·방해 또는 기피한 자, 지정을 받지 아니하고 지정표시 또는 이와 유사한 표시를 사용한 자, 위반하여 성명 또는 상호를 다른 사람에게 사용하게 하거나 인증서·등록증·지정증 또는 자격증을 대여한 자경우에는 1천만원 이하의 벌금에 처한다.

(2) **양벌규정**

법인의 대표자나 법인 또는 개인의 대리인, 사용인, 그 밖의 종업원이 그 법인 또는 개인의 업무에 관하여 위반행위를 하면 그 행위자를 벌하는 외에 그 법인 또는 개인에게도 해당 조문의 벌금형을 과(科)한다. 다만, 법인 또는 개인이 그 위반행위를 방지하기 위하여 해당 업무에 관하여 상당한 주의와 감독을 게을리하지 아니한 경우에는 그러하지 아니하다.

7 과태료(행정질서벌)

(1) 질서위반행위규제법

기존의 개별 물류법규에서는 행정질서벌인 과태료의 부과절차에 대하여 자세하게 규정하고 있었다. 그런데 2008년 6월부터 과태료에 관한 기본법인 「질서위반행위규제법」이 시행되어 모든 물류법규의 과태료 부과 등에도 적용되게 되었다.

(2) 「물류정책기본법」상의 과태료

물류기업 및 「물류정책기본법」에 따라 지원을 받는 기업·단체 등이 물류현황조사나 국가물류기본계획 수립을 위한 자료나 「물류정책기본법」에 따라 해당 시·도의 지원을 받는 기업·단체 등이 지역물류기본계획의 수립을 위한 자료를 제출하지 아니하거나 거짓의 자료를 제출한 때와 국제물류주선업 사업승계신고나 사업의 휴업·폐업신고를 하지 아니한 자에게는 200만원 이하의 과태료를 부과한다. 구체적인 위반행위별 과태료 금액은 다음과 같다.

● 위반행위별 과태료 금액

위반행위	과태료 금액
자료를 제출하지 아니하거나 거짓의 자료를 제출한 때	150만원
국제물류주선업 변경등록을 하지 아니한 때	변경등록 신청 기한으로부터 10일 이하 지연시 30만원, 10일 초과 3개월 이하 지연시 30만원에 1일당 1만5천원을 가산한 금액, 3개월 초과 지연시 150만원
국제물류주선업 사업의 승계 신고를 하지 아니한 때	사업의 승계 신고 기한으로부터 10일 이하 지연시 30만원, 10일 초과 3개월 이하 지연시 30만원에 1일당 1만5천원을 가산한 금액, 3개월 초과 지연시 150만원
인증우수물류기업이 인증이 취소된 후 인증표시를 계속 사용한 때	200만원
우수녹색물류실천기업 지정이 취소된 후 지정표시를 계속 사용한 때	200만원

8 규제의 재검토

국토교통부장관은 다음 사항에 대하여 기준일(2014년 1월 1일)을 기준으로 3년마다(매 3년이 되는 기준일과 같은 날 전까지를 말한다) 그 타당성을 검토하여 개선 등의 조치를 하여야 한다.

① 단위물류정보망 전담기관의 지정
② 전자문서 및 물류정보의 공개
③ 인증우수물류기업에 대한 점검
④ 국제물류주선업의 등록 및 등록신청
⑤ 물류관리사 자격시험
⑥ 국가물류통합정보센터 운영자의 지정

01 「물류정책기본법」상의 정의가 잘못 서술된 것은?

① '물류'란 재화가 생산되어 수요자에게 전달되거나 생산자로부터 회수되어 폐기될 때까지 이루어지는 운송·보관·하역 등과 이에 부가되어 가치를 창출하는 가공·조립·분류·수리·포장·상표부착·판매·정보통신 등을 말한다.

② '물류체계'란 효율적인 물류활동을 위하여 시설·장비·정보·조직 및 인력 등이 서로 유기적으로 기능을 발휘할 수 있도록 연계된 집합체를 말한다.

③ '물류공동화'란 물류기업이나 화주기업(화주기업)들이 물류활동의 효율성을 높이기 위하여 물류에 필요한 시설·장비·인력·조직·정보망 등을 공동으로 이용하는 것을 말한다.

④ '물류표준'이란 「산업표준화법」에 따른 한국산업표준 중 물류활동과 관련된 것을 말한다.

⑤ '제3자 물류'란 화주가 그와 특수관계에 있지 아니한 물류기업에 물류활동의 일부 또는 전부를 위탁하는 것을 말한다.

> **해설** ① 회수물류는 소비자로부터 회수된다.

02 국가물류기본계획에 대하여 사실과 다르게 설명하고 있는 것은?

① 국토교통부장관 및 해양수산부장관은 국가물류정책의 기본방향을 설정하는 10년 단위의 국가물류기본계획을 5년마다 공동으로 수립하여야 한다.

② 국토교통부장관 및 해양수산부장관은 시·도지사에 대하여 국가물류기본계획의 수립·변경을 위한 관련 기초자료의 제출을 요청할 수 있다.

③ 국토교통부장관 및 해양수산부장관은 국가물류기본계획을 수립하거나 국가물류정책의 목표와 주요 추진전략에 관한 사항 등 중요한 사항을 변경하려는 경우에는 관계 중앙행정기관의 장 및 시·도지사와 협의한 후 국가물류정책위원회의 심의를 거쳐야 한다.

④ 국토교통부장관 및 해양수산부장관은 국가물류기본계획을 수립하거나 변경한 때에는 이를 관보에 고시하고, 관계 중앙행정기관의 장 및 시·도지사에게 통보하여야 한다.

⑤ 국가물류기본계획은 「국가균형발전 특별법」에 따라 수립된 국토종합계획 및 「국가통합교통체계효율화법」에 따라 수립된 국가기간교통망계획과 조화를 이루어야 한다.

> **해설** ⑤ 국토종합계획은 「국토기본법」에 따라 수립된다.

03 국가물류기본계획에 포함되어야 하는 사항이 아닌 것은?

① 국내외 물류환경의 변화와 전망
② 국가물류정책의 목표와 전략 및 단계별 추진계획
③ 운송 · 보관 · 하역 · 포장 등 물류기능별 물류정책 및 도로 · 철도 · 해운 · 항공 등 운송수단별 물류의 분산과 효율화에 관한 사항
④ 물류시설 · 장비의 수급 · 배치 및 투자 우선순위에 관한 사항
⑤ 물류 표준화 · 공동화 · 정보화 등 물류체계의 효율화에 관한 사항

해설 ③ 국가물류기본계획에는 운송 · 보관 · 하역 · 포장 등 물류기능별 물류정책 및 도로 · 철도 · 해운 · 항공 등 운송수단별 물류정책의 종합 · 조정에 관한 사항이 포함되어야 한다.

04 다음은 지역물류기본계획의 수립절차이다. 바른 것은?

① 특별시장 및 광역시장은 지역물류정책의 기본방향을 설정하는 10년 단위의 지역물류기본계획을 5년마다 수립하여야 한다.
② 특별자치시장 · 도지사 및 특별자치도지사는 지역물류체계의 효율화를 위하여 10년 단위의 지역물류기본계획을 5년마다 수립하여야 한다.
③ 특별시장 및 광역시장이 지역물류기본계획을 수립하거나 중요한 사항을 변경하려는 경우에는 미리 해당 시 · 도에 인접한 시 · 도의 시 · 도지사와 협의한 후 국가물류정책위원회의 심의를 거쳐 국토교통부장관의 승인을 받아야 한다.
④ 도지사는 지역물류기본계획을 수립하거나 변경한 때에는 이를 공고하고, 인접한 시 · 도의 시 · 도지사, 관할 시 · 군 · 구의 시장 · 군수 · 구청장 및 해당 시 · 도의 지원을 받는 기업 및 단체 등에 이를 통보하여야 한다.
⑤ 국토교통부장관이 지역물류기본계획을 승인하려는 경우에는 관계 중앙행정기관장과 협의한 후 물류시설분과위원회의 심의를 거쳐야 한다.

해설 ② 특별자치시장 · 도지사 및 특별자치도지사는 지역물류체계의 효율화를 위하여 10년 단위의 지역물류기본계획을 5년마다 수립할 수 있다.
③ 지역물류정책위원회의 심의를 거쳐야 한다.
④ 특별시장과 광역시장이 통보하는 주체이다.
⑤ 물류정책분과위원회의 심의를 거쳐야 한다.

Answer   1. ①   2. ⑤   3. ③   4. ①

05 국가물류정책위원회의 심의 · 조정 사항이 아닌 것은?

① 국가물류체계의 효율화에 관한 중요 정책 사항

② 물류시설의 종합적인 개발계획의 수립에 관한 사항

③ 물류산업의 육성 · 발전에 관한 중요 정책 사항

④ 국제물류의 촉진 · 지원에 관한 중요 정책 사항

⑤ 국가물류체계 및 물류산업에 관한 중요한 사항으로서 위원과 국토교통부장관이 회의에 부치는 사항

해설 ⑤ 위원장이 회의에 부치는 사항이다.

06 국가물류정책위원회에 관한 사항 중 틀린 것은?

① 국가물류정책위원회는 위원장을 포함한 23명 이내의 위원으로 구성한다.

② 위원장은 국토교통부장관이 된다.

③ 위원장은 위원회를 대표하고, 위원회의 업무를 총괄한다.

④ 위원은 기획재정부, 교육부, 산업통상자원부, 노동부, 국토교통부, 국가정보원, 관세청 및 중소기업청의 고위공무원단에 속하는 공무원 중에서 해당 기관의 장이 지명하는 자 각 1명과 물류관련 분야에 관한 전문지식 및 경험이 풍부한 자 중에서 위원장이 위촉하는 10명 이내의 자로 한다.

⑤ 국가물류정책위원회의 사무를 처리하기 위하여 간사 1명을 둔다.

해설 ④ 위원은 기획재정부, 교육부, 과학기술정보통신부, 외교부, 농림축산식품부, 산업통상자원부, 고용노동부, 국토교통부, 해양수산부, 국가정보원, 관세청 및 중소기업청의 고위공무원단에 속하는 공무원 중에서 해당 기관의 장이 지명하는 자 각 1명과 물류관련 분야에 관한 전문지식 및 경험이 풍부한 자 중에서 위원장이 위촉하는 10명 이내의 자로 한다.

07 기업물류비 산정지침에 포함되어야 하는 사항이 아닌 것은?

① 물류비 관련 용어 및 개념에 대한 정의

② 영역별 · 기능별 및 자가 · 위탁별 물류비의 분류

③ 물류비의 계산기준 및 계산방법

④ 물류분야 정보통신기술의 도입 및 확산에 관한 사항

⑤ 물류비 계산서의 표준 서식

해설 ④ 물류분야 정보통신기술의 도입 및 확산에 관한 사항은 물류정보 보안에 관한 사항이다.

08 「물류정책기본법」에서 국토교통부장관·해양수산부장관 또는 산업통상자원부장관이 물류공동화·자동화 촉진을 위해 취할 수 있는 조치가 아닌 것은?

① 물류공동화를 추진하는 물류기업이나 화주기업 또는 물류관련단체에 대하여 예산의 범위에서 필요한 자금을 지원할 수 있다.

② 화주기업이 물류공동화를 추진하는 경우에는 물류기업이나 물류관련단체와 공동으로 추진하도록 권고할 수 있으며, 권고를 이행하는 경우에 우선적으로 지원을 할 수 있다.

③ 물류공동화를 확산하기 위하여 필요한 경우에는 시범지역을 지정하거나 시범사업을 선정하여 운영할 수 있다.

④ 물류기업이 물류자동화를 위하여 물류시설 및 장비를 확충하거나 교체하려는 경우에는 필요한 자금을 지원할 수 있다.

⑤ 국토교통부장관·해양수산부장관 또는 산업통상자원부장관은 중복을 방지하기 위하여 조치를 취한 경우 통보하고 상호 협의하여야 한다.

해설 ⑤ 조치를 하려는 경우에는 중복을 방지하기 위하여 미리 협의하여야 한다.

09 「물류정책기본법」에서 규정하고 있는 전자문서 및 물류정보의 보안에 대한 설명 중 틀린 것은?

① 누구든지 전자문서를 위작(僞作) 또는 변작(變作)하거나 위작 또는 변작된 전자문서를 행사하여서는 아니 된다.

② 누구든지 단위물류정보망 또는 국가물류통합데이터베이스에 따라 처리·보관 또는 전송되는 물류정보를 훼손하거나 그 비밀을 침해·도용 또는 누설하여서는 아니 된다.

③ 단위물류정보망사업자는 전자문서 및 정보처리장치의 파일에 기록되어 있는 물류정보를 5년 동안 보관하여야 한다.

④ 국가물류통합정보센터 운영자는 전자문서 및 물류정보의 보안에 필요한 보호조치를 강구하여야 한다.

⑤ 누구든지 불법 또는 부당한 방법으로 보호조치를 침해하거나 훼손하여서는 아니 된다.

해설 ③ 2년 동안 보관하여야 한다.

Answer   5. ⑤   6. ④   7. ④   8. ⑤   9. ③

10 「물류정책기본법」상 국토교통부장관·해양수산부장관 또는 산업통상자원부장관의 물류사업자에 대한 지원을 설명한 것 중 틀린 것은?

① 국토교통부장관·해양수산부장관 또는 산업통상자원부장관은 효율적인 물류활동을 위하여 필요한 물류시설 및 장비를 확충할 것을 물류기업에 권고할 수 있으며, 이에 필요한 행정적·재정적 지원을 할 수 있다.

② 국토교통부장관·해양수산부장관 또는 산업통상자원부장관 또는 시·도지사는 물류공동화를 추진하는 물류기업이나 화주기업 또는 물류관련단체에 대하여 예산의 범위에서 필요한 자금을 지원할 수 있다.

③ 국토교통부장관·해양수산부장관 또는 산업통상자원부장관은 물류기업이 물류자동화를 위하여 물류시설 및 장비를 확충하거나 교체하려는 경우에는 필요한 자금을 지원할 수 있다.

④ 국토교통부장관·해양수산부장관 또는 산업통상자원부장관은 물류표준장비의 보급 확대를 위하여 물류기업, 물류표준장비의 사용자 또는 물류표준에 맞는 규격으로 재화를 포장하는 자 등에 대하여 필요한 행정적·재정적 지원을 할 수 있다.

⑤ 국토교통부장관은 해양수산부장관 및 산업통상자원부장관과 협의하여 기업물류비 산정지침에 따라 물류비를 계산·관리하는 물류기업 및 화주기업에 대하여는 필요한 행정적·재정적 지원을 할 수 있다.

해설 ④ 소요자금의 융자 등 필요한 재정지원을 할 수 있다.

11 국토교통부장관·해양수산부장관 또는 산업통상자원부장관은 물류기업의 육성을 위해 「물류정책기본법」과 물류관련법률에 따라 국가 또는 지방자치단체의 지원을 받는 물류시설에의 우선입주를 위한 지원을 할 수 있다. 다음에서 물류관련법률에 해당하지 않는 것은?

① 「선박의 입항 및 출항 등에 관한 법률」

② 「대외무역법」

③ 「도선법」

④ 「물류시설의 개발 및 운영에 관한 법률」

⑤ 「상법」

해설 ② 「대외무역법」은 물류관련법률에 포함되지 않는다.

12 물류현황조사를 위한 조사지침에 포함되어야 하는 사항이 아닌 것은?

① 조사의 종류 및 항목
② 조사의 대상·방법 및 절차
③ 조사의 활용방안과 대안 제시
④ 조사의 시기 및 지역
⑤ 조사결과의 집계·분석 및 관리

해설 ③ '조사의 체계'가 조사지침에 포함되어야 한다.

13 물류정책기본법령상 물류현황조사 등에 관한 설명으로 옳지 않은 것은?

① 시·도지사는 지역물류현황조사를 함에 있어 「국가통합교통체계효율화법」에 따른 국가 교통조사와 중복되지 아니하도록 하여야 한다.
② 국토교통부장관은 물류에 관한 정책 또는 계획의 수립·변경을 위하여 필요하다고 판단 될 때에는 물류관련단체와 미리 협의한 후 물류현황 등에 관하여 조사하여야 한다.
③ 국토교통부장관은 물류현황조사를 효율적으로 수행하기 위하여 필요한 경우에는 물류 현황조사의 전부 또는 일부를 전문기관으로 하여금 수행하게 할 수 있다.
④ 국토교통부장관은 물류현황조사지침을 작성하려는 경우에는 미리 관계 중앙행정기관의 장과 협의하여야 한다.
⑤ 국토교통부장관은 물류현황조사의 결과에 따른 물류비 등 물류지표를 설정하여 물류정 책의 수립 및 평가에 활용할 수 있다.

해설 ② 국토교통부장관은 물류에 관한 정책 또는 계획의 수립·변경을 위하여 필요하다고 판단될 때에는 관계 행정기관의 장과 미리 협의한 후 물동량의 발생현황과 이동경로, 물류시설·장비의 현황과 이용 실태, 물류인력과 물류체계의 현황, 물류비, 물류산업과 국제물류의 현황 등에 관하여 조사할 수 있다.

14 국토교통부장관 및 주무부장관이 취소처분을 하려고 할 때 청문을 실시하지 않아도 되는 경 우는?

① 국가물류통합정보센터 운영자에 대한 지정의 취소
② 인증우수물류기업에 대한 인증의 취소
③ 국제물류주선업자에 대한 등록의 취소
④ 통합물류협회 지정 취소
⑤ 물류관리사 자격의 취소

해설 ④ 통합물류협회 지정 취소에 관한 규정은 없다.

Answer   10. ④   11. ②   12. ③   13. ②   14. ④

15 인증우수물류기업 · 국제물류주선업자 및 물류관리사가 다른 사람에게 자기의 성명 또는 상호를 사용하여 사업을 하게 하거나 그 인증서 · 등록증 또는 자격증을 대여한 경우에 대한 행정형벌은?

① 1천만원 이하의 벌금   ② 5천만원 이하의 벌금

③ 2백만원 이하의 과태료   ④ 1년 이하의 징역 또는 1천만원 이하의 벌금

⑤ 2백만원 이하의 과징금

해설 ① 인증우수물류기업 · 국제물류주선업자 및 물류관리사가 다른 사람에게 자기의 성명 또는 상호를 사용하여 사업을 하게 하거나 그 인증서 · 등록증 또는 자격증을 대여한 경우 1천만원 이하의 벌금에 처한다.

16 「물류정책기본법」상 국토교통부장관 등이 마련해야 하는 시책에 대한 설명 중 틀린 것은?

① 국토교통부장관 · 해양수산부장관 · 산업통상자원부장관 또는 관세청장은 물류정보화를 통한 물류체계의 효율화를 위하여 필요한 시책을 강구하여야 한다.

② 국토교통부장관 및 해양수산부장관은 화주기업에 대하여 운송 · 보관 · 하역 등의 물류서비스를 일관되고 통합된 형태로 제공하는 물류기업을 우선적으로 육성하는 등 물류산업의 경쟁력을 강화하는 시책을 강구하여야 한다.

③ 국토교통부장관은 해양수산부장관 및 산업통상자원부장관과 협의하여 화주기업이 자가물류(자기가 보유하거나 관리하는 재화에 대하여 자기의 시설 · 장비 · 인력 등을 사용하여 물류활동을 하는 것을 말한다)를 제3자 물류로 전환하도록 유도하기 위한 시책을 강구하여야 한다.

④ 국토교통부장관은 물류시설에 대한 외국인 투자유치를 위한 시책을 강구하여야 한다.

⑤ 국토교통부장관 및 해양수산부장관은 국제물류협력체계 구축, 국내 물류기업의 해외진출, 해외 물류기업의 유치 및 환적(換積)화물의 유치 등 국제물류 촉진을 위한 시책을 강구하여야 한다.

해설 ④ 물류활동이 환경친화적으로 추진될 수 있도록 관련 시책을 강구하여야 한다.

17 물류정책기본법령에 규정된 물류사업의 범위에 포함되지 않는 것은?

① 외항정기화물운송사업   ② 산업용 기계 · 장비 임대업

③ 선박연료공급업   ④ 도선업

⑤ 상업서류송달업

해설 ④ 도선업은 물류관련법령에서 규정된 물류사업의 범위에 포함되어 있지 않다.

18 물류정책기본법령상 물류서비스업으로 분류되지 않는 사업은?

① 화물운송의 주선　　　　　　　　② 물류장비의 임대

③ 물류정보의 처리　　　　　　　　④ 물류컨설팅

⑤ 물류시설의 운영

해설 ⑤ 물류시설의 운영은 물류시설운영업으로 분류된다.

19 국토교통부장관 및 해양수산부장관이 물류기업 또는 관련단체가 추진하는 국제물류사업에 대하여 예산의 범위에서 필요한 경비의 전부나 일부를 지원할 수 있는 경우가 아닌 것은?

① 물류관련 정보ㆍ기술ㆍ인력의 국제교류

② 물류관련 국제표준화, 공동조사, 연구 및 기술협력

③ 물류관련 국제학술대회, 국제박람회 등의 개최

④ 외국 물류기업의 유치

⑤ 국내외 물류시장의 조사ㆍ분석 및 수집정보의 국가물류정보망과 종합물류정보망에 대한 체계적인 배분

해설 ⑤ 국내물류시장조사는 국제물류사업이라고 할 수 없으므로 해외의 물류시장조사ㆍ분석으로 수정해야 한다.

20 국제물류사업을 추진할 수 있는 물류기업 또는 관련단체가 아닌 것은?

① 물류사업을 영위하는 기업

② 「정부출연연구기관 등의 설립ㆍ운영 및 육성에 관한 법률」에 따른 한국철도기술연구원

③ 민ㆍ관 합동 물류지원센터

④ 국제물류주선업협회

⑤ 물류관련협회

해설 ② 한국철도기술연구원은 「과학기술분야 정부출연연구기관 등의 설립ㆍ운영 및 육성에 관한 법률」에 따라 설치ㆍ운영된다.

Answer　　15. ①　16. ④　17. ④　18. ⑤　19. ⑤　20. ②

21 국토교통부장관 및 해양수산부장관이 물류기업 또는 화주기업의 환경친화적 물류활동에 대하여 행정적·재정적 지원을 할 수 있는 경우가 아닌 것은?

① 환경친화적인 운송수단 또는 포장재료의 사용

② 기존 물류시설·장비의 환경친화적인 물류시설·장비로의 변경

③ 환경친화적인 물류시스템의 도입 및 개발

④ 물류활동에 따른 폐기물 감량

⑤ 환경친화적 물류활동을 위한 선진국과의 교류활동

> **해설** ①~④ 외에 물류자원을 절약하고 재활용하는 활동이 있는데, 이는 국토교통부장관이 정하여 고시하는 사항이다.

22 「물류정책기본법」상의 물류관리사 시험과목 가운데 면제대상 시험과목이 개설되어 있는 대학원에서 해당 과목을 모두 이수하고 석사학위 이상의 학위를 받은 자에 대하여 시험을 면제할 수 있는 과목이 아닌 것은?

① 물류관련법규　　　　　　　　　② 물류관리론

③ 화물운송론　　　　　　　　　　④ 보관하역론

⑤ 국제물류론

> **해설** ① 대학원에서 해당 과목을 모두 이수한 경우 물류관련법규를 제외한 시험과목의 시험을 면제한다.

23 원활한 물류를 위하여 물류표준으로 통일하고 단순화해야 하는 대상이 아닌 것은?

① 시설 및 장비의 종류·형상·치수 및 구조

② 포장의 종류·형상·치수·구조 및 방법

③ 물류용어

④ 물류회계 및 물류관련 전자문서 등 물류체계의 효율화에 필요한 사항

⑤ 물류기기 및 설비의 종류·형상·치수·구조

> **해설** ⑤ 「유통산업발전법」에서 규정하고 있는 사항이다.

24 물류표준화와 관련하여 국토교통부장관 또는 해양수산부장관의 권한에 대한 설명으로 옳지 않은 것은?

① 국토교통부장관 또는 해양수산부장관은 물류표준화에 관한 업무를 효과적으로 추진하기 위하여 필요하다고 인정하는 경우에는 산업통상자원부장관에게 「산업표준화법」에 따른 한국산업표준의 제정·개정 또는 폐지를 요청할 수 있다.

② 국토교통부장관·해양수산부장관 또는 산업통상자원부장관은 물류표준의 보급을 촉진하기 위하여 필요한 경우에는 관계 행정기관, 「공공기관의 운영에 관한 법률」에 따른 공공기관, 물류기업, 물류에 관련된 장비의 사용자 및 제조업자에게 물류표준에 맞는 장비를 제조·사용하게 하거나 물류표준에 맞는 규격으로 포장을 하도록 요청하거나 권고할 수 있다.

③ 국토교통부장관·해양수산부장관 또는 산업통상자원부장관은 관계 행정기관, 공공기관 및 물류기업 등에 물류표준장비의 사용자 또는 물류표준에 맞는 규격으로 재화를 포장하는 자에 대하여 운임·하역료·보관료의 할인 및 우선구매 등의 우대조치를 할 것을 요청하거나 권고할 수 있다.

④ 국토교통부장관은 해양수산부장관 및 산업통상자원부장관과 협의하여 물류기업 및 화주기업의 물류표준화를 인증하기 위하여 기업물류표준 인증지침을 작성하여 고시하여야 한다.

⑤ 국토교통부장관·해양수산부장관 또는 산업통상자원부장관은 물류표준장비의 보급 확대를 위하여 물류기업, 물류표준장비의 사용자 또는 물류표준에 맞는 규격으로 재화를 포장하는 자 등에 대하여 소요자금의 융자 등 필요한 재정지원을 할 수 있다.

해설 ④ 기업물류비 산정지침에 관한 사항은 있지만, 물류표준 인증지침은 규정하고 있지 않다.

25 국토교통부장관·해양수산부장관·산업통상자원부장관 또는 관세청장이 물류정보화를 통한 물류체계의 효율화를 위하여 강구하여야 하는 시책에 포함되어야 하는 것이 아닌 것은?

① 물류정보의 표준에 관한 사항
② 물류분야 정보통신기술의 도입 및 확산에 관한 사항
③ 물류정보의 연계 및 공동활용에 관한 사항
④ 첨단물류기술의 개발 및 적용에 관한 사항
⑤ 물류효율의 향상을 위하여 필요한 사항

해설 ④ 인증우수물류기업에 대한 지원사항이다.

26 3억원 이상의 **자본금**(법인이 아닌 경우에는 6억원 이상의 자산평가액을 말한다)을 보유하고 있는 자가 국제물류주선업 등록을 하려는 경우 1억원 이상의 보증보험에 가입하여야 하는 경우는 어느 것인가?

① 자본금 또는 자산평가액이 10억원 이상인 경우
② 컨테이너 장치장을 소유하고 있는 경우
③ 「은행법」 제2조 제1항 제2호에 따른 금융기관으로부터 1억원 이상의 지급보증을 받은 경우
④ 국제물류주선업 거래금액이 10억 이상인 경우
⑤ 1억원 이상의 화물배상책임보험에 가입한 경우

> **해설** ④ 거래금액은 보증보험가입 제외사유에 포함되어 있지 않다.

27 국제물류주선업의 등록을 할 수 있는 자는?

① 피성년후견인 또는 피한정후견인
② 「항만법」을 위반하여 금고 이상의 실형을 선고받고 그 집행이 종료(집행이 종료된 것으로 보는 경우를 포함한다)되거나 집행이 면제된 날부터 2년이 지나지 아니한 자
③ 「해운법」을 위반하여 금고 이상의 형의 집행유예를 선고받고 그 유예기간 중에 있는 자
④ 「공항시설법」을 위반하여 벌금형을 선고받고 2년이 지나지 아니한 자
⑤ 국제물류주선업의 등록취소처분을 받은 후 2년이 지나지 아니한 자

> **해설** ② 위반을 하는 경우 국제물류주선업의 결격사유에 해당하는 법률은 「물류정책기본법」, 「화물자동차 운수사업법」, 「공항시설법」, 「해운법」이다.

28 물류정책기본법령상 국제물류주선업의 등록 결격사유가 아닌 것은?

① 국제물류주선업의 등록 취소처분을 받은 후 2년이 지나지 아니한 자
② 외국인
③ 「물류정책기본법」을 위반하여 금고 이상의 형의 선고를 받고 그 집행이 종료(집행이 종료된 것으로 보는 경우를 포함한다)되거나 집행이 면제된 날부터 2년이 지나지 아니한 자
④ 「화물자동차 운수사업법」을 위반하여 금고 이상의 형의 집행유예를 선고받고 그 유예기간 중에 있는 자
⑤ 「공항시설법」 또는 「해운법」을 위반하여 벌금형을 선고받고 2년이 지나지 아니한 자

> **해설** ② 외국인은 등록 결격사유가 아니다.

29 국제물류주선업의 등록을 할 수 있는 자는?

① 피성년후견인 또는 피한정후견인

② 「물류정책기본법」, 「화물자동차 운수사업법」, 「공항시설법」 또는 「해운법」을 위반하여 징역 이상의 실형을 선고받고 그 집행이 종료(집행이 종료된 것으로 보는 경우를 포함한다)되거나 집행이 면제된 날부터 1년이 지나지 아니한 자

③ 「물류정책기본법」, 「화물자동차 운수사업법」, 「공항시설법」 또는 「해운법」을 위반하여 징역 이상의 형의 집행유예를 선고받고 그 유예기간이 종료한 자

④ 「물류정책기본법」, 「화물자동차 운수사업법」, 「공항시설법」 또는 「해운법」을 위반하여 벌금형을 선고받고 1년이 지나지 아니한 자

⑤ 국제물류주선업의 등록취소처분을 받은 후 1년이 지나지 아니한 자

해설 ③ 형의 집행유예기간이 종료하면 등록을 할 수 있다.

30 국제물류주선업자가 변경등록을 하여야 하는 사항이 아닌 것은?

① 법인의 상호 ② 자본금 또는 자산평가액

③ 법인의 대표이사 ④ 주사무소 소재지

⑤ 등록 결격사유

해설 ⑤ 결격사유에 해당하면 변경등록을 할 수 없다.

31 물류정책기본법령상 국제물류주선업의 사업승계 및 휴업·폐업에 관한 설명으로 옳지 않은 것은?

① 사업의 전부 또는 일부를 휴업·폐업하려는 경우에는 미리 시·도지사에게 신고하여야 한다.

② 사업의 등록에 따른 권리·의무를 승계한 자는 국토교통부령으로 정하는 바에 따라 국토교통부장관에게 신고하여야 한다.

③ 법인의 합병신고서의 첨부서류에는 합병당사자인 법인의 최근 1년 이내의 사업용고정자산의 명세서가 포함된다.

④ 사업을 폐업하려는 자가 법인인 경우에는 폐업신고서에 사업폐업에 관한 법인의 의사결정을 증명하는 서류를 첨부하여야 한다.

⑤ 법인의 합병 외의 사유로 해산신고를 하려는 자는 해산한 날부터 15일 이내에 해산신고서를 시·도지사에게 제출하여야 한다.

해설 ⑤ 국제물류주선업자인 법인이 합병 외의 사유로 해산한 경우에 그 청산인(해산이 파산에 따른 경우에는 파산관재인을 말한다)은 지체 없이 이를 시·도지사에게 신고하여야 한다.

Answer 26. ④ 27. ② 28. ② 29. ③ 30. ⑤ 31. ⑤

32 물류정책기본법령상 국제물류주선업자에 대하여 시·도지사의 처분으로 옳은 것은?

① 다른 사람에게 자기의 성명 또는 상호를 사용하여 영업을 하게 하거나 등록증을 대여한 때에는 사업정지 30일

② 등록기준에 못 미치게 된 경우, 2차 위반시에는 사업정지 60일

③ 등록기준에 못 미치게 된 경우, 4차 위반시에는 등록취소

④ 거짓이나 그 밖의 부정한 방법으로 등록한 경우에는 사업정지 120일

⑤ 등록의 결격사유에 해당하면 사업정지 90일

해설

구 분	위반행위	처분내용
등 록	거짓이나 그 밖의 부정한 방법으로 등록을 한 때	등록취소
등록기준 미달	등록기준에 못 미치게 된 때	• 1차 : 경고 • 2차 : 사업정지 30일 • 3차 : 사업정지 60일 • 4차 : 등록취소
결격사유	결격사유에 해당하게 된 때	등록취소
등록증 대여 등의 금지	다른 사람에게 자기의 성명 또는 상호를 사용하여 영업을 하게 하거나 등록증을 대여한 때	등록취소

33 물류정책기본법령상의 내용으로 옳은 것은?

① 국가는 지역물류에 관한 정책 및 계획을 수립하고 시행하여야 한다.

② 화주는 물류체계의 효율성을 증진시키기 위한 노력을 할 책무는 없다.

③ 물류에 관한 다른 법률을 제정하는 경우에는 「물류정책기본법」의 목적과 물류정책의 기본이념에 맞도록 하여야 한다.

④ 「물류정책기본법」은 유통산업의 효율적인 진흥과 균형 있는 발전을 도모하고 국민경제의 발전에 이바지함을 목적으로 한다.

⑤ 국가물류기본계획은 「국토기본법」과 관련이 없다.

해설 ③ 물류에 관한 다른 법률을 제정하거나 개정하는 경우에는 「물류정책기본법」의 목적과 물류정책의 기본이념에 맞도록 하여야 한다.

　① 국가는 국가물류에 관한 정책을 수립하고 시행한다.

　② 「물류정책기본법」은 화주의 책무에 대하여 규정하고 있다.

　④ 유통산업에 관한 사항은 「유통산업발전법」에서 규정하고 있다.

01

34 물류정책기본법령상 물류관련협회에 관한 설명으로 옳은 것은?

① 물류관련협회를 설립하려는 경우 해당 협회의 회원 1/5 이상이 발기인으로 정관을 작성하여 해당 협회의 회원 1/3 이상이 참여한 창립총회의 의결을 거쳐야 한다.

② 물류관련협회는 국토교통부장관의 설립인가를 받음으로써 성립한다.

③ 물류관련협회의 설립인가 신청서에는 자본금 또는 자산평가액을 증명하는 서류를 첨부하여야 한다.

④ 물류관련협회의 업무 및 정관에 필요한 사항은 국토교통부령으로 정한다.

⑤ 해당 사업의 진흥·발전에 필요한 통계의 작성·관리와 외국자료의 수집·조사·연구 사업은 물류관련협회의 업무에 속한다.

해설 ① 물류관련협회를 설립하려는 경우에는 해당 협회의 회원이 될 자격이 있는 기업 100개 이상이 발기인으로 정관을 작성하여 해당 협회의 회원이 될 자격이 있는 기업 200개 이상이 참여한 창립총회의 의결을 거친 후 소관에 따라 국토교통부장관의 설립인가를 받아야 한다.
② 물류관련협회는 설립인가를 받아 설립등기를 함으로써 성립한다.
③④ 설립인가 신청서에 ㉠ 정관, ㉡ 발기인의 명부 및 이력서, ㉢ 회원의 명부, ㉣ 사업계획서 및 예산의 수입지출계획서, ㉤ 창립총회 회의록을 첨부하여 소관에 따라 국토교통부장관에게 제출하여야 한다.

35 물류정책기본법령상 국제물류주선업협회의 정관에 포함되어야 할 사항으로 옳지 않은 것은?

① 설립에 관한 사항　　　　　　② 해산에 관한 사항

③ 총회에 관한 사항　　　　　　④ 임원에 관한 사항

⑤ 업무에 관한 사항

해설 정관에 포함될 사항으로는 ㉠ 목적, ㉡ 명칭, ㉢ 사무소의 소재지, ㉣ 회원 및 총회에 관한 사항, ㉤ 임원에 관한 사항, ㉥ 업무에 관한 사항, ㉦ 회계 및 회비에 관한 사항, ㉧ 정관의 변경에 관한 사항, ㉨ 해산에 관한 사항, ㉩ 공고의 방법에 관한 사항이 있다.

36 물류정책기본법령상 국가, 지방자치단체, 대통령령으로 정하는 물류관련기관 및 물류기업 등이 새로운 물류시설을 건설하거나 기존 물류시설을 정비할 때 고려하여야 하는 사항이 아닌 것은?

① 주요 물류거점시설 및 운송수단과의 연계성

② 주변 물류시설과의 기능 중복 여부

③ 「공항시설법」 제2조 제7호에 따른 공항 중 화물의 운송을 위한 시설을 갖춘 공항의 경우 적정한 규모 및 기능을 가진 배후 물류시설 부지의 확보 여부

④ 「철도산업발전기본법」 제3조 제2호의 규정에 의한 철도시설의 경우 적정한 규모 및 기능을 가진 배후 물류시설 부지의 확보 여부

⑤ 「항만법」 제2조 제1호에 따른 항만 중 화물의 운송을 위한 시설을 갖춘 항만의 경우 적정한 규모 및 기능을 가진 배후 물류시설 부지의 확보 여부

> **해설** ④ 시행령에서 철도시설에 대하여 규정하고 있지 않으나, 「산업입지 및 개발에 관한 법률」 제2조 제5호 가목에 따른 국가산업단지의 경우에는 적정한 규모 및 기능을 가진 배후 물류시설 부지의 확보 여부를 규정하고 있다.

37 「물류정책기본법」상 과징금에 대한 설명이 틀린 것은?

① 국토교통부장관(국토교통부장관의 권한이 시·도지사에게 위임되어 있으므로 과징금 부과와 관련된 행위의 주체는 시·도지사를 말한다)은 국제물류주선업자에게 사업의 정지를 명하여야 하는 경우로서 그 사업의 정지가 당해 사업의 이용자 등에게 심한 불편을 주는 경우에는 그 사업정지처분에 갈음하여 1천만원 이하의 과징금을 부과할 수 있다.

② 시·도지사가 과징금을 부과하는 경우는 국제물류주선업 등록기준에 못 미치게 된 때이며 과징금액은 200만원이다.

③ 국제물류주선업자의 사업규모, 사업지역의 특수성, 위반행위의 정도 및 횟수 등을 고려하여 과징금 금액의 2분의 1의 범위에서 이를 늘리거나 줄일 수 있다. 이 경우 과징금을 늘리더라도 과징금의 총액은 1천만원을 초과할 수 없다.

④ 시·도지사는 위반행위를 한 자에 대하여 과징금을 부과하려는 경우에는 해당 위반행위를 조사·확인한 후 위반사실, 이의방법, 이의기간 등을 서면으로 명시하여 이를 낼 것을 과징금 부과대상자에게 통지하여야 한다.

⑤ 과징금의 수납기관은 과징금영수증을 교부한 때에는 시·도지사에게 영수필통지서를 송부하여야 하며, 천재지변 등 시·도시사가 인정하는 경우에는 과징금을 분할하여 낼 수 있다. 과징금의 납부를 받은 수납기관은 그 납부자에게 영수증을 교부하여야 한다.

> **해설** ⑤ 과징금은 분할하여 낼 수 없다.

38 물류정책기본법령상 과징금의 부과 및 납부 등에 관한 설명으로 옳은 것은?

① 국토교통부장관은 과징금 납부의 독촉을 받은 자가 납부기한까지 과징금을 내지 아니한 경우에는 소속 공무원으로 하여금 국세 체납처분의 예에 따라 과징금을 강제징수하게 할 수 있다.

② 천재지변이나 그 밖의 부득이한 사유로 인하여 그 납부기간 안에 과징금을 낼 수 없는 경우에는 그 사유가 없어진 날부터 10일 이내에 납부해야 한다.

③ 과징금의 납부통지를 받은 자가 납부기한까지 과징금을 내지 아니한 경우에는 납부기한이 지난 날부터 14일 이내에 독촉장을 발부하여야 한다.

④ 국토교통부장관은 국제물류주선업자의 사업규모, 사업지역의 특수성, 위반행위의 정도 및 횟수 등을 고려하여 과징금의 3분의 1의 범위에서 이를 늘리거나 줄일 수 있다.

⑤ 과징금의 수납기관은 과징금 영수증을 교부한 때에는 기획재정부장관에게 영수필통지서를 송부하여야 한다.

해설 ② 천재지변이나 그 밖의 부득이한 사유로 인하여 그 기간 안에 과징금을 낼 수 없는 경우에는 그 사유가 없어진 날부터 7일 이내에 납부해야 한다.
③ 통지를 받은 자는 통지를 받은 날부터 20일 이내에 국토교통부장관이 정하는 수납기관에 과징금을 내야 한다.
④ 국제물류주선업자의 사업규모, 사업지역의 특수성, 위반행위의 정도 및 횟수 등을 고려하여 과징금의 2분의 1의 범위에서 이를 늘리거나 줄일 수 있다.
⑤ 과징금의 수납기관은 과징금 영수증을 교부한 때에는 국토교통부장관에게 영수필통지서를 송부하여야 한다.

39 물류정책기본법령상 외국인투자기업 및 환적화물을 유치하기 위한 공동투자 유치활동 등에 해당하지 않는 것은?

① 물류시설관리자 또는 국제물류관련 기관·단체와 공동으로 투자 유치활동 수행

② 재외공관 등 관계 행정기관 및 「대한무역투자진흥공사법」에 따른 대한무역투자진흥공사 등 관련 기관·단체에 대한 협조 요청

③ 평가 대상기관에 대하여 평가결과에 관계없이 동일한 행정적·재정적 지원

④ 「공항시설법」 제2조 제7호에 따른 공항 중 국제공항 및 그 배후지에 위치한 물류시설에 대한 소유권 또는 관리·운영권을 인정받은 자에 대한 투자 유치활동 평가

⑤ 「항만법」 제2조 제2호에 따른 무역항 및 그 배후지에 위치한 물류시설에 대한 소유권 또는 관리·운영권을 인정받은 자에 대한 투자 유치활동 평가

해설 ③ 국토교통부장관은 평가 대상기관에 대하여 그 평가결과에 따라 행정적·재정적 지원을 달리할 수 있다.

40 국제물류주선업 관련 과징금의 부과에 대한 설명으로 옳지 않은 것은?

① 국토교통부장관(국토교통부장관의 권한이 시·도지사에게 위임되어 있으므로 과징금 부과와 관련된 행위의 주체는 시·도지사를 말한다)은 국제물류주선업자에게 사업의 정지를 명하여야 하는 경우로서 그 사업의 정지가 당해 사업의 이용자 등에게 심한 불편을 주는 경우에는 그 사업정지처분을 갈음하여 1천만원 이하의 과징금을 부과할 수 있다.

② 법에서는 1천만원 이하의 과징금을 부과할 수 있다고 규정하고 있지만 하위 법령에서는 시·도지사가 국제물류주선업 등록기준에 못 미치게 된 때 200만원의 과징금을 부과할 수 있도록 규정하고 있다.

③ 국제물류주선업자의 사업규모, 사업지역의 특수성, 위반행위의 정도 및 횟수 등을 고려하여 과징금 금액의 2분의 1의 범위에서 이를 늘리거나 줄일 수 있다. 이 경우 과징금을 늘리더라도 과징금의 총액은 1천만원을 초과할 수 없다.

④ 시·도지사는 위반행위를 한 자에 대하여 과징금을 부과하려는 경우에는 해당 위반행위를 조사·확인한 후 위반사실, 이의방법, 이의기간 등을 구두로 과징금 부과대상자에게 통지하여야 한다.

⑤ 시·도지사는 과징금의 납부통지를 받은 자가 납부기한까지 과징금을 내지 아니한 경우에는 납부기한이 지난 날부터 7일 이내에 독촉장을 발부하여야 한다. 이 경우 납부기한은 독촉장 발부일부터 10일 이내로 한다.

해설 ④ 서면으로 통지하여야 한다.

Memo

물류관리사

CERTIFIED PROFESSIONAL LOGISTICIAN

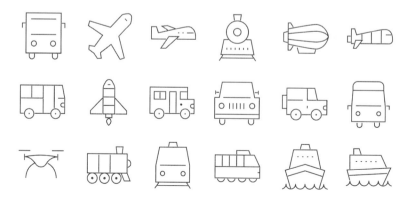

Chapter

02

유통산업발전법

| 학습목표 | 1. 유통산업 발전을 위한 계획에 대하여 학습
2. 중소유통산업 발전을 위한 정부의 지원 정책

| 단원열기 | 유통산업 발전계획, 중소유통공공도매 물류센터, 대규모점포, 상점가 진흥조합, 체인사업, 유통표준
전자문서와 유통정보의 보안, 공동집배송센터, 유통분쟁조정위원회

제1절 총 칙

1 유통산업의 정의 및 적용

(1) 정 의

「유통산업발전법」에서 '유통산업'이란 농산물·임산물·축산물·수산물(가공물 및 조리물 포함) 및 공산품의 도매·소매 및 이를 경영하기 위한 보관·배송·포장과 이와 관련된 정보·용역의 제공 등을 목적으로 하는 산업을 말한다.

(2) 법 적용 제외

'농산물·임산물·축산물·수산물(가공 및 조리물 포함) 및 공산품'이지만 농수축산물이 거래되는 특정 시장·사업장과 매장에 대하여는 「유통산업발전법」이 적용되지 않는다. 즉, 「농수산물 유통 및 가격안정에 관한 법률」에서 규정하고 있는 '농수산물도매시장·농수산물공판장·민영농수산물도매시장 및 농수산물종합유통센터'와 「축산법」에서 규정하고 있는 '가축시장'은 「유통산업발전법」이 적용되지 않는다.

2 법의 목적과 시책

(1) 목 적

「유통산업발전법」은 유통산업의 효율적인 진흥과 균형 있는 발전을 꾀하고, 건전한 상거래질서를 세움으로써 소비자를 보호하고 국민경제의 발전에 이바지함을 목적으로 한다.

(2) 시책 수립

정부는 「유통산업발전법」의 목적을 달성하기 위하여 다음 시책을 마련하여야 한다.

① 유통구조의 선진화 및 유통기능의 효율화 촉진
② 유통산업에서의 소비자 편익의 증진
③ 유통산업의 지역별 균형발전의 도모
④ 유통산업의 종류별 균형발전의 도모
⑤ 중소유통기업의 구조개선 및 경쟁력 강화
⑥ 유통산업의 국제경쟁력 제고
⑦ 유통산업에서의 건전한 상거래질서의 확립 및 공정한 경쟁여건의 조성
⑧ 그 밖에 유통산업의 발전을 촉진하기 위하여 필요한 사항

(3) 유통업상생발전협의회

① **설치**: 대규모점포 및 준대규모점포(대규모점포 등)와 지역중소유통기업의 균형발전을 협의하기 위하여 특별자치시장·시장(「제주특별자치도 설치 및 국제자유도시 조성을 위한 특별법」 제11조에 따른 행정시장을 포함한다)·군수·구청장 소속으로 유통업상생발전협의회(협의회)를 둔다.

② **협의회의 구성**: 협의회는 회장 1명을 포함한 11명 이내의 위원으로 구성한다.

③ **회장과 위원**: 회장은 부시장(특별자치시의 경우 행정부시장을 말한다)·부군수·부구청장이 되고, 위원은 특별자치시장·시장·군수·구청장이 임명하거나 위촉하는 다음 자가 된다.
  ㉠ 해당 지역에 대규모점포 등을 개설하였거나 개설하려는 대형유통기업의 대표 3명
  ㉡ 해당 지역의 전통시장, 슈퍼마켓, 상가 등 중소유통기업의 대표 3명
  ㉢ 다음 어느 하나에 해당하는 자
    ⓐ 해당 지역의 소비자단체의 대표 또는 주민단체의 대표
    ⓑ 해당 지역의 유통산업분야에 관한 학식과 경험이 풍부한 자
    ⓒ 그 밖에 대·중소유통 협력업체·납품업체·농어업인 등 이해관계자
  ㉣ 해당 특별자치시·시·군·구의 유통업무를 담당하는 과장급 공무원

④ **임기**: 위원의 임기는 2년으로 한다.

⑤ **해촉**: 특별자치시장·시장·군수·구청장은 위원이 다음 어느 하나에 해당하는 경우에는 해당 위원을 해촉(解囑)할 수 있다.
  ㉠ 금고 이상의 형을 선고받은 경우
  ㉡ 직무와 관련된 비위사실이 있는 경우
  ㉢ 위원이 6개월 이상 장기 출타 또는 심신장애로 인하여 직무를 수행하기 어려운 경우
  ㉣ 직무태만, 품위 손상 또는 그 밖의 사유로 인하여 위원으로 적합하지 아니하다고 인정되는 경우

⑥ **협의회의 운영**: 협의회의 회의는 재적위원 3분의 2 이상의 출석으로 개의하고, 출석위원 3분의 2 이상의 찬성으로 의결한다. 회장은 회의를 소집하려는 경우에는 회의 개최일 5일 전까지 회의의 날짜·시간·장소 및 심의 안건을 각 위원에게 통지하여야 한다. 다만, 긴급한 경우나 부득이한 사유가 있는 경우에는 그러하지 아니하다. 협의회는 분기별로 1회 이상 개최하는 것을 원칙으로 하되, 회장은 필요에 따라 그 개최 주기를 달리할 수 있다. 규정한 사항 외에 협의회의 구성 등에 필요한 사항은 협의회의 의결을 거쳐 회장이 정한다.

⑦ **간사**: 협의회의 사무를 처리하기 위하여 간사 1명을 두되, 간사는 유통업무를 담당하는 공무원으로 한다.

⑧ **의견 제시**: 협의회는 대형유통기업과 지역중소유통기업의 균형발전을 촉진하기 위하여 다음 사항에 대해 특별자치시장·시장·군수·구청장에게 의견을 제시할 수 있다.

  ㉠ 대형유통기업과 지역중소유통기업 간의 상생협력촉진을 위한 지역별 시책의 수립에 관한 사항

  ㉡ 「유통산업발전법」 대규모점포 등에 대한 영업시간의 제한 등에 관한 사항

  ㉢ 「유통산업발전법」 전통상업보존구역의 지정 등에 관한 사항

  ㉣ 상권영향평가서 및 지역협력계획서 검토에 관한 사항

  ㉤ 그 밖에 대·중소유통기업 간의 상생협력촉진, 공동조사연구, 지역유통산업발전, 전통시장 또는 전통상점가 보존을 위한 협력 및 지원에 관한 사항

⑨ **운영 필요사항 결정**: 기타 협의회의 운영 등에 필요한 사항은 협의회의 의결을 거쳐 회장이 정한다.

■ 3 유통산업 실태조사

(1) 자료요청

산업통상자원부장관은 기본계획 및 시행계획 등의 효율적인 수립·추진을 위하여 유통산업에 대한 실태조사를 할 수 있고, 유통산업의 실태조사를 위하여 필요하다고 인정되는 경우에는 관계 중앙행정기관의 장, 지방자치단체의 장, 공공기관의 장, 유통사업자 및 관련 단체 등에 필요한 자료를 요청할 수 있으며, 자료를 요청받은 관계 중앙행정기관의 장 등은 특별한 사정이 없으면 이에 따라야 한다.

(2) 범위: 유통산업 실태조사의 범위는 다음과 같다.

① 대규모점포, 무점포판매 및 도·소매점포의 현황, 영업환경, 물품구매, 영업실태 및 사업체 특성 등에 관한 사항

② 지역별·업태별 유통기능 효율화를 위한 물류표준화(화물의 원활한 유통을 위하여 물류기기 및 설비의 종류·형상·치수·구조 및 성능과 포장의 종류·형상·치수·구조 및 방법을 통일하고 단순화 및 효율화하는 것을 말한다)·정보화 및 물류공동화에 관한 사항

③ 그 밖에 산업통상자원부장관이 유통산업발전 정책수립을 위하여 실태조사가 필요하다고 인정하는 사항

(3) 구분: 실태조사는 정기조사와 수시조사로 구분하여 실시한다.

구 분	내 용
정기조사	유통산업에 관한 계획 및 정책수립과 집행에 활용하기 위하여 3년마다 실시하는 조사
수시조사	산업통상자원부장관이 기본계획 및 시행계획 등의 효율적인 수립을 위하여 필요하다고 인정하는 경우 특정 업태 및 부문 등을 대상으로 실시하는 조사

제 2 절 유통산업발전계획

1 유통산업발전기본계획

(1) 기본계획의 수립 · 시행

산업통상자원부장관은 유통산업의 발전을 위하여 5년마다 유통산업발전기본계획(기본계획)을 관계 중앙행정기관의 장과 협의를 거쳐 세우고 시행하여야 한다.

(2) 자료제출 요청

산업통상자원부장관은 기본계획을 세우기 위하여 필요하다고 인정되는 경우에는 관계 중앙행정기관의 장에게 필요한 자료를 요청할 수 있다. 자료는 해당 기본계획 개시연도의 전년도 10월 말일까지 제출하여 줄 것을 요청할 수 있다. 이 경우 자료를 요청받은 관계 중앙행정기관의 장은 특별한 사정이 없으면 요청에 따라야 한다.

(3) 기본계획의 내용

기본계획에는 다음의 사항이 포함되어야 한다.

유통산업발전기본계획 포함사항

① 유통산업 발전의 기본방향
② 유통산업의 국내외 여건 변화 전망
③ 유통산업의 현황 및 평가
④ 유통산업의 지역별 · 종류별 발전 방안
⑤ 산업별 · 지역별 유통기능의 효율화 · 고도화 방안
⑥ 유통전문인력 · 부지 및 시설 등의 수급(需給) 변화에 대한 전망
⑦ 중소유통기업의 구조개선 및 경쟁력 강화 방안
⑧ 대규모점포와 중소유통기업 및 중소제조업체 사이의 건전한 상거래질서의 유지 방안
⑨ 그 밖에 유통산업의 규제완화 및 제도개선 등 유통산업의 발전을 촉진하기 위하여 필요한 사항

---

(4) 기본계획의 통지

산업통상자원부장관은 기본계획을 특별시장 · 광역시장 · 특별자치시장 · 도지사 · 특별자치도지사(시 · 도지사)에게 알려야 한다.

⑸ **유통산업발전시행계획**

① 시행계획의 수립 · 시행

㉠ 산업통상자원부장관은 기본계획에 따라 매년 유통산업발전시행계획(시행계획)을 관계 중앙행정기관의 장과의 협의를 거쳐 세워야 한다.

㉡ 산업통상자원부장관 및 관계 중앙행정기관의 장은 시행계획 중 소관 사항을 시행하고 이에 필요한 재원을 확보하기 위하여 노력하여야 한다.

㉢ 산업통상자원부장관은 시행계획을 시 · 도지사에게 알려야 한다.

② 자료의 제출요청

산업통상자원부장관은 시행계획을 세우기 위하여 필요하다고 인정하는 경우에는 관계 중앙행정기관의 장에게 ㉠ 유통산업발전시책의 기본방향, ㉡ 사업주체 및 내용, ㉢ 소요자금과 그 조달방안, ㉣ 사업의 시행방법, ㉤ 그 밖에 시행계획의 수립에 필요한 사항이 포함된 자료를 매년 3월 말일까지 제출하여 줄 것을 요청할 수 있다. 자료를 요청받은 관계 중앙행정기관의 장은 특별한 사정이 없으면 요청에 따라야 한다.

③ 실적제출

관계 중앙행정기관의 장은 시행계획의 집행실적을 다음 연도 2월 말일까지 산업통상자원부장관에게 제출하여야 한다.

▌2 지역별 시행계획

⑴ 시 · 도지사는 기본계획 및 시행계획에 따라 시장(「제주특별자치도 설치 및 국제자유도시 조성을 위한 특별법」에 따른 행정시장을 포함) · 군수 · 구청장(자치구의 구청장)의 의견을 들어 다음의 사항을 포함하는 지역별 시행계획을 세우고 이를 시행하여야 한다.

> **지역별 시행계획 포함사항**
> ① 지역유통산업 발전의 기본방향
> ② 지역유통산업의 여건변화 전망
> ③ 지역유통산업의 현황 및 평가
> ④ 지역유통산업의 종류별 발전방안
> ⑤ 지역유통기능의 효율화 · 고도화 방안
> ⑥ 유통전문인력 · 부지 및 시설 등의 수급 방안
> ⑦ 지역중소유통기업의 구조개선 및 경쟁력 강화 방안
> ⑧ 그 밖에 지역유통산업의 규제완화 및 제도개선 등 지역유통산업의 발전을 촉진하기 위하여 필요한 사항

⑵ 관계 중앙행정기관의 장은 유통산업의 발전을 위하여 필요하다고 인정하는 경우에는 시 · 도지사 또는 시장 · 군수 · 구청장에게 시행계획의 시행에 필요한 조치를 취할 것을 요청할 수 있다.

제 3 절 대규모점포 등

1 대규모점포와 준대규모점포

(1) 매 장

상품의 판매와 이를 지원하는 용역의 제공에 직접 사용되는 장소를 말한다. 이 경우 매장에 포함되는 용역의 제공 장소는 「건축법 시행령」상의 ① 제1종 근린생활시설, ② 제2종 근린생활시설, ③ 문화 및 집회시설, ④ 운동시설, ⑤ 일반업무시설(오피스텔 제외)이 설치되는 장소로 한다.

(2) 대규모점포

「유통산업발전법」에서 '대규모점포'란 다음 요건을 모두 갖춘 매장을 보유한 점포의 집단을 말한다.

① 하나 또는 건물 간의 가장 가까운 거리가 50미터 이내이고 소비자가 통행할 수 있는 지하도 또는 지상통로가 설치되어 있어 하나의 대규모점포로 기능할 수 있는 둘 이상의 연접되어 있는 건물 안에 하나 또는 여러 개로 나누어 설치되는 매장일 것

② 상시 운영되는 매장일 것

③ 매장면적의 합계가 3천제곱미터 이상일 것(매장면적 산정시 「집합건물의 소유 및 관리에 관한 법률」이 적용되는 건물 내의 매장과 바로 접한 공유부분인 복도가 있는 경우에는 그 복도의 면적 포함)

(3) 준대규모점포

다음 어느 하나에 해당하는 점포로서 「통계법」 제22조에 따라 통계청장이 2007년 12월 28일에 고시한 한국표준산업분류상의 슈퍼마켓(47121)과 그 밖에 음·식료품 위주 종합소매업(47129)을 영위하는 점포를 말한다.

① 대규모점포를 경영하는 회사 또는 그 계열회사(「독점규제 및 공정거래에 관한 법률」에 따른 계열회사를 말한다)가 직영하는 점포

② 「독점규제 및 공정거래에 관한 법률」에 따른 상호출자제한기업집단의 계열회사가 직영하는 점포

③ ① 및 ②의 회사 또는 계열회사가 직영점형 체인사업 및 프랜차이즈형 체인사업의 형태로 운영하는 점포

(4) 전통상업보존구역의 지정

① 지정 : 특별자치시장·시장·군수·구청장은 지역 유통산업의 전통과 역사를 보존하기 위하여 「전통시장 및 상점가 육성을 위한 특별법」에 따른 전통시장이나 중소벤처기업부장관이 정하는 전통상점가(전통시장 등)의 경계로부터 1킬로미터 이내의 범위에서 해당 지방자치단체의 조례로 정하는 지역을 전통상업보존구역으로 지정할 수 있다.

② **인접지역 지정** : 전통상업보존구역을 지정하려는 특별자치시장·시장·군수·구청장은 관할 구역 전통시장 등의 경계로부터 1킬로미터 이내의 범위 일부가 인접 특별자치시·시·군·구 (자치구를 말한다. 이하 같다)에 속해 있는 경우에는 인접지역의 특별자치시장·시장·군수· 구청장에게 해당 지역을 전통상업보존구역으로 지정할 것을 요청할 수 있다. 요청을 받은 인 접지역의 특별자치시장·시장·군수·구청장은 요청한 특별자치시장·시장·군수·구청장 과 협의하여 해당 지역을 전통상업보존구역으로 지정하여야 한다.

③ **조례** : 전통상업보존구역의 범위, 지정 절차 및 지정 취소 등에 관하여 필요한 사항은 해당 지 방자치단체의 조례로 정한다.

2 대규모점포의 종류

대규모점포의 종류는 다음과 같다.

대규모점포 종류

① 대형마트 : 용역의 제공장소를 제외한 매장면적의 합계가 3천제곱미터 이상인 점포의 집단으 로서 식품·가전 및 생활용품을 중심으로 점원의 도움 없이 소비자에게 소매하는 점포의 집단
② 전문점 : 용역의 제공장소를 제외한 매장면적의 합계가 3천제곱미터 이상인 점포의 집단으로 서 의류·가전 또는 가정용품 등 특정 품목에 특화한 점포의 집단
③ 백화점 : 용역의 제공장소를 제외한 매장면적의 합계가 3천제곱미터 이상인 점포의 집단으로 서 다양한 상품을 구매할 수 있도록 현대적 판매시설과 소비자 편익시설이 설치된 점포로서 직영의 비율이 30퍼센트 이상인 점포의 집단
④ 쇼핑센터 : 용역의 제공장소를 제외한 매장면적의 합계가 3천제곱미터 이상인 점포의 집단으 로서 다수의 대규모점포 또는 소매점포와 각종 편의시설이 일체적으로 설치된 점포로서 직 영 또는 임대의 형태로 운영되는 점포의 집단
⑤ 복합쇼핑몰 : 용역의 제공장소를 제외한 매장면적의 합계가 3천제곱미터 이상인 점포의 집단 으로서 쇼핑, 오락 및 업무기능 등이 한곳에 집적되고, 문화·관광시설로서의 역할을 하며, 1개의 업체가 개발·관리 및 운영하는 점포의 집단
⑥ 그 밖의 대규모점포 : 위에 해당하지 아니하는 점포의 집단으로서 다음 어느 하나에 해당하 는 것
  ㉠ 용역의 제공장소를 제외한 매장면적의 합계가 3천제곱미터 이상인 점포의 집단
  ㉡ 용역의 제공장소를 포함하여 매장면적의 합계가 3천제곱미터 이상인 점포의 집단으로서 용역의 제공장소를 제외한 매장면적의 합계가 전체 매장면적의 100분의 50 이상을 차지 하는 점포의 집단. 다만, 시장·군수 또는 구청장이 지역경제의 활성화를 위하여 필요하 다고 인정하는 경우에는 매장면적의 100분의 10의 범위에서 용역의 제공장소를 제외한 매장의 면적비율을 조정할 수 있다.

---

3 대규모점포 등의 개설등록

(1) 대규모점포 등의 개설계획 예고

① **예고**: 대규모점포를 개설하려는 자는 영업을 개시하기 60일 전까지, 준대규모점포를 개설하려는 자는 영업을 시작하기 30일 전까지 산업통상자원부령으로 정하는 바에 따라 개설 지역 및 시기 등을 포함한 개설계획을 예고하여야 한다.

② **개설계획 게재 신청**: 대규모점포 등을 개설하려는 자는 개설계획을 예고하기 위하여 해당 지역을 관할하는 특별자치시장·시장·군수 또는 구청장에게 다음 사항이 포함된 개설계획을 해당 지방자치단체의 인터넷 홈페이지에 게재하여 줄 것을 신청하여야 한다.
  ㉠ 개설자(법인인 경우에는 그 명칭과 대표자 성명)
  ㉡ 개설지역(주소)
  ㉢ 영업개시예정일
  ㉣ 대규모점포 등의 종류
  ㉤ 매장면적(m^2)

③ **인터넷 홈페이지 게재**: 대규모점포 등을 개설하려는 자는 개설계획을 예고한 후 영업을 개시하기 전에 개설계획 가운데 어느 하나가 변경된 경우에는 지체 없이 해당 특별자치시장·시장·군수 또는 구청장에게 변경된 개설계획을 게재해 줄 것을 신청해야 한다. 신청을 받은 특별자치시장·시장·군수 또는 구청장은 신청일로부터 5일 이내에 해당 지방자치단체의 인터넷 홈페이지에 대규모점포 등의 개설계획을 게재하여야 한다.

(2) 등록절차

① **신청서 제출**: 대규모점포 등의 개설등록을 하려는 자는 대규모점포 등 개설등록신청서에 다음 서류를 첨부하여 특별자치시장·시장(「제주특별자치도 설치 및 국제자유도시 조성을 위한 특별법」 제17조에 따른 행정시장을 포함한다)·군수 또는 구청장(자치구의 구청장)에게 제출하여야 한다.
  ㉠ 다음 사항이 포함된 사업계획서
    ⓐ 사업의 개요(개설자·사업추진일정 및 영업개시예정일 등에 관한 사항을 포함한다)
    ⓑ 건축물의 위치도 및 구조
    ⓒ 사업의 규모(대지면적·건축물면적·매장면적·점포수 및 종사자수 등에 관한 사항 포함)
    ⓓ 시설의 명세 및 점포의 배치도(분양·직영 및 임대계획에 관한 사항을 포함한다)
    ⓔ 업종의 구성
    ⓕ 운영·관리계획(기구 및 인력에 관한 사항을 포함한다)
    ⓖ 재무구조

ⓛ 다음 사항이 포함된 상권영향평가서
　ⓐ 요약문
　ⓑ 사업의 개요
　ⓒ 상권영향분석의 범위
　ⓓ 상권의 특성
　ⓔ 기존 사업자 현황분석
　ⓕ 상권영향기술서
ⓒ 지역협력계획서(지역 상권 및 경제를 활성화하거나 전통시장 및 중소상인과 상생협력을 강화하는 등의 지역협력을 위한 사업계획서를 말한다)
ⓔ 대지 또는 건축물의 소유권 또는 그 사용에 관한 권리를 증명하는 서류(토지 등기사항증명서 및 건물 등기사항증명서 외의 서류를 말한다)

② 상권영향평가서의 작성 기준 및 방법

항 목		작성 기준 및 방법
1. 요약문		
2. 사업의 개요	가. 개설자 나. 개설지역 다. 추진일정 및 영업 개시예정일 라. 대규모점포 등의 종류 마. 매장면적(m²)	• 라목은 대규모점포와 준대규모점포를 구분하고, 대규모점포인 경우 법 별표의 대규모점포의 종류 6가지(대형마트, 전문점, 백화점, 쇼핑센터, 복합쇼핑몰, 그 밖의 대규모점포) 중에서 선택
3. 상권영향 분석의 범위	가. 공간적 범위 나. 위치도 또는 지형도	• 가목의 공간적 범위는 다음과 같이 정함 　－ 대규모점포의 경우 개설지역의 반경 3km 　－ 매장면적 330m² 이상인 준대규모점포의 경우 개설지역의 반경 500m 　－ 매장면적 330m² 미만인 준대규모점포의 경우 개설지역의 반경 300m • 나목의 지도에 개설예정지와 상권영향분석의 공간적 범위를 표시
4. 인구통계 현황 분석	가. 거주인구수 나. 거주세대수 다. 거주인구 연령분포 라. 거주인구 소득분포 마. 유동인구 현황 바. 종합적 분석	• 가목부터 마목까지는 국가통계포털(http://kosis.kr) 및 상권정보시스템(http://sg.seda.or.kr) 등을 참고하여 작성 • 라목은 서울의 경우 서울통계(http://stat.seoul.go.kr), 지방의 경우 국가통계포털(http://kosis.kr) 등을 참고하여 작성

5. 기존 사업자 현황 분석	가. 대규모점포 현황 나. 준대규모점포 현황 다. 전통시장 현황 라. 전통상점가 현황 마. 소매점 현황 바. 종합적 분석	• 가목과 나목은 점포수를 기술하되, 대규모점포는 법 별표의 6가지 종류별로 구분하여 점포수를 작성 • 다목과 라목은 전체수, 시장 및 상점가 내 점포수, 주요 판매품목, 시장 및 상점가 특이사항 등을 작성 • 마목은 한국표준산업분류상 소분류「종합소매업」 (471) 중 세분류「음식료품위주 종합소매업」(4712) 에 해당하는 슈퍼마켓(47121), 체인화편의점(47122) 및 기타 음식료품 위주 종합소매업(47129) 각각의 현황을 작성
6. 상권의 특성 분석	가. 상권 내 주거형태 나. 상권 내 교통시설 현황 다. 상권 내 집객시설 현황 라. 상권 내 그 밖의 사 업자 현황 마. 종합적 분석	• 가목은 아파트와 비아파트의 세대수 등을 작성 • 나목은 지하철역·버스정류장·철도역 개수 등을 작성 • 다목은 관광·여가·오락, 교통·운송, 생활·개 인서비스, 소매·유통, 숙박, 스포츠 시설 개수 등 을 작성 • 라목은 한국표준산업분류상 소분류「종합소매업」 (471) 중「대형종합소매업」(4711) 및「그 외 기타 종 합 소매업」(4719),「음·식료품 및 담배 소매업」(472), 「기타 가정용품 소매업」(475),「문화, 오락 및 여가 용품 소매업」(476),「기타 상품 전문 소매업」(478) 각각의 업종과 연관이 있는 경우 특이사항을 작성
7. 상권영향 기술서	상권영향기술서	• 기존 사업자에 대한 영향, 지역의 고용에 대한 영 향 등 해당 상권에 미치는 긍정적·부정적 영향을 모두 고려하여 객관적·종합적으로 작성

🔖 **비고**: 상권영향평가서에 포함된 수치와 평가내용 등은 출처와 산출·평가근거를 명확하게 제시하여야 한다.

③ **지역협력계획서 포함 사항**: 지역협력계획서에는 지역 중소유통기업과의 상생협력, 지역 고용
활성화 등의 사항을 포함할 수 있다. 특별자치시장·시장·군수·구청장은 지역협력계획서의
이행실적을 점검하고, 이행실적이 미흡하다고 판단되는 경우에는 개선을 권고할 수 있다.

④ **배제사항**: 지역협력계획서를 작성할 때에는 다음 어느 하나에 해당하는 사업계획은 배제하여
야 한다.

  ㉠ 불공정 경쟁이나 부정 거래를 유발할 수 있는 사업

  ㉡ 소비자후생을 현저히 감소시키는 사업

  ㉢ 지역 사업자에게 과도한 경제적 부담을 주거나 자유로운 영업활동을 방해하는 사업

⑤ **서류확인** : 대규모점포 등 개설등록신청서를 제출받은 특별자치시장·시장·군수 또는 구청
장은 「전자정부법」에 따른 행정정보의 공동이용을 통하여 다음 서류를 확인하여야 한다. 다만,
주민등록표 초본의 경우 신청인이 확인에 동의하지 않는 경우에는 이를 첨부하도록 하여야
한다.

 ㉠ 법인 등기사항증명서(신청인이 법인인 경우만 해당한다)

 ㉡ 주민등록표 초본(신청인이 개인인 경우만 해당하며, 신청인의 신분을 확인할 수 있는 신분증
  명서의 확인으로 이에 갈음할 수 있다)

 ㉢ 토지 등기사항증명서

 ㉣ 건물 등기사항증명서

 ㉤ 건축물의 건축 또는 용도변경 등에 관한 허가서 또는 신고필증

⑥ **보완요청 및 조사** : 특별자치시장·시장·군수·구청장은 제출받은 상권영향평가서 및 지역
협력계획서가 미진하다고 판단하는 경우에는 제출받은 날부터 30일 내에 그 사유를 명시하여
보완을 요청할 수 있다. 특별자치시장·시장·군수·구청장은 제출받은 상권영향평가서 및
지역협력계획서를 검토하는 경우 협의회의 의견을 청취하여야 하며, 필요한 때에는 「상공회의
소법」에 따른 대한상공회의소, 「정부출연연구기관 등의 설립·운영 및 육성에 관한 법률」 제8
조에 따른 산업연구원에 이에 대한 조사를 하게 할 수 있다.

⑦ **등록 제한 및 조건** : 특별자치시장·시장·군수·구청장은 개설등록 또는 변경등록[점포 소재
지를 변경하거나 매장면적이 개설등록(매장면적을 변경등록 한 경우에는 변경등록) 당시의 매장
면적보다 10분의 1 이상 증가하는 경우로 한정한다)]을 하려는 대규모점포 등의 위치가 전통상
업보존구역에 있을 때에는 등록을 제한하거나 조건을 붙일 수 있다. 등록 제한 및 조건에 관한
세부 사항은 해당 지방자치단체의 조례로 정한다.

⑧ **변경등록**

 ㉠ 변경등록을 하여야 하는 사항은 다음 어느 하나의 사항을 말한다.

  ⓐ 법인의 명칭, 개인 또는 법인 대표자의 성명, 개인 또는 법인의 주소

  ⓑ 개설등록(매장면적을 변경등록한 경우에는 변경등록) 당시 매장면적의 10분의 1 이상의
   변경

  ⓒ 업태 변경(대규모점포만 해당한다)

  ⓓ 점포의 소재지·상호

 ㉡ 대규모점포 등의 개설등록을 한 자 또는 대규모점포 등 관리자가 변경등록을 하려는 경우에는
  대규모점포 등 개설변경등록신청서에 변경내용을 증명하는 서류 및 대규모점포 등 개설등
  록증을 첨부하여 특별자치시장·시장·군수 또는 구청장에게 제출하되, 다음 어느 하나에
  해당하는 변경등록의 경우에는 상권영향평가서와 지역협력계획서를 함께 첨부하여야 한다.

  ⓐ 점포의 소재지 변경

  ⓑ 매장면적이 개설등록(매장면적을 변경등록한 경우에는 변경등록) 당시의 매장면적보다
   10분의 1 이상 증가하는 변경

ⓒ 업태 변경(대규모점포만 해당한다)

ⓒ 과태료 : 변경등록을 하지 아니하면 5백만원 이하의 과태료를 부과한다.

⑨ **등록증 교부ㆍ관리** : 특별자치시장ㆍ시장ㆍ군수 또는 구청장은 대규모점포 등의 개설등록 또는 개설변경등록을 한 때에는 그 신청인에게 대규모점포 등 개설등록증(대규모점포 등의 개설 변경등록을 한 때에는 뒤쪽에 그 사실을 기재한 대규모점포 등 개설등록증)을 교부하여야 하며, 대규모점포 등 개설(변경)등록관리대장을 갖추어 두고 개설(변경)등록에 관한 사항을 기록ㆍ 관리하되, 대규모점포 안에 위치하는 준대규모점포의 개설등록을 하거나 개설변경등록을 하 는 경우에는 해당 대규모점포의 대규모점포 등 개설(변경)등록관리대장에도 그 사실을 덧붙여 적어야 한다.

⑩ **인접지역 통보** : 특별자치시장ㆍ시장ㆍ군수ㆍ구청장은 개설등록 또는 변경등록하려는 점포의 소재지로부터 다음 이내의 범위 일부가 인접 특별자치시ㆍ시ㆍ군ㆍ구(자치구를 말한다. 이하 같다)에 속하여 있는 경우 인접지역의 특별자치시장ㆍ시장ㆍ군수ㆍ구청장에게 개설등록 또는 변경등록을 신청 받은 사실을 통보하여야 한다.

- 대규모점포의 경우 점포의 경계로부터 반경 3킬로미터
- 매장면적 330제곱미터 이상인 준대규모점포의 경우 점포의 경계로부터 반경 500미터
- 매장면적 330제곱미터 미만인 준대규모점포의 경우 점포의 경계로부터 반경 300미터

⑪ **의견제시** : 신청 사실을 통보받은 인접지역의 특별자치시장ㆍ시장ㆍ군수ㆍ구청장은 신청 사 실을 통보받은 날로부터 20일 이내에 개설등록 또는 변경등록에 대한 의견을 제시할 수 있다.

(3) 등록의 결격사유

다음에 해당하는 자는 대규모점포 등의 등록을 할 수 없다.

① 피성년후견인 또는 미성년자

② 파산선고를 받고 복권되지 아니한 사람

③ 「유통산업발전법」을 위반하여 징역의 실형을 선고받고 그 집행이 끝나거나(집행이 끝난 것으 로 보는 경우를 포함) 집행이 면제된 날부터 1년이 지나지 아니한 사람

④ 「유통산업발전법」을 위반하여 징역형의 집행유예선고를 받고 그 유예기간 중에 있는 사람

⑤ 등록이 취소된 후 1년이 지나지 아니한 사람

⑥ 대표자가 위의 결격사유에 해당하는 법인

(4) 관 리

시장ㆍ군수 또는 구청장은 대규모점포 등의 개설등록 또는 개설변경등록을 한 때에는 그 신청인 에게 대규모점포 등 개설등록증(대규모점포 등의 개설변경등록을 한 때에는 뒤쪽에 그 사실을 적은 대규모점포 등 개설등록증)을 교부하여야 하며, 대규모점포 등 개설(변경)등록관리대장을 비치하 고 개설(변경)등록에 관한 사항을 기록ㆍ관리하여야 한다.

⑸ 허가 등의 의제

① 의제사항

대규모점포 등을 등록을 하는 경우 다음의 신고·지정·등록 또는 허가(허가 등)에 관하여 시장·군수·구청장이 다른 행정기관의 장과 협의를 한 사항에 대하여는 해당 허가 등을 받은 것으로 본다.

- 「영화 및 비디오물의 진흥에 관한 법률」에 따른 비디오물제작업·비디오물배급업, 「게임산업진흥에 관한 법률」에 따른 게임제작업·게임배급업·게임제공업 또는 「음악산업진흥에 관한 법률」에 따른 음반·음악영상물제작업 및 음반·음악영상물배급업의 신고 또는 등록
- 「담배사업법」에 의한 소매인의 지정
- 「식품위생법」에 의한 식품의 제조업·가공업·판매업 또는 식품접객업의 허가 또는 신고로서 「식품위생법 시행령」에 따른 단란주점영업·유흥주점영업의 허가와 「식품위생법 시행령」에 따른 식품제조·가공업, 즉석판매제조·가공업, 식품첨가물제조업, 식품소분·판매업, 휴게음식점영업, 일반음식점영업, 제과점영업의 신고
- 「식품위생법」에 의한 집단급식소 설치·운영의 신고
- 「관광진흥법」에 의한 유원시설업(遊園施設業)의 신고
- 「평생교육법」에 의한 평생교육시설 설치의 신고
- 「체육시설의 설치·이용에 관한 법률」에 의한 체육시설업의 신고
- 「전자상거래 등에서의 소비자보호에 관한 법률」에 의한 통신판매업자의 신고
- 「공연법」에 의한 공연장의 등록
- 「옥외광고물 등 관리법」에 의한 광고물 또는 게시시설의 허가 또는 신고
- 「외국환거래법」에 의한 외국환업무의 등록
- 「주세법」에 의한 주류 판매업면허 승계의 신고
- 「축산물 위생관리법」에 의한 축산물판매업의 신고
- 「물환경보전법」에 의한 배출시설 설치의 허가 또는 신고
- 「폐기물관리법」에 의한 사업장폐기물배출자의 신고
- 「약사법」에 따른 약국개설의 등록
- 「의료기사 등에 관한 법률」에 의한 안경업소개설의 등록

② 절차 : 허가 등의 의제(擬制)를 받으려는 자는 대규모점포 등의 개설등록 신청시에 허가 등에 필요한 서류를 함께 제출하여야 한다. 특별자치시장·시장·군수·구청장은 대규모점포 등의 등록신청서류와 허가 등을 위한 서류를 제출받은 경우 해당하는 사항이 다른 행정기관의 권한에 속하는 경우에는 미리 그 다른 행정기관의 장과 협의하여야 한다.

⑹ 등록의 취소

시장·군수·구청장은 대규모점포 등의 개설등록을 한 자(대규모점포 등 개설자)가 다음에 해당하는 경우에는 그 등록을 취소하여야 한다. 이 경우 시장·군수·구청장은 허가 등이 의제 처리되는 행정기관의 장에게 등록의 취소에 관한 사항을 지체 없이 알려야 한다.

① 대규모점포 등 개설자가 정당한 사유 없이 1년 이내에 영업을 시작하지 아니한 경우(대규모점포 등의 건축에 정상적으로 소요되는 기간은 산입하지 아니한다)

② 대규모점포 등의 영업을 정당한 사유 없이 1년 이상 계속하여 휴업한 경우

③ **결격사유에 해당하게 된 경우**: 법인의 대표자가 결격사유에 해당하게 된 경우에는 해당하게 된 날, 그리고 대규모점포 등 개설자의 지위를 승계한 상속인이 결격사유에 해당하는 경우에는 상속을 시작한 날부터 6개월이 지난 날까지는 등록의 취소에 관한 규정을 적용하지 아니한다.

⑺ 휴·폐업 신고

대규모점포 등 개설자가 대규모점포 등을 휴업 또는 폐업하려는 경우에는 시장·군수·구청장에게 신고를 하여야 한다.

① 대규모점포 등의 개설등록을 한 자 또는 대규모점포 등 관리자가 대규모점포 등의 영업을 휴업하거나 폐업하려는 때에는 대규모점포 등 휴업·폐업신고서를 시장·군수 또는 구청장에게 제출하여야 한다.

② 특별자치시장·시장·군수 또는 구청장은 제1항에 따른 신고사항을 대규모점포 등 개설(변경)등록관리대장에 기록·관리하되, 대규모점포 안에 위치하는 준대규모점포의 영업을 휴업하거나 폐업하려는 신고가 있는 경우에는 해당 대규모점포의 대규모점포 등 개설(변경)등록관리대장에도 그 사실을 덧붙여 적어야 한다.

⑻ 대규모점포 등 개설자의 업무

① **업무내용**: 대규모점포 등 개설자는 상거래질서의 확립, 소비자의 안전유지와 소비자 및 인근 지역주민의 피해·불만의 신속한 처리, 그 밖에 대규모점포 등의 유지·관리를 위하여 필요한 업무를 수행한다.

② **대규모점포 등 관리자**: 매장이 분양된 대규모점포 및 등록 준대규모점포에서는 다음 어느 하나에 해당하는 자(대규모점포 등 관리자)가 업무를 수행한다.

㉠ 매장면적의 2분의 1 이상을 직영하는 자가 있는 경우: 매장이 분양된 대규모점포 등에 있어서 매장면적의 2분의 1 이상을 직영하는 자가 있는 경우에는 그 직영하는 자가 개설자의 업무를 수행한다.

㉡ 매장면적의 2분의 1 이상을 직영하는 자가 없는 경우: ⓐ 해당 대규모점포 또는 등록 준대규모점포에 입점(入店)하여 영업을 하는 상인(입점상인) 3분의 2 이상이 동의(동의를 얻은 입점상인이 운영하는 매장면적의 합은 전체 매장면적의 2분의 1 이상이어야 한다)하여 설립한 「민법」 또는 「상법」에 따른 법인, ⓑ 입점상인 3분의 2 이상이 동의하여 설립한 「중소기업협동조합법」에 의한 협동조합 또는 사업협동조합(사업조합), ⓒ 입점상인 3분의 2 이상이 동의하여 조직한 자치관리단체(6개월 이내에 법인·협동조합 또는 사업조합의 자격을 갖추어야 한다), ⓓ 입점상인 2분의 1 이상이 동의하여 지정하는 자(6개월 이내에 법인·협동조합 또는 사업조합을 설립하여야 한다)가 대규모점포 등 개설자의 업무를 수행한다.

  ⓒ 동의자 수 산정방법 : 대규모점포 등에 입점하여 영업을 하는 상인(입점상인)의 동의자 수 산정방법은 다음과 같다.

    ⓐ 해당 대규모점포 등에서 「부가가치세법」 제8조, 「소득세법」 제168조 또는 「법인세법」 제111조에 따른 사업자등록을 하고 영업을 하는 입점상인 1명당 하나의 동의권을 가진 사람으로 산정한다.

    ⓑ ⓐ에도 불구하고 다음 구분에 해당하는 경우에는 그에 따라 산정한다.

      • 1명의 입점상인이 2 이상의 점포에서 영업을 하는 경우 하나의 동의권을 가진 사람으로 산정한다.

      • 2명 이상의 입점상인이 하나의 점포에서 영업을 하는 경우에는 해당 입점상인 간 합의에 따라 동의권을 행사하기로 선정된 1명을 하나의 동의권을 가진 사람으로 산정한다.

  ⓓ 입점상인 운영 매장비율 산정 : 대규모점포 또는 등록 준대규모점포 입점상인 3분의 2 이상이 동의(동의를 얻은 입점상인이 운영하는 매장면적의 합은 전체 매장면적의 2분의 1 이상이어야 한다)하여 설립한 「민법」 또는 「상법」에 따른 법인을 대규모점포 등 관리자로 하는 경우 전체 매장면적에 대한 동의를 얻은 입점상인 운영 매장면적의 비율을 산정할 때 입점상인이 없는 매장을 제외한 매장면적을 전체 매장면적으로 하여 그 비율을 산정한다.

  ⓔ 동의권의 행사 방법 : 동의권은 다음 어느 하나에 해당하는 방법으로 행사할 수 있다.

    ⓐ 다음 어느 하나에 해당하는 전자적 방법

      • 「전자서명법」 제2조 제3호에 따른 공인전자서명 또는 같은 조 제8호에 따른 공인인증서를 통하여 본인확인을 거쳐 동의권을 행사하는 방법

      • 법 제12조의6에 따른 관리규정(이하 "관리규정"이라 한다)에서 「전자서명법」 제2조 제1호에 따른 전자문서를 제출하는 방법 등 가목보다 본인 확인절차를 완화하여 동의권을 행사할 수 있도록 정하고 있는 경우에는 그에 따른 방법

    ⓑ 입점상인의 사업자등록번호, 기명날인 또는 서명이 있는 서면으로 행사하는 방법. 이 경우 대리인으로 하여금 행사하게 할 수 있다.

  ⓕ 동의 얻는 절차 : 대규모점포 등 관리자가 되기 위하여 동의를 얻으려는 자는 입점상인의 동의를 받기 1주일 전에 대규모점포 등 관리자의 구성방법 및 운영계획, 동의권 행사의 기간과 방법을 입점상인에게 통지하여야 한다.

③ **신고** : 대규모점포 등 관리자는 업무를 수행하게 된 날부터 20일 이내에 대규모점포 등 관리자 신고서에 관리자에 해당함을 증명하는 서류, 입점상인의 현황, 정관 또는 자치규약을 첨부하여 시장·군수 또는 구청장에게 신고하여야 한다.

④ **변경신고**

    ㉠ 신고를 한 대규모점포 등 관리자는 그 명칭, 성명(개인 또는 대표자의 성명을 말한다) 또는 주소가 변경된 경우 특별자치시장·시장·군수 또는 구청장에게 변경신고를 해야 한다.

    ㉡ 변경신고를 하려는 자는 대규모점포 등 관리자변경신고서에 변경내용을 증명하는 서류를 첨부하여 시장·군수 또는 구청장에게 제출하여야 한다.

⑤ **확인서 교부**: 시장·군수 또는 구청장은 대규모점포 등 관리자의 신고 또는 변경신고를 받은 때에는 대규모점포 등 관리자확인서를 신고인에게 교부하여야 한다. 매장이 분양된 대규모점포 등에 있어서 대규모점포 등 개설자의 업무 중 구분소유와 관련된 사항에 대하여는 「집합건물의 소유 및 관리에 관한 법률」에 따른다.

⑥ **대규모점포 등 개설자 등의 업무수행기준**

대규모점포 등 개설자 및 대규모점포 등 관리자는 그 업무수행에 관하여 다음의 기준에 적합하도록 필요한 대책을 마련하여야 한다.

    ㉠ 경쟁을 부당하게 제한하거나 공정한 거래를 저해하지 아니하도록 할 것

    ㉡ 무자료거래 등 건전한 상거래질서를 저해하는 행위를 하지 아니하도록 할 것

    ㉢ 소비자의 피해·불만의 신속한 처리, 소비자의 안전유지 및 소비자 개인정보의 부당한 사용·유출방지 등 소비자의 보호와 편익증진을 적극적으로 수행할 것

    ㉣ 대규모점포 등으로서 공동사업을 하는 경우에는 그에 드는 비용의 조성·부담 및 정산을 공정하게 할 것

⑦ **권리의무의 승계**

    ㉠ 다음 어느 하나에 해당하는 자는 종전의 대규모점포 등 개설자의 지위를 승계한다.

      ⓐ 대규모점포 등 개설자가 사망한 경우 그 상속인

      ⓑ 대규모점포 등 개설자가 대규모점포 등을 양도한 경우 그 양수인

      ⓒ 법인인 대규모점포 등 개설자가 다른 법인과 합병한 경우 합병 후 존속하는 법인이나 합병으로 설립되는 법인

    ㉡ 결격사유에 관한 규정은 지위를 승계한 자에 관하여 이를 준용한다.

(9) **대규모점포 등의 관리비**

① **관리비**: 대규모점포 등 관리자는 대규모점포 등을 유지·관리하기 위한 관리비를 입점상인에게 청구·수령하고 그 금원을 관리할 수 있다. 관리비의 항목별 세부명세는 다음과 같다.

◉ 관리비의 항목별 세부명세

관리비 항목	구성명세
1. 일반관리비	가. 인건비 : 급여, 수당, 상여금, 퇴직금, 산재보험료, 고용보험료, 국민연금, 국민건강보험료 및 식대 등 복리후생비 나. 사무비 : 일반사무용품비, 도서인쇄비, 교통통신비 등 관리사무에 직접 소요되는 비용 다. 세금·공과금 : 관리기구가 사용한 전기료, 통신료, 우편료 및 관리기구에 부과되는 세금 등 라. 피복비 마. 교육훈련비 바. 차량유지비 : 연료비, 수리비, 보험료 등 차량유지에 직접 소요되는 비용 사. 그 밖의 부대비용 : 관리용품구입비, 회계감사비, 그 밖에 관리업무에 소요되는 비용
2. 청소비	용역 시에는 용역금액, 직영 시에는 청소원인건비, 피복비 및 청소용품비 등 청소에 직접 소요된 비용
3. 경비비	용역 시에는 용역금액, 직영 시에는 경비원인건비, 피복비 등 경비에 직접 소요된 비용
4. 소독비	용역 시에는 용역금액, 직영 시에는 소독용품비 등 소독에 직접 소요된 비용
5. 승강기유지비	용역 시에는 용역금액, 직영 시에는 부대비, 자재비 등. 다만, 전기료는 공동으로 사용되는 시설의 전기료에 포함한다.
6. 냉난방비	냉방, 난방 및 급탕에 소요된 원가(유류대, 난방비 및 급탕용수비)에서 급탕비를 뺀 금액
7. 급탕비	급탕용 유류대 및 급탕용수비
8. 수선유지비	가. 대규모점포 등의 공용부분의 수선·보수에 소요되는 비용으로 보수용역 시에는 용역금액, 직영 시에는 자재 및 인건비 나. 냉난방시설의 청소비, 소화기충약비 등 공동으로 이용하는 시설의 보수유지비 및 제반 검사비 다. 건축물의 안전점검비용 라. 재난 및 재해 등의 예방에 따른 비용
9. 위탁관리 수수료	건물관리업자에게 위탁하여 관리하는 경우로서 대규모점포 등 관리자와 건물관리업자 간의 계약으로 정한 월간 비용

② **사용료 등 납부 대행** : 대규모점포 등 관리자는 입점상인이 납부하는 대통령령으로 정하는 사용료 등을 입점상인을 대행하여 그 사용료 등을 받을 자에게 납부할 수 있다. 사용료 등은 다음 비용을 말한다.

㉠ 전기료(공동으로 사용하는 시설의 전기료를 포함한다)

㉡ 수도료(공동으로 사용하는 수도료를 포함한다)

ⓒ 가스사용료

ⓔ 지역난방 방식인 대규모점포 등의 냉난방비와 급탕비

ⓜ 분뇨 처리 수수료

ⓗ 폐기물 처리 수수료

ⓢ 건물 전체를 대상으로 하는 보험료

③ **관리비 등 공개** : 대규모점포 등 관리자는 다음 내역(항목별 산출내역을 말하며, 매장별 부과내역은 제외한다)을 해당 대규모점포 등의 인터넷 홈페이지(인터넷 홈페이지가 없는 경우에는 해당 대규모점포 등의 관리사무소나 게시판 등을 말한다)에 공개하여야 한다. 대규모점포 등 관리자는 관리비 등의 명세(냉난방비 · 급탕비 · 전기료 · 수도료 · 가스사용료 · 지역난방 방식인 대규모점포 등의 냉난방비와 급탕비는 사용량을 포함한다) 및 잡수입의 명세를 관리비 등을 청구한 달의 다음 달 말일까지 해당 대규모점포 등의 인터넷 홈페이지(인터넷 홈페이지가 없는 경우에는 해당 대규모점포 등의 관리사무소나 게시판 등을 말한다)에 공개하여야 한다.

ⓐ 관리비

ⓑ 사용료 등

ⓒ 잡수입(공용부분 및 복리시설의 사용료 등 대규모점포 등을 관리하면서 부수적으로 발생하는 수입)

④ **계약체결 방식** : 대규모점포 등 관리자가 대규모점포 등의 유지 · 관리를 위하여 위탁관리, 공사 또는 용역 등을 위한 계약을 체결하는 경우 계약의 성질 및 규모 등을 고려하여 대통령령으로 정하는 다음 경우를 제외하고는 공개경쟁 입찰방식으로 계약을 체결하여야 한다.

ⓐ 산업통상자원부장관이 정하여 고시하는 금액 이하의 계약을 체결하는 경우

ⓑ 긴급하게 계약을 체결할 필요성이 있는 경우

ⓒ 그 밖에 공개경쟁입찰 방식에 따른 계약체결이 적절하지 아니하다고 판단하여 산업통상자원부장관이 정하여 고시하는 경우

⑤ **계약 공개** : 대규모점포 등 관리자가 계약을 체결하는 경우에 계약체결일부터 1개월 이내에 그 계약서를 해당 대규모점포 등의 인터넷 홈페이지에 공개하여야 한다. 이 경우 「개인정보 보호법」 제24조에 따른 고유식별정보 등 개인의 사생활의 비밀 또는 자유를 침해할 우려가 있는 정보는 제외하고 공개하여야 한다.

⑥ **관리비 등의 예치** : 대규모점포 등 관리자는 관리비 등을 다음의 어느 하나에 해당하는 금융기관에 예치하여 관리하여야 한다.

ⓐ 「은행법」에 따른 은행

ⓑ 「중소기업은행법」에 따른 중소기업은행

ⓒ 「상호저축은행법」에 따른 상호저축은행

ⓓ 「보험업법」에 따른 보험회사

ⓔ 「농업협동조합법」에 따른 조합, 농업협동조합중앙회 및 농협은행

ⓕ 「수산업협동조합법」에 따른 조합, 수산업협동조합중앙회 및 수협은행

        ⓧ 「신용협동조합법」에 따른 신용협동조합 및 신용협동조합중앙회

        ⓞ 「새마을금고법」에 따른 새마을금고 및 새마을금고중앙회

        ⓩ 「산림조합법」에 따른 조합 및 산림조합중앙회

        ⓩ 「우체국예금·보험에 관한 법률」에 따른 체신관서

(10) 회계서류의 작성·보관

① **장부·증빙서류의 작성 및 보관** : 대규모점포 등 관리자는 관리비·사용료 등의 금전을 입점상인에게 청구·수령하거나 그 금원을 관리하는 행위 등 모든 거래행위에 관하여 장부를 월별로 작성하여 그 증빙서류와 함께 해당 회계연도 종료일부터 5년간 보관하여야 한다.

② **분리회계 처리** : 대규모점포 등 관리자가 매장면적의 2분의 1 이상을 직영하는 자에 해당하는 경우에는 대규모점포 등 관리자의 고유재산과 분리하여 회계처리를 하여야 한다.

③ **정보열람과 복사** : 대규모점포 등 관리자는 입점상인이 장부나 증빙서류, 관리비등의 집행에 관한 사업계획, 예산안, 사업실적서 및 결산서의 정보 열람을 요구하거나 자기의 비용으로 복사를 요구하는 때에는 다음 정보는 제외하고 이에 응하여야 한다. 이 경우 관리규정에서 열람과 복사를 위한 방법 등 필요한 사항을 정할 수 있다.

    ㉠ 「개인정보 보호법」 제24조에 따른 고유식별정보 등 개인의 사생활의 비밀 또는 자유를 침해할 우려가 있는 정보

    ㉡ 의사결정과정 또는 내부검토과정에 있는 사항 등으로서 공개될 경우 업무의 공정한 수행에 현저한 지장을 초래할 우려가 있는 정보

(11) 대규모점포 등 관리자의 회계감사

① **회계감사** : 대규모점포 등 관리자는 대통령령으로 정하는 바에 따라 「주식회사의 외부감사에 관한 법률」 제3조 제1항에 따른 감사인(감사인)의 회계감사를 매년 1회 이상 받아야 한다. 다만, 입점상인의 3분의 2 이상이 서면으로 회계감사를 받지 아니하는 데 동의한 연도에는 회계감사를 받지 아니할 수 있다. 회계감사에 대해서는 「주식회사의 외부감사에 관한 법률」 제5조에 따른 회계감사기준을 적용한다. 회계감사를 받아야 하는 대규모점포 등 관리자는 매 회계연도 종료 후 9개월 이내에 다음 재무제표에 대하여 회계감사를 받아야 한다.

    ㉠ 재무상태표

    ㉡ 운영성과표

    ㉢ 이익잉여금처분계산서(또는 결손금처리계산서)

    ㉣ 주석(註釋)

② **회계감사결과 공개** : 대규모점포 등 관리자는 회계감사결과를 제출받은 날부터 1개월 이내에 대규모점포 등의 인터넷 홈페이지에 그 결과를 공개하여야 한다.

③ **감사인** : 대규모점포 등 관리자는 특별자치시장·시장·군수·구청장 또는 「공인회계사법」 제41조에 따른 한국공인회계사회에 감사인의 추천을 의뢰할 수 있다. 감사인은 대규모점포 등

관리자가 회계감사를 받은 날부터 1개월 이내에 대규모점포 등 관리자에게 감사보고서를 제출하여야 한다.

④ **금지행위**: 회계감사를 받는 대규모점포 등 관리자는 다음 어느 하나에 해당하는 행위를 하여서는 아니 된다.

　㉠ 정당한 사유 없이 감사인의 자료 열람·등사·제출 요구 또는 조사를 거부·방해·기피하는 행위

　㉡ 감사인에게 거짓 자료를 제출하는 등 부정한 방법으로 회계감사를 방해하는 행위

(12) 관리규정

① **관리규정**: 대규모점포 등 관리자는 대규모점포 등의 관리 또는 사용에 관하여 입점상인의 3분의 2 이상의 동의를 얻어 관리규정을 제정하여야 하며 관리규정에 따라 대규모점포 등을 관리하여야 한다.

② **관리규정을 제정·개정하는 방법**: 관리규정을 제정하려는 대규모점포 등 관리자는 신고를 한 날부터 3개월 이내에 표준관리규정을 참조하여 관리규정을 제정하여야 한다. 대규모점포 등 관리자는 관리규정을 개정하려는 경우 제안내용에 다음 사항을 적어 입점상인의 3분의 2 이상의 동의를 얻어야 한다.

　㉠ 개정안

　㉡ 개정 목적

　㉢ 현행의 관리규정과 달라진 내용

　㉣ 표준관리규정과 다른 내용

대규모점포 등 관리자는 관리규정을 제정하거나 개정하려는 경우 해당 대규모점포 등 인터넷 홈페이지에 제안내용을 공고하고 입점상인들에게 개별적으로 통지하여야 한다. 대규모점포 등 관리자가 관리규정을 제정하거나 개정하려는 경우 입점상인의 동의자 수 산정방법 및 동의권 행사방법에 관하여는 대규모점포 등 입점 영업 상인 동의자 수 산정방법 등(시행령 제7조의2 제1항부터 제3항까지의 규정)을 준용한다.

③ **관리규정 열람·복사**: 대규모점포 등 관리자는 입점상인이 관리규정의 열람이나 복사를 요구하는 때에는 이에 응하여야 한다.

④ **표준관리규정**: 시·도지사는 이 법을 적용받는 대규모점포 등의 효율적이고 공정한 관리를 위하여 표준관리규정을 마련하여 보급하여야 한다. 표준관리규정에는 다음의 사항이 포함되어야 한다.

　㉠ 입점상인의 권리와 의무에 관한 사항

　㉡ 관리규정의 제정·개정·폐지에 관한 사항

　㉢ 입점상인 공동의 이익과 관련된 점포의 사용에 관한 사항

　㉣ 대규모점포 등의 대지, 공용부분 및 부속시설의 사용 및 보존·관리에 관한 사항

　㉤ 대규모점포 등의 유지·관리를 위하여 대규모점포 등 관리자가 체결하는 계약에 관한 사항

ⓑ 대규모점포 등 관리자의 운영경비의 용도 및 사용금액

ⓢ 관리비 등의 점포별 부담액 산정방법, 징수, 보관, 예치 및 사용절차

ⓞ 회계장부나 증빙서류 등의 복사 및 열람방법

ⓩ 관리비 등을 납부하지 아니하는 입점상인에 대한 조치 및 가산금의 부과

ⓒ 회계처리 및 회계감사에 관한 사항

ⓚ 관리 등으로 인하여 발생한 수입의 용도 및 사용절차

ⓣ 대규모점포 등의 관리책임 및 비용부담

ⓟ 관리규정을 위반한 자와 상거래질서를 문란하게 한 자에 대한 조치

ⓗ 그 밖에 대규모점포 등의 관리에 필요한 사항

⑴ **대규모점포 등의 관리현황 점검·감독 등**

① **보고·검사** : 산업통상자원부장관 또는 특별자치시장·시장·군수·구청장은 대규모점포 등 관리자의 업무집행 및 비용의 징수·관리 등에 관하여 확인이 필요하다고 인정될 때에는 대규모점포 등 관리자에 대하여 그 업무에 관한 사항을 보고하게 하거나 자료를 제출하게 할 수 있으며, 관계 공무원에게 사업장 등을 출입하여 관계 서류 등을 검사하게 할 수 있다.

② **검사 통지** : 검사를 하려는 공무원은 검사 3일 전까지 그 일시·목적 및 내용을 검사대상자에게 통지하여야 한다. 다만, 긴급히 검사하여야 하거나 사전에 알리면 증거인멸 등으로 검사목적을 달성할 수 없다고 인정하는 경우에는 그러하지 아니하다. 출입·검사를 하는 공무원은 그 권한을 표시하는 증표를 지니고 이를 관계인에게 보여 주어야 한다.

③ **보고** : 산업통상자원부장관은 특별자치시장·시장·군수·구청장으로 하여금 대규모점포 등 관리자의 현황, 업무의 집행 및 비용의 징수·관리 등에 관한 사항을 보고하게 할 수 있다.

⑴ **대규모점포 등 관련 벌칙**

다음의 자는 1년 이하의 징역 또는 3천만원 이하의 벌금에 처한다.

① 등록을 하지 아니하고 대규모점포 등을 개설하거나 거짓 그 밖의 부정한 방법으로 대규모점포 등의 개설등록을 한 자

② 신고를 하지 아니하고 대규모점포 등 개설자의 업무를 수행하거나 거짓, 그 밖의 부정한 방법으로 대규모점포 등 개설자의 업무수행신고를 한 자

4 대규모점포 등에 대한 영업시간의 제한

⑴ **영업제한**

특별자치시장·시장·군수·구청장은 건전한 유통질서 확립, 근로자의 건강권 및 대규모점포 등과 중소유통업의 상생발전(相生發展)을 위하여 필요하다고 인정하는 경우 대형마트(대규모점포에 개설된 점포로서 대형마트의 요건을 갖춘 점포를 포함한다)와 준대규모점포에 대하여 영업시간 제한을 명하거나 의무휴업일을 지정하여 의무휴업을 명할 수 있다.

(2) **예 외**

연간 총매출액 중 「농수산물 유통 및 가격안정에 관한 법률」에 따른 농수산물의 매출액 비중이 55퍼센트 이상인 대규모점포 등으로서 해당 지방자치단체의 조례로 정하는 대규모점포 등에 대하여는 그러하지 아니하다.

(3) **영업시간 제한**

특별자치시장·시장·군수·구청장은 오전 0시부터 오전 10시까지의 범위에서 영업시간을 제한할 수 있다.

(4) **의무휴업일 지정**

특별자치시장·시장·군수·구청장은 매월 이틀을 의무휴업일로 지정하여야 한다. 이 경우 의무휴업일은 공휴일 중에서 지정하되, 이해당사자와 합의를 거쳐 공휴일이 아닌 날을 의무휴업일로 지정할 수 있다.

(5) **조례 제정**

영업시간 제한 및 의무휴업일 지정에 필요한 사항은 해당 지방자치단체의 조례로 정한다.

(6) **영업정지**

특별자치시장·시장·군수·구청장은 다음 어느 하나에 해당하는 경우에는 1개월 이내의 기간을 정하여 영업의 정지를 명할 수 있다.

① 영업시간 제한 명령을 1년 이내에 3회 이상 위반하여 영업제한시간에 영업을 한 자 또는 의무휴업 명령을 1년 이내에 3회 이상 위반하여 의무휴업일에 영업을 한 자. 이 경우 영업시간 제한 명령 위반과 의무휴업 명령 위반의 횟수는 합산한다.

② 영업정지 명령을 위반하여 영업정지기간 중 영업을 한 자

(7) **과태료**

시장·군수·구청장의 명령을 위반하여 영업제한시간에 영업을 한 자 또는 의무휴업 명령을 위반한 자에게는 1억원 이하의 과태료를 부과하며, 구체적인 금액은 다음과 같다.

위반행위	과태료 금액(단위 : 만원)		
	1차 위반	2차 위반	3차 이상 위반
영업제한시간에 영업을 하거나 의무휴업 명령을 위반한 경우			
1. 전년도 점포당 매출액이 100억원 이상인 경우	3,000	7,000	10,000
2. 전년도 점포당 매출액이 100억원 미만인 경우	1,000	3,000	5,000

제 4 절   분야별 유통산업

1 분야별 발전시책

(1) 분야별 발전시책 수립

산업통상자원부장관은 유통산업의 경쟁력을 강화하기 위하여 체인사업의 발전시책, 무점포판매업[2]
(상시운영되는 매장을 가진 점포를 두지 아니하고 상품을 판매하는 것)의 발전시책, 그 밖에 유통산
업의 분야별 경쟁력 강화를 위하여 필요한 시책을 수립·시행할 수 있다. 시책에는 다음의 사항이
포함되어야 한다.

> ① 국내외 사업현황
> ② 산업별·유형별 발전전략에 관한 사항
> ③ 유통산업에 대한 인식의 제고에 관한 사항
> ④ 전문인력의 양성에 관한 사항
> ⑤ 관련 정보의 원활한 유통에 관한 사항
> ⑥ 그 밖에 유통산업의 분야별 발전 또는 경쟁력 강화를 위하여 필요한 사항

(2) 재래시장 발전시책

정부는 재래시장의 활성화에 필요한 시책을 수립·시행하여야 하고, 정부 또는 지방자치단체의
장은 이에 필요한 행정적·재정적 지원을 할 수 있다.

(3) 중소유통기업 구조개선시책

정부 또는 지방자치단체의 장은 다음의 사항이 포함된 중소유통기업의 구조개선 및 경쟁력 강화
에 필요한 시책을 수립·시행할 수 있고, 이에 필요한 행정적·재정적 지원을 할 수 있다.

> **구조개선 및 경쟁력 강화시책**
> ① 중소유통기업의 창업을 지원하기 위한 사항
> ② 중소유통기업에 대한 자금·경영·정보·기술·인력의 지원에 관한 사항
> ③ 선진유통기법의 도입·보급 등을 위한 중소유통기업자의 교육·연수의 지원에 관한 사항
> ④ 중소유통공동도매물류센터의 설립·운영 등 중소유통기업의 공동협력사업 지원에 관한 사항
> ⑤ 그 밖에 중소유통기업의 구조개선을 촉진하기 위하여 필요하다고 인정되는 사항

---

2) 무점포판매업의 유형은 ① 방문판매 및 가정 내 진열판매, ② 다단계판매, ③ 전화권유판매, ④ 카탈로그판매, ⑤ 인터넷 멀티미
디어 방송(IPTV)를 통한 상거래, ⑥ 인터넷 쇼핑몰 또는 사이버몰 등 전자상거래, ⑦ 온라인 오픈마켓 등 전자상거래중개, ⑧
이동통신기기를 이용한 판매, ⑨ 자동판매기, ⑩ 텔레비전 홈쇼핑을 통한 판매가 있다.

2 중소유통공동도매물류센터

⑴ 경쟁력 향상을 위한 사업지원

산업통상자원부장관, 중소벤처기업부장관 또는 지방자치단체의 장은 중소유통기업이 공동으로 중소유통기업의 경쟁력 향상을 위하여 다음의 사업을 하는 물류센터(중소유통공동도매물류센터) 를 건립하거나 운영하는 경우에는 필요한 행정적·재정적 지원을 할 수 있다.

물류센터 지원대상 사업

① 상품의 보관·배송·포장 등 공동물류사업
② 상품의 전시
③ 유통·물류정보시스템을 이용한 정보의 수집·가공·제공
④ 중소유통공동도매물류센터를 이용하는 중소유통기업의 서비스능력 향상을 위한 교육 및 연수
⑤ 그 밖에 중소유통공동도매물류센터 운영의 고도화를 위하여 산업통상자원부장관이 필요하다고 인정하여 공정거래위원회와 협의를 거친 사업

⑵ 물류센터 운영위탁

지방자치단체의 장은 중소유통공동도매물류센터를 건립하여 중소유통기업자단체나 중소유통공동도매물류센터를 운영하기 위하여 지방자치단체와 중소유통기업자단체가 출자하여 설립한 법인에 그 운영을 위탁할 수 있다. 지방자치단체가 중소유통공동도매물류센터를 건립하여 운영을 위탁하는 경우에는 운영주체와 협의하여 해당 중소유통공동도매물류센터의 매출액의 1천분의 5 이내에서 시설 및 장비의 이용료를 징수하여 시설물 및 장비의 유지·관리 등에 드는 비용에 충당할 수 있다. 그리고 중소유통공동도매물류센터에 대하여는 국유재산을 매각하거나 도로개설을 국가나 지방자치단체의 장에게 위탁할 수 있다.

⑶ 중소유통기업자단체

「중소기업기본법」에 의한 중소기업자 중 「중소기업기본법 시행령」에 따른 도매 및 소매업 중 「통계법」에 따라 통계청장이 고시하는 한국표준산업분류 46(도매 및 상품중개업)에 해당하는 업과 471(종합소매업)에 해당하는 업을 하는 소매업자 50인 또는 도매업자 10인 이상의 자를 말한다.

⑷ 고 시

중소유통공동도매물류센터의 건립, 운영 및 관리 등에 필요한 사항은 중소벤처기업부장관이 정하여 고시한다.

3 대규모점포와 중소공동도매물류센터 지원

(1) 국 · 공유재산의 매각

① 국가 또는 지방자치단체는 대규모점포의 개설과 중소유통공동도매물류센터의 건립을 위하여 필요한 경우로서 대규모점포를 개설하거나 중소유통공동도매물류센터를 건립하려는 예정부지에 있는 「국유재산법」 또는 「공유재산 및 물품 관리법」에 따른 일반재산을 매각하려는 경우에는 「국유재산법」 또는 「공유재산 및 물품 관리법」의 규정에 불구하고 국 · 공유재산을 수의계약으로 매각할 수 있다.

② 이 경우 국 · 공유재산의 매각의 내용 및 조건에 관하여는 「국유재산법」 또는 「공유재산 및 물품 관리법」이 정하는 바에 따른다.

(2) 도로개설의 위탁

① 대규모점포를 개설하려는 자 또는 중소유통공동도매물류센터를 건립하려는 자는 도로의 개설에 관한 업무를 국가기관 또는 지방자치단체에 위탁하여 시행할 수 있다.

② 대규모점포를 개설하려는 자 또는 중소유통공동도매물류센터를 건립하려는 자가 도로의 개설을 위탁하여 시행하려는 경우에는 국가 또는 지방자치단체와 다음의 사항에 관한 위탁계약을 체결하여야 한다.
  ㉠ 위탁사업의 사업지
  ㉡ 위탁사업의 규모 · 금액, 그 밖에 공사설계의 기준이 되는 사항
  ㉢ 위탁사업의 시행기간(착공 및 준공예정일과 공정계획을 포함한다)
  ㉣ 위탁사업에 필요한 비용의 지급방법과 그 자금의 관리에 관한 사항
  ㉤ 위탁자가 부동산 · 기자재 또는 노무자를 제공하는 경우에는 그 관리에 관한 사항
  ㉥ 위험부담에 관한 사항
  ㉦ 그 밖에 위탁사업의 내용을 명백히 하는 데 필요한 사항

③ 대규모점포를 개설하려는 자 또는 중소유통공동도매물류센터를 건립하려는 자가 도로의 개설에 관한 업무를 국가기관 또는 지방자치단체에 위탁하여 시행하는 경우에는 다음과 같은 요율의 위탁수수료를 지급하여야 한다.

◉ 토지매수 및 보상업무

위탁금액	요율 (위탁금액에 대한 수수료의 비율)	비 고
10억원 이하	20/1,000 이내	1. '위탁금액'이라 함은 토지매입비, 시설의 매수 및 이전비, 권리 또는 지장물의 보상비와 이주대책사업비(이주대책사업을 하는 경우만 해당한다) 등의 합계액을 말한다. 2. 감정수수료 및 등기수수료 등의 법정수수료는 위탁수수료의 요율을 정함에 있어 이를 가산한다. 3. 기초조사, 매수 및 보상업무의 완료 후 준공 및 관리처분을 위한 측량지목변경 및 관리이전을 위한 소유권의 변경에 소요되는 비용은 위탁수수료의 요율 기준의 100분의 30의 범위 안에서 이를 가산할 수 있다. 4. 지역적인 특수한 사정이 있는 경우에는 위탁자와 수탁자가 협의하여 이 위탁수수료의 요율을 조정할 수 있다.
10억원 초과 30억원 이하	17/1,000 이내	
30억원 초과 50억원 이하	13/1,000 이내	
50억원 초과	10/1,000 이내	

◉ 도로공사업무

도로공사비	요율 (공사비에 대한 수수료의 비율)	비 고
100억원 이하	90/1,000 이내	1. '도로공사비'라 함은 재료비·노무비·일반관리비·이윤 및 부가가치세액의 합계액을 말한다. 2. 도로공사비는 발주설계서 또는 직영설계서상의 금액을 기준으로 하되, 설계·시공일괄입찰의 경우에는 계약금액을 기준으로 한다. 3. 설계변경으로 도로공사비가 변경되는 경우에는 그에 따라 수수료를 가감할 수 있다. 4. 2년 이상의 장기사업인 경우에는 총도로공사비에 대한 수수료를 산정하여 위탁자와 수탁자의 협의에 따라 연차별로 수수료를 배분하여 정할 수 있다. 5. 위탁사업의 범위에 용지매수 및 손실보상업무와 이주대책사업이 포함되는 경우에는 그에 따른 위탁수수료를 가산한다. 6. 조사·설계 등 부대사업을 포함하여 위탁하는 경우에는 부대사업에 드는 비용을 도로공사비에 합산하여 요율을 적용한다.
100억원 초과 300억원 이하	80/1,000 이내	
300억원 초과 500억원 이하	75/1,000 이내	
500억원 초과	70/1,000 이내	

■ 4 임시시장

(1) 정 의

다수의 수요자와 공급자가 일정한 기간 동안 상품을 매매하거나 용역을 제공하는 일정한 장소를 말한다.

(2) 운영 및 지원

① 임시시장의 개설방법·시설기준, 그 밖에 임시시장의 운영·관리에 관한 사항은 시·군·구 (자치구)의 조례로 정한다.

② 지방자치단체의 장은 임시시장의 활성화를 위하여 이를 체계적으로 육성·지원하여야 한다.

■ 5 상점가진흥조합 지원

(1) 상점가의 범위

일정 범위의 가로(街路) 또는 지하도에 있는 다음 어느 하나에 해당하는 지구를 말한다.

① 2천제곱미터 이내의 가로 또는 지하도에 30개 이상의 도매점포·소매점포 또는 용역점포가 밀집하여 있는 지구

② 상품 또는 영업활동의 특성상 전시·판매 등을 위하여 넓은 면적이 필요한 동일 업종의 도매 점포 또는 소매점포(이하 "특성업종도소매점포"라 한다)를 포함한 점포가 밀집하여 있다고 특 별자치시장·시장·군수·구청장이 인정하는 지구로서 다음의 요건을 모두 충족하는 지구
　　㉠ 가로 또는 지하도의 면적이 특성업종도소매점포의 평균면적에 도매점포 또는 소매점포의 수를 합한 수를 곱한 면적과 용역점포의 면적을 합한 면적 이내일 것
　　㉡ 도매점포·소매점포 또는 용역점포가 30개 이상 밀집하여 있을 것
　　㉢ 특성업종도소매점포의 수가 ㉡에 따른 점포 수의 100분의 50 이상일 것

(2) 상점가진흥조합의 결성

① 상점가에서 도매업·소매업·용역업, 그 밖의 영업을 하는 자는 해당 상점가의 진흥을 위하여 상점가진흥조합을 결성할 수 있다.

② 상점가진흥조합의 조합원이 될 수 있는 자는 상점가에서 도매업·소매업·용역업, 그 밖의 영 업을 경영하는 자로서 「중소기업기본법」 제2조의 규정에 의한 중소기업자에 해당하는 자로 한다.

③ 상점가진흥조합은 조합원의 자격이 있는 자의 3분의 2 이상의 동의를 얻어 결성한다. 다만, 조합원의 자격이 있는 자 중 같은 업종을 경영하는 자가 2분의 1 이상인 경우에는 그 같은 업종을 경영하는 자의 5분의 3 이상의 동의를 얻어 결성할 수 있다.

④ 상점가진흥조합은 협동조합 또는 사업조합으로 설립한다.

⑤ 상점가진흥조합의 구역은 다른 상점가진흥조합의 구역과 중복되어서는 아니 된다.

(3) 지 원

지방자치단체의 장은 상점가진흥조합이 다음의 사업을 하는 경우에는 예산의 범위 안에서 필요한 자금을 지원할 수 있다.

상점가진흥조합 지원대상 사업

① 점포시설의 표준화 및 현대화
② 상품의 매매·보관·수송·검사 등을 위한 공동시설의 설치
③ 주차장·휴게소 등 공공시설의 설치
④ 조합원의 판매촉진을 위한 공동사업
⑤ 가격표시 등 상거래질서의 확립
⑥ 조합원과 그 종사자의 자질향상을 위한 연수사업 및 정보제공
⑦ 그 밖에 지방자치단체의 장이 상점가 진흥을 위하여 필요하다고 인정하는 사업

---

6 전문상가단지 건립 지원

(1) 정 의

'전문상가단지'란 같은 업종을 경영하는 여러 도매업자 또는 소매업자가 일정 지역에 점포 및 부대시설 등을 집단으로 설치하여 만든 상가단지를 말한다.

(2) 지 원

① **건립 주체**: 산업통상자원부장관, 관계 중앙행정기관의 장 또는 지방자치단체의 장은 도매업자 또는 소매업자로 구성되는 「중소기업협동조합법」에 의한 협동조합·사업조합·협동조합연합회 또는 협동조합중앙회로서 5천제곱미터 이상의 부지를 확보하고 단지 내에 입주하는 조합원이 50인 이상인 자 또는 이에 해당하는 자와 신탁계약을 체결한 「신탁업법」에 의한 신탁회사로서 자본금 또는 연간매출액이 100억 이상인 자가 전문상가단지를 세우려는 경우에는 필요한 행정적·재정적 지원을 할 수 있다.

② **절차**: 전문상가단지 건립에 소요되는 자금의 지원을 받으려는 자는 전문상가단지 조성사업계획을 작성하여 신청서에 다음의 서류를 첨부하여 산업통상자원부장관·관계 중앙행정기관의 장 또는 지방자치단체의 장에게 제출하여야 한다.

㉠ 협동조합·사업조합·협동조합연합회 또는 협동조합중앙회에 해당함을 증명하는 설립인가증 사본

    ⓛ 부지확보를 증명하는 서류

    ⓒ 자금조달계획서

    ⓡ 상가단지 건립 조감도

    ⓜ 해당 부지에 유통상업시설의 건축이 가능함을 증명하는 서류

    ⓗ 상가단지건립계획을 승인한 협동조합·사업조합·협동조합연합회 또는 협동조합중앙회
      의 총회 또는 이사회 의사록 사본

    ⓢ 신탁회사의 경우 신탁계약서 사본

7 체인사업

(1) 정 의

「유통산업발전법」에서는 가맹업이라는 용어 대신에 '체인사업'이란 용어를 사용하고 있다. '체인
사업'은 같은 업종의 여러 소매점포를 직영(자기가 소유하거나 임차한 매장에서 자기의 책임과 계산
아래 직접 매장을 운영하는 것을 말한다)하거나 같은 업종의 여러 소매점포에 대하여 계속적으로
경영을 지도하고 상품·원재료 또는 용역을 공급하는 사업을 말한다.

(2) 유형 및 구분

체인사업의 유형 및 구분은 다음과 같다.

유 형	구 분
직영점형 체인사업	체인본부가 주로 소매점포를 직영하되, 가맹계약을 체결한 일부 소매점포(가맹점)에 대하여 상품의 공급 및 경영지도를 계속하는 형태의 체인사업
프랜차이즈형 체인사업	독자적인 상품 또는 판매경영기법을 개발한 체인본부가 상호·판매방법·매장운영 및 광고방법 등을 결정하고 가맹점으로 하여금 그 결정과 지도에 따라 운영하도록 하는 형태의 체인사업
임의가맹점형 체인사업	체인본부의 계속적인 경영지도 및 체인본부와 가맹점 간 협업에 의하여 가맹점의 취급품목·영업방식 등의 표준화사업과 공동구매·공동판매·공동시설활용 등 공동사업을 수행하는 형태의 체인사업
조합형 체인사업	동일업종의 소매점들이 「중소기업협동조합법」에 의한 중소기업협동조합을 설립하여 공동구매·공동판매·공동시설활용 등의 사업을 수행하는 형태의 체인사업

(3) 체인사업자의 경영개선사업 지원

체인사업자는 직영하거나 체인에 가입되어 있는 점포(체인점포)의 경영을 개선하기 위하여 다음의 사항을 추진하여야 하며, 산업통상자원부장관·중소벤처기업부장관 또는 지방자치단체의 장은 체인사업자 또는 체인사업자단체가 사업을 추진하는 경우에는 예산의 범위 안에서 필요한 자금 등을 지원할 수 있다.

체인점포 경영개선사항

① 체인점포의 시설 현대화
② 체인점포에 대한 원재료상품 또는 용역 등의 원활한 공급
③ 체인점포에 대한 점포관리·품질관리·판매촉진 등 경영활동 및 영업활동에 관한 지도
④ 체인점포 종사자에 대한 유통교육훈련의 실시
⑤ 체인사업자와 체인점포 간의 유통정보시스템의 구축
⑥ 집배송시설의 설치 및 공동물류사업의 추진
⑦ 공동브랜드 또는 자기부착상표의 개발 보급
⑧ 유통관리사의 고용 촉진
⑨ 그 밖에 중소벤처기업부장관이 체인사업의 경영개선을 위하여 필요하다고 인정하는 사항

제5절 유통산업발전 기반의 조성

1 유통정보화 시책

(1) 시책의 수립

산업통상자원부장관은 유통정보화의 촉진 및 유통부문의 전자거래 기반을 넓히기 위하여 다음 사항이 포함된 유통정보화 시책을 세우고 이를 시행하여야 한다.

시책에 포함되어야 하는 내용

① 유통표준코드[상품·상품포장·포장용기 또는 운반용기의 표면에 표준화된 체계에 따라 표기된 숫자와 바코드 등으로서 「산업표준화법」에 따라 산업통상자원부장관이 산업표준심의회의 심의를 거쳐 제정한 유통표준코드 중 공통상품코드용 바코드심벌(KS X 6703), 유통상품코드용 바코드심벌(KS X 6704), 물류정보시스템용 응용식별자와 UCC/EAN-128 바코드심벌(KS X 6705)]의 보급

② 유통표준전자문서의 보급

③ 판매시점 정보관리시스템(상품을 판매할 때 활용하는 시스템으로서 광학적 자동판독방식에 의하여 상품의 판매·매입 또는 배송 등에 관한 정보가 수록된 것)의 보급

④ 점포관리의 효율화를 위한 재고관리시스템·매장관리시스템 등의 보급

⑤ 상품의 전자적 거래를 위한 전자장터 등의 시스템의 구축 및 보급

⑥ 다수의 유통·물류기업 간 기업정보시스템의 연동을 위한 시스템의 구축 및 보급

⑦ 유통·물류의 효율적 관리를 위한 무선주파수인식시스템의 적용 및 실용화 촉진

⑧ 유통정보 또는 유통정보시스템의 표준화 촉진

⑨ 상품의 전자적 거래를 위한 전자장터 등의 시스템의 구축과 다수의 유통물류기업 간 기업정보시스템의 연동을 위한 시스템의 구축

(2) 자료 요청 및 지원

① 자료요청

산업통상자원부장관은 유통정보화에 관한 시책을 세우기 위하여 필요하다고 인정하는 경우에는 과학기술정보통신부장관에게 유통정보화서비스를 제공하는 전기통신사업자에 관한 자료를 요청할 수 있다.

② 지 원

산업통상자원부장관은 유통사업자·제조업자 또는 유통 관련단체가 유통정보화 시책에 포함된 사업을 추진하는 경우에는 예산의 범위 안에서 필요한 자금을 지원할 수 있다.

2 유통표준전자문서 및 유통정보의 보안

(1) 위작 또는 변작 금지

① **금지**: 누구든지 유통표준전자문서(「전자문서 및 전자거래 기본법」에 의한 전자문서 중 유통부문에 관하여 표준화되어 있는 것으로서 산업통상자원부장관이 「전자문서 및 전자거래 기본법 시행령」에 의한 한국전자문서표준위원회의 의결을 거쳐 유통표준문서로 고시한 전자문서)를 위작 또는 변작하거나 위작 또는 변작된 전자문서를 사용하거나 유통시켜서는 아니 된다.

② **벌칙**: 유통표준전자문서를 위작 또는 변작하거나 위작 또는 변작된 전자문서를 사용하거나 유통시킨 자는 10년 이하의 징역 또는 1억원 이하의 벌금에 처한다. 미수범은 처벌한다.

(2) 유통정보 공개

① **금지**: 유통정보화 서비스를 제공하는 자는 유통표준전자문서 또는 컴퓨터 등 정보처리조직의 파일에 기록된 유통정보를 공개해서는 아니 된다.

② **벌칙**: 유통표준전자문서 또는 컴퓨터 등 정보처리조직의 파일에 기록된 유통정보를 공개한 자는 1천만원 이하의 벌금에 처한다.

③ **유통정보의 예외적 공개사유**: 국가의 안전보장에 위해가 없고 타인의 비밀을 침해할 우려가 없는 정보로서 다음의 것은 공개할 수 있다.

> **공개가능 유통정보**
> ㉠ 관계 행정기관의 장, 특별시장·광역시장·도지사 또는 특별자치도지사가 행정목적상 필요에 의하여 신청하는 정보
> ㉡ 수사기관이 수사목적상 필요에 의하여 신청하는 정보
> ㉢ 법원이 제출을 명하는 정보

(3) 유통표준전자문서의 보관

유통정보화 서비스를 제공하는 자는 유통표준전자문서를 3년 동안 보관하여야 한다. 유통표준전자문서를 보관하지 아니한 자는 1년 이하의 징역 또는 1천만원 이하의 벌금에 처한다.

3 유통관리사

(1) 유통관리사의 직무

유통관리사는 다음의 직무를 수행한다.

① 유통경영·관리 기법의 향상을 위한 노력
② 유통경영·관리와 관련한 계획·조사·연구
③ 유통경영·관리와 관련한 진단·평가
④ 유통경영·관리와 관련한 상담·자문
⑤ 그 밖에 유통경영·관리에 필요한 사항

(2) 유통관리사 자격시험

① 유통관리사가 되려는 사람은 산업통상자원부장관이 실시하는 유통관리사 자격시험에 합격하여야 한다.

② 산업통상자원부장관은 시험을 실시하고자 할 때에는 시험일 90일 전까지 시험일시 · 시험과목 · 시험장소 · 응시자격 · 합격기준, 그 밖에 시험의 실시를 위하여 필요한 사항을 일간신문 등에 공고하여야 한다.

③ 시험은 필기시험 및 면접시험의 방법에 의하여 실시한다.

(3) 구 분

유통관리사는 1급, 2급 및 3급으로 구분한다. 유통관리사의 등급별 구분기준 및 시험과목은 다음과 같다.

등 급	1급	2급	3급
구분기준	유통업 경영에 관한 전문적인 지식을 터득하고 경영계획의 입안과 종합적인 관리업무를 수행할 수 있는 자 및 중소유통업의 경영지도 능력을 갖춘 자	유통에 관한 전문적인 지식을 터득하고 관리업무 및 중소유통업 경영지도의 보조업무 능력을 갖춘 자	유통실무에 관한 기본적인 지식과 기술을 터득하고 판매업무를 직접 수행할 수 있는 능력을 갖춘 자
시험과목	• 유통경영 • 물류경영 • 상권분석 • 유통마케팅 • 유통정보	• 유통물류일반관리 • 상권분석 • 유통마케팅 • 유통정보	• 유통상식 • 판매 및 고객관리

(4) 1급 응시자격: 1급 시험의 응시자격이 있는 자는 다음에 해당하는 자이어야 한다.

① 유통분야에서 7년 이상의 실무경력이 있는 자

② 유통관리사 2급 자격을 취득한 후 5년 이상의 실무경력이 있는 자

③ 「중소기업진흥에 관한 법률」에 의한 경영지도사 자격을 취득한 자로서 실무경력이 3년 이상인 자

(5) 자격취소

① 산업통상자원부장관은 거짓, 그 밖의 부정한 방법으로 유통관리사의 자격을 취득한 사람에 대해서는 그 자격을 취소하여야 한다.

② 유통관리사의 자격이 취소된 사람은 취소일부터 3년간 유통관리사 자격시험에 응시할 수 없다.

(6) **유통관리사 자격시험의 합격기준과 가산**

① **합격기준**: 필기시험의 합격기준은 1과목당 100점을 만점으로 하여 각 과목별 성적이 40점 이상, 전 과목 평균성적이 60점 이상으로 하며, 면접시험의 합격기준은 100점을 만점으로 하여 60점 이상으로 한다.

② **가산**: 산업통상자원부장관은 유통연수기관이 실시하는 연수과정을 수료하거나 소정의 실무경력을 가진 자가 응시하는 경우에는 10점 이내의 범위 안에서 평균성적에 가산한다.

  ㉠ 유통산업분야에서 2년 이상 근무한 자로서 유통연수기관이 실시하는 유통연수과정을 30시간 이상 수료한 후 2년 이내에 3급 시험에 응시하는 경우에는 10점 가산

  ㉡ 유통산업분야에서 3년 이상 근무한 자로서 유통연수기관이 실시하는 유통연수과정을 40시간 이상 수료한 후 2년 이내에 2급 시험에 응시하는 경우에는 10점 가산

  ㉢ 유통산업분야에서 10년 이상 근무하거나 유통관리사 2급 자격을 취득하고 유통산업분야에서 5년 이상 근무한 자가 1급 시험에 응시하는 경우에는 5점 가산

③ **공고**: 산업통상자원부장관은 시험 실시 후 40일 이내에 합격자의 명단을 정보통신망에 공고하여야 한다.

④ **자격증 교부 및 관리**: 대한상공회의소 회장은 합격자에 대하여 유통관리사의 자격증을 교부하여야 하고, 유통관리사 자격시험의 합격자 명단 및 유통관리사 자격증의 교부에 관한 사항을 유통관리사관리대장에 기록·관리하여야 한다.

⑤ **자격증 재교부**: 교부받은 유통관리사 자격증을 잃어버렸거나 헐어서 못쓰게 되어 유통관리사 자격증을 다시 교부받으려는 자는 사유서, 유통관리사 자격증(헐어서 못쓰게 된 경우만 해당한다) 및 사진 1장을 첨부하여 대한상공회의소 회장에게 제출하여야 한다.

(7) **지 원**

산업통상자원부장관 또는 지방자치단체의 장은 유통관리사를 고용한 유통사업자 및 유통사업자단체에 대하여 다른 유통사업자 및 사업자단체에 우선하여 자금 등을 지원할 수 있다.

▇ 4 유통전문인력의 양성

(1) **사업의 실시**

산업통상자원부장관 또는 중소벤처기업부장관은 유통전문인력을 양성하기 위하여 ① 유통산업에 종사하는 자의 자질향상을 위한 교육·연수, ② 유통산업에 종사하려는 자의 취업·재취업 또는 창업의 촉진을 위한 교육·연수, ③ 선진유통기법의 개발·보급, ④ 그 밖에 유통전문인력 양성을 위하여 필요하다고 인정하는 사업을 수행할 수 있다.

(2) 지 원

산업통상자원부장관 또는 중소벤처기업부장관은 「정부출연연구기관 등의 설립·운영 및 육성에 관한 법률」 또는 「과학기술분야 정부출연연구기관 등의 설립·운영 및 육성에 관한 법률」에 의한 정부출연연구기관, 「고등교육법」에 의한 대학 또는 대학원, 유통연수기관이 위의 사업을 하는 경우에는 예산의 범위 안에서 사업수행에 필요한 경비의 전부 또는 일부를 지원할 수 있다.

(3) 유통연수기관

유통연수기관이라 함은 다음의 어느 하나에 해당하는 기관을 말한다.

① 「상공회의소법」에 의한 대한상공회의소

② 「산업발전법」에 의한 한국생산성본부

③ **지정 유통연수기관**: 유통인력 양성을 위한 다음의 시설·인력 및 연수실적의 기준에 적합한 법인으로서 산업통상자원부장관이 지정하는 기관

⬤ **유통연수기관의 지정기준**

구 분	구비요건
시설 기준	㉠ 강의실 면적: $100m^2$ 이상 ㉡ 사무실 면적: $16m^2$ 이상 ㉢ 휴게실 면적: $10m^2$ 이상
강사 기준	㉠ 전임강사(1인 이상) • 석사학위 이상의 학력 소지자로서 전문대학, 대학 또는 대학원에서 유통관련 과목을 2년 이상 강의한 경력이 있는 자 • 학사학위 이상의 학력 소지자로서 유통관리사 1급 또는 2급 자격을 획득하고 유통관련 법인에서 7년 이상 근무한 자 • 5급 이상의 공무원으로서 유통관련 부서에서 3년 이상 근무한 자 ㉡ 시간강사(3인 이상) • 석사학위 이상의 학력 소지자로서 고등학교·전문대학·대학 또는 대학원에서 유통관련 과목을 6개월 이상 강의한 경력이 있는 자 • 유통관련 법인 또는 단체에서 부장 이상으로 근무한 경력이 있는 자 • 학사학위 이상의 학력 소지자로서 유통관련 법인 또는 단체에서 5년 이상 근무한 자 • 5급 이상의 공무원으로 유통관련 부서에서 근무한 경력이 있는 자 • 1급 또는 2급 유통관리사, 물류관리사 또는 경영지도사(유통분야에 한한다)의 자격증 소지자
연수 실적	지정신청일 기준 1년 이내에 2회(1회당 20시간 이상) 이상의 유통연수강좌를 실시한 실적이 있을 것

⑷ **지정유통연수기관 지정절차**

① 유통연수기관으로 지정을 받으려는 자는 유통연수기관지정신청서에 다음 서류를 갖추어 산업통상자원부장관에게 제출하여야 한다. 이 경우 산업통상자원부장관은 「전자정부법」 제36조 제1항에 따른 행정정보의 공동이용을 통하여 연수기관을 개설하려는 대지 또는 건축물의 토지 등기사항증명서 또는 건물 등기사항증명서, 법인 등기사항증명서 및 주민등록표 초본(신청인이 개인인 경우로 한정한다)을 확인하여야 하며, 신청인이 주민등록표 초본의 확인에 동의하지 아니한 경우에는 이를 첨부하도록 해야 한다.

  ㉠ 연수기관 운영계획서

  ㉡ 연수기관을 개설하려는 대지 또는 건축물이 연수기관을 개설하려는 자의 소유가 아닌 경우에는 대지 또는 건축물의 사용권한(지정신청일을 기준으로 2년 이상을 사용할 수 있어야 한다)을 증명하는 서류

  ㉢ 유통연수기관의 지정기준 중 시설기준을 갖추었음을 증명하는 서류

  ㉣ 강사의 명단 및 자격을 증명하는 서류

  ㉤ 유통업무의 연수실적

  ㉥ 정관 또는 연수기관의 내규

② 산업통상자원부장관은 유통연수기관으로 지정을 신청한 자가 지정기준에 적합하다고 인정되는 경우에는 유통연수기관으로 지정하고, 유통연수기관지정서를 신청자에게 교부하여야 한다.

③ 지정연수기관은 매년 100시간 이상의 연수교육을 실시하여야 하며, 30시간 이상의 유통연수과정을 매년 2회 이상 개설하여야 한다.

⑸ **지정연수기관의 사업내용**

지정연수기관은 다음의 사업을 수행한다.

① 유통전문요원의 연수
② 판매요원의 양성
③ 유통종사자의 해외연수
④ 유통업무 연수를 위한 교재의 개발
⑤ 국내외 유통관계 정보 및 자료의 수집
⑥ 유통관계 정기간행물의 간행
⑦ 정부기관 및 유통관련단체가 의뢰하는 실태조사 실시

⑹ **유통연수기관의 해산 또는 폐지신고**

① 산업통상자원부장관은 지정유통연수기관이 거짓, 그 밖의 부정한 방법으로 지정받은 경우에는 그 지정을 취소하여야 하고, 지정기준에 적합하지 아니한 경우에는 그 지정을 취소하거나 3개월 이내의 기간을 정하여 지정의 효력을 정지할 수 있다.

② 지정유통연수기관이 해산되거나 유통연수업무를 폐지한 때에는 그 기관의 장은 해산 또는 폐지된 날부터 1개월 이내에 그 사실을 산업통상자원부장관에게 통보하여야 하며, 유통연수기관 지정서를 반납하여야 한다.

▮ 5 유통산업의 국제화 촉진

산업통상자원부장관은 유통사업자 또는 유통사업자단체가 다음의 사업을 추진하는 경우에는 예산의 범위 안에서 필요한 경비의 전부 또는 일부를 지원할 수 있다.

> **유통산업 국제화 지원대상 사업**
>
> ① 유통관련 정보·기술·인력의 국제교류
> ② 유통관련 국제표준화·공동조사·연구·기술협력
> ③ 유통관련 국제학술대회·국제박람회 등의 개최
> ④ 해외유통시장의 조사·분석 및 수집정보의 체계적인 유통
> ⑤ 해외유통시장에 공동으로 진출하기 위한 공동구매·공동판매망의 구축 등 공동협력사업
> ⑥ 그 밖에 유통산업의 국제화를 위하여 필요하다고 인정하는 사업

제6절 유통기능의 효율화

1 유통기능 효율화 시책

산업통상자원부장관은 유통기능을 효율화하기 위하여 다음의 사항에 관한 시책을 강구하여야 한다.

> **유통기능 효율화 시책 포함사항**
>
> ① 물류표준화의 촉진
> ② 물류정보화기반의 확충
> ③ 물류공동화의 촉진
> ④ 물류기능의 외부위탁 촉진
> ⑤ 물류기술·기법의 고도화 및 선진화
> ⑥ 집배송시설 및 공동집배송센터의 확충 및 효율적 배치
> ⑦ 그 밖에 유통기능의 효율화를 촉진하기 위하여 필요하다고 인정하는 사항

(1) 물류기술·기법의 고도화 및 선진화 사업

산업통상자원부장관은 물류기술·기법의 고도화 및 선진화를 위하여 다음의 사업을 수행할 수 있다.

① 국내외 물류기술수준의 조사
② 물류기술·기법의 연구개발 및 개발된 물류기술·기법의 활용
③ 물류에 관한 기술협력·기술지도 및 기술이전
④ 그 밖에 물류기술·기법의 개발 및 그 수준의 향상을 위하여 필요하다고 인정하는 사업

(2) 지 원

산업통상자원부장관은 유통사업자·제조업자·물류사업자 또는 관련단체가 사업을 하는 경우에는 산업통상자원부령이 정하는 바에 따라 예산의 범위 안에서 필요한 자금을 지원할 수 있다.

2 공동집배송센터

(1) 정 의

'공동집배송센터'란 여러 유통사업자 또는 제조업자가 공동으로 사용할 수 있도록 집배송시설(상품의 주문처리·재고관리·수송·보관·하역·포장·가공 등 집하 및 배송에 관한 활동과 이를 유기적으로 조정 또는 지원하는 정보처리활동에 사용되는 기계·장치 등의 일련의 시설) 및 부대업무시설이 설치되어 있는 지역 및 시설물을 말한다.

(2) **지 정**

① **지정요건** : 산업통상자원부장관은 물류공동화를 촉진하기 위하여 필요한 경우에는 시·도지사의 추천을 받아 부지 면적, 시설 면적 및 유통시설로의 접근성 등 요건에 해당하는 지역 및 시설물을 공동지배송센터로 지정할 수 있다. 부지면적이 3만제곱미터 이상(「국토의 계획 및 이용에 관한 법률」에 따른 상업지역 또는 공업지역의 경우에는 2만제곱미터 이상)이고, 집배송시설면적이 1만제곱미터 이상이며 도시 내 유통시설로의 접근성이 우수하여 집배송기능이 효율적으로 이루어질 수 있는 지역 및 시설물이다.

② **지정절차**

  ㉠ 공동집배송센터의 지정을 받으려는 자는 공동집배송센터의 조성·운영에 관한 사업계획을 첨부하여 시·도지사에게 공동집배송센터 지정추천을 신청하여야 한다.

  ㉡ 공동집배송센터의 지정을 추천받으려는 자는 공동집배송센터 지정신청서에 다음 서류를 첨부하여 시·도지사에게 제출하여야 한다.

    ⓐ 다음의 사항이 포함된 사업계획서
      • 사업의 목적
      • 공동집배송센터의 규모 및 배치계획
      • 공동집배송센터의 건설에 필요한 소요자금 및 조달계획
      • 공동집배송센터의 운영계획
      • 공동집배송센터 조성공사의 착공일 및 준공예정일
    ⓑ 부지 및 시설배치를 표시한 축척 2만 5천분의 1 이상의 평면도
    ⓒ 부지매입관련 서류
    ⓓ 조합설립인가증 사본(조합인 경우)

  ㉢ 신청을 받은 담당 공무원은 「전자정부법」에 따른 행정정보의 공동이용을 통하여 법인등기부등본(법인인 경우)을 확인하여야 한다. 공동집배송센터 지정추천의 신청을 받은 시·도지사는 그 사업의 타당성을 검토하여 해당 지역의 집배송체계의 효율화를 위하여 필요하다고 인정하는 경우에는 추천사유와 서류를 첨부하여 산업통상자원부장관에게 지정을 추천하여야 한다.

  ㉣ 산업통상자원부장관은 공동집배송센터를 지정한 때에는 공동집배송센터지정서를 시·도지사를 거쳐 그 신청인에게 교부하여야 한다.

③ **변경지정절차**

  ㉠ 지정받은 공동집배송센터를 조성·운영하려는 자(공동집배송센터사업자)는 지정받은 사항 중 공동집배송센터의 배치계획 및 주요시설, 공동집배송센터사업자 등 중요사항을 변경하려는 경우에는 산업통상자원부장관의 변경지정을 받아야 한다.

  ㉡ 변경지정을 받으려는 공동집배송센터변경지정신청서에 변경사실을 증명하는 서류 및 공동집배송센터지정서를 첨부하여 산업통상자원부장관에게 제출하여야 한다.

ⓒ 산업통상자원부장관은 공동집배송센터를 변경지정한 때에는 공동집배송센터지정서 뒤쪽에 변경사실을 기재하여 그 신청인에게 교부하여야 한다. 중요사항에 대한 변경지정을 받지 아니하면 과태료 부과처분을 받는다.

④ **협의**: 산업통상자원부장관은 공동집배송센터를 지정하거나 변경지정하려면 미리 관계 중앙 행정기관의 장과 협의하여야 한다.

⑤ **고시**: 산업통상자원부장관은 공동집배송센터를 지정한 때에는 ㉠ 공동집배송센터의 명칭·위치 및 면적, ㉡ 공동집배송센터사업자(법인 또는 조합에 한한다)의 명칭 및 대표자의 성명, ㉢ 사업시행기간(착공 및 준공예정일을 포함한다), ㉣ 센터의 배치계획 및 주요시설의 설치계획을 고시하여야 한다.

(3) 시설기준 및 운영기준

공동집배송센터의 시설기준 및 업무는 다음과 같다.

① 시설기준

> ㉠ 주요시설: 다음에 해당하는 집배송시설을 갖추어야 하며, 그 연면적이 공동집배송센터 전체 연면적의 100분의 50 이상이 되도록 하여야 한다.
> ⓐ 보관·하역시설
> • 「건축법 시행령」에 따른 창고·하역장 또는 이와 유사한 것
> • 화물적치용 건조물 또는 이와 유사한 것
> • 보관·하역 관련 물류자동화설비
> ⓑ 분류·포장 및 가공시설
> • 「건축법 시행령」에 따른 공장(제조에 사용되는 시설을 제외한다) 또는 이와 유사한 것
> • 분류·포장 관련 물류자동화설비
> ⓒ 수송·배송시설
> • 상품의 입하·출하시설 또는 이와 유사한 시설
> • 수송·배송 관련 물류자동화설비
> ⓓ 정보 및 주문처리시설: 전자주문시스템(EOS), 전자문서교환(EDI), 판매시점관리시스템(POS) 등 집배송시설 이용 상품의 흐름 및 거래업체 간 상품의 주문, 수주·발주 활동을 자동적으로 파악·처리할 수 있는 정보화 시설
> ㉡ 부대시설: 집배송시설의 기능을 원활히 하기 위한 다음에 해당하는 시설이 우선적으로 설치·운영되도록 노력하여야 한다.
> ⓐ 「건축법 시행령」에 따른 소매점 및 휴게음식점
> ⓑ 「건축법 시행령」에 따른 일반음식점, 휴게음식점, 금융업소, 사무소, 부동산중개업소, 결혼상담소 등 소개업소, 출판사, 제조업소, 수리점, 세탁소 또는 이와 유사한 것
> ⓒ 「건축법 시행령」에 따른 전시장
> ⓓ 「건축법 시행령」에 따른 도매시장, 소매시장, 상점
> ⓔ 「건축법 시행령」에 따른 일반업무시설
> ⓕ 그 밖의 후생복리시설

② **업 무**

공동집배송센터사업자는 다음의 업무를 수행한다.

㉠ 공동집배송센터 내 공공시설・지원시설 및 공동시설의 설치・운영

㉡ 공동집배송센터 내 잔여 용지의 개발

㉢ 용지의 매각・분양・임대 및 관리

㉣ 입주업체 및 지원업체를 위한 시설물의 설치와 매각・임대

㉤ 공동집배송센터 내 용지 및 시설의 설치・이용・유지・보수 또는 개량 등에 따른 입주업
체 및 지원업체로부터의 비용 징수

㉥ 입주업체 및 지원업체를 위한 용수・전기・가스 및 유류의 공급

㉦ 공동집배송센터 내 시설의 경비 및 오염 방지

㉧ 그 밖에 입주 및 지원업체 간 협력 등 공동집배송센터의 효율적 관리를 위하여 필요한 사항

③ **공동집배송센터 관리 기본계획의 수립 및 변경**

공동집배송센터사업자는 다음의 사항을 포함하는 공동집배송센터 관리 기본계획을 수립하여
시행하여야 한다.

㉠ 공동집배송센터 관리・운영의 기본 방향

㉡ 입주업체 및 지원업체의 자격과 입주 우선순위

㉢ 용지 및 시설의 매각・분양 또는 임대계획

㉣ 시설배치 및 이용계획

㉤ 관리비의 징수에 관한 기준

④ **공동집배송센터 관리 시행계획 수립 및 변경**

공동집배송센터사업자는 다음의 사항을 포함하는 공동집배송센터 관리 시행계획을 수립하여
시행하여야 한다.

㉠ 용지 및 시설의 매각・분양 또는 임대

㉡ 시설의 설치 및 배치

㉢ 지원사업의 시행

㉣ 관리비의 징수 및 사용

㉤ 그 밖에 공동집배송센터사업자가 위 ②의 ㉠ 시행을 위하여 필요한 사항

⑤ **분양 또는 임대에 관한 사업계획서 수립 및 변경**

공동집배송센터사업자는 다음의 사항을 포함하는 분양 또는 임대에 관한 사업계획서를 수립
하여 시행하여야 한다.

㉠ 분양 또는 임대하려는 용지 또는 시설 등의 명세

㉡ 분양 또는 임대 대상자의 자격요건

㉢ 분양 또는 임대의 시기・방법 및 조건

㉣ 분양가격 또는 임대료의 결정방법 및 그 금액

(4) 인 · 허가 등의 의제

① 공동집배송센터를 지정함에 있어서 다음의 허가 · 신고 · 승인 · 동의 · 인가 · 협의 · 결정 · 해제 · 지정 및 심사(인 · 허가 등)에 관하여 산업통상자원부장관이 다른 행정기관의 장과 협의한 결과 동의를 얻은 사항에 대하여는 해당 인 · 허가 등을 받은 것으로 본다.
- 「농지법」 : 농지의 전용허가
- 「산지관리법」 : 산지전용허가 및 산지전용신고, 산지일시사용 허가 · 신고
- 「산림자원의 조성 및 관리에 관한 법률」 : 입목벌채 등의 허가 · 신고
- 「산림보호법」 : 입목 · 죽의 벌채, 임산물의 굴취 · 채취, 가축의 방목 그 밖에 토지의 형질을 변경하는 행위의 허가 · 신고
- 「초지법」 : 초지의 전용 허가 또는 신고
- 「공유수면 관리 및 매립에 관한 법률」 : 공유수면의 점용 · 사용 허가, 국가 등이 시행하는 매립의 협의 또는 승인 및 공유수면매립실시계획의 승인
- 「하천법」 : 하천공사의 허가 및 하천의 점용허가
- 「도로법」 : 도로공사 시행의 허가 및 도로의 점용허가(도로굴착을 수반하는 경우는 제외한다)
- 「사도법」 : 사도의 개설 · 개축 · 증축 또는 변경의 허가
- 「수도법」 : 일반수도사업의 인가, 공업용수도사업의 인가, 전용상수도의 인가 및 전용공업용수도의 인가
- 「하수도법」 : 공공하수도공사 시행의 허가
- 「농어촌정비법」 : 농업생산기반시설의 목적 외 사용의 승인
- 「항만법」 : 항만개발사업 시행의 허가 및 항만개발사업 실시계획의 승인
- 「사방사업법」 : 입목 · 죽의 벌채, 토석 · 나무뿌리 또는 풀뿌리의 채취, 가축의 방목, 그 밖에 사방시설을 훼손 · 변경하거나 토지의 형질을 변경하는 행위의 허가 및 사방지의 지정해제
- 「국토의 계획 및 이용에 관한 법률」 : 개발행위의 허가 및 도시 · 군계획시설사업의 시행자 지정
- 「장사 등에 관한 법률」 : 개장의 허가
- 「공간정보의 구축 및 관리 등에 관한 법률」 : 지도 등의 간행 심사

② 산업통상자원부장관은 공동집배송센터를 지정하려는 경우 그 지정내용에 인 · 허가 등의 의제에 해당하는 사항이 포함되어 있는 때에는 관계 행정기관의 장과 협의하여야 한다. 이 경우 관계 행정기관의 장은 산업통상자원부장관의 협의요청을 받은 날부터 30일 이내에 의견을 제출하여야 한다.

(5) 공동집배송센터의 지원

① 산업통상자원부장관은 지정받은 공동집배송센터의 조성에 필요한 자금 등을 지원할 수 있다.
② 산업통상자원부장관은 공동집배송센터의 조성을 위하여 필요하다고 인정하는 경우에는 부지의 확보, 도시 · 군계획의 변경 또는 도시 · 군계획시설의 설치 등에 시 · 도지사에게 협조를 요청할 수 있다.

(6) **공동집배송센터의 신탁개발**

① 공동집배송센터사업자는 「신탁업법」에 의한 신탁회사와 신탁계약을 체결하여 공동집배송센터를 신탁개발할 수 있다.

② 신탁계약을 체결한 신탁회사는 공동집배송센터사업자의 지위를 승계한다. 이 경우 공동집배송센터 사업자는 계약체결일부터 14일 이내에 신탁계약서 사본을 산업통상자원부장관에게 제출하여야 한다.

(7) **시정명령 및 지정취소**

① 산업통상자원부장관은 공동집배송센터의 지정요건 및 시설·운영기준에 미달하는 경우에는 산업통상자원부령이 정하는 바에 따라 공동집배송센터사업자에 대하여 시정명령을 할 수 있다.

② 산업통상자원부장관은 다음에 해당하는 경우에는 공동집배송센터의 지정을 취소할 수 있다. 다만, 거짓, 그 밖의 부정한 방법으로 공동집배송센터의 지정을 받은 경우에는 그 지정을 취소하여야 한다.

> **행정처분 사유**
> ㉠ 거짓, 그 밖의 부정한 방법으로 공동집배송센터의 지정을 받은 경우
> ㉡ 공동집배송센터의 지정을 받은 날부터 정당한 사유 없이 3년 이내에 시공을 하지 아니하는 경우
> ㉢ 시정명령을 이행하지 아니하는 경우
> ㉣ 공동집배송센터사업자가 파산한 경우, 공동집배송센터사업자인 법인, 조합 등이 해산된 경우, 공동집배송센터의 시공 후 공사가 6개월 이상 중단된 경우, 공동집배송센터의 지정을 받은 날부터 5년 이내에 준공되지 아니한 경우 등 정상적인 사업추진이 곤란하다고 인정되는 경우

(8) **공동집배송센터개발촉진지구의 지정**

① **촉진지구 지정 요청**

시·도지사는 집배송시설의 집단적 설치를 촉진하고 집배송시설의 효율적 배치를 위하여 공동집배송센터개발촉진지구(촉진지구)의 지정을 산업통상자원부장관에게 요청할 수 있다. 이때 시·도지사는 촉진지구사업계획서(촉진지구의 명칭·위치 및 면적, 개발주체 및 개발방식, 센터의 배치계획 및 주요시설의 설치계획을 포함)와 부지 및 시설배치를 표시한 축척 2만 5천분의 1 이상 평면도 등을 산업통상자원부장관에게 제출하여야 한다.

② **지정 및 고시**

산업통상자원부장관은 시 · 도지사가 요청한 지역이 다음의 지정요건에 적합하다고 판단하는 때에는 촉진지구로 지정하고, 촉진지구의 명칭 · 위치 및 면적, 촉진지구의 개발주체 및 개발방식, 센터의 배치계획 및 주요시설의 설치계획 등을 고시하여야 한다.

지정요건

㉠ 부지의 면적이 10만제곱미터 이상일 것

㉡ 다음에 해당하는 지역일 것

ⓐ 「외국인투자 촉진법」에 의한 외국인투자지역

ⓑ 「자유무역지역의 지정 및 운영에 관한 법률」에 의한 자유무역지역

ⓒ 「경제자유구역의 지정 및 운영에 관한 특별법」에 따른 경제자유구역

ⓓ 「물류시설의 개발 및 운영에 관한 법률」에 의한 물류단지

ⓔ 「산업입지 및 개발에 관한 법률」에 의한 국가산업단지, 일반산업단지 및 도시첨단산업단지

ⓕ 「공항시설법」에 의한 공항 및 배후지

ⓖ 「항만법」에 의한 항만 및 배후지

㉢ 집배송시설 또는 공동집배송센터가 2 이상 설치되어 있을 것

---

③ **협의**: 산업통상자원부장관은 촉진지구를 지정하려면 미리 관계 중앙행정기관의 장과 협의하여야 한다.

④ **절차**: 지정의 요건 및 절차 등에 관하여 필요한 사항은 산업통상자원부령으로 정한다.

제7절 보칙과 벌칙

1 유통분쟁조정위원회

(1) 설 치

유통에 관한 다음 분쟁을 조정하기 위하여 특별시·광역시·특별자치시·도·특별자치도 및 시(「제주특별자치도 설치 및 국제자유도시 조성을 위한 특별법」에 따른 행정시를 포함한다)·군·구에 각각 유통분쟁조정위원회(위원회)를 둘 수 있다.

① 등록된 대규모점포 등과 인근 지역의 도매업자·소매업자 사이의 영업활동에 관한 분쟁. 다만, 「독점규제 및 공정거래에 관한 법률」을 적용받는 사항은 제외한다.

② 등록된 대규모점포 등과 중소제조업체 사이의 영업활동에 관한 사항. 다만, 「독점규제 및 공정거래에 관한 법률」을 적용받는 사항은 제외한다.

③ 등록된 대규모점포 등과 인근 지역의 주민 사이의 생활환경에 관한 분쟁

> **생활환경에 관한 분쟁의 범위**
> ㉠ 대규모점포 등의 개설로 인한 인근지역의 교통 혼잡
> ㉡ 대규모점포 등의 개설로 인한 인근지역의 소음, 진동 및 악취
> ㉢ 대규모점포 등의 개설로 인한 인근지역의 대기오염, 토양오염, 수질오염 및 해양오염
> ㉣ 대규모점포 등 관리자의 업무 수행과 관련한 분쟁
> ㉤ 그 밖에 대규모점포 등의 개설로 인하여 발생하는 인근지역 주민의 생활 불편

(2) 구 성

① 위원회는 위원장 1인을 포함한 11인 이상 15인 이내의 위원으로 구성하며, 위원회의 위원장은 위원 중에서 호선(互選)한다. 위원회의 위원은 다음의 자가 된다.
  ㉠ 다음에 해당하는 자로서 해당 지방자치단체의 장이 위촉하는 자
    ⓐ 판사·검사 또는 변호사의 자격이 있는 사람
    ⓑ 상공회의소의 임원 또는 직원
    ⓒ 소비자단체의 대표
    ⓓ 유통산업분야에 관한 학식과 경험이 풍부한 사람
    ⓔ 해당 지방자치단체에 거주하는 소비자
  ㉡ 해당 지방자치단체의 도·소매업에 관한 업무를 담당하는 공무원으로서 해당 지방자치단체의 장이 지명하는 자

② 공무원이 아닌 위원의 임기는 2년으로 한다. 그 밖에 「유통산업발전법」에서 규정하고 있지 않은 위원회의 조직 및 운영 등에 관하여 필요한 사항은 해당 지방자치단체의 조례로 정한다.

(3) 분쟁의 조정

① 조정신청

대규모점포 등과 관련된 분쟁의 조정을 원하는 자는 시·군·구의 위원회에 분쟁의 조정을 신청할 수 있다. 대규모점포 등과 관련된 분쟁의 조정을 신청하려는 자는 다음의 사항을 기재한 신청서를 시·군·구의 유통분쟁조정위원회에 제출하여야 한다.

- ㉠ 신청인의 성명(법인인 경우에는 그 명칭과 대표자의 성명)·주소 및 연락처
- ㉡ 상대방의 성명(법인인 경우에는 그 명칭과 대표자의 성명)·주소 및 연락처
- ㉢ 분쟁의 발단 및 경위
- ㉣ 상대방의 영업활동으로 인한 피해 또는 생활환경에 대한 피해
- ㉤ 조정을 요청하는 사항
- ㉥ 그 밖에 조정이 필요한 사항

② 통 보

- ㉠ 유통분쟁조정위원회는 유통분쟁조정신청을 받은 경우 신청일부터 3일 이내에 신청인 외의 관련 당사자에게 분쟁의 조정신청에 관한 사실과 그 내용을 통보하여야 한다.
- ㉡ 유통분쟁조정위원회는 조정이 성립되거나 조정의 거부 또는 중지가 있는 경우에는 그 내용을 지체 없이 당사자 및 시장(「제주특별자치도 설치 및 국제자유도시 조성을 위한 특별법」에 따른 행정시장 포함)·군수 또는 구청장(자치구의 구청장을 말한다)에게 통보하여야 한다.

③ 조정신청의 통합

유통분쟁조정위원회는 동일한 시기에 동일한 사안에 대하여 다수의 분쟁조정이 신청된 경우에는 그 다수의 분쟁조정신청을 통합하여 조정할 수 있다.

④ 조 정

- ㉠ 분쟁의 조정신청을 받은 위원회는 신청을 받은 날부터 60일 이내에 이를 심사하여 조정안을 작성하여야 한다. 다만, 부득이한 사정이 있는 경우에는 위원회의 의결로 그 기간을 연장할 수 있다.
- ㉡ 시·군·구의 위원회의 조정안에 불복하는 자는 조정안을 제시받은 날부터 15일 이내에 시·도의 위원회에 조정을 신청할 수 있다. 조정신청을 받은 시·도의 위원회는 그 신청내용을 시·군·구의 위원회 및 신청인 외의 당사자에게 통지하고, 조정신청을 받은 날부터 30일 이내에 이를 심사하여 조정안을 작성하여야 한다. 다만, 부득이한 사정이 있는 경우에는 위원회의 의결로 그 기간을 연장할 수 있다. 위원회는 기간을 연장하는 경우에는 기간을 연장하게 된 사유 등을 당사자에게 통보하여야 한다.

⑤ 비용부담

유통분쟁의 조정을 위한 연구용역이 필요한 경우로서 당사자가 그 용역의뢰에 합의한 경우 그에 드는 비용은 당사자가 같은 비율로 부담한다. 다만, 당사자 간 비용분담에 대하여 다른 약정이 있는 경우에는 그 약정에 의한다.

⑥ **자료요청**

㉠ 위원회는 분쟁조정을 위하여 필요한 자료를 제공하여 줄 것을 당사자 또는 참고인에게 요청할 수 있다. 이 경우 해당 당사자는 정당한 사유가 없으면 이에 따라야 한다.

㉡ 위원회는 필요하다고 인정하는 경우에는 당사자 또는 참고인으로 하여금 위원회에 출석하게 하여 그 의견을 들을 수 있다.

⑷ **조정의 효력**

① 위원회는 조정안을 작성한 때에는 지체 없이 이를 각 당사자에게 제시하여야 하고, 조정안을 제시받은 당사자는 그 제시를 받은 날부터 15일 이내에 그 수락 여부를 위원회에 통보하여야 한다.

② 당사자가 조정안을 수락하였을 때에는 위원회는 즉시 조정서를 작성하여야 하며, 위원장 및 각 당사자는 조정서에 기명날인하거나 서명하여야 한다. 당사자가 조정안을 수락하고 조정서에 기명날인하거나 서명하였을 때에는 당사자 간에 조정서와 동일한 내용의 합의가 성립된 것으로 본다.

⑸ **조정의 거부 및 중지**

① 위원회는 분쟁의 성질상 위원회에서 조정함이 적합하지 아니하다고 인정하거나 부정한 목적으로 신청되었다고 인정하는 경우에는 해당 조정을 거부할 수 있다. 이 경우 조정거부의 사유 등을 당사자에게 통보하여야 한다.

② 위원회는 신청된 조정사건에 대한 처리절차의 진행 중에 한쪽 당사자가 소(訴)를 제기한 때에는 그 조정의 처리를 중지하고 이를 당사자에게 통보하여야 한다.

2 비영리법인에 대한 권고

⑴ **판매사업 중단 권고**

지방자치단체의 장은 「민법」, 그 밖의 법률에 의하여 설립된 비영리법인이 판매사업을 행함에 있어서 당해 법인의 목적사업의 범위를 벗어남으로써 인근 지역의 도매업자 또는 소매업자의 이익을 현저히 해하고 있다고 인정되는 때에는 당해 법인에 대하여 목적사업의 범위를 벗어난 판매사업을 중단하도록 권고할 수 있다.

⑵ **자료제공 요청**

지방자치단체의 장은 비영리법인에 대하여 판매사업에 관한 현황 등의 자료를 제공하여 줄 것을 요청할 수 있다.

3 상거래의 투명화

정부는 유통부문에 있어서 공정하고 투명한 상거래를 만들도록 노력하여야 한다.

4 청 문

산업통상자원부장관, 중소벤처기업부장관 또는 시장·군수·구청장은 다음의 어느 하나에 해당하는 처분을 하고자 하는 때에는 청문을 실시하여야 한다.

> **청문대상**
> ① 대규모점포 등 개설등록의 취소
> ② 지정유통연수기관의 취소
> ③ 유통관리사 자격의 취소
> ④ 공동집배송센터 지정의 취소

5 보 고

(1) 보고대상

시·도지사 또는 시장·군수·구청장은 다음 사항을 산업통상자원부장관에게 보고하여야 한다.

> **보고사항**
> ① 지역별 시행계획 및 추진실적
> ② 대규모점포 등 개설등록·취소 및 대규모점포 등 개설자의 업무를 수행하는 자의 신고현황
> ③ 분쟁의 조정실적
> ④ 비영리법인에 대한 권고실적

(2) 시장·군수의 보고

시장·군수 또는 구청장은 대규모점포 등 개설등록·취소 및 대규모점포 등 개설자의 업무를 수행하는 자의 신고현황, 분쟁의 조정실적, 비영리법인에 대한 권고실적 사항을 매년 2월 15일까지 관할 시·도지사에게 보고하여야 한다. 다만, 대규모점포 등 개설등록을 취소한 때에는 산업통상자원부장관에게 그 사실을 지체 없이 보고하여야 한다.

(3) 시·도지사의 보고

시·도지사는 지역별 시행계획 및 추진실적, 분쟁의 조정실적, 비영리법인에 대한 권고실적과 관할 시·군수 또는 구청장으로부터 보고받은 사항을 종합하여 매년 2월 말일까지 산업통상자원부장관에게 보고하여야 한다.

(4) 유통사업자의 보고

산업통상자원부장관, 중소벤처기업부장관 또는 지방자치단체의 장은 「유통산업발전법」에 의한 자금 등의 지원을 위하여 특히 필요하다고 인정되는 경우에는 중소유통공동도매물류센터운영자 또는 공동집배송센터사업시행자, 유통사업자단체, 유통연수기관에 대하여 공동집배송센터사업자의 경우 공동집배송센터의 운영실적을 보고하게 할 수 있다.

■ 6 권한의 위임 · 위탁

(1) 유통관리사 자격시험 및 자격증 교부

산업통상자원부장관은 유통관리사의 자격시험 실시에 관한 업무 및 자격증 교부에 관한 업무를 대한상공회의소에 위탁한다.

(2) 유통실태 조사

산업통상자원부장관은 유통산업의 실태조사에 관한 업무를 「통계법」에 따른 통계작성지정기관에 위탁할 수 있다.

■ 7 벌 칙

(1) 10년 이하의 징역 또는 1억원 이하의 벌금

유통표준전자문서를 위작 또는 변작하거나 위작 또는 변작된 전자문서를 사용하거나 유통시킨 자는 10년 이하의 징역 또는 1억원 이하의 벌금에 처하며 미수범은 처벌한다.

(2) 1년 이하의 징역 또는 3천만원 이하의 벌금

등록을 하지 아니하고 대규모점포 등을 개설하거나 거짓, 그 밖의 부정한 방법으로 대규모점포 등의 개설등록을 한 자나 신고를 하지 아니하고 대규모점포 등 개설자의 업무를 수행하거나 거짓, 그 밖의 부정한 방법으로 대규모점포 등 개설자의 업무수행신고를 한 자는 1년 이하의 징역 또는 3천만원 이하의 벌금에 처한다.

(3) 1년 이하의 징역 또는 1천만원 이하의 벌금

유통표준전자문서를 3년 동안 보관하지 아니한 자는 1년 이하의 징역 또는 1천만원 이하의 벌금에 처한다.

(4) 1천만원 이하의 벌금

유통표준전자문서 또는 컴퓨터 등 정보처리조직의 파일에 기록된 유통정보를 공개한 자는 1천만원 이하의 벌금에 처한다.

(5) 양벌규정

법인의 대표자나 법인 또는 개인의 대리인, 사용인, 그 밖의 종업원이 그 법인 또는 개인의 업무에 관하여 위반행위를 하면 그 행위자를 벌하는 외에 그 법인 또는 개인에게도 해당 조문의 벌금형을 과한다. 다만, 법인 또는 개인이 그 위반행위를 방지하기 위하여 해당 업무에 관하여 상당한 주의와 감독을 게을리하지 아니한 경우에는 그러하지 아니하다.

8 과태료

위반행위별 과태료는 다음과 같다.

(1) 위반행위별 과태료

(단위 : 만원)

위반행위	과태료 금액		
	1차	2차	3차 이상
가) 법 제8조 제1항 후단을 위반하여 대규모점포 등의 변경등록을 하지 않거나 거짓 그 밖의 부정한 방법으로 변경등록을 한 경우	100	300	500
나) 법 제12조 제1항 및 제2항의 대규모점포 등 개설자의 업무를 수행하지 않은 경우	100	300	500
다) 법 제12조의2 제1항 제1호에 따른 명령을 위반하여 영업제한시간에 영업을 하거나 법 제12조의2 제1항 제2호에 따른 의무휴업명령을 위반한 경우			
1) 전년도 점포당 매출액이 100억원 이상인 경우	3,000	7,000	10,000
2) 전년도 점포당 매출액이 100억원 미만인 경우	1,000	3,000	5,000
라) 법 제12조의3 제4항을 위반하여 관리비 등의 내역을 공개하지 않거나 거짓으로 공개한 경우	100	300	500
마) 법 제12조의3 제5항을 위반하여 계약을 체결한 경우	100	300	500
바) 법 제12조의3 제6항을 위반하여 계약서를 공개하지 않거나 거짓으로 공개한 경우	100	300	500
사) 법 제12조의4 제1항을 위반하여 장부 및 증빙서류를 작성 또는 보관하지 않거나 거짓으로 작성한 경우	100	300	500
아) 법 제12조의4 제2항을 위반하여 회계처리를 한 경우	100	300	500
자) 법 제12조의4 제3항을 위반하여 장부나 증빙서류 등의 정보에 대한 열람, 복사의 요구에 응하지 않거나 거짓으로 응한 경우	100	300	500
차) 법 제12조의5 제1항을 위반하여 회계감사를 받지 않거나 부정한 방법으로 받은 경우	300	700	1,000
카) 법 제12조의5 제2항을 위반하여 회계감사의 결과를 공개하지 않거나 거짓으로 공개한 경우	100	300	500
타) 법 제12조의5 제4항을 위반하여 회계감사를 방해하는 등 같은 항 각 호의 어느 하나에 해당하는 행위를 한 경우	300	700	1,000
파) 법 제12조의6 제3항을 위반하여 관리규정에 대한 열람이나 복사의 요구에 응하지 않거나 거짓으로 응한 경우	100	300	500

하) 법 제14조 제1항을 위반하여 임시시장을 개설한 경우	100	300	500
거) 법 제29조 제4항을 위반하여 변경지정을 받지 않은 경우			
1) 경과일수 10일 이내	10		
2) 경과일수 10일 초과 20일 이내	20		
3) 경과일수 20일 초과 30일 이내	30		
4) 경과일수 30일 초과 60일 이내	50		
5) 경과일수 60일 초과 100일 이내	80		
6) 경과일수 100일 초과 200일 이내	100		
7) 경과일수 200일 초과 365일 이내	200		
8) 경과일수 365일 초과	300		
너) 공동집배송센터사업자가 법 제33조 제1항의 시정명령을 이행하지 않은 경우	100	300	500
더) 법 제45조 제2항의 보고에 있어 허위보고를 한 경우	100	200	300

(2) 절 차

과태료는 산업통상자원부장관, 중소벤처기업부장관, 지방자치단체의 장이 부과·징수한다.

Chapter _ 02 실전예상문제

Certified Professional Logistician

01 다음 중 준대규모점포에 해당하는 점포가 아닌 것은?

① 대규모점포를 경영하는 회사가 직영하는 점포

② 대규모점포를 경영하는 회사의 계열회사(「독점규제 및 공정거래에 관한 법률」에 따른 계열회사를 말한다)가 직영하는 점포

③ 「독점규제 및 공정거래에 관한 법률」에 따른 상호출자제한기업집단의 계열회사가 직영하는 점포

④ 대규모점포를 경영하는 회사의 계열회사가 조합형 체인사업의 형태로 운영하는 점포

⑤ 대규모점포를 경영하는 회사의 계열회사가 직영점형 체인사업의 형태로 운영하는 점포

해설 ④ 대규모점포를 경영하는 회사의 계열회사가 프랜차이즈형 체인사업의 형태로 운영하는 점포가 준대규모점포이다.

◇ **준대규모점포**
1. 대규모점포를 경영하는 회사 또는 그 계열회사(「독점규제 및 공정거래에 관한 법률」에 따른 계열회사를 말한다)가 직영하는 점포
2. 「독점규제 및 공정거래에 관한 법률」에 따른 상호출자제한기업집단의 계열회사가 직영하는 점포
3. 1. 및 2.의 회사 또는 계열회사가 직영점형 체인사업 및 프랜차이즈형 체인사업의 형태로 운영하는 점포

02 유통산업발전기본계획을 설명한 내용 중 맞는 것은?

① 유통산업발전의 기본방향, 유통산업의 국내외 여건변화 전망 및 유통산업의 현황 및 평가는 반드시 포함되어야 한다.

② 기본계획은 3년마다 관계 중앙행정기관의 장이 수립·시행한다.

③ 기본계획의 수립 및 시행에 관하여 필요한 사항은 산업통상자원부령으로 정한다.

④ 유통산업의 업종별 발전전략은 반드시 포함되어야 한다.

⑤ 유통전문인력·부지 및 시설 등의 수급변화에 대한 전망을 반드시 포함하지 않아도 된다.

해설 ① 산업통상자원부장관은 유통산업의 발전을 위하여 5년마다 유통산업발전기본계획(이하 '기본계획'이라 한다)을 관계 중앙행정기관의 장과의 협의를 거쳐 세우고 이를 시행하여야 한다. 기본계획에는 유통산업 발전의 기본방향, 유통산업의 국내외 여건변화 전망, 유통산업의 현황 및 평가, 유통산업의 지역별·종류별 발전방안, 산업별·지역별 유통기능의 효율화·고도화 방안, 유통전문인력·부지 및 시설 등의 수급변화에 대한 전망, 그 밖에 유통산업의 규제완화 및 제도개선 등 유통산업의 발전을 촉진하기 위하여 필요한 사항 등이 포함되어야 한다.

Answer 1. ④ 2. ①

제2장 유통산업발전법 **151**

03 다음 중 「유통산업발전법」상 용어의 정의 중 틀린 것은?

① '매장'이라 함은 상품의 판매와 이를 지원하는 용역의 제공에 직접 사용되는 장소를 말한다.

② '전문상가단지'라 함은 같은 업종을 경영하는 여러 도매업자 또는 소매업자가 일정 지역에 점포 및 부대시설 등을 집단으로 설치하여 만든 상가단지를 말한다.

③ '임시시장'이라 함은 다수의 수요자와 공급자가 일정한 기간 동안 상품을 매매하거나 용역을 제공하는 일정한 장소를 말한다.

④ '집배송시설'이라 함은 유통사업자 또는 제조업자가 공동으로 사용할 수 있도록 집배송시설 및 부대업무시설이 설치되어 있는 시설물을 말한다.

⑤ '물류설비'라 함은 화물의 수송·포장·하역·운반과 이를 관리하는 물류정보처리활동에 사용되는 물품·기계·장치 등의 설비를 말한다.

> **해설** ④ 공동집배송센터에 대한 설명이다. '집배송시설'이라 함은 상품의 주문처리·재고관리·수송·보관·하역·포장·가공 등 집하 및 배송에 관한 활동과 이를 유기적으로 조정 또는 지원하는 정보처리활동에 사용되는 기계·장치 등의 일련의 시설을 말한다.

04 다음 중 「유통산업발전법」상 유통산업발전기본계획 및 시행계획에 대한 설명으로 잘못된 것은?

① 정부는 유통산업의 발전을 위하여 10년마다 유통산업발전기본계획을 수립하여야 한다.

② 유통산업발전기본계획에는 유통산업발전의 기본방향, 유통산업의 지역별·종류별 발전방안 등이 포함되어야 한다.

③ 산업통상자원부장관은 유통산업발전기본계획에 따라 매년 유통산업발전시행계획을 관계 중앙행정기관의 장과의 협의를 거쳐 수립하여야 한다.

④ 시·도지사(특별시장·광역시장 또는 도지사를 말한다)는 유통산업발전기본계획 및 유통산업발전시행계획에 따라 시장·군수·구청장(자치구의 구청장을 말한다)의 의견을 들어 지역별 유통산업발전시행계획을 세우고 이를 시행하여야 한다.

⑤ 관계 중앙행정기관의 장은 유통산업의 발전을 위하여 필요하다고 인정하는 경우에는 시·도지사 또는 시장·군수·구청장에게 유통산업발전시행계획의 시행에 필요한 조치를 취할 것을 요청할 수 있다.

> **해설** ① 5년마다 수립하여야 한다.

05 다음 중 「유통산업발전법」상 유통산업발전기본계획에 포함되어야 하는 사항이 아닌 것은?

① 유통산업의 규제완화 및 제도개선 등 유통산업의 발전을 촉진하기 위하여 필요한 사항
② 도심지에 위치한 유통시설의 정비 및 교외이전에 관한 사항
③ 유통산업의 지역별·종류별 발전방안
④ 산업별·지역별 유통기능의 효율화·고도화 방안
⑤ 유통전문인력부지 및 시설 등의 수급변화에 대한 전망

해설 ①③④⑤ 「유통산업발전법」상 유통산업발전기본계획에는 유통산업 발전의 기본방향, 유통산업의 국내외 여건변화 전망, 유통산업의 현황 및 평가, 유통산업의 지역별·종류별 발전방안, 산업별·지역별 유통기능의 효율화·고도화 방안, 유통전문인력·부지 및 시설 등의 수급변화에 대한 전망, 그 밖에 유통산업의 규제완화 및 제도개선 등 유통산업의 발전을 촉진하기 위하여 필요한 사항이 포함되어야 한다.

06 다음 중 「유통산업발전법」상 유통정보화의 촉진 및 유통부문의 전자거래기반을 넓히기 위한 유통정보화 시책에 포함될 사항이 아닌 것은?

① 유통표준코드의 보급
② 유통표준전자문서의 보급
③ 판매시점 정보관리시스템의 보급
④ 유통정보 또는 유통정보시스템의 표준화 촉진
⑤ 인증물류설비의 도입

해설 ①②③④ 「유통산업발전법」상 유통정보화 시책에는 유통표준코드의 보급, 유통표준전자문서의 보급, 판매시점 정보관리시스템의 보급, 유통정보 또는 유통정보시스템의 표준화 촉진, 그 밖에 유통정보화의 촉진을 위하여 필요하다고 인정하는 사항이 포함된다.

07 다음 중 「유통산업발전법」상 유통기능을 효율화하기 위하여 산업통상자원부장관이 강구하여야 할 시책이 아닌 것은?

① 물류표준화의 촉진
② 물류정보화 기반의 확충
③ 물류공동화의 촉진
④ 해외유통시장의 조사·분석
⑤ 집배송시설 및 공동집배송센터의 확충

해설 ①②③⑤ 산업통상자원부장관은 물류표준화의 촉진, 물류정보화 기반의 확충, 물류공동화의 촉진, 물류기능의 외부위탁 촉진, 물류기술·기법의 고도화 및 선진화, 집배송시설 및 공동집배송센터의 확충 및 효율적 배치, 그 밖에 유통기능의 효율화를 촉진하기 위하여 필요하다고 인정하는 사항 등을 강구하여야 한다.

Answer 3. ④ 4. ① 5. ② 6. ⑤ 7. ④

08 다음 중 「유통산업발전법」상 공동집배송센터에 대한 설명으로 틀린 것은?

① 공동집배송센터는 공동집배송센터의 규모에 따라 산업통상자원부장관 또는 시 · 도지사가 지정할 수 있다.

② 공동집배송센터의 지정을 받고자 하는 자는 시 · 도지사(특별시장 · 광역시장 또는 도지사를 말한다)의 추천을 받아야 한다.

③ 지정을 신청한 공동집배송센터의 부지면적이 3만제곱미터 이상이고 시설면적이 1만제곱미터 이상인 집배송시설을 갖추어야 한다.

④ 지정을 신청한 공동집배송센터는 도시 내 유통시설로의 접근성이 우수하여 집배송기능이 효율적으로 이루어질 수 있는 지역 및 시설물이어야 한다.

⑤ 공동집배송센터라 함은 여러 유통사업자 또는 제조업자가 공동으로 사용할 수 있도록 집배송시설 및 부대업무시설이 설치되어 있는 지역 및 시설물을 말한다.

> **해설** ① 산업통상자원부장관은 물류공동화를 촉진하기 위하여 필요한 경우에는 시 · 도지사의 추천을 받아 산업통상자원부령이 정하는 요건에 해당하는 지역 및 시설물을 공동집배송센터로 지정할 수 있다.

09 유통산업발전법령에 의한 공동집배송센터의 시설 및 운영기준이 아닌 것은?

① 집배송센터의 연면적이 공동집배송센터의 전체 연면적의 30% 이상이어야 한다.

② 공동집배송센터 내에 집배송센터가 2개 이상 설치되어야 한다.

③ 공동집배송센터 내 집배송센터는 보관 및 하역시설을 갖추어야 한다.

④ 공동집배송센터 내 집배송센터는 정보 및 주문처리시설을 갖추어야 한다.

⑤ 단지를 임대하고자 하는 경우에는 입주우선순위 등에 관한 사항을 공고해야 한다.

> **해설** ① 주요시설 및 부대시설을 갖춘 집배송센터가 2개 이상 설치되는 경우로서 동 집배송센터의 연면적이 공동집배송단지 전체 연면적의 50% 이상이어야 한다.

10 다음 중 유통산업발전법령이 정한 무점포판매의 유형이 아닌 것은?

① 방문판매 및 가정 내 진열판매 ② 다단계판매

③ 자동판매기의 판매 ④ 전화권유판매

⑤ 텔레비전홈쇼핑

> **해설** ①②④⑤ 유통산업발전법령이 정한 무점포판매 유형에는 방문판매 및 가정 내 진열판매, 다단계판매, 전화권유판매, 카탈로그판매, 텔레비전홈쇼핑, 인터넷쇼핑몰, 이동통신기기를 이용한 판매, 자동판매기를 통한 판매 등이 있다.

11 「유통산업발전법」상 대규모점포 등록의 결격사유를 설명한 것 중 틀린 것은?

① 피성년후견인 및 파산자

② 「유통산업발전법」에 위반하여 징역의 실형을 선고받고 그 집행이 종료되거나 집행이 면제된 날로부터 2년이 지나지 아니한 사람

③ 「유통산업발전법」에 위반하여 징역형의 집행유예선고를 받고 그 집행유예기간에 있는 자

④ 대규모점포 등록 취소 후 1년이 지나지 아니한 사람

⑤ 미성년자

해설 ①③④⑤ 피성년후견인 또는 미성년자, 파산자로서 복권되지 아니한 자, 「유통산업발전법」을 위반하여 징역의 실형을 선고받고 그 집행이 종료(집행이 종료된 것으로 보는 경우를 포함)되거나 집행이 면제된 날부터 1년이 지나지 아니한 사람, 「유통산업발전법」을 위반하여 징역형의 집행유예선고를 받고 그 유예기간 중에 있는 자, 등록이 취소된 후 1년이 지나지 아니한 사람, 대표자가 위의 사유에 해당하는 법인은 등록을 할 수 없다.

12 다음 중 「유통산업발전법」상 공동집배송센터개발촉진지구의 지정 등에 대한 설명으로 옳지 않은 것은?

① 시·도지사(특별시장·광역시장 또는 도지사를 말한다)는 집배송시설의 집단적 설치를 촉진하고 집배송시설의 효율적 배치를 위하여 공동집배송센터개발촉진지구의 지정을 산업통상자원부장관에게 요청할 수 있다.

② 공동집배송센터개발촉진지구는 부지의 면적이 10만제곱미터 이상이어야 한다.

③ 공동집배송센터개발촉진지구에는 집배송시설 또는 공동집배송센터가 10 이상 설치되어 있어야 한다.

④ 산업통상자원부장관은 촉진지구 안의 집배송시설에 대하여 시·도지사의 추천이 없더라도 공동집배송센터로 지정할 수 있다.

⑤ 산업통상자원부장관은 공동집배송센터개발촉진지구를 지정하고자 하는 때에는 미리 관계 중앙행정기관의 장과 협의하여야 한다.

해설 ③ 집배송시설 또는 공동집배송센터가 2 이상 설치되어 있어야 한다.

Answer 8. ① 9. ① 10. ③ 11. ② 12. ③

13 다음 중 「유통산업발전법」상 상점가진흥조합이 지방자치단체장의 자금지원을 받아 할 수 있는 사업이 아닌 것은?

① 점포시설의 표준화 및 현대화

② 상품의 매매 · 보관 · 수송 · 검사 등을 위한 공동시설의 설치

③ 상가건물 및 그 대지와 부속시설의 관리에 관한 사업의 시행

④ 주차장 · 휴게소 등 공공시설의 설치

⑤ 조합원과 그 종사자의 자질향상을 위한 연수사업 및 정보제공

해설 ①②④⑤ 점포시설의 표준화 및 현대화, 상품의 매매 · 보관 · 수송 · 검사 등을 위한 공동시설의 설치, 주차장 · 휴게소 등 공공시설의 설치, 조합원의 판매촉진을 위한 공동사업, 가격표시 등 상거래질서의 확립, 조합원과 그 종사자의 자질향상을 위한 연수사업 및 정보제공, 그 밖에 지방자치단체의 장이 상점가 진흥을 위하여 필요하다고 인정하는 사업은 상점가진흥조합이 지방자치단체장의 자금지원을 받아 할 수 있다.

14 다음 중 「유통산업발전법」상 체인사업자가 직영하거나 체인에 가입되어 있는 점포의 경영을 개선하기 위하여 추진하여야 할 사항이 아닌 것은?

① 체인점포의 시설현대화

② 체인점포에 대한 원재료 · 상품 또는 용역 등의 원활한 공급

③ 체인점포에 대한 점포관리 · 품질관리 · 판매촉진 등 경영활동 및 영업활동에 대한 지도

④ 체인사업자와 체인점포 간의 유통정보시스템의 구축

⑤ 예산의 범위 내에서 체인점포에 대한 자금지원

해설 ①②③④ 「유통산업발전법」상 체인사업자가 직영하거나 체인에 가입되어 있는 점포의 경영을 개선하기 위하여 추진하여야 할 사항으로는 체인점포의 시설현대화, 체인점포에 대한 원재료 · 상품 또는 용역 등의 원활한 공급, 체인점포에 대한 점포관리 · 품질관리 · 판매촉진 등 경영활동 및 영업활동에 관한 지도, 체인점포 종사자에 대한 유통교육 · 훈련의 실시, 체인사업자와 체인점포 간의 유통정보시스템의 구축, 집배송시설의 설치 및 공동물류사업의 추진, 공동브랜드 또는 자기부착상표의 개발 · 보급, 유통관리사의 고용 촉진, 그 밖에 중소벤처기업부장관이 체인사업의 경영개선을 위하여 필요하다고 인정하는 사항 등이 있다.

15 「유통산업발전법」상 공동집배송센터의 지정에 대하여 틀린 것은?

① 산업통상자원부장관은 물류공동화를 촉진하기 위하여 필요한 경우에는 시·도지사의 추천을 받아 부지면적이 3만제곱미터 이상이고 시설면적이 1만제곱미터 이상인 집배송시설이나 도시 내 유통시설로의 접근성이 우수하여 집배송기능이 효율적으로 이루어질 수 있는 지역 및 시설물을 공동집배송센터로 지정할 수 있다.

② 공동집배송센터의 지정을 받고자 하는 자는 공동집배송센터의 조성·운영에 관한 사업계획을 첨부하여 시·도지사에게 공동집배송센터 지정추천을 신청하여야 한다.

③ 지정받은 공동집배송센터를 조성·운영하고자 하는 자(공동집배송센터사업자)는 지정받은 사항 중 공동집배송센터의 배치계획 및 주요시설, 공동집배송센터의 영업소 등 중요사항을 변경하고자 하는 때에는 산업통상자원부장관의 변경지정을 받아야 한다.

④ 산업통상자원부장관은 공동집배송센터를 지정하거나 변경지정하고자 하는 때에는 미리 관계 중앙행정기관의 장과 협의하여야 한다.

⑤ 산업통상자원부장관은 공동집배송센터를 지정한 때에는 공동집배송센터의 명칭·위치 및 면적, 공동집배송센터사업자(법인 또는 조합에 한한다)의 명칭 및 대표자의 성명, 사업시행기간(착공 및 준공예정일을 포함한다), 센터의 배치계획 및 주요시설의 설치계획을 고시하여야 한다.

해설 ③ 공동집배송센터의 영업소는 변경지정을 받아야 하는 중요사항이 아니다.

16 「유통산업발전법」에서 규정하고 있는 분쟁의 조정에 관하여 틀린 것은?

① 대규모점포와 관련된 분쟁의 조정을 원하는 자는 시·군·구의 위원회에 분쟁의 조정을 신청할 수 있으며 분쟁조정위원회는 이를 거부할 수 없다.

② 유통분쟁조정위원회는 유통분쟁조정신청을 받은 경우 신청일부터 3일 이내에 신청인 외의 관련 당사자에게 분쟁의 조정신청에 관한 사실과 그 내용을 통보하여야 한다.

③ 유통분쟁조정위원회는 동일한 시기에 동일한 사안에 대하여 다수의 분쟁조정이 신청된 경우에는 그 다수의 분쟁조정신청을 통합하여 조정할 수 있다.

④ 분쟁의 조정신청을 받은 위원회는 신청을 받은 날부터 60일 이내에 이를 심사하여 조정안을 작성하여야 한다.

⑤ 당사자가 조정안을 수락하고 조정서에 기명날인한 때에는 당사자 간에 조정서와 동일한 내용의 합의가 성립된 것으로 본다.

> **해설** ① 위원회는 분쟁의 성질상 위원회에서 조정함이 적합하지 아니하다고 인정하거나 부정한 목적으로 신청되었다고 인정하는 경우에는 해당 조정을 거부할 수 있다. 이 경우 조정거부의 사유 등을 당사자에게 통보하여야 한다. 위원회는 신청된 조정사건에 대한 처리절차의 진행 중에 일방 당사자가 소를 제기한 때에는 그 조정의 처리를 중지하고 이를 당사자에게 통보하여야 한다.

17 다음 중 대규모점포 개설자 등의 업무수행기준으로 올바른 것은?

① 경쟁을 부당하게 제한하거나 공정한 거래를 저해하지 아니하도록 할 것

② 무자료 거래 등 건전한 상거래 질서를 위해 중소기업과 협력할 것

③ 소비자의 피해와 불만의 신속한 처리를 위해 개인정보가 필요한 경우 동의를 얻어 사용할 것

④ 대규모점포로서 공동사업을 수행하는 경우 그에 소요되는 비용을 중소기업과 협의하여 부담할 것

⑤ 점포가 입지한 지역의 유통기능의 효율화·고도화 방안모색을 적극적으로 수행할 것

> **해설** ② 무자료 거래 등 건전한 상거래 질서를 저해하는 행위를 하지 말 것
> ③ 개인정보의 부당한 사용과 유출방지 등에 힘쓸 것
> ④ 대규모점포로서 공동사업을 수행하는 경우 그에 소요되는 비용을 공정하게 정산할 것
> ⑤ 유통산업발전계획의 기본내용이다.

18 「유통산업발전법」상의 준대규모점포와 전통상업보존구역에 대한 설명으로 옳지 않은 것은?

① 준대규모점포는 대규모점포를 경영하는 회사 또는 그 계열회사(「독점규제 및 공정거래에 관한 법률」에 따른 계열회사를 말한다)가 직영하는 점포로서 「통계법」 제22조에 따라 통계청장이 2007년 12월 28일 고시한 한국표준산업분류상의 슈퍼마켓(47121)과 그 밖에 음·식료품 위주 종합소매업(47129)을 경영하는 점포를 말한다.

② 준대규모점포는 「독점규제 및 공정거래에 관한 법률」에 따른 상호출자제한기업집단의 계열회사가 직영하는 점포로서 「통계법」 제22조에 따라 통계청장이 2007년 12월 28일 고시한 한국표준산업분류상의 슈퍼마켓(47121)과 그 밖에 음·식료품 위주 종합소매업(47129)을 경영하는 점포를 말한다.

③ 시장·군수·구청장은 지역 유통산업의 전통과 역사를 보존하기 위하여 「전통시장 및 상점가 육성을 위한 특별법」에 따른 전통시장이나 중소벤처기업부장관이 정하는 전통상점가의 경계로부터 1킬로미터 이내의 범위에서 해당 지방자치단체의 조례로 정하는 지역을 전통상업보존구역으로 지정할 수 있다.

④ 전통상업보존구역의 범위, 지정 절차 및 지정 취소 등에 관하여 필요한 사항은 산업통상자원부장관이 정하여 고시해야 한다.

⑤ 전통상업보존구역에 준대규모점포를 개설하고자 하는 자는 영업을 개시하기 전에 시장·군수·구청장에게 등록하여야 한다.

해설 ④ 지방자치단체가 조례로 정한다.

19 「유통산업발전법」상 공동집배송센터개발촉진지구를 지정할 수 있는 지역이 아닌 것은?

① 「외국인투자 촉진법」에 의한 외국인투자지역
② 「물류시설의 개발 및 운영에 관한 법률」에 의한 물류터미널
③ 「경제자유구역의 지정 및 운영에 관한 특별법」에 따른 경제자유구역
④ 「자유무역지역의 지정 및 운영에 관한 법률」에 의한 자유무역지역
⑤ 「산업입지 및 개발에 관한 법률」에 의한 국가산업단지, 일반산업단지 및 도시첨단산업단지

해설 ②는 물류단지이다.

Answer 16. ① 17. ① 18. ④ 19. ②

20 유통산업발전법령상 공동집배송센터사업자의 업무가 아닌 것은?

① 공동집배송센터 내 잔여 용지의 개발
② 공동집배송센터의 시설기준 설정
③ 공동집배송센터 내 시설의 경비 및 오염 방지
④ 입주업체 및 지원업체를 위한 용수·전기 등의 공급
⑤ 용지의 매각·분양·임대 및 관리

해설 ② 시설기준 설정은 정부가 한다.

◇ **유통산업발전법령상 공동집배송센터사업자의 업무**
1. 공동집배송센터 내 공공시설·지원시설 및 공동시설의 설치·운영
2. 공동집배송센터 내 잔여 용지의 개발
3. 용지의 매각·분양·임대 및 관리
4. 입주업체 및 지원업체를 위한 시설물의 설치와 매각·임대
5. 공동집배송센터 내 용지 및 시설의 설치·이용·유지·보수 또는 개량 등에 따른 입주업체 및 지원
   업체로부터의 비용 징수
6. 입주업체 및 지원업체를 위한 용수·전기·가스 및 유류의 공급
7. 공동집배송센터 내 시설의 경비 및 오염 방지
8. 그 밖에 입주 및 지원업체 간 협력 등 공동집배송센터의 효율적 관리를 위하여 필요한 사항

21 유통산업발전법령상 유통산업 실태조사에 관한 설명으로 옳지 않은 것은?

① 대규모점포의 영업환경에 관한 사항을 조사한다.
② 대규모점포의 물품구매에 관한 사항을 조사한다.
③ 업태별 유통기능 효율화를 위한 물류공동화에 관한 사항을 조사한다.
④ 정기조사는 2년마다 실시한다.
⑤ 무점포판매의 영업실태에 관한 사항을 조사한다.

해설 ④ 정기조사는 유통산업에 관한 계획 및 정책수립과 집행에 활용하기 위하여 3년마다 실시하는 조사이다.

22 유통산업발전법령상 유통업상생발전협의회에 관한 설명으로 옳지 않은 것은?

① 대규모점포 및 준대규모점포(대규모점포 등)와 지역중소유통기업의 균형발전을 협의하기 위하여 특별자치시장·시장·군수·구청장 소속으로 유통업상생발전협의회를 둔다.

② 회장은 부시장(특별자치시의 경우 행정부시장을 말한다)·부군수·부구청장이 된다.

③ 협의회의 회의는 재적위원 3분의 2 이상의 출석으로 개의하고, 출석위원 3분의 2 이상의 찬성으로 의결한다.

④ 협의회는 대형유통기업과 지역중소유통기업의 균형발전을 촉진하기 위하여 대형유통기업과 지역중소유통기업 간의 상생협력촉진을 위한 지역별 시책의 수립에 관한 사항에 대해 특별자치시장·시장·군수·구청장에게 의견을 제시할 수 있다.

⑤ 협의회의 운영 등에 필요한 사항은 산업통상자원부장관이 정한다.

해설 ⑤ 협의회의 운영 등에 필요한 사항은 협의회의 의결을 거쳐 회장이 정한다.

23 유통산업발전법령상 대규모점포와 관련된 설명으로 옳지 않은 것은?

① 매장면적의 10분의 1 이상의 변경 또는 업태는 변경등록을 하여야 하는 사항이다.

② 전문점은 용역의 제공장소를 제외한 매장면적의 합계가 3천제곱미터 이상인 점포의 집단으로서 의류·가전 또는 가정용품 등 특정 품목에 특화한 점포의 집단이다.

③ 시장·군수·구청장은 대규모점포 개설자가 정당한 사유 없이 1년 이상 계속하여 영업을 휴업한 경우에는 그 등록을 취소하여야 한다.

④ 대규모점포 개설자의 업무를 수행하는 자는 업무를 수행하게 된 날부터 20일 이내에 대규모 점포관리자 신고서를 시장·군수·구청장에게 제출하여야 한다.

⑤ 유통표준전자문서를 위작 또는 변작하거나 위작 또는 변작된 전자문서를 사용하거나 유통시킨 대규모점포 개설자는 5년 이하의 징역 또는 5천만원 이하의 벌금에 처한다.

해설 ⑤ 유통표준전자문서를 위작 또는 변작하거나 위작 또는 변작된 전자문서를 사용하거나 유통시킨 자는 10년 이하의 징역 또는 1억원 이하의 벌금에 처한다.

Answer 20. ② 21. ④ 22. ⑤ 23. ⑤

24 유통산업발전법령상 대규모점포와 관련된 분쟁의 조정에 관한 설명으로 옳지 않은 것은?

① 시·군·구의 유통분쟁조정위원회는 조정신청을 받은 날부터 60일 이내에 조정안을 작성하여야 하며 부득이한 사정이 있는 경우에는 위원회의 의결로 그 기간을 연장할 수 있다.

② 시·도의 유통분쟁조정위원회는 시·군·구의 유통분쟁조정위원회의 조정안에 불복이 있는 자의 조정신청을 받은 날부터 30일 이내에 조정안을 작성하여야 하며 부득이한 사정이 있는 경우에는 위원회의 의결로 그 기간을 연장할 수 있다.

③ 시·군·구의 유통분쟁조정위원회의 조정안에 불복이 있는 자는 조정안을 제시받은 날부터 15일 이내에 시·도의 위원회에 조정신청을 할 수 있다.

④ 조정안을 제시받은 당사자는 그 제시를 받은 날부터 15일 이내에 수락 여부를 유통분쟁조정위원회에 통보하여야 한다.

⑤ 유통분쟁조정위원회는 유통분쟁조정신청을 받은 경우에는 신청일부터 7일 이내에 신청인과 관련 당사자에게 조정신청 사실과 그 내용을 통보하여야 한다.

> **해설** ⑤ 유통분쟁조정위원회는 유통분쟁조정신청을 받은 경우 신청일부터 3일 이내에 신청인 외의 관련 당사자에게 분쟁의 조정신청에 관한 사실과 그 내용을 통보하여야 한다.

25 유통산업발전법령상 대규모점포를 개설하려는 자 또는 중소유통공동도매물류센터를 건립하려는 자가 도로의 개설에 관한 업무를 국가 또는 지방자치단체에 위탁하여 시행하는 경우의 설명으로 옳지 않은 것은?

① 대규모점포를 개설하려는 자 또는 중소유통공동도매물류센터를 건립하려는 자가 도로의 개설을 위탁하여 시행하려는 경우에는 국가 또는 지방자치단체와 위탁계약을 체결하여야 한다.

② 산업통상자원부령이 정하는 요율의 위탁수수료를 지급하여야 한다.

③ 도로공사비는 재료비, 노무비, 일반관리비, 이윤 및 부가가치세액의 합계액을 말한다.

④ 위탁계약의 내용에는 위탁사업의 사업지, 시행기간 등이 있다.

⑤ 100억원 이하의 도로공사를 위탁하는 경우 위탁수수료의 요율은 75/1,000 이내이다.

> **해설** ⑤ 위탁수수료의 요율은 90/1,000 이내이다.

26 유통산업발전법령상 공동집배송센터를 지정함에 있어서 산업통상자원부장관이 다른 행정기관의 장과 협의를 통하여 의제받을 수 있는 인·허가 사항이 아닌 것은?

① 「공유수면 관리 및 매립에 관한 법률」 제8조에 따른 공유수면의 점용·사용허가, 같은 법 제35조에 따른 국가 등이 시행하는 매립의 협의 또는 승인 및 같은 법 제38조에 따른 공유수면 매립실시계획의 승인

② 「농지법」 제34조 제1항의 규정에 의한 농지의 전용허가

③ 「물환경보전법」 제33조의 규정에 의한 배출시설 설치의 허가 또는 신고

④ 「초지법」 제23조 제2항 및 제3항의 규정에 의한 초지의 전용 허가 또는 신고

⑤ 「항만법」 제9조 제2항의 규정에 의한 항만개발사업 시행의 허가 및 동법 제10조 제2항의 규정에 의한 항만개발사업 실시계획의 승인

해설 ③ 「물환경보전법」은 인허가 의제 사항에 포함되어 있지 않다.

27 유통산업발전법령상 시·도지사 또는 시장·군수·구청장이 산업통상자원부장관에게 보고하여야 하는 사항이 아닌 것은?

① 지역별 유통산업발전시행계획 및 추진실적

② 대규모점포 등 개설등록·취소

③ 대규모점포 등 개설자의 업무를 수행하는 자의 신고현황

④ 유통분쟁의 조정실적

⑤ 영리법인에 대한 권고실적

해설 ⑤ 비영리법인에 대한 권고실적이다.

28 다음은 유통산업발전법령상 산업통상자원부장관 및 관계 중앙행정기관의 장 또는 지방자치단체의 장이 전문상가단지를 세우려는 자에게 하는 필요한 행정적·재정적 지원에 관한 설명이다. ( ) 안에 들어갈 내용으로 바르게 나열된 것은?

> • 도매업자 또는 소매업자로 구성되는 「중소기업협동조합법」 제3조 제1호 내지 제4호의 규정에 의한 협동조합·사업조합·협동조합연합회 또는 협동조합중앙회로서 (㉠)제곱미터 이상의 부지를 확보하고 있고, 단지 내에 입주하는 조합원이 (㉡)인 이상인 요건을 갖춘 자
> • 위에 해당하는 자와 신탁계약을 체결한 「자본시장과 금융투자업에 관한 법률」에 따른 신탁업자로서 자본금 또는 연간매출액이 (㉢)원 이상인 자

	㉠	㉡	㉢			㉠	㉡	㉢
①	3천	50	50억		②	3천	100	100억
③	5천	50	50억		④	5천	50	100억
⑤	5천	100	100억					

해설 ④ 산업통상자원부장관, 관계 중앙행정기관의 장 또는 지방자치단체의 장은 도매업자 또는 소매업자로 구성되는 「중소기업협동조합법」에 의한 협동조합·사업조합·협동조합연합회 또는 협동조합중앙회로서 ㉠ 5천제곱미터 이상의 부지를 확보하고 단지 내에 입주하는 조합원이 ㉡ 50인 이상인 자 또는 이에 해당하는 자와 신탁계약을 체결한 「자본시장과 금융투자업에 관한 법률」에 따른 신탁업자로서 자본금 또는 연간매출액이 ㉢ 100억원 이상인 자가 전문상가단지를 세우려는 경우에는 필요한 행정적·재정적 지원을 할 수 있다.

29 유통산업발전법령상 산업통상자원부장관이 공동집배송센터의 지정을 취소할 수 있는 경우에 해당하지 않는 것은?

① 공동집배송센터의 지정을 받은 날부터 정당한 사유 없이 3년 이내에 시공을 하지 아니하는 경우
② 지정요건 및 시설·운영기준에 미달하는 경우에 하는 시정명령을 이행하지 아니하는 경우
③ 공동집배송센터사업자인 법인, 조합 등이 해산된 경우
④ 공동집배송센터의 지정을 받은 날부터 3년이 되었으나 준공되지 아니한 경우
⑤ 공동집배송센터의 시공 후 공사가 1년 동안 중단된 경우

해설 ④ 공동집배송센터의 지정을 받은 날부터 5년 이내에 준공되지 아니한 경우이다.

　✎ **산업통상자원부장관이 공동집배송센터의 지정을 취소할 수 있는 경우**
　1. 거짓, 그 밖의 부정한 방법으로 공동집배송센터의 지정을 받은 경우
　2. 공동집배송센터의 지정을 받은 날부터 정당한 사유 없이 3년 이내에 시공을 하지 아니하는 경우
　3. 시정명령을 이행하지 아니하는 경우
　4. 공동집배송센터사업자가 파산한 경우, 공동집배송센터사업자인 법인, 조합 등이 해산된 경우, 공동집배송센터의 시공 후 공사가 6월 이상 중단된 경우, 공동집배송센터의 지정을 받은 날부터 5년 이내에 준공되지 아니한 경우 등 정상적인 사업추진이 곤란하다고 인정되는 경우

30 유통산업발전법령상 유통산업발전기본계획 및 시행계획에 관한 설명으로 옳은 것은?

① 산업통상자원부장관은 유통산업의 발전을 위하여 10년마다 유통산업발전기본계획을 관계 중앙행정기관의 장과의 협의를 거쳐 세우고 이를 시행하여야 한다.

② 유통산업발전기본계획에 따라 5년마다 유통산업발전시행계획을 관계 중앙행정기관의 장과의 협의를 거쳐 세워야 한다.

③ 산업통상자원부장관은 관계 중앙행정기관의 장에게 유통산업발전기본계획의 수립을 위하여 필요한 자료를 해당 기본계획 개시연도의 전년도 9월 말일까지 제출하여 줄 것을 요청할 수 있다.

④ 산업통상자원부장관은 관계 중앙행정기관의 장에게 유통산업발전기본계획의 수립을 위하여 필요한 자료를 매년 2월 말일까지 제출하여 줄 것을 요청할 수 있다.

⑤ 관계 중앙행정기관의 장은 유통산업발전시행계획의 집행실적을 다음연도 2월 말일까지 산업통상자원부장관에게 제출하여야 한다.

해설 ① 5년마다 계획을 세워야 한다.
② 시행계획은 매년 세워야 한다.
③ 산업통상자원부장관은 기본계획을 세우기 위하여 필요하다고 인정되는 경우에는 관계 중앙행정기관의 장에게 필요한 자료를 해당 기본계획 개시연도의 전년도 10월 말일까지 제출하여 줄 것을 요청할 수 있다.
④ 산업통상자원부장관은 시행계획을 세우기 위하여 필요하다고 인정되는 경우에는 관계 중앙행정기관의 장에게 ㉠ 유통산업발전시책의 기본방향, ㉡ 사업주체 및 내용, ㉢ 소요자금과 그 조달방안, ㉣ 사업의 시행방법, ㉤ 그 밖에 시행계획의 수립에 필요한 사항이 포함된 자료를 매년 3월 말일까지 제출하여 줄 것을 요청할 수 있다.

31 유통산업발전법령상 시장·군수·구청장이 하는 대규모점포 등의 개설등록의 취소사유로서 ( ) 안에 들어갈 내용으로 바르게 나열된 것은?

> • 대규모점포 등 개설자가 정당한 사유 없이 (㉠) 이내에 영업을 개시하지 아니한 경우(이 경우 대규모점포 등의 건축에 정상적으로 소요되는 기간은 이를 산입하지 아니한다)
> • 대규모점포 등의 영업을 정당한 사유 없이 (㉡) 이상 계속하여 휴업한 경우

	㉠	㉡		㉠	㉡
①	6개월	1년	②	1년	6개월
③	1년	1년	④	2년	6개월
⑤	2년	1년			

해설 유통산업발전법령상 시장·군수·구청장이 하는 대규모점포 등의 개설등록의 취소사유
1. 대규모점포 등 개설자가 정당한 사유 없이 ㉠ 1년 이내에 영업을 개시하지 아니한 경우(대규모점포 등의 건축에 정상적으로 소요되는 기간은 산입하지 아니한다)
2. 대규모점포 등의 영업을 정당한 사유 없이 ㉡ 1년 이상 계속하여 휴업한 경우

32 유통산업발전법령상 분쟁조정에 관한 설명으로 옳지 않은 것은?
① 시·군·구 유통분쟁조정위원회의 조정안에 불복이 있는 자는 조정안을 제시받은 날부터 15일 이내에 시·도의 유통분쟁조정위원회에 조정을 신청을 할 수 있다.
② 유통분쟁조정위원회는 유통분쟁조정이 부정한 목적으로 신청된 경우를 제외하고는 당해 조정을 거부할 수 없다.
③ 유통분쟁조정위원회는 신청된 조정사건에 대한 처리절차의 진행 중에 일방 당사자가 소를 제기한 때에는 그 조정의 처리를 중지하고 이를 당사자에게 통보하여야 한다.
④ 유통분쟁조정위원회는 동일한 시기에 동일한 사안에 대하여 다수의 분쟁조정이 신청된 경우에는 그 다수의 분쟁조정신청을 통합하여 조정할 수 있다.
⑤ 유통분쟁조정을 위한 연구용역이 필요한 경우로서 당사자가 그 용역의뢰에 합의한 경우, 그에 소용되는 비용은 특정한 약정이 없는 한 당사자가 같은 비율로 부담한다.

해설 ② 위원회는 분쟁의 성질상 위원회에서 조정함이 적합하지 아니하다고 인정하거나 부정한 목적으로 신청되었다고 인정하는 경우에는 해당 조정을 거부할 수 있다.

33 유통산업발전법령상 전통상업보존구역의 지정과 임시시장 개설 등에 관한 설명으로 옳지 않은 것은?

① 시장·군수·구청장은 지역 유통산업의 전통과 역사를 보존하기 위하여 전통시장이나 전통상업보존구역을 지정할 수 있다.

② 전통상업보존구역으로 지정할 수 있는 지역은 시장·군수·구청장이 정하는 전통상점 가의 경계로부터 2킬로미터 이내의 범위이다.

③ 전통상업보존구역의 범위, 지정절차 및 지정취소 등에 관하여 필요한 사항은 해당 지방 자치단체의 조례로 정한다.

④ 임시시장의 개설방법·시설기준 그 밖에 임시시장의 운영·관리에 관한 사항은 시· 군·구의 조례로 정한다.

⑤ 지방자치단체의 장은 임시시장의 활성화를 위하여 이를 체계적으로 육성·지원하여야 한다.

해설 ② 시장·군수·구청장은 지역 유통산업의 전통과 역사를 보존하기 위하여 「전통시장 및 상점가 육성 을 위한 특별법」에 따른 전통시장이나 중소벤처기업부장관이 정하는 전통상점가의 경계로부터 1킬로 미터 이내의 범위에서 해당 지방자치단체의 조례로 정하는 지역을 전통상업보존구역으로 지정할 수 있다.

34 유통산업발전법령상 유통정보화서비스를 제공하는 자가 유통표준전자문서 또는 컴퓨터 등 정보처리조직의 파일에 기록된 유통정보를 공개할 수 있는 경우가 아닌 것은? (단, 국가의 안 전보장에 위해가 없고 타인의 비밀을 침해할 우려가 없는 정보에 한함)

① 관계 행정기관의 장이 행정목적상 필요에 의하여 신청하는 정보

② 시장·군수·구청장이 행정목적상 필요에 의하여 신청하는 정보

③ 특별자치도지사가 행정목적상 필요에 의하여 신청하는 정보

④ 수사기관이 수사목적상 필요에 의하여 신청하는 정보

⑤ 법원이 제출을 명하는 정보

해설 공개가능한 경우
1. 관계 행정기관의 장, 특별시장·광역시장·도지사 또는 특별자치도지사가 행정목적상 필요에 의하 여 신청하는 정보
2. 수사기관이 수사목적상 필요에 의하여 신청하는 정보
3. 법원이 제출을 명하는 정보

Answer 31. ③ 32. ② 33. ② 34. ②

물류관리사

CERTIFIED PROFESSIONAL LOGISTICIAN

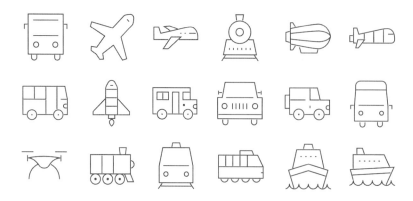

Chapter

03

화물자동차 운수사업법

03 화물자동차 운수사업법

| 학습목표 | 1. 화물자동차 운송사업, 운송주선사업, 가맹사업에 대하여 학습
2. 화물자동차 운수사업 허가기준 및 절차
3. 매년 말에 발표되는 화물자동차 허가 공급기준에 주의

| 단원열기 | 각 사업(운송·주선·가맹)별 허가기준, 변경허가, 결격사유, 허가기준 신고, 사업승계, 휴·폐업, 준수사항, 개선명령 및 업무개시명령, 과징금의 용도, 적재물배상보험, 운수사업의 재정지원, 자가용 화물자동차, 화물자동차 휴게소

제1절 총 칙

1 「화물자동차 운수사업법」의 목적

「화물자동차 운수사업법」은 화물자동차 운수사업을 효율적으로 관리하고 건전하게 육성하여 화물의 원활한 운송을 도모함으로써 공공복리의 증진에 기여함을 목적으로 한다.

2 화물자동차 운수사업

화물자동차 운수사업이란 화물자동차 운송사업, 화물자동차 운송주선사업 및 화물자동차 운송가맹사업을 말한다.

화물자동차 운송사업	일반화물자동차 운송사업	다른 사람의 요구에 응하여 화물자동차를 사용하여 화물을 유상으로 운송하는 사업
	개별화물자동차 운송사업	
화물자동차 운송주선업		유상으로 화물운송계약을 중개대리하거나 화물자동차 운송사업 또는 화물자동차 운송가맹사업을 경영하는 자의 화물운송수단을 이용하여 자기의 명의와 계산으로 화물을 운송하는 사업
화물자동차 운송가맹사업		자기의 화물자동차를 사용하여 유상으로 화물을 운송하거나 소속 화물자동차 운송가맹점에 의뢰하여 화물을 운송하게 하는 사업

3 관할관청

(1) 관 할

화물자동차 운수사업은 주사무소(법인이 아닌 경우에는 주소지를 말하되, 주소지 외의 장소에 사업장·공동사업장 또는 사무실을 마련하여 화물자동차 운수사업을 경영하는 경우에는 그 사업장·공동사업장 또는 사무실을 주사무소로 본다) 소재지를 관할하는 시·도지사가 관장한다.

(2) 영업소 및 화물취급소

화물자동차 운수사업의 영업소 및 화물취급소와 영업소에 배치된 화물자동차는 그 소재지를 관할하는 시·도지사가 관장한다.

(3) 양도·양수와 합병

화물자동차 운수사업을 양도·양수하거나 법인을 합병할 때 둘 이상의 관할관청이 있는 경우에는 양수인 또는 합병으로 존속하거나 신설되는 법인의 주사무소 소재지를 관할하는 시·도지사가 관할관청이 된다.

(4) 화물운송종사자격 관할

화물운송종사자격의 취소 또는 효력정지 처분은 처분 대상자의 주소지를 관할하는 시·도지사가 관장한다.

제 2 절 화물자동차 운송사업

1 화물자동차 운송사업

(1) 화물자동차

화물자동차란 「자동차관리법」의 규정에 의한 화물자동차 및 특수자동차로서 「자동차관리법 시행규칙」에 의한 일반형·덤프형·밴형 및 특수용도형 화물자동차와 견인형·구난형(救難型) 및 특수작업형 특수자동차를 말한다.

● 「자동차관리법」상 자동차의 유형별 세부기준

화물자동차	일반형	보통의 화물운송용인 것
	덤프형	적재함을 원동기의 힘으로 기울여 적재물을 중력에 의하여 쉽게 미끄러뜨리는 구조의 화물운송용인 것
	밴형	지붕구조의 덮개가 있는 화물운송용인 것
	특수용도형	특정한 용도를 위하여 특수한 구조로 하거나, 기구를 장치한 것으로서 위 어느 형에도 속하지 아니하는 화물운송용인 것
특수자동차	견인형	피견인차의 견인을 전용으로 하는 구조인 것
	구난형	고장, 사고 등으로 운행이 곤란한 자동차를 구난·견인할 수 있는 구조인 것
	특수작업형	위 어느 형에도 속하지 아니하는 특수작업용인 것

(2) 밴형 화물자동차의 구조 및 화물기준

① 밴형 화물자동차는 다음의 요건을 충족하는 구조이어야 한다.

㉠ 물품적재장치의 바닥면적이 승차장치의 바닥면적보다 넓을 것

㉡ 승차정원이 3명 이하일 것(「경비업법」의 호송경비업무 허가를 받은 경비업자의 호송용 차량과 2001년 11월 30일 전에 화물자동차 운송사업의 등록을 한 6인승 밴형 화물자동차는 예외로 한다)

② 화주가 화물자동차에 동승하는 밴형 화물자동차의 경우에 있어서의 화물은 중량·용적·형상 등이 여객자동차 운송사업용 자동차에 적재하기 부적합한 것으로 화물기준은 다음과 같다.

㉠ 화주(貨主) 1명당 화물의 중량이 20킬로그램 이상일 것

㉡ 화주 1명당 화물의 용적이 4만cm^3 이상일 것

ⓒ 화물이 다음의 어느 하나에 해당하는 물품일 것

　ⓐ 불결하거나 악취가 나는 농산물·수산물 또는 축산물

　ⓑ 혐오감을 주는 동물 또는 식물

　ⓒ 기계·기구류 등 공산품

　ⓓ 합판·각목 등 건축기자재

　ⓔ 폭발성·인화성 또는 부식성 물품

(3) 화물자동차 운송사업의 정의

타인의 수요에 응하여 화물자동차를 사용하여 화물을 유상으로 운송하는 사업을 말한다.

(4) 화물자동차 운송사업의 종류

화물자동차 운송사업의 종류는 일반·개별·용달 화물자동차 운송사업이 있다.

일반화물자동차 운송사업	20대 이상의 화물자동차를 사용하여 화물을 운송하는 사업
개별화물자동차 운송사업	화물자동차 1대를 사용하여 화물을 운송하는 사업으로서 대통령령으로 정하는 사업

2 허가 및 변경허가

화물자동차 운송사업을 경영하려는 자는 국토교통부장관의 허가(시·도지사 위임)를 받아야 한다. 화물자동차 운송가맹사업의 허가를 받은 자는 허가를 받지 아니한다. 화물자동차 운송사업의 허가를 받은 자(운송사업자)가 허가사항을 변경하려는 때에는 국토교통부장관의 변경허가를 받아야 한다.

(1) 허가기준

화물자동차 운송사업의 허가 또는 증차를 수반하는 변경허가의 기준은 다음과 같다.

① 국토교통부장관이 화물의 운송수요를 감안하여 업종별로 고시하는 공급기준에 적합할 것. 다만, 다음 어느 하나에 해당하는 경우(예외적 허가 대상차량)는 제외한다.

　㉠ 6개월 이내로 기간을 한정하여 허가를 하는 경우

　㉡ 임시허가를 받은 자가 허가 기간 내에 다른 운송사업자와 위·수탁계약을 체결하지 못하고 임시허가 기간이 만료된 경우 3개월 내에 허가를 신청하는 경우

　㉢ 「환경친화적 자동차의 개발 및 보급 촉진에 관한 법률」 제2조에 따른 전기자동차 또는 수소전기자동차로서 최대 적재량이 1.5톤 미만인 「자동차관리법」 제3조에 따른 화물자동차에 대하여 해당 차량과 그 경영을 다른 사람에게 위탁하지 아니하는 것을 조건으로 허가 또는 변경허가를 신청하는 경우

② 화물자동차의 대수, 차고지 등 운송시설 등 다음 기준에 적합할 것

구 분	일반화물자동차 운송사업	개별화물자동차 운송사업
허가기준 대수	20대 이상	1대
사무실 및 영업소	영업에 필요한 면적	없음
최저보유 차고면적	화물자동차 1대당 해당 화물자동차의 길이와 너비를 곱한 면적	해당 화물자동차의 길이와 너비를 곱한 면적. 다만, 주사무소가 있는 특별시·광역시·특별자치시·특별자치도·시 또는 군의 주차 여건과 교통상황 등을 종합적으로 고려하여 최대 적재량 1.5톤 이하 화물자동차를 소유하고 있는 개별화물자동차 운송사업자에게 차고지를 설치하지 않도록 해당 지방자치단체의 조례로 정한 경우에는 차고지를 설치하지 않을 수 있다.
화물자동차의 종류	「자동차관리법」에 따른 화물자동차 또는 특수자동차	「자동차관리법」에 따른 화물자동차 또는 특수자동차
업무형태	업무형태를 제한하지 않음	업무형태를 제한하지 않음. 다만, 집화 등만을 위해 허가를 받으려는 경우에는 국토교통부장관이 고시하는 시설 및 장비기준을 갖추고, 화물을 집화·분류·배송하는 형태의 운송사업을 하는 운송사업자와의 전속 운송계약을 통해 그 운송사업자의 명의로 사업을 수행할 것

(2) 허가기준의 신고

① 운송사업자는 허가를 받은 날부터 5년마다 허가기준에 관한 사항을 국토교통부장관에게 신고하여야 한다.

② 화물자동차 운송사업의 허가기준에 관한 사항을 신고하려는 자(개인화물자동차 운송사업자는 제외한다)는 기간이 지난 날부터 3개월 이내에 화물자동차 운송사업 허가사항신고서를 관할관청에 제출하여야 한다.

③ 화물자동차 운송사업 허가사항신고서에는 다음 서류를 첨부하여야 한다. 이 경우 관할관청은 「전자정부법」에 따른 행정정보의 공동이용을 통하여 법인 등기사항증명서(신고인이 법인인 경우만 해당한다)를 확인하여야 한다.

　㉠ 주사무소·영업소 및 화물취급소의 명칭·위치 및 규모를 기재한 서류, 주사무소 및 영업소에 배치하는 화물자동차의 대수·종별·차명·형식·연식 및 최대적재량을 적은 서류, 차고지 설치확인서

　㉡ 화물자동차를 소유하고 있음을 증명하는 서류

　㉢ 적재물배상보험 등의 가입을 증명하는 서류

④ 신고가 신고서의 기재사항 및 첨부서류에 흠이 없고, 법령 등에 규정된 형식상의 요건을 충족
하는 경우에는 신고서가 접수기관에 도달된 때에 신고 의무가 이행된 것으로 본다.

(3) 허가 결격사유

다음에 해당하는 자는 화물자동차 운송사업(주선업에도 준용)의 허가를 받을 수 없다. 법인의 경우
그 임원 중 다음에 해당하는 자가 있는 때에도 또한 같다.

> **운송사업 허가 결격사유**
>
> ① 피성년후견인 또는 피한정후견인
> ② 파산선고를 받고 복권되지 아니한 자
> ③ 「화물자동차 운수사업법」을 위반하여 징역 이상의 실형을 선고받고 그 집행이 종료(집행이 종
> 료된 것으로 보는 경우를 포함한다)되거나 집행이 면제된 날부터 2년이 경과되지 아니한 자
> ④ 「화물자동차 운수사업법」을 위반하여 징역 이상의 형의 집행유예선고를 받고 그 유예기간
> 중에 있는 자
> ⑤ 허가가 취소(부정한 방법으로 허가·변경허가·무허가 변경을 한 경우와 ① 또는 ②에 해당
> 하여 허가가 취소된 경우는 제외한다)된 후 2년이 경과되지 아니한 자
> ⑥ 부정한 방법으로 허가를 받은 경우, 부정한 방법으로 변경허가를 받거나 변경허가를 받지 아
> 니하고 허가사항을 변경하여 허가가 취소된 후 5년이 지나지 아니한 자

(4) 허가절차

① **허가신청**

㉠ 화물자동차 운송사업의 허가를 받으려는 자는 화물자동차 운송사업 허가신청서를 관할관청
에 제출하여야 한다.

㉡ 화물자동차 운송사업 허가신청서에는 다음 서류를 첨부하여야 한다. 이 경우 관할관청은
「전자정부법」에 따른 행정정보의 공동이용을 통하여 법인 등기사항증명서(신청인이 법인
인 경우만 해당한다)를 확인하여야 한다.

> **허가신청시 첨부서류**
>
> ⓐ 주사무소·영업소 및 화물취급소의 명칭·위치 및 규모를 적은 서류
> ⓑ 주사무소 및 영업소에 배치하는 화물자동차의 대수·종류·차명·형식·연식 및 최
> 대 적재량을 적은 서류
> ⓒ 차고지 설치확인서
> ⓓ 화물자동차의 매매계약서·양도증명서 또는 본인이 소유자로 기재된 「자동차등록규칙」
> 제4조 및 제27조 제1항 제2호에 따른 자동차등록증이나 자동차제작증
> ⓔ 화물자동차 운송사업 임시허가증(법 제3조 제13항에 따라 허가를 신청하는 경우만 해
> 당한다)

ⓒ 화물자동차 운송사업의 허가를 받으려는 자 중 화물을 집화 · 분류 · 배송하는 형태의 운송
사업을 하는 운송사업자와 전속 운송계약을 통해 화물의 집화 · 배송(집화 등)만을 담당하
고자 허가를 신청하는 자는 첨부서류에 국토교통부장관이 정하여 고시하는 서류를 추가로
제출하여야 한다.

② **허가절차**

ㄱ 관할관청은 화물자동차 운송사업의 허가신청을 받았을 때에는 서류가 구비되었는지와 공
급기준에 맞는지를 심사한 후 화물자동차 운송사업 예비허가증을 발급하여야 한다.

ㄴ 관할관청은 화물자동차 운송사업 예비허가증을 발급하였을 때에는 신청일부터 20일 이내
에 결격사유 유무 등을 확인한 후 화물자동차 운송사업 허가증을 발급하여야 한다.

⦿ **허가절차**

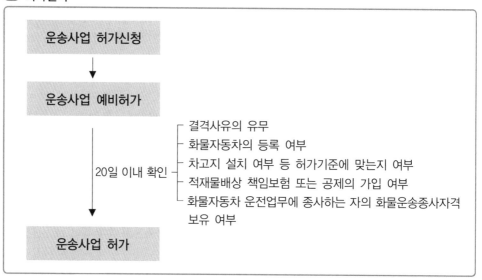

ㄷ 관할관청은 화물자동차 운송사업 허가증을 발급하였을 때에는 그 사실을 협회에 통지(전
자문서에 의한 통지를 포함한다)하고 화물자동차 운송사업 허가대장에 기록하여 관리하여
야 한다. 화물자동차 운송사업 허가대장은 전자적 처리가 불가능한 특별한 사유가 없으면
전자적 처리가 가능한 방법으로 기록하여 관리하여야 한다.

⑸ **변경허가**

① **변경허가**

ㄱ 변경허가(영업소의 허가사항을 변경하는 경우를 포함하되, 차고지 변경에 따른 변경허가는 제
외한다)를 받으려는 자는 화물자동차 운송사업 변경허가신청서에 ⓐ 변경된 사항을 증명하
는 서류, ⓑ 증차를 수반하는 경우에는 차고지 설치확인서와 화물자동차의 매매계약서 ·
양도증명서 또는 출고예정증명서, ⓒ 운송사업자가 경영의 일부를 위탁한 경우에는 위탁
받은 자의 동의서[주사무소를 다른 특별시 · 광역시 · 특별자치시 · 도 또는 특별자치도로 이전
(移轉)하기 위하여 변경허가를 신청하는 경우만 해당한다]를 첨부하여 관할관청에 신청하여
야 한다.

ⓛ 관할관청은 화물자동차 운송사업의 변경허가신청을 받았을 때에는 다음 서류가 갖추어 졌는지와 공급기준에 맞는지(증차를 수반하는 변경허가신청의 경우만 해당한다)를 확인한 후 예비변경허가를 하여야 한다.

ⓐ 결격사유의 유무

ⓑ 화물자동차의 등록 여부

ⓒ 차고지 설치 여부 등 허가기준에 맞는지 여부

ⓓ 적재물배상보험 등의 가입 여부

ⓔ 화물자동차 운전업무에 종사하는 자의 화물운송종사자격 보유 여부(증차를 수반하는 변경허가신청의 경우만 해당한다)

ⓒ 관할관청은 변경허가를 하였을 때에는 그 사실을 협회에 통지하고 화물자동차 운송사업 허가대장에 기록하여 관리하여야 한다.

ⓡ 국토교통부장관은 운송사업자가 사업정지처분을 받은 경우에는 주사무소를 이전하는 변경 허가를 하여서는 아니 된다.

② 차고지 변경에 따른 변경허가

ⓒ 차고지 변경에 따른 변경허가(차고지 변경에 따른 영업소의 허가사항을 변경하는 경우를 포함한다)를 받으려는 자는 차고지 설치확인신청서에 ⓐ 차고지가 자기 소유가 아닌 경우 차고지의 임대차계약서, ⓑ 화물자동차 운송사업 변경허가신청서를 첨부하여 해당 차고지의 소재지를 관할하는 특별자치도지사·시장·군수 또는 구청장에게 제출하여야 한다.

ⓛ 차고지 설치확인신청을 받은 특별자치도지사·시장·군수·구청장은 차고지 설치 여부를 확인한 후 ⓐ 차고지설치확인서와 ⓑ 화물자동차 운송사업 변경허가신청서를 관할관청에 이송하여야 한다.

ⓒ 관할관청은 서류를 받은 날부터 6일 이내에 변경허가를 하여야 한다. 이 경우 관할관청은 그 사실을 협회에 통지하고 화물자동차 운송사업 허가대장에 기록하여 관리하여야 한다.

③ 경미사항 변경신고

ⓒ 대상 : 다음과 같은 경미한 사항을 변경하려는 경우에는 국토교통부장관에게 신고하여야 한다.

> **변경신고 사항**
>
> ⓐ 상호의 변경
>
> ⓑ 대표자의 변경(법인인 경우만 해당한다)
>
> ⓒ 화물취급소의 설치 또는 폐지
>
> ⓓ 화물자동차의 대폐차(代廢車)
>
> ⓔ 주사무소·영업소 및 화물취급소의 이전(주사무소 이전의 경우에는 관할관청의 행정구역 내에서의 이전에 한한다)

    ⓛ 절차 : 운송사업자는 허가사항 변경신고를 할 때에는 화물자동차 운송사업 허가사항 변경
    신고서를 협회에 제출하여야 한다. 다만, ⓐ, ⓑ, ⓔ의 경우에는 그 변경사유가 발생한 날부
    터 30일 이내에 제출하여야 한다. 운송사업자는 신고서에 변경된 사항을 증명하는 서류 및
    도면을 첨부하여야 한다.

    ⓒ 수리 : 국토교통부장관은 변경신고를 받은 날부터 3일 이내에 신고수리 여부를 신고인에게
    통지하여야 한다. 국토교통부장관이 3일 내에 신고수리 여부 또는 민원 처리 관련 법령에
    따른 처리기간의 연장 여부를 신고인에게 통지하지 아니하면 그 기간이 끝난 날의 다음
    날에 신고를 수리한 것으로 본다.

④ **화물자동차 운송사업 허가증의 변경과 재발급**

    ㉠ 변경 : 운송사업자는 화물자동차 운송사업 허가증의 기재내용이 변경되었을 때에는 관할
    관청에 변경을 신청하여야 한다.

    ⓛ 재발급 : 운송사업자는 화물자동차 운송사업 허가증을 잃어버리거나 헐어 못 쓰게 되어 재
    발급받으려는 경우에는 허가증 재발급신청서에 화물자동차 운송사업 허가증(헐어 못 쓰게
    된 경우만 해당한다)을 첨부하여 관할관청에 제출하여야 한다.

⑤ **허가의 이관** : 관할관청은 운송사업자가 주사무소를 다른 특별시 · 광역시 · 도 또는 특별자치
    시 · 특별자치도로 이전(移轉)하기 위하여 변경허가를 신청하였을 때에는 이전하려는 지역의
    관할관청에 관련 서류를 이관하고, 그 사실을 협회에 통지하여야 한다.

⑥ **증차수반 변경 허가금지** : 운송사업자는 다음에 해당하는 경우에는 증차를 수반하는 허가사항
    의 변경을 할 수 없다.

    ㉠ 개선명령을 받고 이를 이행하지 아니한 경우

    ⓛ 감차(減車) 조치 명령을 받은 후 1년이 지나지 아니한 경우

(6) 임시허가

① **임시허가** : ㉠ 국토교통부장관은 해지된 위 · 수탁계약의 위 · 수탁차주였던 자가 허가취소 또는
    감차 조치가 있는 날로부터 3개월 내에 허가를 신청하는 경우 6개월 이내로 기간을 한정하여 허가
    (임시허가)를 할 수 있다(다만, 운송사업자의 허가취소 또는 감차 조치의 사유와 직접 관련이 있는
    화물자동차의 위 · 수탁차주였던 자는 제외한다). ⓛ 임시허가를 받은 자가 허가 기간 내에 다른
    운송사업자와 위 · 수탁계약을 체결하지 못하고 임시허가 기간이 만료된 경우 3개월 내에 허가를
    신청할 수 있다.

② 화물자동차 운송사업의 임시허가를 받으려는 자는 화물자동차 운송사업 임시허가신청서를 관
    할관청에 제출하여야 한다. 화물자동차 운송사업 임시허가신청서에는 다음 서류를 첨부하여
    야 한다.

    ㉠ 법 제40조의3 제3항에 따라 해지된 위 · 수탁계약의 위 · 수탁차주였음을 증명하는 서류

    ⓛ 주사무소의 위치를 적은 서류

    ⓒ 차고지 설치 확인서

③ 관할관청은 화물자동차 운송사업의 허가신청을 받았을 때에는 신청일부터 10일 이내에 다음 사항을 확인한 후 화물자동차 운송사업 임시허가증을 발급하여야 한다.

    ㉠ 화물자동차의 등록 여부

    ㉡ 차고지 설치 여부 등 허가기준에 맞는지 여부

    ㉢ 화물운송 종사자격 보유 여부

    ㉣ 적재물배상보험 등의 가입 여부

④ 관할관청은 화물자동차 운송사업 임시허가증을 발급하였을 때에는 그 사실을 법 제48조에 따른 협회에 통지하고 화물자동차 운송사업 허가대장에 기록하여 관리하여야 한다.

(7) 허가부담

국토교통부장관은 화물자동차 운수사업의 질서를 확립하기 위하여 화물자동차 운송사업의 허가 또는 증차를 수반하는 변경허가에 조건 또는 기한을 붙일 수 있다.

(8) 영업소의 설치

① **영업소의 정의** : 주사무소 외의 장소에서 화물자동차 운송사업의 허가를 받은 자 또는 화물자동차 운송가맹사업자가 화물자동차를 배치하여 그 지역의 화물을 운송하는 사업을 하거나 화물자동차 운송주선사업의 허가를 받은 자가 화물 운송을 주선하는 사업을 영위하는 곳을 말한다.

② **영업소 설치의무** : 운송사업자는 주사무소 외의 장소에서 상주(常住)하여 영업하려면 국토교통부장관의 허가를 받아 영업소를 설치하여야 한다. 다만, 개인 운송사업자의 경우에는 그러하지 아니하다.

③ **절차** : 운송사업자는 영업소를 설치하려면 화물자동차 운송사업 영업소 허가신청서를 관할관청에 제출하여야 한다.

④ **신청서류** : 화물자동차 운송사업 영업소 허가신청서에는 다음 서류를 첨부하여야 한다.

> **영업소 신청서류**
>
> ㉠ 영업소에 배치하는 화물자동차의 대수·종류·차명·형식·연식 및 최대 적재량을 적은 서류
> ㉡ 차고지설치확인서
> ㉢ 화물자동차의 등록증·매매계약서·양도증명서 또는 출고예정증명서
> ㉣ 적재물배상보험 등의 가입을 증명하는 서류

⑤ **확인** : 관할관청은 「전자정부법」 제36조 제1항에 따른 행정정보의 공동이용을 통하여 법인 등기사항증명서(법인인 경우만 해당한다), 화물자동차 운송사업 허가증을 확인하여야 하며, 화물자동차 운송사업 허가증에 대해서는 신청인으로부터 확인에 대한 동의를 받고, 신청인이 확인에 동의하지 아니하는 경우에는 그 서류를 첨부하도록 하여야 한다.

⑥ **발급** : 관할관청은 영업소 허가신청을 받았을 때에는 신청일로부터 20일 이내에 신청내용을 확인한 후 화물자동차 운송사업 영업소 허가증을 발급하여야 한다.

⑦ **통지 및 관리**: 관할관청은 화물자동차 운송사업 영업소 허가증을 발급하였을 때에는 그 사실을 주사무소 소재지의 관할관청과 협회에 통지하고 화물자동차 운송사업 허가대장에 기록하여 관리하여야 한다.

⑧ **허가증의 변경·재발급**: 화물자동차 운송사업 영업소 허가증의 변경 및 재발급에 관하여는 화물자동차 사업 허가증의 변경 및 재발급에 관한 사항을 준용한다.

⑼ **화물자동차 운송사업 허가에 관한 특례**

법률 제7100호「화물자동차 운수사업법」중 개정법률 부칙 제3조 제2항(이 법 공포 당시 화물자동차 운송사업을 경영하는 자에게 명의신탁한 화물자동차에 의하여 화물자동차 운송사업을 위탁받은 자 중 2004년 12월 31일부터 당해 명의신탁 및 위·수탁계약을 해지하고 당해 차량으로 화물자동차 운송사업을 경영하고자 하는 자는 제3조 제5항 제1호의 개정규정에 불구하고 건설교통부장관에게 허가를 신청할 수 있으며, 허가신청을 받은 건설교통부장관은 당해 허가신청자에 대하여 화물자동차 운송사업의 허가를 할 수 있다)에 따라 2004년 1월 20일 당시 화물자동차 운송사업을 경영하는 자에게 명의신탁한 화물자동차에 의하여 화물자동차 운송사업을 위탁받은 자 중 해당 명의신탁 및 위·수탁계약을 해지하고 해당 차량으로 화물자동차 운송사업을 경영하고자 하는 자는「화물자동차 운수사업법」상의 공급기준(법 제3조 제5항 제1호)에도 불구하고 국토교통부장관에게 허가를 신청할 수 있으며, 허가신청을 받은 국토교통부장관은 해당 차량의 신청자에게 이를 허가할 수 있다.

3 사업의 승계

⑴ **양도와 양수**

① 화물자동차 운송사업(주선사업 준용)을 양도·양수하려는 경우에는 양수인은 국토교통부장관에게 신고하여야 한다. 국토교통부장관은 신고를 받은 날부터 5일 이내에 신고수리 여부를 신고인에게 통지하여야 한다. 국토교통부장관이 5일 내에 신고수리 여부 또는 민원 처리 관련 법령에 따른 처리기간의 연장 여부를 신고인에게 통지하지 아니하면 그 기간이 끝난 날의 다음 날에 신고를 수리한 것으로 본다.

② 화물자동차 운송사업의 양도·양수 신고를 하려는 자는 양도·양수 신고서를 관할관청에 제출하여야 한다. 이 경우 양도·양수 신고서를 받은 관할관청은 양도인의 관할관청과 양도인 및 양수인의 관할협회에 그 사실을 통지하여야 한다.

③ 양도·양수 신고서에는 다음 서류를 첨부하여야 한다. 이 경우 관할관청은「전자정부법」에 따른 행정정보의 공동이용을 통하여 법인 등기사항증명서(양수인이 법인에 해당하나 운송사업자가 아닌 경우만 해당한다)를 확인하여야 한다.

　㉠ 양도·양수계약서 사본

　㉡ 양수인이 결격사유에 해당하지 아니함을 증명하는 서류(양수인이 운송사업자가 아닌 경우만 해당한다)

ⓒ 양도인 또는 양수인이 법인인 경우에는 화물자동차 운송사업의 양도 또는 양수에 관한 그 법인의 의사결정을 증명하는 서류

ⓔ 차고지설치확인서(양도·양수계약서 사본 등으로 차고지의 양도·양수가 확인되는 경우는 제외한다)

ⓜ 양수된 차량을 이용하여 화물자동차 운수사업의 운전업무에 종사하려는 사람의 화물운송종사자격증 또는 화물운송종사자격증명 사본

ⓗ 화물자동차 운송사업의 일부를 위탁받은 자의 동의서(화물자동차 운송사업의 전부를 양도하는 경우에는 해당 운송사업자와 위·수탁계약을 체결한 위·수탁차주 2분의 1 이상의 동의서)

④ 화물자동차 운송사업의 양도는 해당 화물자동차 운송사업의 전부를 대상으로 한다. 다만, 허가기준대수 이상을 소유한 운송사업자가 허가기준대수를 초과하는 부분을 다음 어느 하나에 해당하는 자에게 양도하는 경우에는 그 초과대수만을 대상으로 할 수 있다.

　ⓖ 주사무소가 양도인의 주사무소와 같은 시·도 내에 있는 같은 업종의 다른 운송사업자. 이 경우 세종특별자치시와 충청남도는 하나의 같은 시·도로 본다.

　ⓛ 자기 운송사업의 일부를 위탁받은 자

⑵ 양도 · 양수의 제한

국토교통부장관은 화물자동차의 지역 간 수급균형과 화물운송시장의 안정과 질서유지를 위해 화물자동차 운송사업의 양도·양수와 합병을 제한할 수 있다.

① **일반허가 양도제한 기간**: 화물자동차 운송사업의 양도·양수를 위하여는 다음 날부터 2년의 기간이 지나야 한다.

　ⓖ 화물자동차 운송사업 허가를 받은 자는 그 허가를 받은 날(법률 제7100호 「화물자동차 운수사업법」 일부개정법률 부칙 제3조 제2항에 따른 위·수탁차주에 대한 허가로 인하여 차량을 충당한 경우는 그 차량 충당의 변경신고일로 한다)

　ⓛ 화물자동차 운송사업을 양수한 자는 양도·양수신고일

② **집화 등만을 위한 허가의 양도 제한 기간**

　ⓖ 화물을 집화·분류·배송하는 형태의 운송사업을 하는 운송사업자와 전속 운송계약을 통해 화물의 집화 등만을 담당하고자 허가를 받은 개인화물자동차 운송사업자는 6개월의 기간이 지나야 한다.

　ⓛ 화물을 집화·분류·배송하는 형태의 운송사업을 하는 운송사업자와 전속 운송계약을 통해 화물의 집화 등만을 담당하고자 허가를 받은 자가 양도할 때에는 해당 관할관청이 관할하는 지역에서 집화 등만을 하고 있거나 하려는 자에게만 양도하여야 한다. 다만, 지역 간 수급 균형과 화물운송시장의 안정과 질서유지를 위해 관할관청 간에 사전합의가 있는 경우에는 다른 관할관청이 관할하는 지역으로 양도할 수 있다.

③ **양도금지의 기간제한 비적용**: 다음에 해당하는 경우에는 양도금지의 기간제한을 받지 아니하고 양도할 수 있다. 다만, 화물을 집화·분류·배송하는 형태의 운송사업을 하는 운송사업자와 전속 운송계약을 통해 화물의 집화 등만을 담당하고자 허가를 받은 자는 양도금지 기간의 제한을 받는다.

　㉠ 「물류정책기본법」에 따라 인증받은 우수물류기업(운송사업자만 해당한다)에 양도하는 경우

　㉡ 개인화물자동차 운송사업자가 질병으로 6개월 이상 직접 운전할 수 없는 경우

　㉢ 개인화물자동차 운송사업자 해외이주에 따라 국내에서 운전할 수 없는 경우

　㉣ 그 밖에 화물운송실적, 화물운수서비스, 경영상태 등을 종합적으로 고려하여 국토교통부장관이 정하여 고시하는 우수운송사업자에게 양도하는 경우

　㉤ 운송사업의 양수를 통해 허가기준 대수를 충족하게 되는 일반화물자동차 운송사업자에게 양도하는 경우

④ **양도 금지**: 다음에 해당하는 운송사업자는 그 사업을 양도할 수 없다.

　㉠ 임시허가를 받은 자가 허가 기간 내에 다른 운송사업자와 위·수탁계약을 체결하지 못하고 임시허가 기간이 만료된 경우 3개월 내에 허가를 신청하여 허가를 받은 경우

　㉡ 「환경친화적 자동차의 개발 및 보급 촉진에 관한 법률」 제2조에 따른 전기자동차 또는 수소전기자동차로서 국토교통부령으로 정하는 최대 적재량 이하인 화물자동차에 대하여 해당 차량과 그 경영을 다른 사람에게 위탁하지 아니하는 것을 조건으로 허가 또는 변경허가를 신청하여 허가 또는 변경허가를 받은 경우

(3) 합 병

① 운송사업자인 법인이 서로 합병하려는 경우(운송사업자인 법인이 운송사업자가 아닌 법인을 흡수 합병하는 경우는 제외한다)에는 합병으로 존속하거나 신설되는 법인은 국토교통부장관에게 신고하여야 한다.

② 운송사업자인 법인의 합병신고를 하려는 자는 법인 합병신고서를 관할관청에 제출하여야 한다. 법인 합병신고서에는 다음 서류를 첨부하여야 한다. 이 경우 관할관청은 「전자정부법」에 따른 행정정보의 공동이용을 통하여 합병 후 존속하는 법인의 법인 등기사항증명서를 확인하여야 한다.

　㉠ 합병계약서 사본

　㉡ 합병 당사자인 법인의 최근 1년 이내의 사업용 고정자산의 명세서

　㉢ 공증인의 인증이 있는 정관 사본(합병 후 신설되는 법인의 경우만 해당한다)

　㉣ 합병 당사자인 법인의 합병에 관한 의사결정을 증명하는 서류

(4) 상 속

① 운송사업자가 사망한 경우 상속인이 그 화물자동차 운송사업을 계속하려면 피상속인이 사망한 후 90일 이내에 국토교통부장관에게 신고하여야 한다. 국토교통부장관은 신고를 받은 날부터 5일 이내에 신고수리 여부를 신고인에게 통지하여야 한다. 국토교통부장관이 5일 내에 신고수리 여부 또는 민원 처리 관련 법령에 따른 처리기간의 연장 여부를 신고인에게 통지하지 아니하면

그 기간이 끝난 날의 다음 날에 신고를 수리한 것으로 본다. 상속인이 신고를 하면 피상속인이 사망한 날부터 신고한 날까지 피상속인에 대한 화물자동차 운송사업의 허가는 상속인에 대한 허가로 본다.

② 화물자동차 운송사업의 상속신고를 하려는 자는 상속신고서를 관할관청에 제출하여야 한다. 상속신고서에는 다음 서류를 첨부하여야 한다.

  ㉠ 가족관계증명서 등 신고인과 피상속인의 관계를 증명할 수 있는 서류
  ㉡ 신고인과 같은 순위의 다른 상속인이 있는 경우에는 그 상속인의 동의서
  ㉢ 피상속인이 사망하였음을 증명하는 서류
  ㉣ 신고인이 결격사유에 해당하지 아니함을 증명하는 서류

(5) 사업승계 효과

① 신고가 있으면 화물자동차 운송사업을 양수한 자는 화물자동차 운송사업을 양도한 자의 운송사업자로서의 지위를 승계하며, 합병으로 설립되거나 존속되는 법인은 합병으로 소멸되는 법인의 운송사업자로서의 지위를 승계한다.

② 신고한 상속인은 피상속인의 운송사업자로서의 지위를 승계한다. 이 경우 결격사유에 관하여는 사업허가 결격사유를 준용한다. 다만, 상속인이 피상속인의 사망일부터 3개월 이내에 그 화물자동차 운송사업을 다른 사람에게 양도하면 피상속인의 사망일부터 양도일까지 피상속인에 대한 화물자동차 운송사업의 허가는 상속인에 대한 허가로 본다.

③ 양도·양수, 합병 신고가 있으면 화물자동차 운송사업을 양도한 자와 위·수탁계약을 체결한 위·수탁차주는 그 동일한 내용의 위·수탁계약을 화물자동차 운송사업을 양수한 자와 체결한 것으로 보며, 합병으로 소멸되는 법인과 위·수탁계약을 체결한 위·수탁차주는 그 동일한 내용의 위·수탁계약을 합병으로 존속하거나 신설되는 법인과 체결한 것으로 본다.

4 사업의 휴업 및 폐업 신고

(1) 휴·폐업 신고

운송사업자(주선업에도 준용)가 화물자동차 운송사업의 전부 또는 일부를 휴업하거나 화물자동차 운송사업의 전부를 폐업하려면 미리 국토교통부장관에게 신고하여야 한다. 신고가 신고서의 기재사항 및 첨부서류에 흠이 없고, 법령 등에 규정된 형식상의 요건을 충족하는 경우에는 신고서가 접수기관에 도달된 때에 신고 의무가 이행된 것으로 본다.

(2) 게 시

운송사업자가 화물자동차 운송사업의 전부 또는 일부를 휴업하거나 화물자동차 운송사업의 전부를 폐업하려면 미리 그 취지를 영업소나 그 밖에 일반 공중이 보기 쉬운 곳에 게시하여야 한다.

(3) 절 차

① 화물자동차 운송사업의 휴업 또는 폐업 신고를 하려는 자는 사업 휴업 또는 폐업 신고서를 관할관청에 제출하여야 한다.

② 사업 휴업 또는 폐업 신고서에는 사업을 폐업하려는 자가 법인인 경우에는 사업 폐업에 관한 그 법인의 의사결정을 증명하는 서류, 화물자동차 운송사업의 일부를 위탁받은 자의 동의서(화물자동차 운송사업의 일부를 휴업하거나 폐업하는 경우만 해당한다)를 첨부하여야 한다.

③ 관할관청은 화물자동차 운송사업의 휴업 또는 폐업 신고를 받은 경우 그 사실을 관할협회에 통지하여야 한다.

5 운송약관의 신고

(1) 신 고

① 운송사업자(주선업자 준용)는 운송약관을 정하여 국토교통부장관에게 신고하여야 한다. 이를 변경하려는 경우에도 또한 같다.

② 운송사업자는 운송약관을 신고하거나 변경신고할 때에는 운송약관신고서를 관할관청에 제출하여야 하며, 운송약관신고서에는 운송약관과 운송약관의 신구대비표(변경신고인 경우만 해당한다)를 첨부하여야 한다.

③ 국토교통부장관은 신고 또는 변경신고를 받은 날부터 3일 이내에 신고수리 여부를 신고인에게 통지하여야 한다. 국토교통부장관이 3일 내에 신고수리 여부 또는 민원 처리 관련 법령에 따른 처리기간의 연장 여부를 신고인에게 통지하지 아니하면 그 기간이 끝난 날의 다음 날에 신고를 수리한 것으로 본다.

(2) 약관의 내용

운송약관에는 다음의 사항을 적어야 한다.

> **운송약관 내용**
> ① 사업의 종류
> ② 운임 및 요금의 수수 또는 환급에 관한 사항
> ③ 화물의 인도(引導)·인수·보관 및 취급에 관한 사항
> ④ 운송책임의 시기(始期) 및 종기(終期)
> ⑤ 손해배상 및 면책에 관한 사항
> ⑥ 그 밖에 화물자동차 운송사업을 경영하는 데에 필요한 사항

(3) 표준약관

① 국토교통부장관은 협회 또는 연합회가 작성한 것으로서 「약관의 규제에 관한 법률」에 따라 공정거래위원회의 심사를 거친 화물운송에 관한 표준이 되는 약관(표준약관)이 있는 때에는 운송사업자에게 그 사용을 권장할 수 있다.

② 운송사업자가 화물자동차 운송사업의 허가(변경허가 포함)를 받는 때에 표준약관의 사용에 동의한 경우에는 신고를 한 것으로 본다.

⑷ 신고대리

운송약관의 신고 또는 변경신고는 협회로 하여금 대리하게 할 수 있다.

6 운임 및 요금의 신고

운송사업자는 운임과 요금을 정하여 미리 국토교통부장관에게 신고하여야 한다.

⑴ 범 위

운임과 요금을 신고하여야 하는 운송사업자의 범위는 다음과 같다.

① 구난형(救難型) 특수자동차를 사용하여 고장차량·사고차량 등을 운송하는 운송사업자 또는 운송가맹사업자(화물자동차를 직접 소유한 운송가맹사업자만 해당한다)

② 밴형 화물자동차를 사용하여 화주와 화물을 함께 운송하는 운송사업자 및 운송가맹사업자

⑵ 절 차

운송사업자는 화물자동차 운송사업의 운임 및 요금을 신고하거나 변경신고할 때에는 운송사업 운임 및 요금신고서를 국토교통부장관에게 제출하여야 한다. 운송사업 운임 및 요금신고서에는 다음 서류를 첨부하여야 한다.

① 원가계산서(행정기관에 등록한 원가계산기관 또는 공인회계사가 작성한 것을 말한다)

② 운임·요금표[구난형(救難型) 특수자동차를 사용하여 고장차량·사고차량 등을 운송하는 운송사업의 경우에는 구난 작업에 사용하는 장비 등의 사용료를 포함한다]

③ 운임 및 요금의 신·구대비표(변경신고인 경우만 해당한다)

⑶ 신고통지 및 신고대리

운임 및 요금의 신고 또는 변경신고는 연합회로 하여금 대리하게 할 수 있다.

⑷ 화물자동차 안전운임위원회의 설치

① 설치 : 다음 사항을 심의·의결하기 위하여 국토교통부장관 소속으로 화물자동차 안전운임위원회(위원회)를 둔다.

㉠ 화물자동차 안전운송원가 및 화물자동차 안전운임의 결정 및 조정에 관한 사항

㉡ 화물자동차 안전운송원가 및 화물자동차 안전운임이 적용되는 운송품목 및 차량의 종류 등에 관한 사항

㉢ 화물자동차 안전운임제도의 발전을 위한 연구 및 건의에 관한 사항

㉣ 그 밖에 화물자동차 안전운임에 관한 중요 사항으로서 국토교통부장관이 회의에 부치는 사항

② **구성**: 위원회는 위원장을 포함하여 15명 이내의 범위에서 다음 위원으로 구성하며, 위원장은 공익을 대표하는 위원 중에서 위원회가 선출한다.

　㉠ 화물차주를 대표하는 위원 3명

　㉡ 운수사업자(운송사업자, 운송주선사업자, 운송가맹사업자)를 대표하는 위원 3명

　㉢ 화주를 대표하는 위원 3명

　㉣ 공익을 대표하는 위원 4명

③ **위원 위촉**: 위원회의 위원은 다음 구분에 따라 국토교통부장관이 성별을 고려하여 위촉한다.

　㉠ 화물차주, 운수사업자 및 화주를 대표하는 위원은 화물차주, 운수사업자 및 화주를 대표할 수 있는 단체로부터 추천을 받은 사람

　㉡ 공익 위원: 다음 어느 하나에 해당하는 사람

　　ⓐ 5년 이상 대학에서 물류학, 물류산업, 화물교통과 관련된 학과에서 부교수 이상의 직위에 재직 중이거나 재직하였던 사람

　　ⓑ 10년(가목에 따른 학과의 박사학위 소지자는 5년) 이상 공인된 연구기관에서 관련 분야에 관한 연구에 종사하고 있거나 종사하였던 사람

　　ⓒ ⓐ 및 ⓒ에 상당하는 학식과 경험이 있다고 국토교통부장관이 인정하는 사람

④ **임기**: 위원의 임기는 1년으로 하되, 연임할 수 있다. 다만, 위원의 사임 등으로 새로 위촉된 위원의 임기는 전임 위원의 잔여임기로 한다.

⑤ **해촉**: 국토교통부장관은 위원이 다음 어느 하나에 해당하는 경우에는 해당 위원을 해촉(解囑)할 수 있다.

　㉠ 심신장애로 인하여 직무를 수행할 수 없게 된 경우

　㉡ 직무와 관련된 비위사실이 있는 경우

　㉢ 직무태만, 품위손상이나 그 밖의 사유로 인하여 위원으로 적합하지 않다고 인정되는 경우

　㉣ 위원 스스로 직무를 수행하는 것이 곤란하다고 의사를 밝히는 경우

⑥ **회의 소집**: 위원회의 회의는 다음 어느 하나에 해당하는 경우에 위원회의 위원장이 소집한다.

　㉠ 국토교통부장관이 소집을 요구하는 경우

　㉡ 재적위원 3분의 1 이상이 소집을 요구하는 경우

　㉢ 위원장이 필요하다고 인정하는 경우

⑦ **개의와 의결**: 위원회의 회의는 위원장을 포함한 재적위원 과반수의 출석으로 개의하고 출석위원 과반수의 찬성으로 의결한다.

⑧ **특별위원**: 위원회에는 위원 외에 관계 행정기관의 공무원으로 구성된 3명 이내의 특별위원을 둘 수 있고, 특별위원은 위원회의 회의에 출석하여 발언할 수 있다. 특별위원은 산업통상자원부, 국토교통부, 해양수산부의 관계 행정기관의 3급 또는 4급 공무원이나 고위공무원단에 속하는 공무원 중에서 국토교통부장관이 위촉하거나 임명한다.

⑨ **전문위원회**: 화물자동차 안전운송원가 산정 등 위원회 업무에 관한 자문이나 위원회 심의·의결사항에 관한 사전검토 등을 위하여 위원회에 해당 분야 전문가로 구성된 전문위원회를 둔다. 이 경우 위원회는 전문위원회에 위원회 사무 중 일부를 위임할 수 있다. 전문위원회의 구성 및 운영에 관하여는 위원회 규정을 준용한다. 이 경우 "위원회"는 "전문위원회"로 본다. 전문위원회의 위원장은 전문위원회의 공익위원 중 위원회의 위원장이 지명하는 사람으로 한다. 전문위원회의 구성 및 운영 등에 필요한 사항은 국토교통부장관이 정하여 고시한다.

⑩ **위원의 수당**: 위원회 및 전문위원회의 회의에 참석한 위원에게는 예산의 범위에서 수당과 여비를 지급할 수 있다.

⑸ **화물자동차 안전운송원가 및 화물자동차 안전운임의 심의기준**

① **안전운송원가 심의·의결**: 위원회는 다음 사항을 고려하여 화물자동차 안전운송원가를 심의·의결한다.
  ㉠ 인건비, 감가상각비 등 고정비용
  ㉡ 유류비, 부품비 등 변동비용
  ㉢ 화물의 상·하차 대기료
  ㉣ 운송사업자의 운송서비스 수준
  ㉤ 운송서비스 제공에 필요한 추가적인 시설 및 장비 사용료
  ㉥ 그 밖에 화물의 안전한 운송에 필수적인 사항으로서 위원회에서 필요하다고 인정하는 사항

② **안전운임 심의·의결**: 위원회는 화물자동차 안전운송원가에 적정 이윤을 더하여 화물자동차 안전운임을 심의·의결한다. 적정 이윤을 산정하는 경우 「국가를 당사자로 하는 계약에 관한 법률 시행령」 제9조의 예정가격 결정기준을 고려해야 한다.

⑹ **화물자동차 안전운송원가 및 화물자동차 안전운임의 공표**

① **공표**: 국토교통부장관은 매년 10월 31일까지 위원회의 심의·의결을 거쳐 다음 운송품목에 대하여 다음 연도에 적용할 화물자동차 안전운송원가를 공표하여야 한다.
  ㉠ 「자동차관리법」 제2조 제1호에 따른 피견인자동차의 경우: 철강재
  ㉡ 「자동차관리법」 제3조에 따른 일반형 화물자동차의 경우: 해당 화물자동차로 운송할 수 있는 모든 품목

② **컨테이너·시멘트 운임 공표**: 국토교통부장관은 매년 10월 31일까지 위원회의 심의·의결을 거쳐 다음 운송품목에 대하여 다음 연도에 적용할 화물자동차 안전운임을 공표하여야 한다.
  ㉠ 「자동차관리법」 제3조에 따른 특수자동차로 운송되는 수출입 컨테이너
  ㉡ 「자동차관리법」 제3조에 따른 특수자동차로 운송되는 시멘트

③ **공표**: 국토교통부장관은 위원회의 심의·의결을 거친 화물자동차 안전운송원가 및 화물자동차 안전운임을 관보에 고시해야 한다.

⑺ **화물자동차 안전운임의 효력**

① **화주의 의무** : 화주는 운수사업자 또는 화물차주에게 화물자동차 안전운송운임 이상의 운임을 지급하여야 한다.

② **운수사업자의 의무** : 운수사업자는 화물차주에게 화물자동차 안전위탁운임 이상의 운임을 지급하여야 한다.

③ **안전운임 이하 운임의 효력** : 화물운송계약 중 화물자동차 안전운임에 미치지 못하는 금액을 운임으로 정한 부분은 무효로 하며, 해당 부분은 화물자동차 안전운임과 동일한 운임을 지급하기로 한 것으로 본다.

④ **부정한 금품 수수 금지** : 화주와 운수사업자·화물차주는 운임 지급과 관련하여 서로 부정한 금품을 주고받아서는 아니 된다.

⑻ **화물자동차 안전운임의 주지 의무**

화물자동차 안전운임의 적용을 받는 화주와 운수사업자는 해당 화물자동차 안전운임을 게시하거나 그 밖에 적당한 방법으로 운수사업자와 화물차주에게 알려야 한다. 화주와 운수사업자는 운송계약 또는 운송주선계약을 체결하려는 다른 운수사업자와 화물차주에게 다음 사항을 계약 체결 전까지 알려야 한다.

① 화물자동차 안전운임의 액수

② 화물자동차 안전운임의 효력발생 연월일

⑼ **화물자동차 안전운임신고센터**

① **설치·운영** : 국토교통부장관은 화물자동차 안전운임에 미치지 못하는 운임의 지급에 대한 신고를 위하여 화물자동차 안전운임신고센터를 설치·운영하여야 한다.

② **화물자동차 안전운임신고센터의 업무** : 화물자동차 안전운임신고센터는 다음 업무를 수행한다.
  ㉠ 안전운임 위반 신고 접수
  ㉡ 위반사실 확인 및 관할 관청에의 통보
  ㉢ 신고 처리상황 안내
  ㉣ 화물자동차 안전운임제 홍보
  ㉤ 화물자동차 안전운임제 정착을 위한 연구 등

⑽ **운송비용 등 조사**

① **조사** : 국토교통부장관은 화물자동차 안전운송원가 및 화물자동차 안전운임의 효율적인 심의를 위하여 화물운송에 소요되는 비용 등을 주기적으로 조사하여야 한다.

② 조사 방법 및 주기 등은 국토교통부령으로 정한다.

7 운송사업자(운송가맹사업자)의 책임과 의무

(1) 화물의 멸실·훼손 또는 인도(引導)의 지연으로 인한 운송사업자의 손해배상책임

① 화물의 멸실·훼손 또는 인도(引導)의 지연(적재물사고)으로 인한 운송사업자의 손해배상책임에 관하여는 「상법」 제135조의 규정을 준용한다.

② 화물이 인도(引導)기한을 경과한 후 3개월 이내에 인도(引導)되지 아니한 경우 당해 화물은 멸실된 것으로 본다.

(2) 운송사업자의 직접운송의무

① **일반화물자동차**: 일반화물자동차 운송사업자는 화주와 운송계약을 체결한 화물에 대하여 연간 운송계약 화물의 100분의 50 이상을 해당 운송사업자에게 소속된 차량으로 직접 운송하여야 한다. 사업기간이 1년 미만인 경우에는 신규허가를 받은 날 또는 휴업 후 사업개시일부터 그 해의 12월 31일까지의 운송계약 화물을 기준으로 한다.
다만, 운송사업자와 1년 이상의 운송계약을 맺고 그 계약에 따른 운송횟수(화물운송실적관리시스템에 입력된 운송완료 횟수를 말하되, 1일 1회 이상인 경우에는 1일 1회로 계산한다)가 연간 96회 이상인 다른 운송사업자 소속의 화물자동차로 운송하는 경우에는 이를 직접 운송한 것으로 본다.

② **위탁의 금지**: 운송사업자는 직접 운송하는 화물 이외의 화물에 대하여 다른 운송사업자, 다른 운송사업자에게 소속된 위·수탁차주 외의 자에게 운송을 위탁하여서는 아니 된다.

③ **수탁사업자의 직접운송의무**: 다른 운송사업자나 운송주선사업자로부터 화물운송을 위탁받은 운송사업자와 운송가맹사업자로부터 화물운송을 위탁받은 운송사업자(운송가맹점인 운송사업자만 해당된다)는 해당 운송사업자에게 소속된 차량으로 직접 화물을 운송하여야 한다.

④ **동시영위자의 운송의무**: 운송사업자가 운송주선사업을 동시에 영위하는 경우에도 직접운송 규정을 적용한다. 운송사업자가 운송주선사업을 동시에 영위하는 경우에는 연간 운송계약 및 운송주선계약 화물의 100분의 30 이상을 직접 운송하여야 한다. 사업기간이 1년 미만인 경우에는 신규허가를 받은 날 또는 휴업 후 사업개시일부터 그해의 12월 31일까지의 운송계약 화물을 기준으로 한다.

⑤ 운송사업자가 운송가맹사업자의 화물정보망이나 「물류정책기본법」에 따라 인증 받은 화물정보망을 이용하여 운송을 위탁하면 직접 운송한 것으로 본다. 직접운송의 인정기준은 위탁운송 화물의 100분의 80에서 100분의 100의 범위에서 국토교통부장관이 정하여 고시하는 기준에 따른다.

⑥ **직접 화물운송 기준**: 직접운송 의무가 있는 운송사업자는 국토교통부장관이 매년 고시하는 연간 시장평균운송매출액(종류별·톤급별 화물자동차 1대당 연간 평균운송매출액을 말한다)에 소속 화물자동차(운송사업자와 1년 이상의 운송계약을 맺고 그 계약에 따른 운송횟수가 연간 96회 이상인 다른 운송사업자 소속의 화물자동차로서 소속된 운송사업자의 운송화물이 아닌 화물의 운송횟수가 연간 144회 이상인 화물자동차는 제외한다)의 대수를 각각 곱하여 산출한 금액의 합계액의 100분의 20 이상에 해당하는 운송매출액 이상으로 화물을 운송하여야 한다.

⑦ 연간 시장평균운송매출액 포함 내용

화물운송의 기준내역(국토교통부장관이 매년 고시하는 연간 시장평균운송매출액)에는 다음과 같은 것이 포함된다.

　㉠ 화주와 계약한 실적

　㉡ 운송주선사업자 및 국제물류주선업자와 계약한 실적

　㉢ 다른 운송사업자(다른 운송사업자로부터 운송을 위탁받은 경우에 한한다)와 계약한 실적

　㉣ 운송가맹사업자와 계약한 실적

8 실적신고 및 관리

(1) 실적신고

① 운송사업자(개인 운송사업자는 제외한다), 운송주선사업자 및 운송가맹사업자는 운송 또는 주선 실적을 관리하고 이를 국토교통부장관에게 신고하여야 한다.

② 운수사업자(법 제26조의2에 따른 국제물류주선업자를 포함한다)는 국토교통부장관이 정하여 고시하는 기준과 절차에 따라 다음 형태에 따른 실적을 관리하고 이를 화물운송실적관리시스템을 통해 국토교통부장관에게 신고하여야 한다.

　㉠ 운수사업자가 화주와 계약한 실적

　㉡ 운수사업자가 다른 운수사업자와 계약한 실적

　㉢ 운수사업자가 다른 운송사업자 소속의 위·수탁차주와 계약한 실적

　㉣ 운송가맹사업자가 소속 운송가맹점과 계약한 실적

　㉤ 운수사업자가 직접 운송한 실적(법 제11조의2 제1항 단서에 따른 차량으로 운송한 실적 및 법 제11조의2 제5항에 따른 정보망을 이용한 위탁운송실적을 포함한다)

(2) 고 시

운송 또는 주선실적의 조사, 실적의 산정방법 및 관리 등에 필요한 사항은 국토교통부장관이 정하여 고시한다.

9 화물운송실적관리시스템

(1) 구축·운영

국토교통부장관은 운송 또는 주선 실적 등 화물운송정보를 체계적으로 관리하기 위한 화물운송실적관리시스템을 구축·운영할 수 있다.

(2) 활 용

국토교통부장관은 화물운송실적관리시스템을 이용하여 다음 업무를 수행하거나 보조할 수 있다.

① 「물류정책기본법」에 따른 우수물류기업의 인증

② 직접운송기준의 준수 여부

③ 연간 시장평균운송매출액의 산정
④ 직접운송기준의 준수 여부
⑤ 그 밖에 화물운수 통계관리 등 국토교통부장관이 정하여 고시하는 업무

⑶ 위 탁

국토교통부장관은 화물운송실적관리시스템의 운영을 다음의 자에게 위탁할 수 있으며, 필요한 비용을 지원할 수 있다.

① 「정부출연연구기관 등의 설립·운영 및 육성에 관한 법률」에 의하여 설립된 정부출연연구기관으로서 화물운수사업에 관한 연구를 수행하는 기관
② 「한국교통안전공단법」에 따라 설립된 한국교통안전공단

⑷ 고 시

그 밖에 화물운송실적관리시스템의 운영 절차 및 방법 등에 관하여 필요한 사항은 국토교통부장관이 정하여 고시한다.

⑸ 화물운송실적관리시스템의 보안대책

화물운송실적관리시스템의 관리자는 화물운송실적관리시스템에 대한 제3자의 불법적인 접근, 입력된 정보의 변경, 훼손, 파괴, 해킹, 유출 등에 대비한 기술적·물리적·관리적 보안대책을 세워야 한다.

⑹ 화물운송실적관리자료의 비밀유지

다음 어느 하나에 해당하거나 해당하였던 자는 그 직무와 관련하여 알게 된 화물운송실적관리자료를 다른 사람에게 제공 또는 누설하거나 그 목적 외의 용도로 사용하여서는 아니 된다.

① 국토교통부 소속 공무원
② 지방자치단체 소속 공무원
③ 화물운송실적관리와 관련한 업무를 위탁받은 자

10 적재화물 이탈방지 기준

운송사업자는 적재된 화물이 떨어지지 않도록 다음 어느 하나의 기준 및 방법에 따라 덮개·포장·고정장치 등 필요한 조치를 해야 한다.

① 적재된 화물의 이탈을 방지하기에 충분한 성능을 가진 폐쇄형 적재함(사방이 막혀 있는 형태의 구조를 말한다)을 설치하고 운송할 것
② 다음 적재화물 이탈방지 기준에 따라 덮개·포장 및 고정장치 등을 하고 운송할 것

적재화물 이탈방지 기준

덮개 · 포장 및 고정방법
1. 차량의 주행(급정지, 급출발, 회전 등)과 외부충격 등에 의해 실은 화물이 떨어지거나 날리지 않도록 덮개 · 포장을 해야 한다. 다만, 다음에 해당하는 화물로서 덮개 · 포장을 하는 것이 곤란한 경우에는 덮개 또는 포장을 하지 않을 수 있다. 가. 「건설기계관리법」에 따른 건설기계 나. 「자동차관리법」 제3조 제1항에 따른 자동차(이륜자동차는 제외한다) 다. 코일 라. 대형 식재용 나무 마. 유리판, 콘크리트 벽 등 대형 평면 화물 바. 그 밖에 가목부터 마목까지와 유사한 화물로서 덮개 또는 포장을 하는 것이 곤란한 화물
2. 차량의 주행(급정지, 급출발, 회전 등)과 외부충격 등에 의해 실은 화물이 떨어지지 않도록 고임목, 체인, 벨트, 로프 등으로 충분히 고정해야 한다. 다만, 제1호의 단서에 따라 덮개 · 포장을 하지 않을 수 있는 화물의 경우에는 다음의 사항을 고려해 충분히 고정해야 한다. 가. 「건설기계관리법」에 따른 건설기계 : 최소 4개의 고정점을 사용하고 하중 분배를 고려해 기계를 배치해야 한다. 나. 「자동차관리법」 제3조 제1항에 따른 자동차(이륜자동차는 제외한다) : 운송 중에 화물이 이탈하지 않도록 적재부에 고정해야 한다. 다. 코일 : 코일의 미끄럼, 구름, 기울어짐 등을 방지하기 위해 강철 구조물 또는 쐐기 등을 사용해 고정해야 한다. 라. 대형 식재용 나무 : 화물을 차량의 길이방향으로 적재하고 적재된 화물은 차량의 너비를 초과하지 않아야 하며, 화물의 하중을 고려해 한쪽으로 쏠리지 않게 적재해야 한다. 마. 유리판, 콘크리트 벽 등 대형 평면 화물 : 화물은 고정틀(마주보는 면 사이의 간격이 위쪽은 좁고 아래쪽은 넓은 형태)을 활용해 적재하고, 차량의 움직임에 의해 평면 화물이 흔들리거나 파손되지 않도록 벨트 또는 로프 등으로 고정해야 한다. 바. 그 밖에 가목부터 마목까지와 유사한 경우로서 덮개 · 포장을 하는 것이 곤란한 경우 : 가목부터 마목까지의 고정방법과 유사한 방법으로 고정하되, 화물의 특성 등을 고려해 고정해야 한다.

11 행정처분

(1) 기 준

국토교통부장관은 운송사업자가 다음 위반행위를 하면 그 허가를 취소하거나 6개월 이내의 기간을 정하여 그 사업의 전부 또는 일부의 정지를 명령하거나 감차조치를 명할 수 있다. 다만, 부정한 방법으로 허가를 받은 경우와 결격사유에 해당하게 된 경우, 화물자동차 교통사고와 관련하여 거짓이나 그 밖의 부정한 방법으로 보험금을 청구하여 금고 이상의 형을 선고받고 그 형이 확정된 경우에는 그 허가를 취소하여야 한다. 허가취소 등의 행정처분은 다음 기준에 의하여 행하여야 한다.

◉ 화물자동차 운송사업의 허가취소 등 행정처분기준

위반행위	처분내용
1. 부정한 방법으로 법 제3조 제1항에 따른 허가를 받은 경우	허가취소
2. 허가를 받은 후 6개월간의 운송실적이 국토교통부령으로 정하는 기준에 미달한 경우	• 1차 : 사업 전부정지(30일) • 2차 : 허가취소
3. 부정한 방법으로 법 제3조 제3항에 따른 변경허가를 받거나, 변경허가를 받지 않고 허가사항을 변경한 경우	• 1차 : 위반차량 감차 조치 • 2차 : 허가취소
4. 법 제3조 제7항에 따른 기준을 충족하지 못하게 된 경우	• 1차 : 사업 전부정지(30일) • 2차 : 허가취소
5. 법 제3조 제9항에 따른 신고를 하지 않았거나 거짓으로 신고한 경우	• 1차 : 사업 전부정지(20일) • 2차 : 사업 전부정지(40일) • 3차 : 허가취소
6. 화물자동차 소유 대수가 2대 이상인 운송사업자가 법 제3조 제11항에 따른 영업소 설치 허가를 받지 않고 주사무소 외의 장소에서 상주하여 영업한 경우	사업 일부정지(30일)
7. 법 제3조 제14항에 따른 조건 또는 기한을 위반한 경우	• 1차 : 사업 전부정지(30일) • 2차 : 허가취소
8. 법 제4조 각 호의 어느 하나에 해당하게 된 경우. 다만, 법인의 임원 중 법 제4조 각 호의 어느 하나에 해당하는 사람이 있는 경우에 3개월 이내에 그 임원을 개임(改任)한 경우는 제외한다.	허가취소
9. 화물운송 종사자격이 없는 자에게 화물을 운송하게 한 경우	• 1차 : 위반차량 운행정지(30일) • 2차 : 위반차량 감차 조치
10. 준수사항을 위반한 경우	준수사항 관련 표 참조

11. 법 제11조의2에 따른 직접운송 의무 등을 위반한 경우	
가. 직접운송 의무를 위반한 경우	• 1차 : 사업 전부정지(직접운송 의무 미이행률×30일) • 2차 : 사업 전부정지(직접운송 의무 미이행률×60일) • 3차 이상 : 감차 조치(직접운송 의무 미이행률×보유대수)
나. 다른 운송사업자 또는 다른 운송사업자에게 소속된 위·수탁차주를 제외한 자에게 화물운송을 위탁한 경우	• 1차 : 사업 전부정지(30일) • 2차 : 사업 전부정지(60일) • 3차 : 허가취소
12. 1대의 화물자동차를 본인이 직접 운전하는 운송사업자, 운송사업자가 채용한 운수종사자 또는 위·수탁차주가 법 제12조 제1항 제5호를 위반하여 법 제70조에 따른 과태료처분을 1년 동안 3회 이상 받은 경우	허가취소
13. 정당한 사유 없이 법 제13조에 따른 개선명령(같은 조 제2호에 따른 화물자동차의 구조변경에 관한 개선명령은 제외한다)을 이행하지 않은 경우	• 1차 : 사업 전부정지(30일) • 2차 : 사업 전부정지(60일) • 3차 : 허가취소
14. 정당한 사유 없이 법 제13조 제2호에 따른 화물자동차의 구조변경에 관한 개선명령을 이행하지 않은 경우	• 1차 : 위반차량 운행정지(60일) • 2차 : 위반차량 감차 조치
15. 정당한 사유 없이 법 제14조에 따른 업무개시 명령을 이행하지 않은 경우	• 1차 : 위반차량 운행정지(30일) • 2차 : 허가취소
16. 법 제16조 제9항을 위반하여 사업을 양도한 경우	허가취소
17. 법 제19조에 따른 사업정지처분 또는 감차 조치 명령을 위반한 경우	허가취소
18. 중대한 교통사고 또는 빈번한 교통사고로 1명 이상의 사상자를 발생하게 한 경우	
가. 중대한 교통사고로 1명 이상의 사상자를 발생하게 한 경우	
1) 1건의 교통사고로 다음의 인원이 사망한 경우 　　　• 10명 이상 　　　• 5명 이상 9명 이하 　　　• 3명 이상 4명 이하 　　　• 2명 이하	• 감차 조치(보유차량의 1/5대) • 감차 조치(보유차량의 1/10대) • 위반차량 운행정지(120일) • 위반차량 운행정지(90일)
2) 1건의 교통사고로 다음의 인원이 중상을 입은 경우 　　　• 10명 이상 　　　• 5명 이상 9명 이하 　　　• 3명 이상 4명 이하 　　　• 2명 이하	• 감차 조치(2대) • 위반차량 운행정지(60일) • 위반차량 운행정지(30일) • 위반차량 운행정지(10일)

나. 빈번한 교통사고로 1명 이상의 사상자를 발생하게 한 경우	
1) 5대 이상의 차량을 소유한 운송사업자의 경우 다음 계산식에 따라 산출한 해당 연도의 교통사고지수가 3에 이르게 된 경우 $$\left(\frac{교통사고\ 건수}{화물자동차의\ 대수} \times 10 \right)$$	사업 일부정지(75일)
2) 5대 이상의 차량을 소유한 운송사업자의 경우 다음 계산식에 따라 산출한 해당 연도의 교통사고지수가 6에 이르게 된 경우 $$\left(\frac{교통사고\ 건수}{화물자동차의\ 대수} \times 10 \right)$$	화물자동차 대수의 5분의 1(이 경우 소수점 이하의 수는 버린다. 다만, 5분의 1에 해당하는 화물자동차의 대수가 1대 미만인 경우에는 이를 1대로 본다)에 대한 감차 조치
3) 5대 이상의 차량을 소유한 운송사업자의 경우 다음 계산식에 따라 산출한 해당 연도의 교통사고지수가 8에 이르게 된 경우 $$\left(\frac{교통사고\ 건수}{화물자동차의\ 대수} \times 10 \right)$$	허가취소
4) 5대 미만의 차량을 소유한 운송사업자의 경우 해당 사고 이전 최근 1년 동안에 다음의 교통사고가 발생한 경우 • 2건 • 3건 이상	• 위반차량 운행정지(60일) • 위반차량 감차 조치
19. 법 제44조의2 제1항에 따라 보조금의 지급이 정지된 자가 그 날부터 5년 이내에 다시 같은 항 각 호의 어느 하나에 해당하게 된 경우	위반차량 감차 조치
20. 법 제47조의2 제1항에 따른 신고를 하지 않았거나 거짓으로 신고한 경우	• 1차 : 사업 일부정지(신고의무 미이행률×10일) • 2차 : 사업 일부정지(신고의무 미이행률×20일) • 3차 이상 : 사업 일부정지(신고의무 미이행률×30일)
21. 법 제47조의2 제2항에 따른 기준을 충족하지 못하게 된 경우	• 1차 : 사업 전부정지(최소운송의무 미이행율×10일) • 2차 : 사업 전부정지(최소운송의무 미이행율×20일) • 3차 이상 : 사업 전부정지(최소운송의무 미이행율×30일)
22. 화물자동차 교통사고와 관련하여 거짓이나 그 밖의 부정한 방법으로 보험금을 청구하여 금고 이상의 형을 선고받고 그 형이 확정된 경우	허가취소

⑵ **차고지 · 운송시설 · 수송안전 · 화주편의를 위한 운송사업자 준수사항 및 행정처분**

화물운송 질서 확립, 화물자동차 운송사업의 차고지 이용과 운송시설에 관한 사항, 그 밖에 수송의 안전과 화주의 편의를 도모하기 위하여 운송사업자가 지켜야 할 사항(준수사항)과 행정처분의 세부기준은 다음과 같다.

◉ 행정처분의 세부기준(1, 13, 17 삭제)

위반행위	처분내용
2. 개인화물자동차 운송사업자가 주사무소가 있는 특별시 · 광역시 · 특별자치시 또는 도와 이와 맞닿은 특별시 · 광역시 · 특별자치시 또는 도 외의 지역에 상주하여 화물자동차 운송사업을 경영한 경우	위반차량 운행정지(30일)
3. 차고지와 지방자치단체의 조례로 정하는 시설 및 장소가 아닌 곳에서 밤샘주차한 경우	위반차량 운행정지(5일)
4. 최대적재량 1.5톤 이하의 화물자동차가 주차장, 차고지 또는 지방자치단체의 조례로 정하는 시설 및 장소가 아닌 곳에서 밤샘주차한 경우	위반차량 운행정지(5일)
5. 신고한 운임 및 요금 또는 화주와 합의된 운임 및 요금이 아닌 부당한 운임 및 요금을 받은 경우	• 1차 : 위반차량 운행정지(30일) • 2차 : 위반차량 운행정지(60일) • 3차 이상 : 위반차량 운행정지(90일)
6. 화주로부터 부당한 운임 및 요금의 환급을 요구받고 환급하지 않은 경우	• 1차 : 위반차량 운행정지(60일) • 2차 : 위반차량 운행정지(90일) • 3차 이상 : 위반차량 운행정지(120일)
7. 신고한 운송약관을 준수하지 않은 경우	위반차량 운행정지(20일)
8. 사업용 화물자동차의 바깥쪽에 일반인이 알아보기 쉽도록 해당 운송사업자의 명칭(개인화물자동차 운송사업자인 경우에는 해당 화물자동차 운송사업의 종류를 말한다)을 표시하지 않은 경우. 이 경우 「자동차관리법 시행규칙」 별표 1에 따른 밴형 화물자동차를 사용해서 화주와 화물을 함께 운송하는 사업자는 "화물"이라는 표기를 한국어 및 외국어(영어, 중국어 및 일본어)로 표시하지 않은 경우를 포함한다.	위반차량 운행정지(10일)
9. 화물자동차 운전자의 취업 현황 및 퇴직 현황을 보고하지 않거나 거짓으로 보고한 경우	위반차량 운행정지(10일)

10. 교통사고로 인한 손해배상을 위한 대인보험이나 공제사업에 가입하지 않은 상태로 화물자동차를 운행하거나 그 가입이 실효된 상태로 화물자동차를 운행한 경우	• 1차 : 위반차량운행정지(20일) • 2차 : 위반차량운행정지(30일)
11. 적재물배상보험 등에 가입하지 않은 상태로 화물자동차를 운행하거나 그 가입이 실효된 상태로 화물자동차를 운행한 경우	• 1차 : 위반차량 운행정지(20일) • 2차 : 위반차량 운행정지(30일)
12. 「자동차관리법」에 따른 검사를 받지 않고 화물자동차를 운행한 경우	• 1차 : 위반차량 운행정지(20일) • 2차 : 위반차량 운행정지(30일)
14. 화물자동차 운전자에게 차 안에 화물운송 종사자격증명을 게시하지 않고 운행하게 한 경우	위반차량 운행정지(10일)
16. 화물자동차 운전자로 하여금 「자동차 및 자동차부품의 성능과 기준에 관한 규칙」 제56조에 따른 운행기록계가 설치된 운송사업용 화물자동차가 해당 장치 또는 기기가 정상적으로 작동되지 않는 상태에서 운행하도록 한 경우	• 1차 : 위반차량 운행정지(20일) • 2차 이상 : 위반차량 운행정지(30일)
18. 개인화물자동차 운송사업자가 자기 명의로 운송계약을 체결한 화물에 대하여 다른 운송사업자에게 수수료나 그 밖의 대가를 받고 그 운송을 위탁하거나 대행하게 하는 등 화물운송 질서를 문란하게 하는 행위를 한 경우	• 1차 : 사업 전부정지(10일) • 2차 : 사업 전부정지(20일) • 3차 : 허가취소
19. 제6조 제3항에 따라 허가를 받은 자가 집화등 외의 운송을 한 경우	• 1차 : 사업전부정지(10일) • 2차 : 사업전부정지(20일) • 3차 : 허가취소
20. 「자동차관리법 시행규칙」 별표 1에 따른 구난형 특수자동차를 사용해 고장·사고차량을 운송하는 운송사업자가 고장·사고차량 소유자 또는 운전자의 의사에 반해 구난을 지시하거나 구난한 경우. 다만, 다음 각 목의 어느 하나에 해당하는 경우는 제외한다. 가. 고장·사고차량 소유자 또는 운전자가 사망·중상 등으로 의사를 표현할 수 없는 경우 나. 교통의 원활한 흐름 또는 안전 등을 위해 경찰공무원이 차량의 이동을 명한 경우	• 1차 : 사업 전부정지(20일) • 2차 : 사업 전부정지(40일) • 3차 이상 : 사업 전부정지(60일)

21. 「자동차관리법 시행규칙」 별표 1에 따른 구난형 특수자동차를 사용하여 고장·사고차량을 운송하는 운송사업자는 차량의 소유자 또는 운전자로부터 최종 목적지까지의 총 운임·요금에 대하여 구난동의를 받지않고 운송을 시작하고, 운수종사자로 하여금 운송하게 하는 경우에는 구난동의를 받은 후 운송을 시작하도록 지시하지 않은 경우. 다만, 다음 각 목에 따른 특별한 사정이 있는 경우에는 다음 각 목에서 정하는 기준에 따른다. 가. 고장·사고차량이 주·정차 금지구역에 있는 경우: 다음의 순서에 따른 통지 및 구난동의를 받을 것 　1) 운송을 시작하기 전에 주·정차 가능 구역까지의 운임·요금에 대해 차량의 소유자 또는 운전자에게 구두 또는 서면으로 통지할 것 　2) 주·정차 가능 구역에서 1)에 따른 운임·요금을 포함한 최종 목적지까지의 총 운임·요금에 대하여 별지 제15호서식에 따른 구난동의를 받을 것 나. 고장·사고차량의 소유자 또는 운전자의 사망·중상 등 부득이한 사유가 있는 경우: 구난동의 및 통지 생략 가능	위반차량 운행정지(10일)
22. 「자동차관리법 시행규칙」 별표 1에 따른 밴형 화물자동차를 사용하여 화주와 화물을 함께 운송하는 운송사업자가 운송을 시작하기 전에 화주에게 구두 또는 서면으로 총 운임·요금을 통지하지 않거나 소속 운수종사자로 하여금 통지하도록 지시하지 않은 경우	위반차량 운행정지(10일)
23. 운수종사자에게 제21조 제23호에 따른 휴게시간을 보장하지 않은 경우	• 1차 : 사업 전부정지(10일) • 2차 : 사업 전부정지(20일) • 3차 : 사업 전부정지(30일)
24. 화물자동차 운전자에게 「도로교통법」 제46조의3을 위반하여 난폭운전을 하지 않도록 운행관리를 하지 않은 경우	위반차량 운행정지(60일)
25. 「자동차관리법 시행규칙」 별표 1에 따른 밴형 화물자동차를 사용해 화주와 화물을 함께 운송하는 운송사업자가 법 제12조 제1항 제5호의 행위를 하거나 소속 운수종사자로 하여금 같은 호의 행위를 지시한 경우	• 1차 : 사업 일부정지(10일) • 2차 : 사업 일부정지(20일) • 3차 이상 : 사업 일부정지(30일)

(3) 구 분

허가취소·사업정지처분 또는 감차조치명령은 다음 구분에 따른다.

① **허가취소** : 화물자동차 운송사업의 허가취소

② **감차조치** : 화물자동차의 감차를 수반하는 허가사항의 변경

③ **위반차량 감차조치** : 위반행위와 직접 관련된 화물자동차(위반행위와 직접 관련된 화물자동차가 없는 경우에는 위반행위를 한 운송사업자의 다른 화물자동차를 말한다)에 대한 감차조치

④ **사업 전부정지** : 화물자동차 운송사업 전부의 정지

⑤ **사업 일부정지** : 화물자동차의 5분의 1(이 경우 소수점 이하의 수는 버린다. 다만, 5분의 1에 해당하는 화물자동차의 대수가 1대 미만인 경우에는 이를 1대로 본다)에 대한 사용정지

⑥ **위반차량 운행정지** : 위반행위와 직접 관련된 화물자동차(위반행위와 직접 관련된 화물자동차가 없는 경우에는 위반행위를 한 운송사업자의 다른 화물자동차를 말한다)의 사용정지

(4) 중대한 교통사고와 빈번한 교통사고의 범위

① 중대한 교통사고는 다음에 해당하는 사유로 사상자가 발생한 경우로 한다.
　　㉠ 「교통사고처리 특례법」 제3조 제2항 단서에 해당하는 사유
　　㉡ 화물자동차의 정비불량
　　㉢ 화물자동차의 전복(顚覆), 추락 또는 충돌(운수종사자에게 귀책사유가 있는 경우만 해당한다)

② 빈번한 교통사고는 사상자가 발생한 교통사고가 교통사고지수 또는 교통사고건수에 이르게 된 경우로 한다.

(5) 허가취소 등의 방법 및 절차

① 관할관청은 위반행위를 적발하였을 때에는 특별한 사유가 없으면 적발한 날부터 30일 이내에 처분을 하여야 한다. 다만, 위반행위와 관련된 화물자동차가 자기 관할이 아닌 경우에는 적발한 날부터 5일 이내에 적발통보서를 관할관청에 통지하여야 한다.

② 관할관청은 허가취소, 감차(減車)조치, 사업 전부정지, 사업 일부정지 또는 위반차량 운행정지 처분을 하였을 때에는 해당 화물자동차에 대하여 자동차등록증과 자동차등록번호판을 반납하도록 하여야 한다.

③ 관할관청은 사업 전부정지, 사업 일부정지 또는 위반차량 운행정지 처분을 하였을 때에는 처분기간 동안 처분 화물자동차 표시증을 해당 화물자동차의 앞면 유리창에 붙이도록 하여야 한다.

④ 관할관청은 허가취소, 감차조치, 사업 전부정지, 사업 일부정지 또는 위반차량 운행정지 처분을 하였을 때에는 그 사실을 연합회에 통지하여야 하며, 화물자동차 행정처분 기록카드에 그 사실을 기록하여 5년간 보존하여야 한다.

⑤ 연합회는 관할관청으로부터 처분결과를 통지받았을 때에는 운송사업자별로 처분내용을 기록하여 관리하여야 하며, 관할관청이 허가가 취소된 후 2년이 지나지 아니한 자에 해당하는지를 조회하는 경우에는 지체 없이 응하여야 한다. 화물자동차 행정처분 기록카드는 전자적 처리가 불가능한 특별한 사유가 없으면 전자적 처리가 가능한 방법으로 작성하여 관리하여야 한다.

▍12 준수사항과 행정처분

(1) 내 용

운송사업자의 준수사항과 준수하지 않았을 때의 행정처분 기준은 다음과 같다. 이 준수사항은 주선사업자와 가맹사업자에게도 준용된다.

준수사항	행정처분
가) 부당한 운송조건을 제시하거나 정당한 사유 없이 운송계약의 인수를 거부한 경우	위반차량 운행정지(10일)
나) 운전자를 과도하게 승차근무하게 한 경우	사업 일부정지(10일)
다) 화물의 기준에 맞지 않는 화물을 운송한 경우	• 1차 : 위반차량 운행정지(10일) • 2차 : 위반차량 운행정지(20일) • 3차 이상 : 위반차량 운행정지(30일)
라) 고장 및 사고차량 등 화물의 운송과 관련하여 「자동차관리법」에 따른 자동차관리사업자와 부정한 금품을 주고 받은 경우	• 1차 : 사업 일부정지(20일) • 2차 : 사업 일부정지(50일) • 3차 : 허가취소
마) 화물운송의 대가로 받은 운임 및 요금의 전부 또는 일부에 해당하는 금액을 부당하게 화주, 다른 운송사업자 또는 화물자동차 운송주선사업을 경영하는 자에게 되돌려주는 행위를 한 경우	• 1차 : 사업 일부정지(20일) • 2차 : 사업 일부정지(50일) • 3차 : 허가취소
바) 택시 요금미터기 등 요금을 산정하는 전자장비의 장착, 화물자동차의 차체에 택시유사 표시등의 장착, 화물자동차의 차체에 택시·모범 등의 문구 표시	• 1차 : 위반차량 운행정지(60일) • 2차 : 위반차량 감차조치
사) 운임 및 요금과 운송약관을 영업소 또는 화물자동차에 갖추어 두지 않거나 이용자의 요구에 이를 내보이지 않은 경우	사업 일부정지(10일)
아), 자), 차) <삭제>	
카) 위·수탁차주나 화물자동차 소유대수가 1대인 운송사업자에게 화물운송을 위탁한 운송사업자가 해당 위·수탁차주나 1대사업자의 요구에도 불구하고 화물위탁증을 내주지 않은 경우	• 1차 : 사업 일부정지(10일) • 2차 : 사업 일부정지(20일) • 3차 이상 : 사업 일부정지(30일)
타) 최대 적재량 1.5톤 이상의 「자동차관리법」에 따른 화물자동차를 소유한 위·수탁차주나 화물자동차 소유대수가 1대인 운송사업자에게 화물위탁증을 발급하지 않은 경우	• 1차 : 사업 일부정지(10일) • 2차 : 사업 일부정지(20일) • 3차 이상 : 사업 일부정지(30일)
파) 화물자동차 운송사업을 양도·양수하면서 양도·양수에 소요되는 비용을 위·수탁차주에게 부담시킨 경우	• 1차 : 사업 일부정지(30일) • 2차 : 사업 일부정지(60일) • 3차 : 허가취소

하) 위·수탁차주가 현물출자한 차량을 위·수탁차주의 동의 없이 타인에게 매도하거나 저당권을 설정한 경우	
1) 타인에게 매도한 경우	• 1차 : 사업 일부정지(30일) • 2차 : 사업 일부정지(60일) • 3차 : 허가취소
2) 저당권을 설정한 경우(보험료 납부, 차량 할부금 상환 등 위·수탁차주가 이행해야 하는 차량관리 의무를 게을리 하여 운송사업자의 채무가 발생한 경우로서 위·수탁차주에게 저당권을 설정한다는 사실을 사전에 통지하고 그 채무액을 넘지 않는 범위에서 저당권을 설정하는 경우는 제외한다)	• 1차 : 사업 일부정지(10일) • 2차 : 사업 일부정지(30일) • 3차 이상 : 사업 일부정지(60일)
거) 위·수탁계약으로 차량을 현물출자 받았음에도 위·수탁차주를 「자동차관리법」에 따른 자동차등록원부에 현물출자자로 기재하지 않은 경우	• 1차 : 사업 일부정지(10일) • 2차 : 사업 일부정지(30일) • 3차 이상 : 사업 일부정지(60일)
너) 위·수탁차주가 다른 운송사업자와 동시에 1년 이상의 운송계약을 체결하는 것을 제한하거나 이를 이유로 불이익을 준 경우	• 1차 : 사업 일부정지(10일) • 2차 : 사업 일부정지(30일) • 3차 이상 : 사업 일부정지(60일)
더) 「도로법」 제77조 또는 「도로교통법」 제39조에 따른 기준을 위반하는 화물의 운송을 위탁한 경우	• 1차 : 사업 일부정지(10일) • 2차 : 사업 일부정지(20일) • 3차 : 허가취소
러) 운송가맹사업자의 화물정보망이나 「물류정책기본법」 제38조에 따라 인증 받은 화물정보망을 통하여 위탁 받은 물량을 재위탁하는 등 화물운송질서를 문란하게 하는 행위를 한 경우	• 1차 : 사업 일부정지(20일) • 2차 : 사업 일부정지(50일) • 3차 : 허가취소
머) 적재된 화물이 떨어지지 않도록 국토교통부령으로 정하는 기준 및 방법에 따라 덮개·포장·고정장치 등 필요한 조치를 하지 않고 운행한 경우	• 1차 : 사업 일부정지(30일) • 2차 : 사업 일부정지(60일) • 3차 이상 : 위반차량 감차 조치
버) 허가 또는 변경허가를 받은 운송사업자가 허가 또는 변경허가의 조건을 위반하여 다른 사람에게 차량이나 그 경영을 위탁한 경우	• 1차 : 사업 일부정지(30일) • 2차 : 허가취소
서) 화물자동차의 운전업무에 종사하는 운수종사자가 교육을 받는 데에 필요한 조치를 하지 않거나, 그 교육을 받지 않은 화물자동차의 운전업무에 종사하는 운수종사자를 화물자동차 운수사업에 종사하게 한 경우	사업 일부정지(10일)
어) 전기·전자장치(최고속도제한장치에 한정한다)를 무단으로 해체하거나 조작한 경우	• 1차 : 사업 일부정지(20일) • 2차 : 사업 일부정지(30일) • 3차 이상 : 사업 일부정지(50일)

저) 화물자동차 운송사업의 차고지 이용과 운송시설에 관한 사항이나 그 밖에 수송의 안전과 화주의 편의를 도모하기 위하여 운송사업자가 지켜야 할 사항을 위반한 경우	준수사항 표 참조
처) 준수사항을 위반한 건수가 다음의 기준에 해당하는 경우	
1) 화물자동차 1대의 해당 월간 위반 건수가 8건 이상이 되는 경우	위반차량 감차 조치
2) 화물자동차 1대의 해당 연도 위반 건수가 50건 이상이 되는 경우	위반차량 감차 조치
3) 다음의 계산식에 따라 산출한 해당 연도의 위반지수가 60 이상이 되는 경우 $$\left(\frac{위반\ 건수}{화물자동차의\ 대수} \times 10\right)$$	화물자동차 대수의 5분의 1(이 경우 소수점 이하의 수는 버린다. 다만, 5분의 1에 해당하는 화물자동차의 대수가 1대 미만이면 이를 1대로 본다)에 대한 감차 조치
4) 다음의 계산식에 따라 산출한 해당 연도의 위반지수가 100 이상이 되는 경우 $$\left(\frac{위반\ 건수}{화물자동차의\ 대수} \times 10\right)$$	허가취소

■ 13 과징금

(1) 부과사유

국토교통부장관은 사업정지 처분을 하여야 하는 경우로서 그 사업정지 처분이 당해 화물자동차 운송(주선사업 준용)사업의 이용자에게 심한 불편을 주거나 그 밖에 공익을 해할 우려가 있는 때에는 사업정지 처분에 갈음하여 2천만원 이하의 과징금을 부과할 수 있다. 위반내용에 따른 과징금 세부 기준은 다음과 같다.

(단위 : 만원)

위반내용	처분내용			
	화물자동차 운송사업		화물운송 주선사업	화물자동차 운송가맹 사업
	일반	개인		
1. 최대적재량 1.5톤 초과의 화물자동차가 차고지와 지방자치단체의 조례로 정하는 시설 및 장소가 아닌 곳에서 밤샘주차한 경우	20	10	–	20
2. 최대적재량 1.5톤 이하의 화물자동차가 주차장, 차고지 또는 지방자치단체의 조례로 정하는 시설 및 장소가 아닌 곳에서 밤샘주차한 경우	20	5	–	20

위반행위				
3. 신고한 운임 및 요금 또는 화주와 합의된 운임 및 요금이 아닌 부당한 운임 및 요금을 받은 경우	40	20	–	40
4. 화주로부터 부당한 운임 및 요금의 환급을 요구받고 환급하지 않은 경우	60	30	–	60
5. 신고한 운송약관 또는 운송가맹약관을 준수하지 않은 경우	60	30	–	60
6. 사업용 화물자동차의 바깥쪽에 일반인이 알아보기 쉽도록 해당 운송사업자의 명칭(개인화물자동차 운송사업자인 경우에는 그 화물자동차 운송사업의 종류를 말한다)을 표시하지 않은 경우	10	5	–	10
7. 화물자동차 운전자의 취업 현황 및 퇴직 현황을 보고하지 않거나 거짓으로 보고한 경우	20	10	–	10
8. 화물자동차 운전자에게 차 안에 화물운송 종사자격증명을 게시하지 않고 운행하게 한 경우	10	5	–	10
9. 화물자동차 운전자에게 「자동차 및 자동차부품의 성능과 기준에 관한 규칙」 제56조에 따른 운행기록계가 설치된 운송사업용 화물자동차를 해당 장치 또는 기기가 정상적으로 작동되지 않는 상태에서 운행하도록 한 경우	20	10	–	20
10. 개인화물자동차 운송사업자가 자기 명의로 운송계약을 체결한 화물에 대하여 다른 운송사업자에게 수수료나 그 밖의 대가를 받고 그 운송을 위탁하거나 대행하게 하는 등 화물운송 질서를 문란하게 하는 행위를 한 경우	180	90	–	–
11. 운수종사자에게 제21조 제23호에 따른 휴게시간을 보장하지 않은 경우	180	60	–	180
12. 「자동차관리법 시행규칙」 별표 1에 따른 밴형 화물자동차를 사용해 화주와 화물을 함께 운송하는 운송사업자가 법 제12조 제1항 제5호의 행위를 하거나 소속 운수종사자로 하여금 같은 호의 행위를 지시한 경우	60	30	–	60
13. 신고한 운송주선약관을 준수하지 않은 경우	–	–	20	–
14. 허가증에 기재되지 않은 상호를 사용한 경우	–	–	20	–
15. 화주에게 제38조의3 제5호에 따른 견적서 또는 계약서를 발급하지 않은 경우(화주가 견적서 또는 계약서의 발급을 원하지 않는 경우는 제외한다)	–	–	20	–
16. 화주에게 제38조의3 제6호에 따른 사고확인서를 발급하지 않은 경우(화물의 멸실, 훼손 또는 연착에 대하여 사업자가 고의 또는 과실이 없음을 증명하지 못한 경우로 한정한다)	–	–	20	–

(2) **부과 및 징수**

국토교통부장관은 운송사업자, 화물자동차 운송주선사업의 허가를 받은 자 또는 운송가맹사업자의 사업규모, 사업지역의 특수성, 위반행위의 정도 및 위반횟수 등을 고려하여 과징금 금액의 2분의 1의 범위에서 그 금액을 늘리거나 줄일 수 있다. 다만, 늘리는 경우에도 과징금의 총액은 2천만원을 초과할 수 없다.

(3) **납부 및 관리**

① **납 부**

㉠ 국토교통부장관은 위반행위를 한 자에게 과징금을 부과하려면 그 위반행위의 종류와 해당 과징금의 금액을 명시하여 이를 낼 것을 서면으로 통지(과징금 부과대상자가 원하는 경우에는 전자문서에 의한 통지를 포함한다)하여야 한다.

㉡ 통지를 받은 자는 수납기관(「은행법」에 따른 은행 및 우체국)에 납부통지일부터 30일 이내에 과징금을 내야 한다. 다만, 천재지변이나 그 밖의 부득이한 사유로 그 기간 내에 과징금을 낼 수 없는 경우에는 그 사유가 없어진 날부터 7일 이내에 내야 한다.

㉢ 과징금을 받은 수납기관은 과징금을 낸 자에게 과징금 영수증을 내주어야 한다. 수납기관은 과징금 영수증을 내주었을 때에는 지체 없이 국토교통부장관에게 영수확인통지서를 송부하여야 한다.

② **관리** : 관할관청은 과징금처분대장을 비치하고, 과징금의 부과·징수에 관한 사항을 기록·관리하여야 한다.

(4) **용 도**

징수한 과징금은 다음 외의 용도로는 사용(보조 또는 융자를 포함한다)할 수 없다.

① 화물터미널의 건설 및 확충 ② 공동차고지의 건설 및 확충, 경영개선

③ 화물에 대한 정보제공사업 ④ 공영차고지의 설치·운영사업

⑤ 특별시장·광역시장·도지사 또는 특별자치도지사가 설치·운영하는 운수종사자의 교육시설에 대한 비용의 보조사업

⑥ 신고포상금의 지급

⑦ 법 제10조 제2항에 따른 사업자단체가 법 제49조 제3호(법 제50조 제2항에 따라 준용되는 경우를 포함한다)에 따라 실시하는 교육훈련 사업(법 제59조 제2항에 따른 운수종사자 연수기관이 설립되지 아니하였거나 지정되지 아니한 특별시·광역시·특별자치시·도·특별자치도에서 실시한 교육만 해당한다)

(5) **운용계획 수립**

① 국토교통부장관 또는 관할관청은 매년 10월 31일까지 다음 해의 과징금운용계획을 수립하여 시행하여야 한다.

② 시·도지사는 전년도의 과징금 부과실적, 징수실적 및 사용실적을 매년 3월 31일까지 국토교통부장관에게 제출하여야 한다.

14 개선명령과 업무개시명령

(I) 개선명령(주선사업 준용)

국토교통부장관은 안전운행을 확보하고, 운송질서를 확립하며, 화주의 편의를 도모하기 위하여 필요하다고 인정되면 운송사업자(주선업자에 준용, 보험·공제가입 제외)에게 다음 사항을 명할 수 있다. 개선명령을 이행하지 아니한 자는 500만원 이하의 과태료를 부과한다.

> **개선명령 대상**
> ① 운송(주선)약관의 변경
> ② 화물자동차의 구조변경 및 운송시설의 개선(주선사업 제외)
> ③ 화물의 안전운송을 위한 조치
> ④ 적재물배상보험 등의 가입과 「자동차손해배상 보장법」에 따라 운송사업자가 의무적으로 가입하여야 하는 보험·공제에 가입
> ⑤ 위·수탁계약에 따라 운송사업자 명의로 등록된 차량의 자동차등록번호판이 훼손 또는 분실된 경우 위·수탁차주의 요청을 받은 즉시 「자동차관리법」 제10조 제3항에 따른 등록번호판의 부착 및 봉인을 신청하는 등 운행이 가능하도록 조치
> ⑥ 위·수탁계약에 따라 운송사업자 명의로 등록된 차량의 노후, 교통사고 등으로 대폐차가 필요한 경우 위·수탁차주의 요청을 받은 즉시 운송사업자가 대폐차 신고 등 절차를 진행하도록 조치
> ⑦ 위·수탁계약에 따라 운송사업자 명의로 등록된 차량의 사용본거지를 다른 시·도로 변경하는 경우 즉시 자동차등록번호판의 교체 및 봉인을 신청하는 등 운행이 가능하도록 조치
> ⑧ 운송사업자가 법 제40조 제3항에 따른 계약을 체결하면서 정당한 사유 없이 같은 조 제4항 전단에 따른 사항을 계약서에 명시하지 아니하거나 같은 조 제5항에 따른 위·수탁계약의 기간을 준수하지 아니하는 경우 그 위반사항을 시정하도록 하는 조치

(2) 업무개시명령

① **사유**: 국토교통부장관은 운송사업자 또는 그 운수종사자가 정당한 사유 없이 집단으로 화물운송을 거부함으로써 화물운송에 현저한 지장을 주어 국가경제에 심대한 위기를 초래하거나 초래할 우려가 있다고 인정할 만한 상당한 이유가 있는 때에는 당해 운송사업자 또는 운수종사자에게 업무개시를 명할 수 있다.

② **절차**: 국토교통부장관은 운송사업자 또는 운수종사자에게 업무개시를 명하고자 하는 경우에는 국무회의의 심의를 거쳐야 한다.

③ **운송사업자 또는 운수종사자의 의무**: 운송사업자 또는 운수종사자는 정당한 사유 없이 업무개시명령을 거부할 수 없다.

④ **보고**: 국토교통부장관은 업무개시를 명한 때에는 구체적 이유 및 향후 대책을 국회 소관 상임위원회에 보고하여야 한다.

⑤ **벌칙**: 운송사업자 또는 운수종사자가 정당한 사유 없이 업무개시명령을 거부하는 경우 3년 이하의 징역 또는 1천만원 이하의 벌금에 처한다.

15 자동차등록증 등의 반납 · 반환

(1) 반 납

운송사업자는 다음에 해당하는 경우에는 당해 화물자동차의 자동차등록증과 자동차등록번호판을 국토교통부장관에게 반납하여야 한다.

① 화물자동차 운송사업의 휴업 · 폐업 신고를 한 때
② 허가취소 또는 사업정지 처분을 받은 때
③ 감차를 목적으로 허가사항을 변경한 때(감차조치명령에 의한 경우를 포함)
④ 임시허가 기간이 만료된 때

(2) 반 환

국토교통부장관은 다음에 해당하는 경우에는 반납받은 자동차등록증과 자동차등록번호판을 당해 운송사업자에게 반환하여야 한다. 자동차등록번호판을 반환받은 운송사업자는 이를 당해 화물자동차에 달고 시 · 도지사의 봉인을 받아야 한다.

① 신고한 휴업기간이 종료된 때
② 사업정지기간이 만료된 때

16 화물운수종사자

(1) 운수종사자(주선사업 종사자에 준용)의 범위

① 화물자동차의 운전자
② 화물의 운송 또는 운송주선에 관한 사무를 취급하는 사무원 및 이를 보조하는 보조원
③ 그 밖에 화물자동차 운수사업에 종사하는 자

(2) 준수사항

화물자동차 운송사업에 종사하는 운수종사자는 다음에 해당하는 행위를 하여서는 아니 된다.

> **운수종사자 준수사항**
>
> ① 정당한 사유 없이 화물을 중도에서 내리게 하는 행위
> ② 정당한 사유 없이 화물의 운송을 거부하는 행위
> ③ 부당한 운임 또는 요금을 요구하거나 받는 행위
> ④ 고장 및 사고차량 등 화물의 운송과 관련하여 자동차관리사업자와 부정한 금품을 주고받는 행위
> ⑤ 일정한 장소에 오랜 시간 정차하여 화주를 호객(呼客)하는 행위
> ⑥ 문을 완전히 닫지 아니한 상태에서 자동차를 출발시키거나 운행하는 행위
> ⑦ 택시 요금미터기 등 요금을 산정하는 전자장비의 장착, 화물자동차의 차체에 택시유사 표시 등의 장착, 화물자동차의 차체에 택시 · 모범 등의 문구 표시 금지

⑧ 적재된 화물이 떨어지지 아니하도록 국토교통부령으로 정하는 기준 및 방법에 따라 덮개·포장·고정장치 등 필요한 조치를 하지 아니하고 운행하는 행위

⑨ 「자동차관리법」 제35조를 위반하여 전기·전자장치(최고속도제한장치에 한정한다)를 무단으로 해체하거나 조작하는 행위

⑩ 안전운행의 확보와 화주의 편의를 도모하기 위하여 운수종사자가 준수하여야 할 사항

    ㉠ 운행하기 전에 일상점검 및 확인

    ㉡ 「자동차관리법 시행규칙」 별표 1에 따른 구난형 특수자동차를 사용하여 고장·사고차량을 운송하는 운송사업자의 경우 고장·사고차량 소유자 또는 운전자의 의사에 반하여 구난을 지시하거나 구난하지 아니할 것. 다만, 다음 어느 하나에 해당하는 경우는 제외한다.

        ⓐ 고장·사고차량 소유자 또는 운전자가 사망·중상 등으로 의사를 표현할 수 없는 경우

        ⓑ 교통의 원활한 흐름 또는 안전 등을 위하여 경찰공무원이 차량의 이동을 명한 경우

    ㉢ 「자동차관리법 시행규칙」 별표 1에 따른 구난형 특수자동차를 사용하여 고장·사고차량을 운송하는 운수종사자는 차량의 소유자 또는 운전자로부터 최종 목적지까지의 총 운임·요금에 대하여 별지 제15호서식에 따른 구난동의를 받은 후 운송을 시작할 것. 다만, 다음같은 특별한 사정이 있는 경우에는 다음에서 정하는 기준에 따른다.

        ⓐ 고장·사고차량이 주·정차 금지구역에 있는 경우: 다음의 순서에 따른 통지 및 구난동의를 받을 것

            1) 운송을 시작하기 전에 주·정차 가능 구역까지의 운임·요금에 대해 차량의 소유자 또는 운전자에게 구두 또는 서면으로 통지할 것

            2) 주·정차 가능 구역에서 1)에 따른 운임·요금을 포함한 최종 목적지까지의 총 운임·요금에 대하여 별지 제15호서식에 따른 구난동의를 받을 것

        ⓑ 고장·사고차량의 소유자 또는 운전자의 사망·중상 등 부득이한 사유가 있는 경우: 구난동의 및 통지 생략 가능

    ㉣ 휴게시간 없이 4시간 연속운전한 후에는 30분 이상의 휴게시간을 가질 것. 다만, 제21조 제23호 각 목의 어느 하나에 해당하는 경우에는 1시간까지 연장운행을 할 수 있으며 운행 후 45분 이상의 휴게시간을 가져야 한다.

    ㉤ 「도로교통법」 제49조 제1항 제10호, 제11호 및 제11호의2의 준수사항을 위반해서 운전 중 휴대용 전화를 사용하거나 영상표시장치를 시청·조작 등을 하지 말 것

(3) 운수종사자의 교육 등

① 화물자동차의 운전업무에 종사하는 운수종사자는 국토교통부령으로 정하는 바에 따라 시·도지사가 실시하는 다음 사항에 관한 교육을 매년 1회 이상 받아야 한다.

    ㉠ 화물자동차 운수사업 관계 법령 및 도로교통 관계 법령

    ㉡ 교통안전에 관한 사항

    ㉢ 화물운수와 관련한 업무수행에 필요한 사항

    ㉣ 그 밖에 화물운수 서비스 증진 등을 위하여 필요한 사항

② 시·도지사는 교육을 효율적으로 실시하기 위하여 필요한 때에는 그 시·도의 조례가 정하는 바에 따라 운수종사자 연수기관을 직접 설립·운영하거나 이를 지정할 수 있으며, 운수종사자 연수기관의 운영에 필요한 비용을 지원할 수 있다. 운수종사자 연수기관은 교육을 받은 운수 종사자의 현황을 시·도지사에게 제출하여야 하고, 시·도지사는 이를 취합하여 매년 국토교 통부장관에게 제출하여야 한다. 교육현황의 제출 시기·방법에 관하여 필요한 사항은 국토교 통부령으로 정한다.

③ 관할관청은 운수종사자 교육을 실시하는 때에는 운수종사자 교육계획을 수립하여 운수사업자 에게 교육을 시작하기 1개월 전까지 통지하여야 한다. 운수종사자 교육의 교육시간은 4시간으 로 한다. 다만, 운수종사자 준수사항을 위반하여 벌칙 또는 과태료 부과처분을 받은 자 및 특 별검사 대상자에 대한 교육시간은 8시간으로 한다. 운수종사자 교육은 교육을 실시하는 해의 전년도 10월 31일을 기준으로 「도로교통법」에 따른 무사고·무벌점 기간이 10년 미만인 운수 종사자를 대상으로 한다. 다만, 교육을 실시하는 해에 운전업무 종사자격 교육을 이수한 운수 종사자는 제외한다. 교육을 실시할 때에 교육방법 및 절차 등 교육 실시에 필요한 사항은 관할 관청이 정한다.

▌17▐ 화물운송종사자격

(1) 결격사유

다음의 어느 하나에 해당하는 자는 화물운송종사자격을 취득할 수 없다.

① 화물자동차운수사업법을 위반하여 징역 이상의 실형(實刑)을 선고받고 그 집행이 끝나거나(집 행이 끝난 것으로 보는 경우를 포함한다) 집행이 면제된 날부터 2년이 지나지 아니한 자 또는 화물자동차운수사업법을 위반하여 징역 이상의 형(刑)의 집행유예를 선고받고 그 유예기간 중 에 있는 자

② 화물운송종사자격이 취소(화물운송종사자격을 취득한 자가 제4조 제1호에 해당하여 제23조 제1항 제1호에 따라 허가가 취소된 경우는 제외한다)된 날부터 2년이 지나지 아니한 자

③ 시험일 전 또는 교육일 전 5년간 다음 어느 하나에 해당하는 사람
  ㉠ 「도로교통법」 제93조 제1항 제1호부터 제4호까지에 해당하여 운전면허가 취소된 사람
  ㉡ 「도로교통법」 제43조를 위반하여 운전면허를 받지 아니하거나 운전면허의 효력이 정지된 상태로 같은 법 제2조 제21호에 따른 자동차등을 운전하여 벌금형 이상의 형을 선고받거나 같은 법 제93조 제1항 제19호에 따라 운전면허가 취소된 사람
  ㉢ 운전 중 고의 또는 과실로 3명 이상이 사망(사고발생일부터 30일 이내에 사망한 경우를 포함 한다)하거나 20명 이상의 사상자가 발생한 교통사고를 일으켜 「도로교통법」 제93조 제1항 제10호에 따라 운전면허가 취소된 사람

④ 종사자격 시험일 전 또는 교육일 전 3년간 「도로교통법」 제93조 제1항 제5호 및 제5호의2에 해당하여 운전면허가 취소된 사람

(2) 화물자동차 운전업무 종사의 제한

다음 어느 하나에 해당하는 사람은 화물운송종사자격의 취득에도 불구하고 화물을 집화·분류·배송하는 형태의 화물자동차 운송사업의 운전업무에는 종사할 수 없다.

① 다음 어느 하나에 해당하는 죄를 범하여 금고(禁錮) 이상의 실형을 선고받고 그 집행이 끝나거나 (집행이 끝난 것으로 보는 경우를 포함한다) 면제된 날부터 최대 20년의 범위에서 범죄의 종류, 죄질, 형기의 장단 및 재범위험성 등을 고려하여 정한 다음 기간이 지나지 아니한 사람

　　㉠ 「특정강력범죄의 처벌에 관한 특례법」 제2조 제1항 각 호에 따른 죄 : 20년

　　㉡ 「특정범죄 가중처벌 등에 관한 법률」 제5조의2, 제5조의4, 제5조의5, 제5조의9(제4항은 6년) 및 제11조에 따른 죄 : 20년

　　㉢ 「마약류 관리에 관한 법률」에 따른 죄

　　　ⓐ 「마약류 관리에 관한 법률」 제58조부터 제60조까지의 규정에 따른 죄 : 20년

　　　ⓑ 「마약류 관리에 관한 법률」 제61조 제1항 각 호에 따른 죄 및 같은 조 제3항에 따른 그 각 미수죄(같은 조 제1항 제2호, 제3호 및 제9호의 미수범은 제외한다) : 10년

　　　ⓒ 「마약류 관리에 관한 법률」 제61조 제2항에 따른 죄 및 같은 조 제3항에 따른 그 각 미수죄(같은 조 제1항 제2호, 제3호 및 제9호의 미수범은 제외한다) : 15년

　　　ⓓ 「마약류 관리에 관한 법률」 제62조 제1항 각 호에 따른 죄 및 같은 조 제3항에 따른 그 각 미수죄 : 6년

　　　ⓔ 「마약류 관리에 관한 법률」 제62조 제2항에 따른 죄 및 같은 조 제3항에 따른 그 각 미수죄 : 9년

　　　ⓕ 「마약류 관리에 관한 법률」 제63조 제1항 각 호에 따른 죄 및 같은 조 제3항에 따른 그 각 미수죄(같은 조 제1항 제2호부터 제5호까지, 제11호 및 제12호에 따른 죄의 미수범에 한정한다) : 4년

　　　ⓖ 「마약류 관리에 관한 법률」 제63조 제2항에 따른 죄 및 같은 조 제3항에 따른 그 각 미수죄(같은 조 제2항에 따른 죄의 미수범에 한정한다) : 6년

　　　ⓗ 「마약류 관리에 관한 법률」 제64조 각 호에 따른 죄 : 2년

　　㉣ 「성폭력범죄의 처벌 등에 관한 특례법」 제2조 제1항 제2호부터 제4호까지, 제3조부터 제9조까지 및 제15조(제14조의 미수범은 제외한다)에 따른 죄 : 20년

　　㉤ 「아동·청소년의 성보호에 관한 법률」 제2조 제2호에 따른 죄 : 20년

② ①에 따른 죄를 범하여 금고 이상의 형의 집행유예를 선고받고 그 유예기간 중에 있는 사람

국토교통부장관 또는 시·도지사는 범죄경력을 확인하기 위하여 필요한 정보에 한정하여 경찰청장에게 범죄경력자료의 조회를 요청할 수 있다.

(3) **종사요건**

화물자동차 운수사업의 운전업무에 종사하려는 자는 ① 및 ②의 요건을 갖춘 후 ③ 또는 ④의 요건을 갖추어야 한다.

> **운전업무 종사요건**
>
> ① 연령·운전경력 등 운전업무에 필요한 다음 요건을 갖출 것
>   ㉠ 20세 이상일 것
>   ㉡ 운전경력이 2년 이상일 것(여객자동차 운수사업용 자동차 또는 화물자동차 운수사업용 자동차를 운전한 경력이 있는 경우에는 그 운전경력이 1년 이상이어야 한다)
>   ㉢ 화물자동차를 운전하기에 적합한 「도로교통법」에 의한 운전면허를 가지고 있을 것
> ② 운전적성에 대한 정밀검사기준에 적합할 것(운전적성에 대한 정밀검사는 국토교통부장관이 시행한다)
> ③ 화물자동차 운수사업법령, 화물취급요령 등 국토교통부장관이 시행하는 시험에 합격하고 정해진 교육을 받을 것
> ④ 「교통안전법」에 따른 교통안전체험에 관한 연구·교육시설에서 교통안전체험, 화물취급요령 및 화물자동차 운수사업법령 등에 관하여 국토교통부장관이 실시하는 이론 및 실기 교육을 이수할 것

(4) **운전적성정밀검사**

① **검사종류 및 항목**: 운전적성에 대한 정밀검사기준에 맞는지에 관한 검사(운전적성정밀검사)는 기기형 검사와 필기형 검사로 구분하며, 검사항목은 다음과 같다.

> **운전적성정밀검사 항목**
>
> ㉠ 기기형 검사: 속도예측검사, 정지거리예측검사, 주의력검사, 거리지각검사, 야간시력 및 회복력검사, 동체시력검사, 지각운동검사, 상황인식검사, 운전행동검사
> ㉡ 필기형 검사: 인지능력검사, 지각성향검사, 인성검사

② **구분**: 운전적성정밀검사는 신규검사, 유지검사(維持檢査) 및 특별검사의 대상은 다음과 같다.
  ㉠ 신규검사: 화물운송종사자격증을 취득하려는 사람(다만, 자격시험 실시일 또는 교통안전체험교육 시작일을 기준으로 최근 3년 이내에 신규검사의 적합판정을 받은 사람은 제외한다)
  ㉡ 유지검사: 다음 어느 하나에 해당하는 사람
    ⓐ 「여객자동차 운수사업법」에 따른 여객자동차 운송사업용 자동차 또는 「화물자동차 운수사업법」에 따른 화물자동차 운송사업용 자동차의 운전업무에 종사하다가 퇴직한 사람으로서 신규검사 또는 유지검사를 받은 날부터 3년이 지난 후 재취업하려는 사람(재취업일까지 무사고로 운전한 사람은 제외한다)

     ⓑ 신규검사 또는 유지검사의 적합판정을 받은 사람으로서 해당 검사를 받은 날부터 3년 이내에 취업하지 아니한 사람(해당 검사를 받은 날부터 취업일까지 무사고로 운전한 사람은 제외한다)

    ⓒ 특별검사: 다음 어느 하나에 해당하는 사람

     ⓐ 교통사고를 일으켜 사람을 사망하게 하거나 5주 이상의 치료가 필요한 상해를 입힌 사람

     ⓑ 과거 1년간 「도로교통법 시행규칙」에 따른 운전면허 행정처분기준에 따라 산출된 누산 점수가 81점 이상인 사람

(5) 자격시험 및 교통안전체험교육

① 실시계획의 공고

    ㉠ 시험·교육 실시계획 공고: 「한국교통안전공단법」에 따라 설립된 한국교통안전공단은 월 1회 이상 자격시험 및 교통안전체험교육을 실시하되, 해당 연도의 자격시험 및 교통안전체험교육 실시계획을 최초의 자격시험 및 교통안전체험교육 90일 전까지 공고하여야 한다. 이 경우 자격시험의 응시 수요 및 교통안전체험교육의 신청 수요를 고려하여 자격시험 및 교통안전체험교육의 실시 횟수를 월 1회 미만으로 줄일 때에는 미리 국토교통부장관의 승인을 받아야 한다.

    ㉡ 실시횟수 변경승인: 한국교통안전공단은 자격시험의 응시 수요 및 교통안전체험교육의 신청 수요를 고려하여 공고한 자격시험 및 교통안전체험교육의 실시횟수를 변경하려면 미리 국토교통부장관의 승인을 받아야 한다.

    ㉢ 변경 공고: 한국교통안전공단은 자격시험 및 교통안전체험교육의 실시횟수를 변경하였을 때에는 그 사실을 실시횟수 변경 후 최초로 시행되는 자격시험 및 교통안전체험교육 30일 전까지 공고하여야 한다.

    ㉣ 시험·교육 공고: 한국교통안전공단은 자격시험 및 교통안전체험교육을 실시할 때에는 다음 사항을 자격시험 및 교통안전체험교육 20일 전에 공고하여야 한다.

     ⓐ 자격시험 및 교통안전체험교육의 일시·장소·방법·과목

     ⓑ 자격시험의 응시 요건·절차 및 교통안전체험교육의 신청 요건·절차

     ⓒ 자격시험 합격자 및 교통안전체험교육 이수자의 발표일·발표방법

     ⓓ 그 외에 자격시험 및 교통안전체험교육 실시에 필요한 사항

    다만, 불가피한 사유로 공고 내용을 변경할 때에는 자격시험 및 교통안전체험교육 10일 전까지 그 변경사항을 공고하여야 한다.

    ㉤ 공고의 방법: 공고는 한국교통안전공단의 인터넷 홈페이지 및 「신문 등의 진흥에 관한 법률」에 따라 보급지역을 전국으로 하여 등록한 둘 이상의 일반일간신문에 게재하는 방법으로 한다. 다만, 시험·교육의 공고의 경우에는 일반일간신문 게재를 생략할 수 있다.

② 시험과목 및 교육과정

　　㉠ 시험과목 : 자격시험은 필기시험으로 하며, 그 시험과목은 다음과 같다.

> **화물운송종사자격시험 과목**
> ⓐ 교통 및 화물자동차 운수사업 관련 법규
> ⓑ 안전운행에 관한 사항
> ⓒ 화물취급요령
> ⓓ 운송서비스에 관한 사항

　　㉡ 교육과정 : 교통안전체험교육은 총 16시간으로 하며, 그 과정은 다음과 같다.

　　● 교통안전체험교육의 과정

교육명	교육과목	교육내용	교육시간
이론 교육	소양교육	1) 교통관련 법규 및 화물자동차 운행의 위험요인 이해 2) 자동차 응급처치방법 및 운송서비스 등 3) 화물취급 및 올바른 적재요령	240분
실기 교육	차량점검 및 운전자세	1) 일상점검을 통한 안전한 차량점검 및 관리 2) 슬라롬(Slalom)주행을 통한 올바른 운전자세 및 　핸들조작 요령 습득	150분
	긴급제동	1) 제동특성 이해 2) 적재량(중량초과)에 따른 제동거리 실습	90분
	특수로 주행	화물적재 상태에서 특수한 주행노면(빨래판로, 장파 형로) 주행시 적재물의 흔들림, 추락 등 체험	60분
	위험예측 및 회피	1) 돌발상황 발생시 운전자의 한계 체험 2) 위험회피 요령 체험 3) 과적의 위험성 체험	90분
	미끄럼 주행	미끄러운 곡선도로 주행시 화물자동차의 횡방향 미 끄러짐 특성 및 속도의 한계 체험	90분
	화물취급 실습	올바른 화물취급(상하차 및 적재) 요령 실습 체험	60분
	탑재장비 운전실습	탑재장비의 조작과 안전관리 체험	60분
	종합평가	실기수행능력 종합평가	120분

③ **자격시험 응시 및 교육신청**

　㉠ 응시원서 제출 : 자격시험에 응시하려는 사람은 화물운송종사자격시험 응시원서에 여객자동차 운수사업용 자동차 또는 화물자동차 운수사업용 자동차를 1년 이상 운전한 경력을 증명할 수 있는 서류(운전경력 3년 미만인 경우만 해당)를 첨부하여 한국교통안전공단에 제출하여야 한다.

　㉡ 교육신청 : 교통안전체험교육을 신청하려는 사람은 교통안전체험교육 신청서에 여객자동차 운수사업용 자동차 또는 화물자동차 운수사업용 자동차를 1년 이상 운전한 경력을 증명할 수 있는 서류(운전경력 3년 미만인 경우만 해당)를 첨부하여 한국교통안전공단에 제출하여야 한다.

　㉢ 경력확인 : 한국교통안전공단은 「전자정부법」에 따른 행정정보의 공동이용을 통하여 응시자의 운전면허 사항 및 운전경력을 확인하여야 하며, 응시자가 확인에 동의하지 아니하는 경우에는 운전면허증 사본 및 운전경력증명서(경찰서장이 발행한 것만을 말한다)를 첨부하도록 하여야 한다.

　㉣ 합격결정 : 자격시험은 필기시험 총점의 6할 이상을 얻은 사람을 합격자로 한다. 교통안전체험교육은 총 16시간의 과정을 마치고, 종합평가에서 총점의 6할 이상을 얻은 사람을 이수자로 한다.

　㉤ 발표 및 통지 : 한국교통안전공단은 자격시험 및 교통안전체험교육을 실시하였을 때에는 합격자 및 이수자를 결정하여 공고에서 정한 바에 따라 합격자 및 이수자를 발표하고, 합격자 및 이수자에게 합격 사실 및 이수 사실을 통지하여야 한다. 자격시험 합격자 공고 및 통지에는 교육의 일시·장소·방법·과목 및 그 밖에 교육실시와 관련하여 필요한 사항에 관한 안내가 포함되어야 한다. 한국교통안전공단은 교통안전체험교육 이수자에게 수료증을 발급하여야 한다.

　㉥ 교육과목 : 자격시험에 합격한 사람은 8시간 동안 한국교통안전공단에서 실시하는 다음 사항의 교육을 받아야 한다.

> **자격시험 합격자 교육사항**
>
> ⓐ 화물자동차 운수사업법령 및 도로관계법령
> ⓑ 교통안전에 관한 사항
> ⓒ 화물취급요령에 관한 사항
> ⓓ 자동차 응급처치방법
> ⓔ 운송서비스에 관한 사항

　㉦ 교육면제 : 자격시험에 합격한 사람이 「교통안전법 시행규칙」에 따른 기본교육과정을 이수한 경우에는 교육을 받은 것으로 본다.

⑹ **화물운송종사자격증의 교부**

국토교통부장관은 요건을 갖춘 자에게 화물자동차 운수사업의 운전업무에 종사할 수 있음을 표시하는 자격증(화물운송종사자격증)을 교부하여야 한다.

① **발급신청**: 교통안전체험교육 또는 교육을 이수한 사람이 화물운송종사자격증 발급을 신청할 때에는 화물운송종사자격증 발급신청서에 사진 1장을 첨부하여 한국교통안전공단에 제출하여야 한다.

② **발급**: 한국교통안전공단은 화물운송종사자격증 발급신청서를 받았을 때에는 화물운송종사자격 등록대장에 그 사실을 적은 후 화물운송종사자격증을 발급하여야 한다. 다만, 자격증 발급 사실을 전산정보처리조직에 따라 관리하는 경우에는 화물운송종사자격 등록대장에 적지 아니할 수 있다.

③ **자격증명 신청**: 화물자동차 운전자를 채용한 운송사업자는 협회에 명단을 제출할 때에는 화물운송종사자격증명 발급신청서, 화물운송종사자격증 사본 및 사진 2장을 함께 제출하여야 한다.

④ **협회의 자격증명 발급**: 협회는 화물운송종사자격증명 발급신청서를 받았을 때에는 화물운송종사자격증명을 발급하여야 한다.

⑺ **화물운송종사자격증 등의 재교부**

화물운송종사자격증 또는 화물운송종사자격증명의 기재사항에 착오나 변경이 있어 이의 정정을 받으려는 자 또는 화물운송종사자격증 등을 잃어버리거나 헐어 못쓰게 되어 재발급을 받으려는 자는 화물운송종사자격증(명) 재발급신청서에 ① 화물운송종사자격증(자격증을 잃어버린 경우는 제외한다)과 ② 사진 1장을 첨부하여 한국교통안전공단 또는 협회에 제출하여야 한다.

⑻ **화물운송종사자격증명의 게시**

① **게시**: 운송사업자는 화물자동차 운전자에게 화물운송종사자격증명을 화물자동차 안 앞면 오른쪽 위에 항상 게시하고 운행하도록 하여야 한다.

② **반 납**

㉠ 운송사업자는 ⓐ 퇴직한 화물자동차 운전자의 명단을 제출하는 경우와 ⓑ 화물자동차 운송사업의 휴업 또는 폐업 신고를 하는 경우에는 협회에 화물운송종사자격증명을 반납하여야 한다.

㉡ 운송사업자는 ⓐ 사업의 양도 신고를 하는 경우와 ⓑ 화물자동차 운전자의 화물운송종사자격이 취소되거나 효력이 정지된 경우에는 관할관청에 화물운송종사자격증명을 반납하여야 한다.

㉢ 관할관청은 화물운송종사자격증명을 반납받았을 때에는 그 사실을 협회에 통지하여야 한다.

(9) 화물운송종사자격의 정지 및 취소

① 국토교통부장관은 화물운송종사자격을 취득한 자가 다음에 해당하는 때에는 그 자격을 취소하거나 6개월 이내의 기간을 정하여 그 자격의 효력을 정지시킬 수 있다.

화물운송 종사자격의 취소 및 효력정지의 처분기준

위반행위	처분내용
1. 결격사유에 해당하게 된 경우	자격 취소
2. 거짓이나 그 밖의 부정한 방법으로 화물운송 종사자격을 취득한 경우	자격 취소
3. 국토교통부장관의 업무개시 명령을 정당한 사유 없이 거부한 경우	• 1차 : 자격 정지 30일 • 2차 : 자격 취소
4. 화물운송 중에 고의나 과실로 교통사고를 일으켜 다음 각 목의 구분에 따라 사람을 사망하게 하거나 다치게 한 경우 　가. 사망자 2명 이상 　나. 사망자 1명 및 중상자 3명 이상 　다. 사망자 1명 또는 중상자 6명 이상	 자격 정지 60일 자격 정지 50일 자격 정지 40일
5. 화물운송 종사자격증을 다른 사람에게 빌려준 경우	자격 취소
6. 화물운송 종사자격 정지기간에 화물자동차 운수사업의 운전 업무에 종사한 경우	자격 취소
7. 화물자동차를 운전할 수 있는 「도로교통법」에 따른 운전면허가 취소된 경우	자격 취소
7의2. 「도로교통법」 제46조의3을 위반하여 같은 법 제93조 제1항 제5호의2에 따라 화물자동차를 운전할 수 있는 운전면허가 정지된 경우	
8. 법 제12조 제1항 제7호(택시 요금미터기의 장착 등 국토교통부령으로 정하는 택시 유사표시행위)를 위반한 경우	• 1차 : 자격 정지 60일 • 2차 : 자격 취소
9. 화물자동차 교통사고와 관련하여 거짓이나 그 밖의 부정한 방법으로 보험금을 청구하여 금고 이상의 형을 선고받고 그 형이 확정된 경우	자격 취소
10. 화물자동차 운수사업의 운전업무 종사의 제한(법 제9조의2 제1항)을 위반한 경우	자격 취소

② 관할관청은 화물운송종사자격의 효력정지 처분을 하는 경우에는 위반행위의 동기·횟수 등을 고려하여 처분기준 일수의 2분의 1의 범위에서 줄이거나 늘릴 수 있다. 다만, 늘리는 경우에는 위반행위를 한 날을 기준으로 최근 1년 이내에 같은 위반행위를 2회 이상 한 경우만 해당한다.

③ 관할관청은 화물운송종사자격의 취소 또는 효력정지 처분을 하였을 때에는 그 사실을 처분 대상자, 한국교통안전공단 및 협회에 각각 통지하고 처분 대상자에게 화물운송종사자격증 및 화물운송종사자자격증명을 반납하게 하여야 한다.

④ 관할관청은 화물운송종사자격의 효력정지기간이 끝났을 때에는 반납받은 화물운송종사자격 증 및 화물운송종사자자격증명을 해당 화물자동차 운전자에게 반환하여야 한다.

⑤ 한국교통안전공단은 화물운송종사자격 취소처분사실을 통보받았을 때에는 화물운송종사자격 등록을 말소하고 화물운송종사자격 등록대장에 그 말소 사실을 적어야 한다.

⑥ 화물운송 종사자격의 취소(제1항 제7호의 사유에 따른 취소는 제외한다)를 할 때에는 청문을 하 여야 한한다.

(10) 화물자동차 운전자의 관리

① 운송사업자는 화물자동차 운전자를 채용하거나 채용된 화물자동차 운전자가 퇴직하였을 때에 는 그 명단(개인화물자동차 운송사업자가 화물자동차를 직접 운전하는 경우에는 운송사업자 본인 의 명단을 말한다)을 채용 또는 퇴직한 날이 속하는 달의 다음 달 10일까지 협회에 제출해야 하며, 협회는 이를 종합해서 제출받은 달의 말일까지 연합회에 보고해야 한다.

② 운전자 명단에는 운전자의 성명·생년월일과 운전면허의 종류·취득일 및 화물운송종사자격 의 취득일을 분명히 밝혀야 한다.

③ 운송사업자는 폐업을 하게 되었을 때에는 화물자동차 운전자의 경력에 관한 기록 등 관련서류 를 협회에 이관하여야 한다.

④ 협회는 개인화물자동차 운송사업자의 화물자동차를 운전하는 사람에 대한 경력증명서 발급에 필요한 사항을 기록·관리하고, 운송사업자로부터 경력증명서 발급을 요청받은 경우 경력증 명서를 발급해야 한다.

⑤ 운송사업자는 매 분기 말 현재 화물자동차 운전자의 취업 현황을 다음 분기 첫 달 5일까지 협회에 통지하여야 하며, 협회는 이를 종합하여 그 다음 달 말일까지 시·도지사 및 연합회에 보고하여야 한다.

⑾ **화물자동차 운전자의 교통안전 기록 · 관리**

① **화물자동차 운전자의 교통안전 관리**: 한국교통안전공단은 매월 화물자동차 운전자의 교통사고, 교통법규 위반사항 및 범죄경력을 경찰청장에게 확인하여 그에 관한 기록을 관리하여야 한다. 이 경우 국토교통부장관은 경찰청장에게 필요한 자료의 제공 등 협조를 요청할 수 있다. 협조요청을 받은 경찰청장은 특별한 사정이 없으면 그 요청에 따라야 한다. 한국교통안전공단은 화물자동차 운전자의 교통사고 및 교통법규 위반사항을 서식에 따라 관리하여야 한다.

② **기록의 제공**: 국토교통부장관은 다음 화물자동차 운전자의 인명사상사고 및 교통법규 위반사항에 대하여는 해당 시 · 도지사 및 사업자단체에 그 내용을 제공하여야 한다. 다만, 화물자동차 운수사업의 운전업무 종사의 제한이 있는 범죄경력에 대하여는 필요한 경우에 한정하여 시 · 도지사에게 그 내용을 제공할 수 있다.

ⓐ 중대한 교통사고 또는 빈번한 교통사고로 1명 이상의 사상자를 발생하게 한 경우(「화물자동차 운수사업법 시행령」 별표 1 제12호 가목 및 나목)

ⓑ 「교통사고처리 특례법」 제3조 제2항 단서에 해당하는 교통법규 위반

ⓒ 화물운송 중에 고의나 과실로 교통사고를 일으켜 사람을 사망하게 하거나 다치게 한 경우 및 화물자동차를 운전할 수 있는 「도로교통법」에 따른 운전면허가 취소된 경우

ⓓ 화물자동차 운수사업의 운전업무 종사자격요건을 갖추지 아니한 사람이 운송사업자의 화물을 운송하다가 발생한 인명사상사고

③ **자료 제공**: 시 · 도지사는 한국교통안전공단이 관리하는 범죄경력을 제공받으려면 범죄경력 자료를 요청하려는 운수종사자의 성명, 주민등록번호, 운송형태 등 필요한 자료를 제공해야 한다.

④ **자료 요청**: 국토교통부장관(한국교통안전공단에 위탁)은 기록 · 관리를 위하여 사업자단체 또는 운송사업자에게 기록 · 관리하는 자료를 요청할 수 있다. 이 경우 사업자단체 또는 운송사업자는 특별한 사유가 없으면 지체 없이 자료를 제공하여야 한다. 한국교통안전공단으로부터 자료 제공을 요청받은 사업자단체 또는 운송사업자는 그 요청받은 날부터 10일 이내에 해당 자료를 제출하여야 한다.

⑤ **화물자동차 운전자의 교통안전 관리전산망의 구축 · 운영**: 한국교통안전공단은 화물자동차 운전자의 교통사고 및 교통법규 위반사항과 범죄경력의 기록 · 관리를 위하여 국토교통부장관이 정하여 고시하는 바에 따라 화물자동차 운전자의 교통안전 관리전산망을 구축 · 운영할 수 있다.

Certified Professional Logistician

제 3 절 화물자동차 운송주선업

1 화물자동차 운송주선업

(1) 정 의

> **주선사업의 정의**
>
> 타인의 수요에 응하여 유상으로 화물운송계약을 중개·대리하거나 화물자동차 운송사업 또는
> 화물자동차 운송가맹사업을 경영하는 자의 화물운송수단을 이용하여 자기의 명의와 계산으로
> 화물을 운송하는 사업(화물이 이사화물인 경우에는 포장 및 보관 등 부대서비스를 함께 제공하
> 는 사업을 포함한다)을 말한다.

2 화물자동차 운송주선사업의 허가

(1) 허가 및 변경신고

① **허가**: 화물자동차 운송주선사업을 경영하려는 자는 국토교통부장관의 허가를 받아야 한다.
화물자동차 운송가맹사업의 허가를 받은 자는 그러하지 아니하다.

② **허가 변경사항의 신고**: 화물자동차 운송주선사업의 허가를 받은 자(운송주선사업자)가 허가
사항을 변경하려면 국토교통부장관에게 신고하여야 한다. 국토교통부장관은 변경신고를 받은
날부터 5일 이내에 신고수리 여부를 신고인에게 통지하여야 한다. 국토교통부장관이 5일 내에
신고수리 여부 또는 민원 처리 관련 법령에 따른 처리기간의 연장 여부를 신고인에게 통지하
지 아니하면 그 기간이 끝난 날의 다음 날에 신고를 수리한 것으로 본다.

㉠ 운송주선사업자는 허가사항의 변경신고(영업소의 허가사항을 변경하는 경우를 포함한다)를 하
려면 화물자동차 운송주선사업 허가사항 변경신고서를 협회에 제출하여야 한다. 화물자동차
운송주선사업 허가사항 변경신고서에는 변경된 사항을 증명하는 서류를 첨부하여야 한다.

㉡ 협회는 화물자동차 운송주선사업 허가사항 변경신고서를 받았을 때에는 그 사실을 관할관
청에 보고(전자문서에 의한 보고를 포함한다)하여야 한다.

㉢ 관할관청은 주사무소를 다른 특별시·광역시·도 또는 특별자치시·특별자치도로 이전하
기 위한 화물자동차 운송주선사업 허가사항 변경신고에 관한 보고를 받았을 때에는 이전
하려는 지역의 관할관청에 관련 서류를 이관하여야 한다.

(2) 허가기준 및 기준의 신고

① **허가기준** : 화물자동차 운송주선사업의 허가기준은 국토교통부장관이 화물의 운송주선수요를 감안하여 고시하는 공급기준에 적합해야 하고, 사무실의 면적은 다음 기준에 적합해야 한다.

항 목	허가기준
사무실	영업에 필요한 면적. 다만, 관리사무소 등 부대시설이 설치된 민영 노외주차장을 소유하거나 그 사용계약을 체결한 경우에는 사무실을 확보한 것으로 본다.

② **허가기준의 신고**

ㄱ 운송주선업자는 5년의 범위에서 대통령령으로 정하는 기간마다 허가기준에 대한 신고를 하여야 한다.

ㄴ 화물자동차 운송주선사업 허가기준에 관한 사항을 신고하려는 자는 기간이 지난 날부터 3개월 이내에 화물자동차 운송주선사업 허가사항신고서를 관할관청에 제출하여야 한다.

ㄷ 화물자동차 운송주선사업 허가사항 신고서에는 다음 서류를 첨부하여야 한다.

ⓐ 주사무소·영업소 및 화물취급소의 명칭·위치 및 규모를 적은 서류와 상용인부 2명 이상의 고용을 증명하는 서류(이사화물을 취급하는 경우만 해당한다)

ⓑ 적재물배상보험 등의 가입을 증명하는 서류

이 경우 관할관청은 「전자정부법」에 따른 행정정보의 공동이용을 통하여 법인 등기사항증명서(신고인이 법인인 경우만 해당한다)를 확인하여야 한다.

(3) 허가절차

① **사업허가 신청** : 화물자동차 운송주선사업의 허가를 받으려는 자는 화물자동차 운송주선사업 허가신청서를 관할관청에 제출하여야 한다. 화물자동차 운송주선사업 허가신청서에는 주사무소·영업소 및 화물취급소의 명칭·위치 및 규모를 적은 서류를 첨부하여야 한다.

이 경우 관할관청은 「전자정부법」에 따른 행정정보의 공동이용을 통하여 법인 등기사항증명서(신청인이 법인인 경우만 해당한다)를 확인하여야 한다.

② **허가절차**

ㄱ 관할관청은 화물자동차 운송주선사업의 허가신청을 받았을 때에는 서류를 갖추었는지와 공급기준에 맞는지를 심사한 후 화물자동차 운송주선사업 예비허가증을 발급하여야 한다.

ㄴ 관할관청은 화물자동차 운송주선사업 예비허가증을 발급하였을 때에는 신청일부터 20일 이내에 결격사유가 있는지, 허가기준에 맞는지와 적재물배상보험 등에 가입하였는지를 확인한 후 화물자동차 운송주선사업 허가증을 발급하여야 한다.

ㄷ 관할관청은 화물자동차 운송주선사업 허가증을 발급하였을 때에는 그 사실을 협회에 통지하고 화물자동차 운송주선사업 허가대장에 기록하여 관리하여야 한다. 화물자동차 운송주선사업 허가대장은 전자적 처리가 불가능한 특별한 사유가 없으면 전자적 처리가 가능한 방법으로 작성하여 관리하여야 한다.

(4) **영업소의 설치**

① **설치 의무**: 운송주선사업자는 주사무소 외의 장소에서 상주하여 영업하려면 국토교통부장관의 허가를 받아 영업소를 설치하여야 한다.

② **절차**: 운송주선사업자는 영업소를 설치하려면 별지 제28호서식의 화물자동차 운송주선사업 영업소 허가신청서에 사무실 확보를 증명하는 서류를 첨부하여 관할관청에 제출하여야 한다.

③ **허가증 확인**: 관할관청은 「전자정부법」 제36조 제1항에 따른 행정정보의 공동이용을 통하여 화물자동차 운송주선사업 허가증을 확인하여야 하며, 신청인이 확인에 동의하지 아니하는 경우에는 그 서류를 첨부하도록 하여야 한다.

④ **발급**: 관할관청은 영업소 허가신청을 받았을 때에는 법 제24조 제6항 제1호에 따른 공급기준에 맞는지를 심사한 후 신청일부터 20일 이내에 화물자동차 운송주선사업 영업소 허가증을 발급하여야 한다.

⑤ **관리**: 관할관청은 화물자동차 운송주선사업 영업소 허가증을 발급하였을 때에는 그 사실을 주사무소 소재지의 관할관청과 협회에 통지하고, 화물자동차 운송주선사업 허가대장에 기록하여 관리하여야 한다.

3 운송주선사업자의 명의이용 금지

운송주선사업자는 자기의 명의로 타인에게 화물자동차 운송주선사업을 경영하게 할 수 없다. 이를 위반한 사업자는 2년 이하의 징역 또는 2천만원 이하의 벌금에 처한다.

■ 4 사업정지 · 허가취소 등 행정처분

(1) 처분기준

국토교통부장관은 운송주선사업자가 위반행위가 있었을 때 그 허가를 취소하거나 6개월 이내의 기간을 정하여 그 사업의 정지를 명할 수 있다.

● 화물자동차 운송주선사업의 허가취소 등 행정처분기준

위반내용	처분내용
1. 법 제28조에서 준용하는 법 제4조 각 호의 어느 하나에 해당하게 된 경우. 다만, 법인의 임원 중 법 제4조 각 호의 어느 하나에 해당하는 사람이 있는 경우 3개월 이내에 그 임원을 개임(改任)한 경우는 제외한다.	허가취소
2. 거짓이나 그 밖의 부정한 방법으로 법 제24조 제1항에 따른 허가를 받은 경우	허가취소
3. 법 제24조 제6항에 따른 허가기준을 충족하지 못하게 된 경우	• 1차 : 사업정지(30일) • 2차 : 허가취소
4. 법 제24조 제7항에 따른 신고를 하지 않거나 거짓으로 신고한 경우	• 1차 : 사업정지(30일) • 2차 : 허가취소
5. 법 제24조 제8항에 따른 영업소 설치 허가를 받지 않고 주사무소 외의 장소에서 상주하여 영업한 경우	사업정지(30일)
6. 법 제25조를 위반한 경우	• 1차 : 사업정지(60일) • 2차 : 허가취소
7. 법 제26조에 따른 준수사항을 위반한 경우	
8. 법 제28조에서 준용하는 법 제11조(같은 조 제3항 · 제4항 · 제7항 · 제10항, 제14항부터 제18항까지 및 제20항부터 제24항까지는 제외한다)에 따른 준수사항을 위반한 경우	
가) 법 제11조 제1항을 위반하여 부당한 운송주선조건을 제시하거나 정당한 사유 없이 운송주선계약의 인수를 거부한 경우	사업정지(10일)
나) 법 제11조 제6항을 위반하여 주선운임 및 주선요금의 전부 또는 일부에 해당하는 금액을 부당하게 화주, 다른 운송사업자 또는 운송주선사업자에게 되돌려주는 행위를 한 경우	• 1차 : 사업정지(20일) • 2차 : 사업정지(50일) • 3차 : 허가취소
다) 법 제11조 제8항을 위반하여 주선운임 및 주선요금과 운송주선약관을 영업소에 갖추어 두지 않거나 이용자의 제시 요구에 따르지 않은 경우	사업정지(10일)
라) 법 제11조 제9항을 위반하여 둘 이상의 화물자동차 운송가맹점에 가입한 경우	사업정지(10일)

마) 운송가맹점으로 가입한 운송주선사업자가 법 제11조 제11항을 위반하여 자기의 상호를 소속 운송가맹사업자의 운송가맹점으로 변경하지 않거나 상호변경신고를 하지 않은 경우	사업정지(10일)
바) 법 제11조 제13항 본문을 위반하여 위·수탁차주나 화물자동차 소유대수가 1대인 운송사업자에게 화물운송을 위탁한 운송주선사업자가 해당 위·수탁차주나 1대사업자의 요구에도 불구하고 화물위탁증을 내주지 않은 경우	• 1차 : 사업정지(10일) • 2차 : 사업정지(20일) • 3차 이상 : 사업정지 (30일)
사) 법 제11조 제13항 단서를 위반하여 최대 적재량 1.5톤 이상의 「자동차관리법」에 따른 화물자동차를 소유한 위·수탁차주나 화물자동차 소유대수가 1대인 운송사업자에게 화물운송을 위탁한 운송주선사업자가 화물위탁증을 발급하지 않은 경우	• 1차 : 사업정지(10일) • 2차 : 사업정지(20일) • 3차 이상 : 사업정지 (30일)
9. 법 제26조 및 제28조에서 준용하는 법 제11조(같은 조 제3항·제4항·제7항·제10항, 제14항부터 제18항까지 및 제20항부터 제24항까지는 제외한다)에 따른 준수사항을 위반한 건수가 다음의 기준에 해당하는 경우	
가) 해당 연도의 위반 건수가 60건 이상이 되는 경우	사업정지(30일)
나) 해당 연도의 위반 건수가 100건 이상이 되는 경우	허가취소
10. 법 제28조에서 준용하는 법 제13조(같은 조 제2호 및 제5호부터 제7호까지는 제외한다)에 따른 개선명령을 이행하지 않은 경우	사업정지(30일)
11. 법 제47조의2 제1항에 따른 신고를 하지 않았거나 거짓으로 신고한 경우	• 1차 : 사업 일부정지 (신고의무 미이행률× 10일) • 2차 : 사업 일부정지 (신고의무 미이행률× 20일) • 3차 이상 : 사업 일부 정지(신고의무 미이행 률×30일)
12. 법 제27조에 따른 사업정지명령을 위반하여 그 사업정지기간 중에 사업을 한 경우	허가취소

⑵ **허가취소 등의 방법 및 절차**

① 관할관청은 위반행위를 적발하였을 때에는 특별한 사유가 없으면 적발한 날부터 30일 이내에 처분을 하여야 한다.

② 관할관청은 허가취소 또는 사업 정지처분을 하였을 때에는 그 사실을 연합회에 통지하여야 하며, 화물자동차 운송주선사업 허가대장에 기록하여 5년간 보존하여야 한다.

③ 연합회는 관할관청으로부터 처분결과를 통지받았을 때에는 운송주선사업자별로 처분내용을 기록하여 관리하여야 하며, 관할관청이 허가가 취소된 후 2년이 지나지 아니한 자에 해당하는 지를 조회하는 경우에는 지체 없이 응하여야 한다.

▮5 국제물류주선업자에 대한 운송주선사업자의 준수사항 등 적용

「물류정책기본법」에 따라 국제물류주선업을 등록한 자가 수출입화물의 국내 운송을 위해 화물자동차 운송을 주선하는 때에는 운송주선사업자의 준수사항, 위탁화물의 관리책임, 실적신고 및 관리 등에 관하여 위탁화물관리책임(제26조, 제28조에서 준용하는 제11조의3 제1항·제3항) 및 실적신고 및 관리(제47조의2 제1항) 규정을 적용한다.

▮6 준용규정

화물자동차 운송주선사업 허가증 및 화물자동차 운송주선사업 영업소 허가증의 변경·재발급, 운송주선약관 신고, 분쟁조정 신청, 운송가맹점의 상호변경 신고, 위탁화물의 관리책임, 우수업체 인증, 사업 양도·양수 신고, 법인합병 신고 및 상속 신고 등에 관하여는 제8조, 제16조, 제17조, 제21조의2, 제21조의4 제1항, 제22조의2, 제23조(제4항부터 제6항까지는 제외한다), 제24조 및 제25조를 준용한다. 이 경우 '화물자동차 운송사업'은 '화물자동차 운송주선사업'으로, '운송약관'은 '운송주선약관'으로 본다.

제4절　화물자동차 운송가맹사업

1 화물자동차 운송가맹사업

(1) 화물자동차 운송가맹사업

① **화물자동차 운송가맹사업의 정의** : 다른 사람의 요구에 응하여 자기 화물자동차를 사용하여 유상으로 화물을 운송하거나 화물정보망(인터넷 홈페이지 및 이동통신단말장치에서 사용되는 응용프로그램을 포함한다)을 통하여 소속 화물자동차 운송가맹점(운송사업자 및 화물자동차 운송사업의 경영의 일부를 위탁받은 사람인 운송가맹점만을 말한다)에 의뢰하여 화물을 운송하게 하는 사업을 말한다.

② **화물자동차 운송가맹사업자** : 화물자동차 운송가맹사업의 허가를 받은 자를 말한다.

③ **화물자동차 운송가맹점** : 화물자동차 운송가맹사업자(운송가맹사업자)의 운송가맹점으로 가입한 자로서 ㉠ 운송가맹사업자의 화물정보망을 이용하여 운송화물을 배정받아 화물을 운송하는 운송사업자, ㉡ 운송가맹사업자의 화물운송계약을 중개·대리하는 운송주선사업자, ㉢ 운송가맹사업자의 화물정보망을 이용하여 운송화물을 배정받아 화물을 운송하는 자로서 화물자동차 운송사업의 경영의 일부를 위탁받은 사람(경영의 일부를 위탁한 운송사업자가 화물자동차 운송가맹점으로 가입한 경우는 제외한다)를 말한다.

(2) 사업허가와 변경허가

화물자동차 운송가맹사업을 경영하려는 자는 국토교통부장관에게 허가를 받아야 한다.

① **허가기준** : 화물자동차 운송가맹사업의 허가 또는 증차를 수반하는 변경허가의 국토교통부장관이 화물의 운송수요를 감안하여 고시하는 공급기준에 적합하고, 화물자동차의 대수(운송가맹점이 보유하는 화물자동차의 대수를 포함한다), 운송시설, 그 밖의 기준에 적합하여야 한다.

● 가맹사업 허가기준

항 목	허가기준
허가기준대수	500대 이상 (운송가맹점이 소유하는 화물자동차의 대수를 포함하되, 특별시·광역시를 포함한 8개 이상의 시·도에 각각 50대 이상 분포되어야 한다)
사무실 및 영업소	영업에 필요한 면적
최저보유 차고면적	화물자동차 1대당 당해 화물자동차의 길이와 너비를 곱한 면적 (화물자동차를 직접 소유하는 경우만 해당한다)
화물자동차의 종류	제3조의 규정에 의한 화물자동차 (화물자동차를 직접 소유하는 경우만 해당한다)
그 밖에 운송시설	화물운송전산망을 갖출 것

② **사업 허가신청**

　⑦ 화물자동차 운송가맹사업의 허가를 받으려는 자는 화물자동차 운송가맹사업 허가신청서를 국토교통부장관에게 제출하여야 한다.

　ⓛ 화물자동차 운송가맹사업 허가신청서에는 다음 서류를 첨부하여야 한다.

　　ⓐ 주사무소·영업소 및 화물취급소의 명칭·위치 및 규모를 적은 서류

　　ⓑ 주사무소 및 영업소에 배치하는 화물자동차의 대수·종류·차명·형식·연식 및 최대적재량을 적은 서류(화물자동차를 직접 소유하는 경우만 해당한다)

　　ⓒ 화물운송전산망을 설치하였음을 증명할 수 있는 서류

　　ⓓ 차고지설치확인서(화물자동차를 직접 소유하는 경우만 해당한다)

　　ⓔ 화물자동차의 매매계약서·양도증명서 또는 출고예정증명서(화물자동차를 직접 소유하는 경우만 해당한다)

　　ⓕ 화물자동차 운송가맹계약서 사본

　이 경우 국토교통부장관은 「전자정부법」에 따른 행정정보의 공동이용을 통하여 법인 등기사항증명서(신청인이 법인인 경우만을 말한다)를 확인하여야 한다.

③ **허가절차**

　⑦ 국토교통부장관은 화물자동차 운송가맹사업의 허가를 신청받았을 때에는 사업 허가신청에 필요한 서류를 갖추었는지와 공급기준에 맞는지를 심사한 후 화물자동차 운송가맹사업 예비허가증을 발급하여야 한다.

　ⓛ 국토교통부장관은 화물자동차 운송가맹사업 예비허가증을 발급하였을 때에는 신청일부터 20일 이내에 다음 사항을 확인한 후 화물자동차 운송가맹사업 허가증을 발급하여야 한다.

　　ⓐ 결격사유의 유무

　　ⓑ 화물자동차의 등록 여부

　　ⓒ 차고지 설치 여부, 화물운송전산망의 설치 여부 등 허가기준에 맞는지 여부

　　ⓓ 적재물배상보험 등의 가입 여부

　ⓒ 국토교통부장관은 화물자동차 운송가맹사업 허가증을 발급하였을 때에는 그 사실을 협회에 통지하고 화물자동차 운송가맹사업 허가대장에 기록하여 관리하여야 한다. 화물자동차 운송가맹사업 허가대장은 전자적 처리가 불가능한 특별한 사유가 없으면 전자적 처리가 가능한 방법으로 작성하여 관리하여야 한다.

④ **변경허가**

㉠ 변경허가(영업소의 허가사항을 변경하는 경우를 포함한다)를 받으려는 자는 화물자동차 운송가맹사업 변경허가신청서에 변경된 사항을 증명하는 서류와 증차(화물자동차를 직접 소유하지 아니한 운송가맹사업자가 화물자동차를 직접 소유하려는 경우를 포함한다)를 수반하는 경우에는 차고지설치확인서(화물자동차를 직접 소유하는 경우만 해당한다)와 화물자동차의 매매계약서·양도증명서 또는 출고예정증명서(화물자동차를 직접 소유하는 경우만 해당한다)를 첨부하여 국토교통부장관에게 신청하여야 한다.

㉡ 국토교통부장관은 화물자동차 운송가맹사업의 변경허가신청을 받았을 때에는 서류가 구비되었는지 여부와 공급기준에 맞는지(증차 등을 수반하는 변경허가신청만 해당한다)를 확인한 후 예비변경허가를 하여야 한다.

㉢ 국토교통부장관은 예비변경허가를 하였을 때에는 신청일부터 20일 이내에 다음 사항을 확인한 후 변경허가를 하여야 한다.

ⓐ 결격사유의 유무

ⓑ 화물자동차의 등록 여부

ⓒ 차고지 설치 여부 등 허가기준에 맞는지 여부

ⓓ 적재물배상보험 등의 가입 여부

㉣ 국토교통부장관은 변경허가를 하였을 때에는 그 사실을 협회에 통지하고 화물자동차 운송가맹사업 허가대장에 기록하여 관리하여야 한다.

⑤ **경미한 변경신고**

㉠ 다음과 같은 경미한 사항을 변경하는 경우에는 국토교통부장관에게 신고하여야 한다.

> **변경신고 대상**
>
> ⓐ 대표자의 변경(법인인 경우에 한한다)
> ⓑ 화물취급소의 설치 및 폐지
> ⓒ 화물자동차의 대폐차(代廢車)(화물자동차를 직접 소유한 운송가맹사업자만 해당한다)
> ⓓ 주사무소·영업소 및 화물취급소의 이전
> ⓔ 화물자동차 운송가맹계약의 체결 또는 해제·해지

㉡ 허가사항 변경신고를 하려면 화물자동차 운송가맹사업 허가사항변경신고서를 국토교통부장관에게 제출하여야 한다.

㉢ 운송가맹사업자는 화물자동차 운송가맹사업 허가사항변경신고서에 변경된 사항을 증명하는 서류 및 도면을 첨부하여야 한다.

⑥ 국토교통부장관은 가맹사업의 허가·변경허가의 신청을 받거나 변경신고를 받은 날부터 20일 이내에 허가 또는 신고수리 여부를 신청인에게 통지하여야 한다. 국토교통부장관이 20일 내에 허가 또는 신고수리 여부나 민원 처리 관련 법령에 따른 처리기간의 연장 여부를 신청인에게 통지하지 아니하면 그 기간이 끝난 날의 다음 날에 허가 또는 신고수리를 한 것으로 본다.

(3) 영업소의 설치

① **설치** : 운송가맹사업자는 주사무소 외의 장소에서 상주하여 영업하려면 국토교통부장관의 허가를 받아 영업소를 설치하여야 한다.

② **신청서 제출** : 운송가맹사업자는 영업소를 설치하려면 화물자동차 운송가맹사업 영업소 허가신청서를 국토교통부장관에게 제출하여야 한다.

③ **첨부서류** : 화물자동차 운송가맹사업 영업소 허가신청서에는 다음 서류를 첨부하여야 한다.

　㉠ 영업소에 배치하는 화물자동차의 대수·종류·차명·형식·연식 및 최대 적재량을 적은 서류(화물자동차를 직접 소유하는 경우만 해당한다)

　㉡ 차고지설치확인서(화물자동차를 직접 소유하는 경우만 해당한다)

　㉢ 화물자동차의 등록증·매매계약서·양도증명서 또는 출고예정증명서(화물자동차를 직접 소유하는 경우만 해당한다)

　㉣ 적재물배상보험 등의 가입을 증명하는 서류(화물자동차를 직접 소유하는 경우만 해당한다)

④ **허가증 확인** : 국토교통부장관은 「전자정부법」에 따른 행정정보의 공동이용을 통하여 법인 등기사항증명서(신청인이 법인인 경우만 해당한다), 화물자동차 운송가맹사업 허가증을 확인하여야 하며, 화물자동차 운송가맹사업 허가증에 대해서는 신청인으로부터 확인에 대한 동의를 받고, 신청인이 확인에 동의하지 아니하는 경우에는 그 서류를 첨부하도록 하여야 한다.

⑤ **발급** : 국토교통부장관은 영업소 허가신청을 받았을 때에는 신청일부터 20일 이내에 신청내용을 확인한 후 화물자동차 운송가맹사업 영업소 허가증을 발급하여야 한다.

⑥ **관리** : 국토교통부장관은 화물자동차 운송가맹사업 영업소 허가증을 발급하였을 때에는 그 사실을 협회에 통지하고 화물자동차 운송가맹사업 허가대장에 기록하여 관리하여야 한다.

(4) 허가기준에 관한 사항의 신고

① 화물자동차 운송가맹사업의 허가기준에 관한 사항을 신고하려는 자는 5년의 범위에서 대통령령으로 정하는 기간이 지난 날부터 3개월 이내에 화물자동차 운송가맹사업 허가사항신고서를 국토교통부장관에게 제출하여야 한다.

② 화물자동차 운송가맹사업 허가사항신고서에는 다음 서류를 첨부하여야 한다. 이 경우 국토교통부장관은 「전자정부법」에 따른 행정정보의 공동이용을 통하여 법인 등기사항증명서(신고인이 법인인 경우만 해당한다)를 확인하여야 한다.

　㉠ 허가신청에 필요한 서류[자본금의 납입을 증명하는 서류 및 허가신청 당시의 납입자본금의 사용명세서와 화물자동차의 매매계약서·양도증명서 또는 출고예정증명서(화물자동차를 직접 소유하는 경우만 해당한다) 제외]

　㉡ 적재물배상보험 등의 가입을 증명하는 서류

　㉢ 화물자동차를 소유하고 있음을 증명하는 서류(화물자동차를 직접 소유한 경우만 해당한다)

2 운송가맹사업자 및 운송가맹점의 역할

(1) 운송가맹사업자의 역할

운송가맹사업자는 화물자동차 운송가맹사업의 원활한 수행을 위하여 다음의 사항을 성실히 이행하여야 한다.

① 운송가맹사업자의 직접운송물량과 운송가맹점에 의한 운송물량의 공정한 배정
② 효율적인 운송기법의 개발 및 보급
③ 화물의 원활한 운송을 위한 화물정보망의 설치 · 운영

(2) 운송가맹점의 역할

운송가맹점은 화물자동차 운송가맹사업의 원활한 수행을 위하여 다음의 사항을 성실히 이행하여야 한다.

① 운송가맹사업자가 정한 기준에 맞는 운송서비스의 제공(운송사업자 및 위 · 수탁차주인 운송가맹점만 해당된다)
② 화물의 원활한 운송을 위한 차량 위치의 통지(운송사업자 및 위 · 수탁차주인 운송가맹점만 해당된다)
③ 운송가맹사업자에 대한 운송화물의 확보 · 공급(운송주선사업자인 운송가맹점만 해당된다)

3 개선명령

(1) 개선명령사항

국토교통부장관은 안전운행의 확보, 운송질서의 확립 및 화주의 편의를 도모하기 위하여 필요하다고 인정하는 때에는 운송가맹사업자에게 다음의 사항을 명할 수 있다.

> **가맹사업자에 대한 명령사항**
>
> ① 운송약관의 변경
> ② 화물자동차의 구조변경 및 운송시설의 개선
> ③ 화물의 안전운송을 위한 조치
> ④ 「가맹사업거래의 공정화에 관한 법률」 제7조 · 제8조 · 제10조 · 제11조 및 제13조의 규정에 의한 정보공개서의 제공 · 갱신 · 수정, 가맹금의 반환, 가맹계약서의 교부 · 보관 및 가맹계약 종료사실의 통지
> ⑤ 적재물배상보험 등 및 「자동차손해배상 보장법」에 따라 운송가맹사업자가 의무적으로 가입하여야 하는 보험 · 공제에의 가입
> ⑥ 그 밖에 화물자동차 운송가맹사업의 개선을 위하여 필요한 사항

(2) 처 벌

운송가맹사업자가 개선명령을 이행하지 않은 경우 300만원 이하의 과태료에 처한다.

■ 4 가맹사업에 대한 행정처분 기준

(1) 처분기준

국토교통부장관은 운송가맹사업자가 다음 어느 하나에 해당하면 그 허가를 취소하거나 6개월 이내의 기간을 정하여 그 사업의 전부 또는 일부의 정지를 명하거나 감차 조치를 명할 수 있다. 가맹사업에 대한 행정처분의 세부기준은 다음과 같다.

위반행위	처분기준
1. 법 제33조에서 준용하는 법 제4조 각 호의 어느 하나에 해당하게 된 경우. 다만, 법인의 임원 중 법 제4조 각 호의 어느 하나에 해당하는 사람이 있는 경우 3개월 이내에 그 임원을 개임한 경우는 제외한다.	• 허가취소
2. 화물운송 종사자격이 없는 자에게 화물을 운송하게 한 경우	• 1차 : 위반차량 운행정지(30일) • 2차 : 위반차량 감차 조치
3. 법 제33조에서 준용하는 법 제14조에 따른 업무개시 명령을 정당한 사유 없이 이행하지 않은 경우	• 1차 : 위반차량 운행정지(30일) • 2차 : 감차 조치
4. 거짓이나 그 밖의 부정한 방법으로 법 제29조 제1항에 따른 허가를 받은 경우	• 허가취소
5. 거짓이나 그 밖의 부정한 방법으로 법 제29조 제2항에 따른 변경허가를 받은 경우	• 1차 : 사업 전부정지(60일) • 2차 : 허가취소
6. 법 제29조 제3항에 따른 허가 또는 변경허가의 기준을 충족하지 못하게 된 경우	• 1차 : 사업 전부정지(30일) • 2차 : 허가취소
7. 법 제29조 제4항에 따른 신고를 하지 않았거나 거짓으로 신고한 경우	• 1차 : 사업 전부정지(30일) • 2차 : 허가취소
8. 법 제29조 제5항에 따른 영업소 설치 허가를 받지 않고 주사무소 외의 장소에서 상주하여 영업한 경우	• 사업 일부정지(30일)
9. 정당한 사유 없이 법 제31조에 따른 개선명령을 이행하지 않은 경우	• 사업 전부정지(30일)
10. 법 제33조에서 준용하는 법 제11조 및 제25조(소속 운송가맹점에 자기의 영업표지를 사용하게 하는 경우는 제외한다)를 위반한 경우	
가) 법 제11조 제1항을 위반하여 부당한 운송조건을 제시하거나 정당한 사유 없이 운송계약의 인수를 거부한 경우	• 사업 전부정지(10일)
나) 법 제11조 제2항을 위반하여 운전자를 과도하게 승차근무하게 한 경우	• 사업 전부정지(10일)

다) 법 제11조 제3항을 위반하여 법 제2조 제3호 후단에 따른 화물의 기준에 적합하지 않은 화물을 운송한 경우	• 1차 : 위반차량 운행정지(10일) • 2차 : 위반차량 운행정지(20일) • 3차 이상 : 위반차량 운행정지(30일)
라) 법 제11조 제4항을 위반하여 고장 및 사고차량 등 화물의 운송과 관련하여 「자동차관리법」에 따른 자동차관리사업자와 부정한 금품을 주고 받은 경우	• 1차 : 사업 일부정지(20일) • 2차 : 사업 일부정지(50일) • 3차 : 허가취소
마) 법 제11조 제6항을 위반하여 운임 및 요금의 전부 또는 일부에 해당하는 금액을 부당하게 화주, 다른 운송가맹사업자 또는 화물자동차 운송주선사업을 경영하는 자에게 되돌려주는 행위를 한 경우	• 1차 : 사업 일부정지(20일) • 2차 : 사업 일부정지(50일) • 3차 : 허가취소
바) 법 제11조 제7항을 위반하여 택시 요금미터기의 장착 등 국토교통부령으로 정하는 택시 유사표시행위를 한 경우	• 1차 : 위반차량 운행정지(60일) • 2차 : 위반차량 감차 조치
사) 법 제11조 제8항을 위반하여 운임 및 요금과 운송가맹약관을 영업소 또는 화물자동차에 갖추어 두지 않거나 이용자의 요구에 이를 내보이지 않은 경우	• 사업 전부정지(10일)
아) 법 제11조 제13항 본문을 위반하여 위·수탁차주나 화물자동차 소유대수가 1대인 운송사업자에게 화물운송을 위탁한 운송가맹사업자가 해당 위·수탁차주나 1대사업자의 요구에도 불구하고 화물위탁증을 내주지 않은 경우	• 1차 : 사업 일부정지(10일) • 2차 : 사업 일부정지(20일) • 3차 : 사업 일부정지(30일)
자) 법 제11조 제13항 단서를 위반하여 최대 적재량 1.5톤 이상의 「자동차관리법」에 따른 화물자동차를 소유한 위·수탁차주나 화물자동차 소유대수가 1대인 운송사업자에게 화물운송을 위탁한 운송가맹사업자가 화물위탁증을 발급하지 않은 경우	• 1차 : 사업 일부정지(10일) • 2차 : 사업 일부정지(20일) • 3차 : 사업 일부정지(30일)
차) 법 제11조 제20항을 위반하여 적재된 화물이 떨어지지 않도록 국토교통부령으로 정하는 기준 및 방법에 따라 덮개·포장·고정장치 등 필요한 조치를 하지 않고 운행한 경우	• 1차 : 위반차량 운행정지(30일) • 2차 : 위반차량 운행정지(60일) • 3차 이상 : 위반차량 운행정지(90일)
카) 법 제11조 제22항을 위반하여 법 제59조 제1항에 따라 화물자동차의 운전업무에 종사하는 운수종사자가 교육을 받는 데에 필요한 조치를 하지 않거나, 그 교육을 받지 않은 화물자동차의 운전업무에 종사하는 운수종사자를 화물자동차 운수사업에 종사하게 한 경우	• 사업 일부정지(10일)
타) 법 제11조 제23항 및 「자동차관리법」 제35조를 위반하여 전기·전자장치(최고속도제한장치에 한정한다)를 무단으로 해체하거나 조작한 경우	• 1차 : 위반차량 운행정지(20일) • 2차 : 위반차량 운행정지(30일) • 3차 이상 : 위반차량 운행정지(50일)

파) 법 제11조 제24항에 따라 국토교통부령으로 정하는 화물자동차 운송사업의 차고지 이용과 운송시설에 관한 사항이나 그 밖에 수송의 안전과 화주의 편의를 도모하기 위해 운송사업자가 지켜야 할 사항을 위반한 경우	• 사업 전부정지, 사업 일부정지 또는 위반차량 운행정지
하) 법 제11조의 준수사항을 위반한 건수가 다음의 기준에 해당하는 경우	
1) 직접 소유한 화물자동차 1대의 해당 월의 위반 건수가 8건 이상이 되는 경우	• 위반차량 감차 조치
2) 직접 소유한 화물자동차 1대의 해당 연도의 위반 건수가 50건 이상이 되는 경우	• 위반차량 감차 조치
3) 다음의 계산식에 따라 산출한 해당 연도의 위반지수가 60 이상이 되는 경우 $\left(\dfrac{위반\ 건수}{직접\ 소유\ 대수} \times 10 \right)$	• 사업 일부정지(30일)
4) 다음의 계산식에 따라 산출한 해당 연도의 위반지수가 100 이상이 되는 경우 $\left(\dfrac{위반\ 건수}{직접\ 소유\ 대수} \times 10 \right)$	• 사업 일부정지(60일)
거) 법 제25조(소속 운송가맹점에 자기의 영업표지를 사용하게 하는 경우는 제외한다)를 위반한 경우	• 1차 : 사업 전부정지(60일) • 2차 : 허가취소
11. 법 제34조에서 준용하는 「가맹사업거래의 공정화에 관한 법률」 제7조, 제9조부터 제11조까지, 제13조 및 제14조를 위반한 경우(법 제31조에 따라 개선명령을 받은 경우는 제외한다)	• 사업 전부정지(10일)
12. 법 제32조에 따른 사업정지명령 또는 감차 조치 명령을 위반한 경우	• 허가취소
13. 중대한 교통사고 또는 빈번한 교통사고로 1명 이상의 사상자를 발생하게 한 경우	
가) 중대한 교통사고로 1명 이상의 사상자를 발생하게 한 경우	
1) 1건의 교통사고로 다음의 인원이 사망한 경우 • 10명 이상 • 5명 이상 9명 이하 • 3명 이상 4명 이하 • 2명 이하	• 감차 조치(보유차량의 1/5대) • 감차 조치(보유차량의 1/10대) • 위반차량 운행정지(120일) • 위반차량 운행정지(90일)
2) 1건의 교통사고로 다음의 인원이 중상을 입은 경우 • 10명 이상 • 5명 이상 9명 이하 • 3명 이상 4명 이하 • 2명 이하	• 감차 조치(2대) • 위반차량 운행정지(60일) • 위반차량 운행정지(30일) • 위반차량 운행정지(10일)

나) 빈번한 교통사고로 1명 이상의 사상자를 발생하게 한 경우	
1) 5대 이상의 차량을 직접 소유한 운송가맹사업자의 경우 다음 계산식에 따라 산출한 해당 연도의 교통사고지수가 3에 이르게 된 경우 $$\left(\frac{교통사고\ 건수}{직접\ 소유\ 대수} \times 10 \right)$$	• 직접 소유한 화물자동차 대수의 5분의 1(이 경우 소수점 이하의 수는 버린다. 다만, 5분의 1에 해당하는 화물자동차의 대수가 1대 미만인 경우에는 이를 1대로 본다)에 대한 사업 일부정지(75일)
2) 5대 이상의 차량을 직접 소유한 운송가맹사업자의 경우 다음 계산식에 따라 산출한 해당 연도의 교통사고지수가 6에 이르게 된 경우 $$\left(\frac{교통사고\ 건수}{직접\ 소유\ 대수} \times 10 \right)$$	• 직접 소유한 화물자동차 대수의 5분의 1(이 경우 소수점 이하의 수는 버린다. 다만, 5분의 1에 해당하는 화물자동차의 대수가 1대 미만인 경우에는 이를 1대로 본다)에 대한 감차 조치
3) 5대 이상의 차량을 직접 소유한 운송가맹사업자의 경우 다음 계산식에 따라 산출한 해당 연도의 교통사고지수가 8에 이르게 된 경우 $$\left(\frac{교통사고\ 건수}{직접\ 소유\ 대수} \times 10 \right)$$	• 사업 전부정지(90일)
4) 5대 미만의 차량을 직접 소유한 운송가맹사업자의 경우 해당 사고 이전 최근 1년 동안에 발생한 교통사고가 다음에 이르게 된 경우 • 2건 발생 시 • 3건 이상 발생 시	 • 위반차량 운행정지(30일) • 위반차량 감차 조치
14. 법 제44조의2 제1항에 따라 보조금의 지급이 정지된 자가 그 날부터 5년 이내에 다시 같은 항 각 호의 어느 하나에 해당하게 된 경우	• 위반차량 감차 조치
15. 법 제47조의2 제1항에 따른 신고를 하지 않았거나 거짓으로 신고한 경우	• 1차 : 사업 일부정지(신고의무 미이행률×10일) • 2차 : 사업 일부정지(신고의무 미이행률×20일) • 3차 이상 : 사업 일부정지(신고의무 미이행률×30일)

⑵ **화물운송 질서 확립, 화물자동차 운송사업의 차고지 이용관련 준수 사항**

화물운송 질서 확립, 화물자동차 운송사업의 차고지 이용 및 운송시설에 관한 사항과 그 밖에 수송의 안전 및 화주의 편의를 위하여 운송가맹사업자가 준수하여야 할 사항은 다음과 같다[시행규칙 제21조를 시행규칙 제14조의11에서 준용(제2호·제18호 및 제19호는 제외하며, 운송가맹사업자가 화물자동차를 직접 소유한 경우만 해당한다)].

위반행위	처분내용
1. <삭제>	
2. 차고지와 지방자치단체의 조례로 정하는 시설 및 장소가 아닌 곳에서 밤샘주차한 경우	• 위반차량 운행정지(5일)
2의2. 최대적재량 1.5톤 이하의 화물자동차가 주차장, 차고지 또는 지방자치단체의 조례로 정하는 시설 및 장소가 아닌 곳에서 밤샘주차한 경우	• 위반차량 운행정지(5일)
3. 신고한 운임 및 요금 또는 화주와 합의된 운임 및 요금이 아닌 부당한 운임 및 요금을 받은 경우	• 위반차량 운행정지(30일)
4. 화주로부터 부당한 운임 및 요금의 환급을 요구받고 환급하지 않은 경우	• 위반차량 운행정지(60일)
5. 신고한 운송가맹약관을 준수하지 않은 경우	• 위반차량 운행정지(20일)
6. 사업용 화물자동차의 바깥쪽에 일반인이 알아보기 쉽도록 그 운송가맹사업자의 명칭을 표시하지 않은 경우	• 위반차량 운행정지(10일)
7. 화물자동차 운전자의 취업 현황 및 퇴직 현황을 보고하지 않거나 거짓으로 보고한 경우	• 위반차량 운행정지(10일)
8. 교통사고로 인한 손해배상을 위한 대인보험이나 공제사업에 가입하지 않은 상태로 화물자동차를 운행하거나 그 가입이 실효된 상태로 화물자동차를 운행한 경우	• 1차 : 위반차량 운행정지(20일) • 2차 : 위반차량 운행정지(30일)
9. 적재물배상보험등에 가입하지 않은 상태로 화물자동차를 운행하거나 그 가입이 실효된 상태로 화물자동차를 운행한 경우	• 1차 : 위반차량 운행정지(20일) • 2차 : 위반차량 운행정지(30일)
10. 「자동차관리법」에 따른 검사를 받지 않고 화물자동차를 운행한 경우	• 1차 : 위반차량 운행정지(20일) • 2차 : 위반차량 운행정지(30일)
11. <삭제>	
12. 화물자동차 운전자에게 차 안에 화물운송 종사자격증명을 게시하지 않고 운행하게 한 경우	• 위반차량 운행정지(10일)
13. <삭제>	

14. 화물자동차 운전자로 하여금 「자동차 및 자동차부품의 성능과 기준에 관한 규칙」 제56조에 따른 운행기록계가 설치된 운송사업용 화물자동차가 해당 장치 또는 기기가 정상적으로 작동되지 않는 상태에서 운행하도록 한 경우	• 1차 : 위반차량 운행정지(20일) • 2차 이상 : 위반차량 운행정지 (30일)
15. <삭제>	
16. 「자동차관리법 시행규칙」 별표 1에 따른 구난형 특수자동차를 사용하여 고장·사고차량을 운송하는 운송가맹사업자가 고장·사고차량 소유자 또는 운전자의 의사에 반하여 구난을 지시하거나 구난한 경우. 다만, 다음 각 목의 어느 하나에 해당하는 경우는 제외한다. 　가) 고장·사고차량 소유자 또는 운전자가 사망·중상 등으로 의사를 표현할 수 없는 경우 　나) 교통의 원활한 흐름 또는 안전 등을 위하여 경찰공무원이 차량의 이동을 명한 경우	• 1차 : 사업 전부정지(20일) • 2차 : 사업 전부정지(40일) • 3차 이상 : 사업 전부정지(60일)
17. 「자동차관리법 시행규칙」 별표 1에 따른 구난형 특수자동차를 사용하여 고장·사고차량을 운송하는 운송가맹사업자가 구난 작업 전에 차량의 소유자 또는 운전자에게 구두 또는 서면으로 총 운임·요금을 통지하지 않거나 소속 운수종사자로 하여금 통지하도록 지시하지 않은 경우	• 위반차량 운행정지(10일)
18. 운수종사자에게 제21조 제23호에 따른 휴게시간을 보장하지 않은 경우	• 1차 : 사업 전부정지(10일) • 2차 : 사업 전부정지(20일) • 3차 : 사업 전부정지(30일)
19. 화물자동차 운전자에게 「도로교통법」 제46조의3을 위반하여 난폭운전을 하지 않도록 운행관리를 하지 않은 경우	• 위반차량 운행정지(60일)
20. 「자동차관리법 시행규칙」 별표 1에 따른 밴형 화물자동차를 사용해 화주와 화물을 함께 운송하는 운송가맹사업자가 법 제12조 제1항 제5호의 행위를 하거나 소속 운수종사자로 하여금 같은 호의 행위를 지시한 경우	• 1차 : 사업 일부정지(10일) • 2차 : 사업 일부정지(20일) • 3차 이상 : 사업 일부정지(30일)

5 준용규정

화물자동차 운송가맹사업의 차고지 설치, 화물자동차 운송가맹사업 허가증 및 화물자동차 운송가맹사업 영업소 허가증의 변경·재발급, 운임·요금 신고, 운송가맹약관 신고, 분쟁조정 신청, 화물운송 종사자격증명의 발급·재발급, 화물운송 종사자격증명의 게시 등, 화물자동차 운전자의 관리, 운송가맹사업자의 준수사항, 위탁화물의 관리책임, 운수종사자의 준수사항, 우수업체의 인증, 사업 양도·양수 신고, 법인합병 신고, 상속 신고, 사업 휴업·폐업 신고, 자동차등록증과 자동차등록번호판의 반납(운송가맹사업자가 화물자동차를 직접 소유한 경우만 해당한다), 처분 화물자동차 표시증의 부착(운송가맹사업자가 화물자동차를 직접 소유한 경우만 해당한다), 처분사실의 통지, 처분사실의 기록·관리 및 과징금 부과기준에 관하여는 제5조(운송가맹사업자가 화물자동차를 직접 소유한 경우만 해당한다), 제8조, 제15조(운송가맹사업자가 화물자동차를 직접 소유한 경우만 해당한다), 제16조, 제17조, 제18조의8(제1항 및 제2항은 제외한다), 제18조의9(제1호는 제외한다), 제18조의10, 제19조, 제21조(제2호는 제외하며, 운송가맹사업자가 화물자동차를 직접 소유한 경우만 해당한다), 제21조의4 제1항, 제22조(화물자동차를 직접 소유한 운송가맹사업자의 운수종사자만 해당한다), 제22조의2, 제23조(제4항 및 제6항은 운송가맹사업자가 화물자동차를 직접 소유한 경우만 해당하며, 제5항은 제외한다)부터 제26조까지, 제28조 제2항부터 제5항까지 및 제30조를 준용한다. 이 경우 '화물자동차 운송사업'을 '화물자동차 운송가맹사업'으로, '운송약관'을 '운송가맹약관'으로, '관할관청'을 '국토교통부장관'으로, '화물자동차 행정처분 기록카드'를 '화물자동차 운송가맹사업 허가대장'으로 본다.

제 5 절 적재물배상보험 등

1 적재물배상보험 등의 의무가입

(1) 가입대상

다음의 어느 하나에 해당하는 자는 손해배상책임을 이행하기 위하여 적재물배상책임보험 또는 공제(적재물배상보험 등)에 가입하여야 한다.

① 최대적재량이 5톤 이상이거나 총중량이 10톤 이상인 화물자동차 중 일반형 · 밴형 및 특수용도형 화물자동차와 견인형 특수자동차를 소유하고 있는 운송사업자

② 운송주선사업자

③ 운송가맹사업자

(2) 제 외

① 건축폐기물 · 쓰레기 등 경제적 가치가 없는 화물을 운송하는 차량으로서 국토교통부장관이 정하여 고시하는 화물자동차와 ② 「대기환경보전법」에 따른 배출가스저감장치를 차체에 부착함에 따라 총중량이 10톤 이상이 된 화물자동차 중 최대적재량이 5톤 미만인 화물자동차는 적재물배상보험 등에 가입대상이 아니다.

(3) 고 시

그 밖에 적재물배상보험 의무가입과 관련하여 필요한 사항은 국토교통부장관이 정하여 고시한다.

2 적재물보험 등의 가입범위

적재물배상책임보험 또는 공제(적재물배상보험 등)에 가입하려는 자는 다음 구분에 따라 사고 건당 2천만원[화물자동차 운송주선사업의 허가를 받은 자(운송주선사업자)가 이사화물운송만을 주선하는 경우에는 500만원] 이상의 금액을 지급할 책임을 지는 적재물배상보험 등에 가입하여야 한다.

① **운송사업자**: 각 화물자동차별로 가입

② **운송주선사업자**: 각 사업자별로 가입

③ **운송가맹사업자**: 화물자동차를 직접 소유한 자는 각 화물자동차별 및 각 사업자별로, 그 외의 자는 각 사업자별로 가입

▓ 3 적재물배상보험 등 계약의 체결의무

(1) 체결의무

「보험업법」에 의한 보험회사(적재물배상책임공제사업을 하는 사람을 포함한다. 이하 '보험회사 등'이라 한다)는 적재물배상보험 등에 가입하여야 하는 자(보험 등 의무가입자)가 적재물배상보험 등에 가입하려면 대통령령이 정하는 사유가 있는 경우[3] 외에는 적재물배상보험 등의 계약(이하 '책임보험계약 등'이라 한다)의 체결을 거부할 수 없다.

(2) 책임보험계약 등을 공동으로 체결할 수 있는 경우

보험 등 의무가입자가 다음에 해당하는 경우에는 공동으로 체결할 수 있다.

① 운송사업자의 화물자동차 운전자가 그 운송사업자의 사업용 화물자동차를 운전하여 과거 2년 동안 다음에 해당하는 사항을 2회 이상 위반한 경력이 있는 경우

  ㉠ 「도로교통법」에 따른 무면허운전 등의 금지
  ㉡ 「도로교통법」에 따른 술에 취한 상태에서의 운전금지
  ㉢ 「도로교통법」에 따른 사고발생시 조치의무

② 보험회사가 「보험업법」에 따라 허가를 받거나 신고한 적재물배상보험요율과 책임준비금 산출 기준에 따라 손해배상책임을 담보하는 것이 현저히 곤란하다고 판단한 경우

▓ 4 책임보험계약 등의 해제

보험 등 의무가입자 및 보험회사 등은 다음의 어느 하나에 해당하는 경우 외에는 책임보험계약 등의 전부 또는 일부를 해제 또는 해지하여서는 아니 된다.

① 화물자동차 운송사업의 허가사항이 변경(감차에 한한다)된 경우
② 화물자동차 운송사업을 휴업 또는 폐업한 경우
③ 화물자동차 운송사업의 허가가 취소되거나 감차명령을 받은 경우
④ 화물자동차 운송주선사업의 허가가 취소된 경우
⑤ 화물자동차 운송가맹사업의 허가사항이 변경(감차에 한한다)된 경우
⑥ 화물자동차 운송가맹사업의 허가가 취소되거나 감차명령을 받은 경우
⑦ 적재물배상보험 등에 이중으로 가입되어 하나의 책임보험계약 등을 해제 또는 해지하려는 경우
⑧ 보험회사 등이 파산 등의 사유로 영업을 계속할 수 없는 경우
⑨ 그 밖에 「상법」 제650조 제1항·제2항, 제651조 또는 제652조 제1항에 따른 계약해제 또는 계약해지의 사유가 발생한 경우

---

3) 대통령령에서 규정하고 있는 사항이 없다.

▌5 책임보험계약 등의 계약 종료일의 통지

(1) 통지 시기

보험회사 등은 자기와 책임보험계약 등을 체결하고 있는 자에게 계약기간이 종료된다는 사실을 해당 계약 종료일 30일 전과 10일 전에 각각 통지하여야 한다.

(2) 통지 내용

통지에는 계약기간이 종료된 후 적재물배상보험 등에 가입하지 아니하는 경우에는 500만원 이하의 과태료가 부과된다는 사실에 관한 안내가 포함되어야 한다.

(3) 관할관청에 대한 통지

보험회사 등은 자기와 책임보험계약 등을 체결한 보험 등 의무가입자가 그 계약이 끝난 후 새로운 계약을 체결하지 아니하면 그 사실을 지체 없이 국토교통부장관에게 알려야 한다. 보험회사 등이 관할관청에 알리는 내용에는 적재물배상보험 등에 가입하여야 하는 운수사업자의 상호·성명 및 주민등록번호(법인인 경우에는 법인명칭·대표자 및 법인등록번호를 말한다)와 자동차등록번호가 포함되어야 한다.

▌6 화물자동차 운수사업협회

(1) 설 립

① 운수사업자는 화물자동차 운송사업, 화물자동차 운송주선사업 및 화물자동차 운송가맹사업의 건전한 발전과 운수사업자의 공동이익을 도모하기 위하여 국토교통부장관의 인가를 받아 화물자동차 운송사업, 화물자동차 운송주선사업 및 화물자동차 운송가맹사업의 종류별 또는 시·도별로 협회를 설립할 수 있다. 협회는 법인으로 한다. 협회는 주된 사무소의 소재지에서 설립등기를 함으로써 성립한다.

② 협회를 설립하려면 해당 협회의 회원의 자격이 있는 자 5분의 1 이상이 발기하고, 회원의 자격이 있는 자 3분의 1 이상의 동의를 얻어 창립총회에서 정관을 작성한 후 국토교통부장관에게 인가를 신청하여야 한다.

③ 운수사업자는 정관이 정하는 바에 따라 협회에 가입할 수 있으며, 회원의 자격, 임원의 정수 및 선출방법 그 밖에 협회의 운영에 관하여 필요한 사항은 정관으로 정한다. 정관을 변경하려는 경우에는 국토교통부장관의 인가를 받아야 한다.

④ 협회에 관하여 「화물자동차 운수사업법」에 규정이 있는 사항을 제외하고는 「민법」 중 사단법인에 관한 규정을 준용한다.

(2) 협회의 사업

협회는 다음의 사업을 행한다.

① 화물자동차 운수사업의 건전한 발전과 운수사업자의 공동이익을 도모하는 사업
② 화물자동차 운수사업의 진흥 및 발전에 필요한 통계의 작성 및 관리
③ 외국자료의 수집조사 및 연구사업
④ 경영자와 운수종사자의 교육훈련
⑤ 화물자동차 운수사업의 경영개선을 위한 지도
⑥ 법에서 협회의 업무로 정한 사항
⑦ 국가 또는 지방자치단체로부터 위탁받은 업무
⑧ 사업에 부수되는 업무

(3) 연합회

운송사업자로 구성된 협회와 운송주선사업자로 구성된 협회 및 운송가맹사업자로 구성된 협회는 그 공동목적을 달성하기 위하여 각각 연합회를 설립할 수 있다. 이 경우 운송사업자로 구성된 협회와 운송주선사업자로 구성된 협회 및 운송가맹사업자로 구성된 협회는 각각 당해 연합회의 회원이 된다.

(4) 화물자동차 운전자의 관리

① 운송사업자는 화물자동차 운전자를 채용하거나 채용된 화물자동차 운전자가 퇴직한 때에는 그 명단(소유 대수가 1인 운송사업자가 화물자동차를 직접 운전하는 경우에는 운송사업자 본인의 명단을 말한다)을 협회에 제출하여야 하며, 협회는 이를 종합하여 연합회에 보고하여야 한다. 이때 운전자 명단에는 당해 운전자의 성명 및 생년월일과 운전면허의 종류 · 취득일자 및 화물운송종사자격의 취득일자를 명시하여야 한다.

② 운송사업자는 폐업을 하게 된 때에는 화물자동차 운전자의 경력에 관한 기록 등 관련 서류를 협회에 이관하여야 한다.

③ 협회는 사업용 화물자동차 운전자의 인명사상사고 등 교통법규 위반사항을 매월 지방경찰청장에게 확인하여 그 기록을 유지하고 관할 시 · 도지사에게 이를 지체 없이 제출하여야 하며, 사업용 화물자동차 운전자가 교통사고를 일으켜 사람을 사망하게 하거나 3주 이상의 치료를 요하는 상해를 입히거나 과거 1년간 「도로교통법 시행규칙」에 의한 운전면허 행정처분기준에 따라 산출된 누산점수가 81점 이상인 경우에는 해당 운송사업자에게 이를 통지하여야 한다.

④ 협회는 소유 대수가 1인 운송사업자의 화물자동차를 운전하는 자에 대한 경력증명서의 발급에 필요한 사항을 기록 · 관리하여야 한다.

⑤ 운송사업자는 매월 말 현재 화물자동차 운전자의 취업현황을 다음 달 5일까지 협회에 통보하여야 하며, 협회는 이를 종합하여 그 다음 달 말일까지 시 · 도지사 및 연합회에 보고하여야 한다. 연합회는 기록의 유지 · 관리를 위하여 전산정보처리조직을 운영하여야 한다.

7 공제사업

(1) 공제사업 허가

① **사업 허가**: 운수사업자가 설립한 협회의 연합회는 국토교통부장관의 허가를 받아 운수사업자의 자동차사고로 인한 손해배상책임의 보장사업 및 적재물배상공제사업 등을 할 수 있다. 연합회는 공제사업의 허가를 신청할 때에는 허가신청서에 공제규정, 사업계획서, 수지계산서를 첨부하여 국토교통부장관에게 제출하여야 한다.

② **공제사업 회계의 구분**: 공제사업에 관한 회계는 다른 사업에 관한 회계와 구분하여 경리하여야 한다.

(2) 운 영

① 연합회는 공제규정이 정하는 바에 따라 매 사업연도 말에 그 사업의 책임준비금, 비상위험준비금 및 지급준비금을 계상(計上)하고 이를 적립하여야 한다.

② 연합회는 공제사업에 관한 회계를 다른 사업에 관한 회계와 구분하여 정리하여야 하며, 공제사업에 관한 회계를 책임공제, 일반공제 및 적재물배상공제로 구분하여 회계하여야 한다.

(3) 분쟁조정의 신청

공제사업을 함에 있어 공제계약 및 공제금의 지급 등에 분쟁이 있는 경우 분쟁 당사자는 「여객자동차 운수사업법」상의 공제분쟁조정위원회에 조정을 신청할 수 있다.

(4) 감 독

국토교통부장관은 연합회 및 협회를 지도·감독한다. 국토교통부장관은 필요하다고 인정하는 때에는 협회 및 연합회에 대하여 업무(협회 및 연합회의 업무만 해당)에 관한 보고서의 제출 그 밖에 필요한 조치를 명하거나 소속 공무원으로 하여금 업무상황 또는 회계상황의 조사, 장부 그 밖에 서류의 검사를 하게 할 수 있다. 이때 조사 또는 검사를 하는 공무원은 그 권한을 표시하는 증표를 관계인에게 내보여야 한다.

8 공제조합

(1) 설 립

① 운수사업자는 상호간의 협동조직을 통하여 조합원이 자주적인 경제활동을 영위할 수 있도록 지원하고 조합원의 자동차 사고로 인한 손해배상책임의 보장사업 및 적재물배상 공제사업을 하기 위하여 국토교통부장관의 인가를 받아 공제조합을 설립할 수 있다. 이때 공제조합은 법인으로 한다. 공제조합은 주된 사무소의 소재지에 설립등기를 함으로써 성립된다.

② 운수사업자는 정관으로 정하는 바에 따라 공제조합에 가입할 수 있으며, 공제조합의 조합원은 공제사업에 필요한 분담금을 부담하여야 한다. 조합원의 자격과 임원에 관한 사항, 그 밖에 공제조합의 운영에 필요한 사항은 정관으로 정하고, 정관의 기재사항, 그 밖에 공제조합의 감독에 필요한 사항은 대통령령으로 정한다.

(2) 공제조합의 설립

① **공제조합의 설립인가 절차**: 공제조합을 설립하려면 공제조합의 조합원 자격이 있는 자의 10분의 1 이상이 발기하고, 조합원 자격이 있는 자 200인 이상의 동의를 받아 창립총회에서 정관을 작성한 후 국토교통부장관에게 인가를 신청하여야 한다. 국토교통부장관은 인가를 한 경우 이를 공고하여야 한다.

② **제출서류**: 업종별 공제조합의 설립인가를 받으려는 자는 인가신청서에 정관, 사업계획서, 수지계산서, 창립총회의 회의록을 첨부하여 국토교통부장관에게 제출하여야 한다.

③ **인가**: 국토교통부장관은 연합회(연합회가 설립되지 아니한 경우에는 그 업종을 말한다)별로 하나의 공제조합만을 인가하여야 한다.

④ **공제조합의 정관에 포함되어야 할 사항**

　㉠ 목적, ㉡ 명칭, ㉢ 사무소의 소재지, ㉣ 조합원의 자격 및 가입·탈퇴에 관한 사항,
　㉤ 자산과 회계에 관한 사항, ㉥ 총회에 관한 사항, ㉦ 운영위원회에 관한 사항,
　㉧ 임원과 직원에 관한 사항, ㉨ 업무와 그 집행에 관한 사항,
　㉩ 정관의 변경에 관한 사항, ㉪ 해산과 잔여재산의 처리에 관한 사항

(3) 예산과 결산의 제출

① **예산 제출**: 공제조합은 매 사업연도의 총수입과 총지출을 예산으로 편성하여 사업연도가 시작되기 1개월 전까지 국토교통부장관에게 제출하여야 한다.

② **결산보고서 제출**: 공제조합은 매 사업연도가 끝난 후 2개월 이내에 결산을 완료하고 결산보고서에 대차대조표와 손익계산서를 첨부하여 국토교통부장관에게 제출하여야 한다.

③ **공고**: 공제조합은 국토교통부장관에게 제출한 대차대조표와 손익계산서를 주사무소와 지부에 갖추어 두되, 대차대조표는 공고하여야 한다.

(4) 공제조합의 운영위원회

① **설치**: 공제조합은 공제사업에 관한 사항을 심의·의결하고 그 업무집행을 감독하기 위하여 운영위원회를 둔다.

② **구성**: 운영위원회 위원은 조합원, 운수사업·금융·보험·회계·법률 분야 전문가, 관계 공무원 및 그 밖에 화물자동차 운수사업 관련 이해관계자로 구성하되, 그 수는 25명 이내의 위원으로 구성한다. 다만, 연합회가 공제사업을 하는 경우의 운영위원회 위원은 시·도별 협회의 대표 전원을 포함하여 37명 이내로 한다. 운영위원회 위원은 다음과 같으며, ㉡과 ㉢에 해당하는 위원의 수는 전체위원 수의 2분의 1 미만으로 한다.

　㉠ 다음에 해당하는 사람으로서 공제조합 이사장(연합회가 국토교통부장관의 허가를 받아 공제사업을 하는 경우에는 해당 연합회의 회장을 말한다)이 국토교통부장관의 승인을 받아 위촉하는 사람

ⓐ 금융·보험·회계 분야를 전공하고, 대학에서 부교수 이상으로 재직하고 있거나 재직하였던 사람

ⓑ 변호사·공인회계사 또는 손해사정사의 자격이 있는 사람

ⓒ 「보험업법」에 따른 보험회사나 「소비자기본법」에 따른 한국소비자원 또는 등록한 소비자단체의 임원으로 재직 중인 사람

ⓛ 총회가 조합원(법 제51조 제1항에 따라 연합회가 국토교통부장관의 허가를 받아 공제사업을 하는 경우에는 해당 연합회의 회원인 조합의 조합원을 말한다) 중에서 선임하는 사람

ⓒ 해당 연합회의 회장

ⓔ 해당 공제조합의 이사장(법 제51조 제1항에 따라 연합회가 국토교통부장관의 허가를 받아 공제사업을 하는 경우에는 공제규정에서 정하는 바에 따라 공제사업을 총괄하는 사람을 말한다)

③ **임기**: ⓒ과 ⓛ 위원의 임기는 2년으로 하되, 보궐위원의 임기는 전임자 임기의 남은 기간으로 한다.

④ **위원장과 부위원장**: 운영위원회에는 위원장과 부위원장 각각 1명을 두되, 위원장 및 부위원장은 위원 중에서 각각 호선한다. 이 경우 위원장과 부위원장 중 1명은 ⓒ에 해당하는 사람이어야 한다.

⑤ **위원장과 부위원장 직무**: 운영위원회의 위원장은 운영위원회의 회의를 소집하며 그 의장이 된다. 운영위원회의 부위원장은 위원장을 보좌하며, 위원장이 부득이한 사유로 그 직무를 수행할 수 없을 때에는 그 직무를 대행한다.

⑥ **회의**: 운영위원회의 회의는 재적위원 과반수의 출석으로 개의하고, 출석위원 과반수의 찬성으로 의결한다. 다만, 다음 ⑦의 임무 가운데 ⓗ 및 ⓢ의 사항은 출석위원 3분의 2 이상의 찬성으로 의결한다.

⑦ **임무**: 운영위원회는 공제사업에 관하여 다음 사항을 심의·의결하며 그 업무집행을 감독한다.
　ⓒ 사업계획·운영 및 관리에 관한 기본 방침
　ⓛ 예산 및 결산에 관한 사항
　ⓒ 차입금에 관한 사항
　ⓔ 주요 예산집행에 관한 사항
　ⓜ 임원의 임면에 관한 사항
　ⓗ 공제약관·공제규정의 변경과 각종 내부규정의 제정·개정 및 폐지에 관한 사항
　ⓢ 공제금, 공제 가입금, 분담금 및 요율에 관한 사항
　ⓞ 정관으로 정하는 사항
　ⓩ 그 밖에 위원장이 필요하다고 인정하여 회의에 부치는 사항

⑧ **간사 및 서기**: 운영위원회의 사무를 처리하기 위하여 간사 및 서기를 두되, 간사 및 서기는 해당 공제조합의 직원(연합회가 국토교통부장관의 허가를 받아 공제사업을 하는 경우에는 해당 연합회의 직원을 말한다) 중에서 위원장이 임명한다. 간사는 회의마다 회의록을 작성하여 다음 회의에 보고하고 이를 보관하여야 한다.

⑨ **운영에 필요한 사항**: 그 밖에 운영위원회의 운영에 필요한 사항은 운영위원회의 의결을 거쳐 위원장이 정한다.

⑩ **운영위원회 위원의 결격사유**: 다음 어느 하나에 해당하는 자는 운영위원회 위원이 될 수 없다.

　㉠ 미성년자, 피성년후견인 또는 피한정후견인

　㉡ 파산선고를 받고 복권되지 아니한 사람

　㉢ 「화물자동차 운수사업법」 및 금융 관련 법률을 위반하여 금고 이상의 형의 집행유예의 선고를 받고 그 유예기간 중에 있는 사람

　㉣ 「화물자동차 운수사업법」 및 금융 관련 법률을 위반하여 금고 이상의 실형을 선고받고 그 집행이 끝나거나(집행이 끝난 것으로 보는 경우를 포함한다) 집행이 면제된 날부터 3년이 지나지 아니한 사람

　㉤ 화물자동차 운수사업에 따른 공제조합의 업무와 관련하여 벌금 이상의 형을 선고받고 그 집행이 끝나거나(집행이 끝난 것으로 보는 경우를 포함한다) 집행이 면제된 날부터 3년이 지나지 아니한 사람

　㉥ 징계·해임의 요구 중에 있거나 징계·해임의 처분을 받은 후 3년이 지나지 아니한 사람 위원이 결격사유에 해당하게 된 때에는 그날로 위원자격을 잃는다. 국토교통부장관은 범죄경력자료의 조회를 경찰청장에게 요청하여 공제조합에 제공할 수 있다.

⑸ **공제조합 사업**

① 공제조합은 다음의 사업을 한다.

> **공제조합의 사업내용**
> ㉠ 조합원의 사업용 자동차의 사고로 생긴 배상책임 및 적재물배상에 대한 공제
> ㉡ 조합원이 사업용 자동차를 소유·사용·관리하는 동안 발생한 사고로 그 자동차에 생긴 손해에 대한 공제
> ㉢ 운수종사자가 조합원의 사업용 자동차를 소유·사용·관리하는 동안에 발생한 사고로 입은 자기 신체의 손해에 대한 공제
> ㉣ 공제조합에 고용된 자의 업무상 재해로 인한 손실을 보상하기 위한 공제
> ㉤ 공동이용시설의 설치·운영 및 관리, 그 밖에 조합원의 편의 및 복지 증진을 위한 사업
> ㉥ 화물자동차 운수사업의 경영 개선을 위한 조사·연구 사업
> ㉦ ㉠부터 ㉥까지의 사업에 딸린 사업으로서 정관으로 정하는 사업

② 공제조합은 ㉠부터 ㉣까지의 규정에 따른 공제사업을 하려면 공제규정을 정하여 국토교통부장관의 인가를 받아야 한다. 인가받은 사항을 변경하려는 경우에도 또한 같다. 공제규정에는 공제사업의 범위, 공제계약의 내용과 분담금, 공제금, 공제금에 충당하기 위한 책임준비금, 지급준비금의 계상 및 적립 등 공제사업의 운영에 필요한 사항이 포함되어야 한다.

③ 공제조합은 결산기(決算期)마다 그 사업의 종류에 따라 책임준비금 및 지급준비금을 계상하고 이를 적립하여야 한다.

④ ㉠부터 ㉣까지의 규정에 따른 공제사업에는 「보험업법」(같은 법 제193조는 제외한다)을 적용하지 아니한다.

(6) **조 치**

① 국토교통부장관은 필요하다고 인정하면 공제조합에 대하여 다음 조치를 할 수 있다.

> **공제조합의 조치내용**
> ㉠ 교통사고 피해자에 대한 피해보상에 관한 보고서의 제출명령
> ㉡ 공제자금의 운용이나 그 밖에 공제사업과 관련된 사항에 관한 보고서의 제출명령
> ㉢ 소속 공무원에게 공제조합의 업무 또는 회계의 상황을 조사하게 하는 조치
> ㉣ 소속 공무원에게 공제조합의 장부나 그 밖의 서류를 검사하게 하는 조치

② 조사나 검사를 하려면 조사 또는 검사 7일 전에 조사 또는 검사할 내용, 일시, 이유 등에 대한 계획서를 공제조합에 알려야 한다. 다만, 긴급한 경우 또는 사전통지를 하면 증거인멸 등으로 조사목적을 달성할 수 없다고 인정하는 경우에는 그러하지 아니하다.

③ 조사나 검사를 하는 공무원은 그 권한을 표시하는 증표를 지니고 이를 관계인에게 내보여야 하며, 출입할 때에는 출입자의 성명, 출입시간, 출입목적 등이 표시된 문서를 관계인에게 내주어야 한다.

(7) **공제조합업무의 개선명령**

국토교통부장관은 공제조합의 업무 운영이 적정하지 아니하거나 자산상황이 불량하여 교통사고 피해자 및 공제 가입자 등의 권익을 해칠 우려가 있다고 인정되면 다음 조치를 명할 수 있다.

> **개선명령사항**
> ① 업무집행방법의 변경
> ② 자산예탁기관의 변경
> ③ 자산의 장부가격의 변경
> ④ 불건전한 자산에 대한 적립금의 보유
> ⑤ 가치가 없다고 인정되는 자산의 손실 처리

(8) **공제조합 임직원에 대한 제재**

국토교통부장관은 공제조합의 임직원이 ① 공제규정을 위반하여 업무를 처리한 경우, ② 개선명령을 이행하지 아니한 경우, ③ 재무건전성 기준을 지키지 아니한 경우에 해당하여 공제사업을 건전하게 운영하지 못할 우려가 있다고 인정되면 임직원에 대한 징계·해임을 요구하거나 해당 위반행위를 시정하도록 명할 수 있다.

(9) **재무건전성의 유지**

① 공제조합은 공제금 지급능력과 경영의 건전성을 확보하기 위하여 ⊙ 자본의 적정성에 관한 사항, ⓛ 자산의 건전성에 관한 사항, ⓒ 유동성의 확보에 관한 사항에 관하여 대통령령으로 정하는 재무건전성 기준을 지켜야 한다.

② 국토교통부장관은 공제조합이 기준을 지키지 아니하여 경영의 건전성을 해칠 우려가 있다고 인정되면 대통령령으로 정하는 바에 따라 자본금의 증액을 명하거나 주식 등 위험자산의 소유를 제한하는 조치를 취할 수 있다.

(10) **다른 법률과의 관계**

공제조합에 관하여 「화물자동차 운수사업법」에 규정된 사항 외에는 「민법」 중 사단법인에 관한 규정과 「상법」 제3편 제4장 제7절(주식회사의 계산)의 규정을 준용한다.

제 6 절 경영합리화

1 경영합리화

(1) 경영합리화 등의 노력

운수사업자는 화물운송질서의 확립, 경영관리의 건전화, 화물운송기법의 개발 등 경영합리화와 수
송서비스 향상을 위하여 노력하여야 한다.

(2) 경영 위탁(위·수탁계약)

① **위탁 및 제한**: 운송사업자는 화물자동차 운송사업의 효율적인 수행을 위하여 필요하면 다른
사람(운송사업자를 제외한 개인을 말한다)에게 차량과 그 경영의 일부를 위탁하거나 차량을 현
물출자한 사람에게 그 경영의 일부를 위탁할 수 있다. 국토교통부장관은 화물운송시장의 질서
유지 및 운송사업자의 운송서비스 향상을 유도하기 위하여 필요한 경우 경영의 위탁을 제한할
수 있다.

② **위·수탁계약의 원칙**: 운송사업자와 위·수탁차주는 대등한 입장에서 합의에 따라 공정하게
위·수탁계약을 체결하고, 신의에 따라 성실하게 계약을 이행하여야 한다. 위·수탁계약의 내
용이 당사자 일방에게 현저하게 불공정한 경우로서 다음 어느 하나에 해당하는 경우에는 그
부분에 한정하여 무효로 한다.

　　㉠ 운송계약의 형태·내용 등 관련된 모든 사정에 비추어 계약체결 당시 예상하기 어려운 내
　　　 용에 대하여 상대방에게 책임을 전가하는 경우

　　㉡ 계약내용에 대하여 구체적인 정함이 없거나 당사자 간 이견이 있는 경우 계약내용을 일방
　　　 의 의사에 따라 정함으로써 상대방의 정당한 이익을 침해한 경우

　　㉢ 계약불이행에 따른 당사자의 손해배상책임을 과도하게 경감하거나 가중하여 정함으로써
　　　 상대방의 정당한 이익을 침해한 경우

　　㉣ 「민법」 및 화물자동차운수사업법 등 관계 법령에서 인정하고 있는 상대방의 권리를 상당한
　　　 이유 없이 배제하거나 제한하는 경우

　　㉤ 그 밖에 위·수탁계약의 내용 중 일부가 당사자 일방에게 현저하게 불공정하여 해당 부분
　　　 을 무효로 할 필요가 있는 경우로서 대통령령으로 정하는 경우

③ **위·수탁계약서 포함사항**

계약의 당사자는 그 계약을 체결함에 있어 다음 사항을 계약서에 명시하여야 하며, 서명·날
인한 계약서를 서로 교부하여 보관하여야 한다.

　　㉠ 계약기간 및 계약갱신

　　㉡ 차량소유자

　　㉢ 금전지급 및 채권·채무 관계

　　㉣ 차량의 대폐차

　　　　ⓤ 차량의 관리 및 운영

　　　　ⓥ 교통사고보상 및 사고처리

　　　　ⓢ 적재물배상보험 등 보험가입

　　　　ⓞ 운수종사자 교육

　　　　ⓩ 계약의 해지사유

　　　　ⓩ 위·수탁계약에 대한 상호통지

　　　　ⓚ 협회의 계약내용 확인

　　　　ⓣ 양도·양수에 관한 사항

　　　　ⓟ 그 밖에 화물자동차 운송사업의 효율적 수행 및 합리적 경영위탁을 위하여 국토교통부장관
　　　　　 이 필요하다고 인정하는 사항

　④ **표준 위·수탁계약서 고시**: 국토교통부장관은 건전한 거래질서의 확립과 공정한 계약의 정착
　　을 위하여 표준 위·수탁계약서를 고시하여야 하고, 이를 우선적으로 사용하도록 권고할 수
　　있다.

　⑤ **기간**: 위·수탁계약의 기간은 2년 이상으로 하여야 한다.

　⑥ **위·수탁계약의 갱신**: 운송사업자는 위·수탁차주가 위·수탁계약기간 만료 전 150일부터
　　60일까지 사이에 위·수탁계약의 갱신을 요구하는 때에는 다음 어느 하나에 해당하는 경우를
　　제외하고는 이를 거절할 수 없다.

　　㉠ 최초 위·수탁계약기간을 포함한 전체 위·수탁계약기간이 6년 이하인 경우로서 다음 각
　　　 목의 어느 하나에 해당하는 경우

　　　　ⓐ 위·수탁차주가 계약기간 동안 운수종사자의 준수사항을 위반하여 처벌 또는 과태료
　　　　　 처분을 받은 경우

　　　　ⓑ 위·수탁차주가 계약기간 동안 처분을 받은 경우

　　　　ⓒ 다음 어느 하나에 해당하는 운송사업자의 요청 또는 지도·감독을 위·수탁차주가 정
　　　　　 당한 사유 없이 따르지 아니한 경우

　　　　　 • 신고에 필요한 자료의 제출 요청

　　　　　 • 지도·감독

　　㉡ 최초 위·수탁계약기간을 포함한 전체 위·수탁계약기간이 6년을 초과하는 경우로서 다음
　　　 어느 하나에 해당하는 경우

　　　　ⓐ ㉠의 어느 하나에 해당하는 경우

　　　　ⓑ 위·수탁차주가 운송사업자에게 지급하기로 한 위·수탁계약상의 월지급액(월 2회 이
　　　　　 상 지급하는 것으로 계약한 경우에는 해당 월에 지급하기로 한 금액의 합을 말한다)을 6회
　　　　　 이상 지급하지 아니한 경우(위·수탁계약상의 월지급액이 같은 업종의 통상적인 월지급액
　　　　　 보다 뚜렷하게 높은 경우는 제외한다)

　　　　ⓒ 표준 위·수탁계약서에 기재된 계약 조건을 위·수탁차주가 준수하지 아니한 경우

　　　　ⓓ 운송사업자가 운송사업의 전부를 폐업하는 경우

⑦ **거절 절차** : 운송사업자가 갱신 요구를 거절하는 경우에는 그 요구를 받은 날부터 15일 이내에 위·수탁차주에게 거절 사유를 적어 서면으로 통지하여야 한다.

⑧ **계약의 갱신 간주** : 운송사업자가 거절 통지를 하지 아니하거나 위·수탁계약기간 만료 전 150일부터 60일까지 사이에 위·수탁차주에게 계약 조건의 변경에 대한 통지나 위·수탁계약을 갱신하지 아니한다는 사실의 통지를 서면으로 하지 아니한 경우에는 계약 만료 전의 위·수탁계약과 같은 조건으로 다시 위·수탁계약을 체결한 것으로 본다. 다만, 위·수탁차주가 계약이 만료되는 날부터 30일 전까지 이의를 제기하거나 운송사업자나 위·수탁차주에게 천재지변이나 운송사업자가 사고·질병 등 일신상의 사유로 위·수탁계약의 갱신에 관한 의사표시를 할 수 없는 경우, 위·수탁차주의 소재 불명이나 국외 이주 등으로 운송사업자가 위·수탁차주에게 위·수탁계약의 갱신에 관한 의사표시를 할 수 없는 경우에는 그러하지 아니하다.

⑨ **위·수탁계약 해지 절차** : 운송사업자는 위·수탁계약을 해지하려는 경우에는 위·수탁차주에게 2개월 이상의 유예기간을 두고 계약의 위반 사실을 구체적으로 밝히고 이를 시정하지 아니하면 그 계약을 해지한다는 사실을 서면으로 2회 이상 통지하여야 한다. 이러한 절차를 거치지 아니한 위·수탁계약의 해지는 그 효력이 없다.

⑩ **해지절차 예외**

다음과 같은 위·수탁계약을 지속하기 어려운 중대한 사유가 있는 경우에는 위·수탁차주에게 2개월 이상의 유예기간을 두고 계약의 위반 사실을 구체적으로 밝히고 이를 시정하지 아니하면 그 계약을 해지한다는 사실을 서면으로 2회 이상 통지하지 않아도 된다.

㉠ 위·수탁차주가 화물운송 종사자격을 갖추지 아니한 경우

㉡ 위·수탁차주가 계약기간 동안 운수종사자의 준수사항을 위반하여 처벌 또는 과태료 처분을 받은 경우

㉢ 위·수탁차주가 계약기간 동안 행정처분을 받은 경우

㉣ 위·수탁차주가 사고·질병 또는 국외 이주 등 일신상의 사유로 더 이상 위탁받은 운송사업을 경영할 수 없게 된 경우

⑪ **위·수탁계약 해지 간주** : 운송사업자가 다음 어느 하나에 해당하는 사유로 허가취소 또는 감차 조치(위·수탁차주의 화물자동차가 감차 조치의 대상이 된 경우에만 해당한다)를 받은 경우 해당 운송사업자와 위·수탁차주의 위·수탁계약은 해지된 것으로 본다.

㉠ 허가취소[제19조 제1항 제1호(부정한 방법으로 허가를 받은 경우)·제2호(부정한 방법으로 변경허가를 받거나, 변경허가를 받지 아니하고 허가사항을 변경한 경우)·제3호(허가기준을 충족하지 못한 경우) 또는 제5호(결격사유)]

㉡ 그 밖에 운송사업자의 귀책사유(위·수탁차주의 고의에 의하여 허가취소 또는 감차 조치될 수 있는 경우는 제외한다)로 허가취소 또는 감차 조치되는 경우로서 대통령령으로 정하는 경우

⑫ **지원**: 국토교통부장관 또는 연합회는 해지된 위·수탁계약의 위·수탁차주였던 자가 다른 운송사업자와 위·수탁계약을 체결할 수 있도록 지원하여야 한다. 이 경우 해당 위·수탁차주였던 자와 위·수탁계약을 체결한 운송사업자는 위·수탁계약의 체결을 명목으로 부당한 금전지급을 요구하여서는 아니 된다.

⑬ **위·수탁계약의 양도·양수**: 위·수탁차주는 운송사업자의 동의를 받아 위·수탁계약상의 지위를 타인에게 양도할 수 있다. 위·수탁계약상의 지위를 양수한 자는 양도인의 위·수탁계약상 권리와 의무를 승계한다. ㉠ 업무상 부상 또는 질병의 발생 등으로 자신이 위탁받은 경영의 일부를 수행할 수 없는 경우와 ㉡ 그 밖에 위·수탁차주에게 부득이한 사유가 발생하는 경우로서 대통령령으로 정하는 경우에는 운송사업자는 양수인이 화물운송 종사자격을 갖추지 못한 경우 등 대통령령으로 정하는 경우를 제외하고는 위·수탁계약의 양도에 대한 동의를 거절할 수 없다. 위·수탁계약상의 지위를 양도하는 경우 위·수탁차주는 운송사업자에게 양도 사실을 서면으로 통지하여야 한다. 통지가 있는 날부터 1개월 이내에 운송사업자가 양도에 대한 동의를 거절하지 아니하는 경우에는 운송사업자가 양도에 동의한 것으로 본다.

⑭ **위·수탁계약 실태조사**: 국토교통부장관 또는 시·도지사는 정기적으로 위·수탁계약서의 작성 여부에 대한 실태조사를 할 수 있다.
  ㉠ 시기: 위·수탁계약서의 작성 여부에 대한 실태조사는 매년 1회 이상 실시한다.
  ㉡ 실태조사의 범위는 다음과 같다.
    ⓐ 위·수탁계약서의 작성 여부에 관한 사항
    ⓑ 표준 위·수탁계약서의 사용에 관한 사항
    ⓒ 위·수탁계약 내용의 불공정성에 관한 사항
    ⓓ 위·수탁계약의 체결 절차·과정에 관한 사항
    ⓔ 그 밖에 화물운송시장의 질서 확립 및 건전한 발전을 위하여 조사가 필요한 사항
  ㉢ 자료요청: 국토교통부장관 또는 시·도지사는 위·수탁계약의 당사자에게 계약과 관련된 자료를 요청할 수 있다. 이 경우 자료를 요청받은 계약의 당사자는 특별한 사정이 없으면 요청에 따라야 한다. 국토교통부장관 또는 시·도지사는 자료를 요청할 때에는 위·수탁계약의 당사자에게 자료의 범위와 내용, 요청 사유 및 제출기한 등을 명시한 문서(전자문서를 포함한다)로 요청하여야 한다.

(3) 화물정보망 등의 이용

① 운송사업자가 다른 운송사업자나 다른 운송사업자에게 소속된 위·수탁차주에게 화물운송을 위탁하는 경우에는 운송가맹사업자의 화물정보망이나 「물류정책기본법」 제38조에 따라 인증 받은 화물정보망을 이용할 수 있다.

② 운송주선사업자가 운송사업자나 위·수탁차주에게 화물운송을 위탁하는 경우에는 운송가맹사업자의 화물정보망이나 「물류정책기본법」 제38조에 따라 인증 받은 화물정보망을 이용할 수 있다.

(4) 경영 지도

① **지도** : 국토교통부장관 또는 시·도지사는 화물자동차 운수사업의 경영개선 또는 운송서비스의 향상을 위하여 필요하다고 인정하면 화물자동차 운수사업의 경영에 관하여 운수사업자를 지도할 수 있다.

② **권고 및 계획 제출** : 국토교통부장관 또는 시·도지사는 재무관리 및 사업관리 등 경영실태가 부실하다고 인정되는 운수사업자에게는 경영개선에 관한 권고를 할 수 있으며, 필요하면 경영개선에 관한 중·장기 또는 연차별 계획 등을 제출하게 할 수 있다.

③ **변경권고** : 국토교통부장관 또는 시·도지사는 운수사업자가 제출한 경영개선에 관한 계획 등이 불합리하다고 인정되면 변경할 것을 권고할 수 있다.

(5) 경영자 연수교육

시·도지사는 운수사업자의 경영능력 향상을 위하여 필요하다고 인정하면 경영을 담당하는 임원(개인인 경우에는 운수사업자를 말한다)에게 경영자 연수교육을 실시할 수 있다.

▌2 운송업자 또는 운송주선업자의 화물위탁증 발급

(1) 발 급

① **요구에 따른 발급** : 경영의 일부를 위탁받은 사람(위·수탁차주)이나 화물자동차 소유대수가 1대인 운송사업자(1대사업자)에게 화물운송을 위탁한 운송사업자는 해당 위·수탁차주나 1대사업자가 요구하면 화물위탁증을 내주어야 한다.

② **의무 발급** : 운송사업자가 최대 적재량 1.5톤 이상의 「자동차관리법」에 따른 화물자동차를 소유한 위·수탁차주나 1대사업자에게 화물운송을 위탁하는 경우 다음 화물을 제외하고는 화물위탁증을 발급하여야 하며, 위·수탁차주나 1대사업자는 화물위탁증을 수령하여야 한다.

　㉠ 사업자단체가 운영하는 화물정보망, 운송주선사업자가 운영하는 화물정보망 또는 법 제34조의4 제1항에 따른 화물정보망(화물위탁증 포함 사항을 실시간으로 확인할 수 있는 화물정보망만 해당한다)을 통하여 운송을 위탁한 화물

　㉡ 화물운송을 시작하기 전에 운송주선사업자가 해당 화물에 관하여 화물위탁증 포함 사항이 기재된 문서를 발급한 이사화물(법 제28조에 따라 준용되는 경우만 해당한다)

　㉢ 화물운송을 시작하기 전에 화주가 위·수탁차주나 개인화물자동차 운송사업자에게 해당 화물에 관하여 화물위탁증 포함 사항이 기재된 문서를 발급한 화물

　㉣ 「항만법 시행령」 제2조 제1항에 따른 항만별로 해당 항만의 구역 내에서만 운송되는 화물

(2) 발급시기

① **요구에 따른 발급의 경우** : 화물위탁증(전자문서로 된 화물위탁증을 포함한다)은 운송사업자, 운송주선사업자 또는 운송가맹사업자가 그 발급을 요구받은 날부터 5일 이내에 발급하여야 한다.

② **의무 발급의 경우**: 화물위탁증은 해당 화물의 운송을 시작하기 전에 발급하여야 한다. 이 경우 위탁자·수탁자, 화주, 화물의 출발지·도착지 및 적재요청사항이 모두 동일한 화물을 1일 1회 이상 운송하도록 위탁한 경우에는 1일 1회만 발급할 수 있다.

(3) 화물위탁증 포함 사항

운송사업자 또는 운송주선사업자가 발급하는 화물위탁증에는 다음 사항이 포함되어야 한다.

① 위탁자·수탁자의 성명 및 연락처
② 화주의 성명 및 연락처
③ 관련 운송사업자, 운송주선사업자 또는 운송가맹사업자의 성명 및 연락처
④ 화물적재요청자(수탁자에게 화물의 적재에 관하여 ⑤의 사항을 요청한 자를 말한다)
⑤ 적재요청사항(적재를 요청한 화물의 종류, 중량 및 부피를 말하며, 부피를 기재할 때에는 화물의 길이·너비 및 높이를 각각 기재하여야 한다)
⑥ 화물의 출발지 및 도착지
⑦ 운임
⑧ 화물자동차와 관련된 다음 정보
　㉠ 유형(「자동차관리법 시행규칙」별표 1 제2호에 따른 유형을 말한다)
　㉡ 최대적재량
　㉢ 자동차등록번호

(4) 관 리

운송사업자, 운송주선사업자 또는 운송가맹사업자는 화물위탁증을 발급한 경우에는 화물운송 위탁대장에 기록·관리하여야 한다.

3 분쟁의 조정

(1) 분쟁조정의 요청

국토교통부장관은 손해배상에 관하여 화주의 요청이 있는 때에는 분쟁을 조정할 수 있다. 분쟁조정을 요청하려는 경우 국토교통부장관에게 분쟁조정신청서를 제출하여야 한다.

(2) 조정안의 작성

국토교통부장관은 화주가 분쟁조정을 요청한 때에는 지체 없이 그 사실을 확인하고 손해내용을 조사한 후 조정안을 작성하여야 한다. 당사자 쌍방이 조정안을 수락하였을 때에는 당사자 간에 조정안과 동일한 합의가 성립된 것으로 본다.

(3) 위 탁

국토교통부장관은 분쟁조정업무를 「소비자기본법」에 따른 한국소비자원 또는 등록한 소비자단체에 위탁할 수 있다.

█ 4 화물운송사업 분쟁조정협의회

(1) 설치 · 운영

시 · 도지사는 위 · 수탁계약의 체결 · 이행으로 발생하는 분쟁의 해결을 지원하기 위하여 화물운송사업 분쟁조정협의회(협의회)를 설치 · 운영할 수 있다.

(2) 심의 · 조정 사항

시 · 도지사가 설치하는 협의회는 다음 사항을 심의 · 조정한다.

① 운송사업자와 경영의 일부를 위탁받은 사람(위 · 수탁차주) 간 금전지급에 관한 분쟁

② 운송사업자와 위 · 수탁차주 간 차량의 소유권에 관한 분쟁

③ 운송사업자와 위 · 수탁차주 간 차량의 대폐차에 관한 분쟁

④ 운송사업자와 위 · 수탁차주 간 화물자동차 운송사업의 양도 · 양수에 관한 분쟁

⑤ 그 밖에 분쟁의 성격 · 빈도 및 중요성 등을 고려하여 국토교통부장관이 정하여 고시하는 사항에 관한 분쟁

(3) 구 성

협의회는 위원장 1명을 포함하여 5명 이상 10명 이내의 위원으로 구성하며, 위원은 다음 어느 하나에 해당하는 사람 중에서 시 · 도지사가 위촉하거나 임명한다.

① 「변호사법」에 따른 변호사

② 화물운수와 관련된 업무를 담당하는 공무원

③ 물류관련 분야의 연구기관이나 대학에서 재직 중인 연구원 또는 교수

④ 그 밖에 화물운수 및 분쟁해결에 관한 경험과 학식이 풍부한 사람

(4) 협의회 운영

협의회는 매월 1회 개최한다. 다만, 시 · 도지사가 분쟁의 신속한 해결을 위하여 협의회의 개최를 요청하는 경우에는 수시로 개최할 수 있다. 분쟁당사자는 협의회의 회의에 출석하여 의견을 진술하거나 관계 자료 등을 제출할 수 있다. 협의회는 심의 결과 조정안을 작성하여 분쟁당사자에게 권고할 수 있다. 다만, 분쟁의 성격 · 빈도 및 중요성 등을 고려하여 필요하다고 인정하는 경우에는 분쟁당사자 간의 자율적인 분쟁해결을 권고할 수 있다.

(5) 시 · 도지사의 규칙 제정

그 밖에 협의회의 구성 · 운영 및 분쟁조정 신청 등에 필요한 사항은 국토교통부장관이 정하여 고시하는 기준에 따라 해당 특별시 · 광역시 · 도 · 특별자치시 · 특별자치도의 규칙으로 정하여 운영할 수 있다.

5 운수사업의 재정지원

(1) 재정지원 대상사업

① **보조 · 융자** : 국가는 지방자치단체, 「공공기관의 운영에 관한 법률」에 따른 공공기관 중 대통령령으로 정하는 공공기관, 「지방공기업법」에 따른 지방공사, 사업자단체 또는 운수사업자가 다음의 어느 하나에 해당하는 사업을 수행하는 경우로서 재정적 지원이 필요하다고 인정되면 대통령령으로 정하는 바에 따라 소요자금의 일부를 보조하거나 융자할 수 있다.

> **대상사업**
>
> ㉠ 공동차고지 및 공영차고지 건설
> ㉡ 화물자동차 운수사업의 정보화
> ㉢ 낡은 차량의 대체
> ㉣ 연료비가 절감되거나 환경친화적인 화물자동차 등으로의 전환 및 이를 위한 시설 · 장비의 투자
> ㉤ 화물자동차 휴게소의 건설
> ㉥ 화물자동차 운수사업의 서비스 향상을 위한 시설 · 장비의 확충과 개선
> ㉦ 화물자동차의 감차
> ㉧ 긴급한 공익적 목적을 위하여 일시적으로 화물운송에 대체 사용된 차량에 대한 피해

② **보조 또는 융자의 신청 및 사용**

㉠ 보조 또는 융자를 받으려는 자는 ⓐ 신청인의 성명(법인인 경우에는 그 명칭 및 대표자의 성명을 말한다) 및 주소, ⓑ 사업등록의 종류 · 등록일 및 등록번호, ⓒ 보조 또는 융자를 받고자 하는 사유, ⓓ 보조 또는 융자를 받고자 하는 금액을 기재한 신청서를 시 · 도지사를 거쳐 국토교통부장관에게 제출하여야 한다.

㉡ 신청서에는 보조 또는 융자를 받으려는 사업의 목적, 시행계획, 자금조달계획, 효과 및 시설 등을 적은 사업계획서와 보조금 또는 융자금의 사용계획서를 첨부하여야 한다.

㉢ 보조 또는 융자를 받은 자는 그 자금을 보조 또는 융자를 받은 목적 외의 용도로 사용해서는 아니 된다. 국토교통부장관은 보조 또는 융자를 받은 자가 그 자금을 적정하게 사용하도록 지도 · 감독하여야 한다.

㉣ 국토교통부장관 · 특별시장 · 광역시장 · 시장 또는 군수(광역시의 군수를 포함한다)는 거짓이나 또는 부정한 방법으로 보조금 또는 융자금을 교부받은 사업자단체 또는 운수사업자(화물자동차 운송사업을 위탁받은 자를 포함한다)에게 보조금 또는 융자금의 반환을 명하여야 하며, 이에 응하지 아니하는 때에는 국세 또는 지방세 체납처분의 예에 따라 이를 회수할 수 있다.

(2) **유가보조금**

① **보조** : 특별시장·광역시장·시장 또는 군수(광역시의 군수를 포함한다)는 운송사업자, 운송가맹사업자, 화물자동차 운송사업을 위탁받은 자(운송사업자 등)에게 유류에 부과되는 다음의 세액 등 인상액에 상당하는 금액의 전부 또는 일부를 보조할 수 있다. 이 경우 보조금의 지급대상, 지급방법, 신청서류 및 절차 등에 필요한 사항은 국토교통부장관이 정하여 고시한다.

ㄱ 「교통·에너지·환경세법」,「교육세법」,「지방세징수법」에 따라 경유에 각각 부과되는 교통·에너지·환경세·교육세·자동차세

ㄴ 「개별소비세법」,「교육세법」,「석유 및 석유대체연료 사업법」에 따라 석유가스 중 부탄에 각각 부과되는 개별소비세·교육세·부과금

② **유가보조금 지급** : 운송사업자, 운송가맹사업자 또는 위·수탁차주에게 보조하는 금전(유가보조금)은 다음 요건을 모두 갖춘 경우에 지급한다.

ㄱ 「부가가치세법」 제8조에 따라 사업자등록을 하고 실제로 사업을 영위하는 운송사업자·운송가맹사업자 또는 위·수탁차주가 구매한 유류일 것

ㄴ 경유 또는 액화석유가스를 연료로 사용하는 사업용 화물자동차로서 법 또는 다른 법령에 따라 운행의 제한을 받지 아니할 것

ㄷ 화물자동차 운수사업의 운전업무 종사자격 요건을 갖춘 자가 운행할 것

ㄹ 주유소 또는 자가주유시설의 고정된 설비에서 유류를 직접 주유받을 것

ㅁ 해당 화물자동차의 연료와 일치하는 종류의 유류를 구매할 것

ㅂ 유류 구매를 입증하는 자료에 적힌 구매자 이름, 자동차등록번호, 구매 일시·장소, 구매량, 구매금액, 구매한 유류의 종류·단가 등이 실제 주유한 내용과 일치할 것

ㅅ 다른 법령 또는 국가 간의 조약·협정에 따라 유류비를 지원받거나 조세가 면제된 유류를 공급받은 자 또는 화물자동차가 아닐 것

ㅇ 그 밖에 유가보조금의 부정수급을 방지하기 위하여 국토교통부장관이 정하여 고시하는 사항을 지킬 것

③ **지급액** : 유가보조금 지급액은 운송사업자, 운송가맹사업자 또는 위·수탁차주가 구매한 유류의 양에 국토교통부장관이 정하여 고시하는 지급단가를 곱하여 산정한 금액으로 한다.

④ **지급자** : 유가보조금은 유류를 주유받은 화물자동차가 소속된 운송사업자 또는 운송가맹사업자에게 지급한다. 다만, 위·수탁차주가 현물출자한 화물자동차의 경우에는 해당 위·수탁차주에게 지급한다.

(3) **압류금지**

계약으로 운송사업자에게 현물출자된 차량과 지급된 금품과 이를 받을 권리는 압류하지 못한다. 다만, 현물출자된 차량에 대한 세금 또는 벌금·과태료 미납으로 인하여 해당 차량을 압류하는 경우에는 그러하지 아니하다.

⑷ **보조금의 지급정지**

① **정지사유** : 특별시장·광역시장·특별자치도지사·시장 또는 군수는 운송사업자 등이 다음에 해당하면 1년의 범위에서 보조금의 지급을 정지하여야 한다.

㉠ 「석유 및 석유대체연료 사업법」 제2조 제9호에 따른 석유판매업자 또는 「액화석유가스의 안전관리 및 사업법」 제2조 제5호에 따른 액화석유가스 충전사업자(주유업자 등)로부터 「부가가치세법」 제32조에 따른 세금계산서를 거짓으로 발급받아 보조금을 지급받은 경우

㉡ 주유업자 등으로부터 유류의 구매를 가장하거나 실제 구매금액을 초과하여 「여신전문금융업법」 제2조에 따른 신용카드, 직불카드, 선불카드 등으로서 보조금의 신청에 사용되는 카드(유류구매카드)로 거래를 하거나 이를 대행하게 하여 보조금을 지급받은 경우

㉢ 화물자동차 운수사업이 아닌 다른 목적에 사용한 유류분에 대하여 보조금을 지급받은 경우

㉣ 다른 운송사업자 등이 구입한 유류 사용량을 자기가 사용한 것으로 위장하여 보조금을 지급받은 경우

㉤ 그 밖에 대통령령으로 정하는 사항을 위반하여 거짓이나 부정한 방법으로 보조금을 지급받은 경우

㉥ 소명서 및 증거자료의 제출요구에 따르지 아니하거나, 검사나 조사를 거부·기피 또는 방해한 경우

② **보조금 지급정지 기준** : 보조금의 지급정지는 위반 횟수별로 다음 기준에 따른다.

㉠ 1차 위반 : 6개월의 보조금 지급정지

㉡ 2차 위반 : 1년의 보조금 지급정지(보조금의 지급이 정지된 날부터 5년이 지나지 않은 경우는 제외한다)

③ **소명서 제출 및 조사·검사**

㉠ 특별시장·광역시장·특별자치시장·특별자치도지사·시장 또는 군수는 다음 어느 하나에 해당하는 사항을 확인하기 위하여 운송사업자 등으로 하여금 소명서 또는 거래내역을 입증할 수 있는 증거자료를 제출하게 할 수 있으며, 필요하면 소속 공무원이 운송사업자 등의 사업장에 출입하여 장부·서류, 그 밖의 물건을 검사하게 하거나 관계인에게 질문하게 할 수 있다.

ⓐ 운송사업자 등이 보조금 정지사유에 해당하는 행위를 하였는지 여부

ⓑ 주유업자 등이 보조금 정지사유에 해당하는 행위에 가담하였거나 이를 공모하였는지 여부

㉡ 조사나 검사를 하려면 조사 또는 검사 7일 전에 조사 또는 검사할 내용, 일시, 이유 등에 대한 계획서를 운송사업자등에게 알려야 한다. 다만, 긴급한 경우 또는 사전통지를 하면 증거인멸 등으로 조사목적을 달성할 수 없다고 인정하는 경우에는 그러하지 아니하다.

㉢ 조사나 검사를 하는 공무원은 그 권한을 표시하는 증표를 지니고 이를 관계인에게 내보여야 하며, 출입할 때에는 출입자의 성명, 출입시간, 출입목적 등이 표시된 문서를 관계인에게 내주어야 한다.

④ **유류구매카드 거래기능 정지**: 특별시장·광역시장·특별자치시장·특별자치도지사·시장 또는 군수는 주유업자 등이 보조금 지급 정지사유에 해당하는 행위에 가담하였거나 이를 공모한 경우 해당 사업소에 대한 유류구매카드의 거래기능을 정지시킬 수 있다. 유류구매카드의 거래기능 정지는 다음 기준에 따른다.

　㉠ 1회 가담·공모한 경우: 유류구매카드의 거래기능 정지 3년

　㉡ 2회 이상 가담·공모한 경우: 유류구매카드의 거래기능 정지 5년. 다만, 유류구매카드의 거래기능이 정지된 날(정지가 시작된 날을 말한다)부터 5년 이내에 다시 가담·공모한 경우에는 거래기능을 영구적으로 정지한다.

▌ 6 ▐ 화물자동차 휴게소

(1) 정 의

화물자동차의 운전자가 화물의 운송 중 휴식을 취하거나 화물의 하역(荷役)을 위하여 대기할 수 있도록 「도로법」에 따른 도로 등 화물의 운송경로나 「물류시설의 개발 및 운영에 관한 법률」에 따른 물류시설 등 물류거점에 휴게시설과 차량의 주차·정비·주유(注油) 등 화물운송에 필요한 기능을 제공하기 위해 건설하는 시설물을 말한다.

(2) 휴게소 종합계획

① **계획수립**: 국토교통부장관은 화물자동차 운전자의 근로여건을 개선하고 화물의 원활한 운송을 도모하기 위하여 운송경로 및 주요 물류거점에 화물자동차 휴게소를 확충하기 위한 종합계획(휴게소 종합계획)을 5년 단위로 수립하여야 한다.

② **내용**: 휴게소 종합계획에는 다음이 포함되어야 한다.

> **휴게소 종합계획 포함사항**
> ㉠ 화물자동차 휴게소의 현황 및 장래수요에 관한 사항
> ㉡ 화물자동차 휴게소의 계획적 공급에 관한 사항
> ㉢ 화물자동차 휴게소의 연도별·지역별 배치에 관한 사항
> ㉣ 화물자동차 휴게소의 기능 개선 및 효율화에 관한 사항
> ㉤ 그 밖에 화물자동차 휴게소 확충과 관계된 다음 사항
> 　ⓐ 국내 주요 물류시설의 현황 및 건설계획에 관한 사항
> 　ⓑ 화물자동차의 운행실태에 관한 사항
> 　ⓒ 화물자동차 교통량의 연구분석 및 변동예측에 관한 사항

③ **수립절차**

　㉠ 국토교통부장관은 휴게소 종합계획을 수립하거나 화물자동차 휴게소의 계획적 공급에 관한 사항과 화물자동차 휴게소의 연도별·지역별 배치에 관한 사항을 변경하려는 경우 미리 시·도지사의 의견을 듣고 관계 중앙행정기관의 장과 협의하여야 한다.

    ⓛ 국토교통부장관은 휴게소 종합계획을 수립하거나 변경한 때에는 이를 관보에 고시하여야 한다.

    ⓒ 사업시행자는 필요한 경우 국토교통부장관에게 휴게소 종합계획을 변경하도록 요청할 수 있다.

    ⓔ 국토교통부장관 또는 시·도지사는 건설계획의 승인 또는 변경승인을 할 때에는 휴게소 종합계획과 상충하거나 중복되지 아니하도록 하여야 한다.

    ⓜ 휴게소 종합계획의 수립 등에 필요한 사항은 대통령령으로 정한다.

④ **자료제출과 협력**

    ㉠ 국토교통부장관은 사업시행자가 휴게소 종합계획의 변경을 요청하는 경우에는 해당 사업시행자에게 그 변경에 관련된 자료의 제출이나 그 밖의 필요한 협력을 요청할 수 있다.

    ⓛ 국토교통부장관은 휴게소 종합계획의 수립이나 변경을 위하여 필요하다고 인정하는 경우에는 물류관련기관이나 단체 또는 전문가 등에 대하여 의견 및 자료제출 또는 그 밖의 필요한 협력을 요청할 수 있다.

(3) 화물자동차 휴게소의 건설사업 시행

① **화물자동차 휴게소 건설사업을 할 수 있는 자**

    ㉠ 국가 또는 지방자치단체

    ⓛ 「공공기관의 운영에 관한 법률」에 따른 공공기관(「한국철도공사법」에 따른 한국철도공사, 「한국토지주택공사법」에 따른 한국토지주택공사, 「한국도로공사법」에 따른 한국도로공사, 「한국수자원공사법」에 따른 한국수자원공사, 「한국농어촌공사 및 농지관리기금법」에 따른 한국농어촌공사, 「항만공사법」에 따른 항만공사, 「인천국제공항공사법」에 따른 인천국제공항공사, 「한국공항공사법」에 따른 한국공항공사, 「한국교통안전공단법」에 따른 한국교통안전공단)

    ⓒ 「지방공기업법」에 따른 지방공사

    ⓔ ㉠부터 ⓒ까지의 자로부터 지정을 받은 법인

② **사업시행자 지정**

    ㉠ 신청 : 사업시행자로 지정받으려는 법인은 법인의 명칭 및 주소(대표자의 성명을 포함한다), 사업을 시행하려는 화물자동차 휴게소의 명칭·위치 및 운영계획 등에 관한 사항, 사업의 시행기간·시행방법·시행면적 등 사업 시행에 관한 사항, 자금조달계획서를 적은 신청서를 시·도지사에게 제출하여야 한다. 다만, 연합회의 경우에는 국토교통부장관에게 제출하여야 한다.

    ⓛ 지정 : 국토교통부장관 또는 시·도지사는 신청서를 제출받은 경우 사업계획의 타당성, 재원조달능력 및 휴게소 종합계획과의 적합 여부 등을 종합적으로 고려하여 사업시행자를 지정하여야 한다.

    ⓒ 고시 : 국토교통부장관 또는 시·도지사는 사업시행자를 지정하는 경우에는 그 지정사실을 관보에 고시한다.

③ **건설계획 수립**

화물자동차 휴게소 건설사업을 시행하려는 자(사업시행자)는 화물자동차 휴게소 건설에 관한 계획(건설계획)을 수립하여야 한다. 건설계획에 포함되어야 하는 내용은 다음과 같다.

㉠ 사업의 명칭 및 목적

㉡ 사업시행지의 위치와 면적

㉢ 사업 시행시기 및 시행방법

㉣ 사업에 대한 자금조달계획

㉤ 수용 또는 사용할 토지 또는 건물 등에 관한 사항

㉥ 설치 또는 폐지되는 공공시설 등에 관한 사항

㉦ 그 밖에 사업의 원활한 시행을 위하여 국토교통부장관이 정하여 고시하는 사항

④ **건설계획의 공고** : 사업시행자는 건설계획을 수립한 때에는 이를 공고하고, 관계 서류의 사본을 20일 이상 일반인이 열람할 수 있도록 하여야 한다.

⑤ **의견제출** : 화물자동차 휴게소 건설사업의 이해관계인은 열람기간에 사업시행자에게 건설계획에 대한 의견서를 제출할 수 있으며, 사업시행자는 제출된 의견이 타당하다고 인정되는 경우에는 이를 건설계획에 반영하여야 한다.

⑥ **건설계획의 승인** : 사업시행자는 공고 및 열람을 마친 후 그 건설계획에 대하여 시·도지사의 승인을 받아야 한다. 다만, 국가·「공공기관의 운영에 관한 법률」에 따른 공공기관 및 국가 또는 「공공기관의 운영에 관한 법률」에 따른 공공기관으로부터 지정을 받은 자는 국토교통부장관의 승인을 받아야 한다.

⑦ **변경승인** : 승인을 받은 사업시행자는 승인받은 건설계획을 변경하려면 해당 승인권자의 변경 승인을 받아야 한다. 다만, 다음 사항은 변경승인을 받지 않아도 된다.

㉠ 전체 사업시행 면적의 100분의 10 범위에서의 면적의 감소

㉡ 전체 사업비의 100분의 10 범위에서의 사업비의 변경. 다만, 해당 사업비의 변경에 따라 해당 사업에 대한 보조금이 변경되는 경우는 제외한다.

㉢ 전체 사업을 분할하여 시행하는 경우에는 해당 분할사업에서의 면적의 변경. 다만, 전체 사업면적이 변경되지 아니하는 경우만 해당한다.

㉣ 「공간정보의 구축 및 관리 등에 관한 법률」에 따른 지적확정 측량의 결과에 따른 부지면적의 변경

㉤ 그 밖에 계산착오, 오기, 누락 또는 이에 준하는 사유로서 그 변경근거가 분명한 사항의 변경

⑧ **고시** : 국토교통부장관 또는 시·도지사는 건설계획의 승인 또는 변경승인의 신청을 받은 경우에는 특별한 사유가 없으면 승인 또는 변경승인 신청을 받은 날부터 60일 이내에 승인 또는 변경승인 여부를 결정하여야 하며, 건설계획의 승인 또는 변경승인을 한 경우에는 이를 고시하여야 한다.

⑨ **승인·변경승인 간주**: 국토교통부장관 또는 시·도지사가 제6항 또는 제7항에 따른 건설계획의 승인 또는 변경승인 신청을 받은 날부터 60일 이내에 승인 또는 변경승인 여부를 결정하지 아니하였을 때에는 승인 또는 변경승인을 한 것으로 본다.

⑩ **조치**: 국토교통부장관 또는 시·도지사는 사업시행자가 거짓 또는 그 밖의 부정한 방법으로 건설계획의 승인을 받은 경우나 변경승인을 받지 아니하고 건설계획을 변경하여 사업을 진행한 경우에는 건설계획의 승인을 취소 또는 변경하거나 그 밖에 필요한 조치를 명할 수 있다. 다만, 사업시행자가 거짓 또는 그 밖의 부정한 방법으로 건설계획의 승인을 받은 경우에는 건설계획의 승인을 취소하여야 한다.

(4) 건설 대상지역 및 시설기준

① **화물자동차 휴게소의 건설 대상지역**: 화물자동차 휴게소의 건설 대상지역은 다음에 해당하는 지역을 말한다.

　㉠ 「항만법」에 따른 항만 또는 「산업입지 및 개발에 관한 법률」에 따른 산업단지 등이 위치한 지역으로서 총중량 8톤 이상인 화물자동차의 일일 평균 교통량이 1만 2천대 이상인 지역

　㉡ 「항만법」에 따른 국가관리항이 위치한 지역

　㉢ 「물류시설의 개발 및 운영에 관한 법률」에 따른 물류단지 중 면적이 50만제곱미터 이상인 물류단지가 위치한 지역

　㉣ 「도로법」에 따른 고속국도 또는 일반국도에 인접한 지역으로서 총중량 8톤 이상인 화물자동차의 일일 평균 교통량이 3천대 이상인 지역

② **화물자동차 휴게소의 시설기준**

> **시설기준**
>
> ㉠ 자동차의 하중(40톤)·지진, 그 밖의 진동이나 충격에 대하여 견딜 수 있도록 안전하게 설계할 것
>
> ㉡ 구내차도는 자동차가 후진하지 아니하고 출입구를 향하여 운행할 수 있도록 할 것
>
> ㉢ 구내차도의 너비는 6.5미터 이상으로 할 것. 다만, 일방통행의 구내차도는 3.5미터 이상으로 할 수 있다.
>
> ㉣ 구내차도 또는 조차장소 위에 횡단육교 또는 이와 유사한 구조물을 설치하는 경우에는 그 유효높이를 4.5미터 이상으로 할 것
>
> ㉤ 구내차도 또는 조차장소의 경사부분의 기울기는 10퍼센트 이내로 할 것
>
> ㉥ 조차장소의 형상 및 너비는 해당 복합물류터미널의 규모 및 구조에 적합하게 할 것
>
> ㉦ 다음 시설을 구비할 것
>
> 　ⓐ 필수시설: 주차장, 휴게실, 샤워실, 식당, 주유소, 세탁실 및 정비소
>
> 　ⓑ 임의시설: 수면실, 체력단련실, 세차기, 계근대 및 화물운송주선사무실

⑸ 인·허가 등의 의제

① 국토교통부장관 또는 시·도지사는 건설계획의 승인 또는 변경승인을 하는 경우에 그 건설계획에 대한 다음 인가·허가·승인 또는 결정 등(인·허가 등)에 관하여 관계 행정기관의 장과 협의한 사항에 대하여는 해당 사업시행자가 해당 인·허가 등을 받은 것으로 보며, 고시된 때에는 다음 법률에 따른 해당 인·허가 등의 고시 또는 공고된 것으로 본다.

- 「건축법」에 따른 건축허가, 건축신고, 건축허가·신고사항의 변경, 가설건축물의 건축의 허가·신고 및 건축협의
- 「골재채취법」에 따른 골재채취의 허가
- 「공유수면 관리 및 매립에 관한 법률」에 따른 공유수면의 점용·사용허가, 실시계획의 승인이나 신고, 매립면허 및 매립 실시계획의 승인
- 「공유재산 및 물품 관리법」에 따른 행정재산의 용도폐지 및 행정재산의 사용·수익의 허가
- 「국유재산법」에 따른 행정재산의 사용허가 및 행정재산의 용도폐지
- 「국토의 계획 및 이용에 관한 법률」에 따른 도시관리계획의 결정(같은 법 제2조 제4호 다목만 해당한다), 개발행위의 허가, 도시·군계획시설사업 시행자의 지정 및 실시계획의 인가
- 「농어촌정비법」에 따른 농업기반시설의 목적 외 사용승인
- 「농지법」에 따른 농지전용의 허가 및 협의
- 「대기환경보전법」, 「물환경보전법」 및 「소음·진동규제법」에 따른 배출시설 설치의 허가 또는 신고
- 「도로법」에 따른 도로공사시행의 허가 및 같은 법 제38조에 따른 도로의 점용허가
- 「도시개발법」에 따른 사업시행자의 지정 및 실시계획의 인가
- 「사도법」에 따른 사도의 개설허가
- 「사방사업법」에 따른 벌채 등의 허가 및 사방지의 지정해제
- 「산지관리법」에 따른 산지전용 허가 및 산지전용 신고
- 「산림자원의 조성 및 관리에 관한 법률」에 따른 입목벌채 등의 허가·신고, 「산림보호법」에 따른 산림보호구역에서의 행위의 허가 및 신고
- 「산업입지 및 개발에 관한 법률」에 따른 사업시행자의 지정 및 실시계획의 승인
- 「석유 및 석유대체연료 사업법」에 따른 석유판매업 중 대통령령으로 정하는 석유판매업의 등록
- 「소하천정비법」에 따른 소하천공사 시행의 허가 및 소하천 점용의 허가
- 「수도법」에 따른 수도사업의 인가, 전용수도 설치의 인가
- 「물환경보전법」에 따른 종말처리시설 설치 기본계획의 승인
- 「에너지이용 합리화법」에 따른 에너지사용계획의 협의
- 「자동차관리법」에 따른 자동차관리사업 중 자동차매매업 및 자동차정비업의 등록
- 「장사 등에 관한 법률」에 따른 타인의 토지 등에 설치된 분묘의 처리허가
- 「집단에너지사업법」에 따른 집단에너지의 공급타당성에 관한 협의
- 「초지법」에 따른 초지의 전용허가

- 「공간정보의 구축 및 관리 등에 관한 법률」에 따른 측량성과의 사용심사 및 사업의 착수, 변경 또는 완료의 신고
- 「폐기물관리법」에 따른 폐기물처리시설의 설치승인 또는 신고
- 「하수도법」에 따른 공공하수도 공사의 시행허가 및 공공하수도의 점용허가
- 「하천법」에 따른 하천공사 시행의 허가, 하천공사 실시계획의 인가 및 하천의 점용허가
- 「항만법」에 따른 항만개발사업 시행의 허가 및 항만개발사업실시계획의 승인

② 국토교통부장관 또는 시·도지사는 건설계획의 승인 또는 변경승인을 할 때 그 건설계획에 인·허가 의제 관련사항이 포함되어 있는 경우에는 관계 행정기관의 장과 미리 협의하여야 한다. 이 경우 관계 행정기관의 장은 협의요청을 받은 날부터 20일 이내에 의견을 제출하여야 한다. 인·허가 등의 의제를 받으려는 사업시행자는 건설계획의 승인 또는 변경승인을 신청할 때에 해당 법률에서 정하는 관련서류를 함께 제출하여야 한다.

(6) 수용 및 사용

① 다음 어느 하나에 해당하는 사업을 시행하는 자는 필요한 경우 「공익사업을 위한 토지 등의 취득 및 보상에 관한 법률」 제2조 제1호에 따른 토지 등(이하 "토지 등"이라 한다)을 수용 또는 사용할 수 있다.
  ㉠ 공영차고지의 설치
  ㉡ 화물자동차 휴게소 건설사업

② **사업인정 및 인정 고시 간주**: 다음 어느 하나에 해당하는 인·허가 및 고시 등이 있는 경우에는 각각 「공익사업을 위한 토지 등의 취득 및 보상에 관한 법률」 제20조 제1항에 따른 사업인정 및 같은 법 제22조에 따른 사업인정의 고시가 있는 것으로 본다.
  ㉠ 설치·운영계획의 수립·인가 및 고시 또는 게재
  ㉡ 건설계획의 승인 및 고시

③ **재결신청**: 토지 등의 수용 또는 사용에 관한 재결의 신청은 「공익사업을 위한 토지 등의 취득 및 보상에 관한 법률」 제23조 제1항 및 제28조 제1항에도 불구하고 설치·운영계획 또는 건설계획에서 정한 사업의 시행기간 내에 할 수 있다.

④ **준용**: 수용 또는 사용에 관하여는 이 법에 특별한 규정이 있는 경우를 제외하고는 「공익사업을 위한 토지 등의 취득 및 보상에 관한 법률」을 준용한다.

(7) 화물자동차 휴게소 운영의 위탁

① **위탁대상자**: 사업시행자는 화물자동차 휴게소의 운영을 다음에 해당하는 자에게 위탁할 수 있다.
  ㉠ 연합회 또는 협회
  ㉡ 공공기관 또는 「지방공기업법」에 따른 지방공기업(국가 또는 지방자치단체가 위탁하는 경우만 해당한다)
  ㉢ 「민법」 또는 「상법」에 따라 설립된 법인으로서 그 설립목적이 화물운수와 관련이 있는 법인

② **위탁방식** : 화물자동차 휴게소 운영을 위탁하는 경우에는 제한경쟁의 방식에 따라 수탁자를 정한다. 다만, 국토교통부장관이 화물자동차 휴게소 운영의 효율성 및 안정성 등을 고려하여 필요하다고 인정하는 경우에는 수의계약의 방식에 따라 위탁할 수 있다.

③ **위탁기간** : 화물자동차 휴게소 운영의 위탁기간은 5년으로 하되, 국토교통부장관이 정하는 기준 및 절차에 따라 갱신할 수 있다.

④ **고시** : 그 밖에 위탁의 내용, 조건 및 절차 등에 관하여 필요한 사항은 국토교통부장관이 정하여 고시한다.

▌7▐ 차고지

(1) 차고지의 설치

① 화물자동차 운송사업의 허가를 받으려는 자는 주사무소 또는 영업소가 있는 특별시 · 광역시 · 특별자치시 · 특별자치도 · 시 · 군(광역시의 군은 제외한다) 또는 같은 도 내에 있는 이에 맞닿은 시 · 군에 차고지를 설치하여야 한다. 다만, 다음에 해당하는 경우에는 그러하지 아니하다.

ㄱ 주사무소 또는 영업소가 특별시 · 광역시에 있는 경우 그 특별시 · 광역시와 맞닿은 특별시 · 광역시 또는 도에 있는 공동차고지, 공영차고지, 화물자동차 휴게소, 화물터미널 또는 지방자치단체의 조례로 정한 시설을 차고지로 이용하는 경우

ㄴ 주사무소 또는 영업소가 시 · 군에 있는 경우 그 시 · 군이 속하는 도에 있는 공동차고지, 공영차고지, 화물자동차 휴게소, 화물터미널 또는 지방자치단체의 조례로 정한 시설을 차고지로 이용하는 경우

ㄷ 주사무소 또는 영업소가 시 · 군에 있는 경우 그 시 · 군이 속하는 도와 맞닿은 특별시 · 광역시 또는 도에 있는 공동차고지, 공영차고지, 화물자동차 휴게소, 화물터미널 또는 지방자치단체의 조례로 정한 시설을 차고지로 이용하는 경우

② 운송사업 허가를 받으려는 자가 차고지를 설치하였을 때에는 그 차고지의 소재지를 관할하는 특별자치시장 · 특별자치도지사 · 시장 · 군수 또는 구청장(자치구의 구청장을 말한다)에게 차고지 설치 확인 신청서에 차고지가 자기 소유가 아닌 경우에는 차고지의 임대차계약서를 첨부해서 차고지 설치에 관한 확인을 신청할 수 있다.

③ 차고지 설치확인신청서를 받은 특별자치시 · 특별자치도지사 · 시장 · 군수 또는 구청장은 「전자정부법」에 따른 행정정보의 공동이용을 통하여 ㄱ 신청인의 주민등록표 등본(법인인 경우에는 법인 등기사항증명서를 말한다), ㄴ 토지등기부 등본 및 토지대장(화물터미널을 차고지로 이용하는 경우는 제외한다), ㄷ 토지이용계획확인원(화물터미널을 차고지로 이용하는 경우는 제외한다)을 확인하여야 한다. 다만, 주민등록표 등본에 대해서는 신청인으로부터 확인에 대한 동의를 받고, 신청인이 확인에 동의하지 아니하는 경우에는 그 서류를 첨부하도록 하여야 한다.

④ 특별자치시장·특별자치도지사·시장·군수 또는 구청장은 ③의 사항과 차고지 설치 여부를 검토 또는 확인한 후 신청일부터 10일 이내에 차고지 설치 확인서를 발급(전자문서에 의한 발급을 포함한다)해서 신청인 및 화물자동차 운송사업 허가관청에 송부해야 한다.

(2) 공영차고지

① **정의** : 공영차고지란 화물자동차 운수사업에 제공되는 차고지로서 다음 어느 하나에 해당하는 자가 설치한 것을 말한다.

   ㉠ 특별시장·광역시장·특별자치시장·도지사·특별자치도지사

   ㉡ 시장·군수·구청장(자치구의 구청장을 말한다)

   ㉢ 「공공기관의 운영에 관한 법률」에 따른 공공기관 중 다음 공공기관

      ⓐ 「인천국제공항공사법」에 따른 인천국제공항공사

      ⓑ 「한국공항공사법」에 따른 한국공항공사

      ⓒ 「한국도로공사법」에 따른 한국도로공사

      ⓓ 「한국철도공사법」에 따른 한국철도공사

      ⓔ 「한국토지주택공사법」에 따른 한국토지주택공사

      ⓕ 「항만공사법」에 따른 항만공사

   ㉣ 「지방공기업법」에 따른 지방공사

② **설치 및 운영** : 공영차고지를 설치할 수 있는 자는 공영차고지를 설치하여 이를 직접 운영하거나 다음 어느 하나에 해당하는 자에게 임대(운영의 위탁을 포함)할 수 있다.

   ㉠ 사업자단체

   ㉡ 운송사업자

   ㉢ 운송가맹사업자

   ㉣ 운송사업자로 구성된 「협동조합 기본법」 제2조 제1호에 따른 협동조합

③ **절 차**

   ㉠ 공영차고지를 설치한 자는 공영차고지를 설치하려면 공영차고지의 설치운영에 관한 계획(설치운영계획)을 수립하여야 한다. 시·도지사를 제외한 차고지설치자가 설치·운영계획을 수립하는 경우에는 미리 시·도지사의 인가를 받아야 한다. 인가받은 계획을 변경하려는 경우에도 또한 같다.

   ㉡ 차고지설치자는 설치·운영계획을 수립·변경하거나 인가·변경인가를 받은 때에는 이를 공보에 고시하거나 일간신문 등에 게재하여야 한다. 시·도지사가 설치·운영계획을 수립하거나 시·도지사를 제외한 차고지설치자의 설치·운영계획을 인가하는 경우에 그에 관련된 각종 인가·허가 등에 관하여는 인·허가의 의제(제46조의4)를 준용한다.

④ **수용 및 사용**

　　㉠ 토지 등의 수용·사용 : 시·도지사 또는 시장·군수·구청장은 공영차고지의 설치에 필요한 경우에는 「공익사업을 위한 토지 등의 취득 및 보상에 관한 법률」 제3조에 따른 토지·물건 및 권리(토지 등)를 수용 또는 사용할 수 있다.

　　㉡ 사업인정 : 공영차고지 설치·운영계획의 수립·인가 및 공고가 있는 경우에는 「공익사업을 위한 토지 등의 취득 및 보상에 관한 법률」 제20조 제1항 및 제22조에 따른 사업인정 및 사업인정의 고시가 있는 것으로 본다.

　　㉢ 재결신청 : 토지 등의 수용 또는 사용에 관한 재결의 신청은 「공익사업을 위한 토지 등의 취득 및 보상에 관한 법률」 제23조 제1항 및 제28조 제1항에도 불구하고 공영차고지의 설치·운영에 관한 계획에서 정한 사업의 시행기간 내에 할 수 있다.

　　㉣ 준용 : 토지 등의 수용 또는 사용에 관하여는 이 법에 특별한 규정이 있는 경우를 제외하고는 「공익사업을 위한 토지 등의 취득 및 보상에 관한 법률」을 준용한다.

⑤ **준용** : 시·도지사가 설치·운영계획을 수립하거나 시장·군수·구청장의 설치·운영계획을 인가하는 경우에 그에 관련된 각종 인·허가 등에 관하여는 화물자동차 휴게소 인허가의제에 관한 규정을 준용한다.

■ 8 화물운송서비스평가

⑴ 평 가

국토교통부장관은 화물운송서비스 증진과 이용자의 권익보호를 위하여 운수사업자가 제공하는 화물운송서비스에 대한 평가를 할 수 있다.

⑵ 평가 기준

화물운송서비스에 대한 평가의 기준은 다음과 같다.

① 화물운송서비스의 이용자 만족도

② 화물운송서비스의 신속성 및 정확성

③ 화물운송서비스의 안전성

④ 그 밖에 ①부터 ③까지에 준하는 사항으로서 국토교통부령으로 정하는 사항

⑶ 방 법

화물운송서비스에 대한 평가는 이용자에 대한 설문조사를 포함하여야 하며, 세부 평가방법 및 절차 등에 필요한 사항은 국토교통부령으로 정한다.

⑷ 공 표

국토교통부장관은 화물운송서비스의 평가를 한 후 평가 항목별 평가 결과, 서비스 품질 등 세부사항을 대통령령으로 정하는 바에 따라 공표하여야 한다.

(5) 조 사

국토교통부장관은 화물운송서비스의 평가를 할 경우 운수사업자에게 관련 자료 및 의견 제출 등을 요구하거나 서비스에 대한 실지조사를 할 수 있다. 자료 또는 의견 제출 등을 요구받은 운수사업자는 특별한 사유가 없으면 이에 따라야 한다.

(6) 화물운송서비스 평가결과의 공표

국토교통부장관은 법 제47조의6 제4항에 따라 화물운송서비스에 대한 평가 항목별 평가 결과 및 서비스 품질에 관한 세부사항을 국토교통부 인터넷 홈페이지에 공표하여야 한다.

9 자가용 화물자동차

(1) 신 고

① **신고대상 차량**: 화물자동차 운송사업 및 화물자동차 운송가맹사업에 이용되지 아니하고 자가용으로 사용되는 화물자동차(자가용 화물자동차)로서 「자동차관리법 시행규칙」 별표 1에 따른 특수자동차(「자동차관리법 시행규칙」 별표 1에 따른 경형 또는 소형 특수작업형 특수자동차를 사용하여 「식품위생법 시행령」 제21조 제8호 가목의 휴게음식점영업 또는 같은 호 바목의 제과점영업을 하려는 경우와 「자동차관리법 시행규칙」 별표 1에 따른 경형 및 소형 특수자동차 중 특별시·광역시·특별자치시·도 또는 특별자치도의 조례로 정하는 경우는 제외한다)와 특수자동차를 제외한 화물자동차로서 최대적재량이 2.5톤 이상인 화물자동차를 사용하려는 자는 시·도지사에게 신고하여야 한다. 신고한 사항을 변경하려는 때에도 같다. 시·도지사는 신고 또는 변경신고를 받은 날부터 10일 이내에 신고수리 여부를 신고인에게 통지하여야 한다. 시·도지사가 10일 내에 신고수리 여부 또는 민원 처리 관련 법령에 따른 처리기간의 연장 여부를 신고인에게 통지하지 아니하면 그 기간이 끝난 날의 다음 날에 신고를 수리한 것으로 본다.

② **신고절차**: 자가용 화물자동차의 사용을 신고하려는 자는 「자동차관리법」에 따라 자동차등록을 신청할 때에 자가용 화물자동차 사용신고서를 차고시설 소재지를 관할하는 시·도지사에게 제출(전자문서에 의한 제출을 포함한다)하여야 한다.

③ **차고시설**: 자가용 화물자동차 사용신고서에는 차고시설(임대 차고를 포함한다)을 확보하였음을 증명하는 서류를 첨부하여야 한다. 확보하여야 하는 차고시설에 관하여는 화물자동차 운송사업 허가기준을 준용한다.

④ **신고확인증**: 시·도지사는 자가용 화물자동차의 사용에 관한 신고를 받으면 신고내용을 확인한 후 신고확인증을 발급하여야 하며, 자가용 화물자동차의 소유자는 그 자가용 화물자동차에 신고확인증을 갖추어 두고 운행하여야 한다.

⑤ **차고시설 변경**: 신고확인증을 발급받은 자는 차고시설을 변경하였을 때에는 변경한 날부터 10일 이내에 변경신고서를 시·도지사에게 제출하여야 한다.

⑵ 유상운송 및 임대 금지

자가용 화물자동차의 소유자 또는 사용자는 자가용 화물자동차를 유상(당해 자동차의 운행에 필요한 경비를 포함한다)으로 화물운송용에 제공하거나 임대하여서는 아니 된다. 다만, 다음에서 정하는 사유에 해당되는 경우로서 시·도지사의 허가를 받은 경우에는 그러하지 아니하다.

> **유상운송 허가사유**
>
> ① 천재지변이나 이에 준하는 비상사태로 인하여 수송력 공급을 긴급히 증가시킬 필요가 있는 경우
> ② 사업용 화물자동차·철도 등 화물운송수단의 운행이 불가능하여 이를 일시적으로 대체하기 위한 수송력 공급이 긴급히 필요한 경우
> ③ 「농어업경영체 육성 및 지원에 관한 법률」에 따라 설립된 영농조합법인이 그 사업을 위하여 화물자동차를 직접 소유·운영하는 경우

⑶ 유상운송의 허가

① 자가용 화물자동차의 유상운송 허가를 받으려는 자는 자가용 화물자동차 유상운송 허가신청서를 시·도지사에게 제출하여야 한다. 자가용 화물자동차 유상운송 허가신청서에는 허가받으려는 차량 명세(허가 대상차량이 여러 대인 경우만 해당한다)를 첨부하여야 한다. 이 경우 시·도지사는 「전자정부법」에 따른 행정정보의 공동이용을 통하여 법인 등기사항증명서(신청인이 영농조합법인인 경우만 해당한다)를 확인하여야 한다.

② 시·도지사는 유상운송 허가신청을 받았을 때에는 신청내용을 확인한 후 유상운송 허가증을 발급하여야 하며, 자가용 화물자동차의 소유자는 그 자가용 화물자동차의 앞면 유리창 오른쪽 위에 허가증을 붙이고 운행하여야 한다.

③ 자가용 화물자동차를 유상으로 화물운송용에 제공하거나 임대한 자는 2년 이하의 징역 또는 2천만원 이하의 벌금에 처한다.

⑷ 영농조합법인 유상운송 허가조건

① 시·도지사는 영농조합법인에 대하여 자가용 화물자동차의 유상운송을 허가하려는 경우에는 자동차의 운행으로 사람이 사망하거나 부상한 경우의 손해배상책임을 보장하는 보험에 계속 가입할 것과 차량안전점검과 정비를 철저히 하고 각종 교통관련 법규를 성실히 준수할 것에 대한 조건을 붙여야 한다.

② 영농조합법인이 소유하는 자가용 화물자동차에 대한 유상운송 허가기간은 3년 이내로 하여야 한다.

③ 시·도지사는 영농조합법인의 신청에 의하여 유상운송 허가기간의 연장을 허가할 수 있다. 이 경우 영농조합법인은 허가기간 만료일 30일 전까지 시·도지사에게 유상운송 허가기간의 연장을 신청하여야 한다.

(5) **임대허가신청**

① 자가용 화물자동차의 임대허가를 받으려는 자는 신청서를 시·도지사에게 제출하여야 한다. 신청서에는 임대계약서 사본을 첨부하여야 한다.

② 자가용 화물자동차의 임대인은 화물자동차를 반환받았을 때에는 지체 없이 신고서를 시·도지사에게 제출하여야 한다.

(6) **자가용 화물자동차 사용의 제한 또는 금지**

① 시·도지사는 자가용 화물자동차의 소유자 또는 사용자가 자가용 화물자동차를 사용하여 화물자동차 운송사업을 경영한 경우나 허가를 받지 아니하고 자가용 화물자동차를 유상으로 운송에 제공하거나 임대한 경우 6개월 이내의 기간을 정하여 그 자동차의 사용을 제한하거나 금지할 수 있다.

② 시·도지사가 자가용 화물자동차의 사용을 금지한 경우에는 자동차등록증과 자동차등록번호판 반납관련 규정을 준용한다.

▌10 차량충당조건

(1) **충당조건**

① 화물자동차 운송사업 및 화물자동차 운송가맹사업의 신규등록·증차 또는 대폐차(代廢車)에 충당되는 화물자동차는 차령 3년 이내의 차량으로 한다.

② 차량충당 연한의 기산일은 제작연도에 등록된 화물자동차는 최초의 신규등록일로 하고, 제작연도에 등록되지 아니한 화물자동차는 제작연도의 말일로 한다.

(2) **차량충당조건 적용 제외차량**

다음 차량의 경우에는 신규등록·증차 또는 대폐차에 충당되는 경우에 차령(車齡) 3년 이내의 차량충당조건 적용이 되지 않는다.

> **차량충당조건 제외차량**
>
> ① 운송사업자가 화물자동차 운송사업의 종류를 변경하여 허가를 받으려는 경우 운송사업자가 사업의 종류를 변경하기 전에 화물자동차 운송사업용으로 사용한 차량
> ② 운송사업자가 화물자동차 운송사업을 폐업하고 화물자동차 운송가맹사업의 허가를 받으려는 경우 운송사업자가 폐업하기 전에 화물자동차 운송사업용으로 사용한 차량
> ③ 운송가맹사업자(화물자동차를 직접 소유한 경우만 해당한다)가 화물자동차 운송가맹사업을 폐업하고 화물자동차 운송사업의 허가를 받으려는 경우 운송가맹사업자가 폐업하기 전에 화물자동차 운송가맹사업용으로 사용한 차량
> ④ 운송사업자(등록이 취소되거나 사업이 폐업된 운송사업자를 포함한다)에게 소속되어 화물자동차 운송사업용으로 사용한 화물자동차를 그 사업용으로 사용하지 아니하게 된 날부터 6개월 이내에 화물자동차 운송사업용으로 충당하려는 경우 그 차량

⑤ 운송사업자 또는 운송가맹사업자가 아닌 법인에 최근 2년 이상 소속된 5대 이상의 자가용 화물자동차를 그 법인이 화물자동차 운송사업용 또는 화물자동차 운송가맹사업용으로 충당하려는 경우 그 차량

⑥ 운송사업자 또는 운송가맹사업자가 화물자동차를 대폐차(代廢車)할 때 폐차되는 화물자동차의 차령보다 대차되는 화물자동차의 차령이 적은 경우 대차되는 차량

⑦ 덤프형 화물자동차, 피견인자동차[「소방기본법 시행령」에 따른 특수가연물(특수가연물) 및 「위험물안전관리법 시행령」에 따른 위험물을 수송하기 위한 탱크트레일러는 제외한다] 또는 특수자동차

⑧ 화물을 집화·분류·배송하는 형태의 운송사업을 하는 운송사업자와 전속 운송계약을 통해 화물의 집화·배송(집화 등)만을 담당하고자 허가를 받으려는 자의 차량

(3) 대폐차의 대상·기한·절차 및 범위

대폐차의 대상·기한·절차·범위 및 주기는 다음 구분에 따른다.

① **대상**: 동일한 용도의 화물자동차(공급이 허용되는 경우만 해당한다)로 할 것. 이 경우 해당 화물자동차의 세부유형 및 최대적재량 등에 관하여는 국토교통부장관이 정하여 고시한다. 운송사업자가 법률 제7100호 「화물자동차 운수사업법」 일부 개정법률 부칙 제3조 제2항에 따른 허가로 인하여 대폐차하고자 하는 경우에는 국토교통부장관이 별도로 정하여 고시하는 바에 따른다.

② **기한**: 대폐차 변경신고를 한 날부터 15일 이내에 대폐차할 것. 다만, 국토교통부장관이 정하여 고시하는 부득이한 사유가 있는 경우에는 3개월 이내에 대폐차할 수 있다.

③ **절차**: 대폐차를 완료한 경우에는 협회에 통지할 것

④ **범위**: 개인화물자동차 운송사업의 대폐차의 범위는 「자동차관리법」에 따른 화물자동차로서 다음 구분에 따를 것. 이 경우 대폐차 범위의 세부기준에 관하여는 국토교통부 장관이 정하여 고시한다.

    ㉠ 개인 소형: 최대 적재량 1.5톤 이하인 차량

    ㉡ 개인 중형: 최대 적재량 1.5톤 초과 16톤 이하인 차량

    ㉢ 개인 대형: 최대 적재량 16톤 초과인 차량

    ㉣ 법 제3조 제7항 제1호다목에 따른 허가를 받은 화물자동차: 제한 없음

⑤ **주기**: 최대적재량 또는 총중량을 늘리는 대폐차는 직전에 최대적재량 또는 총중량을 늘리는 대폐차를 한 날로부터 국토교통부장관이 정하여 고시하는 기간이 지난 후에 할 것

⑥ **고시**: 그 밖에 대폐차의 절차 및 방법 등에 관하여 필요한 세부사항은 국토교통부장관이 정하여 고시한다.

■11 신고포상금 지급

(1) 대 상

시·도지사는 다음에 해당하는 자를 시·도지사나 수사기관에 신고 또는 고발한 자에 대하여 포상금을 지급할 수 있다.

① 자가용 화물자동차를 유상으로 화물운송용으로 제공하거나 임대한 자
② 직접운송의무 규정을 위반한 자
③ 거짓이나 부정한 방법으로 보조금을 지급받은 자
④ 고장 및 사고차량의 운송과 관련하여 자동차관리사업자와 부정한 금품을 주고 받은 운송사업자 또는 운수종사자
⑤ 허가 또는 변경허가를 받지 아니하거나 거짓이나 그 밖의 부정한 방법으로 허가 또는 변경허가를 받고 화물자동차 운송사업을 경영한 자

(2) 절 차

① **통보**: 고발을 받은 수사기관은 지체 없이 그 사실을 관할 시·도지사에게 알려야 한다.

② **포상금 지급결정**: 시·도지사는 신고를 받거나 통보를 받은 경우에는 그 내용을 확인한 후 포상금 지급 여부를 결정하여야 한다. 다만, 다음에 해당하는 경우에는 포상금을 지급하지 아니한다.
　㉠ 신고 또는 고발이 있은 후 같은 위반행위에 대하여 같은 내용의 신고 또는 고발을 한 경우
　㉡ 신고 또는 고발이 있는 사항에 대하여 이미 재판절차가 진행 중인 경우
　㉢ 관계 법령을 위반하여 신고 또는 고발을 한 경우

③ **통지**: 시·도지사는 포상금 지급결정을 한 경우에는 신고인 또는 고발인에게 알려야 한다.

④ **포상금 신청**: 포상금 지급결정을 통보받은 신고인 또는 고발인은 관할 시·도지사에게 포상금 지급을 신청하여야 한다. 이 경우 시·도지사는 포상금 지급신청을 받은 날부터 1개월 이내에 신고인 또는 고발인에게 포상금을 지급하여야 한다.

⑤ **포상금액**: 포상금은 100만원의 범위에서 시·도의 조례로 정하는 금액을 지급한다.
　㉠ 자가용 화물자동차를 유상으로 화물운송용으로 제공하거나 임대한 자를 신고하거나 고발한 경우 - 10만원
　㉡ 직접운송의무 규정을 위반한 자를 신고하거나 고발한 경우 - 15만원
　㉢ 거짓이나 부정한 방법으로 보조금을 지급받은 자를 신고하거나 고발한 경우 - 20만원
　㉣ 고장 및 사고차량의 운송과 관련하여 자동차관리사업자와 부정한 금품을 주고 받은 운송사업자 또는 운수종사자를 신고하거나 고발한 경우 - 20만원

⑥ **포상금 지급절차**: 그 밖에 포상금의 지급기준·지급절차 및 지급방법 등에 관하여 필요한 사항은 시·도의 조례로 정한다.

(3) 재 원

포상금의 지급에 소요되는 비용은 시·도 또는 시·군·구의 재원으로 충당한다.

12 보고와 검사

(1) 보고와 검사

국토교통부장관 또는 시·도지사는 ① 허가기준에 맞는지를 확인하기 위하여 필요한 경우, ② 화물운송질서 등의 문란행위를 파악하기 위하여 필요한 경우, ③ 운수사업자의 위법행위 확인 및 운수사업자에 대한 허가취소 등 행정 처분을 위하여 필요한 경우에는 운수사업자나 화물자동차의 소유자 또는 사용자에 대하여 그 사업 및 운임에 관한 사항이나 그 화물자동차의 소유 또는 사용에 관하여 보고하게 하거나 서류를 제출하게 할 수 있으며, 필요하면 소속 공무원에게 운수사업자의 사업장에 출입하여 장부·서류, 그 밖의 물건을 검사하거나 관계인에게 질문을 하게 할 수 있다. 출입하거나 검사하는 공무원은 그 권한을 나타내는 증표를 지니고 이를 관계인에게 내보여야 하며, 국토교통부령으로 정하는 바에 따라 자신의 성명, 소속 기관, 출입의 목적 및 일시 등을 적은 서류를 상대방에게 내주거나 관계 장부에 적어야 한다.

(2) 자료 제공 요청

① **종사자격 관련 자료 요청**: 국토교통부장관은 화물운송 종사자격에 관한 관리를 효율적으로 하기 위하여 경찰청장에게 자격시험 응시자와 이론 및 실기 교육 참가자의 자격 확인과 화물운송 종사자격의 취소나 정지 등에 필요한 자료를 제공하여 줄 것을 요청할 수 있다.

② **보조금 지급 관련 자료 요청**: 국토교통부장관 및 특별시장·광역시장·특별자치시장·특별자치도지사·시장 또는 군수(광역시의 군수를 포함한다)는 보조금 지급업무의 효율적 운영을 위하여 국가기관, 지방자치단체, 「공공기관의 운영에 관한 법률」에 따른 공공기관, 화물자동차 운수사업법에 따른 공제조합, 「보험업법」에 따른 보험회사 및 보험요율 산출기관, 그 밖의 관계 기관 등에 다음 자료를 제공하여 줄 것을 요청할 수 있다. 자료 제공을 요청받은 경찰청장은 특별한 사유가 없으면 자료를 제공하여야 한다.
  ㉠ 화물자동차 운수사업의 운전업무 종사자격 및 화물운송 종사자격의 취소에 관한 자료
  ㉡ 「도로교통법」 제93조에 따른 운전면허의 취소·정지에 관한 자료
  ㉢ 「자동차관리법」 제7조에 따른 자동차등록원부
  ㉣ 「자동차손해배상 보장법」 제5조에 따른 보험 등의 가입에 관한 자료
  ㉤ 「부가가치세법」 제8조에 따른 사업자등록에 관한 자료
  ㉥ 그 밖에 보조금 지급업무의 효율적 운영에 필요하다고 인정하여 국토교통부장관이 정하여 고시한 자료

(3) 화물차주 등의 협조의무 등

위원회는 화물자동차 안전운송원가 산정과 관련하여 필요한 경우에는 화물차주, 운수사업자 및 화주에 대하여 자료의 제출이나 의견의 진술 등을 요청할 수 있다. 이 경우 요청을 받은 화물차주 등은 특별한 사정이 없으면 이에 따라야 한다. 제출된 자료 등을 열람·검토한 자는 업무상 알게 된 비밀을 누설하여서는 아니 된다.

13 권한의 위임과 위탁

국토교통부장관 또는 시·도지사는 「화물자동차 운수사업법」에 따른 권한의 일부를 대통령령 또는 시·도의 조례로 정하는 바에 따라 협회·연합회, 「한국교통안전공단법」에 따른 한국교통안전공단 또는 전문검사기관에 위탁할 수 있다. 이 경우 시·도지사가 업무를 위탁하는 경우에는 미리 국토교통부장관의 승인을 받아야 한다. 위탁받은 업무에 종사하는 협회·연합회, 「한국교통안전공단법」에 따른 한국교통안전공단 또는 전문검사기관의 임원과 직원은 「형법」 제129조부터 제132조까지의 규정에 따른 벌칙을 적용할 때에는 공무원으로 본다.

(1) 권한의 위임

① 국토교통부장관은 다음 사항에 관한 권한을 시·도지사에게 위임한다.

> **권한위임 사항**
> - 화물자동차 운송사업의 허가 및 화물자동차 운송사업의 허가사항 변경허가
> - 허가기준에 관한 사항의 신고
> - 운송약관의 신고 및 변경신고
> - 운송가맹점의 상호 변경신고의 접수
> - 개선명령
> - 사업의 양도·양수 또는 합병의 신고
> - 상속의 신고
> - 사업의 휴업 및 폐업 신고
> - 화물자동차 운송사업의 허가취소, 사업정지처분 및 감차조치명령
> - 화물자동차의 자동차등록증과 자동차등록번호판의 반납 및 반환
> - 과징금의 부과·징수 및 과징금 운용계획의 수립·시행
> - 청문
> - 화물운송종사자격의 취소 및 효력의 정지
> - 화물자동차 운송주선사업의 허가
> - 화물자동차 운송주선사업의 허가취소 및 사업정지처분
> - 책임보험계약 등의 계약종료일 통지의 수령
> - 보고, 경영실태 조사 및 재무관리상태 진단(운송가맹사업자와 관련된 보고, 경영실태 조사 및 재무관리상태 진단은 제외한다)
> - 협회의 설립인가
> - 협회사업의 지도·감독
> - 과태료의 부과 및 징수(운송가맹사업자에 대한 과태료의 부과 및 징수는 제외한다)

② 시·도지사는 국토교통부장관으로부터 위임받은 권한의 일부를 국토교통부장관의 승인을 얻어 시장·군수 또는 구청장에게 재위임할 수 있다.

③ 시·도지사는 권한의 일부를 시·도의 조례가 정하는 바에 따라 시장·군수 또는 구청장에게 위임할 수 있다.

(2) 권한의 위탁

① **협회** : 국토교통부장관은 다음의 사항에 관한 권한을 협회에 위탁한다.
ㄱ 화물자동차 운송사업 허가사항 변경신고
ㄴ 화물자동차 운송주선사업 허가사항 변경신고

② **연합회** : 국토교통부장관은 다음의 사항에 관한 권한을 연합회에 위탁한다. 국토교통부장관은 위탁한 업무의 원활한 수행을 위하여 필요하다고 인정하는 경우에는 연합회로 하여금 그 업무 처리에 관한 지침을 작성하여 제출하게 할 수 있다.
ㄱ 사업자 준수사항에 대한 계도활동
ㄴ 과적(過積) 운행, 과로 운전, 과속 운전의 예방 등 안전한 수송을 위한 지도·계몽
ㄷ 법령 위반사항에 대한 처분의 건의

③ **「한국교통안전공단법」에 따라 설립된 한국교통안전공단** : 국토교통부장관은 다음의 사항에 관한 권한을 「한국교통안전공단법」에 의하여 설립된 한국교통안전공단에 위탁한다.
ㄱ 운전적성에 대한 운전정밀검사의 시행
ㄴ 화물운송종사자격시험의 실시·관리 및 교육
ㄷ 「교통안전법」 제56조에 따른 교통안전체험에 관한 연구·교육시설에서 교통안전체험, 화물취급요령 및 화물자동차 운수사업법령 등에 관한 이론 및 실기 교육
ㄹ 화물운송종사자격 시험의 실시·관리 및 교육, 자격증의 교부
ㅁ 화물자동차 운전자의 교통사고 및 교통법규 위반사항과 범죄경력의 제공요청 및 기록·관리
ㅂ 화물자동차 운전자의 인명사상사고 및 교통법규 위반사항과 범죄경력의 제공
ㅅ 화물자동차 운전자 채용 기록·관리 자료의 요청
ㅇ 화물자동차 안전운임신고센터의 설치·운영
ㅈ 화물자동차 운수사업의 운전업무 종사의 제한을 위한 범죄경력자료의 조회 요청

④ **한국교통연구원** : 국토교통부장관은 화물운송에 소요되는 비용 등의 조사에 관한 업무를 「정부출연연구기관 등의 설립·운영 및 육성에 관한 법률」에 따라 설립된 한국교통연구원에 위탁한다

(3) 민감정보 및 고유식별정보의 처리

① 국토교통부장관, 시·도지사, 시장 또는 군수(권한을 위임·재위임 또는 위탁받는 자를 포함하며, 군수는 광역시의 군수를 포함한다)는 다음 사무를 수행하기 위하여 불가피한 경우 「개인정보 보호법 시행령」 제18조 제2호에 따른 범죄경력자료에 해당하는 정보나 같은 영 제19조 제1호, 제3호 또는 제4호에 따른 주민등록번호, 운전면허의 면허번호 또는 외국인등록번호가 포함된 자료를 처리할 수 있다.

- 화물자동차 운송사업 허가에 관한 사무
- 화물자동차 운수사업의 운전업무 종사자격에 관한 사무
- 화물자동차 운전자의 교통안전 기록·관리에 관한 사무
- 화물자동차 운송사업의 양도와 양수 등에 관한 사무
- 화물자동차 운송사업의 상속에 관한 사무
- 화물자동차 운송사업의 허가 취소 등에 관한 사무
- 화물운송종사자격의 취소 등에 관한 사무
- 화물자동차 운송주선사업의 허가 취소 등에 관한 사무
- 화물자동차 운송가맹사업의 허가 취소 등에 관한 사무
- 보조금의 지급에 관한 사무
- 보조금의 지급정지에 관한 사무
- 화물운송실적관리시스템의 운영에 관한 사무
- 공제조합 운영위원회의 구성 및 공제조합 운영위원회 위원의 결격 사유 확인에 관한 사무
- 공제조합 임직원에 대한 제재 등에 관한 사무
- 운수종사자의 교육 등에 관한 사무

② 연합회 또는 공제조합은 공제사업을 수행하기 위하여 불가피한 경우 「개인정보 보호법」 제23조에 따른 건강에 관한 정보나 같은 법 시행령 제19조 각 호에 따른 주민등록번호, 여권번호, 운전면허의 면허번호 또는 외국인등록번호가 포함된 자료를 처리할 수 있다.

14 청 문

국토교통부장관은 운송(주선)사업의 허가를 취소하려면 청문을 하여야 한다.

> **청문대상**
> ① 화물자동차 운송사업의 허가 취소
> ② 화물자동차 운송주선사업의 허가 취소
> ③ 화물자동차 운송가맹사업의 허가 취소

15 벌칙(행정형벌)

(1) 3년 이하의 징역 또는 1천만원 이하의 벌금

업무개시명령을 거부한 운송사업자 및 운송가맹사업자

(2) 2년 이하의 징역 또는 2천만원 이하의 벌금

① 허가를 받지 아니하거나 거짓이나 그 밖의 부정한 방법으로 허가를 받고 화물자동차 운송사업을 경영한 자

② 고장 및 사고차량 등 화물의 운송과 관련하여 자동차관리사업자와 부정한 금품을 주고 받은 운송사업자

③ 고장 및 사고차량 등 화물의 운송과 관련하여 「자동차관리법」에 따른 자동차관리사업자와 부정한 금품을 주고 받은 운수종사자

④ 허가를 받지 아니하거나 거짓이나 그 밖의 부정한 방법으로 허가를 받고 화물자동차 운송주선사업을 경영한 자

⑤ 명의이용 금지의무를 위반한 운송주선사업자 및 운송가맹사업자

⑥ 허가를 받지 아니하거나 거짓이나 그 밖의 부정한 방법으로 허가를 받고 화물자동차 운송가맹사업을 경영한 자

⑦ 화물운송실적관리시스템의 정보를 변경, 삭제하거나 그 밖의 방법으로 이용할 수 없게 한 자 또는 권한 없이 정보를 검색, 복제하거나 그 밖의 방법으로 이용한 자

⑧ 직무와 관련하여 알게 된 화물운송실적관리자료를 다른 사람에게 제공 또는 누설하거나 그 목적 외의 용도로 사용한 자

⑨ 자가용 화물자동차를 유상으로 화물운송용에 제공하거나 임대한 자

⑩ 운임 지급과 관련하여 서로 부정한 금품을 주고받은 화주와 운수사업자·화물차주

⑪ 위·수탁계약에 따라 운송사업자 명의로 등록된 차량의 자동차등록번호판이 훼손 또는 분실된 경우 위·수탁차주의 요청을 받은 즉시 「자동차관리법」 제10조 제3항에 따른 등록번호판의 부착 및 봉인을 신청하는 등 운행이 가능하도록 조치와 위·수탁계약에 따라 운송사업자 명의로 등록된 차량의 사용본거지를 다른 시·도로 변경하는 경우 즉시 자동차등록번호판의 교체 및 봉인을 신청하는 등 운행이 가능하도록 조치개선명령을 이행하지 아니한 자

⑫ 임시허가를 받은 자가 허가 기간 내에 다른 운송사업자와 위·수탁계약을 체결하지 못하고 임시허가 기간이 만료된 경우 3개월 내에 허가를 받은 운송사업자와 「환경친화적 자동차의 개발 및 보급 촉진에 관한 법률」 제2조에 따른 전기자동차 또는 수소전기자동차로서 국토교통부령으로 정하는 최대 적재량 이하인 화물자동차에 대하여 해당 차량과 그 경영을 다른 사람에게 위탁하지 아니하는 것을 조건으로 허가 또는 변경허가를 받은 운송사업자 가운데 사업을 양도한 자

(3) 1년 이하의 징역 또는 1천만원 이하의 벌금

거짓이나 부정한 방법으로 화물자동차 유가보조금을 교부받은 자는 1년 이하의 징역 또는 1천만원 이하의 벌금에 처한다.

16 과태료

⑴ 부과 · 징수 주체

과태료는 국토교통부장관 또는 시 · 도지사가 부과 · 징수한다.

⑵ 기 준

위반행위의 종류에 따른 과태료의 부과기준은 다음과 같다.

◉ 위반행위의 종류별 과태료 금액

위반행위	과태료 금액
1. 법 제3조 제3항 단서에 따른 허가사항 변경신고를 하지 않은 경우	50만원
2. 법 제5조 제1항(법 제33조에서 준용하는 경우를 포함한다)에 따른 운임 및 요금에 관한 신고를 하지 않은 경우	50만원
3. 법 제5조의5 제1항 또는 제2항을 위반하여 국토교통부장관이 공표한 화물자동차 안전운임보다 적은 운임을 지급한 경우	500만원
4. 법 제6조(법 제28조 및 제33조에서 준용하는 경우를 포함한다)에 따른 약관의 신고를 하지 않은 경우	50만원
5. 화물운송 종사자격증을 받지 않고 화물자동차 운수사업의 운전업무에 종사한 경우	50만원
6. 거짓이나 그 밖의 부정한 방법으로 화물운송 종사자격을 취득한 경우	50만원
7. 법 제10조를 위반한 경우	50만원
8. 법 제10조의2 제4항을 위반하여 자료를 제공하지 않거나 거짓으로 제공한 경우	50만원
9. 운송사업자가 법 제11조(같은 조 제3항 및 제4항은 제외하며, 법 제28조 및 제33조에서 준용하는 경우를 포함한다)에 따른 준수사항을 위반한 경우	
가) 법 제11조 제20항에 따른 준수사항을 위반한 경우	100만원
나) 가) 외의 준수사항을 위반한 경우	50만원
10. 운수종사자가 법 제12조(같은 조 제1항 제4호는 제외하며, 법 제28조 및 제33조에서 준용하는 경우를 포함한다)에 따른 준수사항을 위반한 경우	
가) 법 제12조 제1항 제8호에 따른 준수사항을 위반한 경우	100만원
나) 가) 외의 준수사항을 위반한 경우	50만원
11. 법 제13조(법 제28조에서 준용하는 경우를 포함한다)에 따른 개선명령(같은 조 제5호 및 제7호에 따른 개선명령은 제외한다)을 이행하지 않은 경우	300만원
12. <삭제>	
13. 법 제16조 제1항 · 제2항 또는 제17조 제1항(법 제28조 및 제33조에서 준용하는 경우를 포함한다)에 따른 양도 · 양수, 합병 또는 상속의 신고를 하지 않은 경우	100만원

14. 법 제18조 제1항(법 제28조 및 제33조에서 준용하는 경우를 포함한다)에 따른 휴업·폐업신고를 하지 않은 경우	100만원
15. 법 제20조 제1항(법 제33조에서 준용하는 경우를 포함한다)을 위반하여 자동차등록증 또는 자동차등록번호판을 반납하지 않은 경우	300만원
16. 법 제24조 제2항에 따른 허가사항 변경신고를 하지 않은 경우	50만원
17. 운송주선사업자가 법 제26조 제1항, 제2항, 제4항 및 제6항의 준수사항을 위반한 경우	100만원
18. 국제물류주선업자가 법 제26조의2에서 적용하는 법 제26조에 따른 운송주선사업자의 준수사항을 위반한 경우	100만원
19. 법 제29조 제2항 단서에 따른 허가사항 변경신고를 하지 않은 경우	50만원
20. 법 제31조에 따른 개선명령을 이행하지 않은 경우	300만원
21. 법 제35조에 따른 적재물배상보험 등에 가입하지 않은 경우	

가) 운송사업자 : 미가입 화물자동차 1대당
     1) 가입하지 않은 기간이 10일 이내인 경우
     2) 가입하지 않은 기간이 10일을 초과한 경우
	1만5천원
	(1만5천원에 11일째부터 기산하여 1일당 5천원을 가산한 금액. 다만, 과태료의 총액은 자동차 1대당 50만원을 초과하지 못한다)

나) 운송주선사업자
     1) 가입하지 않은 기간이 10일 이내인 경우
     2) 가입하지 않은 기간이 10일을 초과한 경우
	3만원
	(3만원에 11일째부터 기산하여 1일당 1만 원을 가산한 금액. 다만, 과태료의 총액은 100만원을 초과하지 못한다)

다) 운송가맹사업자
     1) 가입하지 않은 기간이 10일 이내인 경우
     2) 가입하지 않은 기간이 10일을 초과한 경우
	15만원
	(15만원에 11일째부터 기산하여 1일당 5만 원을 가산한 금액. 다만, 과태료의 총액은 자동차 1대당 500만원을 초과하지 못한다)

22. 보험회사 등이 법 제36조를 위반하여 책임보험계약 등의 체결을 거부한 경우	50만원
23. 보험 등 의무가입자 또는 보험회사 등이 법 제37조를 위반하여 책임보험계약 등을 해제하거나 해지한 경우	50만원
24. 보험회사 등이 법 제38조 제1항 및 제2항을 위반하여 해당 사항을 알리지 않은 경우	30만원
25. 운송사업자가 법 제40조 제4항에 따라 서명날인한 계약서를 위·수탁차주에게 교부하지 않은 경우	300만원
26. 제40조의3 제4항을 위반하여 운송사업자가 위·수탁계약의 체결을 명목으로 부당한 금전지급을 요구한 경우	300만원

27. 법 제44조 제1항을 위반하여 보조금 또는 융자금을 보조받거나 융자받은 목적 외의 용도로 사용한 경우	200만원
28. 법 제47조의6에 따른 화물운송서비스평가를 위한 자료제출 등의 요구 또는 실지조사를 거부하거나 거짓으로 자료제출 등을 한 경우	50만원
29. 법 제51조의8(법 제51조 제2항에서 준용하는 경우를 포함한다)에 따른 개선명령을 따르지 않은 경우	100만원
30. 법 제51조의9(법 제51조 제2항에서 준용하는 경우를 포함한다)에 따른 임직원에 대한 징계·해임의 요구에 따르지 않거나 시정명령을 따르지 않은 경우	300만원
31. 법 제54조 제2항에 따른 조치명령을 이행하지 않거나 조사 또는 검사를 거부·방해 또는 기피한 경우	100만원
32. 법 제55조에 따른 자가용 화물자동차의 사용을 신고하지 않은 경우	50만원
33. 법 제56조의2에 따른 자가용 화물자동차의 사용 제한 또는 금지에 관한 명령을 위반한 경우	50만원
34. 운수종사자가 법 제59조 제1항에 따른 교육을 받지 않은 경우	50만원
35. 법 제61조 제1항에 따른 보고를 하지 않거나 거짓으로 보고한 경우	50만원
36. 법 제61조 제1항에 따른 서류를 제출하지 않거나 거짓 서류를 제출한 경우	50만원
37. 법 제61조 제1항에 따른 검사를 거부·방해 또는 기피한 경우	100만원
38. 법 제62조의2에 따른 화물자동차 안전운송원가의 산정을 위한 자료 제출 또는 의견 진술의 요구를 거부하거나 거짓으로 자료 제출 또는 의견을 진술한 경우	250만원

(3) **과태료 규정 적용에 관한 특례**

과태료에 관한 규정을 적용할 경우 허가 또는 종사자격을 취소하거나 사업 또는 종사자격의 정지, 감차 조치를 명하는 행위 및 과징금을 부과한 행위에 대하여는 과태료를 부과할 수 없다.

17 규제의 재검토

국토교통부장관은 다음 사항에 대하여 다음 기준일을 기준으로 3년 마다(매 3년이 되는 해의 기준일과 같은 날 전까지를 말한다) 그 타당성을 검토하여 개선 등의 조치를 하여야 한다.

① **화물자동차 운송사업의 허가취소 등의 기준**: 2014년 11월 29일
② **과징금을 부과하는 위반행위의 종류와 과징금의 금액**: 2014년 11월 29일
③ **화물자동차 운송주선사업의 허가취소 등의 기준**: 2014년 11월 29일
④ **화물자동차 운송가맹사업의 허가취소 등의 기준**: 2014년 11월 29일
⑤ **과태료의 부과기준**: 2014년 11월 29일

실전예상문제

01 화물자동차 운수사업법령에서 규정하고 있는 용어의 정의로 옳지 않은 것은?

① '화물자동차 운수사업'이란 화물자동차 운송사업, 화물자동차 운송주선사업 및 화물자동차 운송가맹사업을 말한다.

② '화물자동차 운송사업'이란 타인의 수요에 응하여 자기의 화물자동차를 사용하여 유상으로 화물을 운송하거나 소속 화물자동차 운송가맹점에 의뢰하여 화물을 운송하게 하는 사업을 말한다.

③ '화물자동차 운송주선사업'이란 다른 사람의 요구에 응하여 유상으로 화물운송계약을 중개 · 대리하거나 화물자동차 운송사업 또는 화물자동차 운송가맹사업을 경영하는 자의 화물 운송수단을 이용하여 자기 명의와 계산으로 화물을 운송하는 사업을 말한다.

④ '화물취급소'란 화물을 싣거나 내릴 수 있는 장소로서 화물 보관시설 등이 설치된 곳을 말한다.

⑤ '사업장'이란 화물자동차의 주차 · 정차시설 및 사무소 등이 갖추어진 장소로서 계속하여 화물자동차 운수사업이 이루어지는 장소를 말한다.

> **해설** ② '화물자동차 운송가맹사업'에 대한 설명이다. '화물자동차 운송사업'은 타인의 수요에 응하여 화물자동차를 사용하여 화물을 유상으로 운송하는 사업을 말한다. 이 경우 화주가 화물자동차에 동승할 경우에 있어서의 화물은 중량, 용적, 형상 등이 여객자동차 운송사업용 자동차에 적재하기 부적합한 것으로 그 기준 및 대상차량 등에 관하여 필요한 사항은 국토교통부령으로 정한다(「화물자동차 운수사업법」 제2조 제3호).

02 화물자동차 운수사업법령상 화물자동차 운수사업의 업종이 아닌 것은?

① 일반화물자동차 운송사업
② 개별화물자동차 운송사업
③ 용달화물자동차 운송사업
④ 화물자동차 운송주선사업
⑤ 화물자동차대여사업

> **해설** ①②④ 화물자동차 운수사업은 화물자동차 운송사업, 화물자동차 운송주선사업 및 화물자동차 운송가맹사업을 말한다. 이중 화물자동차 운송사업으로는 일반화물자동차 운송사업, 개별화물자동차 운송사업이 있다.

03 다음 중 「화물자동차 운수사업법」상에서 화물자동차 운송사업의 허가를 받을 수 있는 자는?

① 미성년자

② 파산선고를 받고 복권되지 아니한 사람

③ 피한정후견인

④ 「화물자동차 운수사업법」을 위반하여 징역 이상의 형의 집행유예선고를 받고 그 유예기간 중에 있는 자

⑤ 화물자동차 운수사업의 허가가 취소된 후 2년이 경과되지 아니한 사람

해설 ① 미성년자는 친권자나 법정대리인의 동의를 얻어 유효한 법률행위를 할 수 있다.

04 다음 중 화물자동차 운수사업법령상 화물자동차 운송사업의 허가를 받을 수 있는 자는?

① 피한정후견인

② 파산선고를 받고 복권되지 아니한 사람

③ 허가가 취소된 후 2년이 경과되지 아니한 사람

④ 「화물자동차 운수사업법」을 위반하여 징역 이상의 형의 집행유예를 받고 그 집행유예기간 중에 있는 자

⑤ 화물자동차 운송사업의 전부를 폐업한 자

해설 ⑤ 결격사유에 해당하지 않는다.

05 화물자동차 운수사업법령상 화물자동차 운송사업의 허가를 받고자 하는 자가 허가신청서에 첨부하여야 하는 서류가 아닌 것은?

① 주사무소·영업소 및 화물취급소의 명칭·위치 및 규모를 기재한 서류

② 상용인부 2인 이상의 고용을 증명하는 서류

③ 차고지 설치확인서

④ 주사무소 및 영업소에 배치하는 화물자동차의 대수·종류·차명·형식·연식 및 최대적재량을 적은 서류

⑤ 화물자동차의 매매계약서·양도증명서 또는 본인이 소유자로 기재된 「자동차등록규칙」 제4조 및 제27조 제1항 제2호에 따른 자동차등록증이나 자동차제작증

해설 ①③④⑤ 화물자동차 운송사업 허가신청서에 첨부하여야 할 서류(「화물자동차 운수사업법 시행규칙」 제6조 제2항)에는 주사무소·영업소 및 화물취급소의 명칭·위치 및 규모를 기재한 서류, 주사무소 및 영업소에 배치하는 화물자동차의 대수·종별·차명·형식·연식 및 최대적재량을 기재한 서류, 자본금의 납입을 증명하는 서류 및 허가신청 당시의 납입자본금의 사용내역서, 차고지 설치확인서, 화물자동차의 매매계약서·양도증명서 또는 출고예정증명서 등이 있다.

Answer   1. ②   2. ③, ⑤   3. ①   4. ⑤   5. ②

06 다음 중 화물자동차 운수사업법령상 화물자동차 운송사업자가 증차를 수반하는 허가사항을 변경할 수 없는 사유에 해당하는 경우는?

① 관할관청의 지시사항을 위반한 경우

② 영업정지처분을 받은 후 1년이 경과되지 아니한 경우

③ 개선명령을 받고 이행하지 아니한 경우

④ 감차를 수반하는 허가사항 변경허가를 받고 감차를 한 경우

⑤ 화물자동차 운송사업을 전부 직접 경영하지 아니하고 다른 사람에게 경영의 일부를 위탁한 경우

해설 ③ 개선명령을 받고 이를 이행하지 아니한 경우와 감차조치명령을 받은 후 1년이 경과되지 아니한 경우에는 증차를 수반하는 허가사항을 변경할 수 없다.

07 다음 중 「화물자동차 운수사업법」상 운송사업자의 준수사항에 해당하지 않는 것은?

① 운송사업자는 허가받은 사항의 범위에서 사업을 성실하게 수행하여야 하며, 부당한 운송조건을 제시하거나 정당한 사유 없이 운송계약의 인수를 거부하거나 그 밖에 화물운송 질서를 현저하게 해치는 행위를 하여서는 아니 된다.

② 운송사업자는 화물자동차 운전자의 과로를 방지하고 안전운행을 확보하기 위하여 운전자를 과도하게 승차근무하게 하여서는 아니 된다.

③ 운송사업자는 화물운송의 대가로 받은 운임 및 요금의 전부 또는 일부에 해당하는 금액을 부당하게 화주, 다른 운송사업자 또는 화물자동차 운송주선사업을 경영하는 자에게 되돌려 주는 행위를 하여서는 아니 된다.

④ 운송사업자는 둘 이상의 화물자동차 운송가맹점에 가입하여서는 아니 된다.

⑤ 운송사업자는 정당한 사유 없이 화물을 중도에서 내리는 행위를 하여서는 아니 된다.

해설 ⑤ 운수종사자의 준수사항이다.
본문(P.200)의 '운송사업자의 준수사항' 참조

08 화물자동차 운수사업법령상 화물자동차 운송사업의 허가기준에 관한 설명 중 옳은 것은?

① 개별화물자동차 운송사업의 허가기준대수는 1대이다.

② 개별화물자동차 운송사업의 최저자본금은 1억원이다(소유 대수가 2대 이상인 경우에 한한다).

③ 일반화물자동차 운송사업의 최저자본금은 5천만원이다(소유 대수가 2대 이상인 경우에 한한다).

④ 개별화물자동차 운송사업의 사무실 및 영업소는 영업에 필요한 면적을 확보하여야 한다.

⑤ 개별화물자동차 운송사업의 허가기준대수는 2대 이상이다.

해설 화물자동차 운송사업의 허가기준

구 분	일반화물자동차 운송사업	개별화물자동차 운송사업
허가기준 대수	20대 이상	1대
사무실 및 영업소	영업에 필요한 면적	없음
최저보유 차고면적	화물자동차 1대당 해당 화물자동차의 길이와 너비를 곱한 면적	해당 화물자동차의 길이와 너비를 곱한 면적. 다만, 주사무소가 있는 특별시·광역시·특별자치시·특별자치도·시 또는 군의 주차 여건과 교통상황 등을 종합적으로 고려하여 최대 적재량 1.5톤 이하(특수자동차의 경우 총중량 3.5톤 이하) 화물자동차를 소유하고 있는 개인화물자동차 운송사업자에게 차고지를 설치하지 않도록 해당 지방자치단체의 조례로 정한 경우에는 차고지를 설치하지 않을 수 있다.
화물자동차의 종류	「자동차관리법」에 따른 화물자동차 또는 특수자동차	「자동차관리법」에 따른 화물자동차 또는 특수자동차
업무형태	업무형태를 제한하지 않음	업무형태를 제한하지 않음. 다만, 집화등만을 위해 허가를 받으려는 경우에는 국토교통부장관이 고시하는 시설 및 장비기준을 갖추고, 화물을 집화·분류·배송하는 형태의 운송사업을 하는 운송사업자와의 전속 운송계약을 통해 그 운송사업자의 명의로 사업을 수행할 것

09 화물자동차 운수사업법령에서 화물운송 질서확립, 화물자동차 운송사업의 운송시설에 관한 사항 그 밖에 수송의 안전 및 화주의 편의를 도모하기 위하여 운송사업자가 준수하여야 할 사항이 아닌 것은?

① 운행하기 전에 일상점검 및 확인을 할 것
② 화주로부터 부당한 운임 및 요금의 환급을 요구받았을 때에는 환급할 것
③ 신고한 운송약관의 내용을 준수할 것
④ 「자동차관리법」에 따른 검사를 받지 아니하고 화물자동차를 운행하지 아니할 것
⑤ 화물자동차 운전자의 취업 현황 및 퇴직 현황을 보고하지 아니하거나 거짓으로 보고하지 아니할 것

> **해설** ① 운수종사자의 준수사항이다.
> ◈ 화물운송 질서확립, 화물자동차 운송사업의 차고지 이용 및 운송시설에 관한 사항과 그 밖에 수송의 안전 및 화주의 편의를 위하여 운송사업자가 준수하여야 할 사항(P.200) 참조

10 화물자동차 운수사업법령상 국토교통부장관이 안전운행의 확보 및 화주의 편의를 도모하기 위하여 운송사업자에게 명할 수 있는 사항과 가장 거리가 먼 것은?

① 부당한 운임 및 요금의 조정 또는 시정
② 운송약관의 변경
③ 화물의 안전운송을 위한 조치
④ 적재물배상보험 등 및 「자동차손해배상 보장법」에 의하여 운송사업자가 의무적으로 가입하여야 하는 보험·공제에의 가입
⑤ 화물자동차의 구조변경 및 운송시설의 개선

> **해설** ① 부당한 운임 및 요금의 조정 또는 시정은 「화물자동차 운수사업법」 2002년 8월 26일 개정시 삭제된 내용이다(「화물자동차 운수사업법」 제12조).

11 다음 중 「화물자동차 운수사업법」상 새로 도입된 업무개시명령제도와 관련하여 옳지 않은 것은?

① 발령 주체는 국토교통부장관이다.

② 발령 요건은 화물운송사업자 또는 그 운송종사자가 정당한 사유 없이 집단으로 화물운송을 거부하여, 화물운송에 현저히 지장을 주어 국가경제에 심대한 위기를 초래하거나 초래할 우려가 있는 경우이다.

③ 이와 유사한 입법례로는 우리나라의 「의료법」 및 「약사법」이나 미국의 '태프트-하틀리법'이 있다.

④ 위반자에 대한 조치는 행정형벌로는 3년 이하의 징역 또는 3천만원 이하의 벌금이고 행정처분으로 사업자는 허가취소 또는 사업정지처분, 종사자는 자격취소 또는 자격정지처분이 있다.

⑤ 발령절차는 원칙적으로 국무회의 심의를 거쳐야 하나, 위급한 경우 예외적으로 국무회의 심의를 생략할 수 있다.

> **해설** ⑤ 국토교통부장관은 운송사업자 또는 운수종사자에게 업무개시를 명하고자 하는 경우에는 국무회의의 심의를 거쳐야 한다. 위급한 경우에도 국무회의의 심의를 거쳐야 한다.
> ② 국토교통부장관은 운송사업자 또는 그 운수종사자가 정당한 사유 없이 집단으로 화물운송을 거부함으로써 화물운송에 현저한 지장을 주어 국가경제에 심대한 위기를 초래하거나 초래할 우려가 있다고 인정할 만한 상당한 이유가 있는 때에는 당해 운송사업자 또는 운수종사자에게 업무개시를 명할 수 있다.
> ④ 운송사업자 또는 운수종사자는 정당한 사유 없이 업무개시명령을 거부할 수 없다. 운송사업자 또는 운수종사자가 정당한 사유 없이 업무개시명령을 거부하는 경우 3년 이하의 징역 또는 3천만원 이하의 벌금에 처한다.

12 화물자동차 운수사업법령에서 시·도지사는 운송사업자에게 개선명령을 할 수 있다. 다음 중 개선명령의 내용과 가장 거리가 먼 것은?

① 운송약관의 변경

② 화물자동차의 구조변경 및 운송시설의 개선

③ 화물의 안전운송을 위한 조치

④ 적재물배상보험 등 및 「자동차손해배상 보장법」에 의하여 운송사업자가 의무적으로 가입하여야 하는 보험·공제에의 가입

⑤ 우수 운송사업자 인증의 취소

> **해설** ⑤ 인증 취소는 법에서 정한 요건에 해당하면 당연히 해야 하고, 개선명령의 대상이 아니다. 「화물자동차 운수사업법」 제12조(운수종사자의 준수사항)의 개선명령은, 2007년 2월 1일 「화물자동차 운수사업법 시행령」 개정으로 국토교통부장관이 일부 권한을 시·도지사에게 위임한 사항이다.

Answer   9. ①   10. ①   11. ⑤   12. ⑤

13 「화물자동차 운수사업법」상 운임·요금·운송약관에 대한 설명 중 틀린 것은?

① 구난형 특수자동차를 사용하여 고장차량·사고차량 등을 운송하는 운송사업자의 경우 국토교통부장관에게 미리 운임 및 요금을 신고해야 한다.

② 견인형 특수자동차를 사용하여 컨테이너를 운송하는 운송사업자 또는 운송가맹사업자는 운임 및 요금을 정하여 미리 국토교통부장관에게 신고하여야 한다.

③ 국토교통부장관은 협회 등이 작성하여 공정거래위원회의 심사를 거친 화물운송의 표준이 되는 약관이 있는 경우 운송사업자에게 그 사용을 의무화해야 한다.

④ 화물자동차 운수사업법령상 국토교통부장관에게 신고하도록 정해 놓은 운임 및 요금의 신고는 화물자동차 운수사업별 연합회로 하여금 대리하게 할 수 있다.

⑤ 화물운송의 표준이 되는 약관신고서에는 운송약관 및 운송약관의 신구대비표(변경신고인 경우에 한한다) 등의 서류를 첨부해야 한다.

> **해설** ③ 국토교통부장관은 협회 또는 연합회가 작성한 것으로서 「약관의 규제에 관한 법률」 제19조의2의 규정에 따라 공정거래위원회의 심사를 거친 화물운송에 관한 표준이 되는 약관(표준약관)이 있는 때에는 운송사업자에게 그 사용을 권장할 수 있다. 운송사업자가 화물자동차 운송사업의 허가(변경허가를 포함한다)를 받는 때에 표준약관의 사용에 동의한 경우에는 운송약관의 신고를 한 것으로 본다.
> ①② 운송사업자는 운송약관을 정하여 국토교통부장관에게 신고하여야 한다. 이를 변경하고자 하는 때에도 같다.
> ④ 운송약관의 신고 또는 변경신고는 협회로 하여금 대리하게 할 수 있다.
> ⑤ 운송사업자는 운송약관을 신고 또는 변경신고하고자 하는 때에는 운송약관신고서를 국토교통부장관에게 제출하여야 한다. 운송약관신고서에는 운송약관과 운송약관의 신구대비표(변경신고인 경우에 한한다)를 첨부하여야 한다.

14 다음 중 「화물자동차 운수사업법」상 화물자동차 운전업무에 종사할 수 있는 자격시험의 과목에 해당하지 않는 것은?

① 자동차 응급처치방법 ② 안전운행에 관한 사항

③ 화물취급요령 ④ 운송서비스에 관한 사항

⑤ 교통 및 화물자동차 운수사업 관련법규

> **해설** ②③④⑤ 시험과목은 ㉠ 교통 및 화물자동차 운수사업 관련법규, ㉡ 안전운행에 관한 사항, ㉢ 화물취급요령, ㉣ 운송서비스에 관한 사항이다.

⬤ 화물자동차 운전자 자격시험과목과 교육과목의 비교

시험과목	교육과목
•교통 및 화물자동차 운수사업 관련법규 •안전운행에 관한 사항 •화물취급요령 •운송서비스에 관한 사항	•화물자동차 운수사업법령 및 도로관계법령 •교통안전에 관한 사항 •화물취급요령에 관한 사항 •운송서비스에 관한 사항 •자동차 응급처치방법

15 「화물자동차 운수사업법」상 화물자동차 운송사업의 양도 · 양수, 합병 및 상속에 관한 사항을 기술한 것이다. 옳지 않은 것은?

① 운송사업자가 사망한 경우 상속인이 그 화물자동차 운송사업을 계속하고자 하는 때에는 피상속인의 사망 후 90일 이내에 국토교통부장관에게 신고하여야 한다.

② 화물자동차 운송사업의 상속신고를 한 상속인은 피상속인의 운송사업자로서의 지위를 승계한다.

③ 화물자동차 운송사업을 양도 · 양수하고자 하는 경우에는 양수인은 국토교통부장관에게 신고하여야 한다.

④ 화물자동차 운송사업의 합병등기를 경료한 때에는 합병에 의하여 설립되거나 존속되는 법인은 합병에 의하여 소멸되는 법인의 운송사업자의 지위를 승계한다.

⑤ 화물자동차 운송사업의 양도 · 양수시 운송사업을 양수한 자는 운송사업을 양도한 자의 운송사업자로서의 지위를 승계한다.

해설 ④⑤ 합병등기를 경료한 때가 아니라 신고가 있는 때에 화물자동차 운송사업을 양수한 자는 화물자동차 운송사업을 양도한 자의 운송사업자로서의 지위를 승계하며, 합병에 의하여 설립되거나 존속되는 법인은 합병에 의하여 소멸되는 법인의 운송사업자로서의 지위를 승계한다.
① 운송사업자가 사망한 경우 상속인이 그 화물자동차 운송사업을 계속하고자 하는 때에는 피상속인의 사망 후 90일(2013년 7월 16일 개정) 이내에 국토교통부장관에게 신고하여야 한다.
② 상속인은 피상속인의 운송사업자로서의 지위를 승계한다.
③ 화물자동차 운송사업을 양도 · 양수하고자 하는 경우에는 양수인은 국토교통부장관에게 신고하여야 한다.

16 화물자동차 운수사업법령상 화물자동차 운전자의 요건에 대해 맞는 것은?

① 남자만 가능하다.

② 중졸 이상의 학력이 필요하다.

③ 21세 이상인 자로 운전경력 2년 이상이어야 한다.

④ 키가 165cm 이상이어야 한다.

⑤ 40세 이하만 가능하다.

해설 ③ 화물자동차 운전자의 연령 · 운전경력 등의 요건은 ㉠ 화물자동차를 운전하기에 적합한 「도로교통법」 제68조의 규정에 의한 운전면허를 가지고 있을 것, ㉡ 21세 이상일 것, ㉢ 운전경력이 2년 이상일 것이다. 다만, 여객자동차 운수사업용 자동차 또는 화물자동차 운수사업용 자동차를 운전한 경력이 있는 경우에는 그 운전경력이 1년 이상일 것을 요한다.

Answer 13. ③ 14. ① 15. ④ 16. ③

17 「화물자동차 운수사업법」의 규정에 의할 때, 다음 중 반드시 화물종사자 자격을 취소하여야 하는 경우가 아닌 것은?

① 거짓, 그 밖의 부정한 방법으로 화물운송종사자격을 취득한 때

② 화물운송 중에 고의 또는 과실로 교통사고를 일으켜 사람을 사망하게 하거나 다치게 한 때

③ 화물운송종사자격증을 타인에게 대여한 때

④ 화물자동차를 운전할 수 있는 「도로교통법」에 의한 운전면허가 취소된 때

⑤ 화물운송종사자격 정지기간 중에 화물자동차 운수사업의 운전업무에 종사한 때

해설 ② 사망 또는 중상자의 수에 따라 자격정지처분을 한다.

● 화물운송종사자격의 취소 등의 처분기준

위반사항	처분기준
법 제9조의2 제1호에 해당하게 된 때	자격취소
거짓, 그 밖의 부정한 방법으로 화물운송종사자격을 취득한 때	자격취소
법 제12조의2 제3항의 규정에 위반한 때	• 1차 : 자격정지 30일 • 2차 : 자격취소
화물운송 중에 고의 또는 과실로 교통사고를 일으켜 다음의 1에 해당하는 사람을 사망하게 하거나 다치게 한 때 • 사망자 2인 이상 • 사망자 1인 및 중상자 3인 이상 • 사망자 1인 또는 중상자 6인 이상	• 자격정지 60일 • 자격정지 50일 • 자격정지 40일
화물운송종사자격증을 타인에게 대여한 때	자격취소
화물운송종사자격 정지기간 중에 화물자동차 운수사업의 운전업무에 종사한 때	자격취소
화물자동차를 운전할 수 있는 「도로교통법」에 의한 운전면허가 취소된 때	자격취소

ⓥ 비고 : 위반사항 제4호의 규정에 의한 사망자 또는 중상자는 다음과 같이 구분한다.
1. 사망자 : 교통사고가 주된 원인이 되어 교통사고가 발생한 때부터 72시간 이내에 사망한 경우
2. 중상자 : 교통사고로 인하여 의사의 진단결과 3주 이상의 치료를 요하는 경우

18 화물자동차 운수사업법령상 화물자동차 운송사업자가 허가사항을 변경하고자 할 때의 변경 신고사항으로 옳지 않은 것은?

① 화물자동차의 증차

② 화물취급소의 설치

③ 화물자동차의 대폐차

④ 법인인 경우에 대표자의 변경

⑤ 관할관청의 행정구역 내에서 주사무소의 이전

해설 ① 증차의 경우에는 변경허가를 받아야 한다.

19 화물자동차 운수사업법령상 화물자동차 운송주선사업의 허가기준 중 영업에 필요한 면적. 다만, 관리사무소 등 부대시설이 설치된 민영 (   )을 소유하거나 그 사용계약을 체결한 경우에는 사무실을 확보한 것으로 본다. 다음 중 (   ) 안에 알맞은 것은?

① 주유소   ② 노외주차장
③ 장치장   ④ 체차장
⑤ 자동차수리소

해설

항 목	허가기준
사무실	영업에 필요한 면적. 다만, 관리사무소 등 부대시설이 설치된 민영 노외주차장을 소유하거나 그 사용계약을 체결한 경우에는 사무실을 확보한 것으로 본다.

20 화물자동차 운수사업법령에 규정되어 있는 운수종사자 준수사항이 아닌 것은?

① 정당한 사유 없이 화물의 운송을 거부하는 행위 금지
② 운행하기 전에 일상점검 및 확인을 할 것
③ 정당한 이유 없이 화물의 운송을 거부하는 행위를 하지 말 것
④ 부당한 운임 또는 요금을 요구하거나 받는 행위를 하지 말 것
⑤ 화물자동차에는 운전기사 외 2인 이상의 승객을 탑승시키지 말 것

해설 화물자동차 운송사업에 종사하는 운수종사자의 준수사항
1. 정당한 사유 없이 화물을 중도에서 내리게 하는 행위 금지
2. 정당한 사유 없이 화물의 운송을 거부하는 행위 금지
3. 부당한 운임 또는 요금을 요구하거나 받는 행위 금지
4. 적재된 화물의 이탈을 방지하기 위한 덮개·포장 등을 하고 운행
5. 일정한 장소에 오랜 시간 정차하여 화주를 호객(呼客)하는 행위 금지
6. 문을 완전히 닫지 아니한 상태에서 자동차를 출발시키거나 운행하는 행위 금지
7. 차량의 청결상태를 양호하게 유지
8. 운행하기 전에 일상점검 및 확인
9. 고장 및 사고차량 등 화물의 운송과 관련하여 「자동차관리법」에 의한 자동차관리사업자로부터 부정한 금품을 수수하는 행위(주선사업 적용 제외) 금지
10. 택시 요금미터기 등 요금을 산정하는 선사상비의 장착, 화물자동자의 차체에 택시유시 표시등의 장착, 화물자동차의 차체에 택시·모범 등의 문구 표시 금지
11. 「자동차관리법 시행규칙」 별표 1에 따른 구난형 특수자동차를 사용하여 고장·사고차량을 운송하는 운송사업자의 경우 고장·사고차량 소유자 또는 운전자의 의사에 반하여 구난을 지시하거나 구난하지 아니할 것. 다만, 다음 어느 하나에 해당하는 경우는 제외한다.
   • 고장·사고차량 소유자 또는 운전자가 사망·중상 등으로 의사를 표현할 수 없는 경우
   • 교통의 원활한 흐름 또는 안전 등을 위하여 경찰공무원이 차량의 이동을 명한 경우

Answer   17. ②   18. ①   19. ②   20. ⑤

21 다음은 「화물자동차 운수사업법」에 의한 차량충당조건이다. (　) 안에 들어갈 내용으로 맞는 것은?

> 화물자동차 운송사업의 신규등록·증차 또는 대폐차에 충당되는 화물자동차는 차령 (　)의 범위 내에서 대통령령으로 정한다. 다만, 국토교통부령으로 정하는 차량의 경우에는 그러하지 아니하다.

① 5년 　　　　　② 3년 　　　　　③ 2년
④ 4년 　　　　　⑤ 1년

해설 ② 화물자동차 운송사업 및 화물자동차 운송가맹사업의 신규등록·증차 또는 대폐차에 충당되는 화물자동차는 차령 3년의 범위 내에서 대통령령으로 정한다.

22 다음 중 화물자동차 운수사업법령상 운송주선사업자의 준수사항에 해당하지 않는 것은?

① 운송주선업자는 자기의 명의로 운송계약을 체결한 화물에 대하여 당해 계약금액 중 일부를 제외한 나머지 금액으로 다른 운송주선사업자와 재계약하여 이를 운송하도록 하여서는 아니 된다.

② 운송주선사업자는 화주로부터 중개 또는 대리를 의뢰받은 화물에 대하여 다른 운송주선사업자에게 수수료 그 밖에 대가를 받고 중개 또는 대리를 의뢰하여서는 아니 된다.

③ 운송주선사업자는 운송사업자에게 화물의 종류, 무게 및 부피 등을 허위로 통보하여서는 아니 된다.

④ 운송가맹점인 운송주선사업자는 자기가 가입한 운송가맹사업자에게 소속된 운송가맹점에 대하여 화물운송의 주선을 하여서는 아니 된다.

⑤ 운송주선사업자는 운송사업자에게 과적운행하도록 요구하여서는 아니 된다.

해설 **운송주선사업자의 준수사항**(「화물자동차 운수사업법」 제26조)
　1. 운송주선사업자는 자기의 명의로 운송계약을 체결한 화물에 대하여 당해 계약금액 중 일부를 제외한 나머지 금액으로 다른 운송주선사업자와 재계약하여 이를 운송하도록 하여서는 아니 된다.
　2. 운송주선사업자는 화주로부터 중개 또는 대리를 의뢰받은 화물에 대하여 다른 운송주선사업자에게 수수료 그 밖에 대가를 받고 중개 또는 대리를 의뢰하여서는 아니 된다.
　3. 운송주선사업자는 운송을 의뢰받은 화물에 대하여 운송사업자 및 운송가맹사업자에게 국토교통부령이 정하는 바에 의하여 화주명칭·운임 등을 기재한 화물위·수탁증 등을 교부하여야 한다. 다만, 국토교통부령이 정하는 화물에 대하여는 그러하지 아니하다.
　4. 운송주선사업자는 운송사업자에게 화물의 종류·무게 및 부피 등을 허위로 통보하여서는 아니 된다.
　5. 운송가맹점인 운송주선사업자는 자기가 가입한 운송가맹사업자에게 소속된 운송가맹점에 대하여 화물운송의 주선을 하여서는 아니 된다.
　6. 운송주선사업자가 운송가맹사업자에게 화물의 운송을 주선하는 행위는 위 1. 및 2.의 규정에 의한 재계약·중개 또는 대리로 보지 아니한다.

23 다음 중 「화물자동차 운수사업법」상 화물자동차 운송가맹사업의 허가기준으로 옳지 않은 것은?

① 자본금 또는 자산평가액 – 10억원 이상

② 사무실 및 영업소 – 영업에 필요한 면적

③ 허가기준대수 – 500대 이상(운송가맹점이 소유하는 화물자동차를 제외한 운송가맹사업자
가 직접 소유하는 화물자동차의 대수만을 의미하되, 특별시·광역시를 포함한 8개 이상의
시·도에 각각 50대 이상 분포되어야 한다)

④ 그 밖에 운송시설 – 화물운송전산망을 갖출 것

⑤ 최저보유 차고면적 – 화물자동차 1대당 당해 화물자동차의 길이와 너비를 곱한 면적(화
물자동차를 직접 소유하는 경우에 한한다)

해설 ③ 운송가맹점이 소유하는 화물자동차의 대수를 포함한다.

🔘 **화물자동차 운송가맹사업의 허가기준**

항 목	허가기준
허가기준대수	500대 이상(운송가맹점이 소유하는 화물자동차의 대수를 포함하되, 특별시·광역시를 포함한 8개 이상의 시·도에 각각 50대 이상 분포되어야 한다)
사무실 및 영업소	영업에 필요한 면적
최저보유 차고면적	화물자동차 1대당 당해 화물자동차의 길이와 너비를 곱한 면적(화물자동차를 직접 소유하는 경우에 한한다)
화물자동차의 종류	제3조의 규정에 의한 화물자동차(화물자동차를 직접 소유하는 경우에 한한다)
그 밖에 운송시설	화물운송전산망을 갖출 것

24 화물자동차 운수사업법령에서 규정하고 있는 자가용 화물자동차에 대한 유상운송허가를 할
수 있는 권한을 가진 사람은?

① 국토교통부장관

② 시·도지사

③ 시장·군수·구청장(자치구의 구청장을 말한다)

④ 화물운수단체장

⑤ 자가용 화물자동차 소유권자

해설 ② 화물자동차 운송사업 및 화물자동차 운송가맹사업에 이용되지 아니하고 자가용으로 사용되는 화물
자동차(이하 '자가용 화물자동차'라 한다)를 사용하고자 하는 자는 국토교통부령이 정하는 사항을 시·
도지사에게 신고하여야 한다. 신고한 사항을 변경하고자 하는 때에도 같다. 자가용 화물자동차의 소유
자 또는 사용자는 자가용 화물자동차를 유상(당해 자동차의 운행에 필요한 경비를 포함한다)으로 화물
운송용에 제공하거나 임대하여서는 아니 된다. 다만, 국토교통부령이 정하는 사유에 해당되는 경우로
서 시·도지사의 허가를 받은 경우에는 그러하지 아니하다.

Answer   21. ②   22. ⑤   23. ③   24. ②

25 화물자동차 운수사업법령에 의하면 국가는 지방자치단체 또는 운수사업자가 다음 사업을 수행하는 경우 재정적 지원이 필요하다고 인정하는 때에는 소요자금의 일부를 보조 또는 융자할 수 있다. 다음 중 이에 해당되지 않는 경우는?

① 공동차고지 건설
② 물류정보화 사업
③ 운수사업자 단체의 설립
④ 낡은 차량의 대체
⑤ 화물자동차 운수사업의 서비스 향상을 위한 시설·장비의 확충·개선

해설 ①②④⑤ 국가는 지방자치단체·사업자단체 또는 운수사업자가 ㉠ 공동차고지 건설, ㉡ 물류정보화 사업, ㉢ 낡은 차량의 대체, ㉣ 화물자동차 운수사업의 서비스 향상을 위한 시설·장비의 확충·개선, ㉤ 그 밖에 화물자동차 운수사업의 경영합리화를 위한 사항으로서 국토교통부령이 정하는 사항에 대한 사업을 수행하는 경우로서 재정적 지원이 필요하다고 인정되는 때에는 소요자금의 일부를 보조 또는 융자할 수 있다.

26 화물자동차 운수사업법령에서 규정하고 있는 화물자동차 운송가맹사업과 관련된 내용이다. 다음 중 옳지 않은 것은?

① 운송주선사업자가 운송가맹사업자에게 화물의 운송을 주선하는 행위는 재계약·중개 또는 대리로 본다.
② 운송사업자는 하나의 화물자동차 운송가맹점으로만 가입하여야 한다.
③ 운송가맹점인 운송사업자는 자기가 가입한 운송가맹사업자에게 소속된 운송주선사업자로부터 직접 화물을 운송받아서는 아니 된다.
④ 운송가맹점으로 가입한 운송사업자는 자기의 상호를 소속 운송가맹사업자의 운송가맹점으로 변경하여 국토교통부장관에게 신고하여야 한다.
⑤ 상호변경신고를 하고자 하는 운송가맹점인 운송사업자는 운송가맹계약을 체결한 날부터 30일 이내에 관할관청에 신고하여야 한다.

해설 ① 운송주선사업자가 운송가맹사업자에게 화물의 운송을 주선하는 행위는 재계약·중개 또는 대리로 보지 아니한다.

27 화물자동차 운수사업에 대한 설명 중 옳지 않은 것은?

① 화물자동차 운송가맹사업을 경영하고자 하는 자는 국토교통부장관의 허가를 받도록 하고 있는데 실제 허가권한은 시·도지사에게 위임되어 있어 허가를 받고자 하는 자는 시·도 관련기관으로부터 허가를 받아야 한다.

② 운송주선업자는 3년마다 허가기준에 대한 신고를 하여야 한다.

③ 화물운송주선사업의 허가기준으로 자본금은 1억원 이상이어야 한다.

④ 경영의 일부를 위탁받은 사람(위·수탁차주)이나 화물자동차 소유 대수가 1대인 운송사업자(1대사업자)에게 화물운송을 위탁한 운송사업자는 해당 위·수탁차주나 1대사업자가 요구하면 화물의 종류와 운임 등을 적은 화물위탁증을 내주어야 한다.

⑤ 운송주선사업자가 자기의 명의로 타인에게 화물자동차 운송주선사업을 경영하게 하였을 때는 2년 이하의 징역 또는 2천만원 이하의 벌금에 처한다.

해설 ① 실제 허가권한은 시·도지사에게 위임되어 있지 않다.

28 화물자동차 운수사업 운전업무에 종사하고자 하는 자가 갖추어야 할 요건이 아닌 것은?

① 운전적성에 대한 정밀검사기준에 적합할 것

② 화물자동차 운수사업법령, 화물취급요령 등에 관하여 국토교통부장관이 시행하는 시험에 합격하고 소정의 교육을 받을 것(운전업무에 필요한 요건과 정밀검사를 받은 자에 한하여 시험에 응시할 수 있다)

③ 화물자동차를 운전하기에 적합한 「도로교통법」에 의한 운전면허를 가지고 있을 것

④ 운전경력이 1년 이상일 것

⑤ 21세 이상일 것

해설 ④ 운전경력이 2년 이상이어야 한다.

29 「화물자동차 운수사업법」상 화물자동차 운송사업의 차고지 이용과 운송시설에 관한 사항, 그 밖에 수송의 안전 및 화주의 편의를 도모하기 위하여 운송사업자가 준수하여야 할 사항이 아닌 것은?

① 소유 대수가 2대 이상인 운송사업자의 경우 주사무소가 소재하는 특별시·광역시 또는 도 외의 지역에서 영업소를 설치하지 아니하고 상주하여 화물자동차 운송사업을 영위하지 아니할 것

② 소유 대수가 1대인 운송사업자의 경우 주사무소가 소재하는 특별시·광역시 또는 도와 이와 인접한 특별시·광역시 또는 도 외의 지역에 상주하여 화물자동차 운송사업을 영위하지 아니할 것

③ 허가받은 차고지 외에서 밤샘주차를 하지 아니할 것

④ 운송사업자는 고장 및 사고 차량 등 화물의 운송과 관련하여 「자동차관리법」에 의한 자동차관리사업자로부터 부정한 금품을 수수하는 행위를 하지 아니할 것

⑤ 신고한 운임 및 요금을 받지 아니하고 부당한 운임 및 요금을 받지 아니할 것

해설 ④ 운송사업자의 일반적인 준수사항이다.

30 「화물자동차 운수사업법」상 공제사업에 관한 설명 중 옳지 않은 것은?

① 운수사업자는 공제사업에 가입할 수 있으며, 공제사업에 가입한 운수사업자는 공제사업의 수행에 필요한 분담금을 분담한다.

② 운수사업자가 설립한 협회의 연합회는 국토교통부장관의 인가를 받아 운수사업자의 자동차 사고로 인한 손해배상책임의 보장사업 및 적재물배상 공제사업을 할 수 있다.

③ 공제사업의 내용 및 운영에 관하여 필요한 사항은 대통령령으로 정한다.

④ 공제사업에 관하여는 「보험업법」의 규정을 적용하지 아니한다.

⑤ 공제규정에는 공제사업의 내용, 공제계약, 공제사업에 가입한 운송사업자의 준수사항 및 위반시의 제재방법 등 공제사업의 운영에 관한 사항이 포함되어야 한다.

해설 ② 운수사업자가 설립한 협회의 연합회는 대통령령이 정하는 바에 의하여 국토교통부장관의 허가를 받아 운수사업자의 자동차 사고로 인한 손해배상책임의 보장사업 및 적재물배상 공제사업 등을 할 수 있다(법 제51조 제1항).

31 화물자동차 운수사업법령상 화주가 화물자동차에 동승하는 밴형 화물자동차에 적재할 수 있는 화물기준으로 옳지 않은 것은?

① 화주(貨主) 1명당 화물의 중량이 60킬로그램 이상일 것
② 화주 1명당 화물의 용적이 4만cm³ 이상일 것
③ 불결하거나 악취가 나는 농산물·수산물 또는 축산물
④ 혐오감을 주는 동물 또는 식물
⑤ 기계·기구류 등 공산품

해설 ① 20킬로그램 이상이어야 한다.

32 화물자동차 운송가맹사업에 대한 설명으로 옳지 않은 것은?

① 화물자동차 운송가맹사업은 타인의 수요에 응하여 타인의 화물자동차를 사용하여 유상으로 화물을 운송하거나 소속 화물자동차 운송가맹점(운송사업자인 가맹점에 한한다)에 의뢰하여 화물을 운송하게 하는 사업을 말한다.
② 화물자동차 운송가맹사업자는 화물자동차 운송가맹사업의 허가를 받은 자를 말한다.
③ 화물자동차 운송가맹점은 화물자동차 운송가맹사업자(운송가맹사업자)의 운송가맹점으로 가입하여 그 영업표지(상호, 상표 등을 포함한다)의 사용권을 부여받은 자로서 운송가맹사업자로부터 운송화물을 배정받아 화물을 운송하거나 운송가맹사업자 외의 자의 수요에 응하여 화물을 운송하는 운송사업자나 운송가맹사업자의 화물운송계약을 중개·대리하거나 운송가맹사업자 외의 자에 대하여 화물자동차 운송주선사업을 영위하는 운송주선사업자를 말한다.
④ 운송가맹사업자는 허가를 받은 날부터 3년마다 허가기준에 관한 사항을 국토교통부장관에게 신고하여야 한다.
⑤ 화물자동차 공급기준에서 화물자동차 운송가맹사업 공급량은 이미 공급(허가)된 화물자동차의 영업활동을 촉진할 수 있도록 신규허가를 허용하고 있다.

해설 ① 자기의 화물자동차를 사용하여 하는 사업이다.

Answer   29. ④   30. ②   31. ①   32. ①

33 다음 중 화물자동차 운수사업법령에서 정하고 있는 차량충당조건 적용 제외차량이 아닌 것은?

① 운송사업자가 화물자동차 운송사업을 폐업하고 화물자동차 운송가맹사업의 허가를 받으려는 경우 운송사업자가 폐업하기 전에 화물자동차 운송사업용으로 사용한 차량

② 운송가맹사업자(화물자동차를 직접 소유한 경우만 해당한다)가 화물자동차 운송가맹사업을 폐업하고 화물자동차 운송사업의 허가를 받으려는 경우 운송가맹사업자가 폐업하기 전에 화물자동차 운송가맹사업용으로 사용한 차량

③ 운송사업자(등록이 취소되거나 사업이 폐업된 운송사업자를 포함한다)에게 소속되어 화물자동차 운송사업용으로 사용한 화물자동차를 그 사업용으로 사용하지 아니하게 된 날부터 6개월 이내에 화물자동차 운송사업용으로 충당하려는 경우 그 차량

④ 운송사업자 또는 운송가맹사업자가 아닌 법인에 최근 3년 이상 소속된 10대 이상의 자가용 화물자동차를 그 법인이 화물자동차 운송사업용 또는 화물자동차 운송가맹사업용으로 충당하려는 경우 그 차량

⑤ 운송사업자 또는 운송가맹사업자가 화물자동차를 대폐차(代廢車)할 때 폐차되는 화물자동차의 차령보다 대차되는 화물자동차의 차령이 적은 경우 대차되는 차량

> **해설** ④ 2년 이상 소속된 5대 이상의 자가용 화물자동차이다.
> ⊘ **화물자동차 운수사업법령에서 정하고 있는 차량충당조건 적용 제외차량**
> 1. 운송사업자가 화물자동차 운송사업의 종류를 변경하여 허가를 받으려는 경우 운송사업자가 사업의 종류를 변경하기 전에 화물자동차 운송사업용으로 사용한 차량
> 2. 운송사업자가 화물자동차 운송사업을 폐업하고 화물자동차 운송가맹사업의 허가를 받으려는 경우 운송사업자가 폐업하기 전에 화물자동차 운송사업용으로 사용한 차량
> 3. 운송가맹사업자(화물자동차를 직접 소유한 경우만 해당한다)가 화물자동차 운송가맹사업을 폐업하고 화물자동차 운송사업의 허가를 받으려는 경우 운송가맹사업자가 폐업하기 전에 화물자동차 운송가맹사업용으로 사용한 차량
> 4. 운송사업자(등록이 취소되거나 사업이 폐업된 운송사업자를 포함한다)에게 소속되어 화물자동차 운송사업용으로 사용한 화물자동차를 그 사업용으로 사용하지 아니하게 된 날부터 6개월 이내에 화물자동차 운송사업용으로 충당하려는 경우 그 차량
> 5. 운송사업자 또는 운송가맹사업자가 아닌 법인에 최근 2년 이상 소속된 5대 이상의 자가용 화물자동차를 그 법인이 화물자동차 운송사업용 또는 화물자동차 운송가맹사업용으로 충당하려는 경우 그 차량
> 6. 운송사업자 또는 운송가맹사업자가 화물자동차를 대폐차(代廢車)할 때 폐차되는 화물자동차의 차령보다 대차되는 화물자동차의 차령이 적은 경우 대차되는 차량
> 7. 덤프형 화물자동차, 피견인자동차(「소방기본법 시행령」 제6조에 따른 특수가연물 및 「위험물안전관리법 시행령」 제2조에 따른 위험물을 수송하기 위한 탱크트레일러는 제외한다) 또는 특수자동차

34 화물자동차 운수사업법령상 과징금 부과에 관한 설명으로 옳지 않은 것은?

① 국토교통부장관은 운송사업자에게 사업정지처분을 하여야 하는 경우로서 그 사업정지처분이 해당 화물자동차 운송사업의 이용자에게 심한 불편을 주거나 그 밖에 공익을 해칠 우려가 있으면 대통령령으로 정하는 바에 따라 사업정지처분을 갈음하여 2천만원 이하의 과징금을 부과·징수할 수 있다.

② 국토교통부장관 또는 관할관청은 매년 10월 31일까지 다음 연도의 과징금운용계획을 수립·시행하여야 한다.

③ 국토교통부장관은 과징금 부과처분을 받은 자가 과징금을 정한 기한 내에 내지 아니하면 지방세 체납처분의 예에 따라 징수한다.

④ 과징금 통지를 받은 자는 국토교통부령이 정하는 수납기관에 납부통지일부터 30일 이내에 납부하여야 하나 천재지변 그 밖에 부득이한 사유로 인하여 그 기간 내에 과징금을 납부할 수 없는 때에는 그 사유가 해소된 날부터 7일 이내에 납부하여야 한다.

⑤ 징수한 과징금은 화물터미널의 건설과 확충에 사용할 수 있다.

해설 ③ 국토교통부장관은 과징금 부과처분을 받은 자가 과징금을 정한 기한 내에 내지 아니하면 국세 체납처분의 예에 따라 징수한다.

35 「화물자동차 운수사업법」상 화물자동차 운송사업과 관련하여 허가를 받을 사항을 변경하는 경우 변경허가를 받아야 하는 것은?

① 관할 행정구역 밖으로의 주사무소·영업소 및 화물취급소의 이전

② 대표자의 변경(법인인 경우만 해당한다)

③ 화물취급소의 설치 또는 폐지

④ 화물자동차의 대폐차(代廢車)

⑤ 상호의 변경

해설 ① 관할 행정구역 밖으로의 사무소 이전은 변경허가를 받아야 한다.

36 화물자동차 운수사업법령상 화물자동차 운송사업 약관에 포함되어야 하는 사항이 아닌 것은?

① 화물의 인도(引導)·인수·보관 및 취급에 관한 사항

② 운임 및 요금의 수수 또는 환급에 관한 사항

③ 사업자와 화주 사이의 분쟁조정에 관한 사항

④ 운송책임의 시기(始期) 및 종기(終期)

⑤ 손해배상 및 면책에 관한 사항

해설 ③ 법에서 규정하고 있지 않은 사항이다.

37 화물자동차 운수사업법령상 업무개시명령에 관한 설명으로 옳지 않은 것은?

① 국토교통부장관은 운송사업자나 운수종사자가 정당한 사유 없이 집단으로 화물운송을 거부하여 화물운송에 커다란 지장을 주어 국가경제에 매우 심각한 위기를 초래하거나 초래할 우려가 있다고 인정할 만한 상당한 이유가 있으면 그 운송사업자 또는 운수종사자에게 업무개시를 명할 수 있다.

② 국토교통부장관은 운송사업자 또는 운수종사자에게 업무개시를 명하려면 국무회의의 심의를 거쳐야 한다.

③ 국토교통부장관은 화물운송종사자격을 취득한 자가 정당한 사유 없이 업무개시명령을 거부하면 그 자격을 취소하거나 6개월 이내의 기간을 정하여 그 자격의 효력을 정지시킬 수 있다.

④ 국토교통부장관은 운송사업자가 정당한 사유 없이 업무개시명령을 거부하면 그 허가를 취소하거나 6개월 이내의 기간을 정하여 그 사업의 전부 또는 일부의 정지를 명령하거나 감차조치를 명할 수 있다.

⑤ 운송사업자 또는 운수종사자가 정당한 사유 없이 업무개시명령을 거부하면 1년 이하의 징역 또는 3천만원 이하의 벌금에 처한다.

해설 ⑤ 3년 이하의 징역 또는 1천만원 이하의 벌금에 처한다.

38 화물자동차 운수사업법령상 화물자동차 운송가맹사업의 허가기준으로 옳지 않은 것은?

① 화물운송전산망을 갖추어야 하고 화물운송전산망은 운송가맹사업자와 운송가맹점이 그 전산망을 토하여 물량 배정 여부·공차위치 등을 확인할 수 있어야 하며, 운임지급 등의 결제 시스템이 구축되어야 한다.

② 운송가맹점이 소유하는 화물자동차의 대수를 포함하여 400대 이상 화물자동차를 확보하되, 화물자동차는 6개 이상의 시·도에 각각 40대 이상 분포되어야 한다.

③ 자본금 또는 자산평가액에 대한 기준은 없다.

④ 사무실 및 영업소는 영업에 필요한 면적이어야 한다.

⑤ 최저보유 차고면적은 화물자동차를 직접 소유하는 경우에 화물자동차 1대당 당해 화물자동차의 길이와 너비를 곱한 면적이다.

해설 ② 500대 이상(운송가맹점이 소유하는 화물자동차의 대수를 포함하되, 특별시·광역시를 포함한 8개 이상의 시·도에 각각 50대 이상 분포되어야 한다)의 화물자동차를 확보하여야 한다.

39 화물자동차 운수사업법령상 화물위탁증에 반드시 적어야 하는 사항이 아닌 것은?

① 위탁자·수탁자의 성명 및 연락처

② 화주의 성명 및 연락처

③ 관련 운송사업자, 운송주선사업자 또는 운송가맹사업자의 성명 및 연락처

④ 화물의 출발일시

⑤ 화물의 출발지 및 도착지

해설 ④ 화물의 출발일시에 관한 사항은 화물위탁증에 포함하지 않아도 된다.
①②③⑤ 화물위탁증에는 위탁자·수탁자의 성명 및 연락처, 화주의 성명 및 연락처, 화물의 종류 및 중량·부피 또는 수량, 화물의 출발지 및 두착지, 화물의 도착일시, 운임 및 운임의 지급방법, 화물의 금전적 가치 등을 반드시 적어야 한다.

| Answer | 36. ③ | 37. ⑤ | 38. ② | 39. ④ |

40 화물자동차 운수사업법령상 운수사업자가 설립한 협회의 연합회가 시행하는 공제사업에 관한 설명으로 옳지 않은 것은?

① 운수사업자는 공제사업에 가입할 수 있으며, 공제사업에 가입한 운수사업자는 공제사업 수행에 필요한 분담금을 분담한다.

② 공제사업수행에 필요한 분담금의 분담비율에 관하여는 국토교통부장관의 승인을 받아야 한다.

③ 공제사업에 관하여는 「보험업법」을 적용한다.

④ 공제사업을 할 때 공제계약 및 공제금의 지급 등에 관하여 분쟁이 있으면 분쟁 당사자는 「여객자동차 운수사업법」에 따른 공제분쟁조정위원회에 조정을 신청할 수 있다.

⑤ 국토교통부장관은 공제사업에 종사하는 임직원이 공제에 관한 업무규정을 위반하거나 이 법에 따른 명령 또는 처분에 따르지 아니하면 그 임직원에 대하여 징계를 요구할 수 있다.

해설 ③ 공제사업에 관하여는 「보험업법」의 규정을 적용하지 아니한다.

41 화물자동차 운수사업법령상 화물자동차 운송사업의 양도와 양수 및 상속에 관한 설명으로 옳은 것은?

① 화물자동차 운송사업을 양도·양수하려는 경우에는 국토교통부령으로 정하는 바에 따라 양수인은 시·도지사에게 신고하여야 한다.

② 운송사업자가 사망한 경우 상속인이 그 화물자동차 운송사업을 계속하려면 피상속인이 사망한 후 30일 이내에 시·도지사에게 신고하여야 한다.

③ 운송사업자인 법인이 서로 합병하려는 경우에는 국토교통부령으로 정하는 바에 따라 합병으로 존속하거나 신설되는 법인은 시·도지사에게 신고하여야 한다.

④ 운송사업자가 사망한 경우 상속인이 이 법령에 의한 신고를 하면 피상속인이 사망한 날부터 신고한 날까지 피상속인에 대한 화물자동차 운송사업의 허가는 상속인에 대한 허가로 본다.

⑤ 합병 이후에 존속되는 법인은 합병으로 소멸되는 법인의 운송사업자로서의 지위를 승계하지 못하고 신규로 설립된 법인만이 지위를 승계한다.

해설 ④ 합병으로 설립되거나 존속되는 법인은 합병으로 소멸되는 법인의 운송사업자로서의 지위를 승계한다.

42 화물자동차 운수사업법령상 적재물배상보험 등에 관한 설명으로 옳지 않은 것은?

① 최대 적재량이 5톤 이상이거나 총중량이 10톤 이상인 화물자동차 중 국토교통부령으로 정하는 화물자동차를 소유하고 있는 운송사업자는 손해배상 책임을 이행하기 위하여 적재물배상책임보험 또는 공제에 가입하여야 한다.

② 「보험업법」에 따른 보험회사는 적재물배상보험 등에 가입하여야 하는 자가 적재물배상보험 등에 가입하려고 하면 대통령령으로 정하는 사유가 있는 경우 외에는 적재물배상보험 등의 계약의 체결을 거부할 수 없다.

③ 운송가맹사업자는 손해배상 책임을 이행하기 위하여 적재물배상책임보험 또는 공제에 가입하여야 한다.

④ 보험회사 등은 자기와 책임보험계약 등을 체결하고 있는 보험 등 의무가입자에게 그 계약종료일 30일 전까지 그 계약이 끝난다는 사실을 알려야 한다.

⑤ 운송사업자는 각 사업자별로 3천만원 이상의 금액을 지급할 책임을 지는 적재물배상책임보험 또는 공제에 가입하여야 한다.

해설 ⑤ 적재물배상책임보험 또는 공제(적재물배상보험 등)에 가입하려는 자는 사고 건당 2천만원 이상의 금액을 지급할 책임을 지는 적재물배상보험 등에 가입하여야 한다.

43 화물자동차 운수사업법령상 재정지원에 관한 설명으로 옳은 것은?

① 국토교통부장관은 운수사업자에게 유류에 부과되는 세액 등의 인상액에 상당하는 금액의 전부 또는 일부를 보조할 수 있다.

② 국가는 지방자치단체, 사업자단체, 운수사업자가 낡은 차량의 대체 사업을 하는 경우 재정적 지원이 필요하다고 인정되면 소요자금의 일부를 보조 또는 융자할 수 있다.

③ 보조 또는 융자를 받으려는 사업의 목적은 신청서에 기재하여야 하는 사항이다.

④ 유류에 부과되는 세액 등의 인상액을 보조하기 위하여 지급된 금품과 이를 받을 권리는 압류할 수 있다.

⑤ 화물자동차의 감차는 소요자금의 보조 또는 융자의 대상이 아니다.

해설 ① 유류에 부과되는 세액 등의 보조 주체는 지방자치단체의 장이다.
③ 보조 또는 융자를 받으려는 사업의 목적, 시행계획, 자금조달계획, 효과 및 시설 등을 적은 사업계획서, 보조금 또는 융자금의 사용계획서는 서류를 첨부해야 한다.
④ 지급된 금품과 이를 받을 권리는 압류하지 못한다.
⑤ 화물자동차의 감차는 소요자금의 보조 또는 융자의 대상이다.

Answer 40. ③ 41. ④ 42. ⑤ 43. ②

44 화물자동차 운수사업법령상 화물자동차 운송사업의 허가취소 등에 관한 설명으로 옳지 않은 것은?

① 관할관청은 허가취소 등에 관한 기록을 3년간 보존하여야 한다.

② 위반차량의 감차조치를 경감하는 경우에는 90일 이상의 위반차량 운행정지로 한다.

③ 국토교통부장관은 감차조치의 대상이 되는 화물자동차가 여러 대인 경우에는 화물운송에 미치는 영향을 고려하여 해당 처분을 분할하여 집행할 수 있다.

④ 위반행위를 적발한 관할관청은 특별한 사유가 없는 한 적발한 날부터 30일 이내의 처분을 하여야 한다.

⑤ 동일한 화물자동차가 여러 건의 위반행위와 관련되어 사업정지와 위반차량 운행정지를 받는 경우 그 합산한 정지기간은 6개월을 초과할 수 없다.

> **해설** ① 관할관청은 허가취소, 감차조치, 사업 전부정지, 사업 일부정지 또는 위반차량 운행정지 처분을 하였을 때에는 그 사실을 연합회에 통지하여야 하며, 화물자동차 행정처분 기록카드에 그 사실을 기록하여 5년간 보존하여야 한다.

45 화물자동차 운수사업법령상 운송약관에 기재하여야 하는 사항이 아닌 것은?

① 사업의 종류
② 운임 및 요금의 환급에 관한 사항
③ 화물의 인도·인수에 관한 사항
④ 책임보험계약에 관한 사항
⑤ 면책에 관한 사항

> **해설** 약관에 포함되어야 할 사항
> 1. 사업의 종류
> 2. 운임 및 요금의 수수 또는 환급에 관한 사항
> 3. 화물의 인도(引導)·인수·보관 및 취급에 관한 사항
> 4. 운송책임의 시기(始期) 및 종기(終期)
> 5. 손해배상 및 면책에 관한 사항
> 6. 그 밖에 화물자동차 운송사업을 경영하는 데에 필요한 사항

46 화물자동차 운수사업법령상 국토교통부장관에게 신고하여야 하는 사항이 아닌 것은?

① 화물자동차 운송가맹사업의 허가기준에 관한 사항
② 화물자동차 운송주선사업의 법인의 합병
③ 화물자동차 공제사업의 분담금의 분담비율
④ 화물자동차 운송사업자의 운송약관
⑤ 화물자동차 운송가맹사업의 요금과 운임

해설 ③ 공제사업의 허가를 신청할 때에는 공제규정 및 약관을 첨부하여야 한다. 공제규정에는 공제사업의 내용, 공제계약, 분담금에 관한 사항이 포함되어야 한다. 운수사업자는 「화물자동차 운수사업법」에 따른 공제사업에 가입할 수 있으며, 공제사업에 가입한 운수사업자는 공제사업 수행에 필요한 분담금을 분담한다. 분담금의 분담비율에 관하여는 국토교통부장관의 승인을 받아야 한다.

47 화물자동차 운수사업법령상 화물자동차 운송사업의 허가사항 변경신고를 국토교통부장관에게 하여야 하는 사항이 아닌 것은?

① 관할관청의 행정구역 밖으로의 주사무소·영업소 및 화물취급소의 이전
② 화물취급소의 설치 또는 폐지
③ 화물자동차의 대폐차(代廢車)
④ 상호의 변경
⑤ 대표자의 변경(법인의 경우만 해당한다)

해설 변경신고를 해야 하는 경우
1. 상호의 변경
2. 대표자의 변경(법인인 경우만 해당한다)
3. 화물취급소의 설치 또는 폐지
4. 화물자동차의 대폐차(代廢車)
5. 주사무소·영업소 및 화물취급소의 이전(주사무소 이전의 경우에는 관할관청의 행정구역 내에서의 이전에 한한다)

Answer   44. ①   45. ④   46. ③   47. ①

48 화물자동차 운수사업법령상 운송사업자의 준수사항에 관한 설명으로 옳지 않은 것은?

① 운송사업자는 화물운송의 대가로 받은 운임 및 요금의 전부 또는 일부에 해당하는 금액을 부당하게 화주, 다른 운송사업자 또는 화물자동차 운송주선사업을 경영하는 자에게 되돌려주는 행위를 하여서는 아니 된다.

② 운송사업자는 자기 명의로 운송 계약을 체결한 화물에 대하여 다른 운송사업자에게 수수료나 그 밖의 대가를 받고 그 운송을 위탁하거나 대행하게 하는 등 화물운송질서를 문란하게 하는 행위를 하여서는 아니 된다.

③ 운송사업자는 운임 및 요금과 운송약관을 영업소 또는 화물자동차에 갖추어 두고 이용자가 요구하면 이를 내보여야 한다.

④ 운송사업자는 둘 이상의 화물자동차 운송가맹점에 가입할 수 있다.

⑤ 운송가맹점인 운송사업자는 자기가 가입한 운송가맹사업자에게 소속된 운송주선사업자로부터 직접 화물운송을 주선받아서는 아니 된다.

해설 ④ 운송사업자는 2 이상의 화물자동차 운송가맹점에 가입해서는 아니 된다.

49 화물자동차 운수사업법령상 책임보험계약 등의 해제 또는 해지의 사유가 아닌 것은?

① 화물자동차 운송사업의 허가사항의 변경(감차만을 말한다)

② 화물자동차 운송사업의 감차조치명령

③ 화물자동차 운송가맹사업의 허가사항의 변경(감차만을 말한다)

④ 화물자동차 운송사업의 허가취소

⑤ 화물자동차 운송주선사업의 감차조치명령

해설 **책임보험계약 등의 해제 또는 해지의 사유**
1. 화물자동차 운송사업의 허가사항이 변경(감차에 한한다)된 경우
2. 화물자동차 운송사업을 휴업 또는 폐업한 경우
3. 화물자동차 운송사업의 허가가 취소되거나 감차명령을 받은 경우
4. 화물자동차 운송주선사업의 허가가 취소된 경우
5. 화물자동차 운송가맹사업의 허가사항이 변경(감차에 한한다)된 경우
6. 화물자동차 운송가맹사업의 허가가 취소되거나 감차명령을 받은 경우
7. 적재물배상보험 등에 이중으로 가입되어 하나의 책임보험계약 등을 해제 또는 해지하려는 경우
8. 보험회사 등이 파산 등의 사유로 영업을 계속할 수 없는 경우
9. 그 밖에 「상법」 제650조 제1항·제2항, 제651조 또는 제652조 제1항에 따른 계약해제 또는 계약해지의 사유가 발생한 경우

50 화물자동차 운수사업법령상 화물자동차 운송가맹사업에 관한 설명으로 옳지 않은 것은?

① 화물자동차 운송가맹사업의 허가를 받은 자가 화물자동차 운송사업을 경영하기 위해서는 화물자동차 운송사업의 허가를 받아야 한다.

② 화물자동차 운송가맹사업자가 대통령령으로 정한 경미한 사항의 허가사항을 변경하려면 국토교통부장관에게 신고하여야 한다.

③ 화물자동차를 직접 소유한 운송가맹사업자의 화물자동차의 대폐차는 허가사항 변경신고 대상이다.

④ 화물자동차 운송가맹사업의 허가를 받기 위해서는 자본금 또는 자산평가액이 10억원 이상이어야 한다.

⑤ 화물자동차 운송가맹사업자는 화물의 원활한 운송을 위하여 공동 전산망을 설치·운영하여야 한다.

해설 ① 화물자동차 운송사업을 경영하려는 자는 국토교통부장관의 허가(시·도지사 위임)를 받아야 한다. 화물자동차 운송가맹사업의 허가를 받은 자는 화물자동차 운송사업의 허가를 받지 아니한다.

물류관리사

CERTIFIED PROFESSIONAL LOGISTICIAN

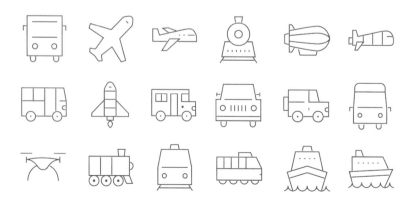

철도사업법

04 철도사업법

| **학습목표** | 1. 철도사업과 전용철도사업에 대한 이해
2. 철도사업의 면허와 사업수행에 필요한 조건

| **단원열기** | 철도사업 면허기준, 철도사업계획서의 변경, 철도운임, 철도사업자와 철도운수종사자의 준수사항,
과징금의 용도, 전용철도 등록기준 등

제1절 철도사업

1 목적 및 정의

(1) 「철도사업법」의 목적

「철도사업법」은 철도사업에 관한 질서를 확립하고 효율적인 운영 여건을 조성함으로써 철도사업의 건전한 발전과 철도 이용자의 편의를 도모하여 국민경제의 발전에 이바지함을 목적으로 한다.

(2) 철도의 정의

'철도'란 「철도산업발전기본법」에 따른 철도를 말한다.

(3) 사업용 철도

철도사업을 목적으로 설치하거나 운영하는 철도를 말한다.

(4) 철도사업자

「한국철도공사법」에 의하여 설립된 한국철도공사 및 철도사업 면허를 받은 자를 말한다.

2 사업용 철도노선의 고시

(1) 고 시

① **고시내용**: 국토교통부장관은 사업용 철도노선의 노선번호, 노선명, 기점(起點), 종점(終點), 중요 경과지(정차역을 포함한다)와 그 밖에 필요한 사항을 국토교통부령으로 정하는 바에 따라 지정·고시하여야 한다.

② **구분**: 국토교통부장관은 사업용 철도노선을 지정·고시하는 경우 사업용 철도노선을 다음 구분에 따라 분류할 수 있다.

       ⑦ 운행지역과 운행거리에 따른 분류

          ⓐ 간선(幹線)철도

          ⓑ 지선(支線)철도

       ⓛ 운행속도에 따른 분류

          ⓐ 고속철도노선

          ⓑ 준고속철도노선

          ⓒ 일반철도노선

③ **지정**: 국토교통부장관은 「철도건설법」에 의한 철도건설사업실시계획을 승인·고시한 날부터 1개월 이내에 사업용 철도노선을 지정한다. 이 경우 철도건설사업실시계획을 구간별 또는 시설별로 승인·고시하는 때에는 해당 철도건설사업실시계획을 전부 승인·고시한 날부터 1개월 이내에 사업용 철도노선을 지정할 수 있다. 사업용 철도노선의 지정에 필요한 세부적인 사항은 국토교통부장관이 정하여 고시한다.

④ **고시**: 국토교통부장관은 사업용 철도노선을 지정한 경우에는 이를 관보에 고시하여야 한다. 고시한 사항의 변경이 있거나 사업용 철도노선의 폐지가 있는 때에도 같다.

(2) 철도차량의 유형 분류

국토교통부장관은 철도 운임 상한의 산정, 철도차량의 효율적인 관리 등을 위하여 철도차량을 국토교통부령으로 정하는 운행속도에 따라 다음 구분에 따른 유형으로 분류할 수 있다.

① 고속철도차량

② 준고속철도차량

③ 일반철도차량

▎3 철도사업의 면허

(1) 철도사업

다른 사람의 수요에 응하여 철도차량을 사용하여 유상(有償)으로 여객이나 화물을 운송하는 사업을 말한다.

(2) 철도사업 면허

철도사업을 경영하려는 자는 지정·고시된 사업용 철도노선을 정하여 국토교통부장관의 면허를 받아야 한다. 이 경우 국토교통부장관은 철도의 공공성과 안전을 강화하고 이용자 편의를 증진시키기 위하여 국토교통부령으로 정하는 바에 따라 필요한 부담을 붙일 수 있다. 철도사업의 면허를 받을 수 있는 자는 법인으로 한다.

(3) 결격사유

다음에 해당하는 법인은 철도사업의 면허를 받을 수 없다.

① 법인의 임원 중 다음 어느 하나에 해당하는 사람이 있는 법인

  ㉠ 피성년후견인 또는 피한정후견인

  ㉡ 파산선고를 받고 복권되지 아니한 사람

  ㉢ 「철도사업법」 또는 「철도산업발전기본법」, 「철도안전법」, 「도시철도법」, 「국가철도공단법」, 「한국철도공사법」 등 철도 관계법령을 위반하여 금고 이상의 실형을 선고받고 집행이 종료(집행이 끝난 것으로 보는 경우 포함)되거나 그 집행이 면제된 날부터 2년이 지나지 아니한 사람

  ㉣ 「철도사업법」 또는 「철도산업발전기본법」, 「철도안전법」, 「도시철도법」, 「국가철도공단법」, 「한국철도공사법」 등 철도 관계법령을 위반하여 금고 이상의 형의 집행유예를 선고받고 그 유예기간 중에 있는 사람

② 「철도사업법」에 따라 철도사업의 면허가 취소된 후 그 취소일부터 2년이 지나지 아니한 사람

⑷ **철도사업 면허의 기준**

철도사업의 면허기준은 다음과 같다.

> **면허기준**
>
> ① 해당 사업의 시작으로 철도교통의 안전에 지장을 줄 염려가 없을 것
> ② 해당 사업의 운행계획이 해당 운행구간의 철도수송수요와 수송력 공급 및 이용자의 편의에 맞을 것
> ③ 신청자가 해당 사업을 수행할 수 있는 재정적 능력이 있을 것
> ④ 해당 사업에 사용할 철도차량의 대수(臺數), 사용연한 및 규격이 다음의 기준에 맞을 것

● **철도차량의 대수, 사용연한 및 규격기준**

구 분	면허기준
철도차량의 대수	「철도건설법」에 의하여 국토교통부장관이 수립한 철도건설기본계획에서 정한 철도차량의 대수 또는 「철도건설법」에 따라 국토교통부장관의 승인을 얻은 철도건설사업 실시계획에서 정한 철도차량의 대수. 다만, 공동운수협정으로 2 이상의 철도사업자가 운영하는 철도노선은 공동운수협정에 따른 철도차량 대수를 합산하여 적용한다.
철도차량의 사용연한	「철도안전법」에 의한 철도차량의 사용내구연한을 초과하지 아니한 철도차량 또는 정밀진단을 받아 사용내구연한을 연장받은 철도차량의 경우 그 사용내구연한을 초과하지 아니한 철도차량일 것
철도차량의 규격	• 「철도안전법」에 의한 안전기준에 맞을 것 • 「철도안전법」에 의한 철도차량의 성능시험 및 철도차량의 제작검사에 합격할 것

🔖 비고 : 국토교통부장관은 철도사업의 여건변동 등으로 인하여 위 표의 철도차량의 대수를 적용하는 것이 현저하게 불합리하다고 인정하는 경우에는 위 표에서 정한 기준의 2분의 1 범위 안에서 이를 가중 또는 경감하여 적용할 수 있다.

(5) 첨부서류

철도사업의 면허를 받으려는 자는 철도사업면허신청서에 다음 서류를 첨부하여 국토교통부장관에게 제출하여야 한다. 이 경우 국토교통부장관은 「전자정부법」에 따른 행정정보의 공동이용을 통하여 법인 등기사항증명서(설립예정법인인 경우를 제외한다)를 확인하여야 한다.

① 사업계획서
② 법인설립계획서(설립예정법인인 경우만 해당한다)
③ 해당 철도사업을 경영하려는 취지를 설명하는 서류
④ 신청인이 결격사유에 해당하지 아니함을 증명하는 서류

(6) 철도사업계획서

① **내용**: 철도사업계획서에는 다음 사항이 포함되어야 한다.
  ㉠ 운행구간의 기점·종점·정차역
  ㉡ 여객운송·화물운송 등 철도서비스의 종류
  ㉢ 사용할 철도차량의 대수·형식 및 확보계획
  ㉣ 운행횟수, 운행시간계획 및 선로용량 사용계획
  ㉤ 해당 철도사업을 위하여 필요한 자금의 내역과 조달방법(공익서비스 비용 및 철도시설 사용료의 수준을 포함)
  ㉥ 철도역·철도차량 정비시설 등 운영시설 개요
  ㉦ 철도운수종사자의 자격사항 및 확보방안
  ㉧ 여객·화물의 취급예정수량 및 그 산출의 기초와 예상 사업수지

② **변경**: 철도사업자가 일반적인 사업계획을 변경하려는 경우에는 국토교통부장관에게 신고하여야 한다.

③ **변경인가**: 다음과 같은 중요한 사업계획을 변경하려는 경우에는 국토교통부장관의 인가를 받아야 한다.

> **변경인가 대상**
> ㉠ 철도이용수요가 적어 수지균형의 확보가 극히 곤란한 벽지 노선의 철도운송서비스(철도여객운송서비스 또는 철도화물운송서비스를 말한다)의 종류를 변경하거나 다른 종류의 철도운송서비스를 추가하는 경우
> ㉡ 운행구간의 변경(여객열차의 경우만 해당한다)
> ㉢ 사업용 철도노선별로 여객열차의 정차역을 신설 또는 폐지하거나 10분의 2 이상 변경하는 경우
> ㉣ 사업용 철도노선별로 10분의 1 이상의 운행횟수의 변경(여객열차의 경우에 한하며, 공휴일·방학기간, 그 밖의 수송수요와 열차운행계획상의 수송력과 현저한 차이가 있는 경우로서 3개월 이내의 기간 동안 운행횟수를 변경하는 경우를 제외한다)

④ **변경제한**

국토교통부장관은 철도사업자가 다음에 해당하는 경우에는 사업계획의 변경을 제한할 수 있다.

> **변경제한 대상**
>
> ㉠ 국토교통부장관이 지정한 날 또는 기간에 운송을 시작하지 아니한 경우
> ㉡ 노선운행중지, 운행제한, 감차(減車) 등을 수반하는 사업계획 변경명령을 받은 후 1년이 지나지 아니한 경우
> ㉢ 개선명령을 받고 이행하지 아니한 경우
> ㉣ 철도사고(「철도안전법」 제2조 제10호의 규정에 의한 철도사고)의 규모 또는 발생빈도가 사업계획의 변경을 신청한 날이 포함된 연도의 직전 연도의 열차운행거리 100만킬로미터당 철도사고(철도사업자 또는 그 소속 종사자의 고의 또는 과실에 의한 철도사고를 말한다)로 인한 사망자수 또는 철도사고의 발생횟수가 최근(직전연도를 제외한다) 5년간 평균보다 10분의 2 이상 증가한 경우

⑤ **변경절차**

㉠ 철도사업자는 사업계획을 변경하려는 때에는 사업계획을 변경하려는 날 1개월 전까지(변경하려는 사항이 인가사항인 경우에는 2개월 전까지) 사업계획변경신고서 또는 사업계획변경인가신청서에 다음 서류를 첨부하여 국토교통부장관에게 제출하여야 한다.

ⓐ 신구 사업계획을 대비한 서류 또는 도면
ⓑ 철도안전 확보계획
ⓒ 사업계획 변경 후의 예상 사업수지 계산서

㉡ 국토교통부장관은 사업계획 변경인가신청을 받은 때에는 해당 사업계획의 변경내용이 면허기준에 적합한지의 여부 등을 검토하여 그 인가신청을 받은 날부터 1개월 이내에 그 결정내용을 신청인에게 통보하여야 한다.

⑺ **면허절차**

① 국토교통부장관은 면허신청을 받은 경우에는 면허기준에의 적합 여부, 결격사유의 유무 및 사업계획서의 타당성 여부 등을 종합적으로 심사하여 철도사업의 면허를 하기로 결정한 경우 신청인에게 철도사업면허증을 교부하여야 한다.

② 국토교통부장관은 철도사업면허증을 교부한 때에는 철도사업면허대장에 이를 기재·관리하여야 한다.

4 운송시작의 의무

(1) 의무 및 연기

철도사업자는 국토교통부장관이 지정하는 날 또는 기간에 운송을 시작하여야 한다. 다만, 천재지변이나 그 밖의 불가피한 사유로 철도사업자가 국토교통부장관이 지정하는 날 또는 기간에 운송을 시작할 수 없는 경우에는 국토교통부장관의 승인을 받아 날짜를 연기하거나 기간을 연장할 수 있다.

(2) 절 차

철도사업자가 운송 시작일의 연기 또는 운송 시작기간의 연장에 대한 승인을 받으려면 운송 시작 예정일과 그 사유를 기재한 운송 시작일 연기(운송 시작기간 연장) 승인신청서에 관계증거서류를 첨부하여 국토교통부장관에게 제출하여야 한다.

5 운 임

(1) 여객 운임·요금의 신고

① 신 고

㉠ 철도사업자는 여객에 대한 운임(여객운송에 대한 직접적인 대가를 말하며, 여객운송과 관련된 설비·용역에 대한 대가는 제외한다)·요금(여객 운임·요금)을 국토교통부장관에게 신고하여야 한다. 이를 변경하려는 경우에도 같다. 철도운임·요금의 신고 또는 변경신고를 하려는 국토교통부령이 정하는 철도운임·요금신고서 또는 변경신고서에 철도운임·요금표와 철도운임·요금 신구대비표 및 변경사유를 기재한 서류(철도운임·요금을 변경하는 경우만 해당한다)를 첨부하여 국토교통부장관에게 제출하여야 한다.

㉡ 철도사업자는 사업용 철도를 「도시철도법」에 의한 도시철도사업자가 운영하는 도시철도와 연결하여 운행하려면 철도운임·요금의 신고 또는 변경신고를 하기 전에 철도의 운임·요금 및 그 변경시기에 관하여 미리 해당 도시철도사업자와 협의하여야 한다.

② **상한초과 금지**: 철도사업자는 여객 운임·요금을 정하거나 변경하는 경우에는 원가(原價)와 버스 등 다른 교통수단의 여객 운임·요금과의 형평성 등을 고려하여야 하며, 여객운임(여객운송에 대한 직접적인 대가를 말하며, 여객운송과 관련된 설비·용역에 대한 대가는 제외한다)의 경우에는 국토교통부장관이 지정·고시한 여객운임의 상한을 초과하여서는 아니 된다. 이 경우 여객에 대한 운임은 사업용 철도노선의 분류, 철도차량의 유형 등을 고려하여 국토교통부장관이 지정·고시한 상한을 초과하여서는 아니 된다.

③ **상한 지정**

    ㉠ 국토교통부장관은 철도여객운임의 상한을 지정하려면 「철도산업발전기본법」에 따른 철도산업위원회의 의견을 들을 수 있다.

    ㉡ 국토교통부장관이 철도여객운임의 상한을 지정하려는 때에는 철도사업자로 하여금 원가계산, 그 밖에 철도여객운임의 산출기초를 기재한 서류를 제출하게 할 수 있다.

    ㉢ 국토교통부장관은 사업용 철도노선과 「도시철도법」에 의한 도시철도가 연결되어 운행되는 구간에 대하여 철도여객운임의 상한을 지정하는 경우에는 「도시철도법」에 따라 특별시장·광역시장·도지사 또는 특별자치도지사가 정하는 도시철도운임의 범위와 조화를 이루도록 하여야 한다.

    ㉣ 철도여객운임의 상한을 지정한 경우에는 이를 관보에 고시하여야 한다.

④ **협의 및 게시**

    ㉠ 국토교통부장관은 여객운임의 상한을 지정하려면 미리 기획재정부장관과 협의하여야 한다.

    ㉡ 철도사업자는 신고 또는 변경신고를 한 여객 운임·요금을 그 시행 1주일 이전에 인터넷 홈페이지, 관계 역·영업소 및 사업소 등 일반인이 잘 볼 수 있는 곳에 게시하여야 한다.

(2) 여객 운임·요금의 감면

① 철도사업자는 재해복구를 위한 긴급지원, 여객유치를 위한 기념행사, 그 밖에 철도사업의 경영상 필요하다고 인정되는 경우에는 일정한 기간·대상을 정하여 신고한 여객 운임·요금을 감면할 수 있다.

② 철도사업자는 여객 운임·요금을 감면하는 경우에는 그 시행 3일 이전에 감면사항을 인터넷 홈페이지, 관계 역·영업소 및 사업소 등 일반인이 잘 볼 수 있는 곳에 게시하여야 한다. 다만, 긴급한 경우에는 미리 게시하지 아니할 수 있다.

(3) 부가운임의 징수

① **여객에 대한 부가운임**

철도사업자는 열차를 이용하는 여객이 정당한 승차권을 지니지 아니하고 열차를 이용한 경우에는 승차 구간에 해당하는 운임 외에 그의 30배의 범위에서 부가 운임을 징수할 수 있다.

② **화물관련 부가운임**

철도사업자는 송하인(送荷人)이 운송장에 적은 화물의 품명·중량·용적 또는 개수에 따라 계산한 운임이 정당한 사유 없이 정상운임보다 적은 경우에는 송하인에게 그 부족운임 외에 그 부족운임의 5배의 범위에서 부가운임을 징수할 수 있다.

③ **부가운임의 신고**

철도사업자는 부가운임을 징수하려는 경우에는 사전에 부가운임의 징수대상 행위, 열차의 종류 및 운행구간 등에 따른 부가운임 산정기준을 정하고 철도사업약관에 포함하여 국토교통부장관에게 신고하여야 한다.

(4) 승차권 등 부정판매의 금지

① 철도사업자 또는 철도사업자로부터 승차권 판매위탁을 받은 자가 아닌 자는 철도사업자가 발행한 승차권 또는 할인권·교환권 등 승차권에 준하는 증서를 상습 또는 영업으로 자신이 구입한 가격을 초과한 금액으로 다른 사람에게 판매하거나 이를 알선하여서는 아니 된다.

② 상습 또는 영업으로 승차권 또는 이에 준하는 증서를 자신이 구입한 가격을 초과한 금액으로 다른 사람에게 판매한 자에게는 1천만원 이하의 과태료를 부과한다.

6 철도사업약관

(1) 약관 신고

① 철도사업자는 철도사업약관을 정하여 국토교통부장관에게 신고하여야 한다. 이를 변경하려는 경우에도 같다.

② 철도사업자가 철도사업약관을 신고 또는 변경신고를 하려면 철도사업약관신고(변경신고)서에 철도사업약관과 철도사업약관 신구대비표 및 변경사유서(변경신고의 경우만 해당한다)를 첨부하여 국토교통부장관에게 제출하여야 한다.

(2) 약관 기재내용

철도사업약관에는 다음의 사항을 기재하여야 한다.

> **약관 기재사항**
> ① 철도사업약관의 적용범위
> ② 철도운임·요금의 수수 또는 환급에 관한 사항
> ③ 부가운임에 관한 사항
> ④ 운송책임 및 배상에 관한 사항
> ⑤ 면책에 관한 사항
> ⑥ 여객의 금지행위에 관한 사항
> ⑦ 화물의 인도·인수·보관 및 취급에 관한 사항
> ⑧ 그 밖에 이용자의 보호 등을 위하여 필요한 사항

(3) 약관 비치 및 열람

철도사업자는 철도사업약관을 신고하거나 변경신고를 한 때에는 그 철도사업약관을 인터넷 홈페이지, 관계 역·영업소 및 사업소 등의 이용자가 보기 쉬운 장소에 비치하고, 이용자가 이를 열람할 수 있도록 하여야 한다.

█ 7 철도사업자의 준수사항

(1) **일반적 준수사항**

① 철도사업자는 「철도안전법」에 따른 요건을 갖추지 아니한 사람을 운전업무에 종사하게 해서는 아니 된다.

② 철도사업자는 사업계획을 성실하게 이행하여야 하며, 부당한 운송조건을 제시하거나 정당한 사유 없이 운송계약의 체결을 거부하는 등 철도운송질서를 해치는 행위를 해서는 아니 된다.

③ 철도사업자는 여객 운임표, 여객 요금표, 감면사항 및 철도사업약관을 인터넷 홈페이지에 게시하고 관계 역·영업소 및 사업소 등에 갖추어 두어야 하며, 이용자가 요구하는 경우에는 제시하여야 한다.

(2) **운송의 안전과 여객 및 화주(貨主)의 편의를 위한 준수사항**

운송의 안전과 여객 및 화주(貨主)의 편의를 위하여 철도사업자가 준수하여야 할 사항은 다음과 같다.

철도사업자 준수사항

① 철도사업자는 노약자·장애인 등에 대하여는 특별한 편의를 제공하여야 한다.

② 철도사업자는 철도차량을 항상 깨끗이 유지하여야 한다.

③ 철도사업자는 회사명, 철도차량번호 및 불편사항이 발생할 경우의 연락처 등을 적은 표지판을 철도차량 내에 게시하여야 한다.

④ 철도사업자는 다음의 사항을 일반인이 잘 볼 수 있는 영업소 등의 장소에 게시하여야 한다.
  ㉠ 사업자 및 영업소의 명칭
  ㉡ 운행시간표(운행횟수가 빈번한 운행계통에 있어서는 첫차 및 마지막차의 출발시각과 운행간격)
  ㉢ 정차역 및 목적지별 도착시각
  ㉣ 사업을 휴업 또는 폐업하고자 하는 경우 그 내용의 예고
  ㉤ 영업소를 이전하고자 하는 경우에는 그 이전의 예고

⑤ 철도사업자는 위험물을 철도로 운송하고자 할 때에는 운송 중의 위험방지 및 인명의 안전에 적합하도록 포장·적재 등의 안전조치를 취한 후 운송하여야 한다.

⑥ 철도사업자는 철도운수종사자로 하여금 여객과 화물을 운송함에 있어서 다음의 사항을 성실하게 지키도록 하고, 항상 이를 지도·감독하여야 한다.
  ㉠ 정비·점검이 불량한 철도차량을 운행하지 아니하도록 할 것
  ㉡ 관계 공무원·철도차량 관제업무종사자 또는 철도공안원 등의 위험방지를 위한 조치에 응하도록 할 것
  ㉢ 철도사고를 일으킨 때에는 긴급조치 및 신고의 의무를 충실하게 이행하도록 할 것

---

8 철도운수종사자의 준수사항

(1) 정 의

'철도운수종사자'란 철도운송과 관련하여 승무(동력차 운전 및 열차 내 승무를 말한다. 이하 같다) 및 역무서비스를 제공하는 직원을 말한다.

(2) 일반 준수사항

철도사업에 종사하는 철도운수종사자는 다음에 해당하는 행위를 해서는 아니 된다.

① 정당한 사유 없이 여객 또는 화물의 운송을 거부하거나 여객 또는 화물을 중도에서 내리게 하는 행위

② 부당한 운임 또는 요금을 요구하거나 받는 행위

(3) 안전운행과 여객과 화주의 편의를 위한 철도운수종사자의 준수사항

철도사업에 종사하는 철도운수종사자는 안전운행과 여객과 화주의 편의를 위하여 준수하여야 할 사항으로서 다음의 사항을 위반하는 행위를 하여서는 아니 된다.

① 여객의 안전과 사고예방을 위하여 운행 전 철도차량의 안전설비 및 주행·제동장치 등의 이상 유무를 확인하여야 한다.

② 질병·피로·음주, 그 밖의 사유로 안전한 운전을 할 수 없는 때에는 미리 철도사업자에게 알려야 한다.

③ 철도차량의 운행 중 중대한 고장을 발견하거나 철도사고가 발생할 우려가 있다고 인정되는 때에는 즉시 운행을 중지하고 적절한 조치를 하여야 한다.

④ 운전업무 중 해당 철도시설에 이상이 있었던 경우에는 즉시 인접역 또는 관계기관에 통보하여야 한다.

⑤ 여객이 다음 행위를 하는 때에는 안전운행과 다른 여객의 편의를 위하여 이를 제지하고 필요한 사항을 안내하여야 한다.
  ㉠ 철도차량의 안전운행에 위해를 끼칠 우려가 있는 행위
  ㉡ 열차 안에서 도박을 하거나 소란을 피우는 등 공공질서 또는 선량한 풍속에 반하는 행위
  ㉢ 다른 여객에 위해를 끼칠 우려가 있는 폭발성 물질·인화성 물질 등의 위험물을 철도자량으로 가지고 들어오는 행위
  ㉣ 다른 여객에 위해를 끼치거나 불쾌감을 줄 우려가 있는 동물(장애인 보조견을 제외한다)을 철도차량 안으로 데리고 들어오는 행위
  ㉤ 철도차량의 출입구 또는 통로를 막을 우려가 있는 물품을 철도차량 안으로 가지고 들어오는 행위

⑥ 여객과 화물을 운송함에 있어서 관계 공무원·관제업무종사자 또는 철도공안원 등의 위험방지 및 안전확보를 위한 조치에 응하여야 한다.

⑦ 관계 공무원으로부터 신분증 또는 자격증의 제시 요구가 있는 때에는 즉시 이에 응하여야 한다.

⑧ 철도사고로 인하여 사상자가 발생하거나 철도차량의 운행을 중단한 때에는 철도사고의 상황에 따라 적절한 조치를 취하여야 한다.

9 사업개선명령

(1) 명령내용

국토교통부장관은 원활한 철도운송·서비스의 개선 및 운송의 안전과 그 밖에 공공복리의 증진을 위하여 필요하다고 인정하는 때에는 철도사업자에게 다음의 사항을 명할 수 있다.

> **명령대상**
> ① 사업계획의 변경
> ② 철도차량 및 운송관련 장비·시설의 개선
> ③ 운임·요금 징수방식의 개선
> ④ 철도사업약관의 변경
> ⑤ 공동운수협정의 체결
> ⑥ 철도차량 및 철도사고에 관한 손해배상을 위한 보험에의 가입
> ⑦ 안전운송의 확보 및 서비스의 향상을 위하여 필요한 조치
> ⑧ 철도운수종사자의 양성 및 자질향상을 위한 교육

(2) 처 벌

개선명령을 위반하면 사업정지나 3백만원 이하의 과징금에 처한다.

10 명의대여의 금지

철도사업자는 타인에게 자기의 성명 또는 상호를 사용하여 철도사업을 경영하게 하여서는 아니된다. 타인에게 자신의 성명 또는 상호를 대여하여 철도사업을 경영하게 한 자는 2년 이하의 징역 또는 2천만원 이하의 벌금과 3백만원 이하의 과징금에 처한다.

11 사업의 승계

(1) 양도·양수

① 철도사업자가 해당 철도사업을 양도·양수하려는 경우에는 국토교통부장관의 인가를 받아야 한다.

② 철도사업을 양도·양수하고자 하는 양도인 및 양수인은 철도사업 양도·양수인가신청서에 다음의 서류를 첨부하여 양도·양수계약을 체결한 날부터 1개월 이내에 국토교통부장관에게 제출하여야 한다. 이 경우 국토교통부장관은 「전자정부법」에 따른 행정정보의 공동이용을 통하여 양수인의 법인 등기사항증명서(설립예정법인인 경우를 제외한다)를 확인하여야 한다.

> **양도·양수인가 신청시 첨부서류**
> ㉠ 양도·양수계약서 사본
> ㉡ 양도·양수 후 해당 운영구간에 대한 사업계획서
> ㉢ 양수인이 결격사유에 해당하지 아니함을 증명하는 서류
> ㉣ 법인설립계획서(설립예정법인인 경우만 해당한다)
> ㉤ 양도 또는 양수에 관한 의사결정을 증명하는 총회 또는 이사회의 의결서 사본

(2) 합 병

① 철도사업자는 다른 철도사업자 또는 철도사업 외의 사업을 경영하는 자와 합병하려는 경우에는 국토교통부장관의 인가를 받아야 한다.

② 법인의 합병을 하고자 하는 자는 합병인가신청서에 다음 서류를 첨부하여 합병계약을 체결한 날부터 1개월 이내에 국토교통부장관에게 제출하여야 한다. 이 경우 국토교통부장관은 「전자정부법」에 따른 행정정보의 공동이용을 통하여 합병 당사자의 법인등기부등본을 확인하여야 한다.

> **합병인가 신청시 첨부서류**
> ㉠ 합병의 방법과 조건에 관한 서류
> ㉡ 당사자가 신청 당시 경영하고 있는 사업의 개요를 기재한 서류
> ㉢ 합병 후 존속하는 법인 또는 합병으로 설립되는 법인이 결격사유에 해당하지 아니함을 증명하는 서류
> ㉣ 합병계약서 사본
> ㉤ 합병에 관한 의사결정을 증명하는 총회 또는 이사회의 의결서 사본

(3) 양도·양수와 합병의 효력

인가가 있는 때에는 철도사업을 양수한 자는 철도사업을 양도한 자의 철도사업자로서의 지위를 승계하며, 합병으로 설립되거나 존속하는 법인은 합병으로 소멸되는 법인의 철도사업자로서의 지위를 승계한다.

(4) 준 용

결격사유에 관한 규정은 양도·양수와 합병인가에 관하여 이를 준용한다.

▊12 사업의 휴업 · 폐업

(1) 허가절차

① 철도사업자가 그 사업의 전부 또는 일부를 휴업 또는 폐업하려는 경우에는 국토교통부장관의 허가를 받아야 한다. 철도사업자는 철도사업의 전부 또는 일부에 대하여 휴업 또는 폐업의 허가를 받으려면 휴업 또는 폐업 예정일 3개월 전에 철도사업휴업(폐업)허가신청서에 다음 서류를 첨부하여 국토교통부장관에게 제출하여야 한다.

    ㉠ 사업의 휴업 또는 폐업에 관한 총회 또는 이사회의 의결서 사본

    ㉡ 휴업 또는 폐업하려는 철도노선, 정거장, 열차의 종별 등에 관한 사항을 적은 서류

    ㉢ 철도사업의 휴업 또는 폐업을 하는 경우 대체 교통수단의 이용에 관한 사항을 적은 서류

② 국토교통부장관은 철도사업의 휴업 또는 폐업 허가의 신청을 받은 경우에는 허가신청을 받은 날부터 2개월 이내에 신청인에게 허가 여부를 통지하여야 한다.

(2) 휴업 · 폐업 신고

선로 또는 교량의 파괴, 철도시설의 개량, 그 밖의 정당한 사유로 휴업하는 경우에는 국토교통부장관에게 신고하여야 한다. 철도사업자가 선로 또는 교량의 파괴, 철도시설의 개량, 그 밖의 정당한 사유로 철도사업의 휴업을 신고하려는 경우에는 휴업사유가 발생한, 즉 철도사업휴업신고서에 휴업 또는 폐업하려는 철도노선, 정거장, 열차의 종별 등에 관한 사항을 적은 서류와 철도사업의 휴업 또는 폐업을 하는 경우 대체 교통수단의 이용에 관한 사항을 적은 서류를 첨부하여 국토교통부장관에게 제출하여야 한다.

(3) 휴업기간

휴업기간은 6개월을 넘을 수 없다. 다만, 선로 또는 교량의 파괴, 그 밖의 정당한 사유로 휴업하는 경우에는 예외로 한다.

(4) 사업 재개(再開)

허가를 받거나 신고한 휴업기간 중이라도 휴업사유가 소멸된 경우에는 국토교통부장관에게 신고하고 사업을 재개(再開)할 수 있다.

(5) 휴업 · 폐업 내용 게시

① 철도사업자가 철도사업의 전부 또는 일부를 휴업 또는 폐업하고자 하는 경우에는 휴업 또는 폐업하는 사업의 내용과 그 기간 등을 인터넷 홈페이지, 관계역 · 영업소 및 사업소 등 일반인이 잘 볼 수 있는 곳에 게시하여야 한다.

② 철도사업자는 철도사업의 휴업 또는 폐업의 허가를 받은 때에는 그 허가를 받은 날부터 7일 이내에 다음의 사항을 관계 역 · 영업소 및 사업소 등 일반인이 잘 볼 수 있는 곳에 게시하여야 한다. 다만, 선로 또는 교량의 파괴, 그 밖의 정당한 사유에 의하여 휴업을 신고하는 경우에는 해당 사유가 발생한 때에 즉시 게시하여야 한다.

㉠ 휴업 또는 폐업하는 철도사업의 내용 및 그 사유

㉡ 휴업의 경우 그 기간

㉢ 대체교통수단 안내

㉣ 그 밖에 휴업 또는 폐업과 관련하여 철도사업자가 공중에게 알려야 할 필요성이 있다고 인정하는 사항이 있는 경우 그에 관한 사항

13 행정처분

(1) 처분사유

국토교통부장관은 철도사업자가 다음에 해당하는 때에는 면허를 취소하거나, 6개월 이내의 기간을 정하여 사업의 전부 또는 일부의 정지를 명하거나, 노선운행중지 · 운행제한 · 감차 등을 수반하는 사업계획의 변경을 명할 수 있다. 다만, 거짓이나 그 밖의 부정한 방법으로 철도사업의 면허를 받은 때와 철도사업자의 임원 중 결격사유에 해당하게 된 사람이 있는 경우(3개월 이내에 그 기준을 충족시킨 경우에는 예외로 한다)에는 면허를 취소하여야 한다.

① 면허받은 사항을 정당한 사유 없이 시행하지 아니한 경우

② 사업 경영의 불확실 또는 자산상태의 현저한 불량이나 그 밖의 사유로 사업을 계속하는 것이 적합하지 아니할 경우

③ 고의 또는 중대한 과실에 의한 철도사고로 10인 이상의 사상자(死傷者)가 발생한 경우

④ 거짓이나 그 밖의 부정한 방법으로 철도사업의 면허를 받은 경우

⑤ 면허에 붙인 부담을 위반한 경우

⑥ 철도사업의 면허기준에 미달하게 된 경우

⑦ 철도사업자의 임원 중 결격사유에 해당하게 된 사람이 있는 경우(3개월 이내에 그 임원을 바꾸어 임명한 경우에는 예외로 한다)

⑧ 국토교통부장관이 지정한 날 또는 기간에 운송을 시작하지 아니한 경우

⑨ 휴업 또는 폐업의 허가를 받지 아니하거나 신고를 하지 아니하고 영업을 하지 아니한 경우

⑩ 준수사항을 1년 이내에 3회 이상 위반한 경우

⑪ 개선명령을 위반한 경우

⑫ 명의대여 금지를 위반한 경우

(2) 처분기준

국토교통부장관은 다음의 처분기준을 적용하는 것이 현저하게 불합리하다고 인정되는 때에는 공공복리의 침해 정도, 철도사고로 인한 피해의 정도, 철도사업자와 그 종사자의 과실의 정도와 위반행위의 내용 · 횟수 등을 참작하여 사업의 전부 또는 일부의 정지의 경우에는 처분 기준일수의 2분의 1의 범위 내에서 가중 또는 경감할 수 있다. 다만, 가중하는 때에도 그 기간은 6개월을 초과할 수 없다.

● 행정처분의 기준

위반내용	처분기준
1. 면허받은 사항을 정당한 사유 없이 시행하지 아니한 경우	사업일부정지(20일)
2. 사업 경영의 불확실 또는 자산상태의 현저한 불량이나 그 밖의 사유로 사업을 계속하는 것이 적합하지 아니할 경우	사업일부정지(30일)
3.철도사업자 또는 그 소속 종사자의 고의 또는 중대한 과실로 다음 각 목의 사고가 발생한 경우	사업일부정지
가) 1회에 40명 이상의 사망자가 발생한 철도사고	(180일)
나) 1회에 20명 이상 40명 미만의 사망자가 발생한 철도사고	(90일)
다) 1회에 10명 이상 20명 미만의 사망자가 발생한 철도사고	(60일)
라) 1회에 5명 이상 10명 미만의 사망자가 발생한 철도사고	(30일)
4. 거짓이나 그 밖의 부정한 방법으로 법 제5조에 따른 철도사업의 면허를 받은 경우	사업면허취소
5. 법 제5조 제1항 후단에 따라 면허에 붙인 부담을 위반한 경우	사업일부정지(60일)
6. 법 제6조에 따른 면허기준에 미달하게 된 때부터 3개월이 경과된 후에도 그 기준을 충족시키지 아니한 경우	사업일부정지(60일)
7. 법 제7조 제1호 각 목의 어느 하나에 해당하게 된 때부터 3개월이 경과된 후에도 그 임원을 바꾸어 임명하지 아니한 경우	사업면허취소
8. 법 제8조를 위반하여 국토교통부장관이 지정한 날 또는 기간에 운송을 개시하지 아니한 경우	사업일부정지(20일)
9. 법 제15조에 따른 휴업 또는 폐업의 허가를 받지 않거나 신고를 하지 않고 영업을 하지 않은 경우	사업일부정지(20일)
10. 법 제20조 제1항에 따른 준수사항을 1년 이내에 3회 이상 위반한 경우	사업일부정지(30일)
11. 법 제21조에 따른 개선명령을 위반한 경우	사업일부정지(20일)
12. 법 제23조에 따른 명의 대여 금지를 위반한 경우	사업일부정지(20일)

(3) **청 문**

국토교통부장관은 철도사업의 면허를 취소하려면 청문을 하여야 한다.

14 과징금처분

(1) 과징금처분

국토교통부장관은 철도사업자에게 사업정지처분을 하여야 하는 경우로서 그 사업정지처분이 그 철도사업자가 제공하는 철도서비스의 이용자에게 심한 불편을 주거나 그 밖에 해칠 우려가 있을 때에는 그 사업정지처분에 갈음하여 1억원 이하의 과징금을 부과 · 징수할 수 있다.

(2) 금액 및 경감

① 사업정지처분에 갈음하여 과징금을 부과하는 위반행위의 종류와 정도에 따른 과징금의 금액은 다음과 같다.

◉ 위반행위별 과징금 금액

위반행위	과징금 금액
1. 면허를 받은 사항을 정당한 사유 없이 시행하지 않은 경우	300만원
2. 사업경영의 불확실 또는 자산상태의 현저한 불량이나 그 밖의 사유로 사업을 계속하는 것이 적합하지 않은 경우	500만원
3. 철도사업자 또는 그 소속 종사자의 고의 또는 중대한 과실에 의하여 다음 각 목의 사고가 발생한 경우	
가) 1회의 철도사고로 인한 사망자가 40명 이상인 경우	5,000만원
나) 1회의 철도사고로 인한 사망자가 20명 이상 40명 미만인 경우	2,000만원
다) 1회의 철도사고로 인한 사망자가 10명 이상 20명 미만인 경우	1,000만원
라) 1회의 철도사고로 인한 사망자가 5명 이상 10명 미만인 경우	500만원
4. 면허에 붙인 부담을 위반한 경우	1,000만원
5. 철도사업의 면허기준에 미달하게 된 때부터 3개월이 경과된 후에도 그 기준을 충족시키지 않은 경우	1,000만원
6. 국토교통부장관이 지정한 날 또는 기간에 운송을 시작하지 않은 경우	300만원
7. 휴업 또는 폐업의 허가를 받지 않거나 신고를 하지 않고 영업을 하지 않은 경우	300만원
8. 준수사항을 1년 이내에 3회 이상 위반한 경우	500만원
9. 개선명령을 위반한 경우	300만원
10. 명의대여 금지를 위반한 경우	300만원

② 국토교통부장관은 과징금을 부과함에 있어 철도사업자의 사업규모, 사업지역의 특수성, 철도사업자 또는 그 종사자의 과실의 정도와 위반행위의 내용 및 횟수 등을 참작하여 과징금 금액의 2분의 1의 범위 안에서 이를 가중 또는 경감할 수 있다. 다만, 가중하는 때에도 과징금의 총액은 1억원을 초과할 수 없다.

(3) 부과 및 납부

① 국토교통부장관은 과징금을 부과하려면 그 위반행위의 종류와 해당 과징금의 금액 등을 명시하여 이를 납부할 것을 서면으로 통지하여야 한다.

② 통지를 받은 자는 20일 이내에 과징금을 국토교통부장관이 지정한 수납기관에 납부하여야 한다. 다만, 천재지변 그 밖의 부득이한 사유로 인하여 그 기간 내에 과징금을 납부할 수 없는 때에는 그 사유가 없어진 날부터 7일 이내에 내야 한다.

③ 과징금의 납부를 받은 수납기관은 납부자에게 영수증을 교부하여야 한다.

④ 과징금의 수납기관은 과징금을 수납한 때에는 지체 없이 그 사실을 국토교통부장관에게 통보하여야 한다.

⑤ 과징금은 이를 분할하여 납부할 수 없다.

(4) 체 납

국토교통부장관은 과징금부과처분을 받은 자가 납부기한까지 과징금을 내지 아니하면 국세 체납처분의 예에 따라 징수한다.

(5) 용도 및 운용계획 수립

① **과징금의 용도**: 과징금은 다음 외의 용도로는 사용할 수 없다.

> **과징금의 용도**
>
> ㉠ 철도사업 종사자의 양성·교육훈련이나 그 밖의 자질향상을 위한 시설 및 철도사업 종사자에 대한 지도업무의 수행을 위한 시설의 건설·운영
> ㉡ 철도사업의 경영개선이나 그 밖에 철도사업의 발전을 위하여 필요한 사업
> ㉢ 위의 목적을 위한 보조 또는 융자

② **운용계획의 수립**

㉠ 국토교통부장관은 과징금으로 징수한 금액의 운용계획을 수립하여 시행하여야 한다.
㉡ 국토교통부장관은 매년 10월 31일까지 다음 연도의 과징금 운용계획을 수립하여 시행하여야 한다.

15 공동운수협정 인가

(1) 인가·변경인가 신청

① 철도사업자는 다른 철도사업자와 공동경영에 관한 계약이나 그 밖의 운수에 관한 협정(공동운수협정)을 체결하거나 변경하려는 경우에는 국토교통부장관의 인가를 받아야 한다.

② 공동운수협정을 체결하거나 인가받은 사항을 변경하려는 경우에는 다른 철도사업자와 공동으로 공동운수협정(변경)인가신청서에 ㉠ 공동운수협정 체결(변경)사유서, ㉡ 공동운수협정서 사본, ㉢ 신구 공동운수협정을 대비한 서류 또는 도면(공동운수협정을 변경하는 경우만 해당한다)을 첨부하여 국토교통부장관에게 제출하여야 한다.

③ 국토교통부장관은 공동운수협정에 대한 인가신청 또는 변경인가신청을 받은 경우에는 다음 사항을 검토한 후 인가 또는 변경인가 여부를 결정하여야 한다.

> **공동운수협정 인가 전 검토사항**
> ㉠ 공동운수협정의 체결 또는 변경으로 인하여 철도서비스의 질적 저하가 발생하는지의 여부
> ㉡ 공동운수협정의 체결 또는 변경으로 인하여 철도수송수요와 수송력 공급 및 이용자의 편의에 지장을 초래하는지의 여부
> ㉢ 공동운수협정의 체결 또는 변경내용에 선로·역시설·물류시설·차량정비기지 및 차량유치시설 등 운송시설의 공동사용에 관한 내용이 있는 경우에는 해당 운송시설의 공동사용으로 인하여 철도사업의 원활한 운영과 여객의 이용편의에 지장을 초래하는지의 여부
> ㉣ 공동운수협정의 체결 또는 변경이 수송력 공급의 증가를 목적으로 하는 경우에는 주말·연휴 등 일시적으로 유발되는 수송수요에 효율적으로 대응할 수 있는지의 여부
> ㉤ 공동운수협정의 체결 또는 변경에 따른 운임·요금이 적정한지의 여부
> ㉥ 공동운수협정을 체결 또는 변경하는 철도사업자 간 수입·비용의 배분이 적정한지의 여부
> ㉦ 공동운수협정의 체결 또는 변경으로 인하여 철도안전에 지장을 초래하는지의 여부

(2) 신 고

① 다음과 같은 경미한 사항을 변경하려는 경우에는 국토교통부장관에게 신고하여야 한다.

> **변경신고사항**
> ㉠ 철도사업자가 철도운임·요금의 변경신고를 한 경우 이를 반영하기 위한 사항
> ㉡ 철도사업자가 사업계획변경을 신고하거나 사업계획변경의 인가를 받은 때에는 이를 반영하기 위한 사항
> ㉢ 공동운수협정에 따른 운행구간별 열차 운행횟수의 10분의 1 이내에서의 변경
> ㉣ 그 밖에 법에 의하여 신고 또는 인가·허가 등을 받은 사항을 반영하기 위한 사항

② 철도사업자는 공동운수협정의 변경을 신고하고자 하는 경우에는 공동운수협정변경신고서에 다음의 서류를 첨부하여 다른 철도사업자와 공동으로 국토교통부장관에게 제출하여야 한다.
   ㉠ 공동운수협정의 변경사유서
   ㉡ 신구 공동운수협정을 대비한 서류 또는 도면
   ㉢ 해당 철도사업자 간 합의를 증명할 수 있는 서류

(3) 협 의

국토교통부장관은 공동운수협정을 인가하려면 미리 공정거래위원회와 협의하여야 한다.

▌16 철도차량표시 및 우편물 등의 운송

(1) 표 시

① 철도사업자는 철도사업에 사용되는 철도차량에 철도사업자의 명칭과 그 밖에 철도차량 외부에서 철도사업자를 식별할 수 있는 도안 또는 문자를 표시하여야 한다.

② 철도사업자는 철도차량의 표시를 함에 있어 차체 면에 인쇄하거나 도색하는 등의 방법으로 외부에서 용이하게 알아볼 수 있도록 하여야 한다.

(2) 우편물 등의 운송

철도사업자는 여객 또는 화물운송에 부수(附隨)하여 우편물과 신문 등을 운송할 수 있다.

▌17 책 임

(1) 철도화물운송에 관한 책임

철도사업자의 화물의 멸실·훼손 또는 인도(引導)의 지연에 대한 손해배상책임에 관하여는 「상법」 제135조의 규정을 준용한다. 상법 규정을 적용할 때에 화물이 인도 기한을 지난 후 3개월 이내에 인도되지 아니한 경우에는 그 화물은 멸실된 것으로 본다.

(2) 점검·정비 책임자

철도사업자는 다음 자격을 갖춘 사람을 철도차량의 점검·정비에 관한 책임자로 선임하여야 한다.

① 「국가기술자격법」에 의한 철도차량분야 기술사 또는 기능장 자격증 소지자로서 철도차량분야의 점검·정비에 관하여 2년 이상의 실무경험을 가진 자

② 「국가기술자격법」에 의한 철도차량분야 기사 또는 산업기사 자격증 소지자로서 철도차량분야의 점검·정비에 관하여 5년 이상의 실무경험을 가진 자

③ 철도차량분야의 점검·정비에 관하여 10년 이상의 실무경험을 가진 자

제 2 절   전용철도 운영

1 정 의

(1) **전용철도**: 다른 사람의 수요에 따른 영업을 목적으로 하지 아니하고 자기의 수요에 따라 특수목적을 수행하기 위하여 설치하거나 운영하는 철도를 말한다.

(2) **전용철도운영자**: 전용철도 등록을 한 자를 말한다.

2 등 록

(1) **등록 및 변경등록**

전용철도를 운영하려는 자는 전용철도의 건설·운전·보안 및 운송에 관한 사항이 포함된 운영계획서를 첨부하여 국토교통부장관에게 등록을 하여야 한다. 등록사항을 변경하려는 경우에도 같다.

(2) **등록기준**

전용철도의 등록기준은 다음과 같다.

> **전용철도 등록기준**
> ① 전용철도 운영으로 인하여 재해의 발생 또는 환경의 심각한 훼손의 우려가 없을 것
> ② 전용철도의 운영예정지의 주변지역에 소음피해 등을 야기하지 아니할 것
> ③ 전용철도 노선이 철도사업자의 노선에 연결되는 경우에는 전용철도의 운영으로 인하여 철도사업자의 철도차량 운행에 지장을 초래하거나 철도교통의 안전에 지장을 줄 염려가 없을 것
> ④ 전용철도 운영에 사용할 철도차량의 사용연한 및 규격이 기준(철도사업 면허기준 동일)에 맞을 것

(3) **변경등록 예외**

다음과 같이 경미한 사항을 변경하는 경우에는 변경등록을 필요로 하지 않는다.

> **변경능록이 불필요한 경우**
> ① 운행시간을 연장 또는 단축한 경우
> ② 배차간격 또는 운행횟수를 단축 또는 연장한 경우
> ③ 10분의 1의 범위 안에서 철도차량 대수를 변경한 경우
> ④ 주사무소·철도차량기지를 제외한 운송관련 부대시설을 변경한 경우
> ⑤ 임원을 변경한 경우(법인에 한한다)
> ⑥ 6월의 범위 안에서 전용철도 건설기간을 조정한 경우

⑷ **등록절차**

① 국토교통부장관은 전용철도의 등록신청을 받은 때에는 등록기준에의 적합 여부를 확인한 후 등록기준에 적합하다고 판단되는 경우 전용철도운영등록증을 신청인에게 교부하여야 한다.

② 전용철도운영등록증을 교부받은 자가 등록사항을 변경하려는 경우에는 전용철도운영등록변경신청서에 등록사항의 변경 내용을 설명 또는 증명하는 서류를 첨부하여 국토교통부장관에게 제출하여야 한다.

⑸ **등록제한**

국토교통부장관은 등록기준을 적용할 때에 환경오염, 주변여건 등 지역적 특성을 고려할 필요가 있거나 그 밖에 공익상 필요하다고 인정하는 경우에는 등록을 제한하거나 부담을 붙일 수 있다.

⑹ **제출서류**

전용철도를 운영하고자 하는 자는 전용철도운영등록신청서에 다음 서류를 첨부하여 국토교통부장관에게 제출하여야 한다. 이 경우 국토교통부장관은 「전자정부법」에 따른 행정정보의 공동이용을 통하여 법인 등기사항증명서(신청인이 법인인 경우만 해당한다)를 확인하여야 한다.

① 전용철도운영계획서
② 전용철도를 운영하고자 하는 토지의 소유권 또는 사용권을 증명할 수 있는 서류
③ 임원의 성명 · 주민등록번호를 기재한 서류(법인의 경우만 해당한다)
④ 그 밖에 참고사항을 기재한 서류

⑺ **전용철도운영계획서**

전용철도운영계획서에는 다음 사항이 포함되어야 한다.

① 철도차량의 종류 및 수량과 형식
② 철도차량 차고지 및 운송부대시설의 위치와 그 수용능력
③ 철도차량의 운행계획
④ 설계도서 등 전용철도 건설관련 내용(전용철도 건설이 포함되는 경우만 해당한다)

3 결격사유

다음에 해당하는 자는 전용철도를 등록할 수 없다. 법인의 경우 그 임원 중에 다음에 해당하는 자가 있는 경우에도 같다.

① 피성년후견인 또는 피한정후견인
② 파산선고를 받고 복권되지 아니한 자
③ 「철도사업법」 또는 「철도산업발전기본법」, 「철도안전법」, 「도시철도법」, 「국가철도공단법」, 「한국철도공사법」 등 철도 관계법령을 위반하여 금고 이상의 실형을 선고받고 그 집행이 종료(집행이 종료된 것으로 보는 경우를 포함)되거나 그 집행이 면제된 날부터 2년이 지나지 아니한 자

④ 「철도사업법」 또는 「철도산업발전기본법」, 「철도안전법」, 「도시철도법」, 「국가철도공단법」, 「한국철도공사법」 등 철도 관계법령을 위반하여 금고 이상의 형의 집행유예를 선고받고 그 유예기간 중에 있는 자

⑤ 「철도사업법」에 따라 전용철도의 등록이 취소된 후 그 취소일부터 1년이 지나지 아니한 자

4 전용철도 사업의 승계

(1) 양도 · 양수

전용철도의 운영을 양도 · 양수하려는 자는 전용철도운영양도 · 양수신고서에 다음 서류를 첨부하여 국토교통부장관에게 제출하여야 한다. 이 경우 국토교통부장관은 「전자정부법」에 따른 행정정보의 공동이용을 통하여 법인 등기사항증명서(신청인이 법인인 경우만 해당한다)를 확인하여야 한다.

① 양도 · 양수계약서 사본

② 양도 · 양수에 관한 총회 또는 이사회의 의결서 사본 1부(법인의 경우만 해당한다)

③ 법인 임원의 성명 · 주민등록번호를 기재한 서류(법인의 경우만 해당한다)

(2) 합 병

합병하려는 법인은 전용철도운영법인합병신고서에 다음 서류를 첨부하여 국토교통부장관에게 제출하여야 한다. 이 경우 국토교통부장관은 「전자정부법」에 따른 행정정보의 공동이용을 통하여 합병 후 존속하는 법인의 법인등기부등본을 확인하여야 한다.

① 합병계약서 사본

② 합병 후 존속하는 법인의 합병 당시의 사업용 고정자산의 명세서

③ 합병 후 존속하는 법인의 임원 성명 · 주민등록번호를 기재한 서류

④ 합병에 관한 총회 또는 이사회의 의결서 사본

(3) 상 속

① 전용철도운영자가 사망한 경우 상속인이 그 전용철도의 운영을 계속하려는 경우에는 피상속인이 사망한 때부터 3개월 이내에 국토교통부장관에게 신고하여야 한다.

② 상속인이 신고를 한 때에는 피상속인이 사망한 날부터 신고를 한 날까지의 기간에 있어서 피상속인의 전용철도의 등록은 상속인의 등록으로 본다. 신고를 한 상속인은 피상속인의 전용철도운영자로서의 지위를 승계한다.

③ 결격사유에 관한 규정은 상속신고에 관하여 이를 준용한다. 다만, 결격사유에 해당하는 상속인이 피상속인이 사망한 날부터 3개월 이내에 그 전용철도의 운영을 다른 사람에게 양도한 때에는 피상속인의 사망일부터 양도일까지의 기간에 있어서 피상속인의 전용철도의 등록은 상속인의 등록으로 본다.

④ 전용철도 운영의 상속신고를 하고자 하는 자는 전용철도운영상속신고서에 ㉠ 피상속인이 사망하였음을 증명할 수 있는 서류, ㉡ 피상속인과의 관계를 증명할 수 있는 서류, ㉢ 신고인과 선순위 또는 동 순위에 있는 다른 상속인이 있는 경우에는 그 상속인의 동의서를 첨부하여 국토교통부장관에게 제출하여야 한다.

(4) **효 과**

① 신고가 있는 때에는 전용철도의 운영을 양수한 자는 전용철도의 운영을 양도한 자의 전용철도 운영자로서의 지위를 승계하며, 합병으로 설립되거나 존속하는 법인은 합병으로 소멸되는 법인의 전용철도운영자로서의 지위를 승계한다.

② 결격사유에 관한 규정은 양도·양수와 합병의 신고에 관하여 이를 준용한다.

▎5 전용철도 운영의 휴업·폐업

(1) 전용철도운영자가 그 운영의 전부 또는 일부를 휴업 또는 폐업한 경우에는 1개월 이내에 국토교통부장관에게 신고하여야 한다.

(2) 전용철도 운영의 휴업 또는 폐업의 신고를 하고자 하는 자는 전용철도운영휴업(폐업)신고서에 다음의 서류를 첨부하여 국토교통부장관에게 제출하여야 한다.

① 휴업 또는 폐업 사유를 기재한 서류

② 휴업의 경우 휴업기간·운영재개시기 및 휴업기간 동안의 전용철도시설의 관리방안

③ 폐업의 경우 전용철도시설의 처리방안

(3) 전용철도 운영의 전부 또는 일부를 휴업 또는 폐업을 하는 경우 휴업 또는 폐업으로 인하여 철도운행 및 철도운행의 안전에 지장을 초래하지 아니하도록 하는 조치와 휴업 또는 폐업으로 인하여 자연재해, 환경오염 등이 가중되지 아니하도록 하는 조치를 하여야 한다.

▎6 행정처분

국토교통부장관은 전용철도운영자가 다음에 해당하는 때에는 그 등록을 취소하거나 1년 이내의 기간을 정하여 그 운영의 전부 또는 일부의 정지를 명할 수 있다. 다만, 거짓, 그 밖의 부정한 방법으로 등록을 한 때에는 등록을 취소하여야 한다.

① 거짓이나 그 밖의 부정한 방법으로 등록을 한 경우

② 등록기준에 미달하거나 부담을 이행하지 아니한 경우

③ 휴업신고나 폐업신고를 하지 아니하고 3개월 이상 전용철도를 운영하지 아니한 경우

▌7 ▌전용철도 운영의 개선명령

국토교통부장관은 전용철도 운영의 건전한 발전을 위하여 필요하다고 인정하는 때에는 전용철도 운영자에게 사업장의 이전, 시설 또는 운영의 개선을 명할 수 있다.

▌8 ▌준용규정

철도사업자에 대한 면허 취소시의 청문 및 명의대여금지 규정은 전용철도에 관하여 이를 준용한다. 이 경우 '철도사업의 면허'는 '전용철도의 등록'으로, '철도사업자'는 '전용철도운영자'로, '철도사업' 은 '전용철도의 운영'으로 본다.

제 3 절   철도서비스 향상 등

1 철도서비스의 품질평가

국토교통부장관은 공공복리의 증진과 철도서비스 이용자의 권익보호를 위하여 철도사업자가 제공하는 철도서비스에 대하여 적정한 철도서비스 기준을 정하고, 그에 따라 철도사업자가 제공하는 철도서비스의 품질을 평가하여야 한다.

(1) 철도서비스의 기준

철도서비스의 기준은 다음과 같다.

> **철도서비스의 기준**
> ① 철도의 시설·환경관리 등이 이용자의 편의와 공익적 목적에 부합할 것
> ② 열차가 정시에 목적지까지 도착하도록 하는 등 철도이용자의 편의를 도모할 수 있도록 할 것
> ③ 예·매표의 이용편리성, 역 시설의 이용편리성, 고객을 상대로 승무 또는 역무서비스를 제공하는 종사원의 친절도, 열차의 쾌적성 등을 제고하여 철도이용자의 만족도를 높일 수 있을 것
> ④ 철도사고와 운행장애를 최소화하는 등 철도에서의 안전이 확보되도록 할 것

(2) 평가기간

국토교통부장관은 철도사업자에 대하여 2년마다 철도서비스의 품질평가를 실시하여야 한다. 다만, 국토교통부장관이 필요하다고 인정하는 경우에는 수시로 품질평가를 실시할 수 있다.

(3) 절 차

① 국토교통부장관은 품질평가를 실시하려면 철도서비스 기준의 세부내역, 품질평가의 항목 등이 포함된 철도서비스 품질평가실시계획을 수립하여야 한다.

② 국토교통부장관은 품질평가를 하고자 하는 경우 품질평가를 시작하는 날 2주 전까지 철도사업자에게 품질평가실시계획, 품질평가의 기간 등을 통보하여야 한다.

③ 국토교통부장관은 품질평가의 공정하고 객관적인 실시를 위하여 서비스 평가 등에 관한 전문지식과 경험이 풍부한 자가 포함된 품질평가단을 구성·운영할 수 있다.

(4) 평가결과의 공표

국토교통부장관은 철도서비스의 품질을 평가한 때에는 그 평가결과를 신문 등 대중매체를 통하여 공표하여야 한다. 이때 다음의 사항을 포함하여야 한다.

① 평가지표별 평가결과
② 철도서비스의 품질 향상도

③ 철도사업자별 평가순위

④ 그 밖에 철도서비스에 대한 품질평가결과 국토교통부장관이 공표가 필요하다고 인정하는 사항

(5) 활 용

국토교통부장관은 철도서비스의 품질평가결과가 우수한 철도사업자 및 그 소속 종사자에게 예산의 범위 안에서 포상 등 지원시책을 시행할 수 있으며, 철도서비스의 품질평가결과에 따라 사업개선명령 등 필요한 조치를 할 수 있다.

2 우수철도서비스 인증

국토교통부장관은 공정거래위원회와 협의하여 철도사업자 간 경쟁을 제한하지 아니하는 범위 안에서 철도서비스의 질적 향상을 촉진하기 위하여 우수철도서비스에 대한 인증을 할 수 있다. 인증을 받은 철도사업자는 해당 인증의 내용을 나타내는 표지를 철도차량, 역시설 또는 철도용품 등에 붙이거나 인증사실을 홍보할 수 있다. 인증을 받은 자가 아니면 우수서비스마크 또는 이와 유사한 표지를 철도차량, 역시설 또는 철도용품 등에 붙이거나 이를 홍보하여서는 아니 된다.

(1) 우수철도서비스 인증절차

① 국토교통부장관은 품질평가결과가 우수한 철도서비스에 대하여 직권으로 또는 철도사업자의 신청에 의하여 우수철도서비스에 대한 인증을 할 수 있다.

② 우수철도서비스 인증을 받고자 하는 철도사업자는 우수철도서비스 인증신청서에 해당 철도서비스가 우수철도서비스임을 입증 또는 설명할 수 있는 자료를 첨부하여 국토교통부장관에게 제출하여야 한다.

③ 철도사업자의 신청에 의하여 우수철도서비스 인증을 하는 경우에는 그에 소요되는 비용은 해당 철도사업자가 부담한다.

(2) 인증기준

우수철도서비스의 인증기준은 다음과 같다.

① 해당 철도서비스의 종류와 내용이 철도이용자의 이용편의를 제고하는 것일 것

② 해당 철도서비스의 종류와 내용이 공익적 목적에 부합될 것

③ 해당 철도서비스로 인하여 철도의 안전확보에 지장을 주지 아니할 것

④ 그 밖에 국토교통부장관이 정하는 인증기준에 맞을 것

(3) **인 증**

① 국토교통부장관은 품질평가결과가 우수한 철도서비스 중 우수철도서비스 인증기준에 적합하다고 인정되는 철도서비스 또는 우수철도서비스 인증신청을 받아 심사한 결과 우수철도서비스 인증기준에 적합하다고 인정되는 철도서비스에 대하여 우수철도서비스 인증을 하고, 해당 철도사업자에게 우수철도서비스 인증서를 교부할 수 있다.

② 국토교통부장관은 우수철도서비스 인증의 공정하고 객관적인 실시를 위하여 서비스 평가 등에 관한 전문지식과 경험이 풍부한 자가 포함된 우수철도서비스 인증심사단을 구성 · 운영할 수 있다.

③ 국토교통부장관은 우수철도서비스 인증을 받은 철도사업자에 대하여 예산의 범위 안에서 필요한 재정지원을 하거나 포상 등 각종 지원시책을 시행할 수 있다.

(4) **우수서비스마크**

우수서비스마크는 우수철도서비스의 종류 및 내용에 따라 그 모양, 표시방법 등을 달리 정할 수 있으며, 우수서비스마크의 모양 등에 관하여 필요한 세부적인 사항은 국토교통부장관이 따로 정한다.

(5) **우수철도서비스 인증의 사후관리**

① 국토교통부장관은 우수철도서비스 인증을 받은 철도사업자가 다음의 어느 하나에 해당되는 경우 해당 철도사업자에 대하여 철도서비스의 실태조사 등 필요한 사후관리를 할 수 있다.
   ㉠ 철도사고를 발생시키는 등 사회적 물의를 야기한 경우
   ㉡ 소비자 불만신고가 현저히 많이 접수된 경우
   ㉢ 민간단체 · 관계기관 등의 요구가 있는 경우
   ㉣ 그 밖에 국토교통부장관이 사후관리가 필요하다고 인정하는 경우

② 국토교통부장관은 우수철도서비스 인증을 받은 철도사업자에 대한 사후관리 결과 해당 철도서비스의 제공 및 관리실태가 미흡하거나 해당 철도서비스가 우수철도서비스 인증기준에 미달되는 경우에는 이의 시정 · 보완의 요구 등 필요한 조치를 할 수 있다.

▐ 3 ▐ 평가업무 등의 위탁

국토교통부장관은 효율적인 철도서비스 품질평가체제를 구축하기 위하여 필요한 경우 관계 전문기관 등에 철도서비스 품질에 대한 조사 · 평가 · 연구 등의 업무와 우수철도서비스 인증에 필요한 심사업무를 위탁할 수 있다. 이 경우 위탁받은 업무에 종사하는 관계 전문기관 등의 임원 및 직원은 형법 제129조 내지 제132조의 적용에 있어서는 공무원으로 본다.

4 자료 등의 요청

국토교통부장관 또는 평가업무 등을 위탁받은 자는 철도서비스의 평가 등을 할 때 철도사업자에게 관련자료 또는 의견제출 등을 요구하거나 철도서비스에 대한 실지조사(實地調査)를 할 수 있다. 자료 또는 의견제출 등을 요구받은 관련 철도사업자는 특별한 사유가 없으면 이에 응하여야 한다.

5 철도시설의 공동활용

공공교통을 목적으로 하는 선로 및 다음의 공동 사용시설을 관리하는 자는 철도사업자가 해당 시설의 공동활용에 관한 요청을 하는 경우 협정을 체결하여 이용할 수 있도록 하여야 한다.

① 철도역 및 역시설(물류시설·환승시설 및 편의시설 등을 포함한다)
② 철도차량의 정비·검사·점검·보관 등 유지관리를 위한 시설
③ 사고복구 및 구조·피난을 위한 설비
④ 열차의 조성 또는 분리 등을 위한 시설
⑤ 철도운영에 필요한 정보통신 설비

6 회계의 구분

철도사업자는 철도사업 외의 사업을 경영하는 경우에는 철도사업에 관한 회계와 철도사업 외의 사업에 관한 회계를 구분하여 경리하여야 한다. 철도사업자는 철도운영의 효율화와 회계처리의 투명성을 제고하기 위하여 국토교통부령으로 정하는 바에 따라 철도사업의 종류별·노선별로 회계를 구분하여 경리하여야 한다.

제4절 국유철도시설의 활용지원 등

1 점용허가

(1) 허가 및 연장허가 신청

① 국토교통부장관은 국가가 소유·관리하는 철도시설에 건물, 그 밖의 시설물을 설치하려는 자에게 「국유재산법」 규정에도 불구하고 시설물의 종류 및 기간 등을 정하여 점용허가를 할 수 있다.

② 국가가 소유·관리하는 철도시설의 점용허가를 받으려는 자는 점용허가신청서에 다음의 서류를 첨부하여 국토교통부장관에게 제출하여야 한다.

> **전용허가 신청시 첨부서류**
> ㉠ 사업개요에 관한 서류
> ㉡ 시설물의 건설계획 및 사용계획에 관한 서류
> ㉢ 자금조달계획에 관한 서류
> ㉣ 수지전망에 관한 서류
> ㉤ 법인의 경우 정관 및 법인등기부등본
> ㉥ 설치하고자 하는 시설물의 설계도서(시방서·위치도·평면도 및 주단면도를 말한다)
> ㉦ 그 밖에 참고사항을 기재한 서류

③ 점용허가를 받은 자가 점용허가기간의 연장을 받기 위하여 다시 점용허가를 신청하려면 종전의 점용허가기간 만료예정일 3개월 전까지 점용허가신청서를 국토교통부장관에게 제출하여야 한다.

(2) 점용허가 대상 및 기간

① 국토교통부장관은 국가가 소유·관리하는 철도시설에 대한 점용허가를 하려면 다음의 기간을 초과해서는 아니 된다. 다만, 건물 그 밖의 시설물을 설치하는 경우 그 공사에 소요되는 기간은 산입(算入)하지 아니한다.
  ㉠ 철골조·철근콘크리트조·석조 또는 이와 유사한 견고한 건물의 축조를 목적으로 하는 경우에는 30년
  ㉡ 위의 건물 외의 건물 축조를 목적으로 하는 경우에는 15년
  ㉢ 건물 외의 공작물의 축조를 목적으로 하는 경우에는 5년

② 허가를 받은 철도시설의 점용허가기간은 연장할 수 있다. 이 경우 연장기간은 연장할 때마다 위의 기간을 초과할 수 없다.

③ 점용허가는 철도사업자 및 철도사업자가 출자·보조 또는 출연한 사업을 경영하는 자에 한하며, 시설물의 종류와 경영하고자 하는 사업이 철도사업에 지장을 주지 아니하여야 한다.

(3) **점용허가의 취소**

① **취소사유** : 국토교통부장관은 점용허가를 받은 자가 다음 어느 하나에 해당하면 그 점용허가를 취소할 수 있다.

    ㉠ 점용허가 목적과 다른 목적으로 철도시설을 점용한 경우

    ㉡ 시설물의 종류와 경영하는 사업이 철도사업에 지장을 주게 된 경우

    ㉢ 점용허가를 받은 날부터 1년 이내에 해당 점용허가의 목적이 된 공사에 착수하지 아니한 경우(정당한 사유가 있는 경우에는 1년의 범위에서 공사의 착수기간을 연장할 수 있다)

    ㉣ 점용료를 납부하지 아니하는 경우

    ㉤ 점용허가를 받은 자가 스스로 점용허가의 취소를 신청하는 경우

② **절차** : 국토교통부장관은 점용허가를 취소할 경우 다음 구분에 따른 절차를 거쳐야 한다.

    ㉠ 취소사유 ①의 ㉠-㉢의 경우 : 국토교통부장관이 소속 공무원으로 하여금 위반 사실을 조사하게 하여 이를 확인할 것(정당한 사유가 있는지는 점용허가를 받은 자가 소명하여야 한다)

    ㉡ 점용료를 납부하지 아니하는 경우 : 국토교통부장관이 점용허가를 받은 자에게 점용료 납부를 촉구하고 기한 내에 납부하지 아니한 사실을 확인할 것

    ㉢ 점용허가를 받은 자가 스스로 점용허가의 취소를 신청하는 경우 : 점용허가 취소신청서(전자문서로 된 신청서를 포함한다)에 다음 서류를 첨부하여 국토교통부장관에게 제출하여야 한다. 이 경우 담당 공무원은 「전자정부법」 제36조 제1항에 따른 행정정보의 공동이용을 통하여 법인 등기사항증명서를 확인해야 한다.

        ⓐ 점용허가서

        ⓑ 점용허가 취소 사유서

        ⓒ 점용시설의 원상회복 계획서(원상회복 의무를 면제한 경우는 제외한다)

③ **원상회복조치 통보** : 국토교통부장관은 점용허가를 취소하는 경우 원상회복이 필요하면 점용허가의 취소 통지와 함께 원상회복 조치를 통보할 수 있다.

■■2 시설물 설치의 대행

국토교통부장관은 점용허가를 받은 자가 설치하려는 시설물의 전부 또는 일부가 철도시설 관리에 관계되는 경우에는 점용허가를 받은 자의 부담으로 그의 위탁을 받아 시설물을 직접 설치하거나 「국가철도공단법」에 따라 설립된 국가철도공단으로 하여금 설치하게 할 수 있다.

▊ 3 점용료와 변상금

(1) 부 과

국토교통부장관은 점용허가를 받은 자에게 점용료를 부과한다. 점용료는 점용허가를 할 철도시설의 가액과 점용허가를 받아 행하는 사업의 매출액을 기준으로 하여 산출하되, 구체적인 점용료 산정기준에 대하여는 국토교통부장관이 정한다. 철도시설의 가액은 「국유재산법 시행령」 제42조를 준용하여 산출하되, 당해 철도시설의 가액은 산출 후 3년 이내에 한하여 적용한다.

(2) 감면과 납부

① **감면대상**: 점용허가를 받은 자가 다음 해당하는 경우에는 다음 구분에 따라 점용료를 감면할 수 있다.

㉠ 국가에 무상으로 양도하거나 제공하기 위한 시설물을 설치하기 위하여 점용허가를 받은 경우	전체 시설물 중 국가에 무상으로 양도하거나 제공하기 위한 시설물의 비율에 해당하는 점용료를 감면
㉡ ㉠의 시설물을 설치하기 위한 경우로서 공사기간 중에 점용허가를 받거나 임시 시설물을 설치하기 위하여 점용허가를 받은 경우	
㉢ 「공공주택 특별법」에 따른 공공주택을 건설하기 위하여 점용허가를 받은 경우	해당 철도시설의 부지에 대하여 국토교통부령으로 정하는 기준(점용료 감면기준은 「공공주택 특별법 시행령」 제34조 제2항부터 제4항까지의 규정에 따른다)에 따른 점용료를 감면
㉣ 재해, 그 밖의 특별한 사정으로 본래의 철도 점용 목적을 달성할 수 없는 경우	점용허가를 받은 시설을 사용하지 못한 기간에 해당하는 점용료를 면제
㉤ 국민경제에 중대한 영향을 미치는 공익사업으로서 대통령령으로 정하는 사업을 위하여 점용허가를 받은 경우	

② **납부방법**: 점용료는 매년 1월말까지 당해연도 해당분을 선납하여야 한다. 다만, 국토교통부장관은 부득이한 사유로 선납이 곤란하다고 인정하는 경우에는 그 납부기한을 따로 정할 수 있다.

(3) 위 탁

국토교통부장관이 「철도산업발전기본법」 제19조 제2항에 따라 철도시설의 건설 및 관리 등에 관한 업무의 일부를 「국가철도공단법」에 따른 국가철도공단으로 하여금 대행하게 한 경우 점용료 징수에 관한 업무를 위탁할 수 있다.

(4) 체납 점용료 징수

국토교통부장관은 점용허가를 받은 자가 점용료를 내지 아니하면 국세 체납처분의 예에 따라 징수한다.

⑸ **변상금의 징수**

국토교통부장관은 점용허가를 받지 아니하고 철도시설을 점용한 자에 대하여 점용료의 100분의 120에 해당하는 금액을 변상금으로 징수할 수 있다. 이 경우 변상금의 징수에 관하여는 점용료 징수에 관한 규정을 준용한다.

▌4▐ 권리와 의무의 이전

⑴ 점용허가로 인하여 발생한 권리와 의무를 이전하려는 경우에는 국토교통부장관의 인가를 받아야 한다. 점용허가를 받은 자가 그 권리와 의무의 이전에 대하여 인가를 받고자 하는 때에는 신청서에 이전계약서 사본과 이전가격의 명세서를 첨부하여 권리와 의무를 이전하고자 하는 날 3개월 전까지 국토교통부장관에게 제출하여야 한다.

⑵ 국토교통부장관의 인가를 받아 철도시설의 점용허가로 인하여 발생한 권리와 의무를 이전한 경우 해당 권리와 의무를 이전받은 자의 점용허가기간은 권리와 의무를 이전한 자가 받은 점용허가기간의 잔여기간으로 한다.

▌5▐ 원상회복의무

⑴ 점용허가를 받은 자는 점용허가기간이 만료되거나 점용 허가가 취소된 경우 점용허가된 철도재산을 원상(原狀)으로 회복하여야 한다. 철도시설의 점용허가를 받은 자는 점용허가기간이 만료되거나 점용을 폐지한 날부터 3개월 이내에 점용허가받은 철도시설을 원상으로 회복하여야 한다. 다만, 국토교통부장관은 불가피하다고 인정하는 경우에는 원상회복기간을 연장할 수 있다.

⑵ 국토교통부장관은 원상으로 회복할 수 없거나 원상회복이 부적당하다고 인정하는 경우에는 원상회복의무를 면제할 수 있다. 이 경우 국토교통부장관은 원상회복의무를 면제하는 경우에 해당 철도재산에 설치된 시설물 등의 무상 국가귀속을 조건으로 할 수 있다.

⑶ **국가귀속 시설물의 사용허가기간 등에 관한 특례**

① **허가기간**: 국가귀속된 시설물을 「국유재산법」에 따라 사용허가하려는 경우 그 허가의 기간은 같은 법 제35조에도 불구하고 10년 이내로 한다.

② **갱신**: 허가기간이 끝난 시설물에 대해서는 10년을 초과하지 아니하는 범위에서 1회에 한하여 종전의 사용허가를 갱신할 수 있다.

③ **제3자 사용·수익**: 사용허가를 받은 자는 「국유재산법」 제30조 제2항에도 불구하고 그 사용허가의 용도나 목적에 위배되지 않는 범위에서 국토교통부장관의 승인을 받아 해당 시설물의 일부를 다른 사람에게 사용·수익하게 할 수 있다.

(4) 점용허가를 받은 자가 그 점용허가기간의 만료 또는 점용의 폐지에도 불구하고 해당 철도시설의 전부 또는 일부에 대한 원상회복의무를 면제받으려는 경우에는 그 점용허가기간의 만료일 또는 점용폐지일 3개월 전까지 그 사유를 기재한 신청서를 국토교통부장관에게 제출하여야 한다.

(5) 국토교통부장관은 점용허가를 받은 자가 원상회복을 하지 아니하는 때에는「행정대집행법」에 따라 시설물을 철거하거나 그 밖의 필요한 조치를 할 수 있다.

(6) 국토교통부장관은 점용허가를 받은 자의 면제신청을 받은 경우 또는 직권으로 철도시설의 일부 또는 전부에 대한 원상회복의무를 면제하고자 하는 경우에는 원상회복의무를 면제하는 부분을 명시하여 점용허가를 받은 자에게 점용허가기간의 만료일 또는 점용 폐지일까지 서면으로 통보하여야 한다.

6 민감정보 및 고유식별정보의 처리

국토교통부장관은 다음 사무를 수행하기 위하여 불가피한 경우「개인정보 보호법 시행령」에 따른 범죄경력자료에 해당하는 정보나 주민등록번호, 여권번호 또는 외국인등록번호가 포함된 자료를 처리할 수 있다.

① 면허에 관한 사무

② 철도 사업의 양도·양수 등에 관한 사무

③ 면허취소 등에 관한 사무

④ 전용철도 등록에 관한 사무

⑤ 전용철도 운영의 양도·양수 등에 관한 사무

⑥ 전용철도 운영의 상속에 관한 사무

⑦ 전용철도 등록의 취소에 관한 사무

7 규제의 재검토

국토교통부장관은 다음의 사항에 대하여 2014년 1월 1일을 기준으로 3년마다(매 3년이 되는 해의 기준일과 같은 날 전까지를 말한다) 그 타당성을 검토하여 개선 등의 조치를 하여야 한다.

① 운임·요금의 신고 등

② 부가 운임의 상한

③ 사업의 개선명령

④ 전용철도 운영의 개선명령

⑤ 철도차량표시

⑥ 철도사업자의 준수사항

⑦ 철도운수종사자의 준수사항

⑧ 전용철도 운영의 등록절차 등

제5절 보칙과 벌칙

1 보고 · 검사

(1) 국토교통부장관은 필요하다고 인정하면 철도사업자와 전용철도운영자에 대하여 해당 철도사업 또는 전용철도의 운영에 관한 사항이나 철도차량의 소유 또는 사용에 관한 사항에 대하여 보고나 서류제출을 명할 수 있다.

(2) 국토교통부장관은 필요하다고 인정하면 소속공무원으로 하여금 철도사업자 및 전용철도운영자의 장부, 서류, 시설 또는 그 밖의 물건을 검사하게 할 수 있다. 검사를 하는 공무원은 그 권한을 표시하는 증표를 지니고 이를 관계인에게 내보여야 한다.

2 수수료

「철도사업법」에 따른 면허 · 인가를 받으려는 자, 등록 · 신고를 하려는 자, 면허증, 인가서 · 등록증 · 인증서 또는 허가서의 재발급을 신청하는 자는 국토교통부령으로 정하는 수수료를 내야 한다. 수수료는 수입인지로 납부하여야 하며 다음과 같다.

◉ 수수료

납부자	금액
철도사업면허를 신청하는 자	1만원 (운행구간마다)
운송개시기일 연기 또는 운송개시기간 연장을 신청하는 자	3천원
철도운임 · 요금을 신고하거나 변경신고를 하는 자	6천원
철도사업약관을 신고하거나 변경신고를 하는 자	6천원
사업계획 변경인가 또는 신고를 하는 자	6천원
공동운수협정에 대하여 인가를 받거나 신고를 하는 자	3천원
철도사업의 양도 · 양수 또는 합병의 인가를 받고자 하는 자	1만원
철도사업의 일부 또는 전부를 휴업 또는 폐업하고자 허가를 받거나 신고를 하는 자	6천원
우수철도서비스 인증을 신청하는 자	6천원
전용철도 운영등록 또는 등록사항의 변경등록을 신청하는 자	1만원
전용철도의 양도 · 양수 또는 합병을 신고하는 자	6천원
전용철도 운영을 상속하고자 신고하는 자	6천원
전용철도 운영의 전부 또는 일부를 휴업 또는 폐업신고를 하는 자	3천원
점용허가를 신청하는 자	6천원
철도시설에 대한 점용허가의 권리 · 의무를 이전하기 위하여 인가를 신청하는 자	6천원

■ 3 벌 칙

(1) 2년 이하의 징역 또는 2천만원 이하의 벌금

① 면허를 받지 아니하고 철도사업을 경영한 자
② 거짓이나 그 밖의 부정한 방법으로 철도사업의 면허를 받은 자
③ 사업정지 처분기간 중에 철도사업을 경영한 자
④ 사업계획의 변경명령을 위반한 자
⑤ 타인에게 자기의 성명 또는 상호를 대여하여 철도사업을 경영하게 한 자
⑥ 철도사업자의 공동활용에 관한 요청을 정당한 사유 없이 거부한 자

(2) 1년 이하의 징역 또는 1천만원 이하의 벌금

① 등록을 하지 아니하고 전용철도를 운영한 자
② 거짓이나 그 밖의 부정한 방법으로 전용철도의 등록을 한 자

(3) 1천만원 이하의 벌금

① 국토교통부장관의 인가를 받지 아니하고 공동운수협정을 체결하거나 변경한 자
② 허가를 받지 아니하고 철도사업을 휴업하거나 폐업한 자
③ 우수서비스마크 또는 이와 유사한 표지를 철도차량 등에 붙이거나 인증사실을 홍보한 자

■ 4 양벌규정

법인의 대표자나 법인 또는 개인의 대리인, 사용인, 그 밖의 종업원이 그 법인 또는 개인의 업무에 관하여 위반행위를 하면 그 행위자를 벌하는 외에 그 법인 또는 개인에게도 해당 조문의 벌금형을 과(科)한다. 다만, 법인 또는 개인이 그 위반행위를 방지하기 위하여 해당 업무에 관하여 상당한 주의와 감독을 게을리하지 아니한 경우에는 그러하지 아니하다.

■ 5 과태료

(1) 1천만원 이하의 과태료

다음에 해당하는 자에게는 1천만원 이하의 과태료를 부과한다.
① 운임·요금의 신고를 하지 아니한 사람
② 철도사업약관을 신고하지 아니하거나 신고한 철도사업약관을 이행하지 아니한 사람
③ 인가를 받지 아니하거나 신고를 하지 아니하고 사업계획을 변경한 자
④ 상습 또는 영업으로 승차권 또는 이에 준하는 증서를 자신이 구입한 가격을 초과한 금액으로 다른 사람에게 판매한 자

(2) 500만원 이하의 과태료

다음에 해당하는 자는 500만원 이하의 과태료를 부과한다.

① 사업용 철도차량의 표시를 하지 아니한 철도사업자

② 철도사업에 관한 회계와 철도사업 외의 사업에 관한 회계를 구분하여 경리하지 아니한 사람

③ 정당한 사유 없이 명령을 이행하지 아니하거나, 검사를 거부·방해 또는 기피한 자

④ 철도차량의 점검·정비를 하지 않거나 기록·관리 및 보존을 하지 아니한 사람

(3) 100만원 이하의 과태료

다음에 해당하는 자는 100만원 이하의 과태료를 부과한다.

① 철도사업자의 준수사항을 위반한 자

② 철도차량의 점검·정비에 관한 책임자를 선임하지 아니한 사람

(4) 50만원 이하의 과태료

준수사항을 위반한 철도운수종사자 및 그가 소속된 철도사업자에게는 50만원 이하의 과태료를 부과한다.

(5) 절 차

① **부과**: 과태료는 국토교통부장관이 부과·징수한다.

② **금액**: 과태료의 부과기준은 다음과 같다.

◉ 위반행위별 과태료 금액

위반행위	과태료 금액
운임·요금의 신고를 하지 아니한 사람	500만원
상습 또는 영업으로 승차권 또는 이에 준하는 증서를 자신이 구입한 가격을 초과한 금액으로 다른 사람에게 판매한 자	500만원
상습 또는 영업으로 승차권 또는 이에 준하는 증서를 자신이 구입한 가격을 초과한 금액으로 다른 사람에게 판매하는 행위를 알선한 경우	500만원
철도사업약관을 신고하지 아니하거나 신고한 철도사업약관을 이행하지 아니한 사람	500만원
인가를 받지 아니하거나 신고를 하지 아니하고 사업계획을 변경한 자	500만원
사업용 철도차량의 표시를 하지 아니한 철도사업자	200만원
철도사업자의 준수사항을 위반한 자	100만원
철도운수종사자의 준수사항을 위반한 경우	50만원
철도사업에 관한 회계와 철도사업 외의 사업에 관한 회계를 구분하여 경리하지 아니한 사람	200만원
정당한 사유 없이 명령을 이행하지 아니하거나, 검사를 거부·방해 또는 기피한 자	300만원

③ **감경** : 국토교통부장관은 해당 위반행위의 동기 및 그 횟수 등을 고려하여 다음 금액의 2분의 1의 범위에서 과태료를 늘리거나 줄일 수 있다. 이 경우 과태료를 늘리더라도 과태료의 총액은 법에 따른 과태료 금액의 상한을 초과할 수 없다.

④ **절차** : 과태료의 징수절차에 관하여는 「국고금 관리법 시행규칙」을 준용한다. 이 경우 납입고지서에는 이의방법 및 이의기간 등을 함께 기재하여야 한다.

6 규제의 재검토

국토교통부장관은 다음 사항에 대하여 2014년 1월 1일을 기준으로 3년마다(매 3년이 되는 해의 기준일과 같은 날 전까지를 말한다) 그 타당성을 검토하여 개선 등의 조치를 하여야 한다.

① 철도차량표시

② 철도사업자의 준수사항

③ 철도운수종사자의 준수사항

④ 철도차량의 점검 · 정비에 대한 기록 · 관리 등

⑤ 점검 · 정비책임자의 자격

⑥ 전용철도 운영의 등록절차 등

Chapter _

실전예상문제

01 다음 중 「철도사업법」에서 규정하고 있는 용어의 정의가 틀린 것은?

① '철도시설'이라 함은 기본법 제3조 제2호의 규정에 의한 철도시설을 말한다.

② '철도차량'이라 함은 기본법 제3조 제4호의 규정에 의한 철도차량을 말한다.

③ '사업용 철도'라 함은 철도사업을 목적으로 설치 또는 운영하는 철도를 말한다.

④ '전용철도'라 함은 다른 사람의 수요에 따른 영업을 목적으로 하지 아니하고 타인의 수요에 따라 특수목적을 수행하기 위하여 설치 또는 운영하는 철도를 말한다.

⑤ '철도사업'이라 함은 다른 사람의 수요에 응하여 철도차량을 사용하여 유상으로 여객이나 화물을 운송하는 사업을 말한다.

해설 ④ 자신의 수요에 따라 특수목적을 수행하기 위하여 설치 또는 운영하는 철도를 말한다.

02 철도사업의 면허를 받고자 하는 자가 제출하는 사업계획서에 포함하여야 하는 사항과 관련한 설명 중 틀린 것은?

① 운행구간의 기점·종점·정차역

② 여객운송·화물운송 등 철도서비스의 종류

③ 사용할 철도차량의 대수·형식 및 확보계획

④ 운행횟수, 운행시간계획 및 선로용량 사용계획

⑤ 해당 철도사업을 위하여 필요한 자금의 내역과 조달방법(공익서비스비용 및 철도시설 사용료의 수준을 제외)

해설 ⑤ 사용료의 수준을 포함한다.

Answer   1. ④   2. ⑤

03 철도사업약관에 기재하여야 하는 사항이 아닌 것은?

① 철도사업의 범위
② 철도운임·요금의 수수 또는 환급에 관한 사항
③ 부가운임에 관한 사항
④ 운송책임 및 배상에 관한 사항
⑤ 면책에 관한 사항

해설 ① 철도사업약관의 적용범위이다.

04 「철도사업법」상 철도사업의 면허기준이 아닌 것은?

① 해당 사업의 시작으로 철도교통의 안전에 지장을 줄 염려가 없을 것
② 해당 사업의 운행계획이 해당 운행구간의 철도수송수요와 수송력 공급 및 이용자의 편의에 맞을 것
③ 신청자가 해당 사업을 수행할 수 있는 재정적 능력이 있을 것
④ 철도물류사업에 5년 이상 종사하였고 국토교통부장관이 정하는 전문인력을 보유하고 있을 것
⑤ 해당 사업에 사용할 철도차량의 대수, 사용연한 및 규격이 국토교통부령이 정하는 기준에 맞을 것

해설 면허기준
1. 해당 사업의 시작으로 철도교통의 안전에 지장을 줄 염려가 없을 것
2. 해당 사업의 운행계획이 해당 운행구간의 철도수송수요와 수송력 공급 및 이용자의 편의에 맞을 것
3. 신청자가 해당 사업을 수행할 수 있는 재정적 능력이 있을 것
4. 해당 사업에 사용할 철도차량의 대수, 사용연한 및 규격이 다음의 기준에 맞을 것

구 분	면허기준
철도차량의 대수	「철도건설법」 제7조의 규정에 의하여 국토교통부장관이 수립한 철도건설기본계획에서 정한 철도차량의 대수 또는 「철도건설법」 제9조 제1항의 규정에 의하여 국토교통부장관의 승인을 얻은 철도건설사업실시계획에서 정한 철도차량의 대수. 다만, 법 제13조의 규정에 의하여 공동운수협정으로 2 이상의 철도사업자가 운영하는 철도노선은 공동운수협정에 따른 철도차량 대수를 합산하여 적용한다.
철도차량의 사용연한	「철도안전법」 제37조의 규정에 의한 철도차량의 사용내구연한을 초과하지 아니한 철도차량 또는 정밀진단을 받아 사용내구연한을 연장받은 철도차량의 경우 그 사용내구연한을 초과하지 아니한 철도차량일 것
철도차량의 규격	• 「철도안전법」 제26조의 규정에 의한 안전기준에 맞을 것 • 「철도안전법」 제35조의 규정에 의한 철도차량의 성능시험 및 동법 제36조의 규정에 의한 철도차량의 제작검사에 합격할 것

비고 : 국토교통부장관은 철도사업의 여건변동 등으로 인하여 위 표의 철도차량의 대수를 적용하는 것이 현저하게 불합리하다고 인정하는 경우에는 위 표에서 정한 기준의 2분의 1 범위 안에서 이를 가중 또는 경감하여 적용할 수 있다.

05 철도사업자가 사업계획을 변경하려는 때에 중요한 변경사항에 해당하여 국토교통부장관의 인가를 받아야 하는 경우가 아닌 것은?

① 철도운송서비스(철도여객운송서비스 또는 철도화물운송서비스를 말함)의 종류를 변경하거나 다른 종류의 철도운송서비스를 추가하는 경우

② 운행구간의 변경(여객열차의 경우에 한함)

③ 사업자의 전략적 제휴

④ 정차역의 변경(여객열차의 경우에 한함)

⑤ 사업용 철도노선별로 10분의 1 이상의 운행횟수의 변경(여객열차의 경우에 한함). 다만, 공휴일·방학기간, 그 밖의 수송수요와 열차운행계획상의 수송력과 현저한 차이가 있는 경우로서 3개월 이내의 기간 동안 운행횟수를 변경하는 경우를 제외한다.

해설 ③ 인가사항이 아니다.

06 국토교통부장관이 철도사업자의 사업계획의 변경을 제한할 수 있는 경우가 아닌 것은?

① 운송개시의 기일 또는 기간 이내에 운송을 개시하지 아니한 경우

② 노선 운행중지·운행제한·감차 등을 수반하는 사업계획변경명령을 받은 후 1년이 경과되지 아니한 경우

③ 개선명령을 받고 이를 이행하지 아니한 경우

④ 철도운임을 국토교통부장관의 승인 없이 2회 이상 인상한 경우

⑤ 철도사고(「철도안전법」 제2조 제10호의 규정에 의한 철도사고를 말함)의 규모 또는 발생빈도가 대통령령이 정하는 기준 이상인 경우

해설 ④ 법에 규정하고 있지 않은 사항이다.

07 다음 중에서 철도종사자의 준수사항인 것은?

① 「철도안전법」 제21조의 규정에 의한 요건을 갖추고 운전업무에 종사

② 사업계획의 성실한 이행

③ 부당한 운송조건을 제시하거나 정당한 사유 없이 운송계약의 체결을 거부하는 등 철도운송질서를 저해하는 행위를 하여서는 아니 된다.

④ 부당한 운임 또는 요금을 요구하거나 받는 행위

⑤ 운임·요금표 및 철도사업약관을 관계역·영업소 및 사업소 등에 비치

해설 ①②③⑤ 사업자의 준수사항이다.

Answer 　 3. ①　4. ④　5. ③　6. ④　7. ④

08 국토교통부장관이 철도사업자에 대하여 면허를 취소하거나, 6개월 이내의 기간을 정하여 사업의 전부 또는 일부의 정지를 명하거나, 노선 운행중지·운행제한·감차 등을 수반하는 사업계획의 변경을 명할 수 있는 경우가 아닌 것은?

① 면허받은 사항을 정당한 사유 없이 시행하지 아니한 때

② 사업경영으로 인한 손실발생 등 국민경제에 위해를 미칠 우려가 있을 때

③ 고의 또는 중대한 과실에 의한 철도사고로 인하여 대통령령이 정하는 다수의 사상자를 발생하게 한 때

④ 거짓 그 밖의 부정한 방법으로 철도사업의 면허를 받은 때

⑤ 철도사업의 면허기준에 미달하게 된 때. 다만, 3개월 이내에 그 기준을 충족시킨 때에는 그러하지 아니하다.

해설 ② 법에 규정하고 있지 않은 사항이다.

09 국토교통부장관이 원활한 철도운송·서비스의 개선 및 운송의 안전, 그 밖에 공공복리의 증진을 위하여 필요하다고 인정하여 철도사업자에게 명할 수 있는 사항이 아닌 것은?

① 사업계획의 변경

② 철도차량 및 운송관련 장비·시설의 개선

③ 전문경영인에 의한 경영 및 경영실적 개선

④ 철도사업약관의 변경

⑤ 공동운수협정의 체결

해설 ③ 전문경영인에 의한 경영은 명할 수 있는 사항이 아니다.

10 전용철도를 운영하고자 하는 자는 국토교통부령이 정하는 바에 의하여 전용철도의 건설·운전·보안 및 운송에 관한 사항이 포함된 운영계획서를 첨부하여 국토교통부장관에게 (   )을(를) 하여야 한다. (   ) 안에 알맞은 것은?

① 허가   ② 신고   ③ 면허

④ 등록   ⑤ 등기

해설 ④ 전용철도를 운영하고자 하는 자는 국토교통부령이 정하는 바에 의하여 전용철도의 건설·운전·보안 및 운송에 관한 사항이 포함된 운영계획서를 첨부하여 국토교통부장관에게 (등록)을 하여야 한다.

11 다음 중에서 국토교통부장관이 공공복리의 증진과 철도서비스 이용자의 권익보호를 위하여 정한 철도사업자가 제공하는 철도서비스 기준이 아닌 것은?

① 철도의 시설·환경관리 등이 이용자의 편의와 공익적 목적에 부합할 것

② 열차가 정시에 목적지까지 도착하도록 하는 등 철도이용자의 편의를 도모할 수 있도록 할 것

③ 예·매표의 이용편리성, 역 시설의 이용편리성, 고객을 상대로 승무 또는 역무서비스를 제공하는 종사원의 친절도, 열차의 쾌적성 등을 제고하여 철도이용자의 만족도를 높일 수 있을 것

④ 철도서비스의 품질을 평가하여 그 평가결과를 신문 등 대중매체를 통하여 공표할 것

⑤ 철도사고와 운행장애를 최소화하는 등 철도에서의 안전이 확보되도록 할 것

해설 ④ 품질평가에 관한 내용이다.

12 다음 중 등록한 전용철도사업자가 사업내용의 변경을 하는 경우 경미한 변경에 해당하여 변경등록을 하지 않아도 되는 것은?

① 운행시간을 연장 또는 단축한 경우

② 배차간격 또는 운행횟수를 단축 또는 연장한 경우

③ 10분의 1의 범위 안에서 철도차량 대수를 변경한 경우

④ 임원을 변경한 경우(법인에 한함)

⑤ 1년의 범위 안에서 전용철도 건설기간을 조정한 경우

해설 ⑤ 6개월의 범위 안에서이다.

13 철도사업자가 공동 사용시설을 관리하는 자에게 공공교통을 목적으로 하는 공동활용 요청을 하는 경우 협정을 체결하여 이용할 수 있도록 하여야 하는 시설이 아닌 것은?

① 차표 판매시설

② 철도차량의 정비·검사·점검·보관 등 유지관리를 위한 시설

③ 사고복구 및 구조·피난을 위한 설비

④ 열차의 조성 또는 분리 등을 위한 시설

⑤ 철도운영에 필요한 정보통신 설비

해설 ②~⑤ 외에 철도역 및 역 시설(물류시설·환승시설 및 편의시설 등을 포함)이 공동활용 요청을 할 수 있는 시설이다.

Answer   8. ②   9. ③   10. ④   11. ④   12. ⑤   13. ①

14 「철도사업법」상 우수철도서비스 인증과 관련된 내용으로 적합하지 않은 것은?

① 국토교통부장관은 산업통상자원부장관과 협의하여 철도사업자 간 경쟁을 제한하지 아니하는 범위 안에서 철도서비스의 질적 향상을 촉진하기 위하여 우수철도서비스에 대한 인증을 할 수 있다.

② 인증을 받은 철도사업자는 해당 인증의 내용을 나타내는 표지를 철도차량, 역 시설 또는 철도용품 등에 부착하거나 인증사실을 홍보할 수 있다.

③ 인증을 받은 자가 아니면 우수서비스마크 또는 이와 유사한 표지를 철도차량, 역 시설 또는 철도용품 등에 부착하거나 이를 홍보하여서는 아니 된다.

④ 국토교통부장관은 품질평가결과가 우수한 철도서비스 중 우수철도서비스 인증기준에 적합하다고 인정되는 철도서비스 또는 우수철도서비스 인증신청을 받아 심사한 결과 우수철도서비스 인증기준에 적합하다고 인정되는 철도서비스에 대하여 우수철도서비스 인증을 하고, 해당 철도사업자에게 우수철도서비스 인증서를 교부할 수 있다.

⑤ 국토교통부장관은 우수철도서비스 인증을 받은 철도사업자에 대한 사후관리 결과 해당 철도서비스의 제공 및 관리실태가 미흡하거나 해당 철도서비스가 우수철도서비스 인증기준에 미달되는 경우에는 이의 시정·보완의 요구 등 필요한 조치를 할 수 있다.

해설 ① 공정거래위원회와 협의하여야 한다.

15 「철도사업법」상 안전운행과 여객과 화주의 편의를 위한 철도운수종사자의 준수사항이 아닌 것은?

① 여객의 안전과 사고예방을 위하여 운행 전 철도차량의 안전설비 및 주행, 제동장치 등의 이상 유무를 확인하여야 한다.

② 정당한 사유 없이 여객 또는 화물의 운송을 거부하거나 여객 또는 화물을 중도에서 내리게 하는 행위를 해서는 안 된다.

③ 철도차량의 운행 중 중대한 고장을 발견하거나 철도사고가 발생할 우려가 있다고 인정되는 때에는 즉시 운행을 중지하고 적절한 조치를 하여야 한다.

④ 여객과 화물을 운송함에 있어서 관계공무원, 관제업무종사자 또는 철도공안원 등의 위험방지 및 안전확보를 위한 조치에 응하여야 한다.

⑤ 관계공무원으로부터 신분증 또는 자격증의 제시 요구가 있는 때에는 즉시 요구에 응하여야 한다.

해설 ② 일반적인 준수사항이다.

16 「철도사업법」상 국가가 소유, 관리하는 철도시설의 점용허가를 받고자 하는 경우에 국토교통부장관에게 제출하여야 하는 서류가 아닌 것은?

① 자금조달계획에 관한 서류
② 수지전망에 관한 서류
③ 시설물의 건설계획 및 사용계획에 관한 서류
④ 설치하고자 하는 시설물의 설계도서
⑤ 법인의 경우 임원이 결격사유에 해당하지 아니함을 증명하는 서류

해설 ⑤ 법인의 경우 정관 및 법인등기부등본을 제출해야 한다.

17 철도사업계획의 내용에 포함되어야 할 사항이 아닌 것은?

① 운행구간의 기점·종점·정차역
② 여객운송·화물운송 등 철도서비스의 종류
③ 사용할 철도차량의 대수·형식 및 확보계획
④ 여객·화물의 취급예정수량 및 그 산출의 기초와 예상 사업수지
⑤ 운행횟수, 운행요금계획 및 선로용량의 사용계획

해설 ⑤ 운행횟수, 운행요금계획 및 선로용량의 사용계획은 철도사업계획의 내용에 포함되지 않는다.

18 부가운임의 징수와 운임요금 감면사항이 아닌 것은?

① 여객이 정당한 승차권을 소지하지 아니하고 열차를 이용한 경우에는 승차구간에 상당하는 운임 외에 그의 30배의 범위 안에서 부가운임을 징수할 수 있다.
② 철도사업자가 부가운임을 징수하고자 하는 경우에는 사전에 부가운임의 징수대상행위, 열차의 종류 및 운행 구간 등에 따른 부가운임 산정기준을 정하고 철도사업약관에 포함하여 국토교통부장관에게 신고하여야 한다.
③ 운임요금의 감면은 여객유치를 위한 기념행사를 포함한다.
④ 요금을 감면하는 경우 그 시행 1주일 전에 감면사항을 인터넷 홈페이지 등 공중이 보기 쉬운 곳에 게시하여야 한다.
⑤ 재해복구를 위한 긴급지원에도 운임요금의 감면이 가능하다.

해설 ④ 3일 이전에 감면사항을 게시하여야 한다.

Answer   14. ①   15. ②   16. ⑤   17. ⑤   18. ④

19 철도사업법령상 사업계획의 변경에 관한 설명으로 옳은 것은?

① 철도사업자의 여객열차 운행구간의 변경은 국토교통부장관에 대한 신고로 가능하다.

② 국토교통부장관은 운송개시일 또는 기간 내에 운송을 개시하지 아니한 철도사업자의 사업계획변경을 제한해야 한다.

③ 사업용 철도노선별로 여객열차의 정차역을 신설 또는 폐업하는 경우에는 국토교통부장관의 인가를 받아야 한다.

④ 철도사업자는 변경된 사업계획을 관보에 고시하거나 이용자가 이를 열람할 수 있게 하여야 한다.

⑤ 사업계획의 변경이 인가사항일 경우 사업계획을 변경하려는 날 1개월 전까지 필요한 서류를 첨부하여 국토교통부장관에게 제출하여야 한다.

해설 ① 운행구간의 변경(여객열차)은 인가를 받아야 한다.
② 운송개시의 기일 또는 기간 이내에 운송을 개시하지 아니한 경우 사업계획변경을 제한할 수 있다.
④ 국토교통부장관은 사업계획변경인가신청을 받은 때에는 당해 사업계획의 변경내용이 면허기준에 적합한지의 여부 등을 검토하여 그 인가신청을 받은 날부터 1개월 이내에 그 결정내용을 신청인에게 통보하여야 한다.
⑤ 철도사업자는 사업계획을 변경하려는 때에는 사업계획을 변경하려는 날 1개월 전까지(변경하려는 사항이 인가사항인 경우에는 2개월 전까지) 사업계획변경신고서 또는 사업계획변경인가신청서에 필요 서류를 첨부하여 국토교통부장관에게 제출하여야 한다.

20 철도사업법령상 공동운수협정에 관한 설명으로 옳은 것은?

① 철도사업자가 공동운수협정을 체결하고자 하는 경우에는 국토교통부장관의 인가를 받아야 한다.

② 철도사업자는 공동운수협정을 체결하려는 경우에는 미리 공정거래위원회와의 협의를 거쳐야 한다.

③ 공동운수협정을 체결하고자 하는 철도사업자들은 개별적으로 필요한 서류를 국토교통부장관에게 제출하여야 한다.

④ 공동운수협정에 따른 운행구간별 열차 운행횟수의 10분의 1 이내에서의 변경은 국토교통부장관의 인가를 받아야 한다.

⑤ 철도사업자로부터 인가신청을 받은 국토교통부장관이 인가 여부를 결정하기 위해서 철도사업자 간 수입·비용의 배분이 적정한지를 검토할 필요는 없다.

해설 ② 국토교통부장관은 공동운수협정을 인가하고자 할 경우에는 미리 공정거래위원회와 협의하여야 한다.
③ 다른 철도사업자와 공동으로 공동운수협정(변경)인가신청서에 법으로 규정하고 있는 서류를 첨부하여 국토교통부장관에게 제출하여야 한다.
④ 공동운수협정에 따른 운행구간별 열차 운행횟수의 10분의 1 이내에서의 변경은 신고를 하여야 한다.
⑤ 공동운수협정을 체결 또는 변경하는 철도사업자 간 수입·비용의 배분이 적정한지의 여부를 검토하여야 한다.

21 철도사업법령상 철도차량의 점검·정비 책임자의 자격에 관한 설명으로 옳지 않은 것은?

① 철도차량분야의 점검·정비에 관한 10년 이상의 실무경험자

② 「국가기술자격법」에 의한 철도차량 분야 기능장 자격증 소지자로서 철도차량 분야의 점검·정비에 관한 1년 이상의 실무경험자

③ 「국가기술자격법」에 의한 철도차량 분야 산업기사 자격증 소지자로서 철도차량 분야의 점검·정비에 관한 5년 이상의 실무경험자

④ 「국가기술자격법」에 의한 철도차량 분야 기술사 자격증 소지자로서 철도차량 분야의 점검·정비에 관한 2년 이상의 실무경험자

⑤ 「국가기술자격법」에 의한 철도차량 분야 기사 자격증 소지자로서 철도차량 분야의 점검·정비에 관한 5년 이상의 실무경험자

> **해설** 철도차량의 점검·정비 책임자의 자격
> 1. 「국가기술자격법」에 의한 철도차량 분야 기술사 또는 기능장 자격증 소지자로서 철도차량 분야의 점검·정비에 관하여 2년 이상의 실무경험을 가진 자
> 2. 「국가기술자격법」에 의한 철도차량 분야 기사 또는 산업기사 자격증 소지자로서 철도차량 분야의 점검·정비에 관하여 5년 이상의 실무경험을 가진 자
> 3. 철도차량 분야의 점검·정비에 관하여 10년 이상의 실무경험을 가진 자

22 철도사업법령상 부가운임의 징수에 관한 설명이다. 다음 (   ) 안에 들어갈 내용으로 바르게 나열된 것은?

> 철도사업자는 열차를 이용하는 여객이 정당한 승차권을 소지하지 아니하고 열차를 이용한 경우에는 승차 구간에 상당하는 운임 외에 그의 (㉠)배의 범위 안에서 부가운임을 징수할 수 있으며, 송하인이 운송장에 기재한 화물의 품명·중량·용적 또는 개수에 따라 계산한 운임이 정당한 사유 없이 정상 운임에 부족한 경우에는 송하인에게 그 부족운임 외에 그 부족운임의 (㉡)배의 범위 안에서 부가운임을 징수할 수 있다.

	㉠	㉡		㉠	㉡
①	20	5	②	30	5
③	30	15	④	50	15
⑤	50	20			

> **해설** ② 철도사업자는 열차를 이용하는 여객이 정당한 승차권을 소지하지 아니하고 열차를 이용한 경우에는 승차 구간에 상당하는 운임 외에 그의 ㉠ 30배의 범위에서 부가운임을 징수할 수 있으며, 철도사업자는 송하인(送荷人)이 운송장에 기재한 화물의 품명·중량·용적 또는 개수에 따라 계산한 운임이 정당한 사유 없이 정상 운임에 부족한 경우에는 송하인에게 그 부족운임 외에 그 부족운임의 ㉡ 5배의 범위 안에서 부가운임을 징수할 수 있다.

Answer   19. ③   20. ①   21. ②   22. ②

23 철도사업법령상 철도사업의 면허 등에 관한 설명으로 옳지 않은 것은?

① 철도사업을 경영하려는 자는 국토교통부장관의 면허를 받아야 한다.

② 면허를 받기 위해서는 사업계획서를 첨부한 면허신청서를 국토교통부장관에게 제출하여야 한다.

③ 법인이 아닌 자도 철도사업의 면허를 받을 수 있다.

④ 「철도사업법」 또는 철도 관계법령을 위반하여 금고 이상의 실형을 선고받고 그 집행이 종료된 날부터 2년이 경과되지 아니한 자는 철도사업면허를 받을 수 없다.

⑤ 「철도사업법」에 따라 철도사업의 면허가 취소된 후 그 취소일부터 2년이 경과되지 아니한 자는 철도사업면허를 받을 수 없다.

해설 ③ 철도사업의 면허는 법인만이 받을 수 있다.

24 철도사업법령상 철도사업자가 국토교통부장관의 인가를 받아야 하는 사업계획의 변경사항에 해당하지 않는 것은?

① 철도이용수요가 적어 수지균형의 확보가 극히 곤란한 벽지 노선의 철도운송서비스의 종류를 변경하거나 다른 종류의 철도운송서비스를 추가하는 경우

② 여객열차의 운행구간을 변경하는 경우

③ 사업용 철도노선별로 여객열차의 정차역을 신설 또는 폐지하거나 10분의 2 이상 변경하는 경우

④ 사업용 철도노선별로 여객열차의 10분의 1 이상의 운행횟수를 변경하는 경우

⑤ 공휴일·방학기간 그 밖의 수송수요와 열차운행계획상의 수송력과 현저한 차이가 있는 경우로서 3개월 이내의 기간 동안 운행횟수를 변경하는 경우

해설 변경인가를 받아야 하는 경우
1. 철도이용수요가 적어 수지균형의 확보가 극히 곤란한 벽지 노선의 철도운송서비스(철도여객운송서비스 또는 철도화물운송서비스를 말한다)의 종류를 변경하거나 다른 종류의 철도운송서비스를 추가하는 경우
2. 운행구간의 변경(여객열차의 경우만 해당한다)
3. 사업용 철도노선별로 여객열차의 정차역을 신설 또는 폐지하거나 10분의 2 이상 변경하는 경우
4. 사업용 철도노선별로 10분의 1 이상의 운행횟수의 변경(여객열차의 경우에 한하며, 공휴일·방학기간, 그 밖의 수송수요와 열차운행계획상의 수송력과 현저한 차이가 있는 경우로서 3개월 이내의 기간 동안 운행횟수를 변경하는 경우를 제외)

Answer 23. ③ 24. ⑤

물류관리사

CERTIFIED PROFESSIONAL LOGISTICIAN

항만운송사업법

05 항만운송사업법

| **학습목표** | 1. 항만운송사업과 항만운송관련사업에 대한 이해
2. 하역사업, 항만용역업 등 주요 사업의 내용에 대한 학습 |

| **단원열기** | 항만운송의 내용, 하역사업의 등록기준, 검수사업 등의 등록기준, 운임·요금의 신고, 항만용역업, 항만운송관련사업의 등록 및 신고 기준, 미등록 항만에서의 일시적 영업행위 |

제1절 항만운송사업

1 목 적

「항만운송사업법」은 항만운송에 관한 질서를 확립하고, 항만운송사업의 건전한 발전을 도모하여 공공의 복리를 증진함을 목적으로 한다.

2 항만운송

「항만운송사업법」에서 '항만운송'이란 타인의 수요에 응하여 하는 행위로서 다음에 해당하는 것을 말한다.

① 선박을 이용하여 운송된 화물을 화물주(貨物主) 또는 선박운항업자의 위탁을 받아 항만에서 선박으로부터 인수하거나 화물주에게 인도하는 행위

② 선박을 이용하여 운송될 화물을 화물주 또는 선박운항업자의 위탁을 받아 항만에서 화물주로부터 인수하거나 선박에 인도하는 행위

③ ① 또는 ②의 행위에 선행하거나 후속하여 ④부터 ⑬까지의 행위를 하나로 연결하여 하는 행위

④ 항만에서 화물을 선박에 싣거나 선박으로부터 내리는 일

⑤ 항만에서 선박 또는 부선(艀船)을 이용하여 화물을 운송하는 행위, 해양수산부령으로 정하는 항만과 항만 외의 장소와의 사이(이하 '지정구간'이라 한다)에서 부선 또는 범선을 이용하여 화물을 운송하는 행위와 항만 또는 지정구간에서 부선 또는 뗏목을 예인선(曳引船)으로 끌고 항해하는 행위. 다만, 다음에 해당하는 운송은 제외한다.

> **항만운송 제외 운송**
>
> ㉠ 「해운법」에 따른 해상화물운송사업자가 하는 운송
> ㉡ 「해운법」에 따른 해상여객운송사업자가 여객선을 이용하여 하는 여객운송에 수반되는 화물 운송
> ㉢ 선박에서 사용하는 물품을 공급하기 위한 운송
> ㉣ 선박에서 발생하는 분뇨 및 폐물의 운송
> ㉤ 탱커선 또는 어획물운반선[어업장에서부터 양륙지(揚陸地)까지 어획물 또는 그 제품을 운반하는 선박을 말한다]에 의한 운송

⑥ 항만에서 선박 또는 부선을 이용하여 운송된 화물을 창고 또는 하역장(수면 목재저장소는 제외한다. 이하 같다)에 들여놓는 행위

⑦ 항만에서 선박 또는 부선을 이용하여 운송될 화물을 하역장에서 내가는 행위

⑧ 항만에서 ⑥ 또는 ⑦에 따른 화물을 하역장에서 싣거나 내리거나 보관하는 행위

⑨ 항만에서 ⑥ 또는 ⑦에 따른 화물을 부선에 싣거나 부선으로부터 내리는 행위

⑩ 항만이나 지정구간에서 목재를 뗏목으로 편성하여 운송하는 행위

⑪ 항만에서 뗏목으로 편성하여 운송된 목재를 수면 목재저장소에 들여놓는 행위나, 선박 또는 부선을 이용하여 운송된 목재를 수면 목재저장소에 들여놓는 행위

⑫ 항만에서 뗏목으로 편성하여 운송될 목재를 수면 목재저장소로부터 내가는 행위나, 선박 또는 부선을 이용하여 운송될 목재를 수면 목재저장소로부터 내가는 행위

⑬ 항만에서 ⑪ 또는 ⑫에 따른 목재를 수면 목재저장소에서 싣거나 내리거나 보관하는 행위

⑭ 선적화물(船積貨物)을 싣거나 내릴 때 그 화물의 개수를 계산하거나 그 화물의 인도·인수를 증명하는 일

⑮ 선적화물 및 선박(부선을 포함한다)에 관련된 증명·조사·감정을 하는 일

⑯ 선적화물을 싣거나 내릴 때 그 화물의 용적 또는 중량을 계산하거나 증명하는 일

▌3 ▌ 항만운송사업

(1) 항만운송사업

영리를 목적으로 하는지 여부에 관계없이 다음의 항만운송을 하는 사업을 말한다.

① **항만하역사업**: 항만운송 가운데 ①에서 ⑬의 행위를 행하는 사업

② **검수사업**: 선적화물(船積貨物)을 싣거나 내릴 때 그 화물의 개수를 계산하거나 그 화물의 인도·인수를 증명하는 사업

③ **감정사업** : 선적화물 및 선박(부선을 포함한다)에 관련된 증명·조사·감정을 하는 사업

④ **검량사업** : 선적화물을 싣거나 내릴 때 그 화물의 용적 또는 중량을 계산하거나 증명하는 사업

(2) 등 록

① 항만운송사업을 영위하고자 하는 자는 사업의 종류별로 관리청에 등록하여야 한다.
관리청은 항만운송사업 및 항만운송관련사업의 등록, 신고 및 관리 등에 관한 행정업무를 수행하는 다음 구분에 따른 행정관청을 말한다. 다만, 감정사업 및 검량사업에 관한 경우에는 해양수산부장관을 말한다.

　㉠ 「항만법」 제3조 제2항 제1호 및 제3항 제1호에 따른 국가관리무역항 및 국가관리연안항 : 해양수산부장관

　㉡ 「항만법」 제3조 제2항 제2호 및 제3항 제2호에 따른 지방관리무역항 및 지방관리연안항 : 특별시장·광역시장·도지사 또는 특별자치도지사

② 항만운송사업의 등록을 신청하려는 자는 항만운송사업 등록신청서(전자문서로 된 신청서를 포함한다)에 사업계획서와 신청인이 법인인 경우에는 정관과 직전 사업연도의 재무제표(기존의 법인만 제출한다), 신청인이 개인인 경우에는 재산 상태를 적은 서류를 첨부하여 관리청에 제출하여야 한다.

③ 신청서를 제출받은 해양수산부장관, 지방해양항만청장 또는 시·도지사는 「전자정부법」에 따른 행정정보의 공동이용을 통하여 법인 등기사항증명서 또는 주민등록등본을 확인하여야 한다. 다만, 주민등록등본의 경우 신청인이 확인에 동의하지 아니하면 이를 첨부하게 하여야 한다.

④ 관리청은 등록신청을 받은 때에는 사업계획, 등록기준을 검토하여 등록요건에 적합하다고 인정하는 경우에는 등록증을 교부하여야 한다.

(3) 항만하역사업 사업계획

항만하역사업의 사업계획에는 다음 사항이 포함되어야 한다.

① 사업의 개요

② 사업소의 수, 명칭 및 위치

③ 사업개시 예정일

④ **다음에 해당하는 종사자**(일일고용된 사람, 3개월 이내의 기간을 정하여 사용하는 사람 및 시험적으로 사용하는 사람은 제외한다)**의 수**

　㉠ 현장직원(작업을 기획하거나 화물을 인수·인도하는 업무에 종사하는 사람을 말한다)

　㉡ 현장감독자(현장에서 작업을 지휘·감독하는 사람을 말한다)

　㉢ 선내(船內) 종사자[화물을 선박에 싣거나 선박으로부터 내리는 일 종사하는 부두책임자, 갑판책임자 및 양하기(揚荷機) 책임자를 말한다]

　㉣ 선박의 승무원

　㉤ 부선의 승무원

     ⓑ 보관직원(화물의 보관에 종사하는 사람을 말한다)

     ⓢ 건설기계 조종사

  ⑤ **사업에 제공될 시설 및 장비에 관한 사항**

     ㉠ 하역장비의 종류별 대(臺)수 및 대별 능력

     ㉡ 선박의 척(隻)수 및 척별 적재 톤수

     ㉢ 부선의 척수 및 척별 적재 톤수

     ㉣ 예인선의 척수 및 척별 주기관의 마력수

     ㉤ 통선의 척수 및 척별 총톤수

     ㉥ 상옥(上屋) 및 창고의 동(棟)수와 동별 위치 및 면적

     ㉦ 하역장의 수, 위치 및 면적

     ㉧ 수면 목재저장소의 수, 위치 및 면적

     ㉨ 종사자 대기소의 위치 및 면적

  ⑥ 수행하려는 사업의 구체적인 내용

  ⑦ 연간 취급화물량의 추정치

(4) **검수사업 · 감정사업 및 검량사업 사업계획**

검수사업 · 감정사업 및 검량사업의 사업계획에는 다음의 사항이 포함되어야 한다.

> **사업계획 포함사항**
>
> ① 사업의 개요
> ② 사업소의 수 · 명칭 및 위치
> ③ 각 사업소별 검수사 · 감정사 또는 검량사(검수사 등)의 수
> ④ 각 사업소별 검수사 등의 대기소의 위치 및 면적
> ⑤ 연간 추정 취급화물량(검수사업과 검량사업만 해당한다)
> ⑥ 연간 추정 취급건수(감정사업만 해당한다)

(5) **사업계획서 첨부서류**

  ① 사업계획서에는 해당 사업에 제공될 시설 및 장비에 관한 다음 서류를 첨부하여야 한다.

     ㉠ 하역장비의 종류, 명칭, 형식, 능력, 설치장소 및 소유 또는 임차의 구별을 적은 서류와 그 사실을 증명하는 서류

     ㉡ 선박 또는 부선(艀船)의 이름, 용도, 총톤수, 적재 톤수[예인선(曳引船)과 통선(通船)은 제외한다], 주기관(主機關)의 마력수(예인선만 해당한다), 계류장(繫留場)의 위치 및 소유 또는 임차의 구별을 적은 서류와 그 사실을 증명하는 서류[선박 또는 부선을 소유한 경우에는 선적증서(船籍證書)의 사본 또는 부선증서의 사본을 말한다]

     ㉢ 사업소, 하역장 또는 수면(水面) 목재저장소의 명칭, 위치 및 소유 또는 임차의 구별을 기재한 서류와 그 사실을 증명하는 서류

② 이 경우 해양수산부장관, 지방해양항만청장 또는 시·도지사는 「전자정부법」에 따른 행정정보의 공동이용을 통하여 선박국적증서를 확인하여야 하며, 신청인이 확인에 동의하지 아니하는 경우에는 선박국적증서 사본을 첨부하게 하여야 한다.

(6) 하역사업 등록

항만하역사업은 항만별로 등록한다. 하역사업 종류는 ① 이용자별·취급화물별 또는 「항만법」에 따른 항만시설별로 등록하는 한정하역사업과 ② 한정하역사업 외 하역사업인 일반하역사업이 있다.

(7) 항만하역사업의 등록기준

① 항만하역사업의 등록에 필요한 시설·자본금·노동력 등에 관한 기준은 다음과 같다.

구 분	종류 항만별 내 용	일반하역사업			한정하역사업
		1급지(부산항, 인천항, 울산항, 포항항, 광양항)	2급지(여수항, 마산항, 동해·묵호항, 군산항, 평택·당진항)	3급지(1급지와 2급지를 제외한 항)	
시 설	시설평가액 (다음 하역장비의 평가액이 총 시설평가액의 3분의 2 이상이 되어야 한다)	10억원 이상	5억원 이상	1억원 이상	일반하역사업의 등록기준을 적용하되, 해양수산부장관은 이용자·취급화물 또는 항만시설의 특성을 참작하여 그 등록기준을 완화할 수 있다.
자본금		2억원 이상	1억원 이상	5천만원 이상	

> **항만하역장비의 종류**
> ㉠ 예선(曳船)[항만에 입항·출항하는 선박의 이안(離岸)·접안(接岸)을 위하여 선박을 끌어당기거나 밀어서 이동시키는 선박을 말한다] 및 부선, 기중기 및 기중기선, 언로더 및 쉽로더, 지게차, 페이로더, 포크레인, 불도저
> ㉡ 스트래들캐리어, 컨베이어벨트, 트럭, 트랙터 및 트레일러, 사일로, 굴삭기
> ㉢ 스태커리클레이머, 크레인(crane), 야드-샤시(yard-chassis)
> ㉣ 고무방충재(防衝材) 등 해상환적용(海上換積用) 장비

② 관리청은 한정하역사업에 대하여는 이용자·취급화물 또는 항만시설의 특성을 참작하여 그 등록기준을 완화할 수 있다.

⑻ **검수 · 감정 · 검량사**

① **정의** : '검수사'란 직업으로서 검수에 종사하는 자를, '감정사'란 직업으로서 감정에 종사하는 자를, '검량사'란 직업으로서 검량에 종사하는 자를 말한다.

② **검수 · 감정 · 검량사의 등록** : 검수사 · 감정사 또는 검량사(검수사 등)가 되려는 사람은 해양수산부장관이 실시하는 자격시험에 합격한 후 해양수산부장관에게 등록하여야 한다.

③ **결격사유**

다음 어느 하나에 해당하는 사람은 검수사 등의 자격을 취득할 수 없다.

㉠ 미성년자

㉡ 피성년후견인 또는 피한정후견인

㉢ 「항만운송사업법」 또는 「관세법」에 따른 죄를 범하여 금고 이상의 형의 선고를 받고 그 집행이 끝나거나(집행이 끝난 것으로 보는 경우를 포함한다) 집행이 면제된 날부터 3년이 지나지 아니한 사람

㉣ 「항만운송사업법」 또는 「관세법」에 따른 죄를 범하여 금고 이상의 형의 집행유예를 선고받고 그 유예기간 중에 있는 사람

㉤ 검수사 등의 자격이 취소된 날부터 2년이 지나지 아니한 사람

검수사 등 자격시험의 시행일을 기준으로 해당하는 사람은 검수사 등 자격시험에 응시할 수 없다.

④ **자격시험**

㉠ 검수사 · 감정사 또는 검량사(검수사 등)의 자격시험(시험)은 그 종류별로 행한다. 해양수산부장관은 시험을 시행하고자 할 때에는 일시 · 장소 · 시험과목 · 응시절차 그 밖에 필요한 사항을 시험실시 50일 전에 공고하여야 한다. 시험에 응시하고자 하는 자는 응시원서를 해양수산부장관에게 제출하여야 한다. 시험은 필기시험과 면접시험으로 구분하여 실시한다. 필기시험에 합격한 자가 아니면 면접시험에 응시할 수 없다. 면접시험의 시험위원은 2인 이상으로 한다.

㉡ **시험과목** : 시험과목은 다음과 같다. 시험의 합격결정은 100점을 만점으로 하여 필기시험에 있어서는 매과목 40점 이상 전 과목 평균 60점 이상, 면접시험에 있어서는 60점 이상 득점한 자를 합격으로 한다.

자격의 종류	시험과목	
검수사	• 검수에 관한 일반적 지식	• 영어
감정사	• 전문분야의 해당 과목 • 선박에 의한 유류오염손해배상에 관한 일반적 지식 • 영어	• 감정에 관한 일반적 지식
검량사	• 선박의 구조 및 홀수계산방법 • 검량에 관한 일반적 지식	• 영어

◈ **비고** : 시험과목에 관한 세부사항은 해양수산부장관이 정하여 고시한다.

ⓒ 시험의 일부면제 : 필기시험에 합격한 사람은 다음 회의 시험에 한하여 그 필기시험을 면
제한다.

⑤ **등 록**

검수사 등의 등록을 하고자 하는 자는 검수사 등 등록신청서에 주민등록증사본, 검수사 등 자
격증사본, 사진(탈모 정면 상반신 반명함판)을 첨부하여 검수사업자의 등록을 한 자(검수사업
자)·감정사업의 등록을 한 자(감정사업자) 및 검량사업의 등록을 한 자(검량사업자)의 단체의 장
(한국검수검정협회장)에게 제출하여야 한다.

ⓐ 한국검수검정협회장은 검수사 등의 등록신청서를 받은 때에는 신청인에게 검수사 등 수첩
을 교부하여야 한다.

ⓑ 한국검수검정협회장은 검수사 등 수첩을 교부하는 때에는 등록대장에 아래와 같은 사항을
기재하여야 한다.

　ⓐ 성명 및 주소(법인인 경우에는 대표자의 성명 및 법인의 주소를 말한다)

　ⓑ 검수사 등의 구분

　ⓒ 등록번호 및 등록연월일

　ⓓ 취업하고자 하는 항만 및 항만운송사업의 등록을 한 자의 명칭

⑥ **자격증 대여 등의 금지**

검수사 등은 다른 사람에게 자기의 성명을 사용하여 검수사 등의 업무를 하게 하거나 자기의
검수사 등의 자격증을 양도 또는 대여하여서는 아니 된다. 누구든지 다른 사람의 검수사 등의
자격증을 양수하거나 대여받아 사용하여서는 아니 된다.

⑦ **자격의 취소**

ⓐ 자격취소 : 해양수산부장관은 다음 어느 하나에 해당하는 경우에는 검수사 등의 자격을 취
소하여야 한다.

　ⓐ 거짓이나 그 밖의 부정한 방법으로 검수사 등의 자격을 취득한 경우

　ⓑ 다른 사람에게 자기의 성명을 사용하여 검수사 등의 업무를 하게 하거나 검수사 등의
자격증을 다른 사람에게 양도 또는 대여한 경우

ⓑ 자격취소의 공고 : 해양수산부장관은 검수사 등의 자격을 취소한 때에는 다음 사항을 관보
에 게재하여야 한다.

　ⓐ 자격이 취소되는 검수사 등의 성명 및 생년월일

　ⓑ 취소되는 자격의 종류

　ⓒ 자격취소 사유

(9) 검수사업 등 등록기준

검수사업은 항만별로 등록한다. 검수사업·감정사업 및 검량사업의 등록기준은 다음과 같다.

구 분	검수사업			감정사업	검량사업
	1급지 (부산항·인천항·울산항·포항항·광양항)	2급지 (마산항·군산항)	3급지 (1급지 및 2급지를 제외한 항)		
자본금	5천만원 이상	5천만원 이상	5천만원 이상	5천만원 이상	5천만원 이상
검수사	• 부산항: 40인 이상 • 인천항: 25인 이상 • 울산항·포항항·광양항: 7인 이상	3인 이상	2인 이상		
감정사				6인 이상	
검량사					6인 이상

(10) 등록증의 발급

해양수산부장관, 지방해양항만청장 또는 시·도지사는 등록신청이 등록요건을 모두 갖추었다고 인정하는 경우에는 항만운송사업 등록증을 발급하여야 한다.

(11) 사업의 정지 또는 등록의 취소

① **처분사유**: 관리청은 항만운송사업자가 다음 어느 하나에 해당하면 그 등록을 취소하거나 6개월 이내의 기간을 정하여 그 사업의 전부 또는 일부의 정지를 명할 수 있다. 다만, ⑩ 또는 ⑭에 해당하는 경우에는 그 등록을 취소하여야 한다.

㉠ 정당한 사유 없이 운임 및 요금을 인가·신고된 운임 및 요금과 다르게 받은 경우

㉡ 항만운송관련사업자 또는 그 대표자가 「관세법」 제269조부터 제271조까지에 규정된 죄 중 어느 하나의 죄를 범하여 공소가 제기되거나 통고처분을 받은 경우

㉢ 등록기준에 미달하게 된 경우

㉣ 사업 수행 실적이 1년 이상 없는 경우

㉤ 부정한 방법으로 사업의 등록 또는 신고를 한 경우

㉥ 사업정지명령을 위반하여 그 정지기간에 사업을 계속한 경우

② **처분기준** : 처분의 기준의 기준은 다음과 같다.

위반사항	행정처분의 기준		
	1차 위반	2차 위반	3차 위반
항만운송사업자가 등록 기준에 미달하게 된 경우	사업정지 1개월	등록취소	
항만운송사업자가 정당한 사유 없이 운임 및 요금을 인가·신고된 운임 및 요금과 다르게 받은 경우	사업정지 1개월	사업정지 6개월	등록취소
항만운송사업자 또는 그 대표자가 「관세법」 제269조부터 제271조까지에 규정된 죄 중 어느 하나의 죄를 범하여 공소가 제기되거나 통고처분을 받은 경우	사업정지 6개월	등록취소	
항만운송사업자의 사업 수행 실적이 1년 이상 없는 경우	사업정지 3개월	등록취소	
항만운송사업자가 부정한 방법으로 사업의 등록 또는 신고를 한 경우	등록취소		
항만운송사업자가 사업정지명령을 위반하여 정지기간에 사업을 계속한 경우	등록취소		

▌4 사업의 승계

(1) ① 항만운송사업자가 사망한 경우 그 상속인, ② 항만운송사업자가 그 사업을 양도한 경우 그 양수인, ③ 법인인 항만운송사업자가 합병한 경우 합병 후 존속하는 법인이나 합병으로 설립되는 법인은 항만운송사업의 등록을 한 자(항만운송사업자)의 등록에 따른 권리·의무를 승계한다.

(2) 다음 어느 하나에 해당하는 절차에 따라 항만운송사업의 시설·장비 전부를 인수한 자는 종전의 항만운송사업자의 권리·의무를 승계한다.

> **권리·의무 승계**
> ① 「민사집행법」에 따른 경매
> ② 「채무자 회생 및 파산에 관한 법률」에 따른 환가(換價)
> ③ 「국세징수법」, 「관세법」 또는 「지방세징수법」에 따른 압류재산의 매각
> ④ 그 밖에 ①부터 ③까지의 규정에 준하는 절차

5 운임 및 요금

(1) 하역사업의 요금 및 운임

① 인 가

항만하역사업의 등록을 한 자는 운임 및 요금을 정하여 관리청의 인가를 받아야 한다. 이를 변경하고자 할 때에도 또한 같다. 관리청은 인가에 필요한 경우 표준운임 산출 및 표준요금의 산정을 위하여 선박운항업자, 부두운영사 등 이해관계자들이 참여하는 협의체를 구성·운영할 수 있다.

② 신 고

다음의 경우 운임과 요금을 정하여 관리청에 신고하여야 한다. 이를 변경할 때에도 또한 같다.

㉠ 특정 화물주(貨物主)의 화물만을 취급하는 항만시설

㉡ 「항만법」에 따라 항만공사 시행허가를 받은 비관리청이나 「신항만건설 촉진법」 또는 「사회기반시설에 대한 민간투자법」에 따라 지정된 사업시행자가 설치한 항만시설에서 하역하는 화물

㉢ 컨테이너 전용 부두에서 취급하는 컨테이너 화물

(2) 검수·감정·검량사업

검수사업·감정사업 또는 검량사업의 등록을 한 자는 요금을 정하여 관리청에 미리 신고하여야 한다. 이를 변경할 때에도 또한 같다.

(3) 공공복리 증진을 위한 요금의 변경과 조정

관리청은 신고된 운임 및 요금에 대하여 항만운송사업의 건전한 발전과 공공복리의 증진을 위하여 필요하다고 인정할 때에는 이 운임 및 요금의 변경 또는 조정에 필요한 조치를 명할 수 있다.

(4) 절 차

① 하역사업

㉠ 항만하역사업의 등록을 한 자가 운임 및 요금의 설정 또는 변경의 인가신청이나 신고를 할 때에는 항만하역운임 및 요금 인가(변경인가) 신청서 또는 항만하역운임 및 요금 신고(변경신고)서를 지방해양항만청장 또는 시·도지사에게 제출하여야 한다.

㉡ 항만하역운임 및 요금 인가(변경인가) 신청서 또는 항만하역운임 및 요금 신고(변경신고)서에는 ⓐ 운임 및 요금의 산출기초와 화물별 운임 및 요금의 세부내역에 관한 서류, ⓑ 사업의 수지예산서, ⓒ 운임 및 요금의 신·구 대조표(운임 및 요금을 변경하는 경우에 한정한다)를 첨부하여야 한다.

② 검수 · 검량 · 감정사업

검수사업자 · 감정사업자 또는 검량사업자는 요금의 설정 또는 변경신고를 하려면 다음의 사항을 적은 서면을 관리청에 제출하여야 한다.

㉠ 상호

㉡ 성명 및 주소

㉢ 사업의 종류

㉣ 취급화물의 종류

㉤ 항만명(검수사업에 해당한다)

㉥ 변경 전후의 요금의 비교, 변경사유와 변경예정일(요금을 변경하는 경우에 해당한다)

㉦ 설정 또는 변경하고자 하는 요금의 적용방법

(5) **수 리**

관리청은 하역사업 운임 신고를 받은 경우 신고를 받은 날부터 30일 이내에, 검수 · 검량 · 감정사업의 신고를 받은 경우 신고를 받은 날부터 14일 이내에 신고수리 여부를 신고인에게 통지하여야 한다. 관리청이 정한 기간 내에 신고수리 여부 또는 민원 처리 관련 법령에 따른 처리기간의 연장을 신고인에게 통지하지 아니하면 그 기간(민원 처리 관련 법령에 따라 처리기간이 연장 또는 재연장된 경우에는 해당 처리기간을 말한다)이 끝난 날의 다음 날에 신고를 수리한 것으로 본다.

(6) **보고 · 검사**

관리청은 인가한 항만하역 운임 및 요금과 관련하여 필요하다고 인정하면 항만운송사업자에게 필요한 사항을 보고하게 하거나 자료의 제출을 요구할 수 있으며, 소속 공무원으로 하여금 항만운송사업자의 사업장 · 사무실, 부선 · 예선 등의 선박에 출입하여 장부 · 서류 등을 검사하게 할 수 있다. 출입 · 검사하는 공무원은 그 권한을 표시하는 증표를 지니고 이를 관계인에게 내보여야 한다.

제2절 항만운송관련사업

1 항만운송관련사업

(1) 정 의

'항만운송관련사업'이란 항만에서 선박에 물품이나 역무(役務)를 제공하는 항만용역업·선용품공급업·선박연료공급업·선박수리업 및 컨테이너수리업을 말한다. 이 경우 선용품공급업은 건조 중인 선박 또는 해상구조물 등에 선용품을 공급하는 경우를 포함한다.

(2) 종 류

「항만운송사업법」에 의한 항만운송관련사업의 업종별 사업의 내용은 다음과 같다.

① **항만용역업**: 다음 행위를 행하는 사업

> **항만용역업**
> ㉠ 통선(通船)으로 본선(本船)과 육지 간의 연락을 중계하는 행위
> ㉡ 본선을 경비(警備)하는 행위나 본선의 이안(離岸) 및 접안(接岸)을 보조하기 위하여 줄잡이 역무(役務)를 제공하는 행위
> ㉢ 선박의 청소[유창(油艙) 청소는 제외한다], 오물 제거, 소독, 폐기물의 수집·운반, 화물 고정, 칠 등을 하는 행위
> ㉣ 선박에서 사용하는 맑은 물을 공급하는 행위

② **선용품공급업**: 선박운항에 필요한 물품 및 주·부식의 공급과 선박의 침구류 등을 세탁하는 사업

③ **선박연료공급업**: 선박용 연료유를 공급하는 사업

④ **컨테이너수리업**: 컨테이너를 수리하는 사업

⑤ **선박수리업**: 선박 수리를 하는 사업

2 사업의 등록과 신고

(1) 등록과 신고

항만운송관련사업을 하려는 자는 항만별·업종별로 관리청에 등록하여야 한다. 다만, 선용품공급업을 하려는 자는 본점 또는 주된 사무소의 소재지에 있는 항만을 관할하는 지방해양항만청장에게 신고하여야 한다. 등록 및 신고 기준은 다음과 같다.

● 항만운송관련사업의 등록 및 신고의 기준

구 분			1급지 (부산항·인천항· 울산항·포항항· 광양항)	2급지 (여수항·마산항· 군산항)	3급지 (1급지 및 2급지를 제외한 항)
등록 기준	항만 용역업	자본금	1억원 이상	1억원 이상	5천만원 이상
		선 박	•통선: 20톤 이상 •급수선: 50톤 이상	•통선: 10톤 이상 •급수선: 10톤 이상	•통선: 5톤 이상 •급수선: 5톤 이상
	선박 연료 공급업	자본금	1억원 이상	5천만원 이상	5천만원 이상
		다음 중 어느 하나 이상의 장비			
		1) 연료공급선 (연료공급부선 을 포함한다)	총톤수 100톤 이상	총톤수 30톤 이상	총톤수 10톤 이상
		2) 연료공급차량 (유조차량의 경 우 「위험물안전 관리법」 제15조 제1항 본문에 따 른 이동탱크저장 소를 말한다)	탱크 용량 30킬로리터 이상	탱크 용량 20킬로리터 이상	탱크 용량 8킬로리터 이상
	컨테이너 수리업· 선박 수리업	자본금	5천만원 이상	5천만원 이상	5천만원 이상
		공구창고 또는 공장	총면적 30m² 이상	총면적 20m² 이상	총면적 20m² 이상
신고 기준	선용품 공급업	자본금	5천만원 이상	5천만원 이상	5천만원 이상
		자동차	1대 이상	1대 이상	1대 이상

항만운송관련사업의 등록을 신청하거나 신고를 하려는 자는 항만운송관련사업(항만용역업·선박연료공급업·컨테이너수리업) 등록신청서(전자문서로 된 신청서를 포함한다) 또는 선용품공급업 신고서(전자문서로 된 신고서를 포함한다)에 사업계획서(선용품공급업은 제외한다)와 다음 서류를 첨부하여 관리청에 제출하여야 한다.

> **등록신청시 첨부서류**
> ① 정관(법인인 경우에만 제출한다)
> ② 부두시설 등 항만시설을 사용하는 경우에는 해당 항만시설의 사용허가서 사본(컨테이너수리업의 경우에만 제출한다)
> ③ 재산 상태를 기재한 서류

⑵ 확 인

신청서 또는 신고서를 제출받은 관리청은 「전자정부법」에 따른 행정정보의 공동이용을 통하여 법인 등기사항증명서(법인인 경우만 해당한다) 또는 주민등록등본(개인인 경우만 해당한다)을 확인 하여야 한다. 다만, 주민등록등본의 경우 신청인 또는 신고인이 확인에 동의하지 아니하면 이를 첨부하게 하여야 한다.

사업계획서에는 ① 사업의 개요, ② 종사원의 현황, ③ 보유시설의 현황, ④ 사업개시예정일을 기 재하여야 한다.

⑶ 영업구역

선용품공급업의 영업구역은 항만시설로 하고, 「해운법」 제24조 제1항에 따라 내항 화물운송사업 등록을 한 선박연료공급선(운항구간의 제한을 받지 아니하는 선박에 한정한다)은 영업구역의 제한 을 받지 아니한다.

⑷ 항만용역업 전제조건

항만용역업의 등록을 신청하려는 자 중 선박에서 발생하는 분뇨·오물을 제거하거나 폐기물을 수집·운반하려는 자는 ① 「하수도법」에 따라 분뇨수집·운반업의 허가를 받은 자, ② 「폐기물관 리법」에 따라 폐기물 수집·운반업을 허가받은 자, ③ ① 또는 ②에 해당하는 자와 바다 위에서 분뇨나 폐기물을 운반하기로 위탁계약을 체결한 자여야 한다.

⑸ 선박연료공급업 변경신고

항만운송관련사업 중 선박연료공급업을 등록한 자는 사용하려는 장비를 추가하거나 그 밖에 사업 계획을 변경하려는 경우 관리청에 사업계획 변경신고를 하여야 한다. 선박연료공급업을 등록한 자가 사업계획 변경신고를 하려는 경우에는 선박연료공급업 사업계획 변경신고서에 사업계획서 를 첨부하여 지방해양수산청장 또는 시·도지사에게 제출하여야 한다. 지방해양수산청장 또는 시·도지사는 선박연료공급업 사업계획의 변경신고를 받은 경우 등록 기준에 적합하면 변경사항 을 반영하여 선박연료공급업 사업계획 변경신고확인증을 발급하여야 한다.

⑹ 신고수리 및 등록증(신고확인증) 발급

관리청은 선용품공급업 신고를 받은 경우 신고를 받은 날부터 6일 이내에, 선박연료공급업 변경 신고를 받은 경우 신고를 받은 날부터 5일 이내에 신고수리 여부를 신고인에게 통지하여야 한다. 관리청이 정한 기간 내에 신고수리 여부 또는 민원 처리 관련 법령에 따른 처리기간의 연장을 신고인에게 통지하지 아니하면 그 기간(민원 처리 관련 법령에 따라 처리기간이 연장 또는 재연장된 경우에는 해당 처리기간을 말한다)이 끝난 날의 다음 날에 신고를 수리한 것으로 본다.

지방해양항만청장 또는 시·도지사는 항만운송관련사업의 등록 신청 또는 신고를 받았을 때에는 등록 및 신고의 기준에 적합한지를 확인한 후 항만운송관련사업(항만용역업·선박연료공급업·선 박수리업·컨테이너수리업) 등록증 또는 선용품공급업 신고확인증을 신청인 또는 신고인에게 발 급하여야 한다.

(7) 등록의 취소

① **처분사유**: 관리청은 항만운송관련사업자가 다음 어느 하나에 해당하면 그 등록을 취소하거나 6개월 이내의 기간을 정하여 그 사업의 전부 또는 일부의 정지를 명할 수 있다. 다만, ㉣ 또는 ㉥에 해당하는 경우에는 그 등록을 취소하여야 한다.

㉠ 항만운송관련사업자 또는 그 대표자가 「관세법」 제269조부터 제271조까지에 규정된 죄 중 어느 하나의 죄를 범하여 공소가 제기되거나 통고처분을 받은 경우

㉡ 선박연료공급업 변경신고를 하지 아니하고 장비를 추가하거나 그 밖에 사업계획 중 해양수산부령으로 정하는 사항을 변경한 경우

㉢ 등록 또는 신고의 기준에 미달하게 된 경우

㉣ 부정한 방법으로 사업의 등록 또는 신고를 한 경우

㉤ 사업 수행 실적이 1년 이상 없는 경우

㉥ 사업정지명령을 위반하여 그 정지기간에 사업을 계속한 경우

② **처분기준**: 처분의 기준은 다음과 같다.

위반사항	행정처분의 기준		
	1차 위반	2차 위반	3차 위반
항만운송관련사업자가 등록 또는 신고의 기준에 미달하게 된 경우	사업정지 1개월	등록취소 또는 사업정지 6개월 (신고사업인 경우만 해당한다)	
선박연료공급업을 등록한 자가 변경신고를 하지 않고 장비를 추가하거나 그 밖에 사업계획 중 해양수산부령으로 정하는 사항을 변경한 경우	사업정지 1개월	사업정지 6개월	등록취소
항만운송관련사업자 또는 그 대표자가 「관세법」 제269조부터 제271조까지에 규정된 죄 중 어느 하나의 죄를 범하여 공소가 제기되거나 통고처분을 받은 경우	사업정지 6개월	등록취소	
항만운송관련사업자의 사업 수행 실적이 1년 이상 없는 경우	사업정지 3개월	등록취소 또는 사업정지 6개월 (신고사업인 경우만 해당한다)	
항만운송관련사업자가 부정한 방법으로 사업의 등록 또는 신고를 한 경우	등록취소		
항만운송관련사업자가 사업정지명령을 위반하여 정지기간에 사업을 계속한 경우	등록취소		

3 사업의 승계

항만운송관련사업자가 사망한 경우 그 상속인, 항만운송관련사업자가 그 사업을 양도한 경우 그 양수인, 법인인 항만운송관련사업자가 합병한 경우 합병 후 존속하는 법인이나 합병으로 설립되는 법인은 항만운송관련사업의 등록 또는 신고를 한 자의 등록 또는 신고에 따른 권리·의무를 승계한다.

제 3 절 부두운영회사

1 정 의

항만하역사업 및 그 부대사업을 수행하기 위하여 「항만법」 제41조 제1항 제1호에 따른 항만시설 운영자 또는 「항만공사법」에 따른 항만공사(항만시설운영자 등)와 제26조의6 제1항에 따라 부두 운영계약을 체결하고, 「항만법」 제2조 제5호에 따른 항만시설 및 그 항만시설의 운영에 필요한 장비·부대시설 등을 일괄적으로 임차하여 사용하는 자를 말한다. 다만, 다음 어느 하나에 해당하는 자는 제외한다.

① 「항만공사법」에 따른 항만공사와 임대차계약을 체결하고, 해양수산부장관이 컨테이너 부두로 정하여 고시한 항만시설을 임차하여 사용하는 자

② 그 밖에 특정 화물에 대하여 전용 사용되는 등 해양수산부장관이 부두운영회사가 운영하기에 적합하지 아니하다고 인정하여 고시한 항만시설을 임차하여 사용하는 자

2 부두운영계약

(1) 체 결

항만시설운영자 등은 항만 운영의 효율성 및 항만운송사업의 생산성 향상을 위하여 필요한 경우에는 다음 기준에 적합한 자를 선정하여 부두운영계약을 체결할 수 있다. 기준의 세부내용에 대해서는 항만시설운영자 등이 정할 수 있다.

① 임대료 및 그 밖에 부두운영회사가 「항만법」 제30조 제1항 본문에 따른 항만시설운영자 또는 「항만공사법」에 따른 항만공사(이하 "항만시설운영자 등"이라 한다)에 내야 하는 비용의 지급 능력

② 화물의 유치 능력 및 부두운영계약으로 임차·사용하려는 항만시설 및 그 밖의 장비·부대시설 등(이하 "항만시설 등"이라 한다)에 대한 투자 능력

③ 재무구조의 건전성

(2) 계약 포함사항

부두운영계약에는 다음 사항이 포함되어야 한다.

① 부두운영회사가 부두운영계약으로 임차·사용하려는 항만시설 및 그 밖의 장비·부대시설 등 (항만시설 등)의 범위

② 부두운영회사가 부두운영계약 기간 동안 항만시설 등의 임차·사용을 통하여 달성하려는 화물유치·투자 계획과 해당 화물유치·투자 계획을 이행하지 못하는 경우에 부두운영회사가 부담하여야 하는 위약금에 관한 사항

③ 다음 기준에 따른 항만시설 등의 임대료에 관한 사항

구 분	산출식
안벽(岸壁) 임대료	표준안벽가액×임대안벽 면적(m^2)×부과율(5%)×평균 조정률
창고 및 야적장 임대료	항만시설 사용료율×누적생산자물가상승률
통로 임대료	항만시설 사용료율(야적장 임대료)×50/100
토지·건물 등 부대시설 임대료	해당 부대시설의 재산가액×사용료율

④ 계약기간

⑤ 부두운영회사의 항만시설 등의 안전관리에 관한 사항

⑥ 부두운영회사의 항만시설 등의 분할 운영 금지 등 금지행위 및 위반시 책임에 관한 사항

⑦ 항만시설 등의 효율적인 사용 및 운영 등을 위하여 항만시설운영자 등과 해양수산부장관이 협의한 사항

(3) **부두운영회사의 선정 절차**

① **공고** : 항만시설운영자 등이 부두운영계약을 체결하려는 경우에는 다음 사항을 포함한 부두운영회사 선정계획을 수립하여 항만시설을 개장(開場)하기 6개월 전까지 이를 공고하여야 한다.

㉠ 계약 대상 항만시설 등

㉡ 계약기간 및 임대료

㉢ 계약 참여 방법

㉣ 부두운영회사의 선정기준

② **공고기간 단축 등** : 항만시설운영자 등은 ①에도 불구하고 항만시설 등의 효율적인 사용 및 운영 등을 위하여 필요하다고 인정하는 경우에는 그 공고기간을 줄이거나 공고 없이 부두운영계약을 체결할 수 있다. 이 경우 항만시설운영자 등은 해양수산부장관과 미리 협의할 수 있다.

③ **협의** : 항만시설운영자 등은 부두운영계약을 체결하기 전에 부두운영계약을 체결하려는 자가 부두운영회사의 선정기준에 적합한지 여부 등에 대하여 해양수산부장관과 미리 협의할 수 있다.

(4) **부두운영계약의 갱신**

① **신청** : 부두운영회사가 계약기간을 연장하려는 경우에는 그 계약기간이 만료되기 6개월 전까지 항만시설운영자 등에게 부두운영계약의 갱신을 신청하여야 한다.

② **검토** : 항만시설운영자 등은 부두운영회사로부터 부두운영계약의 갱신 신청을 받은 경우에는 부두운영회사의 선정기준에 적합한지 여부 및 다음 사항을 검토하여야 한다.

㉠ 임대료의 연체 여부

㉡ 화물유치 또는 투자 계획의 이행 여부

㉢ 부두운영회사의 항만시설 등의 분할 운영 여부 등 금지행위 위반 여부

㉣ 그 밖의 부두운영계약의 이행 여부

③ **계약체결** : 항만시설운영자 등은 검토 결과 부두운영계약을 갱신하려는 경우에는 갱신 계약기간이 시작되기 7일 전까지 해당 부두운영회사와 갱신계약을 체결하여야 한다.

④ **협의** : 항만시설운영자 등은 갱신계약을 체결하기 전에 갱신계약을 체결하려는 자가 부두운영회사의 선정기준에 적합한지 여부 등에 대하여 해양수산부장관과 미리 협의할 수 있다.

(5) 부두운영계약의 해지

① **해지 사유** : 항만시설운영자 등은 다음 어느 하나에 해당하는 사유가 있으면 부두운영계약을 해지할 수 있다.

  ㉠ 「항만 재개발 및 주변지역 발전에 관한 법률」 제2조 제4호에 따른 항만재개발사업의 시행 등 공공의 목적을 위하여 항만시설 등을 부두운영회사에 계속 임대하기 어려운 경우

  ㉡ 부두운영회사가 항만시설 등의 임대료를 3개월 이상 연체한 경우

  ㉢ 항만시설 등이 멸실되거나 그 밖에 다음 사유로 부두운영계약을 계속 유지할 수 없는 경우

   ⓐ 부두운영회사가 부두운영계약 기간 동안 자기의 귀책사유로 투자 계획을 이행하지 못한 경우

   ⓑ 부두운영회사가 항만시설 등의 분할 운영 금지 등 금지행위를 한 경우

   ⓒ 정당한 사유 없이 부두운영회사가 항만시설 등의 효율적인 사용 및 운영 등을 위하여 항만시설운영자 등과 해양수산부장관이 협의한 사항을 이행하지 아니한 경우

② **통지** : 항만시설운영자 등은 부두운영계약을 해지하려면 서면으로 그 뜻을 부두운영회사에 통지하여야 한다.

(6) 화물유치 계획 등의 미이행에 따른 위약금 부과

① **부과** : 항만시설운영자 등은 화물유치 또는 투자 계획을 이행하지 못한 부두운영회사에 대하여 위약금을 부과할 수 있다. 다만, 부두운영회사가 화물유치 또는 투자 계획을 이행하지 못하는 데 귀책사유가 없는 경우에는 위약금을 부과하지 아니한다.

② **사유** : 위약금은 부두운영회사가 부두운영계약 기간 동안의 총 화물유치 또는 투자 계획을 이행하지 못한 경우에 부과한다. 이 경우 위약금은 다음에 따라 연도별로 산정하여 합산한다.

구 분	연도별 위약금 산정 방법
화물유치 계획 미이행	해당 연도 임대료×[(연차별 화물유치 계획물량−연차별 실제 처리물량)/ 연차별 화물유치 계획물량]×요율
투자 계획 미이행	해당 연도 임대료×[(연차별 투자계획 누적금액−실제 투자 누적금액)/ 연차별 투자계획 누적금액]

  ◈ 비고 : 요율은 최초 2년간은 할인차등요율(1년차는 50%, 2년차는 70%를 말한다)을 적용하며, 3년차부터는 100%를 적용한다.

③ **감면**: 항만시설운영자 등은 다음 어느 하나에 해당하는 경우에는 해양수산부장관과 미리 협의하여 위약금의 전부 또는 일부를 감면한다.

   ㉠ 정부의 항만 개발에 관한 계획 등이 미이행되거나 연기되어 부두운영회사가 화물유치 또는 투자 계획을 이행하지 못하게 된 경우

   ㉡ 천재지변 등 부두운영회사에게 책임이 없는 불가항력적인 사유로 정상적인 경영이 불가능하다고 인정되는 경우

⑺ 부두운영회사 운영성과의 평가

① **평가실시**: 해양수산부장관은 항만 운영의 효율성을 높이기 위하여 매년 부두운영회사의 운영성과에 대하여 평가를 실시할 수 있다.

② **평가결과 활용**: 항만시설운영자 등은 평가 결과에 따라 부두운영회사에 대하여 항만시설 등의 임대료를 감면하거나 그 밖에 필요한 조치를 할 수 있다.

③ 평가의 대상·항목·방법 및 절차 등에 관하여 필요한 사항은 해양수산부장관이 정하여 고시한다.

⑻ 부두운영회사의 항만시설 사용

항만운송사업법에서 정한 것 외에 부두운영회사의 항만시설 사용에 대해서는 「항만법」 또는 「항만공사법」에 따른다.

05

제 4 절 　 보칙과 벌칙

1 미등록 항만에서의 일시적 영업행위

(I) 신 고

항만운송사업자 또는 항만운송관련사업자는 다음과 같은 부득이한 사유로 등록을 하지 아니한 항만에서 일시적으로 영업행위를 하려는 경우에는 미리 그 항만을 관할하는 관리청에 신고하여야 한다.

① 같은 사업을 하는 사업자가 해당 항만에 없거나 행정처분 등으로 일시적으로 사업을 할 수 없게 된 경우

② 사업의 성질상 해당 항만의 사업자가 그 사업을 할 수 없는 경우

(2) 절 차

① 항만운송사업자 또는 항만운송관련사업자가 등록하지 아니한 항만에서 일시적 영업행위의 신고를 할 때에는 영업기간 등을 구체적으로 밝힌 서면으로 하여야 한다.

② 항만운송사업자 또는 항만운송관련사업의 등록을 한 자는 영업개시 3일 전까지 일시적 영업행위 신고서에 사업계획서를 첨부하여 관리청에 제출하여야 한다. 관리청은 신고를 받은 날부터 3일 이내에 신고수리 여부를 신고인에게 통지하여야 한다. 관리청이 3일 이내에 신고수리 여부 또는 민원 처리 관련 법령에 따른 처리기간의 연장을 신고인에게 통지하지 아니하면 그 기간(민원 처리 관련 법령에 따라 처리기간이 연장 또는 재연장된 경우에는 해당 처리기간을 말한다)이 끝난 날의 다음 날에 신고를 수리한 것으로 본다.

③ 관리청은 일시적 영업행위 신고서를 받았을 때에는 사유에 해당되는지를 확인한 후 일시적 영업행위 신고확인증을 신고인에게 발급하여야 한다.

④ 등록을 하지 아니한 항만에서 일시적으로 영업행위를 하기 위하여 신고한 항만운송사업자 또는 항만운송관련사업자는 그 신고한 내용에 맞게 영업행위를 하여야 한다.

2 항만운송 종사자 등에 대한 교육훈련

(I) 교육훈련 대상 작업

항만운송사업 또는 항만운송관련사업에 종사하는 사람 중 안전사고가 발생할 우려가 높은 다음 작업에 종사하는 사람은 해양수산부장관이 실시하는 교육훈련을 받아야 한다.

① 항만하역사업

② 줄잡이 항만용역업

③ 화물 고정 항만용역업

(2) 작업제한

해양수산부장관은 교육훈련을 받지 아니한 사람에 대하여는 항만하역사업, 줄잡이 작업, 화물 고정 작업에 종사하는 것을 제한하여야 한다. 다만, 다음 사유로 교육훈련을 받지 못한 경우에는 그러하지 아니하다.

① 교육훈련 수요의 급격한 증가에 교육훈련기관이 그 수요를 충족하지 못하는 경우

② 그 밖에 작업에 종사하는 사람의 귀책사유 없이 교육훈련을 받지 못한 경우

(3) 교 육

① 구분 작업에 종사하는 사람은 교육훈련기관이 실시하는 교육훈련을 다음 구분에 따라 받아야 한다.

　　㉠ 신규자 교육훈련 : 작업에 채용된 날부터 6개월 이내에 실시하는 교육훈련

　　㉡ 재직자 교육훈련 : 교육훈련을 받은 연도의 다음 연도 및 그 후 매 2년마다 실시하는 교육훈련

② **교육훈련의 내용·방법·시간 및 교육훈련의 유효기간**

구 분	교육훈련의 내용	교육훈련 방법 및 시간	교육훈련 유효기간
1. 신규자 교육훈련	• 화물별 특성과 위험에 관한 사항 • 항만하역 안전 및 사고예방에 관한 사항 • 위험물의 취급요령 및 안전관리에 관한 사항 • 화물별 사고사례와 방지대책에 관한 사항 • 「산업안전보건법」 등 안전 관련 법령에 관한 사항 • 응급처치 등 관련 실습에 관한 사항 • 그 밖에 항만 안전에 관한 사항	• 강의 및 실습 • 12시간 이상	
2. 재직자 교육훈련	• 안전 복장에 관한 사항 • 장비와 도구의 안전에 관한 사항 • 화물별 위험에 관한 사항 • 화물별 안전작업 요령에 관한 사항 • 화물별 사고사례와 방지대책에 관한 사항 • 위험물의 취급요령 및 안전관리에 관한 사항 • 응급처치 등 관련 실습에 관한 사항 • 그 밖에 항만 안전에 관한 사항	• 강의 및 실습 • 2시간 이상	2년

　◈ **비고** : 「산업안전보건법」 제29조에 따른 안전보건교육을 받은 경우에는 제1호의 신규자 교육훈련 또는 제2호의 재직자 교육훈련을 받은 것으로 본다.

③ 법 제27조의4 제1항에 따른 교육훈련기관은 교육훈련을 이수한 사람에게 교육훈련 이수증을 발급하여야 한다.

▌3 교육훈련기관

(1) 설 립

항만운송사업자 또는 항만운송관련사업자에게 고용되거나 역무를 제공하는 자에 대한 항만운송·항만안전 등에 관한 교육훈련을 실시하기 위하여 교육훈련기관을 설립할 수 있다. 교육훈련기관은 법인으로 한다. 교육훈련기관은 해양수산부장관의 설립인가를 받아 그 주된 사무소의 소재지에서 설립등기를 함으로써 성립한다. 교육훈련기관의 운영에 필요한 경비는 항만운송사업자 또는 항만운송관련사업자 및 해당 교육훈련을 받는 자가 부담한다. 교육훈련기관에 관하여 항만운송사업법에 규정된 것을 제외하고는 민법 중 사단법인에 관한 규정을 준용한다.

(2) 교육훈련기관의 설립 절차

교육훈련기관을 설립하고자 하는 자는 설립인가신청서에 ① 설립취지서, ② 정관, ③ 설립자의 성명·주소 및 약력(설립자가 법인인 경우에는 그 명칭, 정관, 주된 사무소의 소재지 및 대표자의 성명·주소)을 기재한 서류, ④ 사업계획서 및 수지예산서, ⑤ 재산목록 및 재산출연을 증명할 수 있는 서류를 첨부하여 해양수산부장관에게 제출하여야 한다.

(3) 훈련과정

교육훈련대상자·교육훈련과정 및 교육훈련내용은 다음과 같다.

교육훈련과정	교육훈련대상자	교육훈련내용
기초교육	항만운송사업자 등에게 신규로 고용된 자 또는 고용되고자 하는 자	• 항만운송의 기초이론, 화물취급 실무 및 항만하역작업의 안전관리 등 • 항만안전, 항만하역장비 등 항만하역작업에 관한 기초이론과 실습
	항만운송사업자 등에게 역무를 제공하기 위하여 조직된 노동조합(이하 '항운노동조합'이라 한다)에 신규로 가입한 자 또는 가입하고자 하는 자	
양성교육	항만하역장비의 운전·조작 및 정비 등과 관련된 기능을 습득하고자 하는 자	• 항만하역장비의 구조와 특성 • 항만하역장비의 운전·조작 및 정비 등에 관한 이론과 실습
	자동차운반전용선의 선적작업 및 야드-트레일러(yard-trailer) 운전을 수행하고자 하는 자	• 자동차운반전용선의 선적작업에 관한 이론과 실습 • 컨테이너 운송을 위한 야드-트레일러 운전에 관한 이론과 실습
	항만하역작업의 현장감독업무를 수행하고자 하는 자	항만하역작업의 현장감독자로서 필요한 이론과 실습
	검수·감정·검량사업자 및 항만운송관련사업자에게 고용되고자 하거나 역무를 제공하고자 하는 자	• 일반화물 및 컨테이너 등의 검수·감정·검량에 관한 이론과 실습 • 그 밖의 항만하역작업 및 관리에 관한 이론과 실습

안전교육	항만 내 위험물취급에 관한 안전관리자로 배치된 자 또는 배치될 자	위험물취급에 관한 이론과 실습
	항만하역작업의 현장종사자 및 감독업무 수행자	항만하역작업의 안전관리에 관한 이론과 실습
연수교육	항만운송사업 및 항만운송관련사업 종사자	• 「항만운송사업법」, 「개항질서법」 등 항만운송관련법령 • 항만운영관리자 및 현장감독자에게 필요한 지식과 이론
	항운노동조합원	• 항만물류, 농수산물유통 및 국제유통에 관한 이론과 실습 • 항만운영의 효율화 관리기법 • 그 밖의 항만하역작업 및 관리에 관한 이론과 실습
	컨테이너 터미널 종사자	• 컨테이너 항만인력개발 계획프로그램(PDP) • 터미널 운용 및 관리에 관한 이론과 실습
정보교육	항만운송사업자 등의 임직원, 항운노동조합원으로서 항만운영전산망의 운영 및 컴퓨터 운용능력의 습득을 원하는 자	• 전자문서교환 등 항만운영전산망의 운영실습 • 컴퓨터 기초이론 및 운용능력 실습 • 인터넷, 웹디자인 등에 관한 이론과 실습 • 그래픽 등 응용프로그램 교육 및 실습
특별교육	정부 및 교육기관 등 외부기관의 위탁 등에 의하여 교육을 받게 된 자	• 항만하역장비의 운전·조작·정비 및 관리기술 • 항만물류, 농수산물유통 및 국제유통에 관한 이론과 실습 • 그 밖의 항만관련 기술 및 운영관리

♡ **비고** : 각 교육훈련과정에 따른 세부교과과정 및 교육훈련기관은 교육훈련기관이 각 교육과정별 특성을 감안하여 정한다.

(4) **교육훈련기관의 경비부담**

항만운송사업자, 항만운송관련사업자 및 해당 교육훈련을 받는 자가 부담하는 경비의 내용은 다음과 같다.

경비부담의 주체	교육훈련의 대상	경비부담의 방법
항만하역사업자	항만하역사업자에게 고용되거나 역무를 제공하는 자	하역실적에 따라 부담하되, 그 방법 및 요율은 교육훈련기관이 해양수산부장관의 승인을 얻어 정한다.
검수·감정·검량사업자 및 항만운송관련사업자	검수·감정·검량사업자 및 항만운송관련사업자에게 고용되거나 역무를 제공하는 자	교육기간·교육과정 등을 고려하여 교육훈련기관이 해양수산부장관의 승인을 얻어 정한다.
개별적으로 해당 교육훈련을 받는 자	항만운송사업자 등에게 고용되고자 하거나 역무를 제공하고자 하는 자	교육기간·교육과정 등을 고려하여 교육훈련기관이 해양수산부장관의 승인을 얻어 정한다.

(5) **교육훈련기관의 운영**

교육훈련기관은 다음 연도의 사업계획 및 예산안을 매년 11월 30일까지 해양수산부장관에게 제출하여야 한다. 교육훈련기관은 매 사업연도의 세입·세출결산서를 다음 연도 3월 31일까지 해양수산부장관에게 제출하여야 한다.

(6) **교육훈련기관의 정관**

교육훈련기관의 정관에는 다음의 사항을 기재하여야 한다.

① 목적
② 명칭
③ 사무소의 소재지
④ 재산 및 회계에 관한 사항
⑤ 이사의 임면(任免)에 관한 사항
⑥ 총회 및 이사회에 관한 사항
⑦ 정관의 변경에 관한 사항
⑧ 존립시기나 해산사유를 정하는 경우에는 그 시기 또는 사유

(7) **훈련기관의 감독**

해양수산부장관은 교육훈련기관의 업무·재산 또는 회계관리에 관하여 위법·부당한 사항을 발견한 때에는 그 시정을 명할 수 있다.

■ 4 항만인력 수급관리협의회

(1) 협의회 구성원

항만운송사업자 또는 항만운송관련사업자가 구성한 단체(항만운송사업자 단체), 항만운송사업자 또는 항만운송관련사업자에게 고용되거나 역무를 제공하는 자가 구성한 단체(항만운송근로자 단체) 및 그 항만운송사업에 종사하는 인력의 수급 관련 업무를 담당하는 공무원 중에서 해당 항만을 관할하는 지방해양수산청장 또는 특별시장·광역시장·도지사 또는 특별자치도지사(이하 "시·도지사"라 한다)가 지명하는 사람은 만운송사업 또는 항만운송관련사업에 필요한 적정한 근로자의 수 산정, 근로자의 채용 및 교육훈련에 관한 사항 등 항만운송사업 또는 항만운송관련사업에 종사하는 인력의 원활한 수급과 투명하고 효율적인 관리에 필요한 사항을 협의하기 위하여 항만별로 항만인력 수급관리협의회를 구성·운영할 수 있다.

(2) 협의회 구성

항만인력 수급관리협의회(수급관리협의회)는 위원장 1명을 포함하여 7명의 위원으로 구성하되, 수급관리협의회의 위원장은 위원 중에서 호선(互選)한다.

(3) 위 원

수급관리협의회의 위원은 다음 사람이 된다.

① 해당 항만의 항만운송사업자가 구성한 단체가 추천하는 사람 3명. 다만, 해당 단체가 2개 이상 있는 경우에는 단체 간 상호 협의하여 추천하는 사람이 된다.

② 해당 항만의 항만운송사업자에게 고용되거나 역무를 제공하는 자(그 자의 구성원의 과반수가 해당 항만의 항만운송사업자에게 고용되거나 역무를 제공하는 자에 한정한다)가 구성한 단체가 추천하는 사람 3명. 다만, 해당 단체가 2개 이상 있는 경우에는 단체 간 상호 협의하여 추천하는 사람이 된다.

③ 항만운송사업에 종사하는 인력의 수급 관련 업무를 담당하는 공무원 중에서 해당 항만을 관할하는 지방해양수산청장 또는 시·도지사가 지명하는 사람 1명

(4) 관리협의회의 운영

① **위원장**: 수급관리협의회의 위원장은 수급관리협의회를 대표하고, 그 업무를 총괄한다.

② **소집**: 수급관리협의회의 회의는 수급관리협의회의 위원장이 필요하다고 인정하거나 재적위원 과반수의 요청이 있는 경우에 소집한다.

③ **개의와 의결**: 수급관리협의회의 회의는 재적위원 3분의 2 이상의 출석으로 개의(開議)하고, 출석위원 3분의 2 이상의 찬성으로 의결한다.

④ **운영**: 수급관리협의회의 운영에 필요한 사항은 수급관리협의회의 의결을 거쳐 수급관리협의회의 위원장이 정한다.

(5) **수급관리협의회의 협의사항**

수급관리협의회는 다음 사항을 심의·의결한다.

① 항만운송사업에 필요한 적정한 근로자의 수 산정에 관한 사항

② 항만운송사업에 종사하는 인력의 채용기준 및 교육훈련 등 인사관리에 관한 사항

③ 그 밖에 수급관리협의회의 위원장이 항만운송사업에 종사하는 인력의 원활한 수급 및 효율적인 관리 등에 필요하다고 인정하여 회의에 부치는 사항

■ 5 항만운송 분쟁협의회

(1) **구 성**

① **구성목적**: 항만운송사업자 단체, 항만운송근로자 단체 및 항만운송사업의 분쟁 관련 업무를 담당하는 공무원 중에서 해당 항만을 관할하는 지방해양수산청장 또는 시·도지사가 지명하는 사람은 항만운송과 관련된 분쟁의 해소 등에 필요한 사항을 협의하기 위하여 항만별로 항만운송 분쟁협의회를 구성·운영할 수 있다. 항만운송사업자 단체와 항만운송근로자 단체는 항만운송과 관련된 분쟁이 발생한 경우 항만운송 분쟁협의회를 통하여 분쟁이 원만하게 해결되고, 분쟁기간 동안 항만운송이 원활하게 이루어질 수 있도록 노력하여야 한다.

② **협의회 구성**: 분쟁협의회의 위원은 다음 사람이 된다.

㉠ 해당 항만의 항만운송사업자가 구성한 단체가 추천하는 사람 3명. 다만, 해당 단체가 2개 이상 있는 경우에는 단체 간 상호 협의하여 추천하는 사람이 된다.

㉡ 해당 항만의 항만운송사업자에게 고용되거나 역무를 제공하는 자가 구성한 단체가 추천하는 사람 3명. 다만, 해당 단체가 2개 이상 있는 경우에는 단체 간 상호 협의하여 추천하는 사람이 된다.

㉢ 항만운송사업의 분쟁 관련 업무를 담당하는 공무원 중에서 해당 항만을 관할하는 지방해양수산청장 또는 시·도지사가 지명하는 사람 1명

③ **분쟁협의회의 운영**

㉠ 분쟁협의회의 위원장은 분쟁협의회를 대표하고, 그 업무를 총괄한다.

㉡ 분쟁협의회의 회의는 분쟁협의회의 위원장이 필요하다고 인정하거나 재적위원 과반수의 요청이 있는 경우에 소집한다.

㉢ 분쟁협의회의 회의는 재적위원 3분의 2 이상의 출석으로 개의하고, 출석위원 3분의 2 이상의 찬성으로 의결한다.

㉣ 분쟁당사자는 분쟁협의회의 회의에 출석하여 의견을 진술하거나 관계 자료 등을 제출할 수 있다.

㉤ ㉠부터 ㉣까지에서 규정한 사항 외에 분쟁협의회의 운영에 필요한 사항은 분쟁협의회의 의결을 거쳐 분쟁협의회의 위원장이 정한다.

④ **분쟁협의회의 협의사항**: 분쟁협의회는 다음 사항을 심의·의결한다.

　㉠ 항만운송과 관련된 노사 간 분쟁의 해소에 관한 사항

　㉡ 그 밖에 분쟁협의회의 위원장이 항만운송과 관련된 분쟁의 예방 등에 필요하다고 인정하여 회의에 부치는 사항

■ 6 청 문

관리청은 검수사 등의 자격 취소, 항만운송사업·항만운송관련사업의 등록취소 처분을 하려면 청문을 하여야 한다.

■ 7 과징금

(1) 과징금의 부과

관리청은 항만운송사업자 또는 항만운송관련사업자에게 사업정지처분을 하여야 하는 경우로서 그 사업의 정지가 그 사업의 이용자 등에게 심한 불편을 주거나 공익을 해칠 우려가 있는 경우에는 사업정지처분을 갈음하여 500만원 이하의 과징금을 부과할 수 있다. 관리청은 과징금을 내야 할 자가 납부기한까지 과징금을 내지 아니하면 국세 체납처분의 예 또는 「지방행정 제재·부과금의 징수 등에 관한 법률」에 따라 징수한다.

(2) 절 차

① 해양수산부장관은 과징금을 부과하려는 경우에는 위반행위의 종류와 과징금의 금액 등을 구체적으로 밝혀 이를 낼 것을 서면으로 통지하여야 한다.

② 통지를 받은 자는 통지를 받은 날부터 20일 이내에 과징금을 해양수산부장관이 정하는 수납기관에 내야 한다. 다만, 천재지변이나 그 밖의 부득이한 사유로 그 기간에 과징금을 낼 수 없을 때에는 그 사유가 없어진 날부터 7일 이내에 내야 한다.

③ 과징금을 받은 수납기관은 납부자에게 영수증을 발급하여야 한다. 과징금의 수납기관은 과징금을 수납하였을 때에는 지체 없이 그 사실을 해양수산부장관에게 통보하여야 한다. 과징금은 분할하여 낼 수 없다.

(3) 금 액

과징금을 부과하는 위반행위의 종류와 그 정도에 따른 과징금의 금액은 다음과 같다.

위반사항	과징금의 금액	
	1차 위반	2차 위반
1. 항만운송사업자 또는 항만운송관련사업자가 등록 또는 신고의 기준에 미달하게 된 경우	100만원	
1의2. 선박연료공급업을 등록한 자가 변경신고를 하지 않고 장비를 추가하거나 그 밖에 사업계획 중 해양수산부령으로 정하는 사항을 변경한 경우	100만원	500만원
2. 항만운송사업자가 정당한 사유 없이 운임 및 요금을 인가·신고된 운임 및 요금과 다르게 받은 경우	100만원	500만원
2의2. 항만운송사업자·항만운송관련사업자 또는 그 대표자가 「관세법」 제269조부터 제271조까지에 규정된 죄 중 어느 하나의 죄를 범하여 공소가 제기되거나 통고처분을 받은 경우	500만원	
3. 항만운송사업자 또는 항만운송관련사업자의 사업 수행 실적이 1년 이상 없는 경우	300만원	

8 수수료

(1) 등록신청 또는 신고를 하는 자는 수수료를 내야 한다. 내야 할 수수료는 항만운송사업의 등록은 1만원, 검수사 등의 등록은 5천원, 검수사 등 자격시험의 응시는 2만원, 항만운송관련사업의 등록 또는 신고는 1만원이다.

(2) 수수료는 수입인지로 내야 한다. 다만, 한국산업인력공단 또는 한국검수검정협회가 하는 업무의 경우에는 해당 수수료를 현금으로 내야하며, 이는 한국산업인력공단 또는 한국검수검정협회의 수입으로 한다. 해양수산부장관, 지방해양항만청장, 시·도지사, 한국산업인력공단 또는 한국검수검정협회는 정보통신망을 이용하여 전자화폐·전자결제 등의 방법으로 수수료를 내게 할 수 있다.

(3) **수수료의 반환**

검수사 등 자격시험에 응시하기 위하여 낸 수수료는 다음 구분에 따라 그 수수료의 전부 또는 일부를 돌려주어야 한다.

① **수수료를 과오납(過誤納)한 경우**: 과오납한 금액 전액

② **원서 접수기간에 원서접수를 취소한 경우**: 낸 수수료 전액

③ **시험 시행기관의 귀책사유로 시험에 응시하지 못한 경우**: 낸 수수료 전액

④ **원서접수 마감일의 다음 날부터 시험 시행일 20일 전까지 접수를 취소한 경우**: 낸 수수료의 100분의 60에 해당하는 금액

⑤ **시험 시행일 19일 전부터 10일 전까지 접수를 취소한 경우**: 낸 수수료의 100분의 50에 해당하는 금액

9 권한의 위임과 위탁

(1) 지방해양항만청장 위임사항

해양수산부장관은 「항만법」에 따른 국가관리항 및 해양수산부령으로 수역을 정하여 지정하는 항만에서의 다음 권한을 지방해양항만청장에게 위임한다. 다만, 감정사업과 검량사업에 관한 권한은 제외한다.

① 항만운송사업의 등록

② 항만운송사업의 등록신청서 접수 및 등록증 발급

③ 한정하역사업 등록기준의 완화

④ 검수사 자격증의 발급

⑤ 항만하역사업자에 대한 운임·요금의 인가·변경인가 및 신고수리·변경신고수리, 검수사업자에 대한 요금의 신고수리 및 변경신고수리, 운임·요금의 변경 또는 조정에 필요한 명령

⑥ 항만운송사업의 등록취소 또는 정지명령

⑦ 항만운송사업자 또는 항만운송관련사업자에 대한 과징금의 부과 및 징수

⑧ 청문

⑨ 항만운송관련사업의 등록, 선용품공급업의 신고수리, 항만운송관련사업의 등록신청서 등 서류의 접수 및 선박연료공급업의 사업계획 변경신고 수리, 항만운송관련사업의 등록취소 또는 정지명령, 미등록 항만에서의 일시적 영업행위의 신고수리, 항만운송사업 또는 항만운송관련사업에의 종사 제한

(2) 시·도지사 위임사항

해양수산부장관 또는 지방해양항만청장은 「항만법」에 따른 지방관리항에서의 다음 권한을 특별시장·광역시장·도지사 또는 특별자치도지사(시·도지사)에게 위임한다. 다만, 감정사업과 검량사업에 관한 권한은 제외한다.

① 항만운송사업의 등록

② 항만운송사업의 등록신청서 접수 및 등록증 발급

③ 한징하역사업 등록기준의 완화

④ 항만하역사업자에 대한 운임·요금의 인가·변경인가 및 신고수리·변경신고수리, 검수사업자에 대한 요금의 신고수리 및 변경신고수리, 운임·요금의 변경 또는 조정에 필요한 명령

⑤ 항만운송사업의 등록취소 또는 정지명령

⑥ 항만운송관련사업의 등록, 선용품공급업의 신고수리, 항만운송관련사업의 등록신청서 등 서류의 접수 및 선박연료공급업의 사업계획 변경신고 수리

⑦ 항만운송관련사업의 등록취소 또는 정지명령

⑧ 미등록 항만에서의 일시적 영업행위의 신고수리, 항만운송사업 또는 항만운송관련사업에의 종사 제한

⑨ 항만운송사업자 또는 항만운송관련사업자에 대한 과징금의 부과 및 징수

⑩ 청문

(3) 검수사 등의 자격시험

관리청은 검수사 등의 자격시험에 관한 업무를 「한국산업인력공단법」에 따른 한국산업인력공단에 위탁한다.

(4) 검수사 등의 등록업무

해양수산부장관은 검수사 등의 등록업무를 「민법」에 따라 해양수산부장관의 허가를 받아 설립된 한국검수검정협회에 위탁한다.

(5) 위탁업무의 보고

① **한국산업인력공단** : 한국산업인력공단이 위탁받은 검수사 등의 자격시험을 실시하려는 경우 또는 실시한 경우에는 다음 사항을 해양수산부장관에게 보고하여야 한다.

　㉠ 시험 일시 및 장소, 시험위원 위촉기준, 시험의 출제 범위 및 문제 수, 시험시간, 합격자 결정기준 등 시험의 실시에 관한 계획

　㉡ 시험공고에 관한 사항

　㉢ 응시원서 접수를 마감하였을 때에는 응시자 현황

　㉣ 최종 합격자의 인적사항 등 시험실시 결과에 관한 사항

② **한국검수검정협회** : 한국검수검정협회가 위탁받은 검수사 등 등록업무를 처리한 경우에는 다음 사항을 반기별로 종합하여 반기의 마지막 달의 다음 달 15일까지 해양수산부장관에게 보고하여야 한다.

　㉠ 검수사 등의 총 등록현황

　㉡ 검수사 등의 항만 및 업체별 등록현황

　㉢ 검수사 등의 항만 및 업체별 신규 · 변경 등록현황

▌10 벌 칙

(1) 1년 이하의 징역 또는 1천만원 이하의 벌금

① 등록을 하지 아니하고 항만운송사업을 한 자

② 다른 사람에게 자기의 성명을 사용하여 검수사등의 업무를 하게 하거나 검수사등의 자격증을 양도 · 대여한 사람, 다른 사람의 검수사등의 자격증을 양수 · 대여받은 사람 또는 다른 사람의 검수사등의 자격증의 양도 · 양수 또는 대여를 알선한 사람

③ 등록 또는 신고를 하지 아니하고 항만운송관련사업을 한 자

(2) **500만원 이하의 벌금**

① 등록 또는 신고한 사항을 위반하여 항만운송사업 또는 항만운송관련사업을 한 자

② 변경신고를 하지 아니하고 장비를 추가하거나 그 밖에 사업계획 중 해양수산부령으로 정하는 사항을 변경하여 선박연료공급업을 한 자

③ 신고를 하지 아니하고 미등록항만에서 일시적 영업행위를 한 자

(3) **300만원 이하의 벌금**

① 등록을 하지 아니하고 검수·감정 또는 검량 업무에 종사한 자

② 거짓이나 그 밖의 부정한 방법으로 검수사등의 자격시험에 합격한 사람

③ 항만운송사업 요금의 인가나 변경인가를 받지 아니한 자 또는 신고나 변경신고를 하지 아니하거나 거짓으로 신고를 한 자

④ 사업정지처분을 위반한 자

(4) **양벌규정**

법인의 대표자나 법인 또는 개인의 대리인, 사용인, 그 밖의 종업원이 그 법인 또는 개인의 업무에 관하여 제30조부터 제32조까지의 어느 하나에 해당하는 위반행위를 하면 그 행위자를 벌하는 외에 그 법인 또는 개인에게도 해당 조문의 벌금형을 과(科)한다. 다만, 법인 또는 개인이 그 위반행위를 방지하기 위하여 해당 업무에 관하여 상당한 주의와 감독을 게을리하지 아니한 경우에는 그러하지 아니하다.

11 과태료

인가한 항만하역 운임 및 요금과 관련하여 항만운송사업자에게 필요한 사항을 보고하게 하거나 자료의 제출을 요구할 수 있는데, 이러한 보고 또는 자료제출을 하지 아니하거나 거짓으로 한 자나 항만운송사업자의 사업장·사무실, 부선·예선 등의 선박에 출입하여 장부·서류 등을 검사할 때 관계 공무원의 출입 또는 검사를 거부·방해하거나 기피한 자에게는 200만원 이하의 과태료를 부과한다. 과태료는 관리청이 부과·징수한다.

위반행위	과태료 금액	
	1차 위반	2차 이상 위반
보고 또는 자료제출을 하지 않거나 거짓으로 한 경우	100만원	200만원
관계 공무원의 출입 또는 검사를 거부·방해하거나 기피한 경우	150만원	200만원

12 규제의 재검토

해양수산부장관은 항만운송관련사업의 등록 및 신고의 기준에 대하여 2014년 1월 1일을 기준으로 3년마다(매 3년이 되는 해의 1월 1일 전까지를 말한다) 그 타당성을 검토하여 개선 등의 조치를 하여야 한다.

실전예상문제

01 「항만운송사업법」에서 '항만운송'이라 함은 타인의 수요에 응하여 하는 행위를 말한다. 이에 해당되지 않는 것은?

① 선박을 이용하여 운송된 화물을 화물주(貨物主) 또는 선박운항업자의 위탁을 받아 항만에서 선박으로부터 인수하거나 화물주에게 인도하는 행위

② 「해운법」에 따른 해상여객운송사업자가 여객선을 이용하여 하는 여객운송에 수반되는 화물 운송

③ 항만에서 선박 또는 부선을 이용하여 운송될 화물을 하역장에서 내가는 행위

④ 항만이나 지정구간에서 목재를 뗏목으로 편성하여 운송하는 행위

⑤ 항만에서 뗏목으로 편성하여 운송된 목재를 수면 목재저장소에 들여놓는 행위나, 선박 또는 부선을 이용하여 운송된 목재를 수면 목재저장소에 들여놓는 행위

> **해설** ② 「해운법」에 따른 해상여객운송사업자가 여객선을 이용하여 하는 여객운송에 수반되는 화물 운송은 항만운송에서 제외한다.

02 다음 중 「항만운송사업법」상 용어 중에서 설명이 잘못된 것은?

① 검수 - 선적화물(船積貨物)을 싣거나 내릴 때 그 화물의 개수를 계산하거나 그 화물의 인도·인수를 증명하는 일

② 감정 - 선적화물 및 선박(부선을 포함한다)에 관련된 증명·조사·감정을 하는 일

③ 검량 - 선적화물을 싣거나 내릴 때 그 화물의 용적 또는 중량을 계산하거나 증명하는 일

④ 항만운송 - 항만에서 뗏목으로 편성하여 운송될 목재를 수면 목재저장소로부터 내가는 행위나, 선박 또는 부선을 이용하여 운송될 목재를 수면 목재저장소로부터 내가는 행위

⑤ 항만운송관련사업 - 항만에서 선박에 물품이나 역무(役務)를 제공하는 항만운송업·선용품공급업·선박연료공급업(船舶給油業) 및 컨테이너수리업

> **해설** ⑤ 항만운송업은 항만운송관련사업이 아니다.

03 「항만운송사업법」상 항만운송사업 또는 관련사업을 영위하고자 하는 자는 사업의 종류별, 항만별 및 업종별로 해양수산부장관 또는 지방해양항만청장에게 등록하도록 규정되어 있으나, 다음 중 신고로 가능한 사업은?

① 선박연료공급업　　　② 검수·감정사업　　　③ 선용품공급업
④ 컨테이너수리업　　　⑤ 항만용역업

해설 ③ 항만운송관련사업을 영위하고자 하는 자는 항만별 및 업종별로 해양수산부령이 정하는 바에 따라 지방해양항만청장에게 등록하여야 한다. 다만, 선용품공급업을 영위하고자 하는 자는 본점 또는 주된 사무소 소재지의 항만을 관할하는 지방해양항만청장에게 신고하여야 한다.

04 「항만운송사업법」상 항만용역업에 해당되지 않는 것은?

① 통선(通船)으로 본선(本船)과 육지 간의 연락을 중계하는 행위
② 본선을 경비(警備)하는 행위나 본선의 이안(離岸) 및 접안(接岸)을 보조하기 위하여 줄잡이 역무(役務)를 제공하는 행위
③ 선박의 청소[유창(油艙) 청소는 제외한다], 오물 제거, 소독, 폐기물의 수집·운반, 화물 고정, 칠 등을 하는 행위
④ 선박에서 사용하는 맑은 물을 공급하는 행위
⑤ 선박운항에 필요한 물품 및 주식·부식을 공급하고 선박의 침구류 등을 세탁하는 사업

해설 ⑤ 선박운항에 필요한 물품 및 주식·부식을 공급하고 선박의 침구류 등을 세탁하는 사업은 선용품공급업이다.

05 「항만운송사업법」상 항만운송사업의 운임 및 요금에 대한 설명 중 옳지 않은 것은?

① 항만하역요금을 정하여 해양수산부장관의 인가를 받아야 한다.
② 감정사업의 요금을 정하여 해양수산부장관의 인가를 받아야 한다.
③ 검수사업의 요금을 정하여 해양수산부장관에게 미리 신고하여야 한다.
④ 검량사업의 요금을 정하여 해양수산부장관에게 미리 신고하여야 한다.
⑤ 컨테이너 전용부두에서 취급하는 컨테이너화물의 항만하역요금은 신고제이다.

해설 ② 항만하역사업의 등록을 한 자는 해양수산부령이 정하는 바에 의하여 운임 및 요금을 정하여 해양수산부장관의 인가를 받아야 한다. 해양수산부령이 정하는 항만시설에서 하역하는 화물 또는 해양수산부령이 정하는 품목의 화물의 운임 및 요금에 대하여는 운임 및 요금을 정하여 해양수산부장관에게 신고하여야 한다. 검수사업·감정사업 또는 검량사업의 등록을 한 자는 요금을 정하여 해양수산부장관에게 미리 신고하여야 한다.

Answer　　1. ②　2. ⑤　3. ③　4. ⑤　5. ②

06 「항만운송사업법」상 항만운송사업자 또는 항만운송관련사업자가 미등록 항만에서 일시적 영업행위를 할 수 있는 경우에 해당하지 않는 것은?

① 항만운송사업자 또는 항만운송관련사업자의 계약자가 다른 항만에서 이용을 요청한 경우
② 동일한 사업을 수행하는 사업자가 행정처분 등으로 인하여 일시적으로 사업을 수행할 수 없게 된 경우
③ 사업의 성질상 해당 항만의 사업자가 그 사업을 수행할 수 없는 경우
④ 동일한 사업을 수행하는 사업자가 해당 항만에 없는 경우
⑤ 물품의 특성·운반시간 등으로 인하여 선박의 수요를 적절한 시기에 충족시키기 곤란한 경우

> **해설** ②③④⑤ 동일한 사업을 수행하는 사업자가 해당 항만에 없거나 행정처분 등으로 인하여 일시적으로 사업을 수행할 수 없게 된 경우, 사업의 성질상 해당 항만의 사업자가 그 사업을 수행할 수 없는 경우, 물품의 특성·운반시간 등으로 인하여 선박의 수요를 적절한 시기에 충족시키기 곤란한 경우(선용품 공급업에 한함)에 할 수 있다.

07 「항만운송사업법」은 항만운송사업자에게 역무를 제공하는 자에 대한 항만운송 등에 관한 교육훈련을 실시하기 위하여 교육훈련기관 설립에 관하여 규정하고 있다. 다음 중 옳지 않은 것은?

① 교육훈련기관은 법인으로 한다.
② 교육훈련기관의 설립을 위해서는 해양수산부장관의 허가를 받아야 한다.
③ 교육훈련기관의 운영에 필요한 경비는 항만운송사업자 또는 항만운송관련사업자 등이 부담한다.
④ 해양수산부장관은 교육훈련기관의 업무·재산 등에 관하여 감독한다.
⑤ 교육훈련기관에 관하여 「항만운송사업법」에 규정된 것을 제외하고는 「민법」 중 사단법인에 관한 규정을 준용한다.

> **해설** ② 해양수산부장관의 인가를 받아야 한다.

08 「항만운송사업법」상의 항만하역사업이 아닌 것은?

① 선박을 이용하여 운송된 화물을 화물주(貨物主) 또는 선박운항업자의 위탁을 받아 항만에서 선박으로부터 인수하거나 화물주에게 인도하는 행위

② 선박을 이용하여 운송될 화물을 화물주 또는 선박운항업자의 위탁을 받아 항만에서 화물주로부터 인수하거나 선박에 인도하는 행위

③ 항만에서 화물을 선박에 싣거나 선박으로부터 내리는 일

④ 항만에서 선박 또는 부선(艀船)을 이용하여 화물을 운송하는 행위와 해상여객운송사업자가 여객선을 이용하여 하는 여객운송에 수반되는 화물 운송

⑤ 항만에서 선박 또는 부선을 이용하여 운송된 화물을 창고 또는 하역장[수면(水面) 목재저장소는 제외한다]에 들여놓는 행위

해설 ④ 해상여객운송사업자가 여객선을 이용하여 하는 여객운송에 수반되는 화물 운송은 항만하역사업에서 제외된다.

09 항만하역사업의 등록에 대한 설명 중 틀린 것은?

① 항만운송사업을 영위하고자 하는 자는 사업의 종류별로 해양수산부장관에게 등록하여야 한다.

② 항만하역사업과 검수사업은 항만별로 등록한다.

③ 일반하역사업은 이용자별·취급화물별 또는 「항만법」상의 항만시설별로 등록한다.

④ 항만하역사업의 등록기준과 관련하여 해양수산부장관은 한정하역사업에 대하여는 이용자·취급화물 또는 항만시설의 특성을 참작하여 그 등록기준을 완화할 수 있다.

⑤ 해양수산부장관은 물동량감소·항만조건 등의 특수한 사정이 있다고 인정되는 3급지항만에 대하여는 항만별로 그 사정이 존속하는 기간 동안 해당 등록기준에서 정한 시설을 2분의 1의 범위 안에서 완화할 수 있다.

해설 ③ 한정하역사업에 대한 설명이다.

Answer 6. ① 7. ② 8. ④ 9. ③

10 항만운송사업법령상 항만운송관련사업의 등록 또는 신고를 한 자의 등록 또는 신고에 따른 권리 · 의무를 승계하는 자가 아닌 것은?

① 법인인 항만운송관련사업자가 합병한 경우 합병으로 설립되는 법인

② 법인인 항만운송관련사업자가 합병한 경우 합병 후 존속하는 법인

③ 항만운송관련사업자가 그 사업을 양도한 경우 그 양수인

④ 자연인인 항만운송관련사업자가 폐업한 후 그의 직계비속

⑤ 항만운송관련사업자가 사망한 경우 그 상속인

해설 ④ 폐업에 따른 권리 · 의무 승계는 직계비속과 관계가 없다.

11 항만운송사업법령상 항만운송사업자의 등록취소 또는 정지사유 중 반드시 등록을 취소하여야 하는 경우는?

① 정당한 사유 없이 운임 및 요금을 인가 · 신고된 운임 및 요금과 다르게 받은 경우

② 부정한 방법으로 사업을 등록한 경우

③ 등록기준에 미달하게 된 경우

④ 사업 수행 실적이 1년 이상 없는 경우

⑤ 항만운송사업자 또는 그 대표자가 「관세법」 제269조부터 제271조까지에 규정된 죄 중 어느 하나의 죄를 범하여 공소가 제기되거나 통고처분을 받은 경우

해설 ② 모든 법에서 거짓 또는 부정한 방법으로 사업등록을 한 경우에는 사업을 취소하도록 규정하고 있다.

12 항만운송사업법령상 항만운송사업자 또는 항만운송관련사업자가 대통령령으로 정하는 부득이한 사유로 등록을 하지 아니한 항만에서 일시적으로 영업행위를 하려는 경우에 미리 신고하여야 하는 곳은?

① 해양수산부장관

② 관할 시 · 도지사

③ 관할 국토관리청장

④ 사업자의 주된 영업소가 있는 항만을 관할하는 지방해양항만청장

⑤ 일시적으로 영업행위를 하려는 그 항만을 관할하는 지방해양항만청장

해설 ⑤ 등록을 하지 아니한 항만에서 일시적으로 영업행위를 하려는 경우에는 미리 그 항만을 관할하는 지방해양항만청장에게 신고하여야 한다.

13 항만운송사업법령상 선적화물을 싣거나 내릴 때 그 화물의 용적 또는 중량을 계산하거나 증명하는 일을 무엇이라고 하는가?

① 검수   ② 감정   ③ 검량

④ 보증   ⑤ 확인

해설 ③ 검량사업이란 선적화물을 적하 또는 양하하는 경우에 그 화물의 용적 또는 중량을 계산하거나 증명을 행하는 사업이다.

14 항만운송사업법령상 사업의 정지 및 등록의 취소에 관한 설명으로 옳지 않은 것은?

① 사업정지명령을 위반하여 그 정지기간에 사업을 계속한 경우, 사업의 재정지를 명하여야 한다.

② 정당한 사유 없이 운임 및 요금을 인가·신고된 운임 및 요금과 다르게 받은 경우에는 사업의 정지 및 등록을 취소할 수 있다.

③ 사업의 등록을 취소할 수 있는 자는 해양수산부장관이다.

④ 사업의 정지 및 등록의 취소권자가 항만운송사업의 정지를 명할 수 있는 기간은 6개월 이내이다.

⑤ 사업 수행 실적이 1년 이상 없는 경우에는 사업의 정지 및 등록을 취소할 수 있다.

해설 ① 사업정지명령을 위반하여 그 정지기간에 사업을 계속한 경우에는 그 등록을 취소하거나 사업을 폐쇄하여야 한다.

15 항만운송사업법령상 사업의 본점이나 주된 사무소가 있는 항만을 관할하는 지방해양항만청장에게 신고함으로써 할 수 있는 사업에 해당하는 것은?

① 통선으로 본선과 육지 간의 연락을 중계하는 사업

② 본선을 경비하는 사업

③ 선용품공급업

④ 선박에서 사용하는 맑은 물을 공급하는 사업

⑤ 선박연료공급업

해설 ③ 선용품공급업은 신고로 할 수 있다.

물류관리사

CERTIFIED PROFESSIONAL LOGISTICIAN

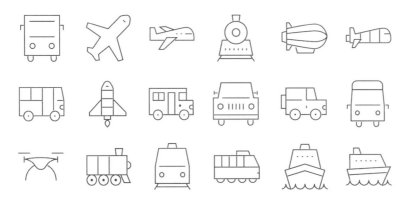

Chapter

06

물류시설의 개발 및
운영에 관한 법률

06 물류시설의 개발 및 운영에 관한 법률

| 학습목표 | 1. 물류단지 지정 · 건설 · 운영
2. 물류터미널 공사와 복합물류터미널 사업
3. 물류창고에 대한 이해

| 단원열기 | 물류시설종합계획, 물류단지 개발, 물류단지 시설, 물류단지 지정, 물류단지 개발비용, 물류단지 특별회계, 물류단지 조성원가, 물류단지의 관리, 물류터미널 공사 인가기준, 복합물류터미널의 등록, 물류창고업

제1절 총 칙

1 목 적

「물류시설의 개발 및 운영에 관한 법률」은 물류시설을 합리적으로 배치 · 운영하고 물류시설 용지를 원활히 공급하여 물류산업의 발전을 촉진함으로써 국가경쟁력을 강화하고 국토의 균형 있는 발전과 국민경제의 발전에 이바지함을 목적으로 한다.

2 물류시설

(1) **물류시설**

물류에 필요한 다음의 시설을 말한다.

① 화물의 운송 · 보관 · 하역을 위한 시설

② 화물의 운송 · 보관 · 하역과 관련된 가공 · 조립 · 분류 · 수리 · 포장 · 상표부착 · 판매 · 정보통신 등의 활동을 위한 시설

③ 물류의 공동화 · 자동화 및 정보화를 위한 시설

④ 위의 시설이 모여 있는 물류터미널 및 물류단지

(2) **물류시설의 기능**

① 물류시설의 기본기능은 보관기능, 환적기능, 가공 · 조립 · 포장기능, 통관기능 등이 있다. 보관기능은 시간적 조정, 환적기능은 시간 · 수량적 조정, 가공 · 조립 · 포장기능은 품질적 조정을 담당한다. 통관기능은 국제화물을 취급하는 경우 필요하다.

② 물류시설의 보조적 기능은 운송주선기능, 운송수단장치기능이 있다. 운송주선기능은 일반물류터미널과 같이 화물운송거래를 주선하는 시설의 기능이며, 운송수단장치기능은 화물차 차고지, 항공기 계류장 등과 같이 운송수단을 장치하는 시설의 기능이다.

제 2 절　물류시설개발종합계획

1 　물류시설개발종합계획

(1) 계획의 수립

국토교통부장관은 물류시설의 합리적 개발·배치 및 물류체계의 효율화 등을 위하여 물류시설의 개발에 관한 종합계획(물류시설개발종합계획)을 5년 단위로 수립하여야 한다.

(2) 계획의 기능별 분류

물류시설개발종합계획은 물류시설을 다음의 기능별 분류에 따라 체계적으로 수립한다. 이 경우 다음의 물류시설의 기능이 서로 관련되어 있는 때에는 이를 고려하여 수립하여야 한다.

① **단위물류시설**: 창고 및 집배송센터 등 물류활동을 개별적으로 수행하는 최소 단위의 물류시설

② **집적[클러스터(cluster)] 물류시설**: 물류터미널 및 물류단지 등 둘 이상의 단위물류시설 등이 함께 설치된 물류시설

③ **연계물류시설**: 물류시설 상호간의 화물운송이 원활히 이루어지도록 제공되는 도로 및 철도 등 교통시설

(3) 내 용

물류시설개발종합계획에는 다음의 사항이 포함되어야 한다.

> **계획 포함사항**
>
> ① 물류시설의 장래수요에 관한 사항
> ② 물류시설의 계획적 공급에 관한 사항
> ③ 물류시설의 지정·개발에 관한 사항
> ④ 물류시설의 지역별·규모별·연도별 배치 및 우선순위에 관한 사항
> ⑤ 물류시설의 기능개선 및 효율화에 관한 사항
> ⑥ 물류시설의 공동화·집단화에 관한 사항
> ⑦ 물류시설의 국내 및 국제 연계수송망 구축에 관한 사항
> ⑧ 물류시설의 환경보전·관리에 관한 사항
> ⑨ 도심지에 위치한 물류시설의 정비와 교외이전(郊外移轉)에 관한 사항
> ⑩ 용수, 에너지, 통신시설 등 기반시설에 관한 사항

⑷ **물류시설개발종합계획의 수립절차**

　① **세부절차**

　　국토교통부장관은 물류시설개발종합계획을 수립하는 때에는 관계 행정기관의 장으로부터 소관별 계획을 제출받아 이를 기초로 물류시설개발종합계획안을 작성하여 특별시장·광역시장·도지사 또는 특별자치도지사(시·도지사)의 의견을 듣고 관계 중앙행정기관의 장과 협의한 후 「물류정책기본법」의 물류시설분과위원회의 심의를 거쳐야 한다.

　② **중요사항의 변경**

　　물류시설개발종합계획 중 물류시설별 물류시설용지면적의 100분의 10 이상으로 물류시설의 수요·공급계획을 변경하려는 때에도 위와 같은 절차를 거쳐야 한다.

　③ **고 시**

　　국토교통부장관은 물류시설개발종합계획을 수립하거나 변경한 때에는 이를 관보에 고시하여야 한다.

　④ **계획의 변경 요청**

　　관계 중앙행정기관의 장은 필요한 경우 국토교통부장관에게 물류시설개발종합계획을 변경하도록 요청할 수 있다. 관계 중앙행정기관의 장은 물류시설개발종합계획의 변경을 요청할 때에는 국토교통부장관에게 다음의 사항에 관한 서류를 제출하여야 한다.

　　㉠ 물류시설의 현황

　　㉡ 자금조달계획 및 투자계획

　　㉢ 물류시설개발종합계획의 주요 변경내용에 관한 대비표

　⑤ **자료요구**

　　국토교통부장관은 관계 기관에 물류시설개발종합계획을 수립하거나 변경하는 데에 필요한 자료의 제출을 요구하거나 협조를 요청할 수 있으며, 그 요구나 요청을 받은 관계 기관은 정당한 사유가 없으면 이에 따라야 한다. 국토교통부장관은 물류시설개발종합계획의 수립 또는 변경에 필요한 자료의 요구나 협조를 요청할 때에는 그 자료 또는 협조의 내용과 제출기간을 명확히 하여야 한다.

　⑥ **조 사**

　　국토교통부장관은 물류시설개발종합계획을 효율적으로 수립하기 위하여 필요하다고 인정하는 때에는 물류시설에 대하여 조사할 수 있다. 이 경우 물류시설의 조사에 관하여는 「물류정책기본법」을 준용한다.

● 계획 작성절차

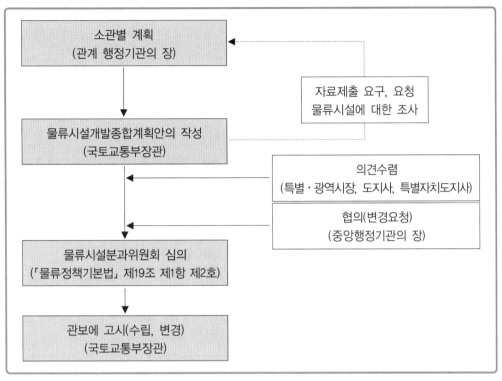

2 물류시설개발종합계획과 다른 계획과의 관계

(1) 물류시설개발종합계획은 「물류정책기본법」의 국가물류기본계획과 조화를 이루어야 한다. 국토교통부장관, 관계 중앙행정기관의 장 또는 시·도지사는 물류시설을 지정·개발하거나 인·허가를 할 때 「물류시설의 개발 및 운영에 관한 법률」에 따라 수립된 물류시설개발종합계획과 상충되거나 중복되지 아니하도록 하여야 한다.

(2) 국토교통부장관, 관계 중앙행정기관의 장 또는 시·도지사는 ① 다른 행정기관이 직접 지정·개발하려는 물류시설개발계획이 물류시설개발종합계획과 상충되거나 중복된다고 인정하는 경우나 ② 다른 행정기관이 인·허가를 하려는 물류시설개발계획이 물류시설개발종합계획과 상충되거나 중복된다고 인정하는 경우에는 그 계획을 변경하도록 요청할 수 있다. 이 경우 조정이 필요하면 「물류정책기본법」상의 물류시설분과위원회에 조정을 요청할 수 있다.

제3절 물류단지의 개발 및 운영

1 총 설

(1) 물류단지의 개념

물류단지시설과 지원시설을 집단적으로 설치·육성하기 위하여 지정·개발하는 일단(一團)의 토지 및 시설로서 도시첨단물류단지와 일반물류단지를 말한다.

① **도시첨단물류단지**: 도시 내 물류를 지원하고 물류·유통산업 및 물류·유통과 관련된 산업의 육성과 개발을 촉진하려는 목적으로 도시첨단물류단지시설과 지원시설을 집단적으로 설치하기 위하여 「국토의 계획 및 이용에 관한 법률」에 따른 도시지역에 지정·개발하는 일단의 토지 및 시설을 말한다.

② **일반물류단지**: 물류단지 중 도시첨단물류단지를 제외한 것을 말한다.

(2) 일반물류단지시설

화물의 운송·집화·하역·분류·포장·가공·조립·통관·보관·판매·정보처리 등을 위하여 일반물류단지 안에 설치되는 다음의 시설을 말한다.

일반물류단지시설

① 물류터미널 및 창고
② 「유통산업발전법」의 대규모점포, 전문상가단지, 공동집배송센터 및 중소유통공동도매물류센터
③ 「농수산물 유통 및 가격안정에 관한 법률」의 농수산물도매시장, 농수산물공판장 및 농수산물 종합유통센터
④ 「궤도운송법」에 따른 궤도사업을 경영하는 자가 그 사업에 사용하는 화물의 운송·하역 및 보관시설
⑤ 「축산물 위생관리법」의 작업장
⑥ 「농업협동조합법」·「수산업협동조합법」·「산림조합법」·「중소기업협동조합법」 또는 「협동조합 기본법」에 따른 조합 또는 그 중앙회(연합회를 포함한다)가 설치하는 구매사업 또는 판매사업 관련시설
⑦ 「화물자동차 운수사업법」상의 화물자동차 운수사업에 이용되는 차고, 화물취급소, 그 밖에 화물의 처리를 위한 시설
⑧ 「약사법」의 의약품 도매상의 창고 및 영업소시설
⑨ 「관세법」에 따른 보세창고
⑩ 「식품산업진흥법」에 따른 수산물가공업시설(냉동·냉장업 시설만 해당한다)
⑪ 「항만법」의 항만시설 중 항만구역에 있는 화물하역시설 및 화물보관·처리시설
⑫ 「공항시설법」의 공항시설 중 공항구역에 있는 화물운송을 위한 시설과 그 부대시설 및 지원시설
⑬ 「철도사업법」에 따른 철도사업자가 그 사업에 사용하는 화물운송·하역 및 보관시설

---

⑭ 「자동차관리법」에 따른 자동차매매업을 영위하려는 자 또는 자동차매매업자가 공동으로 사용하려는 사업장

⑮ 「자동차관리법」에 따른 자동차경매장

⑯ 위의 시설에 딸린 시설(지원시설로서 물류단지시설과 동일한 건축물에 설치되는 시설을 포함한다)

(3) 도시첨단물류단지시설

도시 내 물류를 지원하고 물류·유통산업 및 물류·유통과 관련된 산업의 육성과 개발을 목적으로 도시첨단물류단지 안에 설치되는 다음 시설을 말한다.

① 일반물류단지 시설 중에서 도시 내 물류·유통기능 증진을 위한 시설

② 「산업입지 및 개발에 관한 법률」 제2조 제7호의2에 따른 공장, 지식산업 관련 시설, 정보통신산업 관련 시설, 교육·연구시설 중 첨단산업과 관련된 시설로서 국토교통부령으로 정하는 물류·유통 관련 시설

③ 그 밖에 도시 내 물류·유통기능 증진을 위한 시설로서 대통령령으로 정하는 시설

④ ①부터 ③까지의 시설에 딸린 시설

(4) 지원시설

물류단지시설의 운영을 효율적으로 지원하기 위하여 물류단지 안에 설치되는 다음의 시설을 말한다. 다만, 가공·제조 또는 정보처리시설로서 물류단지시설과 동일한 건축물에 설치되는 시설을 제외한다.

지원시설

① 단독주택·공동주택·숙박시설·운동시설·위락시설 및 근린생활시설

② 「농수산물 유통 및 가격안정에 관한 법률」에 따른 농수산물산지유통센터(축산물의 도축·가공·보관 등을 하는 축산물 종합처리시설을 포함한다)

③ 「산업집적활성화 및 공장설립에 관한 법률」에 따른 공장

④ 「식품산업진흥법」에 따른 수산가공품생산공장 및 수산물가공업시설(냉동·냉장업 시설 및 선상수산물가공업시설은 제외한다)

⑤ 「양곡관리법」에 따라 농업협동조합 등이 설치하는 미곡의 건조·보관·가공시설

⑥ 정보처리시설

⑦ 금융·보험·의료·교육·연구·업무 시설

⑧ 물류단지의 종사자 및 이용자의 생활과 편의를 위한 시설

⑨ 「건축법 시행령」에 따른 문화 및 집회시설

⑩ 입주기업체 및 지원기관에서 발생하는 폐기물의 처리를 위한 시설(재활용시설을 포함한다)

⑪ 물류단지의 종사자 및 이용자의 주거를 위한 단독주택, 공동주택 등의 시설

⑸ 물류단지 실수요 검증

① **검증절차**: 물류단지를 지정하는 물류단지지정권자는 무분별한 물류단지 개발을 방지하고 국토의 효율적 이용을 위하여 물류단지 지정 전에 물류단지 실수요 검증을 실시하여야 한다. 이 경우 물류단지지정권자는 실수요 검증 대상사업에 대하여 관계 행정기관과 협의하여야 한다. 시·도지사는 물류단지를 지정하기 전에 해당 물류단지에 대하여 국토교통부장관에게 실수요 검증을 실시할 것을 요청할 수 있다. 이 경우 시·도지사는 제출받은 서류에 시·도지사의 검토의견서를 첨부하여 국토교통부장관에게 제출하여야 한다.

② **평가기준**: 국토교통부장관은 시·도지사의 요청에 따라 물류단지 실수요 검증을 실시하는 경우에는 물류단지 실수요 검증의 평가기준에 따라야 한다. 국토교통부장관은 실수요 검증을 실시하는 경우에는 다음의 물류단지 실수요 검증의 평가기준에 따라야 한다.

평가항목	평가지표	배점	세부 평가항목 및 평가점수 산정방법
계		200	
가. 입주수요, 수행능력 등 사업계획의 타당성	1) 입주기업체 등의 입주수요 신뢰도 (정성평가)	30	가) 입주수요 면적의 신뢰도(30점) (1) 평가산식: 입주수요 면적/물류시설 용지 면적×입주수요의 신뢰도(0 ~ 100%)×30점 (2) 입주수요 면적은 법 제22조 제4항에 따라 물류단지의 지정을 요청하는 자(이하 "지정요청자"라 한다)가 직접 물류시설 용지를 활용하는 면적, 지정요청자를 제외한 입주기업체 등의 입주수요 면적 및 임대사업자 등 그 밖의 입주수요 면적을 합산하여 계산한다. (3) 입주수요의 신뢰도는 지정요청자 및 입주기업체 등의 재무제표, 입주계획 등을 검토하여 정성적으로 평가한다. (4) 평가점수 (가) 매우 높음: 25점 ~ 30점 (나) 높음: 19점 ~ 24점 (다) 보통: 13점 ~ 18점 (라) 낮음: 7점 ~ 12점 (마) 매우 낮음: 0점 ~ 6점
	2) 지정요청자의 사업계획 신뢰도 (정성평가)	30	가) 물류단지 개발·운영 전략의 적정성 및 실행 가능성(10점) (1) 지정요청자의 물류단지 개발·운영 전략에 대한 적정성 및 실행가능성을 정성적으로 평가한다. (2) 평가점수 (가) 매우 높음: 9점 ~ 10점 (나) 높음: 7점 ~ 8점 (다) 보통: 5점 ~ 6점 (라) 낮음: 3점 ~ 4점 (마) 매우 낮음: 0점 ~ 2점

		나) 지정요청자의 사업추진 능력의 신뢰도(10점) (1) 지정요청자의 전문성 등 지정요청자의 사업추진 능력에 대한 신뢰도를 정성적으로 평가한다. (2) 평가점수 　(가) 매우 높음: 9점 ~ 10점 　(나) 높음: 7점 ~ 8점 　(다) 보통: 5점 ~ 6점 　(라) 낮음: 3점 ~ 4점 　(마) 매우 낮음: 0점 ~ 2점 다) 물류단지 입지선정의 적정성(10점) (1) 물류단지 입지선정의 적정성을 정성적으로 평가한다. (2) 평가점수 　(가) 매우 높음: 9점 ~ 10점 　(나) 높음: 7점 ~ 8점 　(다) 보통: 5점 ~ 6점 　(라) 낮음: 3점 ~ 4점 　(마) 매우 낮음: 0점 ~ 2점
3) 물류시설 　용지 면적 　비율 　(정량평가)	20	가) 물류단지 면적 대비 물류시설 용지 면적 비율(20점) (1) 물류단지 전체 면적(공공용지는 제외한다) 대비 물류시설 용지 면적을 정량적으로 평가한다. (2) 평가점수 　(가) 80% 이상: 20점 　(나) 70% 이상 ~ 80% 미만: 15점 　(다) 60% 이상 ~ 70% 미만: 10점 　(라) 50% 이상 ~ 60% 미만: 5점 　(마) 50% 미만: 3점
4) 장래의 　물류단지 　수요 　(정량평가)	20	가) 장래의 물류단지 수요면적 대비 물류시설 용지 면적 비율(20점) (1) 평가산식: 물류시설 용지 면적/(해당 물류단지가 소재한 시·군의 물류단지 수요 면적+해당 물류단지에 인접한 시·군의 물류단지 수요 면적×15%) (2) 해당 물류단지가 소재한 시·군의 물류난시 수요 면석과 해당 물류단지에 인접한 시·군의 물류단지 수요 면적의 15%를 합계한 수치 대비 물류시설 용지 면적을 정량적으로 평가한다. 이 경우 지역별 물류단지 수요 면적 및 물류시설 용지 면적은 국토교통부장관이 정하여 고시하는 기준에 따라 산정한 후 평가한다. (3) 평가점수 　(가) 20% 미만: 20점 　(나) 20% 이상 ~ 40% 미만: 15점

			(다) 40% 이상 ~ 60% 미만 : 10점
			(라) 60% 이상 ~ 80%미만 : 5점
			(마) 80% 이상 : 0점
	5) 미분양 물류단지와의 거리 (정량평가)	20	가) 미분양 물류단지와의 직선거리(20점) (1) 해당 물류단지와 인접한 미분양 물류단지(미분양률이 50% 이상인 물류단지를 말한다)와의 직선거리를 정량적으로 평가한다. (2) 평가점수 (가) 직선거리가 20km 초과 : 20점 (나) 직선거리가 15km 초과 ~ 20km 이하 : 15점 (다) 직선거리가 10km 초과 ~ 15km 이하 : 10점 (라) 직선거리가 5km 초과 ~ 10km 이하 : 5점 (마) 직선거리가 0km 초과 ~ 5km 이하 : 0점
나. 지정 요청자의 금융 및 재무부문 사업수행 능력	1) 자기자본 및 자금 조달계획 (정성평가)	40	가) 총 사업비 대비 지정요청자의 자기자본 비율(20점) (1) 평가산식 : 자기자본/총 사업비×자기자본 신뢰도(0 ~ 100%)× 총사업비 산정의 신뢰도(0 ~ 100%) (2) 총 사업비 대비 자기자본의 비율은 자기자본 신뢰도와 총 사업비 산정의 신뢰도를 반영하여 정성적으로 평가한다. (3) 자기자본의 신뢰도 및 총사업비 산정의 신뢰도는 지정요청자의 자금조달 계획의 적정성 및 재무제표의 건전성 등을 검토하여 정성평가한다. (4) 평가점수 (가) 평가점수 20% 이상 : 17점 ~ 20점 (나) 평가점수 15% ~ 20% 미만 : 13점 ~ 16점 (다) 평가점수 10% ~ 15% 미만 : 9점 ~ 12점 (라) 평가점수 5% ~ 10%미만 : 5점 ~ 8점 (마) 평가점수 5% 미만 : 0점 ~ 4점 나) 자본조달 계획 신뢰도(20점) (1) 투자 및 대출 등 자금조달 계획에 대한 실현가능성을 정성적으로 평가한다. (2) 평가점수 (가) 매우 높음 : 17점 ~ 20점 (나) 높음 : 13점 ~ 16점 (다) 보통 : 9점 ~ 12점 (라) 낮음 : 5점 ~ 8점 (마) 매우 낮음 : 0점 ~ 4점 ※ 총 사업비 중 자기자본의 비율이 100%인 경우에는 총 사업비 대비 지정요청자의 자기자본 비율 및 자본조달 계획 신뢰도에 대한 평가점수를 각각 만점으로 계산한다.

		가) 신용평가등급(20점)
2) 재무상태 건전성 (정량평가)	20	(1) 「신용정보의 이용 및 보호에 관한 법률」 제4조 제1항 제1호 또는 제2호에 따른 신용조회업 자 또는 신용조사사업자가 발급한 신용평가 등급확인서를 기준으로 평가한다. (가) 신용평가등급은 원칙적으로 회사채에 대한 신용평가 등급을 기준으로 평가하되, 기업어음 또는 기업신용에 관한 신용 등급이 회사채에 대한 신용평가등급 보다 유리한 경우 기업어음 또는 기업신용에 관한 신용 등급을 적용하여 평가한다. (나) 신용평가 등급확인서를 제출하기 전에 지정요청자의 기업이 합병, 분할, 양수 또는 양도가 이루어진 경우에는 기업의 합병, 분할, 양도 또는 양수한 사실이 반영된 기업의 신용평가등급으로 평가하여야 하며, 해당 사실이 반영된 신용평가등급이 없는 경우에는 평가대상 업체 중 가장 낮은 신용평가등급을 받은 업체의 신용평가등급으로 평가한다. (다) 지정요청자가 일정한 출자 비율에 따라 다른 사업자와 공동으로 연대하여 사업을 시행하는 경우에는 기업별 평가점수에 기업별 참여지분율을 곱하여 산정한 후 이를 합산한다. (2) 평가점수

회사채	A-이상	A-미만 BBB-이상	BBB-미만 B-이상	CCC+이하	미제출
기업 어음	A2-이상	A2-미만 A3-이상	A3-미만 B-이상	C이하	미제출
기업 신용	A-이상	A-미만 BBB-이상	BBB-미만 B-이상	CCC+이하	미제출
점수	20점	15점	10점	5점	0점

3) 토지확보 현황 (정량평가)	20	가) 해당 물류단지의 토지확보율(20점) (1) 물류단지 전체 면적 대비 지정요청자의 토지 소유 면적(해당 토지의 토지매매계약서가 있는 경우를 포함한다) 또는 토지사용 승낙 면적 비율로 구분하여 정량적으로 평가한다. (2) 평가점수 (가) 시성요정자가 해당 물류단지의 토지를 소유하였거나, 해당 토지에 대한 매매 계약서를 제출한 경우: 토지확보 면적 비율×20점 (나) 지정요청자가 토지사용 승낙서 또는 토지사용 확인서 등 해당 토지의 사용이 가능함을 증명하는 서류를 제출한 경우: 토지사용 승낙 면적 비율×15점 (다) 증빙 서류가 없는 경우: 0점

③ **서류제출** : 국토교통부장관과 시·도지사는 실수요 검증을 실시하기 위하여 필요하다고 인정하는 경우에는 물류단지의 지정을 요청하는 자에게 다음 서류를 제출하도록 요구할 수 있다.
- 지정요청자의 사업계획서
- 지정요청자의 재무제표
- 지정요청자의 자금조달 확약서 또는 자금조달 계획서(연차별 투자계획을 포함한다)
- 법 제27조 제5항에 따른 입주기업체 또는 해당 물류단지의 용지·시설 등을 분양·임대받으려는 자(입주기업체 등)의 사업참여 동의서(입주기업체 등의 물류사업의 현황 및 입주계획을 포함한다)
- 입주기업체 등의 재무제표
- 그 밖에 국토교통부장관이 실수요 검증에 필요하다고 인정하는 서류

④ **심의·의결** : 국토교통부장관은 실수요 검증을 실시하는 경우에는 물류단지실수요검증위원회의 심의·의결을 거쳐야 한다. 다만, 시·도지사의 요청에 실수요 검증을 실시하는 경우에는 심의·의결 전에 시·도지사와 협의하여야 한다.

⑤ **위원회** : 실수요 검증을 실시하기 위하여 국토교통부 또는 시·도에 각각 실수요검증위원회를 둔다. 도시첨단물류단지개발사업의 경우에는 제1항에 따른 실수요 검증을 실수요검증위원회의 자문으로 갈음할 수 있다.
- ㉠ 물류단지의 실수요 검증에 관한 입주기업체 등의 입주 수요 등 물류단지 수요의 타당성에 관한 사항과 지정요청자의 사업수행능력에 관한 사항, 주변 물류단지에 미치는 영향에 관한 사항, 그 밖에 국토교통부장관이 필요하다고 인정하는 사항을 심의·의결하기 위하여 국토교통부 소속으로 물류단지실수요검증위원회(실수요검증위원회)를 둔다.
- ㉡ 실수요검증위원회는 위원장 1명과 부위원장 1명을 포함하여 10명 이상 30명 이하의 위원으로 구성하되, 성별을 고려하여 구성한다.
- ㉢ 실수요검증위원회의 위원장 및 부위원장은 공무원이 아닌 위원 중에서 각각 호선(互選)한다.
- ㉣ 실수요검증위원회의 위원은 물류, 교통, 도시계획, 금융 또는 회계 분야에서 5년 이상 연구경력이나 실무경력이 있는 자 중에서 국토교통부장관이 위촉한다.
- ㉤ 위원의 임기는 2년으로 하며, 한 차례만 연임할 수 있다. 다만, 위원의 사임 등으로 인하여 새로 위촉된 위원의 임기는 전임위원 임기의 남은 기간으로 한다.
- ㉥ 실수요검증위원회에 위원회의 사무를 처리할 간사 및 서기를 둔다. 이 경우 간사 및 서기는 국토교통부 소속 공무원 중에서 국토교통부장관이 지명한다.

⑥ **실수요검증위원회 위원의 제척·기피·회피**
- ㉠ 위원이 다음 각 호의 어느 하나에 해당하는 경우에는 실수요검증위원회의 심의·의결에서 제척(除斥)된다.
  - 위원 또는 그 배우자나 배우자이었던 사람이 해당 안건의 당사자(당사자가 법인·단체 등인 경우에는 그 임원을 포함한다. 이하 이 호 및 제2호에서 같다)가 되거나 그 안건의 당사자와 공동권리자 또는 공동의무자인 경우
  - 위원이 해당 안건의 당사자와 친족이거나 친족이었던 경우

- 위원이 해당 안건에 대하여 증언, 진술, 자문, 연구, 용역(하도급을 포함한다), 감정 또는 조사를 한 경우
- 위원이나 위원이 속한 법인·단체 등이 해당 안건의 당사자의 대리인이거나 대리인이었던 경우
- 위원이 임원 또는 직원으로 재직하고 있거나 최근 3년 내에 재직하였던 기업 등이 해당 안건에 관하여 증언, 진술, 자문, 연구, 용역(하도급을 포함한다), 감정 또는 조사를 한 경우

ⓒ 당사자는 위원에게 공정한 심의·의결을 기대하기 어려운 사정이 있는 경우에는 실수요검증위원회에 기피 신청을 할 수 있고, 실수요검증위원회는 의결로 이를 결정한다. 이 경우 기피 신청의 대상인 위원은 그 의결에 참여하지 못한다.

ⓒ 위원이 제척 사유에 해당하는 경우에는 스스로 해당 안건의 심의·의결에서 회피(回避)하여야 한다.

⑦ **실수요검증위원회 위원의 해촉**: 국토교통부장관은 위원이 다음 어느 하나에 해당하는 경우에는 해당 위원을 해촉(解囑)할 수 있다.
- 심신장애 또는 6개월 이상의 해외출장 등으로 인하여 직무를 수행할 수 없게 된 경우
- 직무와 관련된 비위사실이 있는 경우
- 직무태만, 품위손상이나 그 밖의 사유로 인하여 위원으로 적합하지 아니하다고 인정되는 경우
- 위원 스스로 직무를 수행하는 것이 곤란하다고 의사를 밝히는 경우
- 회피 사유에 해당하는 데에도 불구하고 회피하지 아니한 경우

⑧ **실수요검증위원회 위원장의 직무**
㉠ 실수요검증위원회의 위원장은 실수요검증위원회를 대표하고, 실수요검증위원회의 업무를 총괄한다.
㉡ 위원장이 부득이한 사유로 직무를 수행할 수 없을 때에는 부위원장이 그 직무를 대행하며, 위원장과 부위원장이 모두 부득이한 사유로 그 직무를 수행할 수 없을 때에는 위원장이 미리 지명한 위원이 그 직무를 대행한다.

⑨ **실수요검증위원회의 운영**
㉠ 실수요검증위원회의 회의는 분기별로 1회 이상 개최 하되, 국토교통부장관 또는 위원장이 필요하다고 인정되는 경우에는 국토교통부장관 또는 위원장이 수시로 소집할 수 있다. 이 경우 위원장은 그 의장이 된다.
㉡ 회의는 회의 때마다 추첨 등 무작위 선정방법으로 선정하는 10명 이하의 위원으로 구성한다.
㉢ 실수요검증위원회의 회의는 위원의 3분의 2 이상 출석으로 개의(開議)하고, 출석위원 과반수의 찬성으로 의결한다.
㉣ 국토교통부장관 또는 위원장이 실수요검증위원회의 회의를 소집하려면 회의 개최 7일 전까지 회의의 일시, 장소 및 회의에 올릴 안건 등 구체적인 회의 일정을 그 회의에 참석하는 각 위원과 관계 사업자에게 알려야 한다. 다만, 긴급한 경우나 부득이한 경우에는 그러하지 아니하다.

    ⑩ 실수요검증위원회가 실수요 검증에 관하여 심의·의결하는 때에는 물류단지 실수요 검증의 평가기준에 따라야 한다.

    ⓗ 실수요검증위원회의 위원장은 물류단지 실수요 검증과 관련하여 필요하다고 인정하는 경우 해당 장소를 직접 확인할 수 있고, 해당 사업자 등을 회의에 출석하게 하여 의견을 듣거나 의견 제출을 요청할 수 있다.

    ⓢ 실수요검증위원회의 간사 또는 서기는 회의의 일시, 장소, 발언내용 및 회의 결과 등이 기재된 회의록을 작성하여 보관하여야 한다.

    ⓞ 시행규칙에서 규정한 것 외에 위원회의 운영에 필요한 사항은 위원회의 의결을 거쳐 위원장이 정한다.

⑩ **자문**: 도시첨단물류단지개발사업의 경우에는 실수요 검증을 실수요검증위원회의 자문으로 갈음할 수 있다.

█ 2 일반물류단지의 지정

(1) 지정권자

일반물류단지는 다음 구분에 따른 자가 지정한다.

① **국가정책사업으로 물류단지를 개발하거나 물류단지 개발사업의 대상지역이 2개 이상의 시·도에 걸쳐 있는 경우**: 국토교통부장관

② **① 외의 경우**: 시·도지사

(2) 지정절차

① **국토교통부장관이 지정하는 경우**: 국토교통부장관은 일반물류단지를 지정하려는 때에는 일반물류단지개발계획을 수립하여 관할 시·도지사 및 시장·군수·구청장의 의견을 듣고 관계 중앙행정기관의 장과 협의한 후 「물류정책기본법」의 물류시설분과위원회의 심의를 거쳐야 한다.

② **시·도지사가 지정하는 경우**: 시·도지사는 일반물류단지를 지정하려는 때에는 일반물류단지개발계획을 수립하여 관계 행정기관의 장과 협의한 후 「물류정책기본법」의 지역물류정책위원회의 심의를 거쳐야 한다.

③ **지정요청에 의한 지정**

    ㉠ 지정요청권자

        ⓐ 관계 행정기관의 장

        ⓑ 「한국토지주택공사법」에 따른 한국토지주택공사

        ⓒ 「한국도로공사법」에 따른 한국도로공사

        ⓓ 「한국수자원공사법」에 따른 한국수자원공사

        ⓔ 「한국농어촌공사 및 농지관리기금법」에 따른 한국농어촌공사

        ⓕ 「항만공사법」에 따른 항만공사

        ⓖ 「지방공기업법」에 따른 지방공사

ⓗ 특별법에 따라 설립된 법인

ⓘ 「민법」 또는 「상법」에 따라 설립된 법인

ⓛ 요청 절차: 일반물류단지지정요청을 할 수 있는 자는 일반물류단지의 지정이 필요하다고 인정하는 때에는 대상지역을 정하여 국토교통부장관 또는 시·도지사(일반물류단지지정권자)에게 일반물류단지의 지정을 요청할 수 있다. 이 경우 중앙행정기관의 장 이외의 자는 일반물류단지개발계획안을 작성하여 제출하여야 한다. 일반물류단지의 지정을 요청하려는 자는 일반물류단지개발계획안에 다음의 서류 및 도면을 첨부하여 일반물류단지지정권자에게 제출하여야 한다.

ⓐ 위치도·시설배치도 및 조감도

ⓑ 지정대상지역의 토지이용 현황에 관한 서류

ⓒ 용수, 에너지, 교통, 통신시설 등 입지 여건의 분석에 관한 서류

ⓓ 개발한 토지·시설 등의 처분계획에 관한 서류(처분계획에는 물류단지개발사업으로 공급되는 토지·시설 등의 위치·면적 및 가격결정방법과 공급대상자의 자격요건 및 선정방법, 공급의 시기·방법 및 조건, 임대관리 등에 관한 사항이 포함되어야 한다)

ⓔ 이주대책에 관한 서류

④ **변경지정**: 국토교통부장관과 시·도지사가 일반물류단지개발계획 중 다음과 같은 중요 사항을 변경하려는 때에도 지정할 때와 같은 절차를 거쳐야 한다.

> ㉠ 일반물류단지지정면적의 변경(10분의 1 이상의 면적을 변경하는 경우만 해당한다)
> ㉡ 일반물류단지시설용지 면적의 변경(10분의 1 이상의 면적을 변경하는 경우만 해당한다) 또는 일반물류단지시설용지의 용도변경
> ㉢ 기반시설(구거를 포함한다)의 부지 면적의 변경(10분의 1 이상의 면적을 변경하는 경우만 해당한다) 또는 그 시설의 위치 변경
> ㉣ 일반물류단지개발사업 시행자의 변경

(3) 일반물류단지개발계획

일반물류단지개발계획에는 다음의 사항이 포함되어야 한다.

> **개발계획 포함사항**
> ① 일반물류단지개발사업의 시행자
> ② 일반물류단지의 지정목적
> ③ 일반물류단지의 명칭·위치 및 면적
> ④ 일반물류단지개발사업의 시행기간 및 시행방법
> ⑤ 토지이용계획 및 주요 기반시설계획
> ⑥ 주요 유치시설 및 그 설치기준에 관한 사항
> ⑦ 재원조달계획

⑧ 수용하거나 사용할 토지, 건축물, 그 밖의 물건이나 권리가 있는 경우에는 그 세부목록
⑨ 일반물류단지의 개발을 위한 주요 시설의 지원계획
⑩ 환지의 필요성이 있는 경우 그 환지계획

다만, 일반물류단지개발계획을 수립할 때까지 ① 일반물류단지개발사업의 시행자가 확정되지 아니하였거나, ⑧ 수용하거나 사용할 토지, 건축물 그 밖의 물건이나 권리가 있지만 그 세부목록의 작성이 곤란한 경우에는 일반물류단지의 지정 후에 이를 일반물류단지개발계획에 포함시킬 수 있다.

(4) 주민 등의 의견청취

① 물류단지지정권자는 물류단지를 지정하려는 때에는 주민 및 관계 전문가의 의견을 들어야 하고 타당하다고 인정하는 때에는 그 의견을 반영하여야 한다. 다만, 국방상 기밀(機密)사항이거나, ㉠ 물류단지지정면적의 변경(10분의 1 미만의 면적을 변경하는 경우만 해당한다), ㉡ 물류단지시설용지 면적의 변경(10분의 1 미만의 면적을 변경하는 경우만 해당한다) 또는 물류단지시설용지의 용도변경, ㉢ 기반시설(구거를 포함한다)의 부지 면적의 변경(10분의 1 미만의 면적을 변경하는 경우만 해당한다) 또는 그 시설의 위치 변경의 경우에는 의견청취를 생략할 수 있다.

② 물류단지지정권자는 주민 및 관계 전문가의 의견청취를 생략하려는 경우에는 미리 관계 행정기관의 장과 협의하여야 한다.

③ 물류단지지정권자는 물류단지의 지정에 관하여 주민 및 관계 전문가의 의견을 들으려는 경우에는 물류단지개발계획안의 내용을 해당 물류단지의 소재지를 관할하는 특별자치도지사·시장·군수 또는 구청장에게 보내야 하며, 이를 받은 시장·군수·구청장은 그 주요 내용을 해당 지방에서 발간되는 일간신문에 공고하고 14일 이상 일반에게 열람하게 하여야 한다.

④ 공고된 물류단지개발계획안의 내용에 대하여 의견이 있는 자는 그 열람기간 내에 해당 시장·군수·구청장에게 의견서를 제출할 수 있다. 시장·군수·구청장은 제출된 의견에 대한 검토의견을 물류단지지정권자에게 제출하여야 한다.

(5) 지 정

국토교통부장관 또는 시·도지사(물류단지지정권자)는 요청에 의하여 물류단지를 지정할 때에는 물류단지개발계획과 물류단지개발지침에 적합한 경우에만 물류단지를 지정하여야 한다. 물류단지지정권자는 물류단지지정요청이 있는 지역이 물류단지로 지정하기에 적합하지 아니하다고 인정되는 경우에는 그 이유를 요청한 자에게 알려야 한다.

(6) 대장의 작성과 기록

물류단지지정권자는 다음의 대장을 작성·비치하고 물류단지의 지정과 물류단지개발사업의 시행자의 지정 및 물류단지개발사업의 시행에 관한 사항을 기록하여야 한다.

① 물류단지지정대장

② 물류단지개발사업시행자지정대장

③ 물류단지개발사업시행대장

(7) 물류단지지정의 고시

① 물류단지지정권자는 물류단지를 지정하거나 지정내용을 변경한 때에는 다음 사항을 관보 또는 시·도의 공보에 고시하고, 관계 서류의 사본을 관할 시장·군수·구청장에게 보내야 한다.

② 물류단지개발사업의 시행자, 수용 또는 사용의 대상이 되는 토지, 건축물 또는 토지에 정착한 물건과 이에 관한 소유권 외의 권리, 광업권·어업권 및 물의 사용에 관한 권리(토지 등)가 있는 경우에는 그 세목과 소유자 및 「공익사업을 위한 토지 등의 취득 및 보상에 관한 법률」에 따른 관계인의 성명 및 주소, 종전 토지소유자에 대한 환지계획이 물류단지를 지정하는 때 확정되지 아니한 경우에는 그 내용이 확정된 후에 이를 따로 고시할 수 있다.

　㉠ 물류단지의 명칭·위치 및 면적

　㉡ 물류단지의 지정 목적

　㉢ 물류단지개발사업의 시행자

　㉣ 물류단지의 개발기간 및 개발방법

　㉤ 토지이용계획 및 주요 기반시설계획

　㉥ 주요 유치업종 및 유치업종배치계획(물류단지지정권자와 물류단지 입주희망 기업이 입주협약을 체결한 경우에는 그 기업의 배치계획을 포함한다)

　㉦ 수용 또는 사용의 대상이 되는 토지, 건축물 또는 토지에 정착한 물건과 이에 관한 소유권 외의 권리, 광업권·어업권 및 물의 사용에 관한 권리가 있는 경우에는 그 세목과 소유자 및 「공익사업을 위한 토지 등의 취득 및 보상에 관한 법률」에 따른 관계인의 성명 및 주소

　㉧ 물류단지의 개발을 위한 주요시설지원계획

　㉨ 종전 토지소유자에 대한 환지계획

　㉩ 「공유수면 관리 및 매립에 관한 법률」에 따른 공유수면매립기본계획

　㉪ 「국토의 계획 및 이용에 관한 법률」에 따른 도시관리계획

　㉫ 「토지이용규제 기본법」에 따른 지형도면 등

　㉬ 관계 도서의 열람방법

③ 물류단지로 지정되는 지역에 수용하거나 사용할 토지, 건축물, 그 밖의 물건이나 권리가 있는 경우에는 고시내용에 그 토지 등의 세부목록을 포함시켜야 한다.

④ 관계 서류를 받은 시장·군수·구청장은 이를 14일 이상 일반인이 열람할 수 있도록 하여야 한다.

⑤ 시·도지사는 물류단지를 지정 또는 변경지정한 후 위의 사항을 고시한 때에는 지체 없이 고시 내용을 국토교통부장관에게 통보하여야 한다.

⑻ **물류단지 지정의 해제**

① **해제사유**

㉠ 물류단지로 지정·고시된 날부터 5년 이내에 그 물류단지의 전부 또는 일부에 대하여 물류 단지개발실시계획의 승인을 신청하지 아니하면 그 기간이 지난 다음 날 해당 지역에 대한 물류단지의 지정이 해제된 것으로 본다.

㉡ 물류단지지정권자는 다음에 해당하는 경우에는 대통령령으로 정하는 바에 따라 해당 지역 에 대한 물류단지 지정의 전부 또는 일부를 해제할 수 있다.

ⓐ 물류단지의 전부 또는 일부에 대한 개발 전망이 없게 된 경우

ⓑ 개발이 완료된 물류단지가 준공(부분 준공을 포함한다)된 지 20년 이상 된 것으로서 주 변상황과 물류산업여건이 변화되어 물류단지재정비사업을 하더라도 물류단지 기능수 행이 어려울 것으로 판단되는 경우

② **절 차**

물류단지지정권자는 물류단지의 지정을 해제하려는 경우에는 해제사유 및 내역, 「국토의 계획 및 이용에 관한 법률」에 따른 용도지역의 환원에 관한 사항을 명시하여 관계 행정기관의 장과 협의하여야 한다. 물류단지의 지정이 해제된 것으로 보거나 해제된 경우 해당 물류단지지정권 자는 그 사실을 관계 중앙행정기관의 장 및 시·도지사에게 통보하고 고시하여야 하며, 통보 를 받은 시·도지사는 지체 없이 시장·군수·구청장으로 하여금 이를 14일 이상 일반인이 열람할 수 있도록 하여야 한다.

③ **효 과**

물류단지의 지정으로 「국토의 계획 및 이용에 관한 법률」에 따른 용도지역이 변경·결정된 후 해당 물류단지의 지정이 해제된 경우에는 같은 법의 규정에도 불구하고 해당 물류단지에 대한 용도지역은 변경·결정되기 전의 용도지역으로 환원된 것으로 본다. 다만, 물류단지의 개발이 완료되어 물류단지의 지정이 해제된 경우에는 변경·결정되기 전의 용도지역으로 환 원되지 아니한다. 시장·군수·구청장은 용도지역이 환원된 경우에는 즉시 그 사실을 고시하 여야 한다.

④ **고 시**

물류단지지정권자는 물류단지 지정이 해제된 경우에는 다음 사항을 고시하여야 한다.

> **지정해제시 고지사항**
> ㉠ 물류단지의 명칭
> ㉡ 해제되는 물류단지의 위치 및 면적
> ㉢ 물류단지지정의 해제 사유
> ㉣ 「국토의 계획 및 이용에 관한 법률」 제36조에 따른 용도지역의 환원 여부
> ㉤ 관계 도서의 열람방법

3 도시첨단물류단지

(1) 지 정

도시첨단물류단지는 국토교통부장관 또는 시·도지사가 다음 어느 하나에 해당하는 지역에 지정하며, 시·도지사(특별자치도지사는 제외한다)가 지정하는 경우에는 시장·군수·구청장의 신청을 받아 지정할 수 있다.

① 노후화된 일반물류터미널 부지 및 인근 지역
② 노후화된 유통업무설비 부지 및 인근 지역
③ 그 밖에 국토교통부장관이 필요하다고 인정하는 지역

(2) 시장·군수·구청장의 신청

시장·군수·구청장은 시·도지사에게 도시첨단물류단지의 지정을 신청하려는 경우에는 도시첨단물류단지개발계획안을 작성하여 제출하여야 한다.

(3) 절차 준용

도시첨단물류단지의 지정 절차 및 개발계획에 관하여는 일반물류단지 관련 규정을 준용한다. 다만, 도시첨단물류단지개발계획에는 층별·시설별 용도, 바닥면적 등 건축계획 및 복합용지이용계획(복합용지를 계획하는 경우에 한정한다)이 포함되어야 한다.

(4) 제 공

도시첨단물류단지개발사업의 시행자는 대통령령으로 정하는 바에 따라 대상 부지 토지가액의 100분의 40의 범위에서 다음 어느 하나에 해당하는 시설 또는 그 운영비용의 일부를 국가나 지방자치단체에 제공하여야 한다.

① 물류산업 창업보육센터 등 해당 도시첨단물류단지를 활용한 일자리 창출을 위한 시설
② 해당 도시첨단물류단지에서 공동으로 사용하는 물류시설
③ 해당 도시첨단물류단지의 물류산업 활성화를 위한 연구시설
④ 그 밖에 ①부터 ③까지의 시설에 준하는 시설로서 대통령령으로 정하는 공익시설

다만, 「개발이익 환수에 관한 법률」에 따라 개발부담금이 부과·징수되는 경우에는 대상 부지의 토지가액에서 개발부담금에 상당하는 금액을 제외한다.

(5) 토지소유자 등의 동의

국토교통부장관 또는 시·도지사는 도시첨단물류단지를 지정하려면 도시첨단물류단지 예정지역 토지면적의 2분의 1 이상에 해당하는 토지소유자의 동의와 토지소유자 총수(그 지상권자를 포함하며, 1필지의 토지를 여러 명이 공유하는 경우 그 여러 명은 1인으로 본다) 및 건축물 소유자 총수(집합건물의 경우 각 구분소유자 각자를 1인의 소유자로 본다) 각 2분의 1 이상의 동의를 받아야 한다.

(6) 지원단지의 조성 등의 특례

도시첨단물류단지개발사업의 시행자는 도시첨단물류단지 내 또는 도시첨단물류단지 인근지역에 입주기업 종사자 등을 위하여 주거·문화·복지·교육 시설 등을 포함한 지원단지를 조성할 수 있다. 지원단지의 조성은 도시첨단물류단지개발사업으로 할 수 있다. 입주기업 종사자 등의 주거 마련을 위하여 필요한 경우 제1항에 따라 조성되는 지원단지에서 건설·공급되는 주택에 대하여 「주택법」 제38조 제1항에도 불구하고 대통령령으로 정하는 바에 따라 입주자 모집요건 등 주택공급의 기준을 따로 정할 수 있다.

(7) 다른 지구와의 입체개발

국토교통부장관 또는 시·도지사는 「공공주택 특별법」 제2조 제2호의 공공주택지구 등 대통령령으로 정하는 지구의 지정권자와 협의하여 도시첨단물류단지와 동일한 부지에 해당 지구를 함께 지정하여 도시첨단물류단지개발사업으로 할 수 있다. 시행자는 지구 내 사업에 따른 시설과 도시첨단물류단지개발사업에 따른 시설을 일단의 건물로 조성할 수 있다.

4 물류단지개발

(1) 물류단지개발사업

물류단지를 조성하기 위하여 시행하는 다음의 사업으로서 도시첨단물류단지개발사업과 일반물류단지개발사업을 말한다.

> **개발사업의 내용**
>
> ① 물류단지시설 및 지원시설의 용지조성사업과 건축사업
> ② 도로, 철도, 궤도, 항만 또는 공항시설 등의 건설사업
> ③ 전기, 가스, 용수 등의 공급시설과 전기통신설비의 건설사업
> ④ 하수도, 폐기물처리시설, 그 밖의 환경오염방지시설 등의 건설사업
> ⑤ 그 밖에 위의 사업에 딸린 사업

(2) 물류단지개발지침

① **작성** : 국토교통부장관은 물류단지의 개발에 관한 기본지침(물류단지개발지침)을 작성하여 관보에 고시하여야 한다. 국토교통부장관은 물류단지개발지침을 작성할 때에는 미리 시·도지사의 의견을 듣고 관계 중앙행정기관의 장과 협의한 후 「물류정책기본법」에 따른 물류시설분과위원회의 심의를 거쳐야 한다. 물류단지개발지침을 변경할 때(토지가격의 안정을 위하여 필요한 사항을 변경할 때는 제외한다)에도 또한 같다.

② **물류단지개발지침의 내용**: 물류단지개발지침에는 다음 사항이 포함되어야 한다.

> **개발지침 포함사항**
>
> ㉠ 물류단지의 계획적·체계적 개발에 관한 사항
> ㉡ 물류단지의 지정·개발·지원에 관한 사항
> ㉢ 「환경정책기본법」에 따른 사전환경성검토 및 「환경영향평가법」에 따른 환경영향평가 등 환경보전에 관한 사항
> ㉣ 지역 간의 균형발전을 위하여 고려할 사항
> ㉤ 문화재의 보존을 위하여 고려할 사항
> ㉥ 토지가격의 안정을 위하여 필요한 사항
> ㉦ 분양가격의 결정에 관한 사항
> ㉧ 토지·시설 등의 공급에 관한 사항

③ **작성 방법**: 물류단지개발지침은 지역 간의 균형 있는 발전을 위하여 물류단지시설용지의 배분이 적정하게 이루어지도록 작성되어야 한다.

(3) 물류단지개발사업의 시행자

① **시행자 지정**: 물류단지개발사업을 시행하려는 자는 물류단지지정권자로부터 시행자 지정을 받아야 한다. 물류단지지정권자는 시행자를 지정할 때에는 사업계획의 타당성 및 재원조달능력과 다른 법률에 따라 수립된 개발계획과의 관계 등을 고려하여야 한다.

② **시행자**

㉠ 물류단지개발사업의 시행자로 지정받을 수 있는 자는 다음의 자로 한다.

ⓐ 국가 또는 지방자치단체
ⓑ 「한국토지주택공사법」에 따른 한국토지주택공사
ⓒ 「한국도로공사법」에 따른 한국도로공사
ⓓ 「지방공기업법」에 따른 지방공사
ⓔ 「한국수자원공사법」에 따른 한국수자원공사
ⓕ 「한국농어촌공사 및 농지관리기금법」에 따른 한국농어촌공사
ⓖ 「항만공사법」에 따른 항만공사
ⓗ 특별법에 따라 설립된 법인
ⓘ 「민법」 또는 「상법」에 따라 설립된 법인

㉡ 물류단지지정권자는 물류단지개발사업을 시행하는 자로 지정받은 자(시행자) 중 「민법」 또는 「상법」에 따라 설립된 법인이 승인을 받은 물류단지개발실시계획에서 정하여진 기간 내에 물류단지개발사업을 완료하지 아니하면 공공기관 중에서 다른 시행자를 지정하여 그 시행자에 해당 물류단지개발사업을 시행하게 할 수 있다.

③ 시행자 지정신청

  ㉠ 물류단지개발사업의 시행자로 지정받으려는 자는 물류단지지정권자에게 시행자 지정을 신청하여야 한다. 시행자로 지정받으려는 자는 다음 사항을 적은 시행자지정신청서를 물류단지지정권자에게 제출하여야 한다.

    ⓐ 사업을 시행하려는 자의 성명(법인인 경우에는 그 명칭 및 대표자의 성명)·주소

    ⓑ 사업을 시행하려는 물류단지의 명칭, 위치 및 사업시행 면적

    ⓒ 사업의 명칭, 목적, 개요, 시행기간, 시행방법 등 사업계획의 개요

  ㉡ 시행자지정신청서에는 위치도, 사업계획서, 자금조달계획서를 첨부하여야 한다.

④ **개발사업의 대행**: 「민법」 또는 「상법」에 따라 설립된 법인을 제외한 시행자는 물류단지개발사업을 효율적으로 시행하기 위하여 필요하다고 인정하는 경우에는 해당 물류단지에 입주하거나 입주하려는 물류시설의 운영자(입주기업체) 및 지원시설의 운영자(지원기관)에 물류단지개발사업의 일부를 대행하게 할 수 있다.

  ㉠ 시행자는 물류단지시설용지의 조성과 물류단지시설의 건설을 병행하게 할 필요가 있거나 물류단지개발사업의 원활한 시행을 위하여 필요하다고 인정하는 경우에는 입주기업체 또는 지원기관으로 하여금 물류단지개발사업 중 해당 입주기업체 또는 지원기관이 사용할 시설의 부지조성사업을 대행하게 할 수 있다.

  ㉡ 시행자는 입주기업체 또는 지원기관으로 하여금 물류단지개발사업의 일부를 대행하게 하려는 때에는 이에 관한 계약을 체결하여야 한다. 이 경우 시행자는 계약을 체결한 날부터 14일 이내에 계약서의 사본을 첨부하여 해당 물류단지지정권자에게 물류단지개발사업의 대행에 관한 보고를 하여야 한다.

  ㉢ 시행자는 계약을 체결한 물류단지개발사업의 대행자가 그 계약에 따라 성실하게 사업을 시행하도록 지도·감독하여야 한다.

⑷ **물류단지개발실시계획의 승인**

시행자는 물류단지개발실시계획(실시계획)을 수립하여 물류단지지정권자의 승인을 받아야 한다. 승인을 받은 사항 중 중요 사항을 변경하려는 경우에도 또한 같다. 다음 사항에 대한 변경은 승인을 받지 않아도 된다.

> **변경승인 제외사항**
> • 시행자의 주소 변경
> • 법인인 시행자의 대표자 변경
> • 사업시행지역의 변동이 없는 범위에서의 착오 등에 따른 시행면적의 정정
> • 사업시행 면적을 초과하지 아니하는 범위에서 사업을 분할하여 시행하는 경우의 면적 변경
> • 사업시행 면적의 100분의 10 범위에서의 면적의 감소
> • 사업비의 100분의 10 범위에서의 사업비의 증감
> • 「공간정보의 구축 및 관리 등에 관한 법률」에 지적확정측량의 결과에 따른 부지 면적의 변경

실시계획에는 개발한 토지·시설 등의 처분에 관한 사항이 포함되어야 한다.

① **실시계획승인신청**

㉠ 시행자는 실시계획의 승인을 신청하려는 경우에는 다음의 사항을 적은 실시계획승인신청서를 물류단지지정권자에게 제출하여야 한다.

> **신청서 포함내용**
> ⓐ 시행자의 성명(법인인 경우에는 그 명칭 및 대표자의 성명) · 주소
> ⓑ 사업의 명칭
> ⓒ 사업의 목적
> ⓓ 사업을 시행하려는 위치 및 면적
> ⓔ 사업의 시행방법 및 시행기간
> ⓕ 사업시행지역의 토지이용현황
> ⓖ 토지이용계획 및 기반시설계획
> ⓗ 공공시설의 귀속 및 관리계획

㉡ 실시계획승인신청서에는 다음의 서류 및 도면을 첨부하여야 한다.

> **신청서 첨부서류**
> ⓐ 위치도
> ⓑ 지적도에 따라 작성한 용지도
> ⓒ 계획평면도 및 실시설계도서(공유수면의 매립이 포함되는 경우에는 「공유수면 관리 및 매립에 관한 법률 시행령」에 따라 제출하여야 하는 매립공사에 관한 설명서를 포함한다)
> ⓓ 사업비 및 자금조달계획서(연차별 투자계획을 포함한다)
> ⓔ 개발한 토지 · 시설 등의 처분계획에 관한 서류
> ⓕ 사업시행지역에 존치하려는 기존의 물류단지시설이나 건축물 등의 명세서
> ⓖ 사업시행지역의 토지 · 건물 또는 권리 등의 매수 · 보상 및 주민의 이주대책에 관한 서류
> ⓗ 토지 등이 있는 경우에는 그 세목과 소유자 및 「공익사업을 위한 토지 등의 취득 및 보상에 관한 법률」에 따른 관계인의 성명 및 주소
> ⓘ 공공시설물 및 토지 등의 무상귀속 등에 관한 계획서
> ⓙ 도시 · 군관리계획결정에 필요한 관계 서류 및 도면
> ⓚ 「해양환경관리법」에 따라 제출하여야 하는 해역이용협의를 위한 서류(공유수면매립의 경우에만 첨부한다)
> ⓛ 「환경영향평가법」에 따른 환경영향평가 대상사업이거나 「도시교통정비 촉진법」에 따른 교통영향분석 · 개선대책의 수립 대상사업인 경우에는 환경영향평가서 또는 교통영향분석 · 개선대책
> ⓜ 문화재 보존대책에 관한 서류

제6장 물류시설의 개발 및 운영에 관한 법률 **417**

② **실시계획승인절차와 고시**

　　㉠ 물류단지지정권자가 실시계획을 승인하거나 승인한 사항을 변경승인할 때에는 관계 법률에 적합한지를 미리 소관 행정기관의 장과 협의하여야 한다.

　　㉡ 물류단지지정권자는 실시계획을 승인하거나 승인한 사항을 변경승인한 때에는 관보 또는 시·도의 공보에 고시하고, 관계 서류의 사본을 관할 시장·군수·구청장에게 보내야 한다. 고시하여야 하는 사항은 다음과 같다.

> **실시계획 승인시 고지사항**
>
> ⓐ 사업의 명칭
> ⓑ 시행자의 성명(법인인 경우에는 그 명칭 및 대표자의 성명)
> ⓒ 사업의 목적 및 개요
> ⓓ 사업시행지역의 위치 및 면적
> ⓔ 사업시행기간(착공 및 준공예정일을 포함한다)
> ⓕ 도시·군계획시설에 대한 「국토의 계획 및 이용에 관한 법률 시행령」의 사항

　　㉢ 관계 서류의 사본을 받은 시장·군수·구청장은 이를 14일 이상 일반인이 열람할 수 있도록 하여야 한다. 관계 서류의 사본을 받은 시장·군수·구청장은 실시계획에 도시·군관리계획 결정사항이 포함되어 있으면 「국토의 계획 및 이용에 관한 법률」에 따라 지형도면의 고시 등에 필요한 절차를 취하여야 한다. 이 경우 시행자는 도시·군관리계획에 관한 지형도면의 고시 등에 필요한 서류를 작성하여 시장·군수·구청장에게 제출하여야 한다.

③ **인·허가 등의 의제**: 물류단지지정권자가 실시계획을 승인 또는 변경승인하는 경우에 다음의 인·허가 등에 관하여 관계 행정기관의 장과 협의한 사항은 해당 인·허가 등을 받은 것으로 보며, 실시계획승인 또는 변경승인을 고시한 때에는 다음의 법률에 따른 해당 인·허가 등의 고시 또는 공고를 한 것으로 본다. 법률에 따른 인·허가 등을 받은 것으로 보는 경우에는 관계 법률 또는 시·도의 조례에 따라 부과되는 그 인·허가 등에 따른 수수료·사용료 등을 면제한다.

- 「가축분뇨의 관리 및 이용에 관한 법률」에 따른 배출시설에 대한 설치허가 또는 신고
- 「건축법」에 따른 건축허가, 건축신고, 건축허가·신고사항의 변경, 가설건축물의 건축의 허가·신고 및 건축협의
- 「골재채취법」에 따른 골재채취의 허가
- 「공유수면 관리 및 매립에 관한 법률」에 따른 공유수면의 점용·사용허가 및 같은 법 제8조에 따른 실시계획의 인가 또는 신고, 공유수면매립의 면허, 실시계획의 승인 및 매립에 관한 협의 또는 승인
- 「공유재산 및 물품 관리법」에 따른 행정재산의 용도폐지 및 행정재산의 사용·수익의 허가
- 「광업법」에 따른 광업권설정불허가처분 및 광업권의 취소 또는 광구감소처분
- 「국유재산법」에 따른 행정재산과 보존재산의 사용·수익 허가 및 국유재산 용도폐지

- 「국토의 계획 및 이용에 관한 법률」에 따른 도시관리계획의 결정, 토지형질변경의 허가 또는 토지분할의 허가, 도시·군계획시설사업의 시행자의 지정 및 실시계획의 인가
- 「농어촌정비법」에 따른 농업생산기반시설의 목적 외 사용승인
- 「농지법」에 따른 농업진흥지역 등의 변경 및 해제, 농지전용의 허가 및 협의
- 「도로법」에 따른 도로 관리청과의 협의·승인, 도로공사의 시행허가 및 도로의 점용허가
- 「사도법」에 따른 사도개설의 허가
- 「사방사업법」에 따른 벌채 등의 허가 및 사방지 지정의 해제
- 「산지관리법」에 따른 산지전용허가 및 산지전용신고, 산지일시사용허가·신고, 토석채취허가, 「산림자원의 조성 및 관리에 관한 법률」에 따른 입목벌채 등의 허가·신고, 보안림 안에서의 행위의 허가 및 신고, 「산림보호법」에 따른 산림보호구역(산림유전자원보호구역 제외)에서의 행위의 허가·신고 및 산림보호구역의 지정해제
- 「소하천정비법」에 따른 소하천 공사시행의 허가 및 소하천 점용의 허가
- 「수도법」에 따른 수도사업의 인가, 전용수도 설치의 인가
- 「물환경보전법」에 따른 종말처리시설설치 기본계획의 승인
- 「에너지이용 합리화법」에 따른 에너지사용계획의 협의
- 「임업 및 산촌 진흥촉진에 관한 법률」에 따른 임업진흥권역의 지정변경 및 해제
- 「장사 등에 관한 법률」에 따른 연고자가 없는 분묘의 개장허가
- 「전기안전관리법」에 따른 자가용전기설비의 공사계획의 인가 또는 신고
- 「공간정보의 구축 및 관리 등에 관한 법률」에 따른 사업의 착수·변경 또는 완료의 신고
- 「집단에너지사업법」에 따른 집단에너지의 공급 타당성에 관한 협의
- 「초지법」에 따른 토지의 형질변경 등의 허가 및 초지전용허가
- 「측량법」에 따른 측량성과 사용에 관한 심사
- 「폐기물관리법」에 따른 폐기물처리시설의 설치승인 또는 신고
- 「하수도법」에 따른 공공하수도공사의 시행허가 및 공공하수도의 점용허가
- 「하천법」에 따른 하천관리청과의 협의 또는 승인, 하천공사 시행허가, 하천공사실시계획의 인가, 하천의 점용허가 및 하천수의 사용허가
- 「항만법」에 따른 항만개발사업 시행의 허가 및 항만개발실시계획의 승인
- 「산업집적활성화 및 공장설립에 관한 법률」에 따른 공장설립 등의 승인
- 「체육시설의 설치·이용에 관한 법률」에 따른 사업계획의 승인

(5) 물류단지개발사업의 위탁시행

① 위탁대상 사업

㉠ 시행자는 물류단지개발사업 중 항만, 용수시설, 도로·상수도·철도·공동구(共同溝)·폐수종말처리시설·폐기물처리시설·집단에너지공급시설·제방·호안·방조제·하구언 및 녹지시설의 건설과 공유수면의 매립에 관한 사항을 위탁하여 시행할 수 있다.

ⓛ 물류단지개발사업을 위한 토지매수업무 등의 위탁에 관하여는 물류터미널사업 관련 규정을 준용한다. 이 경우 '물류터미널사업자'는 '시행자'로, '물류터미널'은 '물류단지'로 본다.

② **위탁기관**: 국가 · 지방자치단체 또는 공공기관에 위탁하여 시행할 수 있다.

③ **협의**: 시행자는 물류단지개발사업의 일부를 국가 · 지방자치단체 또는 공공기관에 위탁하여 시행하려는 경우에는 이를 위탁받아 시행할 자와 다음 사항에 관하여 협의하여야 한다.

 ㉠ 위탁사업의 사업지

 ⓛ 위탁사업의 종류 · 규모 · 금액과 그 밖에 공사설계의 기준이 될 사항

 ㉢ 위탁사업의 시행기간(착공 및 준공예정일과 공정계획을 포함한다)

 ㉣ 위탁사업에 필요한 비용의 지급방법과 그 자금의 관리에 관한 사항

 ㉤ 위탁자가 부동산 · 기자재 또는 근로자를 제공하는 경우에는 그 관리에 관한 사항

 ㉥ 위험부담에 관한 사항

 ㉦ 그 밖에 위탁사업의 내용을 명백히 하기 위하여 필요한 사항

5 물류단지개발사업과 토지

(1) 토지 등의 수용 · 사용

① 시행자는 물류단지개발사업에 필요한 토지 등을 수용하거나 사용할 수 있다. 다만, 「민법」 또는 「상법」에 따라 설립된 법인인 경우에는 사업대상 토지면적의 3분의 2 이상을 매입하여야 토지 등을 수용하거나 사용할 수 있다.

② 토지 등을 수용하거나 사용하는 경우에 물류단지 지정고시를 한 때(시행자 및 수용하거나 사용할 토지 등의 세부목록을 물류단지의 지정 후에 물류단지개발계획에 포함시키는 경우에는 그 고시한 때를 말한다)에는 「공익사업을 위한 토지 등의 취득 및 보상에 관한 법률」에 따른 사업인정 및 그 고시를 한 것으로 본다.

③ 국토교통부장관이 지정하는 물류단지 안의 토지 등에 대한 재결은 중앙토지수용위원회가 관장하고, 시 · 도지사가 지정하는 물류단지 안의 토지 등에 대한 재결은 관할 지방토지수용위원회가 관장한다. 이 경우 재결의 신청은 「공익사업을 위한 토지 등의 취득 및 보상에 관한 법률」에도 불구하고 물류단지개발계획에서 정하는 사업시행기간 내에 할 수 있다.

④ 수용 또는 사용에 관하여는 「물류시설의 개발 및 운영에 관한 법률」에 특별한 규정이 있는 경우 외에는 「공익사업을 위한 토지 등의 취득 및 보상에 관한 법률」을 준용한다.

(2) 「공유수면매립법」 등의 적용 특례

① 물류단지가 지정 · 고시된 경우에는 그 범위에서 「공유수면 관리 및 매립에 관한 법률」에 따른 공유수면매립기본계획, 「국토의 계획 및 이용에 관한 법률」에 따른 도시관리계획 및 「하천법」에 따른 하천기본계획 및 하천공사시행계획이 수립 · 변경된 것으로 본다.

② 실시계획의 승인을 받은 시행자가 해당 물류단지 안의 토지에 관하여 체결하는 토지거래계약에 대하여는 「국토의 계획 및 이용에 관한 법률」을 적용하지 아니한다.

③ 지원시설에 대하여는 「국토의 계획 및 이용에 관한 법률」에 따른 지역·지구 안에서의 건축금지 및 제한에 관한 규정을 적용하지 아니한다.

(3) 토지소유자에 대한 환지

① 시행자는 물류단지 안의 토지를 소유하고 있는 자가 물류단지개발계획에서 정한 물류단지시설을 운영하려는 경우에는 그 토지를 포함하여 물류단지개발사업을 시행할 수 있으며, 해당 사업이 완료된 후 해당 토지소유자에게 환지(換地)하여 줄 수 있다.

② 환지를 받을 수 있는 토지소유자는 물류단지개발계획에서 정한 유치업종에 적합한 물류단지시설을 설치하려는 자로서 물류단지의 지정·고시일 현재 물류단지개발계획에서 정한 최소공급면적 이상의 토지를 소유한 자로 한다.

③ 환지를 받으려는 자는 환지신청서에 물류단지시설 설치계획서를 첨부하여 시행자에게 제출하여야 한다. 환지신청은 시행자가 해당 물류단지에 관한 보상공고에서 정한 협의기간에 하여야 한다.

④ 시행자는 다음의 기준에 따라 환지의 방법 및 절차 등을 물류단지개발계획에서 정하여야 한다.
  ㉠ 환지의 대상이 되는 종전 토지의 가액은 보상공고시 시행자가 제시한 협의를 위한 보상금액으로 하고, 환지의 가액은 해당 물류단지의 물류단지시설용지의 분양가격을 기준으로 한다.
  ㉡ 환지면적은 종전의 토지면적을 기준으로 하되, 지역 여건 및 물류단지의 수급 상황 등을 고려하여 그 면적을 늘리거나 줄일 수 있다.
  ㉢ 종전의 토지가액과 환지가액과의 차액은 현금으로 정산하여야 한다.

⑤ 환지를 할 때 「도시개발법」 제28조부터 제49조까지를 준용한다.

(4) 공공시설 및 토지 등의 귀속

① 공공시설
공공시설은 「국토의 계획 및 이용에 관한 법률」에 따른 공공시설 중 도로, 공원, 광장, 주차장(국가 또는 지방자치단체가 설치한 것만 해당한다), 철도, 하천, 녹지, 운동장(국가 또는 지방자치단체가 설치한 것만 해당한다), 공공공지, 수도(한국수자원공사가 설치하는 수도의 경우에는 관로만 해당한다), 하수도, 공동구, 유수지시설, 구거 등의 시설을 말한다.

② 공공개발의 경우 공공시설 귀속
공공시행자가 물류단지개발사업의 시행으로 새로 공공시설을 설치하거나 기존의 공공시설에 대체되는 공공시설을 설치한 경우에는 「국유재산법」 및 「공유재산 및 물품 관리법」에도 불구하고 종래의 공공시설은 시행자에게 무상으로 귀속되고 새로 설치된 공공시설은 그 시설을 관리할 국가 또는 지방자치단체에 무상으로 귀속된다.

③ **민간개발의 경우 공공시설 귀속**

민간시행자가 물류단지개발사업의 시행으로 새로 설치한 공공시설은 그 시설을 관리할 국가 또는 지방자치단체에 무상으로 귀속되고, 물류단지개발사업의 시행으로 인하여 용도가 폐지되는 국가 또는 지방자치단체 소유의 재산은 「국유재산법」 및 「공유재산 및 물품 관리법」에도 불구하고 새로 설치한 공공시설의 설치비용에 상당하는 범위에서 그 시행자에게 무상으로 양도할 수 있다.

④ **협 의**

물류단지지정권자는 공공시설의 귀속 및 양도에 관한 사항이 포함된 실시계획을 승인하려는 때에는 미리 그 공공시설을 관리하는 기관(관리청)의 의견을 들어야 한다. 실시계획을 변경하려는 때에도 또한 같다. 시행자는 국가 또는 지방자치단체에 귀속될 공공시설과 시행자에게 귀속되거나 양도될 재산의 종류와 토지의 세부목록을 그 물류단지개발사업의 준공 전에 관리청에 통지하여야 하며, 해당 공공시설과 재산은 그 사업이 준공되어 시행자에게 준공인가통지를 한 때에 국가 또는 지방자치단체에 귀속되거나 시행자에게 귀속 또는 양도된 것으로 본다. 공공시설과 재산의 등기에 관하여는 물류단지개발사업의 실시계획승인서와 준공인가서로써 「부동산등기법」에 따른 등기원인을 증명하는 서면에 갈음할 수 있다.

(5) 시설의 존치

시행자는 물류단지 안에 있는 기존의 시설이나 그 밖의 공작물을 이전하거나 철거하지 아니하여도 물류단지개발사업에 지장이 없다고 인정하는 때에는 이를 남겨두게 할 수 있다.

(6) 이주대책

① 시행자는 「공익사업을 위한 토지 등의 취득 및 보상에 관한 법률」로 정하는 바에 따라 물류단지개발사업으로 인하여 생활의 근거를 상실하게 되는 자(이주자)에 대한 이주대책 등을 수립·시행하여야 한다.

② 입주기업체 및 지원기관은 특별한 사유가 없으면 이주자 또는 인근지역의 주민을 우선적으로 고용하여야 한다.

③ 시행자는 이주자 또는 인근지역 주민의 생활안정을 위하여 필요하다고 인정하는 경우에는 취업희망자의 구직표 및 입주기업체의 구인표를 작성하여 관할 직업안정기관의 장이나 시장·군수·구청장에게 구직 또는 구인을 신청할 수 있다.

④ 구직 또는 구인신청을 접수한 관할 직업안정기관의 장이나 시장·군수·구청장은 구인자에게는 구인조건에 적합한 구직자의 목록을 제시하고, 구직자에게는 구직조건에 적합한 구인자의 목록을 제시하여 적극적으로 취업을 알선하여야 한다.

6 물류단지개발 비용

(1) 물류단지개발사업의 비용

① **비용부담 원칙**: 물류단지개발사업에 필요한 비용은 시행자가 부담한다.

② **전기시설 등의 설치**: 물류단지에 필요한 전기시설·전기통신설비·가스공급시설 또는 지역 난방시설은 해당 지역에 전기, 전기통신, 가스 또는 난방을 공급하는 자가 비용을 부담하여 설치하여야 한다. 물류단지지정권자는 실시계획을 승인한 때에는 지체 없이 전기시설·전기 통신설비·가스공급시설 또는 지역난방시설의 설치자에게 그 사실을 알려야 한다.

③ **전기간선시설 땅 속 설치시 비용부담**: 물류단지개발사업의 시행자, 입주기업, 지방자치단체 등의 요청에 따라 전기간선시설(電氣幹線施設)을 땅 속에 설치하는 경우에는 전기를 공급하는 자와 땅 속에 설치할 것을 요청하는 자가 각각 100분의 50의 비율로 그 설치비용을 부담한다.

④ **설치범위**: 전기시설·전기통신설비·가스공급시설 및 지역난방시설의 설치범위는 다음과 같다.

　㉠ 전기시설: 물류단지 밖의 기간(基幹)이 되는 시설로부터 물류단지 안의 토지이용계획상 6미터 이상의 도시·군계획도로에 접하는 개별필지의 경계선까지의 전기시설

　㉡ 전기통신설비: 물류단지 밖의 기간이 되는 시설로부터 물류단지 안의 개별필지의 경계선 까지의 관로시설 및 물류단지 밖의 기간이 되는 시설로부터 물류단지 안의 개별필지의 최 초 단자까지의 케이블시설

　㉢ 가스공급시설: 물류단지 밖의 기간이 되는 가스공급시설로부터 물류단지 안의 개별필지의 경계선까지의 가스공급시설. 다만, 취사나 개별난방용(중앙집중식 난방용은 제외한다)으로 가스를 공급하기 위하여 물류단지 안의 개별필지에 정압조정실을 설치하는 경우에는 그 정압조정실까지의 가스공급시설

　㉣ 지역난방시설: 물류단지 밖의 기간이 되는 열수송관의 분기점으로부터 물류단지 안의 개 별필지의 각 기계실 입구 차단밸브까지의 열수송관

⑤ **설치시기**: 시설의 설치는 특별한 사유가 없으면 준공인가신청일(물류단지지정권자가 시행자 인 경우에는 물류단지개발사업의 완료일)까지 끝내야 한다.

(2) 물류단지개발사업의 지원

① **기반시설의 설치지원**: 국가 또는 지방자치단체는 물류단지의 원활한 개발을 위하여 필요한 도로, 철도, 항만, 용수시설 등 기반시설의 설치를 우선적으로 지원하여야 한다. 국가나 지방자 치단체가 지원하는 기반시설은 다음과 같다.

> **기반시설**
> ㉠ 도로·철도 및 항만시설
> ㉡ 용수공급시설 및 통신시설
> ㉢ 하수도시설 및 폐기물처리시설
> ㉣ 물류단지 안의 공동구
> ㉤ 집단에너지공급시설
> ㉥ 유수지 및 광장

② **비용의 보조 또는 융자**: 국가 또는 지방자치단체는 물류단지개발사업에 필요한 비용의 일부를 보조하거나 융자할 수 있다. 국가나 지방자치단체가 보조 또는 융자할 수 있는 비용의 종목은 다음과 같다.

> **비용 보조·융자 대상**
> ㉠ 물류단지의 간선도로의 건설비
> ㉡ 물류단지의 녹지의 건설비
> ㉢ 이주대책사업비
> ㉣ 물류단지시설용지와 지원시설용지의 조성비 및 매입비
> ㉤ 용수공급시설·하수도 및 폐수종말처리시설의 건설비
> ㉥ 문화재 조사비

③ **물류단지 안의 조경의무 면제**: 입주기업체에 대해서는 「건축법」 제42조에도 불구하고 해당 입주기업체 부지 안의 조경(造景) 의무를 면제한다.

(3) 물류단지개발특별회계

① **설치**: 시·도지사 또는 시장·군수는 물류단지개발사업을 촉진하기 위하여 지방자치단체에 물류단지개발특별회계(특별회계)를 설치할 수 있다. 특별회계는 다음의 재원으로 조성된다.

> **특별회계 재원**
> ㉠ 해당 지방자치단체의 일반회계로부터의 전입금
> ㉡ 정부의 보조금
> ㉢ 부과·징수된 과태료
> ㉣ 「개발이익 환수에 관한 법률」에 따라 지방자치단체에 귀속되는 개발부담금 중 해당 지방자치단체의 조례로 정하는 비율의 금액
> ㉤ 「국토의 계획 및 이용에 관한 법률」에 따른 수익금
> ㉥ 「지방세법」에 따라 부과·징수되는 재산세의 징수액 중 10퍼센트 비율의 금액(해당 지방자치단체의 조례가 10퍼센트 이상으로 정하는 경우에는 그 비율을 말한다)
> ㉦ 차입금
> ㉧ 해당 특별회계자금의 융자회수금·이자수입금 및 그 밖의 수익금

② **특별회계의 용도** : 특별회계는 다음의 용도로 사용한다.

> **특별회계 용도**
>
> ㉠ 물류단지개발사업의 시행자에 대한 공사비의 보조 또는 융자
> ㉡ 물류단지개발사업에 따른 도시·군계획시설사업에 관한 보조 또는 융자
> ㉢ 지방자치단체가 시행하는 물류단지개발사업에 따른 도시·군계획시설의 설치사업비
> ㉣ 물류단지지정, 물류시설의 개발계획수립 및 제도발전을 위한 조사·연구비
> ㉤ 차입금의 원리금 상환
> ㉥ 특별회계의 조성·운용 및 관리를 위한 경비
> ㉦ 지방자치단체가 시행하는 물류단지개발사업의 사업비

국토교통부장관은 필요한 경우에는 지방자치단체의 장에게 특별회계의 운용상황을 보고하게 할 수 있다. 특별회계의 설치 및 운용·관리에 필요한 사항은 대통령령으로 정하는 기준에 따라 해당 지방자치단체의 조례로 정한다.

③ **물류단지개발특별회계의 운용 및 관리**

㉠ 물류단지개발특별회계에서 보조할 수 있는 범위는 다음과 같다.

> **특별회계 보조 범위**
>
> ⓐ 해당 지방자치단체의 장이 시행하는 물류단지개발사업의 공사비, 물류단지개발사업과 관련된 「국토의 계획 및 이용에 관한 법률」에 따른 도시·군계획시설사업의 공사비 및 사유대지의 보상비
> ⓑ 지방자치단체장 외의 자가 시행하는 물류단지개발사업 중 도시·군계획시설의 설치에 필요한 공사비와 물류단지개발사업과 관련된 「국토의 계획 및 이용에 관한 법률」에 따른 도시·군계획시설사업의 공사비의 2분의 1 이하
> ⓒ 물류단지지정, 물류시설의 개발계획수립 및 제도발전을 위한 조사·연구비
> ⓓ 특별회계의 조성·운용 및 관리를 위한 경비

㉡ 물류단지개발특별회계에서 융자할 수 있는 범위는 다음과 같다.

ⓐ 물류단지개발사업과 관련된 해당 지방자치단체의 장이 시행하는 「국토의 계획 및 이용에 관한 법률」에 따른 도시·군계획시설사업의 공사비의 2분의 1 이하

ⓑ 지방자치단체장 외의 자가 시행하는 물류단지개발사업 중 도시·군계획시설의 설치에 필요한 공사비와 물류단지개발사업과 관련된 「국토의 계획 및 이용에 관한 법률」에 따른 도시·군계획시설사업의 공사비의 3분의 1 이하

⑷ 선수금

시행자는 그가 조성하는 용지를 분양·임대받거나 시설을 이용하려는 자로부터 대금의 전부 또는 일부를 미리 받을 수 있다.

① **요건**: 선수금을 받으려는 시행자는 다음 구분에 따른 요건을 갖추어야 한다.

    ㉠ 국가 또는 지방자치단체, 공공기관, 「지방공기업법」에 따른 지방공사: 실시계획 승인을 받을 것

    ㉡ 특별법에 따라 설립된 법인과 「민법」 또는 「상법」에 따라 설립된 법인: 다음 요건을 모두 갖출 것

        ⓐ 실시계획 승인을 받을 것

        ⓑ 분양하려는 토지에 대한 소유권을 확보하고 해당 토지에 설정된 저당권을 말소하였을 것. 다만, 부득이한 사유로 토지소유권을 확보하지 못하였거나 저당권을 말소하지 못한 경우에는 시행자·토지소유자 및 저당권자는 다음 내용의 공동약정서를 공증하여 실시계획 승인권자에게 제출하여야 한다.

          • 토지소유자는 제3자에게 해당 토지를 양도하거나 담보로 제공하지 아니할 것

          • 해당 대금을 낸 자가 준공인가 또는 준공인가 전 사용허가를 받아 해당 토지를 사용하게 되는 경우에는 토지소유자 및 저당권자는 지체 없이 소유권을 이전하고 저당권을 말소할 것

        ⓒ 분양하려는 토지에 대한 개발사업의 공사 진척률이 100분의 10 이상에 달하였을 것

        ⓓ 분양계약을 이행하지 아니하는 경우 선수금의 환불을 담보하기 위하여 다음의 내용이 포함된 보증서 등(「국가를 당사자로 하는 계약에 관한 법률 시행령」 제37조 제2항 각 호의 보증서·보험증권·정기예금증서·수익증권 등을 말한다. 이하 같다)을 물류단지지정권자에게 제출할 것

          • 보증 또는 보험금액은 선수금에 그 금액에 대한 보증 또는 보험기간에 해당하는 약정이자 상당액(지방은행을 제외한 일반은행의 어음대출 금리수준에 따라 산출한 금액을 말한다)을 더한 금액 이상으로 할 것

          • 보증 또는 보험기간의 개시일은 선수금을 받은 날 이전이어야 하며, 종료일은 준공일부터 30일 이상 지난 날일 것. 다만, 그 사업기간을 연장한 경우에는 당초의 보증 또는 보험기간에 그 연장한 기간을 더한 기간을 보증 또는 보험기간으로 하는 보증서 등을 제출하여야 한다.

② **담보제공 금지**: 시행자는 선수금을 받은 후에는 그가 조성한 용지나 시설을 담보로 제공하여서는 아니 된다.

③ **선수금의 환불**: 물류단지지정권자는 시행자가 분양계약의 내용대로 사업을 이행하지 아니하거나 이행할 능력이 없다고 인정되는 경우에는 해당 물류단지의 준공 전에 보증서 등을 선수금의 환불을 위하여 사용할 수 있다.

⑸ 시설설치와 부담금

① **시설설치 및 보존** : 물류단지지정권자는 시행자에게 도로, 공원, 녹지와 다음의 공공시설을 설치하게 하거나 기존의 공원 및 녹지를 보존하게 할 수 있다.

    ㉠ 물류단지의 진입도로 및 간선도로

    ㉡ 물류단지의 공원 및 녹지(도시 · 군계획시설로 결정된 공원 및 녹지를 말한다)

    ㉢ 용수공급시설, 하수도시설, 전기통신시설 및 폐기물처리시설

    ㉣ 국가나 지방자치단체에 무상으로 귀속되는 공공시설

② **공공시설의 설치비용**

    ㉠ 공공시설의 설치비용은 용지비, 용지부담금, 조성비, 기반시설 설치비, 직접인건비, 이주대책비, 판매비, 일반관리비, 자본비용 및 그 밖의 비용을 합산한 금액으로 한다.

    ㉡ 비용분담

        ⓐ 시행자가 2명 이상인 경우 해당 물류단지에 설치하는 공공시설의 설치비용은 해당 물류단지의 총가용면적(기존시설 등의 총부지면적을 포함한다)에 대한 시행자가 분양받는 개별 가용면적의 비율에 따라 각 시행자가 이를 나누어 부담한다.

        ⓑ 공공시설이 특정한 시행자만 사용하기 위한 용도로 설치되는 경우에는 공공시설의 위치, 설치목적, 이용상황, 지역여건 등을 종합적으로 고려하여 공공시설을 사용할 해당 시행자에게 그 설치비용의 전부 또는 일부를 부담하게 할 수 있다.

③ **시설부담금**

    ㉠ 시설부담금 납부 목적 : 시행자는 공공시설의 설치나 기존의 공원 및 녹지의 보존에 필요한 비용에 충당하기 위하여 그 비용의 범위에서 존치시설의 소유자에게 시설부담금을 납부하게 할 수 있다.[4]

    ㉡ 부담금 금액 : 존치시설의 소유자나 개발 후 토지 · 시설 등을 분양받는 자가 내야 할 시설부담금은 공공시설의 설치비용을 개발 후 분양하는 총면적(기존시설 등의 총부지면적을 포함한다)으로 나눈 것에 시설부담금을 내야 할 자의 소유부지 면적을 곱한 금액으로 한다.

    ㉢ 통지 : 시설부담금을 내게 하려는 경우에는 이를 내야 할 자에게 공공시설의 명칭, 설치비용의 총액, 내야 할 금액, 납부방법 및 납부기한을 명시하여 부담금을 낼 것을 서면으로 알려야 한다.

    ㉣ 의견 청취 : 시행자가 존치시설의 소유자에게 시설부담금을 내게 하려는 경우에는 미리 해당 존치시설의 소유자의 의견을 들어야 한다.

---

4) 물류시설의 개발 및 운영에 관한 법률 부칙 제2조【시설부담금 납부 의무의 한시적 면제에 관한 특례】 제44조 제2항에도 불구하고 2012년 12월 31일까지는 시설부담금(제27조 제2항 제5호에 해당하는 시행자가 부과하는 시설부담금은 제외한다)의 납부를 면제한다.

④ 존치시설 시설부담금의 감면
  ㉠ 존치시설의 소유자에게 시설부담금을 내게 하려는 경우에는 시설물별로 시설부담금을 감액할 수 있다. 시설물별 부담금의 감면율은 다음과 같다.

  ◉ 부담금 감면율

시설물 구분	감면율
「건축법 시행령」 별표 1 제1호 라목, 제2호, 제3호(바목부터 아목까지의 규정에 따른 시설만 해당한다), 제4호 마목(종교집회장만 해당한다), 제6호, 제10호 가목, 제14호 가목 및 제23호부터 제25호까지의 규정에 해당하는 시설물	시설부담금 산정금액의 전액 면제
「건축법 시행령」 별표 1 제1호(라목에 해당하는 시설은 제외한다), 제3호 자목, 제5호, 제10호(가목에 해당하는 시설은 제외한다), 제11호부터 제13호까지, 제17호부터 제19호까지, 제21호, 제22호, 제26호 및 제27호에 해당하는 시설물	시설부담금 산정금액의 100분의 50 감면
「건축법 시행령」 별표 1 제3호(바목부터 사목까지의 규정에 해당하는 시설은 제외한다), 제4호(마목 중 종교집회장은 제외한다), 제7호부터 제9호까지, 제14호(가목에 해당하는 시설은 제외한다)부터 제16호까지 및 제20호에 해당하는 시설물	시설부담금 산정금액의 100분의 25 감면

  ㉡ 추가감면 : 시행자는 공공시설의 위치 및 이용상황과 물류단지 개발에 따른 지가상승분 및 시설부담금의 부담정도 등을 고려하여 「물류정책기본법」에 따른 물류시설분과위원회(국토교통부장관이 지정한 물류단지만 해당한다) 또는 지역물류정책위원회(시·도지사가 지정한 물류단지만 해당한다)의 심의를 거쳐 위 표에 따른 각각의 감면율에 100분의 25의 범위에서의 감면율을 추가하여 감면할 수 있다.
  ㉢ 감면사항 공개 : 부담금을 감면하는 경우에는 시설부담금 산정금액, 감면율 및 감면사유 등을 물류단지지정권자의 인터넷 홈페이지를 통해 공개하여야 한다.

7 물류단지개발사업의 준공과 사용

(1) 준공인가

시행자는 물류단지개발사업의 전부 또는 일부를 완료하면 물류단지지정권자의 준공인가를 받아야 한다.

① 준공인가 신청
  ㉠ 시행자는 준공인가를 받으려는 경우에는 다음의 사항을 적은 준공인가신청서를 해당 물류단지지정권자에게 제출하여야 한다.

> **신청서 포함내용**
>
> ⓐ 시행자의 성명(법인인 경우에는 그 명칭 및 대표자의 성명) 및 주소
> ⓑ 사업의 명칭
> ⓒ 사업시행지역의 위치 및 면적
> ⓓ 사업시행기간
> ⓔ 토지이용계획
> ⓕ 기반시설계획

ⓛ 준공인가신청서에는 다음의 서류 및 도면을 첨부하여야 한다.

> **첨부서류**
>
> ⓐ 준공설계도서(준공사진을 포함한다)
> ⓑ 시장·군수·구청장이 발행하는 지적측량성과도
> ⓒ 공공시설 및 토지 등의 귀속조서와 도면(법 제27조 제2항 제5호에 따른 시행자인 경우에는 용도폐지된 공공시설 및 토지 등에 대한 「감정평가 및 감정평가사에 관한 법률」에 따른 감정평가법인등의 평가조서와 새로 설치된 공공시설의 공사비산출내역서를 포함한다)
> ⓓ 환지계획서 및 신·구 지적대조도(환지를 하는 경우에만 첨부한다)
> ⓔ 「공유수면 관리 및 매립에 관한 법률」에 따라 시행자가 취득할 대상토지와 국가나 지방자치단체에 귀속될 토지 등의 내역서(공유수면을 매립하는 경우에만 첨부한다)
> ⓕ 준공 전후의 토지 및 시설 등의 도면
> ⓖ 준공 전후의 토지 및 시설대비표
> ⓗ 그 밖에 준공검사에 필요한 사항을 적은 서류

ⓒ 시행자가 준공인가를 신청한 경우에 물류단지지정권자는 관계 중앙행정기관, 지방자치단체 또는 다음의 공공기관, 연구기관, 그 밖의 전문기관의 장에게 준공인가에 필요한 검사를 의뢰할 수 있다. 이 경우 공공시설에 대한 검사는 원칙적으로 그 시설을 관리할 국가 또는 지방자치단체에 의뢰하여야 한다.

> ⓐ 「한국토지주택공사법」에 따른 한국토지주택공사
> ⓑ 「한국도로공사법」에 따른 한국도로공사
> ⓒ 「한국농어촌공사 및 농지관리기금법」에 따른 한국농어촌공사
> ⓓ 「정부출연연구기관 등의 설립·운영 및 육성에 관한 법률」에 따른 산업연구원·한국해양수산개발원·한국교통연구원·한국농촌경제연구원 및 국토연구원과 「과학기술분야 정부출연연구기관 등의 설립·운영 및 육성에 관한 법률」에 따른 한국건설기술연구원
> ⓔ 「한국수자원공사법」에 따른 한국수자원공사
> ⓕ 「항만공사법」에 따른 항만공사

② **준공인가필증 교부**: 준공인가신청을 받은 물류단지지정권자는 준공검사를 하여 해당 물류단지 개발사업이 승인된 실시계획대로 끝났다고 인정하는 경우에는 준공인가필증을 내주어야 한다.

③ **공 고**

    ㉠ 준공인가를 한 경우 이를 공고한 후 시행자 및 관리청에 통지하여야 하며, 실시계획대로 완료되지 아니한 경우에는 지체 없이 보완시공 등 필요한 조치를 명하여야 한다. 물류단지 지정권자는 사항을 국토교통부 또는 해당 지방자치단체의 관보 또는 공보 및 인터넷 홈페이지를 통하여 공고하여야 한다. 공고하여야 할 사항은 다음과 같다.

        ⓐ 사업의 명칭

        ⓑ 시행자의 성명(법인인 경우에는 그 명칭 및 대표자의 성명)·주소

        ⓒ 사업시행지역의 위치 및 면적

        ⓓ 준공인가연월일

        ⓔ 공공시설 및 토지 등의 관리처분계획

    ㉡ 시행자는 준공인가를 받은 경우에는 준공인가를 받은 날부터 1개월 이내에 해당 물류단지의 관리기관에 통보하여야 한다.

④ **인허가 의제**: 시행자가 준공인가를 받은 때에는 실시계획승인으로 의제되는 인·허가 등에 따른 해당 사업의 준공에 관한 검사·인가·신고·확인 등을 받은 것으로 본다.

⑵ **준공인가 전 사용허가**

① **준공인가 전 사용 금지**: 준공인가 전에는 물류단지개발사업으로 개발된 토지나 설치된 시설을 사용할 수 없다. 다만, 물류단지지정권자의 사용허가를 받은 경우에는 그러하지 아니하다.

② **사용허가 신청**: 시행자는 개발된 토지나 설치된 시설을 준공인가 전에 사용하려는 경우에는 그 범위를 정하여 준공인가 전 사용허가신청서에 물류단지개발사업 시행상의 지장 여부에 관한 검토서를 첨부하여 물류단지지정권자에게 제출하여야 한다. 이 경우 사용허가 신청 대상이 되는 토지나 시설에 국·공유재산이 포함되어 있으면 시행자는 해당 재산의 소유권을 미리 취득(물류단지지정권자가 공공시설의 무상 귀속 및 양도에 관하여 관리청의 의견을 들어 실시계획을 승인한 경우는 제외한다)하여야 한다.

③ **지정권자의 사용허가**: 준공인가 전 사용허가신청을 받은 물류단지지정권자는 그 사용으로 인하여 앞으로 시행될 물류단지개발사업에 지장이 있는지 여부를 면밀히 확인한 후 사용허가를 하여야 한다. 물류단지지정권자는 사용허가의 신청을 받은 날부터 15일 이내에 허가 여부를 신청인에게 통지하여야 한다.

④ **토지·시설 사용**: 준공인가 전 사용허가를 받은 시행자는 허가받은 토지 또는 시설을 사용하려는 자의 신청이 있는 경우에는 특별한 사유가 없으면 지체 없이 해당 토지 또는 시설을 사용할 수 있게 하여야 한다.

⑶ **관계 서류 등의 열람**

시행자는 물류단지개발사업을 시행할 때 필요하면 국가 또는 지방자치단체에 서류의 열람 또는 등사를 하거나 그 등본 또는 초본의 교부를 청구할 수 있다. 국가 또는 지방자치단체는 발급하는 서류에 대하여는 수수료를 부과하지 아니한다.

⑷ **개발한 토지·시설 등의 처분**

시행자는 물류단지개발사업에 따라 개발한 토지·시설 등(도시첨단물류단지개발사업의 경우에는 시설의 설치가 완료되지 아니한 토지는 제외한다)을 분양 또는 임대할 수 있다.

① **분양가격의 결정**

분양가격은 조성원가에 적정이윤을 합한 금액으로 한다. 다만, 시행자가 필요하다고 인정하는 경우에는 분양가격을 그 이하의 금액(공유재산인 경우에는 「공유재산 및 물품 관리법」에 따른 금액)으로 할 수 있다.

② **조성원가**

㉠ 조성원가는 용지비, 용지부담금, 조성비, 기반시설 설치비, 직접인건비, 이주대책비, 판매비, 일반관리비, 자본비용 및 그 밖의 비용을 합산한 금액으로 한다. 조성원가는 다음의 기준에 따라 산정한다.

조성원가항목	내역
용지비	용지매입비, 지장물 등 보상비, 조사비, 등기비 및 그 부대비용
용지부담금	토지 등의 취득과 관련하여 부담하는 각종 부담금
조성비	해당 물류단지 조성에 들어간 직접비로서 조성공사비·설계비 및 그 부대비용
기반시설 설치비	해당 물류단지 조성에 필요한 기반시설 설치비용(다른 법령이나 인·허가조건에 따라 국가 또는 지방자치단체에 납부하는 부담금 및 공공시설설치비 등을 포함한다)
직접인건비	해당 사업을 직접 수행하거나 지원하는 직원의 인건비 및 복리후생비
이주대책비	이주대책의 시행에 따른 비용 및 손실액
판매비	광고선전비 그 밖에 판매에 들어간 비용
일반관리비	인건비, 임차료, 연구개발비, 훈련비, 그 밖에 일반관리에 들어간 비용(직접인건비에 포함된 금액은 제외하되, 일반관리비의 비율은 「국가를 당사자로 하는 계약에 관한 법률 시행령」 제9조에 따른 공사에 관한 비율을 초과할 수 없다)
자본비용	물류단지개발사업의 시행을 위하여 필요한 사업비의 조달에 들어간 비용으로서 최초 실시계획에서 정하여진 사업기간(정부지원계획에 차질이 있거나 그 밖에 국토교통부령으로 정하는 불가피한 사유로 실시계획기간을 연장한 경우 같은 기간을 포함한다)까지의 비용
그 밖의 비용	「산업재해보상보험법」에 따른 보험료 및 천재지변으로 인하여 발생하는 피해액 등 물류단지개발사업과 관련하여 발생하는 비용으로서 위의 항목에 포함되지 아니하는 비용

ⓛ 판매를 목적으로 사용될 토지·시설의 분양가격

시행자는 대규모점포, 전문상가단지 등 판매를 목적으로 사용될 토지·시설 등(주민의 당초 토지 등의 소유상황과 생업 등을 감안하여 생활대책에 필요한 토지·시설 등을 대체하여 공급하는 경우는 제외한다)의 분양가격은 「감정평가 및 감정평가사에 관한 법률」에 따른 감정평가액을 예정가격으로 하여 실시한 경쟁입찰에 따라 정할 수 있다.

③ **적정이윤**

㉠ 산정한 조성원가에서 자본비용, 개발사업대행비용, 선수금을 각각 제외한 금액의 100분의 5를 초과하지 아니하는 범위에서 해당 물류단지의 입주 수요와 지역 간 균형발전의 촉진 등 지역여건을 고려하여 시행자가 정한다.

㉡ 시행자는 준공인가 전에 물류단지시설용지를 분양한 경우에는 해당 물류단지개발사업을 위하여 투입된 총사업비 및 적정이윤을 기준으로 준공인가 후에 분양가격을 정산할 수 있다. 선수금을 낸 자에 대하여 정산을 하는 경우에는 선수금 납부일부터 정산일까지의 시중은행의 1년 만기 정기예금이자율에 해당하는 금액을 정산금에서 **빼야** 한다.

㉢ 물류단지시설용지 외의 용도로 공급하는 토지·시설 등의 분양가격은 「감정평가 및 감정평가사에 관한 법률」에 따른 감정평가액을 기준으로 결정하되, 시행자가 필요하다고 인정하는 경우에는 그 이하의 금액(공유재산인 경우에는 「공유재산 및 물품 관리법」에 따른 금액)으로 할 수 있다.

㉣ 시행자는 민간임대주택에 관한 특별법」 제2조 제2호에 따른 민간건설임대주택 또는 「공공주택 특별법」 제2조 제1호의2에 따른 공공건설임대주택의 건설을 위한 용도로 토지를 공급하는 경우 그 분양가격은 조성원가에 적정이윤을 합한 금액으로 한다. 이 경우 조성원가 및 적정이윤에 관하여는 위의 규정을 준용한다.

④ **임대료의 산정기준** : 시행자가 물류단지개발사업으로 개발한 토지·시설 등을 임대하는 경우 그 임대료의 산정기준은 다음과 같다. 다만, 시행자가 필요하다고 인정하는 경우에는 그 이하의 금액으로 할 수 있다.

㉠ 임대하려는 토지·시설 등의 최초의 임대료

분양가격에 임대계약 체결일 현재 계약기간 1년의 정기예금이자율(지방은행을 제외한 시중은행의 어음대출금리수준을 말한다)을 곱한 금액

㉡ 임대기간의 만료 등으로 인하여 재계약을 하는 경우의 임대료

ⓐ 토지만을 임대하는 경우에는 「부동산 가격공시에 관한 법률」에 따라 산정한 개별공시지가에 공급공고일 또는 공급통지일(수의계약의 경우만 해당한다) 현재 계약기간 1년의 정기예금이자율(「은행법」에 따라 인가를 받은 은행으로서 서울특별시에 본점을 둔 은행의 이자율을 평균한 것을 말한다)에 임대요율을 곱한 금액

    ⓑ 토지와 시설 등을 함께 임대하거나 시설 등만을 임대하는 경우에는 「감정평가 및 감정 평가사에 관한 법률」에 따른 감정평가업자가 평가한 감정평가액에 임대기간 만료일 현재 계약기간 1년의 정기예금이자율에 임대요율(시행자는 지역여건 및 해당 물류단지시설용지 등의 분양실적 등을 감안하여 임대요율을 5퍼센트의 범위에서 늘리거나 줄일 수 있다)을 곱한 금액

⑤ **토지 · 시설 등의 공급방법**

    ㉠ 시행자는 물류단지개발사업으로 개발한 토지 · 시설 등을 물류단지개발계획에서 정한 용도에 따라 분양 또는 임대(이하 '공급'이라 한다)하여야 한다. 이 경우 시행자는 기반시설의 원활한 설치를 위하여 필요하다고 인정하는 때에는 공급대상자의 자격을 제한하거나 공급조건을 부여할 수 있다.

    ㉡ 토지 · 시설 등의 공급은 시행자가 미리 정한 가격으로 추첨의 방법에 따른다. 다만, 대규모 점포, 전문상가단지 등 판매를 목적으로 사용될 토지 · 시설 등(주민의 당초 토지 등의 소유 상황과 생업 등을 감안하여 생활대책에 필요한 토지 · 시설 등을 대체하여 공급하는 경우는 제외한다)은 경쟁입찰의 방법에 따른다.

    ㉢ 시행자가 토지 · 시설 등을 공급하려는 경우에는 다음의 사항을 공고하여야 한다. 다만, 공급대상자가 특정되어 있거나 자격이 제한되어 있는 경우로서 개별통지를 한 경우에는 그러하지 아니하다.

        ⓐ 시행자의 명칭 및 주소와 대표자의 성명

        ⓑ 토지 · 시설 등의 위치 · 면적 및 용도(토지 · 시설 등의 사용에 제한이 있는 경우에는 그 제한 내용을 포함한다)

        ⓒ 공급의 방법 및 조건

        ⓓ 공급가격 또는 그 결정방법

        ⓔ 공급대상자의 자격요건 및 선정방법

        ⓕ 공급신청의 기간 및 장소

        ⓖ 그 밖에 시행자가 필요하다고 인정하는 사항

⑥ **수의계약에 의한 토지 등의 공급**

시행자는 다음 어느 하나에 해당하는 경우에는 수의계약의 방법으로 토지 · 시설 등을 공급할 수 있다.

    ㉠ 학교용지 · 공공청사용지 등 일반에게 분양할 수 없는 공공시설용지를 국가 · 지방자치단체나 그 밖에 관계 법령에 따라 해당 공공시설을 설치할 수 있는 자에게 공급하는 경우

    ㉡ 물류단지지정권자가 실시계획을 승인하거나 승인한 사항을 변경승인한 때에 대통령령으로 정하는 사항을 관보 또는 시 · 도의 공보에 고시한 실시계획에 따라 존치하는 시설물의 유지 · 관리에 필요한 최소한의 토지를 공급하는 경우

  ⓒ 「공익사업을 위한 토지 등의 취득 및 보상에 관한 법률」에 따른 협의에 응하여 자신이 소유하는 물류단지의 토지 등의 전부를 시행자에게 양도한 자에게 토지를 공급하는 경우

  ⓔ 토지상환채권에 따라 토지를 상환하는 경우

  ⓜ 토지의 규모 및 형상, 입지조건 등에 비추어 토지의 이용가치가 현저히 낮은 토지로서 인접 토지소유자 등에게 공급하는 것이 불가피하다고 인정되는 경우

  ⓗ 국가 또는 지방자치단체, 대통령령으로 정하는 공공기관, 「지방공기업법」에 따른 지방공사(법 제27조 제2항 제1호부터 제3호)가 물류산업의 발전을 위하여 물류단지에서 복합적이고 입체적인 개발이 필요하여 국토교통부령으로 정하는 절차와 방법에 따라 선정된 자에게 토지를 공급하는 경우

  ⓢ 유치업종배치계획에 포함된 기업에 대하여 물류단지지정권자와 협의하여 그 기업이 직접 사용할 물류시설(판매시설은 제외한다) 용지를 공급하는 경우

  ⓞ 그 밖에 관계 법령에 따라 수의계약으로 공급할 수 있는 경우

⑦ **수의계약에 따른 토지공급기준**

위에서 「공익사업을 위한 토지 등의 취득 및 보상에 관한 법률」에 따른 협의에 응하여 자신이 소유하는 물류단지의 토지 등의 전부를 시행자에게 양도한 자에게 토지를 수의계약의 방법으로 토지를 공급하는 경우의 기준 및 면적은 다음과 같다.

 ㉠ 공급기준

  ⓐ 시행자는 「공익사업을 위한 토지 등의 취득 및 보상에 관한 법률」에 따른 협의에 응하여 그가 소유하는 물류단지 안의 토지의 전부(「수도권정비계획법」에 따른 수도권지역의 경우에는 해당 토지의 면적이 1천제곱미터 이상인 경우만 해당하며, 해당 토지에 「공익사업을 위한 토지 등의 취득 및 보상에 관한 법률」 제3조에 해당되는 물건이나 권리가 있는 경우에는 이를 포함한다)를 시행자에게 양도한 자(영 제17조 제1항에 따른 공고일 이전부터 토지를 소유한 경우만 해당하되, 그 이후에 토지를 소유한 경우로서 물류단지 안의 토지의 종전 소유자로부터 그 토지의 전부를 취득한 경우와 법원의 판결 또는 상속에 따라 토지를 취득한 경우를 포함한다)에게 주택건설용지를 공급할 수 있다.

  ⓑ 시행자는 「주택법」 제9조에 따라 등록한 주택건설사업자가 영 제17조 제1항에 따른 공고일 현재 소유한 물류단지 안의 토지의 전부를 「공익사업을 위한 토지 등의 취득 및 보상에 관한 법률」에 따른 협의에 응하여 시행자에게 양도한 경우에는 해당 주택건설사업자에게 주택건설용지를 공급할 수 있다.

  ⓒ 시행자는 기존에 등록된 공장을 소유한 자가 동 공장을 이전하기 위하여 영 제17조 제1항에 따른 공고일 현재 소유한 토지의 전부를 「공익사업을 위한 토지 등의 취득 및 보상에 관한 법률」에 따른 협의에 응하여 양도한 경우에는 해당인에게 공장용지를 공급할 수 있다.

ⓛ 공급면적

ⓐ 위 ㉠의 ⓐ에 따라 토지를 공급하는 경우에는 1세대당 1필지를 기준으로 하여 1필지 당 165제곱미터 이상 330제곱미터 이하의 범위에서 국토교통부장관이 정하여 고시하는 면적으로 한다.

ⓑ 위 ㉠의 ⓑ에 따라 토지를 공급하는 경우에는 다음의 산식에 의하여 산정한 면적의 범위에서 국토교통부장관이 정하여 고시하는 면적으로 한다.

> 주택건설사업자가 소유하던 토지의 면적 − 주택건설사업자가 소유하던 토지의 면적 × (해당 사업지구의 도시기반시설면적 / 해당 사업지구의 총면적)

ⓒ 위 ㉠의 ⓒ에 따라 토지를 공급하는 경우에는 ⓛ의 ⓑ의 산식을 준용하여 산정한 면적의 범위에서 국토교통부장관이 정하여 고시하는 면적으로 한다.

⑧ 복합개발시행자에 대한 토지공급

㉠ 수의계약의 방법으로 토지를 공급받을 자(복합개발시행자)를 선정하는 경우에는 다음의 절차와 방법에 따라야 한다.

ⓐ 공모는 전국 또는 해당 지방을 주된 보급지역으로 하는 일간신문에 다음의 사항을 1회 이상 공고하고, 응모기간은 90일 이상으로 할 것
- 공모대상 토지의 현황
- 공모참가자격 및 공모일정
- 그 밖에 시행자가 필요하다고 인정하는 사항

ⓑ 분야별 전문가로 구성된 선정심의위원회의 평가를 거쳐 복합개발시행자를 선정할 것

㉡ 위의 사항 외에 선정심의위원회의 구성, 평가기준, 선정방법, 협약서 체결 등에 필요한 세부사항은 국토교통부장관이 정하여 고시한다.

(5) 개발한 토지·시설 등의 처분제한

① 입주기업체 또는 지원기관은 물류단지시설 또는 지원시설의 설치를 완료하기 전에 분양받은 토지·시설 등을 처분하려는 때에는 시행자 또는 관리기관에 양도하여야 한다. 입주기업체 또는 시원기관은 분양받은 토지·시설 등을 물류단지시설 또는 지원시설의 설치를 끝내기 전에 시행자나 관리기관에 양도하려는 경우에는 처분신청서에 ㉠ 처분사유서, ㉡「감정평가 및 감정평가사에 관한 법률」에 따른 감정평가업자가 그 처분을 신청한 날 전 3개월 이내에 발행한 감정평가서, ㉢ 총회 또는 이사회의 의결서 사본(법인인 경우만 해당한다)을 첨부하여 시행자 또는 물류단지의 관리기관에 제출하여야 한다.

② 처분신청서를 받은 시행자나 관리기관은 그 처분신청서를 받은 날부터 45일 이내에 양도할 대상자를 선정하여 처분신청인에게 알려야 한다. 시행자나 관리기관이 양도할 대상자를 선정하려는 경우에는 미리 다음의 사항을 공고한 후 입주희망자로부터 매수신청을 받아야 한다.

> **공고사항**
>
> ㉠ 매도물건의 표시
> ㉡ 매도가격 및 대금 지불방법
> ㉢ 매수시기
> ㉣ 매수자의 입주자격
> ㉤ 그 밖에 시행자나 관리기관이 필요로 하는 사항

③ 시행자나 관리기관이 매수할 수 없는 때에는 시행자나 관리기관이 매수신청을 받아 선정한 다른 입주기업체, 지원기관 또는 다음의 자에게 양도하여야 한다. 다음의 자가 매수한 토지·시설 등을 양도하려는 경우에는 미리 관리기관과 협의하여야 한다. 매수한 토지·시설 등의 양도가격은 취득가격에 이자 및 비용을 합산한 금액으로 할 수 있다.

> **협의대상 기관**
>
> ㉠ 한국토지주택공사
> ㉡ 「은행법」에 따라 은행업의 인가를 받은 금융기관
> ㉢ 「신용보증기금법」에 따른 신용보증기금
> ㉣ 「기술신용보증기금법」에 따른 기술신용보증기금
> ㉤ 「금융회사부실자산 등의 효율적 처리 및 한국자산관리공사의 설립에 관한 법률」에 따라 설립된 한국자산관리공사
> ㉥ 「농업협동조합법」에 따른 농협은행
> ㉦ 「수산업협동조합법」에 따른 수산업협동조합중앙회
> ㉧ 「산림조합법」에 따른 산림조합중앙회
> ㉨ 「중소기업협동조합법」에 따른 중소기업중앙회
> ㉩ 「중소기업진흥에 관한 법률」에 따른 중소기업진흥공단
> ㉪ 토지개발사업을 목적으로 하여 「지방공기업법」에 따라 설립된 지방공사
> ㉫ 시행자나 관리기관이 해당 물류단지를 관리하기 위하여 특히 필요하다고 인정하는 기관

④ 토지의 양도가격은 취득가격에 ㉠ 양도할 토지·시설 등의 취득가격에 그 취득일부터 양도일까지의 기간 중의 생산자물가지수를 곱하여 계산한 금액, ㉡ 매수에 들어간 취득세 및 그 밖의 제세공과금(다만, 취득자의 귀책사유로 추징된 세금은 포함하여 계산할 수 없다), ㉢ 양도할 토지·시설 등을 유지·보존 또는 개량하기 위하여 지출한 비용을 더한 금액으로 하고, 시설 등의 양도가격은 「감정평가 및 감정평가사에 관한 법률」에 따른 감정평가법인등의 감정평가액을 고려하여 결정할 수 있다.

(6) 물류단지시설 등의 건설공사 착수 등

① 입주기업체 또는 지원기관은 시행자와 분양계약을 체결한 날(물류단지개발사업의 준공 전에 분양계약을 체결한 경우에는 준공일을 말하고, 물류단지개발사업의 준공인가 전 사용허가를 받은 경우에는 사용허가일을 말한다)부터 2년 안에 그 물류단지시설 또는 지원시설의 건설공사에 착수하거나 토지·시설 등을 처분하여야 한다.

② 다만, 물류단지시설 또는 지원시설 용지의 사용이 불가능한 경우와 입주기업체 또는 지원기관의 책임이 없는 사유로 인하여 건설공사 착수가 지연된 경우에는 그러하지 아니하다.

③ 토지·시설 등의 처분에 관하여는 위의 사항을 준용한다.

(7) 이행강제금

① **부과** : 물류단지지정권자는 분양계약을 체결한 날부터 2년 안에 그 물류단지시설 또는 지원시설의 건설공사에 착수하거나 토지·시설 등을 처분하지 아니한 자에 대하여 의무이행기간이 끝난 날부터 6개월이 경과한 날까지 그 의무를 이행할 것을 명하여야 하며, 그 기한까지 의무를 이행하지 아니하면 해당 토지·시설 등 재산가액(「감정평가 및 감정평가사에 관한 법률」에 따른 감정평가법인 등의 감정평가액을 말한다)의 100분의 20에 해당하는 금액의 이행강제금을 부과할 수 있다.

② **통지** : 물류단지지정권자는 이행강제금을 부과하기 전에 이행강제금을 부과하고 징수한다는 뜻을 미리 문서로 알려야 한다.

③ **부과방법** : 물류단지지정권자는 이행강제금을 부과하려는 경우에는 이행강제금의 금액, 부과사유, 납부기한, 수납기관, 이의제기방법 및 이의제기기관 등을 명시한 문서로써 하여야 한다.

④ **반복부과** : 물류단지지정권자는 정한 기간이 만료한 다음 날을 기준으로 하여 매년 1회 그 의무가 이행될 때까지 반복하여 이행강제금을 부과하고 징수할 수 있다.

⑤ **절차** : 물류단지지정권자는 의무가 있는 자가 그 의무를 이행한 경우에는 새로운 이행강제금의 부과를 중지하되, 이미 부과된 이행강제금은 징수하여야 한다. 이행강제금의 부과 및 징수 절차는 「국고금 관리법 시행규칙」을 준용한다.

(8) 물류단지 안에서의 건축행위 등의 허가

① **행위허가 대상** : 물류단지 안에서 건축물의 건축, 공작물의 설치, 토지의 형질변경, 토석의 채취, 토지분할, 물건을 쌓아놓는 행위 등 다음 행위를 하려는 자는 시장·군수·구청장의 허가를 받아야 한다. 허가받은 사항을 변경하려는 때에도 또한 같다.

   ㉠ 건축물의 건축 등 : 「건축법」에 따른 건축물(가설건축물을 포함한다)의 건축, 대수선 또는 용도변경

   ㉡ 공작물의 설치 : 인공을 가하여 제작한 시설물(「건축법」에 따른 건축물은 제외한다)의 설치

   ㉢ 토지의 형질변경 : 절토(切土), 성토(盛土), 정지(整地), 포장 등의 방법으로 토지의 형상을 변경하는 행위, 토지의 굴착 또는 공유수면의 매립

  ⓔ 토석의 채취 : 흙, 모래, 자갈, 바위 등의 토석을 채취하는 행위(토지의 형질변경을 목적으로 하는 것은 위의 것을 따른다)

  ⓜ 토지분할

  ⓗ 물건을 쌓아놓는 행위 : 이동이 쉽지 아니한 물건을 1개월 이상 쌓아놓는 행위

  ⓢ 죽목의 벌채 및 식재(植栽)

② **가능행위** : 다음의 어느 하나에 해당하는 행위는 허가를 받지 아니하고 할 수 있다. 이러한 행위는 「국토의 계획 및 이용에 관한 법률」에 따른 개발행위허가의 대상이 아니어야 한다.

  ㉠ 재해복구 또는 재난수습에 필요한 응급조치를 위하여 하는 행위

  ㉡ 농림수산물의 생산에 직접 이용되는 것으로서 다음과 같은 간이공작물의 설치

   ⓐ 비닐하우스

   ⓑ 양잠장

   ⓒ 고추, 엽연초, 김 등 농림수산물의 건조장

   ⓓ 버섯재배사

   ⓔ 종묘배양장

   ⓕ 퇴비장

   ⓖ 탈곡장

   ⓗ 그 밖에 위와 유사한 것으로서 국토교통부장관이 정하여 관보에 고시하는 공작물

  ㉢ 경작을 위한 토지의 형질변경

  ㉣ 물류단지의 개발에 지장을 주지 아니하고 자연경관을 손상하지 아니하는 범위에서의 토석의 채취

  ㉤ 물류단지에 존치하기로 결정된 대지 안에서 물건을 쌓아놓는 행위

  ㉥ 관상용 죽목의 임시 식재(경작지에서의 임시 식재는 제외한다)

③ **이미 행위허가를 받은 사항의 신고** : 허가를 받아야 하는 행위로서 물류단지의 지정 및 고시 당시 이미 관계 법령에 따라 행위허가를 받았거나 허가를 받을 필요가 없는 행위에 관하여 그 공사 또는 사업에 착수한 자는 시장·군수·구청장에게 신고한 후 이를 계속 시행할 수 있다. 신고하여야 하는 자는 물류단지가 지정·고시된 날부터 30일 이내에 그 공사 또는 사업의 진행상황과 시행계획을 첨부하여 관할 시장·군수·구청장에게 신고하여야 한다.

④ **위반** : 시장·군수·구청장은 행위제한을 위반한 자에게 원상회복을 명할 수 있다. 이 경우 명령을 받은 자가 그 의무를 이행하지 아니하면 시장·군수·구청장은 「행정대집행법」에 따라 대집행할 수 있다.

⑤ **행위허가에 관한 일반 법률** : 행위허가에 관하여 「물류시설의 개발 및 운영에 관한 법률」에 규정한 것 외에는 「국토의 계획 및 이용에 관한 법률」을 준용한다. 행위허가를 받은 경우에는 「국토의 계획 및 이용에 관한 법률」에 따라 허가를 받은 것으로 본다.

(9) 물류단지시설 등의 건축허가 및 사용승인

① 물류단지 안에서 물류단지시설 또는 지원시설을 건축하려는 자가 「건축법」에 따른 건축허가를 받은 때(실시계획의 승인에 따라 건축허가가 의제된 시설의 경우에는 「건축법」에 따른 사용승인을 받은 때를 말한다)에는 다음의 인·허가 등을 받은 것으로 본다.

- 「가축분뇨의 관리 및 이용에 관한 법률」에 따른 배출시설에 대한 설치허가 또는 신고 및 준공검사
- 「건축법」에 따른 가설건축물의 건축허가 또는 신고 및 공작물축조의 신고
- 「고압가스 안전관리법」에 따른 고압가스저장소 설치의 허가, 고압가스의 제조·저장·판매·수입시설이나 용기 등의 제조시설의 설치공사의 완성검사 및 특정 고압가스시설의 완성검사
- 「국토의 계획 및 이용에 관한 법률」에 따른 개발행위(건축물의 건축 또는 공작물의 설치에 한한다)의 허가, 준공검사, 도시·군계획시설사업의 시행자의 지정, 실시계획의 인가 및 준공검사
- 「대기환경보전법」, 「물환경보전법」 및 「소음·진동관리법」에 따른 배출시설 설치의 허가 또는 신고
- 「대기환경보전법」 및 「물환경보전법」에 따른 배출시설과 방지시설의 가동개시 신고
- 「도로법」에 따른 도로점용허가
- 「화재예방, 소방시설 설치·유지 및 안전관리에 관한 법률」에 따른 건축허가 등의 동의, 「소방시설공사업법」에 따른 소방시설공사의 신고, 완공검사, 「위험물안전관리법」에 따른 제조소 등의 설치허가 및 완공검사
- 「수도법」에 따른 전용수도 설치의 인가
- 「액화석유가스의 안전관리 및 사업법」에 따른 액화석유가스저장소 설치의 허가 및 저장소 설치와 가스용품제조시설의 완성검사
- 「전기안전관리법」에 따른 자가용전기설비 공사계획의 인가 또는 신고 및 자가용전기설비의 사용 전 검사
- 「정보통신공사업법」에 따른 사용 전 검사
- 「공간정보의 구축 및 관리 등에 관한 법률」에 따른 지도 등의 간행 심사
- 「총포·도검·화약류 등 단속법」에 따른 화약류(간이)저장소 설치의 허가 및 완성검사
- 「토양환경보전법」에 따른 특정 토양오염관리대상시설 설치의 신고
- 「폐기물관리법」에 따른 폐기물처리시설의 설치승인 또는 신고 및 폐기물처리시설의 사용시작신고
- 「하수도법」에 따른 공공하수도 점용허가, 배수설비 설치신고, 개인하수처리시설의 설치신고 및 준공검사

② 위의 어느 하나에 해당하는 사항이 해당 특별시장·광역시장 또는 시장·군수·구청장 외의 다른 행정기관의 권한에 속하는 경우에는 해당 특별시장·광역시장 또는 시장·군수·구청장 은 미리 그 다른 행정기관의 장과 협의를 하여야 한다.

⑽ **물류단지의 재정비**

① **대상**: 물류단지지정권자는 준공(부분 준공을 포함한다)된 날부터 20년이 지나서 물류산업구조 의 변화 및 물류시설의 노후화 등으로 물류단지를 재정비할 필요가 있는 경우에는 직접 또는 관계 중앙행정기관의 장이나 시장·군수·구청장의 요청에 따라 물류단지를 재정비하는 사업 (물류단지재정비사업)을 할 수 있다. 다만, 준공된 날부터 20년이 지나지 아니한 물류단지에 대 하여도 업종의 재배치 등이 필요한 경우에는 물류단지재정비사업을 할 수 있다.

② **구분**: 물류단지재정비사업은 물류단지의 전부 또는 부분 재정비사업으로 구분하여 할 수 있다.
㉠ 물류단지의 전부 재정비사업: 토지이용계획 및 주요 기반시설계획의 변경을 수반하는 경 우로서 지정된 물류단지 면적의 100분의 50 이상을 재정비(단계적 재정비를 포함한다)하는 사업을 말한다.
㉡ 물류단지의 부분 재정비사업: ㉠ 이외의 물류단지재정비사업을 말한다.

③ **절차**: 물류단지지정권자는 물류단지재정비사업을 하려는 경우에는 입주업체와 관계 지방자 치단체의 장의 의견을 듣고 관계 행정기관의 장과 협의하여 물류단지재정비계획(재정비계획) 을 수립·고시하되, 부분 재정비사업인 경우에는 재정비계획 고시를 생략할 수 있다. 재정비계 획을 변경할 때에도 또한 같다. 그러나 물류단지 지정사항 가운데 중요사항이 아닌 경미한 사 항을 변경할 때는 물류단지재정비계획(재정비계획)을 수립·고시하지 않아도 된다.

④ **내 용**
㉠ 재정비계획에는 다음 사항이 포함되어야 한다.

> **재정비계획 포함사항**
> ⓐ 물류단지의 명칭·위치 및 면적
> ⓑ 물류단지재정비사업의 목적
> ⓒ 물류단지재정비사업의 시행자
> ⓓ 물류단지재정비사업의 시행방법
> ⓔ 주요 유치시설 및 그 설치기준에 관한 사항
> ⓕ 당초 토지이용계획 및 주요 기반시설의 변경 계획
> ⓖ 재원조달방안
> ⓗ 물류단지재정비사업의 시행기간
> ⓘ 지원시설의 확충 계획
> ⓙ 입주수요에 대한 조사자료
> ⓚ 물류단지재정비계획에 포함된 토지의 세목과 소유자 및 「공익사업을 위한 토지 등의 취득 및 보상에 관한 법률」 제2조 제5호에 따른 관계인의 성명 및 주소

ⓛ 물류단지재정비사업의 시행자로 지정받은 자는 물류단지재정비시행계획(재정비시행계획)
을 수립하여 물류단지지정권자의 승인을 받아야 한다. 승인을 받은 사항을 변경할 때에도
또한 같다. 그러나 다음과 같은 경미한 사항을 변경할 때는 승인을 받지 않아도 된다.

> **변경승인 불요사항**
> ⓐ 시행자의 주소 변경
> ⓑ 법인인 시행자의 대표자 변경
> ⓒ 사업시행지역의 변동이 없는 범위에서의 착오 등에 따른 시행면적의 정정
> ⓓ 사업시행 면적을 초과하지 아니하는 범위에서 사업을 분할하여 시행하는 경우의 면적
>   변경
> ⓔ 사업시행 면적의 100분의 10 범위에서의 면적의 감소
> ⓕ 사업비의 100분의 10 범위에서의 사업비의 증감
> ⓖ 「공간정보의 구축 및 관리 등에 관한 법률」 제45조 제2호에 따른 지적확정측량의 결
>   과에 따른 부지면적의 변경

⑤ **절 차**

ⓗ 물류단지지정권자는 재정비시행계획을 승인하려면 미리 입주업체 및 관계 지방자치단체
의 장의 의견을 듣고 관계 행정기관의 장과 협의하여야 한다.

ⓛ 관계 중앙행정기관의 장 또는 시장·군수·구청장이 물류단지지정권자에게 물류단지재정
비사업의 실시를 요청할 때에는 국토교통부장관이 정하는 바에 따라 물류단지재정비사업
의 기본방향 및 재원조달방안 등을 제출하여야 한다. 물류단지 지정을 요청할 수 있는 자
는 물류단지지정권자에게 물류단지재정비사업의 실시를 요청할 수 있다. 이 경우 물류단
지 전부에 대한 재정비사업의 실시를 요청하려면 재정비계획을 작성하여 제출하여야 한다.

ⓒ 물류단지재정비사업에 관하여는 물류단지사업 관련 규정을 준용한다. 다만, 부분 재정비사
업은 「물류정책기본법」에 따른 물류시설분과위원회 또는 지역물류정책위원회의 심의를
거치지 아니할 수 있으며, 지정된 물류단지 내에서의 행위제한은 물류단지지정권자가 개발
행위에 대하여 제한이 필요하다고 인정하여 지정·고시한 지역에만 준용한다.

█ 8 물류단지의 관리

(1) 물류단지의 관리지침

국토교통부장관은 물류단지의 관리에 관한 지침(물류단지관리지침)을 작성하여 관보에 고시하여
야 한다.

① **작성절차**: 국토교통부장관은 물류단지관리지침을 작성하려는 때에는 시·도지사의 의견을
듣고 관계 중앙행정기관의 장과 협의한 후 「물류정책기본법」의 물류시설분과위원회의 심의를
거쳐야 한다.

② **물류단지관리지침의 내용** : 물류단지관리지침에는 다음의 사항이 포함되어야 한다.

    ㉠ 물류단지관리계획의 수립에 관한 사항

    ㉡ 물류단지의 유치업종 및 기준에 관한 사항

    ㉢ 물류단지의 용지 및 시설을 유지 · 보수 · 개량하는 등의 물류단지관리업무에 필요한 사항

(2) 관리기관

① 물류단지지정권자는 효율적인 관리를 위하여 관리기구 또는 입주기업체가 자율적으로 구성한 협의회(입주기업체협의회)에게 물류단지를 관리하도록 하여야 한다.

② 물류단지지정권자는 물류단지의 효율적인 관리를 위하여 특히 필요하다고 인정하는 경우에는 다음 관리기구에 물류단지를 관리하게 할 수 있다.

    ㉠ 「한국토지주택공사법」에 따른 한국토지주택공사

    ㉡ 「한국도로공사법」에 따른 한국도로공사

    ㉢ 「한국수자원공사법」에 따른 한국수자원공사

    ㉣ 「한국농어촌공사 및 농지관리기금법」에 따른 한국농어촌공사

    ㉤ 「항만공사법」에 따른 항만공사

    ㉥ 「지방공기업법」에 따른 지방공사

(3) 입주기업체협의회의 구성과 운영

① **구성** : 입주기업체협의회는 그 구성당시에 해당 물류단지 입주기업체의 75퍼센트 이상이 회원으로 가입되어 있어야 하며, 회원은 일반회원과 특별회원으로 구성한다. 입주기업체협의회의 일반회원은 입주기업체 및 지원기관의 대표자로 하고, 특별회원은 일반회원 외의 자 중에서 정하되 회원자격은 입주기업체협의회의 정관으로 정하는 바에 따른다.

② **운영** : 입주기업체협의회는 매 사업연도 개시일부터 2개월 이내에 정기총회를 개최하여야 하며, 필요한 경우에는 임시총회를 개최할 수 있다. 입주기업체협의회의 회의는 정관에 다른 규정이 있는 경우를 제외하고는 회원 과반수의 출석과 출석회원 과반수의 찬성으로 의결한다.

(4) 물류단지관리계획

물류단지관리기관은 물류단지관리계획을 수립하여 물류단지지정권자에게 제출하여야 한다. 물류단지관리계획에는 다음의 사항이 포함되어야 한다.

① 관리할 물류단지의 면적 및 범위에 관한 사항

② 물류단지시설과 지원시설의 설치 · 운영에 관한 사항

③ 그 밖에 물류단지의 관리에 필요한 사항

(5) 공동부담금

관리기관은 물류단지 안의 폐기물처리장, 가로등, 그 밖에 단지의 도로, 수질오염방지시설의 설치 · 유지 및 보수를 위하여 필요하면 입주기업체 및 지원기관으로부터 공동부담금을 받을 수 있다.

(6) 권 고

물류단지지정권자는 물류단지의 기능이 원활히 수행되도록 하기 위하여 관리기관·입주기업체 및 지원기관에 그 관리 및 운영방법, 그 밖에 대통령령으로 정하는 사항에 관하여 필요한 조치를 권고할 수 있다. 이 경우 필요하다고 인정할 때에는 그 권고를 받은 자에게 그 권고에 따라 강구한 조치에 대하여 보고를 하게 할 수 있다.

(7) 조세 등의 감면

국가 또는 지방자치단체는 물류단지의 원활한 개발 및 입주기업체의 유치를 위하여 「지방세특례제한법」·지방세감면조례·「농어업·농어촌 및 식품산업 기본법」·「농지법」·「산지관리법」·「개발이익 환수에 관한 법률」·「수도권정비계획법」 등으로 정하는 바에 따라 지방세, 농지보전부담금, 대체산림자원조성비, 개발부담금 또는 과밀부담금 등을 감면할 수 있다.

(8) 자금지원

국가 또는 지방자치단체는 물류단지의 원활한 개발 및 입주기업체의 유치를 위하여 자금지원에 대한 필요한 조치를 할 수 있다.

(9) 산업단지 인·허가 절차 간소화를 위한 특례법의 준용

① 물류단지 지정 및 개발절차에 관하여는 「산업단지 인·허가 절차 간소화를 위한 특례법」을 준용(제17조 및 제18조 제외)한다. 「산업단지 인·허가 절차 간소화를 위한 특례법」을 준용하는 경우 "산업단지"는 "제2조 제6호에 따른 물류단지"로, "국가산업단지"는 "제22조 제1항 제1호 또는 제22조의2에 따라 국토교통부장관이 지정한 물류단지"로, "산업단지개발지원센터"는 "물류단지개발지원센터"로, "산업단지계획심의위원회"는 "물류단지계획심의위원회"로, "중앙산업단지계획심의위원회"는 "중앙물류단지계획심의위원회"로, "지방산업단지계획심의위원회"는 "지방물류단지계획심의위원회"로, "산업단지계획"은 "물류단지계획"으로, "민간기업 등"은 "제22조 또는 제22조의2에 따라 물류단지를 지정하는 자 외의 자"로, "산업입지정책심의위원회"는 "「물류정책기본법」 제19조 제1항 제2호에 따른 물류시설분과위원회 또는 같은 법 제20조에 따른 지역물류정책위원회"로, "산업단지계획 통합기준"은 "물류단지계획 통합기준"으로 본다.

② 국토교통부장관은 물류단지 지정 및 개발을 원활히 수행하기 위하여 물류단지지정권자에게 사업추진현황 등에 관한 자료를 요청할 수 있으며, 관계 기관 협의 등을 위하여 필요한 경우 국무총리에게 조정을 요청할 수 있다.

9 행정처분

(1) 사 유

국토교통부장관 또는 시·도지사는 시행자(물류단지개발 관련 사업을 하는 자 및 물류단지재정비사업의 시행자를 포함한다)가 다음에 해당하는 경우에는 물류시설의 개발 및 운영에 관한 법률에 따른 지정·승인 또는 인가를 취소하거나 공사의 중지, 공작물의 개축, 이전, 그 밖에 필요한 조치를 할 수 있다. 다만, ①부터 ⑤까지의 경우에는 그 지정·승인 또는 인가를 취소하여야 한다.

① 거짓이나 그 밖의 부정한 방법으로(물류단지 재정비에서 준용하는 경우를 포함한다) 물류단지의 지정을 받은 경우
② 거짓이나 그 밖의 부정한 방법으로(물류단지 재정비에서 준용하는 경우를 포함한다) 시행자의 지정을 받은 경우
③ 거짓이나 그 밖의 부정한 방법으로(물류단지개발 관련 사업에 준용하는 경우를 포함한다) 물류단지 개발 실시계획의 승인을 받은 경우
④ 거짓이나 그 밖의 부정한 방법으로(물류단지개발 관련 사업 및 물류단지 재정비에서 준용하는 경우를 포함한다) 물류단지 준공인가를 받은 경우
⑤ 거짓이나 그 밖의 부정한 방법으로 재정비시행계획의 승인을 받은 경우
⑥ 사정이 변경되어 물류단지개발사업을 계속 시행하는 것이 불가능하게 된 경우

(2) 고 시

국토교통부장관 또는 시·도지사는 처분을 한 때에는 그 사실을 고시하여야 한다. 고시하여야 할 사항은 ① 사업의 명칭, ② 시행자의 성명(법인인 경우에는 그 명칭 및 대표자의 성명)·주소, ③ 사업지역의 위치 및 면적, ④ 처분의 내용 및 사유이다.

제 4 절 물류터미널사업

1 물류터미널

화물의 집화(集貨) · 하역(荷役) 및 이와 관련된 분류 · 포장 · 보관 · 가공 · 조립 또는 통관 등에 필요한 기능을 갖춘 시설물을 말한다. 다만, 가공 · 조립시설은 가공 · 조립시설의 전체 바닥면적 합계가 물류터미널의 전체 바닥면적 합계의 4분의 1 이하의 것이어야 한다.

2 물류터미널 공사

(1) 공사인가

① 공사시행 인가권자

㉠ 복합물류터미널 : 복합물류터미널사업자는 건설하려는 물류터미널의 구조 및 설비 등에 관한 공사계획을 수립하여 국토교통부장관의 공사시행 인가를 받아야 한다.

㉡ 일반물류터미널 : 일반물류터미널사업을 경영하려는 자는 물류터미널 건설에 관하여 필요한 경우 시 · 도지사의 공사시행 인가를 받을 수 있다.

② 인가절차

㉠ 인가신청 : 물류터미널사업자가 공사시행의 인가 또는 변경인가를 받으려는 경우에는 공사시행의 인가 또는 변경인가신청서에 다음의 사항이 포함된 공사계획서를 첨부하여 복합물류터미널사업자는 국토교통부장관에게 제출하고, 일반물류터미널사업을 경영하려는 자는 특별시장 · 광역시장 · 도지사 또는 특별자치도지사(시 · 도지사)에게 제출하여야 한다.

ⓐ 사업의 목적 및 개요

ⓑ 위치도

ⓒ 연차별 투자계획

ⓓ 건축물 및 공작물 등의 설치계획

ⓔ 기반시설(구거를 포함한다)의 설치계획

ⓕ 조감도 및 시설배치도

ⓖ 지적도 또는 임야도에 따라 작성한 용지도

ⓗ 수용 또는 사용의 대상이 되는 토지, 건축물 또는 토지에 정착한 물건과 이에 관한 소유권 외의 권리, 광업권 · 어업권 및 물의 사용에 관한 권리(토지 등)가 있는 경우에는 그 세목과 소유자 및 「공익사업을 위한 토지 등의 취득 및 보상에 관한 법률」에 따른 관계인의 성명 및 주소

㉡ 의견청취 및 협의 : 시 · 도지사는 공사시행 인가 또는 변경인가를 하려는 때에는 관할 특별자치도지사 · 시장 · 군수 또는 구청장(자치구의 구청장)의 의견을 듣고, 관계 법령에 적합한지를 미리 소관 행정기관의 장과 협의하여야 한다. 협의를 요청받은 소관 행정기관의 장은 협의 요청받은 날부터 20일 이내에 의견을 제출하여야 하며, 그 기간 내에 의견을 제출하지 아니하면 의견이 없는 것으로 본다.

③ **인가**: 시·도지사는 공사계획이 다음의 구조 및 설비기준에 적합한 경우에는 인가를 하여야
한다.

구 분	설비기준
구조의 내구력	자동차의 하중(40톤)·지진, 그 밖의 진동이나 충격에 대하여 견딜 수 있도록 안전하게 설계할 것
구내차도 및 조차(操車) 장소	• 구내차도는 자동차가 후진하지 아니하고 출입구를 향하여 운행할 수 있도록 할 것 • 구내차도의 너비는 6.5미터 이상으로 할 것(일방 통행의 구내차도는 3.5미터 이상으로 할 수 있다) • 구내차도 또는 조차장소 위에 횡단육교 또는 이와 유사한 구조물을 설치하는 경우에는 그 유효높이를 4.5미터 이상으로 할 것 • 구내차도 또는 조차장소의 경사부분의 기울기는 10퍼센트 이내로 할 것 • 조차장소의 형상 및 너비는 해당 복합물류터미널의 규모 및 구조에 적합하게 할 것
자동차의 입구 및 출구	자동차의 출입과 안전에 지장이 없는 곳에 위치하도록 할 것
화물취급장	• 일정한 시간대에 적재하여야 할 물동량 중 최대물량을 동시에 적재할 수 있는 충분한 면적으로 할 것 • 화물을 안전하고 용이하게 하역할 수 있도록 할 것 • 전산정보체계를 갖출 것. 다만, 일반물류터미널의 경우에는 그러하지 아니하다. • 화물자동분류설비(Sorting Machine)를 갖출 것(일반물류터미널 및 컨테이너전용물류터미널의 경우에는 그러하지 아니하다)
창고 또는 배송센터	해당 물류터미널에서 보관 또는 집화·배송하는 물동량을 보관하기에 충분한 면적으로 할 것
주차장	승용차용주차장과 화물자동차용주차장을 각각 갖출 것

④ **물류터미널공사시행 변경인가**

㉠ 인가받은 공사계획 중 다음 사항을 변경하는 경우에는 해당 인가권자의 변경인가를 받아야 한다.

> **변경인가 대상**
> ⓐ 공사의 기간을 변경하는 경우
> ⓑ 물류터미널의 부지면적을 변경하는 경우(부지면적의 10분의 1 이상을 변경하는 경우만 해당한다)
> ⓒ 물류터미널 안의 건축물의 연면적(하나의 건축물의 각 층의 바닥면적의 합계를 말한다)을 변경하는 경우(연면적의 10분의 1 이상을 변경하는 경우만 해당한다)

ⓓ 물류터미널 안의 공공시설 중 도로·철도·광장·녹지나 주차장, 상수도, 하수도, 유수지, 운하, 부두, 오·폐수시설 및 공동구를 변경하는 경우

ⓔ 복합물류터미널사업자가 「산업집적활성화 및 공장설립에 관한 법률」에 따른 제조시설 및 그 부대시설과 「유통산업발전법」에 따른 대규모점포 및 준대규모점포의 매장과 그 매장에 포함되는 용역의 제공장소를 설치하는 경우

ⓛ 공사시행의 변경인가신청서에는 공사계획의 변경내용을 기재한 서류와 그 변경내용을 증명할 수 있는 서류 및 도면을 첨부하여야 한다.

ⓒ 국토교통부장관 또는 시·도지사는 변경인가신청의 내용이 물류터미널의 구조 및 설비기준에 적합한 경우에는 지체없이 인가를 하여야 한다.

⑤ **복합물류터미널의 활성화 지원**

ⓖ 국토교통부장관은 건설·운영 중인 복합물류터미널의 활성화를 위하여 필요한 경우 물류터미널의 정의에 제조와 판매 등의 기능이 포함되어 있지 않을지라도 복합물류터미널에 「산업집적활성화 및 공장설립에 관한 법률」에 따른 제조시설 및 그 부대시설과 「유통산업발전법」에 따른 점포 등의 설치를 포함하여 공사시행 변경인가를 할 수 있다.

ⓛ 공사시행 변경인가를 하는 경우 다음 사항을 준수하여야 한다.

ⓐ 제조시설 및 그 부대시설과 점포 등의 설치 면적 전체의 합계가 물류터미널 전체 부지 면적의 4분의 1 이하일 것

ⓑ 주변의 상권 및 산업단지 수요와의 상호관계를 고려하기 위하여 공사시행인가 또는 변경인가를 하는 경우 복합물류터미널사업에 대하여 국토교통부장관은 관계 중앙행정기관의 장과 해당 물류터미널이 소재하는 시·도지사(특별자치시장을 포함한다)와 협의할 것

ⓒ 복합물류터미널사업은 「국토의 계획 및 이용에 관한 법률」에 따른 중앙도시계획위원회 심의를 받을 것

⑥ **고 시**

ⓖ 국토교통부장관 또는 시·도지사는 공사시행 인가를 한 때에는 다음 사항을 관보에 고시하여야 한다.

ⓐ 사업의 명칭

ⓑ 사업시행자의 주소 및 성명(법인의 경우에는 그 명칭·주소와 대표자의 성명을 말한다)

ⓒ 물류터미널의 종류

ⓓ 사업시행지역의 위치 및 면적

ⓔ 사업시행기간(착공예정일 및 준공예정일을 포함한다)

ⓕ 토지 등이 있는 경우에는 그 세목과 소유자 및 「공익사업을 위한 토지 등의 취득 및 보상에 관한 법률」에 따른 관계인의 성명 및 주소

ⓛ 국토교통부장관 또는 시·도지사는 공사시행의 변경인가를 한 때에는 다음의 사항을 관보에 고시하여야 한다.

ⓐ 사업의 명칭

ⓑ 사업시행자의 주소 및 성명(법인의 경우에는 그 명칭·주소와 대표자의 성명을 말한다)

ⓒ 변경인가의 사유 및 내용

⑦ **토지 등의 수용·사용**

㉠ 공사시행 인가를 받은 자(물류터미널사업자)가 물류터미널(「국토의 계획 및 이용에 관한 법률」에 따른 도시·군계획시설에 해당하는 물류터미널에 한한다. 이하 제13조까지 같다)을 건설하는 경우에는 이에 필요한 토지·건축물 또는 토지에 정착한 물건과 이에 관한 소유권 외의 권리, 광업권·어업권·양식업권 및 물의 사용에 관한 권리(이하 "토지 등"이라 한다)를 수용하거나 사용할 수 있다.

㉡ 토지 등을 수용하거나 사용할 때 공사시행 인가의 고시가 있는 때에는 「공익사업을 위한 토지 등의 취득 및 보상에 관한 법률」 사업인정 및 사업인정의 고시를 한 것으로 보며, 재결(裁決)의 신청은 같은 법 제23조 제1항 및 같은 법 제28조 제1항에도 불구하고 공사시행 인가에서 정한 사업의 시행기간 내에 할 수 있다.

㉢ 토지 등의 수용·사용에 관하여는 법에 특별한 규정이 있는 경우 외에는 「공익사업을 위한 토지 등의 취득 및 보상에 관한 법률」을 준용한다.

⑧ **토지매수업무 등의 위탁**: 물류터미널사업자는 물류터미널의 건설을 위한 토지매수업무·손실보상업무 및 이주대책에 관한 업무를 「공익사업을 위한 토지 등의 취득 및 보상에 관한 법률」에 따른 각 기관에 위탁하여 시행할 수 있다. 이 경우 위탁수수료 등에 관하여는 같은 법 제81조 제2항을 준용한다.

⑨ **토지 출입**: 물류터미널사업자는 물류터미널의 건설을 위하여 필요한 때에는 다른 사람의 토지에 출입하거나 이를 일시 사용할 수 있으며 나무, 토석, 그 밖의 장애물을 변경하거나 제거할 수 있다. 다른 사람의 토지 출입 등에 관하여는 「국토의 계획 및 이용에 관한 법률」을 준용한다.

⑩ **국·공유지의 처분제한**

㉠ 물류터미널을 건설하기 위한 부지 안에 있는 국가 또는 지방자치단체 소유의 토지로서 물류터미널 건설사업에 필요한 토지는 해당 물류터미널 건설사업 목적이 아닌 다른 목적으로 매각하거나 양도할 수 없다.

㉡ 물류터미널을 건설하기 위한 부지 안에 있는 국가 또는 지방자치단체 소유의 재산은 「국유재산법」, 「공유재산 및 물품 관리법」, 그 밖의 다른 법령에도 불구하고 물류터미널사업자에게 수의계약으로 매각할 수 있다. 이 경우 그 재산의 용도폐지(행정재산인 경우만 해당한다) 및 매각에 관하여는 국토교통부장관 또는 시·도지사가 미리 관계 행정기관의 장과 협의하여야 한다.

㉢ 국토교통부장관이나 시·도지사가 국가 또는 지방자치단체 소유 재산의 용도폐지 및 매각에 관하여 관계 행정기관의 장에게 협의를 요청하려는 경우에는 다음의 서류를 첨부하여야 한다.

ⓐ 협의대상 재산의 명세서

ⓑ 용도폐지·매각 및 재산평가방법 등에 관한 협의내용을 적은 서류

ⓒ 지적도 등본 및 위치도

ⓓ 미등기확인서(등기가 되어 있지 아니한 재산의 경우에만 첨부한다)

ⓔ 협의를 요청받은 관계 행정기관의 장은「전자정부법」에 따른 행정정보의 공동이용을 통하여 ⓐ 토지(임야)대장 등본, ⓑ 등기부 등본, ⓒ 지적도 등본 등 행정정보를 확인하여야 한다. 기획재정부장관은 관리 또는 처분하는 재산을「국유재산법」에 따라 위임하여 관리 또는 처분하게 할 수 있다.

(2) 물류터미널 개발 소요자금이나 부지확보 지원

① 국가 또는 지방자치단체는 물류터미널사업자가 다음의 어느 하나에 해당하는 사업을 하는 경우에는 소요자금의 일부를 융자하거나 부지의 확보를 위한 지원을 할 수 있다.

> **지원대상 사업**
>
> ㉠ 물류터미널의 건설
> ㉡ 물류터미널 위치의 변경
> ㉢ 물류터미널의 규모·구조 및 설비의 확충 또는 개선

② 국가 또는 지방자치단체는 물류터미널사업자가 설치한 물류터미널의 원활한 운영에 필요한 도로·철도·용수시설 등 다음 기반시설의 설치 또는 개량에 필요한 예산을 지원할 수 있다.

㉠「도로법」에 따른 도로

㉡「철도산업발전기본법」에 따른 철도

㉢「수도법」에 따른 수도시설

㉣「물환경보전법」에 따른 수질오염방지시설

③ 국토교통부장관은 사업 또는 운영을 위하여 필요하다고 인정하는 경우에는 시·도지사에게 부지의 확보 및 도시·군계획시설의 설치 등에 관한 협조를 요청할 수 있다.

(3) 인·허가 등의 의제

국토교통부장관 또는 시·도지사가 공사시행의 인가 또는 변경인가를 하는 경우에 다음의 인가·허가·승인 또는 결정 등(인·허가 등)에 관하여 관계 행정기관의 장과 협의한 사항은 해당 인·허가 등을 받은 것으로 보며, 공사시행 인가 또는 변경인가를 고시한 때에는 다음의 법률에 따른 해당 인·허가 등의 고시 또는 공고를 한 것으로 본다.

① 「건축법」에 따른 건축허가, 건축신고, 건축허가·신고사항의 변경, 가설건축물의 건축허가·신고 및 건축협의

② 「공유수면 관리 및 매립에 관한 법률」에 따른 공유수면의 점용·사용허가 및 점용·사용 실시계획의 승인 또는 신고, 공유수면의 매립면허 및 공유수면매립실시계획의 승인

③ 「항만법」에 따른 항만개발사업 시행의 허가 및 항만개발사업실시계획의 승인

④ 「국토의 계획 및 이용에 관한 법률」에 따른 도시·군관리계획의 결정(같은 법 제2조 제4호 다 목의 계획에 한한다), 토지형질변경의 허가 또는 토지분할의 허가, 도시·군계획시설사업의 시 행자의 지정 및 실시계획의 인가

⑤ 「농어촌정비법」에 따른 농업생산기반시설의 목적 외 사용승인

⑥ 「농지법」에 따른 농지전용의 허가 및 협의

⑦ 「도로법」에 따른 도로공사의 시행허가 및 도로의 점용허가

⑧ 「도시개발법」에 따른 사업시행자의 지정 및 실시계획의 인가

⑨ 「사도법」에 따른 사도개설의 허가

⑩ 「사방사업법」에 따른 벌채 등의 허가 및 사방지 지정의 해제

⑪ 「산지관리법」에 따른 산지전용허가, 산지전용신고, 산지일시사용허가·신고, 「산림자원의 조성 및 관리에 관한 법률」에 따른 입목벌채 등의 허가·신고, 보안림 안에서의 행위의 허가 및 신고, 「산림보호법」에 따른 산림보호구역(산림유전자원보호구역은 제외)에서의 행위의 허가·신고

⑫ 「수도법」에 따른 수도사업의 인가, 전용수도 설치의 인가

⑬ 「장사 등에 관한 법률」에 따른 연고자가 없는 분묘의 개장허가

⑭ 「초지법」에 따른 초지전용허가

⑮ 「하수도법」에 따른 공공하수도공사의 시행허가

⑯ 「하천법」에 따른 하천공사 시행허가, 하천공사실시계획의 인가 및 하천의 점용허가

⑷ 사업 인·허가 의제

물류터미널사업자가 물류터미널의 공사를 완료하고 「건축법」에 따른 사용승인을 받은 경우에는 다음의 사항에 관하여 소관 행정기관의 허가를 받거나 소관 행정기관에 등록 또는 신고한 것으로 본다. 다만, 「물류정책기본법」에 따른 국제물류주선업의 등록 의제는 복합물류터미널의 경우에만 적용한다.

① 「물류정책기본법」에 따른 국제물류주선업의 등록

② 「석유 및 석유대체연료 사업법」에 따른 석유판매업 중 주유소의 등록 또는 신고

③ 「식품위생법」에 따른 식품접객업(단란주점영업 및 유흥주점영업 제외)의 허가

④ 「자동차관리법」에 따른 자동차관리사업 중 자동차매매업 및 자동차정비업의 등록

⑤ 「화물자동차 운수사업법」에 따른 화물자동차 운송주선사업의 허가

⑸ 인·허가 처리기준 통보 및 통합 고시

의제 처리되는 사항의 관계 법령을 관장하는 중앙행정기관의 장은 그 처리기준을 국토교통부장관 에게 통보하여야 한다. 이를 변경한 때에도 또한 같다. 국토교통부장관은 처리기준을 통보받으면 이를 통합하여 고시하여야 한다.

3 물류터미널사업

(1) 물류터미널을 경영하는 사업으로서 복합물류터미널사업과 일반물류터미널사업을 말한다. 다만, 다음의 시설물을 경영하는 사업은 물류터미널사업에서 제외한다.

① 「항만법」의 항만시설 중 항만구역 안에 있는 화물하역시설 및 화물보관·처리시설

② 「공항시설법」의 공항시설 중 공항구역 안에 있는 화물운송을 위한 시설과 그 부대시설 및 지원시설

③ 「철도사업법」에 따른 철도사업자가 그 사업에 사용하는 화물운송·하역 및 보관시설

④ 「유통산업발전법」의 집배송시설 및 공동집배송센터

(2) 일반물류터미널은 화물의 환적, 일시보관, 가공보다는 화물자동차주선기능 위주로 운영된다.

4 복합물류터미널사업

복합물류터미널은 두 종류 이상의 운송수단 간의 연계운송을 할 수 있는 규모 및 시설을 갖춘 터미널을 말한다. 일반물류터미널사업은 물류터미널사업 중 복합물류터미널사업을 제외한 것을 말한다.

(1) 사업등록

복합물류터미널사업을 하려는 자는 국토교통부장관에게 등록하여야 한다.

① **등록자격** : 복합물류터미널 사업을 등록을 할 수 있는 자는 다음의 어느 하나에 해당하는 자로 한다.

㉠ 국가 또는 지방자치단체

㉡ 「공공기관의 운영에 관한 법률」에 따른 공공기관 중 「한국철도공사법」에 따른 한국철도공사, 「한국도로공사법」에 따른 한국도로공사, 「한국토지주택공사법」에 따른 한국토지주택공사, 「한국수자원공사법」에 따른 한국수자원공사, 「한국농어촌공사 및 농지관리기금법」에 따른 한국농어촌공사, 「항만공사법」에 따른 항만공사

㉢ 「지방공기업법」에 따른 지방공사

㉣ 특별법에 따라 설립된 법인

㉤ 「민법」 또는 「상법」에 따라 설립된 법인

② **등록기준** : 등록을 하려는 자가 갖추어야 할 등록기준은 다음과 같다.

> **등록기준**
>
> ㉠ 복합물류터미널이 해당 지역 운송망의 중심지에 위치하여 다른 교통수단과 쉽게 연계될 것
> ㉡ 부지면적이 3만 3천제곱미터 이상일 것
> ㉢ 주차장, 화물취급장, 창고 또는 배송센터 등의 시설을 갖출 것
> ㉣ 물류시설개발종합계획 및 「물류정책기본법」의 국가물류기본계획상의 물류터미널의 개발 및 정비계획 등에 배치되지 아니할 것

③ **등록의 결격사유** : 다음 어느 하나에 해당하는 자는 복합물류터미널사업의 등록을 할 수 없다.

　㉠ 「물류시설의 개발 및 운영에 관한 법률」을 위반하여 벌금형 이상을 선고받은 후 2년이 지나지 아니한 자

　㉡ 복합물류터미널사업 등록의 취소처분을 받은 후 2년이 지나지 아니한 자

　㉢ 법인으로서 그 임원 중에 「물류시설의 개발 및 운영에 관한 법률」을 위반하여 벌금형 이상을 선고받은 후 2년이 지나지 아니한 자 또는 다음의 어느 하나에 해당하는 자가 있는 경우

　　ⓐ 피성년후견인 또는 파산선고를 받고 복권되지 아니한 자

　　ⓑ 「물류시설의 개발 및 운영에 관한 법률」을 위반하여 금고 이상의 실형을 선고받고 그 집행이 종료(집행이 종료된 것으로 보는 경우를 포함한다)되거나 집행이 면제된 날부터 2년이 지나지 아니한 자

　　ⓒ 「물류시설의 개발 및 운영에 관한 법률」을 위반하여 금고 이상의 형의 집행유예를 선고받고 그 유예기간 중에 있는 자

④ **등록절차**

　㉠ 신규등록 : 복합물류터미널사업을 경영하려는 자는 국토교통부장관에게 등록하여야 한다. 복합물류터미널사업의 등록을 하려는 자는 등록신청서(전자문서로 된 신청서를 포함한다)에 다음 서류(전자문서로 된 서류를 포함한다)를 첨부하여 국토교통부장관에게 제출하여야 한다. 이 경우 국토교통부장관은 「전자정부법」에 따른 행정정보의 공동이용을 통하여 양수인의 법인 등기사항증명서(신청인이 법인인 경우만 해당한다)를 확인하여야 한다.

　　ⓐ 등록기준에 적합함을 증명하는 서류

　　ⓑ 복합물류터미널의 부지 및 설비의 배치를 표시한 축척 500분의 1 이상의 평면도

　　ⓒ 신청인(법인인 경우에는 그 임원)이 외국인인 경우에는 결격사유 중 어느 하나에 해당하지 아니함을 확인할 수 있는 다음 구분에 따른 서류

　　　• 「외국공문서에 대한 인증의 요구를 폐지하는 협약」을 체결한 국가의 경우
　　　　해당 국가의 정부 그 밖에 권한 있는 기관이 발행한 서류이거나 공증인이 공증한 해당 외국인의 진술서로서 해당 국가의 아포스티유(Apostille) 확인서 발급 권한이 있는 기관이 그 확인서를 발급한 서류

　　　• 「외국공문서에 대한 인증의 요구를 폐지하는 협약」을 체결하지 않은 국가의 경우
　　　　해당 국가의 정부 그 밖에 권한 있는 기관이 발행한 서류이거나 공증인이 공증한 해당 외국인의 진술서로서 해당 국가에 주재하는 우리나라 영사가 확인한 서류

　　ⓓ 신청인이 외국인투자기업인 경우에는 「외국인투자 촉진법」에 따른 외국인투자를 증명할 수 있는 서류

　㉡ 변경등록

　　ⓐ 복합물류터미널사업의 등록을 한 자(복합물류터미널사업자)가 그 등록한 사항 중 다음 사항 이외의 사항을 변경하려는 경우에는 변경등록을 하여야 한다.

- 복합물류터미널의 부지 면적의 변경(변경 횟수에 불구하고 통산하여 부지 면적의 10분의 1 미만의 변경만 해당한다)
- 복합물류터미널의 구조 또는 설비의 변경
- 영업소의 명칭 또는 위치의 변경

ⓑ 국토교통부장관은 변경등록신청을 받은 경우 등록기준에 적합한지 여부와 등록의 결격 사유에 해당하는지 여부를 심사한 후 그 신청내용이 적합하다고 인정할 때에는 지체없 이 변경등록을 하여야 한다.

ⓒ 복합물류터미널사업자가 변경등록신청을 하려는 때에는 변경등록신청서에 변경사실을 증명하는 서류를 첨부하여 국토교통부장관에게 제출하여야 한다.

⑤ 국토교통부장관은 등록자격이 있는 자가 등록신청을 하는 경우에는 다음 어느 하나에 해당하 는 경우를 제외하고는 등록을 해주어야 한다.

㉠ 등록신청자가 등록기준을 갖추지 못한 경우

㉡ 결격사유에 해당하는 경우

⑥ **등록증 교부** : 국토교통부장관은 등록신청을 받은 경우에는 등록기준에 적합한지의 여부와 등 록의 결격사유에 해당하는지의 여부를 심사한 후 그 신청내용이 적합하다고 인정할 때에는 등록증을 교부하여야 한다.

⑵ **사업의 승계**

복합물류터미널사업자가 그 사업을 양도하거나 법인이 합병한 때에는 그 양수인 또는 합병 후 존속하는 법인이나 합병으로 설립되는 법인은 복합물류터미널사업의 등록에 따른 권리·의무를 승계한다.

① **신고권자** : 복합물류터미널사업의 등록에 따른 권리·의무를 승계한 자는 국토교통부장관에 게 신고하여야 한다.

② **신고절차** : 복합물류터미널사업의 양도·양수를 신고하려는 자는 양도·양수신고서(전자문서 로 된 신고서 포함한다)를, 복합물류터미널사업자인 법인의 합병신고를 하려는 자는 법인합병 신고서(전자문서로 된 신고서 포함한다)를 그 권리·의무의 승계일부터 7일 이내에 국토교통부 장관에게 제출하여야 한다.

③ **첨부서류** : 신고서에는 다음의 구분에 따른 서류(전자문서로 된 서류를 포함한다)를 첨부하여 야 한다.

㉠ 사업의 양도·양수신고의 경우

ⓐ 양도·양수계약서의 사본

ⓑ 양수인(법인인 경우에는 그 임원)이 외국인인 경우에는 결격사유에 해당하지 아니함을 증명하는 해당 국가의 정부나 그 밖의 권한 있는 기관이 발행한 서류 또는 공증인이 공증한 신청인의 진술서로서 「재외공관 공증법」에 따라 해당 국가에 주재하는 대한민 국공관의 영사관이 확인한 서류

ⓒ 양수인이 외국인투자기업인 경우에는 「외국인투자 촉진법」에 따른 외국인투자를 증명할 수 있는 서류

ⓛ 법인의 합병신고의 경우

ⓐ 합병계약서의 사본

ⓑ 합병당사자인 법인의 최근 1년 이내의 사업용 고정자산의 명세서

ⓒ 합병 후 존속하거나 합병에 따라 설립되는 법인의 임원이 외국인인 경우에는 결격사유에 해당하지 아니함을 증명하는 해당 국가의 정부나 그 밖의 권한 있는 기관이 발행한 서류 또는 공증인이 공증한 신청인의 진술서로서 「재외공관 공증법」에 따라 해당 국가에 주재하는 대한민국공관의 영사관이 확인한 서류

ⓓ 합병 후 존속하거나 합병에 따라 설립되는 법인이 외국인투자기업인 경우에는 「외국인투자 촉진법」에 따른 외국인투자를 증명할 수 있는 서류

④ **처리** : 국토교통부장관은 신고를 받은 날부터 10일 이내에 신고수리 여부를 신고인에게 통지하여야 한다. 국토교통부장관이 정한 기간 내에 신고수리 여부 또는 민원 처리 관련 법령에 따른 처리기간의 연장을 신고인에게 통지하지 아니하면 그 기간(민원 처리 관련 법령에 따라 처리기간이 연장 또는 재연장된 경우에는 해당 처리기간을 말한다)이 끝난 날의 다음 날에 신고를 수리한 것으로 본다. 신고서를 제출받은 국토교통부장관은 「전자정부법」에 따른 행정정보의 공동이용을 통하여 사업의 양도·양수신고의 경우에는 법인 등기사항증명서(양수인이 법인인 경우만 해당한다), 법인의 합병신고의 경우에는 합병 후 존속하거나 합병에 따라 설립되는 법인의 법인 등기사항증명서를 확인하여야 한다.

(3) 사업의 휴업·폐업

① **사전신고** : 복합물류터미널사업자는 복합물류터미널사업의 전부 또는 일부를 휴업하거나 폐업하려는 때에는 미리 국토교통부장관에게 신고하여야 한다. 복합물류터미널사업자인 법인이 합병 외의 사유로 해산한 경우에는 그 청산인(파산에 따라 해산한 경우에는 파산관재인을 말한다)은 지체 없이 그 사실을 국토교통부장관에게 신고하여야 한다.

② **휴업기간** : 복합물류터미널사업의 휴업기간은 6개월을 초과할 수 없다.

③ **게시** : 복합물류터미널사업자가 사업의 전부 또는 일부를 휴업하거나 폐업하려는 때에는 미리 그 취지를 영업소나 그 밖에 일반 공중(公衆)이 보기 쉬운 곳에 게시하여야 한다.

④ **신고절차** : 복합물류터미널사업의 휴업·폐업신고 또는 복합물류터미널사업자인 법인의 합병 외의 사유에 따른 해산신고를 하려는 자는 휴업·폐업 또는 해산신고서를 휴업·폐업 또는 해산한 날부터 7일 이내에 국토교통부장관에게 제출하여야 한다. 폐업 또는 해산신고서에는 사업을 폐업하려는 자가 법인인 경우에는 사업폐지에 관한 법인의 의사결정을 증명하는 서류와 법인이 합병 외의 사유에 따라 해산한 경우에는 법인의 해산을 증명하는 서류를 첨부하여야 한다.

⑷ **행정처분**

국토교통부장관은 복합물류터미널사업자가 다음의 어느 하나에 해당하는 때에는 그 등록을 취소하거나 6개월 이내의 기간을 정하여 사업의 정지를 명할 수 있다. 다만, 거짓이나 그 밖의 부정한 방법으로 등록을 한 때, 결격사유에 해당하게 된 때, 다른 사람에게 자기의 성명 또는 상호를 사용하여 사업을 하게 하거나 등록증을 대여한 때, 사업정지명령을 위반하여 그 사업정지기간 중에 영업을 한 때에는 등록을 취소하여야 한다.

◉ 위반행위별 행정처분의 기준

위반사항	행정처분기준			
	1차 위반	2차 위반	3차 위반	4차 위반
거짓이나 그 밖의 부정한 방법으로 등록을 한 때	등록취소			
등록결격사유에 해당하게 된 때. 다만, 임원에게 결격 사유가 발생한 날부터 3개월 이내에 해당 임원을 개임(改任)한 경우에는 그러하지 아니하다.	등록취소			
다른 사람에게 자기의 성명 또는 상호를 사용하여 사업을 하게 하거나 등록증을 대여한 때	등록취소			
사업정지명령을 위반하여 그 사업정지기간 중에 영업을 한 때	등록취소			
인가 또는 변경인가를 받지 아니하고 물류터미널 공사를 시행하거나 변경한 때	경고	사업정지 30일	사업정지 40일	
사업의 전부 또는 일부를 휴업한 후 정당한 사유 없이 신고한 휴업기간이 지난 후에도 사업을 재개(再開)하지 아니한 때	경고	사업정지 60일	등록취소	
변경등록을 하지 아니하고 등록사항을 변경한 때	경고	사업정지 30일	사업정지 40일	
등록기준에 맞지 아니하게 된 때. 다만, 3개월 이내에 그 기준을 충족시킨 때에는 그러하지 아니하다.	경고	사업정지 30일	사업정지 60일	등록취소

⑸ **과징금**

① **과징금의 부과**: 국토교통부장관은 복합물류터미널사업자가 사업의 정지를 명하여야 하는 경우로서 그 사업의 정지가 그 사업의 이용자 등에게 심한 불편을 주는 경우에는 그 사업정지처분에 갈음하여 1천만원 이하의 과징금을 부과할 수 있다.

② **위반행위종류와 과징금 금액**: 과징금을 부과하는 위반행위의 종류와 그 정도에 따른 과징금의 금액은 다음과 같다.

위반행위	과징금의 금액
변경등록을 하지 아니하고 등록사항을 변경한 때	400만원
인가 또는 변경인가를 받지 아니하고 공사를 시행하거나 변경한 때	400만원

③ **감경**: 국토교통부장관은 사업자의 사업규모, 사업지역의 특수성, 위반행위의 정도 및 횟수, 그 밖의 특별한 사유 등을 고려하여 과징금의 금액의 2분의 1의 범위에서 과징금을 늘리거나 줄일 수 있다. 이 경우 과징금을 늘리더라도 과징금의 총액은 1천만원을 초과할 수 없다.

④ **과징금의 부과 및 납부**

　㉠ 국토교통부장관은 위반행위를 한 자에 대하여 과징금을 부과하려는 경우에는 해당 위반행위를 조사·확인한 후 위반사실과 이의제기의 방법 및 기간 등을 서면으로 명시하여, 이를 납부할 것을 과징금부과대상자에게 알려야 한다.

　㉡ 통지를 받은 자는 이를 받은 날부터 20일 이내에 국토교통부장관이 정하는 수납기관에 과징금을 내야 한다. 다만, 천재지변이나 그 밖의 부득이한 사유로 그 기간 내에 과징금을 낼 수 없는 경우에는 그 사유가 없어진 날부터 7일 이내에 내야 한다.

　㉢ 과징금의 납부를 받은 수납기관은 과징금을 낸 자에게 과징금영수증을 내주어야 한다. 과징금의 수납기관은 과징금영수증을 내주었을 때에는 국토교통부장관에게 영수필통지서를 보내야 한다. 과징금은 분할하여 낼 수 없다.

⑤ **과징금의 독촉 및 징수**

　㉠ 국토교통부장관은 과징금의 납부통지를 받은 자가 납부기한까지 과징금을 내지 아니한 경우에는 납부기한이 지난 날부터 7일 이내에 독촉장을 보내야 한다. 이 경우 납부기한은 독촉장을 보낸 날부터 10일 이내로 한다.

　㉡ 국토교통부장관은 독촉을 받은 자가 납부기한까지 과징금을 내지 아니한 경우에는 소속 공무원으로 하여금 국세 체납처분의 예에 따라 과징금을 강제징수하게 할 수 있다. 이 경우 소속 공무원은 그 권한을 표시하는 증표를 지니고 이를 관계인에게 내보여야 한다.

⑥ **체납**: 과징금을 기한 내에 내지 아니하면 국토교통부장관은 국세 체납처분의 예에 따라 징수한다.

⑦ **등록증 대여 등의 금지**: 복합물류터미널사업자는 다른 사람에게 자기의 성명 또는 상호를 사용하여 사업을 하게 하거나 그 등록증을 대여하여서는 아니 된다.

(6) 물류터미널사업협회

복합물류터미널사업자 및 일반물류터미널을 경영하는 자는 물류터미널사업의 건전한 발전과 사업자의 공동이익을 도모하기 위하여 사업자협회(물류터미널사업협회)를 설립할 수 있다. 물류터미널사업협회를 설립하려는 경우에는 해당 협회의 회원의 자격이 있는 자 중 5분의 1 이상의 발기인이 정관을 작성하여 해당 협회의 회원자격이 있는 자의 3분의 1 이상이 출석한 창립총회의 의결을 거친 후 국토교통부장관의 설립인가를 받아야 한다. 물류터미널사업협회는 설립인가를 받아 설립등기를 함으로써 성립한다. 물류터미널사업협회는 법인으로 한다. 물류터미널사업협회에 관하여 법에 규정한 것 외에는 「민법」 중 사단법인에 관한 규정을 준용한다.

① **설립**: 물류터미널사업자는 물류터미널사업협회를 설립하려는 경우에는 사업자 7명 이상의 발기인이 창립총회의 의결을 거쳐 설립인가신청서에 ㉠ 정관, ㉡ 발기인의 명부 및 이력서, ㉢ 회원의 명부, ㉣ 사업계획서 및 예산의 수입지출계획서, ㉤ 창립총회 회의록을 첨부하여 국토교통부장관에게 제출하여야 한다.

② **정관**: 협회의 정관에는 다음의 사항을 포함하여야 한다.

㉠ 목적

㉡ 명칭

㉢ 사무소의 소재지

㉣ 회원 및 총회에 관한 사항

㉤ 임원에 관한 사항

㉥ 업무에 관한 사항

㉦ 회계 및 회비에 관한 사항

㉧ 정관의 변경에 관한 사항

㉨ 해산에 관한 사항

㉩ 공고의 방법에 관한 사항

③ **업무**: 협회는 다음의 업무를 한다.

㉠ 물류터미널사업의 건전한 발전과 사업자의 공동이익을 도모하는 사업

㉡ 물류터미널사업의 진흥·발전에 필요한 통계의 작성·관리와 외국자료의 수집·조사·연구사업

㉢ 경영자와 종업원의 교육훈련

㉣ 물류터미널사업의 경영개선에 관한 지도

㉤ 국토교통부장관으로부터 위탁받은 업무

㉥ 위의 사업에 딸린 사업

5 물류창고

(1) 물류창고의 정의

화물의 저장·관리, 집화·배송 및 수급조정 등을 위한 보관시설·보관장소 또는 이와 관련된 하역·분류·포장·상표부착 등에 필요한 기능을 갖춘 시설을 말한다.

(2) 물류창고업

① **물류창고업의 의의**: 화주(貨主)의 수요에 따라 유상으로 물류창고에 화물을 보관하거나 이와 관련된 하역·분류·포장·상표부착 등을 하는 사업을 말한다.

② **물류창고업 제외 대상**: 다음에 해당하는 것은 물류창고업에서 제외한다.

㉠ 「주차장법」에 따른 주차장에서 자동차의 보관, 「자전거 이용 활성화에 관한 법률」에 따른 자전거주차장에서 자전거를 보관하는 것

      ⓛ 「철도사업법」에 따른 철도사업자가 여객의 수하물 또는 소화물을 보관하는 것

      ⓒ 「위험물안전관리법」에 따른 위험물저장소에 보관하는 것

      ⓔ 「고압가스 안전관리법」에 따른 고압가스 저장소에 보관하는 것

      ⓜ 「도시가스사업법」에 따른 도시가스 저장시설에 보관하는 것

      ⓗ 「석유 및 석유대체연료 사업법」에 따른 석유저장시설에 보관하는 것

      ⓢ 「액화석유가스의 안전관리 및 사업법」에 따른 액화석유가스 저장소에 보관하는 것

      ⓞ 「총포·도검·화약류 등 단속법」에 따른 화약류저장소에 보관하는 것

(3) 물류창고업의 등록

① 등록 및 변경 등록대상

    ㉠ 등록대상 : 다음의 어느 하나에 해당하는 물류창고를 소유 또는 임차하여 물류창고업을 경영하려는 자는 국토교통부장관에게 등록하여야 한다.

      ⓐ 전체 바닥면적의 합계가 1천제곱미터 이상인 보관시설(하나의 필지를 기준으로 해당 물류창고업을 등록하고자 하는 자가 직접 사용하는 바닥면적만을 산정하되, 필지가 서로 연접한 경우에는 연접한 필지를 합산하여 산정한다)

      ⓑ 전체면적의 합계가 4천 500제곱미터 이상인 보관장소(보관시설이 차지하는 토지면적을 포함하고 하나의 필지를 기준으로 물류창고업을 등록하고자 하는 자가 직접 사용하는 면적만을 산정하되, 필지가 서로 연접한 경우에는 연접한 필지를 합산하여 산정한다)

    ㉡ 등록기준 : 물류창고의 구조 또는 설비 등 물류창고업의 등록기준은 다음과 같다.

      ⓐ 물류창고의 사용에 대한 정당한 권리를 가지고 있을 것

      ⓑ 물류창고에 화물을 쌓아 놓는 행위가 가능할 것

      ⓒ 물류창고는 「건축법 시행령」에 따른 창고시설일 것(보관시설을 갖춘 경우만 해당한다)

    ㉢ 변경등록 : 물류창고업의 등록을 한 자(물류창고업자)가 그 등록한 사항 중 다음 사항을 변경하려는 경우에는 국토교통부령으로 정하는 바에 따라 변경등록을 하여야 한다.

      ⓐ 물류창고업의 등록을 한 자(물류창고업자)의 성명(법인인 경우에는 그 대표자의 성명) 및 상호

      ⓑ 물류창고의 소재지

      ⓒ 물류창고 면적의 100분의 10 이상의 증감

② 등록 및 변경 등록 절차

    ㉠ 등록 절차 : 물류창고업의 등록을 하려는 자는 물류창고업 등록·변경등록신청서(전자문서로 된 신청서를 포함한다)에 다음 서류(전자문서로 된 서류를 포함한다)를 첨부하여 시·도지사 또는 지방해양항만청장에게 제출하여야 한다. 이 경우 시·도지사 또는 지방해양항만청장은 「전자정부법」에 따른 행정정보의 공동이용을 통하여 법인 등기사항증명서(신청인이 법인인 경우만 해당한다), 건물등기부 등본, 토지등기부 등본 및 건축물대장을 확인하여야 한다.

    ⓐ 등록기준에 적합함을 증명하는 서류

    ⓑ 물류창고업의 사업운영계획에 관한 서류

    ⓒ 신청인(법인인 경우에는 그 임원)이 외국인인 경우에는 결격사유 중 어느 하나에 해당하지 아니함을 확인할 수 있는 다음 구분에 따른 서류

      • 「외국공문서에 대한 인증의 요구를 폐지하는 협약」을 체결한 국가의 경우 : 해당 국가의 정부 그 밖에 권한 있는 기관이 발행한 서류이거나 공증인이 공증한 해당 외국인의 진술서로서 해당 국가의 아포스티유(Apostille) 확인서 발급 권한이 있는 기관이 그 확인서를 발급한 서류

      • 「외국공문서에 대한 인증의 요구를 폐지하는 협약」을 체결하지 않은 국가의 경우 : 해당 국가의 정부 그 밖에 권한 있는 기관이 발행한 서류이거나 공증인이 공증한 해당 외국인의 진술서로서 해당 국가에 주재하는 우리나라 영사가 확인한 서류

  ⓛ 변경등록 절차 : 물류창고업의 등록을 한 자(물류창고업자)가 변경등록을 하려는 경우에는 물류창고업 등록·변경등록신청서(전자문서로 된 신청서를 포함한다)에 변경사실을 증명하는 서류(전자문서로 된 서류를 포함한다)를 첨부하여 시·도지사 또는 지방해양항만청장에게 제출하여야 한다.

③ **등록의제**

  ㉠ 물류창고를 갖추고 그 전부를 다음 어느 하나의 용도로만 사용하며 해당 법률에 따라 해당 영업의 허가·변경허가를 받거나 등록·변경등록 또는 신고·변경신고를 한 때에는 물류창고업의 등록 또는 변경등록을 한 것으로 본다.

    ⓐ 「관세법」에 따른 보세창고의 설치·운영

    ⓑ 「화학물질 관리법」에 따른 유독물 보관·저장업 또는 취급제한물질 보관·저장업

    ⓒ 「식품위생법」에 따른 식품보존업 중 식품냉동·냉장업, 「축산물 위생관리법」에 따른 축산물보관업 및 「농수산물 품질관리법」에 따른 냉동·냉장업

  ㉡ 이러한 물류창고의 영업의 현황을 관리하는 행정기관은 그 보관업의 허가·변경허가, 등록·변경등록 등으로 그 현황이 변경될 경우에는 국토교통부장관에게 통보하여야 한다.

④ **등록증의 발급**

시·도지사 또는 지방해양항만청장은 등록 또는 변경등록 신청이 적합한지의 여부와 등록의 결격사유에 해당하는지의 여부를 심사한 후 그 신청내용이 적합하다고 인정하는 경우에는 등록 또는 변경등록을 해준 후 별지 제8호의3 서식의 물류창고업 등록증을 발급하여야 한다.

⑤ **고 시**

등록·변경등록의 절차·방법 및 등록기준의 내용·유형 등에 관하여 필요한 세부사항은 국토교통부장관이 정하여 고시한다.

(4) 재정지원

① **보조 · 융자 대상사업**

국가 또는 지방자치단체는 물류창고업자 또는 그 사업자단체가 다음 어느 하나에 해당하는 사업을 수행하는 경우로서 재정적 지원이 필요하다고 인정하면 자금의 일부를 보조 또는 융자할 수 있다.

> **보조 · 융자 대상사업**
>
> ㉠ 물류창고의 건설
> ㉡ 물류창고의 보수 · 개조 또는 개량
> ㉢ 물류장비의 투자
> ㉣ 물류창고 관련 기술의 개발
> ㉤ 그 밖에 물류창고업의 경영합리화를 위한 다음 사항
>   ⓐ 물류창고업의 경영구조 개선에 관한 사항
>   ⓑ 물류창고 시설 · 장비의 효율적 개선에 관한 사항
>   ⓒ 물류창고업자 및 관련 종사자에 대한 교육 · 훈련
>   ⓓ 물류창고업의 국제동향에 대한 조사 · 연구

② **보조금 등의 사용**

보조금 또는 융자금은 보조 또는 융자받은 목적 외의 용도로 사용하여서는 아니 된다. 국토교통부장관 또는 지방자치단체의 장은 보조 또는 융자받은 자가 그 자금을 적정하게 사용하도록 지도 · 감독하여야 한다. 국토교통부장관 또는 지방자치단체의 장은 거짓이나 부정한 방법으로 보조금 또는 융자금을 교부받은 경우나 보조금 또는 융자금을 목적 외의 용도로 사용한 경우에는 물류창고업자 또는 그 사업자단체에 보조금이나 융자금의 반환을 명하여야 하며, 이에 따르지 아니하면 국세 또는 지방세 체납처분의 예에 따라 회수할 수 있다.

(5) 물류창고 내 시설에 대한 내진설계 기준

국토교통부장관은 화물을 쌓아놓기 위한 선반 등 물류창고 내 시설에 대하여 내진설계(耐震設計) 기준을 정하는 등 지진에 따른 피해를 최소화하기 위하여 필요한 시책을 강구하여야 한다.

(6) 복합물류터미널 관련규정 준용

복합물류터미널 등록결격사유(제8조) 및 사업승계(제14조), 사업의 휴업 · 폐업(제15조), 등록증 대여 등의 금지(제16조), 등록의 취소 등(제17조), 과징금(제18조), 물류터미널협회(제19조)까지의 규정을 물류창고에 준용한다.

6 스마트물류센터

(1) 스마트물류센터의 정의

첨단물류시설 및 설비, 운영시스템 등을 도입하여 저비용·고효율·안전성·친환경성 등에서 우수한 성능을 발휘할 수 있는 물류창고로서 국토교통부장관의 인증을 받은 물류창고를 말한다.

(2) 스마트물류센터의 인증

① **인증** : 국토교통부장관은 스마트물류센터의 보급을 촉진하기 위하여 스마트물류센터를 인증할 수 있다.

② **유효기간** : 인증의 유효기간은 인증을 받은 날부터 3년으로 한다.

③ **인증기관**

　㉠ **지정** : 국토교통부장관은 스마트물류센터의 인증 및 점검업무를 수행하기 위하여 인증기관을 지정할 수 있다.

　㉡ 국토교통부장관은 지정된 인증기관이 다음 어느 하나에 해당하면 인증기관의 지정을 취소하거나 1년 이내의 기간을 정하여 업무의 전부 또는 일부를 정지하도록 명할 수 있다. 다만, ⓐ에 해당하는 경우에는 그 지정을 취소하여야 한다.

　　ⓐ 거짓이나 부정한 방법으로 지정을 받은 경우

　　ⓑ 지정 기준에 적합하지 아니하게 된 경우

　　ⓒ 고의 또는 중대한 과실로 인증 기준 및 절차를 위반한 경우

　　ⓓ 정당한 사유 없이 인증 및 점검업무를 거부한 경우

　　ⓔ 정당한 사유 없이 지정받은 날부터 2년 이상 계속하여 인증 및 점검업무를 수행하지 아니한 경우

　　ⓕ 그 밖에 인증기관으로서 업무를 수행할 수 없게 된 경우

④ **인증신청** : 스마트물류센터의 인증을 받으려는 자는 인증기관에 신청하여야 한다. 국토교통부장관은 스마트물류센터의 인증을 신청한 자가 그 인증을 받은 경우 국토교통부령으로 정하는 바에 따라 인증서를 교부하고, 인증을 나타내는 표시(인증마크)를 사용하게 할 수 있다.

⑤ **거짓 사용금지** : 인증을 받시 않은 자는 거짓의 인증마크를 제작·사용하거나 스마트물류센터임을 사칭해서는 아니 된다.

⑥ **점검** : 국토교통부장관은 ①에 따라 인증을 받은 자가 기준을 유지하는지 여부를 국토교통부령으로 정하는 바에 따라 점검할 수 있다.

⑦ **비용지원** : 국토교통부장관은 인증기관을 지도·감독하고, 인증 및 점검업무에 소요되는 비용의 일부를 지원할 수 있다.

⑧ 인증의 기준·절차 및 방법, 인증기관의 조직·운영 및 지정 기준·절차에 관한 사항은 국토교통부령으로 정한다.

⑨ **인증의 취소**: 국토교통부장관은 인증을 받은 자가 다음 어느 하나에 해당하는 경우에는 대통령령으로 정하는 바에 따라 그 인증을 취소할 수 있다. 다만, ㉠에 해당하는 경우 그 인증을 취소하여야 한다. 스마트물류센터의 소유자 또는 대표자는 인증이 취소된 경우 인증서를 반납하고, 인증마크의 사용을 중지하여야 한다.

㉠ 거짓이나 그 밖의 부정한 방법으로 인증을 받은 경우

㉡ 인증의 전제나 근거가 되는 중대한 사실이 변경된 경우

㉢ 점검을 정당한 사유 없이 3회 이상 거부한 경우

㉣ 인증 기준에 맞지 아니하게 된 경우

㉤ 인증받은 자가 인증서를 반납하는 경우

7 물류 교통·환경 정비사업

(1) 물류 교통·환경 정비지구의 지정 신청

시장·군수·구청장은 물류시설의 밀집으로 도로 등 기반시설의 정비와 소음·진동·미세먼지 저감 등 생활환경의 개선이 필요한 경우로서 대통령령으로 정하는 요건에 해당하는 경우 시·도지사에게 물류 교통·환경 정비지구(정비지구)의 지정을 신청할 수 있다. 정비지구를 변경하려는 경우에도 또한 같다.

(2) 절 차

① **서류**: 정비지구의 지정 또는 변경을 신청하려는 시장·군수·구청장은 다음 사항을 포함한 물류 교통·환경 정비계획을 수립하여 시·도지사에게 제출하여야 한다. 이 경우 정비지구가 둘 이상의 시·군·구의 관할지역에 걸쳐있는 경우에는 관할 시장·군수·구청장이 공동으로 이를 수립·제출한다.

㉠ 위치·면적·정비기간 등 정비계획의 개요

㉡ 정비지구의 현황(인구수, 물류시설의 수와 면적·교통량·물동량 등)

㉢ 도로의 신설·확장·개량 및 보수 등 교통정비계획

㉣ 소음·진동 방지, 대기오염 저감 등 환경정비계획

㉤ 물류 교통·환경 정비사업의 비용분담계획

㉥ 그 밖에 대통령령으로 정하는 사항

② **의견수렴**: 시장·군수·구청장은 ①에 따른 정비지구의 지정 또는 변경을 신청하려는 경우에는 주민설명회를 열고, 그 내용을 14일 이상 주민에게 공람하여 의견을 들어야 하며, 지방의회의 의견을 들은 후(이 경우 지방의회는 시장·군수·구청장이 정비지구의 지정 또는 변경 신청서를 통지한 날부터 60일 이내에 의견을 제시하여야 하며, 의견제시 없이 60일이 지난 때에는 이의가 없는 것으로 본다) 그 의견을 첨부하여 신청하여야 한다. 다만, 대통령령으로 정하는 경미한 사항의 변경을 신청하려는 경우에는 주민설명회, 주민 공람, 주민의 의견청취 및 지방의회의 의견청취 절차를 거치지 아니할 수 있다. 주민설명회, 주민 공람 및 주민의 의견청취 방법 등에 관하여 필요한 사항은 대통령령으로 정한다.

(3) 물류 교통·환경 정비지구의 지정

시·도지사는 정비지구의 지정을 신청받은 경우에는 관계 행정기관의 장과 협의하고 대통령령으로 정하는 바에 따라 제59조의2에 따른 물류단지계획심의위원회와 「국토의 계획 및 이용에 관한 법률」 제113조에 따른 지방도시계획위원회가 공동으로 하는 심의를 거쳐 정비지구를 지정한다. 정비지구의 지정을 변경하려는 경우에도 또한 같다. 협의를 요청받은 관계 행정기관의 장은 특별한 사유가 없으면 그 요청을 받은 날부터 30일 이내에 의견을 제시하여야 한다. 시·도지사는 정비지구를 지정하거나 변경할 때에는 대통령령으로 정하는 바에 따라 그 내용을 지체 없이 해당 지방자치단체의 공보에 고시하여야 한다. 시·도지사가 정비지구를 지정하거나 변경하였을 때에는 국토교통부령으로 정하는 바에 따라 국토교통부장관에게 보고하여야 한다.

(4) 물류 교통·환경 정비지구 지정의 해제

시·도지사는 물류 교통·환경 정비사업의 추진 상황으로 보아 정비지구의 지정 목적을 달성하였거나 달성할 수 없다고 인정하는 경우에는 대통령령으로 정하는 바에 따라 제59조의2에 따른 물류단지계획심의위원회와 「국토의 계획 및 이용에 관한 법률」 제113조에 따른 지방도시계획위원회가 공동으로 하는 심의를 거쳐 정비지구의 지정을 해제할 수 있다. 정비지구의 지정을 해제하려는 시·도지사는 제59조의2에 따른 물류단지계획심의위원회와 「국토의 계획 및 이용에 관한 법률」 제113조에 따른 지방도시계획위원회가 공동으로 하는 심의 전에 주민설명회를 열고, 그 내용을 14일 이상 주민에게 공람하여 의견을 들어야 하며, 지방의회의 의견을 들어야 한다. 이 경우 지방의회는 의견을 요청받은 날부터 60일 이내에 의견을 제시하여야 하며, 의견제시 없이 60일이 지난 때에는 이의가 없는 것으로 본다. 시·도지사는 정비지구의 지정을 해제할 때에는 대통령령으로 정하는 바에 따라 그 내용을 지체 없이 해당 지방자치단체의 공보에 고시하여야 한다. 시·도지사가 정비지구의 지정을 해제하였을 때에는 국토교통부령으로 정하는 바에 따라 국토교통부장관에게 보고하여야 한다. 주민설명회, 주민 공람 및 주민의 의견청취 방법 등에 관하여 필요한 사항은 대통령령으로 정한다.

(5) 물류 교통·환경 정비사업의 지원

국가 또는 시·도지사는 지정된 정비지구에서 시장·군수·구청장에게 다음 사업에 대한 행정적·재정적 지원을 할 수 있다.

① 도로 등 기반시설의 신설·확장·개량 및 보수
② 「화물자동차 운수사업법」에 따른 공영차고지 및 화물자동차 휴게소의 설치
③ 「소음·진동관리법」에 따른 방음·방진시설의 설치
④ 그 밖에 정비지구의 교통·환경 정비를 위하여 대통령령으로 정하는 사업

제 5 절 보칙과 벌칙

1 보 고

(1) 국토교통부장관은 복합물류터미널사업자에게 복합물류터미널의 건설에 관하여 필요한 보고를 하게 하거나 자료의 제출을 명할 수 있으며 소속 공무원에게 복합물류터미널의 건설에 관한 업무를 검사하게 할 수 있다.

(2) 국토교통부장관은 물류창고업자에게 물류창고의 운영에 관하여 보고를 하게 하거나 자료의 제출을 명할 수 있으며 소속 공무원에게 물류창고의 운영에 관한 업무를 검사하게 할 수 있다. 다만, 다른 법률에 의하여 물류창고업을 경영하는 자는 제외한다.

(3) 국토교통부장관 또는 시·도지사는 시행자에게 물류단지의 개발에 관하여 필요한 보고를 하게 하거나 자료의 제출을 명할 수 있으며 소속 공무원에게 물류단지의 개발에 관한 업무를 검사하게 할 수 있다.

(4) 국토교통부장관 또는 시·도지사는 관리기관·입주기업체 및 지원기관에 물류단지의 관리에 관하여 필요한 보고를 하게 하거나 자료의 제출을 명할 수 있으며, 소속 공무원에게 물류단지의 관리에 관한 업무를 검사하게 할 수 있다.

(5) 검사를 하는 공무원은 그 권한을 나타내는 증표를 지니고 이를 관계인에게 내보여야 한다. 증표에 필요한 사항은 국토교통부령으로 정한다.

2 청 문

국토교통부장관 또는 시·도지사는 복합물류터미널사업과 물류창고 등록의 취소와 물류단지 지정·물류단지개발사업시행자 지정취소, 물류단지개발계획 승인 또는 물류터미널 공사시행 인가의 취소, 물류단지개발사업 준공인가의 취소, 물류창고 인증취소, 스마트물류센터 인증의 취소, 스마트물류센터 인증기관 지정의 취소를 하는 경우에는 청문을 실시하여야 한다.

3 수수료

복합물류터미널사업의 등록 및 변경등록의 신청이나 물류터미널의 구조 및 설비 등에 관한 공사시행 인가와 변경인가의 신청, 물류창고의 등록 및 변경등록을 하려는 자는 수수료를 내야 한다. 이 경우 수수료는 해당 지방자치단체의 수입증지 또는 정보통신망을 이용한 전자화폐·전자결제 등의 방법으로 납부할 수 있다.

신청내용	금액(1건당)
복합물류터미널사업의 등록 및 변경등록의 신청	20,000원
물류터미널의 구조 및 설비 등에 관한 공사시행 인가와 변경인가의 신청	15,000원
스마트물류센터 인증의 신설	

4 권한의 위임

(1) 시·도지사 위임사항

국토교통부장관의 권한 중 다음 권한을 시·도지사에게 위임할 수 있다.

① 물류창고업의 등록 및 변경등록

② 물류창고업자에 대한 사업승계의 신고수리

③ 물류창고업의 휴업·폐업 및 법인해산의 신고접수

④ 물류창고업자에 대한 등록취소 및 사업정지

⑤ 물류창고업자에 대한 과징금의 부과 및 징수

⑥ 복합물류터미널사업자 및 물류창고업자에 대한 등록취소 및 사업정지

⑦ 물류단지개발사업 실시계획의 승인·변경승인 및 관계 행정기관의 장과의 협의

⑧ 물류단지개발사업 실시계획승인·변경승인의 고시 및 관할 시장·군수·구청장에게의 송부

⑨ 물류단지의 국유·공유재산의 용도폐지 및 매각에 관한 관계 행정기관의 장과의 협의

⑩ 물류단지개발사업의 준공인가, 공고와 시행자 및 관리청에의 통지 및 사용허가

⑪ 물류단지관리계획의 접수

⑫ 물류단지관리기관 등에 대한 권고

⑬ 입주기업체 또는 지원기관이 물류단지시설 또는 지원시설의 건설공사에 착수하거나 토지·시설 등을 처분하지 않는 경우 해당 도지·시설 등 재산가액의 100분의 20에 해당하는 이행강제금의 부과·징수

⑭ 물류창고업자에 대한 보고·자료 제출의 명령 및 업무의 검사

⑮ 물류창고업의 등록취소에 관한 청문

⑯ 물류창고업자에 대한 과태료의 부과 및 징수

⑵ 지방해양항만청장 위임사항

국토교통부장관의 권한 중 다음 권한을 지방해양항만청장에게 위임할 수 있다.

① 물류창고업의 등록 및 변경등록

② 물류창고업자에 대한 사업승계의 신고수리

③ 사업의 휴업·폐업의 신고수리 및 법인해산의 신고수리

④ 물류창고업자에 대한 등록취소 및 사업정지

⑤ 물류창고업자에 대한 과징금의 부과 및 징수

⑥ 물류창고업자에 대한 보고·자료 제출의 명령 및 업무의 검사

⑦ 물류창고업의 등록 취소에 관한 청문

⑧ 물류창고업자에 대한 과태료의 부과 및 징수

⑶ 재위임

① 시·도지사는 국토교통부장관으로부터 위임받은 권한의 일부를 국토교통부장관의 승인을 받아 시장·군수·구청장(특별자치도지사를 제외한다)에게 재위임할 수 있다.

② 시·도지사는 법에 따른 권한의 일부를 시·도의 조례로 정하는 바에 따라 시장·군수·구청장 (특별자치도지사를 제외한다)에게 위임할 수 있다.

⑷ 과징금 징수

과징금의 부과·징수권한이 시·도지사에게 위임된 경우에 과징금을 기한 내에 내지 아니하는 자에 대하여는 시·도지사가 해당 지방자치단체의 조례로 정하는 바에 따라 지방세 체납처분의 예에 따라 징수한다.

⑸ 보 고

시·도지사는 위임받은 업무를 처리하였을 때에는 이를 5일 이내에 국토교통부장관에게 보고하여야 한다.

5 행정형벌

① 다음의 어느 하나에 해당하는 자는 1년 이하의 징역 또는 1천만원 이하의 벌금에 처한다.
  ㉠ 등록을 하지 아니하고 복합물류터미널사업을 경영한 자
  ㉡ 물류터미널 공사시행 인가 또는 변경인가를 받지 아니하고 공사를 시행한 자
  ㉢ 복합물류터미널사업자가 성명 또는 상호를 다른 사람에게 사용하게 하거나 복합물류터미널 등록증을 대여한 자
  ㉣ 물류단지 안에서 시장·군수·구청장의 허가를 받지 아니하고 건축물의 건축 등을 한 자
  ㉤ 거짓이나 그 밖의 부정한 방법으로 물류단지개발사업의 시행자로 지정을 받거나 물류단지개발실시계획의 승인을 받은 자
  ㉥ 물류단지시설 또는 지원시설의 설치를 완료하기 전에 분양받은 토지·시설 등을 시행자 또는 관리기관에 양도하지 않고 토지 또는 시설을 처분한 자. 다만, 토지 또는 시설을 처분한 자로서 그 처분행위로 얻은 이익이 3천만원 이상인 경우에는 1년 이하의 징역 또는 그 이익에 해당하는 금액 이하의 벌금에 처한다.
  ㉦ 등록을 하지 아니하고 물류창고업을 경영한 자. 다만, 다른 법률에 의하여 물류시설을 운영하고 있어 물류창고업을 등록한 것으로 보는 시설에서 물류창고업을 경영한 자는 제외한다.
  ㉧ 변경등록을 하지 아니하고 물류창고업을 경영한 자. 다만, 다른 법률에 의하여 물류시설을 운영하고 있어 물류창고업을 등록한 것으로 보는 시설에서 물류창고업을 경영한 자는 제외한다.
② 거짓의 인증마크를 제작·사용하거나 스마트물류센터임을 사칭한 자는 3천만원 이하의 벌금에 처한다.

6 양벌규정

법인의 대표자, 법인 또는 개인의 대리인·사용인 및 그 밖의 종업원이 그 법인 또는 개인의 업무에 관하여 위반행위를 하면 행위자를 처벌하는 외에 그 법인 또는 개인에 대하여도 같은 벌금형을 과(科)한다. 다만, 법인 또는 개인이 그 위반행위를 방지하기 위하여 해당 업무에 관하여 상당한 주의와 감독을 게을리하지 아니한 경우에는 그러하지 아니하다.

■ 7 과태료

(1) 300만원 이하의 과태료 부과행위

① 복합물류터미널 사업자가 국토교통부장관이 명한 복합물류터미널의 건설에 관하여 필요한 보고 또는 자료제출을 하지 아니하거나 거짓보고 또는 거짓자료를 제출한 경우

② 물류단지개발사업 시행자가 국토교통부장관 또는 시·도지사가 명한 물류단지의 개발에 관하여 필요한 보고 또는 자료의 제출을 하지 아니하거나 거짓보고 또는 거짓자료를 제출한 경우

③ 국토교통부장관 또는 시·도지사가 관리기관·입주기업체 및 지원기관에 명한 물류단지의 관리에 관하여 필요한 보고 또는 자료제출을 하지 아니하거나 거짓보고 또는 거짓자료를 제출한 경우 또는 소속 공무원의 검사를 방해·거부한 자

(2) 200만원 이하의 과태료 부과행위

① 복합물류터미널 승계의 신고를 하지 아니한 자

② 인증이 취소된 후에도 인증표시의 사용을 중지하지 아니한 자

(3) 과태료의 부과·징수

① 과태료는 국토교통부장관 또는 시·도지사가 부과·징수한다.

② 국토교통부장관 또는 시·도지사는 위반행위의 동기, 내용 및 위반횟수 등을 고려하여 과태료 금액의 2분의 1의 범위에서 그 금액을 늘리거나 줄일 수 있다.

◉ 위반행위별 과태료 금액

위반행위	과태료 금액(만원)		
	1회	2회	3회 이상
복합물류터미널사업의 승계의 신고를 하지 아니한 때	40	75	150
복합물류터미널사업자, 물류단지개발사업시행자, 물류단지관리기관 등이 보고 또는 자료제출을 하지 아니한 때	25	50	100
복합물류터미널사업자, 물류단지개발사업시행자, 물류단지관리기관 등이 거짓보고 또는 거짓자료를 제출한 때	40	75	150
복합물류터미널사업자, 물류단지개발사업시행자, 물류단지관리기관 등이 검사를 방해·거부한 때	50	100	200
제21조의5 제2항을 위반하여 인증마크를 계속 사용한 자 (2020.10.8. 시행)			

■8 규제의 재검토

국토교통부장관은 다음 사항에 대하여 기준일(2014년 1월 1일)을 기준으로 3년마다(매 3년이 되는 기준일과 같은 날 전까지를 말한다) 그 타당성을 검토하여 개선 등의 조치를 하여야 한다.

① 협회의 설립

② 물류단지 내에서의 행위허가의 대상 등

③ 선수금

④ 시설부담금

⑤ 처분제한대상 토지·시설 등의 양도 등

⑥ 입주기업체협의회의 구성과 운영

⑦ 복합물류터미널사업의 등록신청

⑧ 복합물류터미널사업의 변경등록

⑨ 물류터미널공사시행인가의 신청

⑩ 물류터미널공사시행변경인가의 신청

⑪ 물류단지지정대장 등

⑫ 물류단지지정요청서

⑬ 실시계획승인신청서

⑭ 시설부담금의 감면

⑮ 준공인가신청서 등

⑯ 준공인가 전 사용허가신청서

⑰ 임대요율

⑱ 수의계약에 따른 토지공급기준

⑲ 복합개발시행자에 대한 토지공급

⑳ 물류단지시설 등의 건설공사 착수기간 등

㉑ 이행강제금 부과 전 이행기간 등

㉒ 처분신청서 등

실전예상문제

01 '물류터미널사업'이란 물류터미널을 경영하는 사업으로서 복합물류터미널사업과 일반물류터 미널사업을 말한다. 다음 중에서 물류터미널사업에 포함하는 시설물을 경영하는 사업은 어느 것인가?

① 「항만법」의 항만시설 중 항만구역 안에 있는 화물하역시설 및 화물보관·처리시설

② 「공항시설법」의 공항시설 중 공항구역 안에 있는 화물운송을 위한 시설과 그 부대시설 및 지원시설

③ 「철도사업법」에 따른 철도사업자가 그 사업에 사용하는 화물운송·하역 및 보관시설

④ 「유통산업발전법」의 집배송시설 및 공동집배송센터

⑤ 농수산물 유통을 위한 「농수산물 유통 및 가격안정에 관한 법률」의 농수산물의 운송· 하역 및 보관시설

> **해설** ⑤ 명확하게 제외되어 있지 않다. 따라서 「물류시설의 개발 및 운영에 관한 법률」에 의한 물류터미널 내에 농수산물 유통센터를 건설하여 운영할 수 있다.
> ①②③④ 물류터미널 사업에서 제외되어 있다.

02 다음 중에서 화물의 운송·집화·하역·분류·포장·가공·조립·통관·보관·판매·정보 처리 등을 위한 물류단지시설이 아닌 것은?

① 물류터미널 및 창고

② 「유통산업발전법」의 대규모점포·전문상가단지·공동집배송센터 및 중소유통공동도매 물류센터

③ 「농수산물 유통 및 가격안정에 관한 법률」에 따른 농수산물산지유통센터

④ 「궤도운송법」에 따른 궤도사업을 경영하는 자가 그 사업에 사용하는 화물의 운송·하역 및 보관시설

⑤ 「축산물 위생관리법」의 작업장

> **해설** ③ 「농수산물 유통 및 가격안정에 관한 법률」에 따른 농수산물산지유통센터는 지원시설이다.

03 물류단지를 조성하기 위하여 시행하는 '물류단지개발사업'에 포함되지 않는 것은?

① 물류시설 용지 및 지원시설 용지의 조성사업

② 도로·철도·궤도·항만 또는 공항시설 등의 건설사업

③ 전기·가스·용수 등의 공급시설과 전기통신설비의 건설사업

④ 국제물류상업용지와 물류전문 인력 양성을 위한 학교 용지 조성

⑤ 하수도, 폐기물처리시설, 그 밖의 환경오염방지시설 등의 건설사업

해설 ④ 물류단지개발사업에 포함되지 않는다.

04 물류시설개발종합계획에 포함되어야 하는 사항이 아닌 것은?

① 물류시설의 장래수요에 관한 사항

② 물류시설의 계획적 공급에 관한 사항

③ 물류시설의 지정·개발에 관한 사항

④ 물류단지의 종사자 및 이용자의 생활과 편의를 위한 시설 설치에 관한 사항

⑤ 도심지에 위치한 물류시설의 정비와 교외이전에 관한 사항

해설 ④ 물류시설개발종합계획에 포함되어야 하는 사항이 아니다.

05 물류시설개발종합계획의 수립절차에 관한 설명 중 틀린 것은?

① 국토교통부장관은 물류시설개발종합계획을 수립하는 때에는 관계 행정기관의 장으로부터 소관별 계획을 제출받아 이를 기초로 물류시설개발종합계획안을 작성하여 특별시장·광역시장·도지사 또는 특별자치도지사의 의견을 듣고 관계 중앙행정기관의 장과 협의한 후 「물류정책기본법」의 물류정책분과위원회의 심의를 거쳐야 한다.

② 국토교통부장관은 물류시설개발종합계획을 수립하거나 변경한 때에는 이를 관보에 고시하여야 한다.

③ 관계 중앙행정기관의 장은 필요한 경우 국토교통부장관에게 물류시설개발종합계획을 변경하도록 요청할 수 있다.

④ 국토교통부장관은 관계 기관에 물류시설개발종합계획을 수립하거나 변경하는 데에 필요한 자료의 제출을 요구하거나 협조를 요청할 수 있으며, 그 요구나 요청을 받은 관계 기관은 정당한 사유가 없으면 이에 따라야 한다.

⑤ 국토교통부장관은 물류시설개발종합계획을 효율적으로 수립하기 위하여 필요하다고 인정하는 때에는 물류시설에 대하여 조사할 수 있다.

해설 ① 물류시설분과위원회의 심의를 거쳐야 한다.

Answer   1. ⑤   2. ③   3. ④   4. ④   5. ①

06 복합물류터미널 등록을 할 수 없는 자는?

① 국가 또는 지방자치단체

② 「항만공사법」에 따른 항만공사

③ 「지방공기업법」에 따른 지방공사

④ 특별법에 따라 설립된 법인

⑤ 「민법」 또는 「상법」에 따라 설립된 법인과 개인

해설 ⑤ 개인은 등록을 할 수 없다.

07 복합물류터미널 등록기준에 해당하지 않는 것은?

① 복합물류터미널이 해당 지역 운송망의 중심지에 위치하여 다른 교통수단과 쉽게 연계될 것

② 부지면적이 3만 3천제곱미터 이상일 것

③ 주차상, 화물취급장 등의 시설을 갖출 것

④ 「물류정책기본법」의 물류시설개발종합계획상의 물류터미널의 개발 및 정비계획 등에 배치되지 아니할 것

⑤ 창고 또는 배송센터를 갖출 것

해설 ④ 물류시설개발종합계획은 「물류정책기본법」이 아닌 「물류시설의 개발 및 운영에 관한 법률」에 반영되어 있다.

08 복합물류터미널사업의 승계·휴업·폐업에 대하여 사실과 다르게 설명하고 있는 것은?

① 복합물류터미널사업자가 그 사업을 양도하거나 법인이 합병한 때에는 그 양수인 또는 합병 후 존속하는 법인이나 합병에 의하여 설립되는 법인은 복합물류터미널사업의 등록에 따른 권리·의무를 승계한다.

② 복합물류터미널사업자는 복합물류터미널사업의 전부 또는 일부를 휴업하거나 폐업하려는 때에는 미리 국토교통부장관에게 신고하여야 한다.

③ 복합물류터미널사업자인 법인이 합병 외의 사유로 해산한 경우에는 그 청산인(파산에 따라 해산한 경우에는 파산관재인을 말한다)은 지체 없이 그 사실을 국토교통부장관에게 신고하여야 한다.

④ 휴업기간은 1년을 초과할 수 없다.

⑤ 복합물류터미널사업자가 사업의 전부 또는 일부를 휴업하거나 폐업하려는 때에는 미리 그 취지를 영업소나 그 밖에 일반 공중(公衆)이 보기 쉬운 곳에 게시하여야 한다.

해설 ④ 휴업기간은 6개월을 초과할 수 없다.

09 국토교통부장관이 복합물류터미널사업자의 등록을 취소하거나 6개월 이내의 기간을 정하여 사업의 정지를 명할 수 있는 사유가 아닌 것은?

① 거짓이나 그 밖의 부정한 방법으로 등록을 한 때

② 변경등록을 하지 아니하고 등록사항을 변경한 때

③ 등록기준에 맞지 아니하게 된 때

④ 지정을 받지 아니하고 터미널 공사를 시행하거나 변경한 때

⑤ 다른 사람에게 자기의 성명 또는 상호를 사용하여 사업을 하게 하거나 등록증을 대여한 때

해설 ④ 인가를 받지 않고 공사를 한 때 행정처분을 할 수 있다.

10 물류터미널사업자가 물류터미널의 공사를 완료하고 사용승인을 받은 경우에 소관 행정기관의 허가를 받거나 소관 행정기관에 등록 또는 신고한 것으로 보는 경우가 아닌 것은?

① 「물류정책기본법」에 따른 국제물류주선업의 등록

② 「석유 및 석유대체연료 사업법」에 따른 석유판매업 중 주유소의 등록 또는 신고

③ 「식품위생법」에 따른 식품접객업(단란주점영업 및 유흥주점영업을 포함한다)의 허가

④ 「자동차관리법」에 따른 자동차관리사업 중 자동차매매업 및 자동차정비업의 등록

⑤ 「화물자동차 운수사업법」에 따른 화물자동차 운송주선사업의 허가

해설 ③ 단란주점영업 및 유흥주점영업을 제외한다.

11 국토교통부장관이 물류단지개발계획 중 중요사항을 변경하려는 때에는 관할 시·도지사의 의견을 듣고 관계 중앙행정기관의 장과 협의한 후 「물류정책기본법」의 물류시설분과위원회의 심의를 거쳐야 한다. 다음 중에서 정식변경절차가 필요한 중요사항에 해당하는 것은?

① 물류단지지정 면적의 변경(10분의 1 이하의 면적을 변경하는 경우만 해당한다)

② 물류단지시설용지 면적의 변경(10분의 1 이하의 면적을 변경하는 경우만 해당한다)

③ 기반시설(구거를 포함한나)의 부지면적의 변경(10분의 1 이하의 면적을 변경하는 경우만 해당한다) 또는 그 시설의 위치 변경

④ 물류단지개발사업 지정자의 변경

⑤ 물류단지시설용지의 용도변경

해설 ①②③ 1/10 이상이다.
　　④ 물류단지개발사업자의 변경이다.

Answer   6. ⑤   7. ④   8. ④   9. ④   10. ③   11. ⑤

12 물류단지개발계획에 포함되어야 하는 사항 중에서 물류단지의 지정 후에 이를 물류단지개발계획에 포함시킬 수 있는 것은?

> ㉠ 물류단지의 명칭·위치 및 면적
> ㉡ 물류단지의 지정목적
> ㉢ 물류단지개발사업의 시행자
> ㉣ 물류단지개발사업의 시행기간 및 시행방법
> ㉤ 토지이용계획 및 주요 기반시설계획
> ㉥ 주요 유치시설 및 그 설치기준에 관한 사항
> ㉦ 재원조달계획
> ㉧ 수용하거나 사용할 토지, 건축물, 그 밖의 물건이나 권리가 있는 경우에는 그 세부목록

① ㉠, ㉡   ② ㉠, ㉤   ③ ㉢, ㉧

④ ㉥, ㉦   ⑤ ㉠, ㉧

해설 ③ 시행사와 세부목록은 물류단지지정 후에 포함시킬 수 있다.

13 물류단지지정권자가 물류단지를 지정하거나 지정내용을 변경한 때에는 관보나 공보에 고시하여야 하는 사항이 아닌 것은?

① 물류단지의 명칭·위치 및 면적   ② 물류단지의 지정 목적

③ 물류단지개발사업의 시행자   ④ 물류단지의 개발기간 및 개발방법

⑤ 물류단지이용계획 및 기반시설비용 부담자

해설 ⑤ 토지이용계획 및 주요 기반시설계획을 고시하여야 한다.

14 다음 물류단지개발사업 시행자 가운데 사업시행으로 새로 설치한 공공시설은 그 시설을 관리할 국가 또는 지방자치단체에 무상으로 귀속되고, 물류단지개발사업의 시행으로 인하여 용도가 폐지되는 국가 또는 지방자치단체 소유의 재산은 「국유재산법」 및 「공유재산 및 물품 관리법」에도 불구하고 새로 설치한 공공시설의 설치비용에 상당하는 범위에서 그 시행자에게 무상으로 양도할 수 있는 자는 누구인가?

① 국가 또는 지방자치단체

② 「한국농어촌공사 및 농지관리기금법」에 따른 한국농촌공사

③ 「지방공기업법」에 따른 지방공사

④ 특별법에 따라 설립된 법인

⑤ 「민법」 또는 「상법」에 따라 설립된 법인

해설 ①②③④ 새로 설치한 공공시설은 사업시행자에게 무상으로 귀속된다.

15 다음 ( ) 안에 들어갈 적당한 말을 고르시오.

> 물류단지는 입주기업체가 자율적으로 구성한 (㉠)가(이) 관리한다. 다만, 입주기업체협의
> 회가 구성되기 전에는 (㉡)가 물류단지를 관리할 수 있다.

㉠	㉡

① 협의회   시행자
② 시행자   협의회
③ 협의회 단체   지정권자
④ 법인   전문 관리기관
⑤ 협의회 단체   전문 관리기관

해설 ① 협의회가 관리하고, 협의회가 구성되기 전에는 시행자가 관리할 수 있다(「물류시설의 개발 및 운영에 관한 법률」 제53조 제1항).

16 물류시설개발종합계획의 수립절차에 관한 설명 중 틀린 것은?

① 세부절차 : 국토교통부장관은 물류시설개발종합계획을 수립하는 때에는 관계 행정기관의 장으로부터 소관별 계획을 제출받아 이를 기초로 물류시설개발종합계획안을 작성하여 특별시장·광역시장·도지사 또는 특별자치도지사(시·도지사)의 의견을 듣고 관계 중앙행정기관의 장과 협의한 후 「물류정책기본법」의 물류시설분과위원회의 심의를 거쳐야 한다.

② 중요사항의 변경 : 물류시설개발종합계획 중 물류시설별 물류시설용지면적의 100분의 10 이상으로 물류시설의 수요·공급계획을 변경하려는 때에도 위와 같은 절차를 거쳐야 한다.

③ 고시 : 국토교통부장관은 물류시설개발종합계획을 수립하거나 변경한 때에는 이를 관보에 고시하여야 한다.

④ 계획의 변경 요청 : 관계 중앙행정기관의 장과 시·도지사는 필요한 경우 국토교통부장관에게 물류시설개발종합계획을 변경하도록 요청할 수 있다.

⑤ 자료요구 : 국토교통부장관은 관계 기관에 물류시설개발종합계획을 수립하거나 변경하는 데에 필요한 자료의 제출을 요구하거나 협조를 요청할 수 있으며, 그 요구나 요청을 받은 관계 기관은 정당한 사유가 없으면 이에 따라야 한다.

해설 ④ 시·도지사는 계획변경 요청 권한이 없다.

17 물류시설의 개발 및 운영에 관한 법률상 국·공유지의 처분제한에 관한 내용으로 옳지 않은 것은?

① 물류터미널을 건설하기 위한 부지 안에 있는 국가 또는 지방자치단체 소유의 토지로서 물류터미널 건설사업에 필요한 토지는 해당 물류터미널 건설사업 목적이 아닌 다른 목적으로 매각하거나 양도할 수 없다.

② 물류터미널을 건설하기 위한 부지 안에 있는 국가 또는 지방자치단체 소유의 재산은 「국유재산법」, 「공유재산 및 물품 관리법」, 그 밖의 다른 법령에도 불구하고 물류터미널사업자에게 수의계약으로 매각할 수 있다.

③ 물류터미널 건설을 위한 부지에 국가 소유의 재산이 존재할 때 사업자에게 매각하려면 그 재산이 행정재산인 경우 용도폐지 및 매각에 관하여는 국토교통부장관 또는 시·도지사가 미리 관계 행정기관의 장과 협의하여야 한다.

④ 행정재산 매각에 관한 협의요청이 있은 때에는 관계 행정기관의 장은 그 요청을 받은 날부터 15일 이내에 용도폐지 및 매각, 그 밖에 필요한 조치를 하여야 한다.

⑤ 물류터미널사업자에게 매각하려는 재산 중 관리청이 불분명한 재산은 다른 법령에도 불구하고 기획재정부장관이 이를 매각하여야 한다.

> **해설** ④ 행정재산의 매각에 관한 협의요청이 있은 때에는 관계 행정기관의 장은 그 요청을 받은 날부터 30일 이내에 용도폐지 및 매각, 그 밖에 필요한 조치를 하여야 한다(법 제13조 제3항).

18 물류시설의 개발 및 운영에 관한 법률상 전기시설 등의 설치에 대하여 맞는 것은?

① 물류단지에 필요한 전기시설·전기통신설비·가스공급시설 또는 지역난방시설은 해당 지역에 전기, 전기통신, 가스 또는 난방을 공급하는 자가 비용을 부담하여 설치하여야 한다.

② 물류단지개발사업의 시행자, 입주기업, 지방자치단체 등의 요청에 따라 전기간선시설(電氣幹線施設)을 땅 속에 설치하는 경우에는 전기를 공급하는 자와 땅 속에 설치할 것을 요청하는 자가 각각 100분의 50의 비율로 그 설치비용을 부담한다.

③ 물류단지지정권자는 실시계획을 승인한 때에는 1개월 이내에 전기시설·전기통신설비·가스공급시설 또는 지역난방시설의 설치자에게 그 사실을 알려야 한다.

④ 전기시설의 설치범위는 물류단지 밖의 기간(基幹)이 되는 시설로부터 물류단지 안의 토지이용계획상 6미터 이상의 도시·군계획도로에 접하는 개별필지의 경계선까지의 전기시설이다.

⑤ 시설의 설치는 특별한 사유가 없으면 준공인가신청일(물류단지지정권자가 시행자인 경우에는 물류단지개발사업의 완료일)까지 끝내야 한다.

> **해설** ③ 지체 없이 알려야 한다.

19 다음 중 일반물류단지시설이 아닌 것은?

① 「물류시설의 개발 및 운영에 관한 법률」에 따른 물류터미널 및 창고

② 「궤도운송법」에 따른 궤도사업을 경영하는 자가 그 사업에 사용하는 화물의 운송·하역 및 보관시설

③ 「축산물 위생관리법」의 작업장

④ 「양곡관리법」에 따라 농업협동조합 등이 설치하는 미곡의 건조·보관·가공시설

⑤ 「자동차관리법」에 따른 자동차 경매장

[해설] ④ 물류단지의 운영을 효율적으로 지원하기 위하여 물류단지 안에 설치되는 지원시설이다.

20 물류시설의 개발 및 운영에 관한 법률상의 환지(換地)에 관한 설명 중 틀린 것은?

① 시행자는 물류단지 안의 토지를 소유하고 있는 자가 물류단지개발계획에서 정한 물류단지시설을 운영하려는 경우에는 그 토지를 포함하여 물류단지개발사업을 시행할 수 있으며, 해당 사업이 완료된 후 해당 토지소유자에게 환지하여 줄 수 있다.

② 환지를 받을 수 있는 토지소유자는 물류단지개발계획에서 정한 유치업종에 적합한 물류단지시설과 지원시설을 설치하려는 자로서 물류단지의 지정·고시일 현재 물류단지개발계획에서 정한 최소공급면적 이상의 토지를 소유한 자로 한다.

③ 환지를 받으려는 자는 환지신청서에 물류단지시설 설치계획서를 첨부하여 시행자에게 제출하여야 한다.

④ 환지신청은 시행자가 해당 물류단지에 관한 보상공고에서 정한 협의기간에 하여야 한다.

⑤ 환지의 대상이 되는 종전 토지의 가액은 보상공고시 시행자가 제시한 협의를 위한 보상금액으로 하고, 환지의 가액은 해당 물류단지의 물류단지시설용지의 분양가격을 기준으로 한다.

[해설] ② 지원시설은 환지 대상에 포함되지 않는다.

21 물류단지개발지침에 포함되어야 하는 사항이 아닌 것은?

① 문화재의 보존을 위하여 참작할 사항

② 물류단지의 유치업종 및 기준에 관한 사항

③ 물류단지 지정·개발 및 지원에 관한 사항

④ 토지가격의 안정을 위하여 필요한 사항

⑤ 환경영향평가를 포함하는 환경보전에 관한 사항

[해설] ② 물류단지관리지침에 속한다.

Answer   17. ④   18. ③   19. ④   20. ②   21. ②

22 물류단지시설 등의 건설공사 착수와 이행강제금에 대한 설명으로 옳지 않은 것은?

① 입주기업체 또는 지원기관은 시행자와 분양계약을 체결한 날(물류단지개발사업의 준공 전에 분양계약을 체결한 경우에는 준공일을 말하고, 물류단지개발사업의 준공인가 전 사용 허가를 받은 경우에는 사용허가일을 말한다)부터 2년 안에 그 물류단지시설 또는 지원시 설의 건설공사에 착수하거나 토지·시설 등을 처분하여야 한다.

② 물류단지시설 또는 지원시설 용지의 사용이 불가능한 경우와 입주기업체 또는 지원기관 의 책임이 없는 사유로 인하여 건설공사 착수가 지연된 경우에는 처분하지 않아도 된다.

③ 물류단지지정권자는 의무를 이행하지 아니한 자에 대하여 의무이행기간이 끝난 날부터 6개월이 경과한 날까지 그 의무를 이행할 것을 명하여야 하며, 그 기한까지 의무를 이행 하지 아니하면 해당 토지·시설 등 재산가액(「감정평가 및 감정평가사에 관한 법률」에 따른 감정평가법인 등의 감정평가액을 말한다)의 100분의 20에 해당하는 금액의 이행강제금을 부과할 수 있다.

④ 물류단지지정권자는 정한 기간이 만료한 다음 날을 기준으로 하여 매년 5회 그 의무가 이행될 때까지 반복하여 이행강제금을 부과하고 징수할 수 있다.

⑤ 물류단지지정권자는 의무가 있는 자가 그 의무를 이행한 경우에는 새로운 이행강제금의 부과를 중지하되, 이미 부과된 이행강제금은 징수하여야 한다. 이행강제금의 부과 및 징 수 절차는 「국고금 관리법 시행규칙」을 준용한다.

해설 ④ 매년 1회 부과하고 징수할 수 있다.

23 다음 중 일반물류단지시설이 아닌 것은?

① 「농수산물 유통 및 가격안정에 관한 법률」에 따른 농수산물산지유통센터(축산물의 도축· 가공·보관 등을 하는 축산물 종합처리시설을 포함한다)

② 「관세법」에 따른 보세창고

③ 「축산물 위생관리법」의 작업장

④ 「식품산업진흥법」에 따른 수산물가공업시설(냉동·냉장업 시설만 해당한다)

⑤ 「자동차관리법」에 따른 자동차 경매장

해설 ① 지원시설이다.

24 「국토의 계획 및 이용에 관한 법률」에 따른 개발행위허가의 대상으로 물류단지 안에서 시장·군수·구청장의 허가를 받아야 하는 행위는?

① 재해복구 또는 재난수습에 필요한 응급조치를 위하여 하는 행위

② 농림수산물의 생산에 직접 이용되는 것으로서 비닐하우스의 설치

③ 죽목의 벌채 및 식재

④ 물류단지의 개발에 지장을 주지 아니하고 자연경관을 손상하지 아니하는 범위에서의 토석의 채취

⑤ 물류단지에 존치하기로 결정된 대지 안에서 물건을 쌓아놓는 행위

해설 ③ 죽목의 벌채 및 식재는 허가를 받아야 한다.

25 물류단지 개발사업의 대행과 관련하여 옳지 않은 것은?

① 「민법」 또는 「상법」에 따라 설립된 법인 시행자는 물류단지개발사업을 효율적으로 시행하기 위하여 필요하다고 인정하는 경우에는 해당 물류단지에 입주하거나 입주하려는 물류시설의 운영자(입주기업체) 및 지원시설의 운영자(지원기관)에 물류단지개발사업의 일부를 대행하게 할 수 있다.

② 시행자는 물류단지시설용지의 조성과 물류단지시설의 건설을 병행하게 할 필요가 있거나 물류단지개발사업의 원활한 시행을 위하여 필요하다고 인정하는 경우에는 입주기업체 또는 지원기관으로 하여금 물류단지개발사업 중 해당 입주기업체 또는 지원기관이 사용할 시설의 부지조성사업을 대행하게 할 수 있다.

③ 시행자는 입주기업체 또는 지원기관으로 하여금 물류단지개발사업의 일부를 대행하게 하려는 때에는 이에 관한 계약을 체결하여야 한다.

④ 시행자는 대행 계약을 체결한 날부터 14일 이내에 계약서의 사본을 첨부하여 해당 물류단지지정권자에게 물류단지개발사업의 대행에 관한 보고를 하여야 한다.

⑤ 시행자는 계약을 체결한 물류단지개발사업의 대행자가 그 계약에 따라 성실하게 사업을 시행하도록 지도·감독하여야 한다.

해설 ① 민영개발자를 제외한 시행자가 대행하게 할 수 있다.

Answer　　22. ④　23. ①　24. ③　25. ①

26 물류단지개발 특별회계에서 보조할 수 있는 사업 범위에 해당하지 않는 것은?

① 해당 지방자치단체의 장이 시행하는 물류단지개발사업의 공사비, 물류단지개발사업과 관련된 「국토의 계획 및 이용에 관한 법률」에 따른 도시·군계획시설사업의 공사비 및 사유대지의 보상비

② 지방자치단체장 외의 자가 시행하는 물류단지개발사업 중 도시·군계획시설의 설치에 필요한 공사비와 물류단지개발사업과 관련된 「국토의 계획 및 이용에 관한 법률」에 따른 도시·군계획시설사업의 공사비의 3분의 1 이하

③ 지방자치단체장 외의 자가 시행하는 물류단지개발사업 중 도시·군계획시설의 설치에 필요한 공사비와 물류단지개발사업과 관련된 「국토의 계획 및 이용에 관한 법률」에 따른 도시·군계획시설사업의 공사비의 2분의 1 이하

④ 물류단지지정, 물류시설의 개발계획수립 및 제도발전을 위한 조사·연구비

⑤ 특별회계의 조성·운용 및 관리를 위한 경비

해설 ② 보조할 수 있는 것이 아니고 융자할 수 있다.

⬦ **물류단지개발특별회계에서 융자할 수 있는 범위**

1. 물류단지개발사업과 관련된 해당 지방자치단체의 장이 시행하는 「국토의 계획 및 이용에 관한 법률」에 따른 도시·군계획시설사업의 공사비의 2분의 1 이하
2. 물류단지개발사업과 관련된 해당 지방자치단체의 장 외의 자가 시행하는 다음 사업비의 3분의 1 이하
   • 물류단지개발사업 중 도시·군계획시설의 설치에 필요한 공사비
   • 물류단지개발사업과 관련된 「국토의 계획 및 이용에 관한 법률」에 따른 도시·군계획시설사업의 공사비

27 물류시설의 개발 및 운영에 관한 법령상 일반물류단지 안에 설치되는 지원시설에 해당될 수 있는 것은?

① 「농수산물 유통 및 가격안정에 관한 법률」에 따른 농수산물산지유통센터(축산물의 도축·가공·보관 등을 하는 축산물 종합처리시설 포함)

② 「축산물 위생관리법」의 작업장

③ 「산림조합법」에 따른 조합이 설치하는 구매사업 또는 판매사업 관련시설

④ 「화물자동차 운수사업법」의 화물자동차 운수사업에 이용되는 차고, 화물취급소, 그 밖에 화물의 처리를 위한 시설

⑤ 「약사법」의 의약품 도매상의 창고 및 영업소시설

해설 ① 농수산물산지유통센터는 지원시설이다.

28 물류시설의 개발 및 운영에 관한 법령상 국토교통부장관이 물류단지개발지침을 작성할 때, 시·도지사의 의견을 듣고 관계 중앙기관의 장과 협의한 후 심의를 거쳐야 하는 곳은?

① 국제물류분과위원회
② 국가물류정책위원회
③ 지역물류정책위원회
④ 물류시설분과위원회
⑤ 물류정책분과위원회

해설 ④ 물류시설분과위원회의 심의를 거쳐야 한다.

29 물류시설의 개발 및 운영에 관한 법령상 물류터미널사업의 등록에 관한 설명으로 옳지 않은 것은?

① 복합물류터미널사업을 경영하려는 자는 국토교통부령으로 정하는 바에 따라 국토교통부장관에게 등록하여야 한다.
② 복합물류터미널사업의 등록을 하려는 자는 주차장, 화물취급장, 창고 또는 배송센터를 갖추어야 한다.
③ 복합물류터미널사업의 등록기준 중 부지면적은 100만제곱미터 이상이어야 한다.
④ 복합물류터미널사업을 경영하려는 자는 물류시설개발종합계획 및 「물류정책기본법」의 국가물류기본계획상의 물류터미널의 개발 및 정비계획 등에 배치되지 않도록 등록기준을 갖추어야 한다.
⑤ 복합물류터미널사업 등록의 취소처분을 받은 후 2년이 지나지 아니한 자는 복합물류터미널 사업의 등록을 할 수 없다.

해설 ③ 부지면적이 3만 3천제곱미터 이상이어야 한다.

30 물류시설의 개발 및 운영에 관한 법령상 물류단지의 지정에 관한 설명으로 옳지 않은 것은?

① 시·도지사가 지정할 수 있는 물류단지 규모의 기준은 3만 3천제곱미터 이하이다.
② 국토교통부장관은 물류단지를 지정하려는 때에는 물류단지개발계획을 수립하여 관할 시·도지사의 의견을 듣고 관계 중앙행정기관의 장과 협의한 후 물류시설분과위원회의 심의를 거쳐야 한다.
③ 시·도지사는 물류단지를 지정하려는 때에는 물류단지개발계획을 수립하여 관계 행정기관의 장과 협의한 후 지역물류정책위원회의 심의를 거쳐야 한다.
④ 물류단지개발계획을 수립할 때까지 물류단지개발사업의 시행자가 확정되지 아니한 경우에는 물류단지의 지정 후에 이를 물류단지개발계획에 포함시킬 수 있다.
⑤ 물류단지개발계획에는 재원조달계획이 포함되어야 한다.

해설 ① 100만제곱미터 이하이다.

Answer	26. ②	27. ①	28. ④	29. ③	30. ①

31 물류시설의 개발 및 운영에 관한 법령상 물류단지 지정의 해제에 관한 설명으로 옳지 않은 것은?

① 물류단지로 지정·고시된 날부터 5년 이내에 그 물류단지의 전부 또는 일부에 대하여 물류단지개발실시계획의 승인을 신청하지 아니하면 그 기간이 지난 다음 날 해당 지역에 대한 물류단지의 지정이 해제된 것으로 본다.

② 물류단지지정권자는 물류단지의 전부 또는 일부에 대한 개발 전망이 없게 된 경우에는 대통령령으로 정하는 바에 따라 해당 지역에 대한 물류단지 지정의 전부 또는 일부를 해제할 수 있다.

③ 물류단지지정권자는 개발이 완료된 물류단지가 준공된 지 20년 이상 된 것으로서 주변 상황과 물류산업여건이 변화되어 물류단지재정비사업을 하더라도 물류단지 기능수행이 어려울 것으로 판단되는 경우에는 대통령령으로 정하는 바에 따라 해당 지역에 대한 물류단지 지정의 전부 또는 일부를 해제할 수 있다.

④ 물류단지의 지정으로 「국토의 계획 및 이용에 관한 법률」에 따른 용도지역이 변경·결정된 후 물류단지의 개발이 완료되어 물류단지의 지정이 해제된 경우에는 해당 물류단지에 대한 용도지역은 변경·결정되기 전의 용도지역으로 환원된다.

⑤ 물류단지지정권자는 물류단지의 지정을 해제하려는 경우에는 해제 사유 및 내역, 「국토의 계획 및 이용에 관한 법률」에 따른 용도지역의 환원에 관한 사항을 명시하여 관계 행정기관의 장과 협의하여야 한다.

> **해설** ④ 물류단지의 개발이 완료되어 물류단지의 지정이 해제된 경우에는 변경·결정되기 전의 용도지역으로 환원되지 아니한다.

32 물류시설의 개발 및 운영에 관한 법령상 물류단지의 관리기관에 관한 설명으로 옳지 않은 것은?

① 물류단지는 입주기업체 협의회가 관리한다.

② 입주기업체협의회가 구성되기 전에는 시행자가 물류단지를 관리할 수 있다.

③ 입주기업체협의회는 해당 물류단지 입주기업체 3분의 2 이상이 회원으로 가입되어 있어야 한다.

④ 입주기업체협의회는 매 사업연도 개시일부터 2개월 이내에 정기총회를 개최하여야 하며, 필요한 경우에는 임시총회를 개최할 수 있다.

⑤ 입주기업체협의회의 회의는 정관에 다른 규정이 있는 경우를 제외하고는 회원 과반수의 출석과 출석회원 과반수의 찬성으로 의결한다.

> **해설** ③ 입주기업체협의회는 해당 물류단지 입주기업체의 4분의 3 이상이 회원으로 가입되어 있어야 한다.

33 물류시설의 개발 및 운영에 관한 법령상 물류단지 개발사업의 시행자가 개발한 토지·시설 등을 분양 또는 임대하는 경우 분양가격의 결정과 임대료 산정기준에 관한 설명으로 옳지 않은 것은?

① 대규모점포, 전문상가단지 등 판매를 목적으로 사용될 토지·시설 등의 분양가격은 생활 대책에 필요하여 대체 공급하는 경우를 제외하고 「감정평가 및 감정평가사에 관한 법률」 에 따른 감정평가액을 예정가격으로 하여 실시한 경쟁입찰에 따라 정할 수 있다.

② 임대하려는 토지·시설 등의 최초의 임대료는 「감정평가 및 감정평가사에 관한 법률」에 따라 산정한 개별공시지가에 임대계약 체결일 현재 계약기간 1년의 정기예금이자율(지방 은행을 제외한 시중은행의 어음대출금리수준을 말함)을 곱한 금액으로 한다.

③ 시행자는 준공인가 전에 물류단지시설용지를 분양한 경우에는 해당 물류단지개발사업을 위 하여 투입된 총사업비 및 적정이윤을 기준으로 준공인가 후에 분양가격을 정산할 수 있다.

④ 적정이윤은 이 법령에 의하여 산정한 조성원가에서 자본비용, 개발사업대행비용, 선수금 을 각각 제외한 금액의 100분의 5를 초과하지 아니하는 범위에서 해당 물류단지의 입주 수요와 지역 간 균형발전의 촉진 등 지역 여건을 고려하여 시행자가 정한다.

⑤ 시행자는 지역 여건 및 해당 물류단지시설용지 등의 분양실적 등을 감안하여 임대요율 을 5퍼센트의 범위에서 늘리거나 줄일 수 있다.

해설 ② 임대하려는 토지·시설 등의 최초의 임대료는 분양가격에 임대계약 체결일 현재 계약기간 1년의 정기예금이자율(지방은행을 제외한 시중은행의 어음대출금리수준을 말한다)을 곱한 금액이다.

34 물류시설의 개발 및 운영에 관한 법령상 물류단지개발사업의 시행자가 지방공기업법에 따른 지방공사인 경우, 조성하는 용지를 이용하려는 자로부터 선수금을 받기 위하여 갖추어야 하는 요건은?

① 실시계획 승인을 받은 사업시행 토지면적의 100분의 30 이상의 토지에 대한 소유권을 확보하고 물류단지개발사업을 위한 건설공사에 착수할 것

② 분양하려는 토지에 대한 소유권을 확보하고 해당 토지에 설정된 저당권을 말소하였을 것

③ 분양하려는 토지에 대한 개발사업의 공사 진척률이 100분의 10 이상에 달하였을 것

④ 분양계약을 이행하지 아니하는 경우 선수금의 환불을 담보하기 위하여 보증금액이 선수 금에 그 금액에 대한 보증 또는 보험기간에 해당하는 약정이자 상당액을 더한 금액 이상 으로 한다는 내용이 포함된 보증서 등을 물류단지지정권자에게 제출할 것

⑤ 분양계약을 이행하지 아니하는 경우 선수금의 환불을 담보하기 위하여 보증기간의 개시 일은 선수금을 받은 날 이전이어야 하며, 종료일은 준공일부터 30일 이상 지난 날이라는 내용이 포함된 보증서 등을 물류단지지정권자에게 제출할 것

해설 ②~⑤는 특별법에 따라 설립된 법인이나 「민법」 또는 「상법」상의 법인이 선수금을 받을 수 있는 요건 이다.

Answer   31. ④   32. ③   33. ②   34. ①

35 물류시설 개발 및 운영에 관한 법령상 물류단지재정비사업에 관한 설명으로 옳지 않은 것은?

① 부분 재정비사업은 물류시설분과위원회 또는 지역물류정책위원회의 심의를 거치지 아니할 수 있다.

② 전부 재정비사업은 토지이용계획 및 주요 기반 시설계획의 변경을 수반하는 경우로서 지정된 물류단지 면적의 50/100 이상을 재정비하는 사업이다.

③ 물류단지지정권자는 준공된 날부터 20년이 지나지 아니한 물류단지에 대하여도 업종의 재배치 등이 필요한 경우에는 물류단지재정비사업을 할 수 있다.

④ 지원시설의 확충계획은 재정비계획에 포함되어야 한다.

⑤ 물류단지지정권자가 재정비시행계획을 승인하려면 입주업체 및 관계 지방자치단체의 장과 협의하여야 한다.

해설 ⑤ 물류단지지정권자는 재정비시행계획을 승인하려면 미리 입주업체 및 관계 지방자치단체의 장의 의견을 듣고 관계 행정기관의 장과 협의하여야 한다.

36 물류시설의 개발 및 운영에 관한 법령상 다음 (   ) 안에 들어갈 내용으로 바르게 나열된 것은?

복합물류터미널사업을 경영하려는 자는 국토교통부령으로 정하는 바에 따라 (㉠)에게 (㉡)하여야(받아야) 한다.

	㉠	㉡
①	국토교통부장관	등록
②	국토교통부장관	인가
③	국토교통부장관	허가
④	산업통상자원부장관	허가
⑤	산업통상자원부장관	인가

해설 ① 복합물류터미널은 '국토교통부장관'에게 '등록'하여야 한다.

37 물류시설의 개발 및 운영에 관한 법령상 시행자가 수의계약으로 할 수 없는 행위는?

① 학교용지·공공청사용지 등을 국가, 지방자치단체 및 해당 공공시설을 설치할 수 있는 자에게 공급

② 토지상환채권에 따른 토지의 상환

③ 물류터미널을 건설하기 위한 부지 안의 국가 또는 지방자치단체의 소유재산을 물류터미널 사업자에게 매각

④ 고시한 물류단지개발실시계획에 따라 존치하는 시설물의 유지관리에 필요한 최소한의 토지의 공급

⑤ 1필지당 330제곱미터 초과 660제곱미터 이하의 범위에서 국토교통부장관이 정하여 고시하는 면적에 따른 토지의 공급

해설 ⑤ 토지를 공급하는 경우에는 1세대당 1필지를 기준으로 하여 1필지당 165제곱미터 이상 330제곱미터 이하의 범위에서 국토교통부장관이 정하여 고시하는 면적으로 한다.

38 물류시설의 개발 및 운영에 관한 법령상 복합물류터미널사업과 관련한 과태료 부과사항에 해당하는 것은?

① 복합물류터미널사업을 등록하지 아니하고 경영한 자

② 변경등록을 하지 아니하고 등록한 사항을 변경한 자

③ 성명 또는 상호를 다른 사람에게 사용하게 하거나 등록증을 대여한 자

④ 복합물류터미널 사업을 양수하여 사업승계의 신고를 하지 아니한 자

⑤ 복합물류터미널 건설 공사시행인가 또는 변경인가를 하지 아니하고 공사를 시행한 자

해설 과태료를 부과하는 경우
1. 복합물류터미널사업 승계의 신고를 하지 않은 경우
2. 복합물류디미널사입의 휴업·폐업 또는 법인해산의 신고를 하지 않은 경우
3. 복합물류터미널사업의 전부 또는 일부의 휴업·폐업의 취지를 게시하지 않은 경우
4. 복합물류터미널의 건설에 관하여 필요한 보고 또는 자료제출을 하지 않은 경우
5. 복합물류터미널의 건설에 관하여 필요한 보고 또는 자료제출을 거짓으로 한 경우
6. 복합물류터미널의 건설에 관한 업무를 검사를 방해·거부한 경우

Answer   35. ⑤   36. ①   37. ⑤   38. ④

39 물류시설의 개발 및 운영에 관한 법령상 국토교통부장관이 시·도지사의 의견을 듣고 관계 중앙행정기관의 장과 협의한 후 물류시설분과위원회의 심의를 거쳐야 하는 사항이 아닌 것은?

① 물류시설개발종합계획의 수립   ② 물류단지관리계획의 수립

③ 물류단지의 지정   ④ 물류단지개발지침의 작성

⑤ 물류단지관리지침의 작성

해설 ② 물류단지관리계획은 국토교통부장관이 작성하는 것이 아니라 물류단지관리기관이 물류단지관리계획을 수립하여 물류단지지정권자에게 제출하여야 한다.

40 물류시설의 개발 및 운영에 관한 법령상 물류단지개발실시계획 승인의 고시사항이 아닌 것은?

① 사업의 목적 및 개요

② 사업시행지역의 위치 및 면적

③ 사업시행자의 성명(법인은 그 명칭과 대표자의 성명)

④ 사업시행기간(착공 및 준공예정일 포함)

⑤ 사업시행지역의 토지이용현황

해설 물류단지개발실시계획 승인의 고시사항
1. 사업의 명칭
2. 시행자의 성명(법인인 경우에는 그 명칭 및 대표자의 성명)
3. 사업의 목적 및 개요
4. 사업시행지역의 위치 및 면적
5. 사업시행기간(착공 및 준공예정일을 포함한다)
6. 도시·군계획시설에 대한 「국토의 계획 및 이용에 관한 법률 시행령」의 사항

41 물류시설의 개발 및 운영에 관한 법령상 공공시설의 귀속에 관한 설명으로 옳지 않은 것은?

① 공공시설과 재산의 등기에 관하여는 물류단지개발사업의 실시계획승인서와 준공인가로써 등기원인을 증명하는 서면에 갈음할 수 있다.

② 물류단지개발사업의 시행으로 새로 설치된 공공시설은 그 시설을 관리할 국가 또는 지방자치단체에 무상으로 귀속된다.

③ 물류단지지정권자는 공공시설의 귀속 및 양도에 관한 사항이 포함된 실시계획을 승인하려는 때에는 미리 그 공공시설을 관리하는 기관의 의견을 들어야 한다.

④ 기존의 공공시설에 대체되는 공공시설을 설치한 경우에는 종래의 공공시설은 국가 또는 지방자치단체에게 무상으로 귀속된다.

⑤ 시행자는 국가 또는 지방자치단체에 귀속될 공공시설과 시행자에게 귀속되거나 양도될 재산의 종류와 토지의 세부목록을 그 물류단지개발사업의 준공 전에 관리청에 통지하여야 한다.

해설 ④ 공공시행자가 물류단지개발사업의 시행으로 새로 공공시설을 설치하거나 기존의 공공시설에 대체되는 공공시설을 설치한 경우에는 「국유재산법」 및 「공유재산 및 물품 관리법」에도 불구하고 종래의 공공시설은 시행자에게 무상으로 귀속된다.

물류관리사
CERTIFIED PROFESSIONAL LOGISTICIAN

농수산물 유통 및 가격안정에 관한 법률

Chapter _

Certified Professional Logistician

농수산물 유통 및 가격안정에 관한 법률

| 학습목표 | 1. 농수산물도매시장에 대하여 학습
2. 농수산물 산지 및 소비지 유통시설

| 단원열기 | 농수산물도매시장 관리자의 업무, 도매시장법인, 공공출자법인, 산지유통인과 포전매매, 수탁판매의
예외, 대량입하품목의 우대, 수의매매, 위탁수수료, 농수산물종합유통센터, 농수산물 전자거래, 유통
조절명령

제1절 총 칙

1 목 적

「농수산물 유통 및 가격안정에 관한 법률」(이하 '농안법'이라 한다)은 농수산물의 유통을 원활하게
하고 적정한 가격을 유지하게 함으로써 생산자와 소비자의 이익을 보호하고 국민생활의 안정에
이바지함을 목적으로 한다.

2 농수산물의 정의

농안법의 적용 대상이 되는 '농수산물'은 농산물·축산물·수산물 및 ① 목과류(木果類)(밤·잣·
대추·호두·은행 및 도토리), ② 버섯류(표고·송이·목이 및 팽이), ③ 한약재용 임산물을 말한다.

3 다른 법률의 적용배제

농안법에 의한 농수산물도매시장·농수산물공판장·민영농수산물도매시장 및 농수산물종합유통
센터에 대하여는 「유통산업발전법」의 규정을 적용하지 아니한다. 이는 모든 상품의 유통에 관한
기본법이라 할 수 있는 「유통산업발전법」과의 충돌을 방지하기 위한 것이다. 「유통산업발전법」의
경우 도매보다는 소매에 관한 사항을 주로 규정하고 있으나, 「유통산업발전법」과 충돌할 가능성이
있는 농안법상의 유통기구는 농수산물종합유통센터로, 도매와 소매의 기능을 모두 가지고 있다.

제2절 농수산물도매시장

1 도매시장

농수산물도매시장은 농림수산물을 도매하게 하기 위하여 개설된 시장을 말한다.

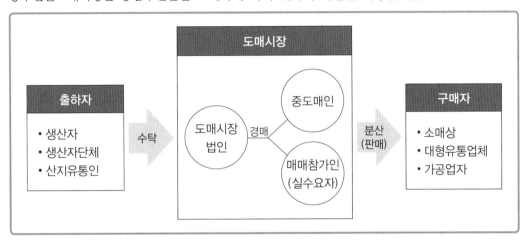

(1) **농안법상 도매시장의 분류**

① **농수산물도매시장**: 특별시·광역시·특별자치시·특별자치도 또는 시가 양곡류·청과류·화훼류·조수육류·어류·패개류·해조류 및 임산물 등을 도매하게 하기 위하여 관할구역에 개설하는 시장을 말한다.

  ㉠ **중앙도매시장**: 특별시·광역시 또는 특별자치시·특별자치도가 개설한 농수산물도매시장 중 해당 관할구역 및 그 인접지역의 도매의 중심이 되는 서울특별시 가락동 농수산물도매시장, 서울특별시 노량진 수산물도매시장, 부산광역시 엄궁동 농산물도매시장, 부산광역시 국제 수산물도매시장, 대구광역시 북부 농수산물도매시장, 인천광역시 구월동 농산물도매시장, 인천광역시 삼산 농산물도매시장, 광주광역시 각화동 농산물도매시장, 대전광역시 오정 농수산물도매시장, 대전광역시 노은 농산물도매시장, 울산광역시 농수산물도매시장을 말한다.

  ㉡ **지방도매시장**: 중앙도매시장 외의 농수산물도매시장을 말한다.

② **농수산물공판장**: 지역농업협동조합, 지역축산업협동조합, 품목별·업종별협동조합, 조합공동사업법인, 품목조합연합회, 산림조합 및 수산업협동조합과 그 중앙회(농림수협 등), 그 밖에 「농어업경영체 육성 및 지원에 관한 법률」에 따른 영농조합법인 및 영어조합법인과 농업회사법인 및 어업회사법인, 「농업협동조합법」에 따른 농협경제지주회사의 자회사 등 생산자관련 단체와 공익상 필요하다고 인정되는 법인으로서 「한국농수산식품유통공사법」에 의한 한국농수산식품유통공사가 농수산물을 도매하기 위하여 특별시장·광역시장·도지사 또는 특별자치도지사(시·도지사)의 승인을 얻어 개설·운영하는 사업장을 말한다.

③ **민영농수산물도매시장**: 국가 · 지방자치단체 및 농수산물공판장을 개설할 수 있는 자 외의 자(민간인 등)가 농수산물을 도매하기 위하여 시 · 도지사의 허가를 받아 특별시 · 광역시 · 특별자치시 · 특별자치도 또는 시 지역에 개설하는 시장을 말한다.

(2) 도매시장의 명칭

도매시장의 명칭에는 그 도매시장을 개설한 지방자치단체의 명칭이 포함되어야 한다.

(3) 거래품목

도매시장에서 거래하는 품목은 다음과 같다.

① **양곡부류**: 미곡 · 맥류 · 두류 · 조 · 좁쌀 · 수수 · 수수쌀 · 옥수수 · 메밀 · 참깨 및 땅콩

② **청과부류**: 과실류 · 채소류 · 산나물류 · 목과류(木果類) · 버섯류 · 서류(薯類) · 인삼류 중 수삼 및 유지작물류와 두류 및 잡곡 중 신선한 것

③ **축산부류**: 조수육류(鳥獸肉類) 및 난류

④ **수산부류**: 생신어류 · 건어류 · 염(鹽)건어류 · 염장이류(鹽藏魚類) · 조개류 · 갑각류 · 해조류 및 젓갈류

⑤ **화훼부류**: 절화(折花) · 절지(折枝) · 절엽(切葉) 및 분화(盆花)

⑥ **약용작물부류**: 한약재용 약용작물(야생물 그 밖에 재배에 의하지 아니한 것을 포함한다), 다만 「약사법」에 따른 한약은 같은 법에 따라 의약품판매업의 허가를 받은 것으로 한정한다.

⑦ **기타**: 농어업인이 생산한 농수산물과 이를 단순가공한 물품으로서 개설자가 지정하는 품목

▎2 도매시장의 개설 · 폐쇄 및 관할구역

(1) 개 설

① **농수산물도매시장 개설**: 도매시장은 양곡부류(部類) · 청과부류 · 축산부류 · 수산부류 · 화훼부류 및 약용작물부류별로 개설하거나 둘 이상의 부류를 종합하여 중앙도매시장의 경우에는 특별시 · 광역시 · 특별자치시 또는 특별자치도가 개설하고, 지방도매시장의 경우에는 특별시 · 광역시 · 특별자치시 · 특별자치도 또는 시가 개설한다.

② **시가 개설자인 지방도매시장**: 시가 지방도매시장을 개설하려면 도지사의 허가를 받아야 한다. 시가 지방도매시장의 개설허가를 받으려면 농림축산식품부령으로 정하는 바에 따라 지방도매시장 개설허가 신청서에 업무규정과 운영관리계획서를 첨부하여 도지사에게 제출하여야 한다.

(2) 개설자의 의무

① 도매시장의 개설자는 거래관계자의 편익과 소비자의 보호를 위하여 다음의 사항을 이행하여야 한다.

    ㉠ 도매시장시설의 정비·개선과 합리적인 관리

    ㉡ 경쟁촉진과 공정한 거래질서의 확립 및 환경개선

    ㉢ 상품성 향상을 위한 규격화, 포장개선 및 선도유지의 촉진

② 도매시장의 개설자는 이행사항을 효과적으로 이행하기 위하여 이에 대한 투자계획 및 거래제도개선방안 등을 포함한 대책을 수립·시행하여야 한다.

(3) 업무규정과 운영관리계획서의 작성

① 특별시·광역시·특별자치시 또는 특별자치도가 도매시장을 개설하려면 미리 업무규정과 운영관리계획서를 작성하여 농림축산식품부장관에게 제출하여야 하며, 중앙도매시장의 업무규정은 농림축산식품부장관의 승인을 받아야 한다. 해당 도매시장의 업무규정을 변경한 경우에도 또한 같다.

② 중앙도매시장의 개설자가 업무규정을 변경하는 때에는 농림축산식품부장관의 승인을 받아야 하며, 지방도매시장의 개설자(시가 개설자인 경우만 해당한다)가 업무규정을 변경하는 때에는 도지사의 승인을 받아야 한다.

(4) 업무규정

도매시장의 업무규정에 정할 사항은 다음과 같으며 도매시장의 업무규정에는 도매시장공판장의 운영 등에 관한 사항을 정할 수 있다.

- 도매시장의 명칭·장소 및 면적
- 거래품목
- 도매시장의 휴업일 및 영업시간
- 「지방공기업법」에 따른 지방공사, 공공출자법인 또는 한국농수산식품유통공사를 시장관리자로 지정하여 도매시장의 관리업무를 하게 하는 경우에는 그 관리업무에 관한 사항
- 지정하려는 도매시장법인의 적정 수, 임원의 자격, 자본금, 거래규모, 순자산액 비율, 거래대금의 지급보증을 위한 보증금 등 ⊥ 시정조건에 관한 사항
- 도매시장법인이 다른 도매시장법인을 인수·합병하려는 경우 도매시장법인의 임원의 자격, 자본금, 사업계획서, 거래대금의 지급보증을 위한 보증금 등 그 승인요건에 관한 사항
- 중도매업의 허가에 관한 사항, 최저거래금액, 거래대금의 지급보증을 위한 보증금, 시설사용계약 등 그 허가조건에 관한 사항
- 법인인 중도매인이 다른 법인인 중도매인을 인수·합병하려는 경우 거래규모, 거래보증금 등 그 승인요건에 관한 사항
- 산지유통인의 등록에 관한 사항
- 출하자 신고 및 출하 예약에 관한 사항

- 도매시장법인의 매수거래 및 상장되지 아니한 농수산물의 중도매인 거래허가에 관한 사항
- 도매시장법인 또는 시장도매인의 매매방법에 관한 사항
- 도매시장법인 및 시장도매인의 거래의 특례에 관한 사항
- 도매시장법인의 겸영(兼營)에 관한 사항
- 도매시장법인 또는 시장도매인 공시에 관한 사항
- 지정하려는 시장도매인의 적정 수, 임원의 자격, 자본금, 거래규모, 순자산액 비율, 거래대금의 지급보증을 위한 보증금, 최저거래금액 등 그 지정조건에 관한 사항
- 시장도매인이 다른 시장도매인을 인수·합병하려는 경우 시장도매인의 임원의 자격, 자본금, 사업계획서, 거래대금의 지급보증을 위한 보증금 등 그 승인요건에 관한 사항
- 최소출하량의 기준에 관한 사항
- 농수산물의 안전성 검사에 관한 사항
- 표준하역비를 부담하는 규격출하품과 표준하역비에 관한 사항
- 도매시장법인 또는 시장도매인의 대금결제방법과 대금 지급의 지체에 따른 지체상금의 지급 등 대금결제에 관한 사항
- 개설자, 도매시장법인, 시장도매인 또는 중도매인이 징수하는 도매시장 사용료, 부수시설 사용료, 위탁수수료, 중개수수료 및 정산수수료
- 지방도매시장의 운영 등의 특례에 관한 사항
- 시설물의 사용기준 및 조치에 관한 사항
- 도매시장법인, 시장도매인, 도매시장공판장, 중도매인의 시설사용면적 조정·차등지원 등에 관한 사항
- 도매시장거래분쟁조정위원회의 구성·운영 및 분쟁 심의대상 등에 관한 세부사항
- 최소경매사의 수에 관한 사항
- 도매시장법인의 매매방법에 관한 사항
- 대량입하품 등의 우대조치에 관한 사항
- 전자식경매·입찰의 예외에 관한 사항
- 정산창구의 운영방법 및 관리에 관한 사항
- 표준송품장의 양식 및 관리에 관한 사항
- 판매원표의 관리에 관한 사항
- 표준정산서의 양식 및 관리에 관한 사항
- 시장관리운영위원회의 운영 등에 관한 사항
- 매매참가인의 신고에 관한 사항
- 그 밖에 도매시장 개설자가 도매시장의 효율적인 관리·운영을 위하여 필요하다고 인정하는 사항

(5) 운영관리계획서

도매시장의 운영관리계획서에 정할 사항은 다음과 같다.

① 도매시장의 대지·건물과 그 밖의 시설의 종류·규모·구조 및 배치상황
② 개설에 든 투자액의 재원별 조달상황과 부채가 있는 때에는 그 상환계획
③ 도매시장 관리사무소 또는 시장관리자의 운영·관리 등에 관한 계획
④ 도매시장법인의 지정계획, 공공출자법인의 설립계획 또는 시장도매인의 지정계획
⑤ 중도매인의 허가계획
⑥ 하역업무의 효율화방안
⑦ 도매시장 개설 후 5년간의 사업계획 및 수지예산
⑧ 해당 지역의 수급 실적과 수급 전망에 관한 사항
⑨ 해당 지역의 도매시장, 농수산물공판장, 민영농수산물도매시장 및 농수산물종합유통센터별 거래상황과 거래전망에 관한 사항

(6) 이전과 폐쇄

① **이전** : 시가 지방도매시장의 장소를 이전하려는 경우에는 장소 이전 허가신청서에 업무규정과 운영관리계획서를 첨부하여 도지사에게 제출하여야 한다.

② **폐쇄** : 시가 지방도매시장을 폐쇄하려면 그 3개월 전에 도지사의 허가를 받아야 한다. 다만, 특별시·광역시·특별자치시 및 특별자치도가 도매시장을 폐쇄하는 경우에는 그 3개월 전에 이를 공고하여야 한다. 다만, 특별시·광역시·특별자치시 및 특별자치도가 도매시장을 폐쇄하는 경우에는 그 3개월 전에 이를 공고하여야 한다.

(7) 개설구역

도매시장의 개설구역은 도매시장이 개설되는 특별시·광역시·특별자치시·특별자치도 또는 시의 관할구역으로 한다. 농림축산식품부장관은 해당 지역에서의 농수산물의 원활한 유통을 위하여 필요하다고 인정할 때에는 도매시장의 개설구역에 인접한 일정 구역을 그 도매시장의 개설구역으로 편입하게 할 수 있다. 다만, 시가 개설하는 지방도매시장의 개설구역에 인접한 구역으로서 그 지방도매시장이 속한 도의 일정 구역에 대하여는 해당 도지사가 그 지방도매시장의 개설구역으로 편입하게 할 수 있다.

(8) 허가기준

① 도지사는 허가신청의 내용이 다음의 요건을 갖춘 때에는 이를 허가한다.

> **도매시장 허가요건**
> ㉠ 도매시장을 개설하려는 장소가 농수산물 거래의 중심지로서 적절한 위치에 있을 것
> ㉡ 운영관리계획서의 내용이 충실하고 그 실현이 확실하다고 인정되는 것일 것
> ㉢ 도매시장 시설기준에 적합한 시설을 갖추고 있을 것

농수산물도매시장·공판장 및 민영도매시장의 시설기준

	부류별	양곡	청과			수산			축산			화훼	약용작물
	도시인구별 (단위:명)	−	30만 미만	30만 이상~ 100만 미만	100만 이상	30만 미만	30만 이상~ 100만 미만	100만 이상	30만 미만	30만 이상~ 100만 미만	100만 이상	−	−
\시설	단 위	m²	m²	m²	m²	m²	m²	m²	m²	m²	m²	m²	m²
	대 지	1,650	3,300	8,250	16,500	1,650	3,300	6,600	1,320	2,640	5,280	1,650	1,650
	건 물	660	1,320	3,300	6,600	660	1,320	2,640	530	1,060	2,110	660	660
필수시설	경매장 [유개(有蓋)]	500	990	2,480	4,950	500	990	1,980	170	330	660	500	500
	주차장	500	330	830	1,650	170	330	660	170	330	660	330	330
	냉장실					17 (20톤)	30 (40톤)	50 (60톤)	70 (80톤)	130 (160톤)	200 (240톤)		
	저빙실					17 (20톤)	30 (40톤)	50 (60톤)					
	쓰레기 처리장	30	30	70	100	30	70	100	70	130	200	30	30
	위생시설 (수세식 화장실)	30	30	70	100	30	70	100	30	70	100	30	30
	사무실	30	30	50	70	30	50	70	30	70	100	30	30
	하주대기실· 출하상담실	30	30	50	70	30	50	70	30	70	100	30	30

부류별	양곡	청과	수산	축산	화훼	약용작물
부수시설	상온창고, 중도매인 점포, 중도매인 사무실	저온창고, 상온창고, 가공처리장, 재발효 및 추열실, 중도매인 점포, 중도매인 사무실, 소각시설, 농산물 품질관리실, 대금정산조직 사무실	상온창고, 가공처리장, 제빙시설, 염장조, 염장실, 중도매인 점포, 중도매인 사무실, 소각시설, 용융기, 대금정산조직 사무실	식육운반차량, 중도매인 사무실, 축산물 위생검사시설 및 사무실, 도체 등급판정시설 및 사무실, 부산물처리시설, 농산물 품질관리실, 부분육 가공처리시설, 대금정산조직 사무실	저온창고, 상온창고, 중도매인 점포, 중도매인 사무실	상온창고, 중도매인 점포, 중도매인 사무실
기타시설	• 회의실, 경비실, 기계실 등 • 금융기관의 점포 • 기타 이용자의 편의를 위하여 필요한 시설					

② 도지사는 도매시장에 요구되는 시설이 갖추어지지 아니한 경우에는 일정한 기간 내에 이를 갖출 것을 조건으로 개설허가를 할 수 있다.

③ 특별시 · 광역시 · 특별자치시 또는 특별자치도가 도매시장을 개설하려면 허가요건을 모두 갖추어 개설하여야 한다.

3 도매시장 관리 및 운영

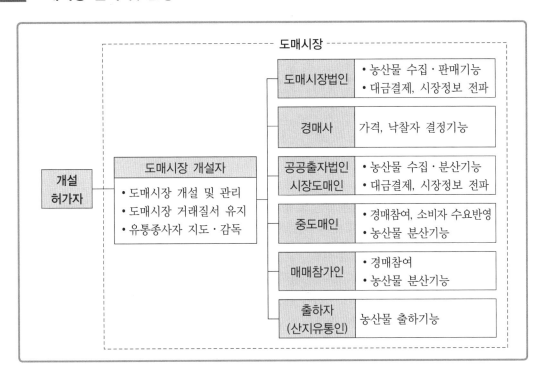

(1) 도매시장의 관리

도매시장 개설자는 관리사무소나 시장관리자를 통해 도매시장을 관리할 수 있다.

① **관리사무소** : 도매시장 개설자는 소속 공무원으로 구성된 도매시장 관리사무소를 둘 수 있다.

② **시장관리자** : 「지방공기업법」에 따른 지방공사(관리공사), 공공출자법인 또는 한국농수산식품 유통공사 중에서 시장관리자를 지정할 수 있다.

◉ 도매시장 관리형태별 장단점

형 태	장 점	단 점
관리 사무소	시장질서의 유지 및 통제를 위한 행정력 발휘의 용이	• 공무원의 잦은 보직 이동 등으로 전문성과 책임성이 결여, 업무의 경직성 존재 • 공영도매시장의 연계운영 곤란
시장 관리자	• 시장관리 업무의 전문성 제고 • 대규모 도매시장 관리에 적합	• 전문성을 지닌 다수의 인력충원으로 예산과다 및 기구의 비대 우려 • 시장질서 유지 및 효율적 관리에 필요한 직접적인 행정력 발휘의 어려움과 문제 발생시 신속한 대체 미흡

③ **도매시장 관리업무 내용** : 도매시장 개설자는 관리사무소 또는 시장관리자로 하여금 시설물 관리, 거래질서 유지, 유통 종사자에 대한 지도·감독 등 다음과 같은 업무 범위를 정하여 해당 도매시장 또는 그 개설구역에 있는 도매시장의 관리업무를 수행하게 할 수 있다.

㉠ 도매시장 시설물의 관리 및 운영

㉡ 도매시장의 거래질서 유지

㉢ 도매시장의 도매시장법인, 시장도매인, 중도매인 그 밖의 유통업무종사자에 대한 지도·감독

㉣ 도매시장법인 또는 시장도매인이 납부하거나 제공한 보증금 또는 담보물의 관리

㉤ 도매시장의 정산창구에 대한 관리·감독

㉥ 도매시장사용료·부수시설사용료의 징수

㉦ 그 밖에 도매시장 개설자가 도매시장의 관리를 효율적으로 수행하기 위하여 업무규정으로 정하는 사항의 시행

(2) 도매시장의 운영

① **운영 관계자** : 도매시장 개설자는 도매시장에 그 시설규모·거래액 등을 고려하여 적정 수의 도매시장법인·시장도매인 또는 중도매인을 두어 이를 운영하게 하여야 한다.

② **도매시장법인의 의무 설치와 검토** : 중앙도매시장의 개설자는 청과부류와 수산부류에 대하여는 도매시장법인을 두어야 한다. 농림축산식품부장관은 도매시장법인 의무적으로 두는 부류가 적절한지를 2017년 8월 23일까지 검토하여 해당 부류의 폐지, 개정 또는 유지 등의 조치를 하여야 한다. 농림축산식품부장관은 검토를 위하여 도매시장 거래실태와 현실 여건 변화 등을 매년 분석하여야 한다.

(3) 도매시장법인

① **정의** : '도매시장법인'이란 농수산물도매시장의 개설자로부터 지정을 받고 농수산물을 위탁받아 상장하여 도매하거나 이를 매수하여 도매하는 법인(도매시장법인의 지정을 받은 것으로 보는 공공출자 법인을 포함한다)을 말한다.

② **지정** : 도매시장법인은 도매시장 개설자가 부류별로 지정하되, 중앙도매시장에 두는 도매시장법인의 경우에는 농림축산식품부장관과 협의하여 지정한다. 이 경우 5년 이상 10년 이하의 범위에서 지정 유효기간을 설정할 수 있다.

③ **도매시장법인 주주 등의 의무** : 도매시장법인의 주주 및 임직원은 해당 도매시장법인의 업무와 경합되는 도매업 또는 중도매업을 해서는 아니 된다. 다만, 도매시장법인이 다른 도매시장법인의 주식 또는 지분을 과반수 이상 양수(인수)하고 양수법인의 주주 또는 임직원이 양도법인의 주주 또는 임직원의 지위를 겸하게 된 경우에는 그러하지 아니하다.

④ **지정요건**

㉠ 도매시장법인이 될 수 있는 자는 다음의 요건을 갖춘 법인이어야 한다.

ⓐ 해당 부류의 도매업무를 효과적으로 수행할 수 있는 지식과 도매시장 또는 공판장업무에 2년 이상 종사한 경험이 있는 업무집행담당임원이 2인 이상 있을 것

ⓑ 임원 중 금고 이상의 실형의 선고를 받고 그 형의 집행이 종료(집행이 종료된 것으로 보는 경우를 포함한다)되거나 집행이 면제된 후 2년이 지나지 아니한 사람이 없을 것

ⓒ 임원 중 파산선고를 받고 복권되지 아니한 자나 피성년후견인 또는 피한정후견인이 없을 것

ⓓ 임원 중 도매시장법인의 지정취소처분의 원인이 되는 사항에 관련된 자가 없을 것

ⓔ 거래규모·순자산액 비율 및 거래보증금 등 도매시장의 개설자가 업무규정으로 정하는 일정 요건을 충족할 것

ⓛ 도매시장법인이 지정 후 요건을 갖추지 아니하게 된 때에는 3개월 이내에 이를 갖추어야 한다.

ⓒ 도매시장법인은 그 임원이 요건을 갖추지 아니하게 된 때에는 해당 임원을 지체 없이 해임하여야 한다.

⑤ **도매시장법인의 지정절차**

ⓐ 도매시장법인의 지정을 받으려는 자는 도매시장법인의 지정신청서(전자문서로 된 신청서를 포함한다)에 다음 서류(전자문서를 포함한다)를 첨부하여 도매시장의 개설자에게 제출하여야 한다. 이 경우 도매시장법인의 지정신청서를 제출받은 도매시장의 개설자는 「전자정부법」에 따른 행정정보의 공동이용을 통하여 신청인의 법인등기부등본을 확인하여야 한다.

   ⓐ 정관

   ⓑ 주주명부

   ⓒ 임원의 이력서

   ⓓ 해당 법인의 직전 회계연도의 재무제표와 그 부속서류(신설 법인의 경우에는 설립일을 기준으로 작성한 대차대조표)

   ⓔ 사업시작 예정일부터 5년간의 사업계획서(산지활동계획, 경매사확보계획, 농수산물판매계획, 자금운용계획, 조직 및 인력운용계획 등을 포함한다)

   ⓕ 거래규모·순자산액 비율 및 거래보증금 등 도매시장의 개설자가 업무규정으로 정한 요건을 충족하고 있음을 입증하는 서류

ⓛ 도매시장의 개설자는 신청을 받은 때에는 업무규정으로 정한 도매시장법인의 적정 수의 범위 안에서 이를 지정하여야 한다.

⑥ **도매시장법인의 인수·합병**

ⓐ 도매시장법인이 다른 도매시장법인을 인수하거나 합병을 하는 경우에는 해당 도매시장 개설자의 승인을 받아야 한다.

ⓛ 도매시장 개설자는 인수 또는 합병의 당사자인 도매시장법인이 요건을 갖추지 못한 경우(결격사유에 해당하는 경우)와 그 밖에 농안법 또는 다른 법령에 따른 제한에 위반되는 경우를 제외하고는 인수 또는 합병을 승인하여야 한다.

ⓒ 합병을 승인하는 경우 합병을 하는 도매시장법인은 합병이 되는 도매시장법인의 지위를 승계한다.

ⓓ 도매시장법인이 도매시장 개설자의 인수·합병의 승인을 받으려는 경우에는 도매시장법인 인수·합병 승인신청서에 다음 각 호의 서류(전자문서를 포함한다)를 첨부하여 인수·합병 등기신청을 하기 전에 해당 도매시장 개설자에게 제출하여야 한다.

ⓐ 「상법」 제523조 및 제524조에 따른 주주총회의 승인을 받은 인수·합병계약서 사본

ⓑ 인수·합병 전후의 주주 명부

ⓒ 인수·합병 후 도매시장법인 임원의 이력서

ⓓ 인수·합병을 하는 도매시장법인 및 인수·합병이 되는 도매시장법인의 인수·합병 직전연도의 재무제표 및 그 부속서류

ⓔ 인수·합병이 되는 도매시장법인의 잔여 지정기간 동안의 사업계획서

ⓕ 인수·합병 후 거래규모, 순자산액 비율 및 출하대금의 지급보증을 위한 거래보증금 확보를 증명하는 서류

ⓜ 도매시장 개설자는 도매시장법인이 될 수 있는 요건(법 제23조 제3항 각 호)을 갖춘 경우에만 인수·합병을 승인할 수 있다.

ⓗ 도매시장 개설자는 도매시장법인이 제출한 신청서에 흠이 있는 경우 그 신청서의 보완을 요청할 수 있다.

ⓢ 도매시장 개설자는 제2항의 요건을 갖추고 있는지를 확인하고 신청서를 접수한 날부터 30일 이내에 그 승인 여부를 결정하여 지체 없이 신청인에게 문서로 통보하여야 한다. 이 경우 승인하지 아니하는 경우에는 그 사유를 분명히 밝혀야 한다.

(4) 공공출자법인

① 도매시장의 개설자는 도매시장의 효율적인 관리·운영을 위하여 필요하다고 인정하는 경우에는 도매시장법인에 갈음하여 그 업무를 수행하게 할 법인(공공출자법인)을 설립할 수 있다.

② 공공출자법인에 대한 출자는 다음에 해당하는 자에 한하며, 이 경우 지방자치단체, 관리공사, 농림수협 등의 출자액 합계가 총출자액의 100분의 50을 초과하여야 한다.

ⓖ 지방자치단체

ⓛ 관리공사

ⓒ 농림수협 등

ⓔ 해당 도매시장 또는 해당 도매시장으로 이전되는 시장에서 농수산물을 거래하는 상인과 그 상인단체

ⓜ 도매시장법인

ⓗ 그 밖에 도매시장의 개설자가 도매시장의 관리·운영을 위하여 특히 필요하다고 인정하는 자

③ 공공출자법인에 관하여 농안법에 규정된 것을 제외하고는 「상법」상 주식회사에 관한 규정을 적용하며, 공공출자법인은 「상법」 제317조의 규정에 의한 설립등기를 한 날에 도매시장법인의 지정을 받은 것으로 본다.

(5) 시장도매인

① **정의** : '시장도매인'이란 농수산물도매시장 또는 민영농수산물도매시장의 개설자로부터 지정을 받고 농수산물을 매수 또는 위탁받아 도매하거나 매매를 중개하는 영업을 하는 법인을 말한다.

② **지정** : 시장도매인은 도매시장의 개설자가 부류별로 이를 지정한다. 이 경우 5년 이상 10년 이내의 범위에서 지정유효기간을 설정할 수 있다.

③ **요 건**

ㄱ 시장도매인이 될 수 있는 자는 다음의 요건을 갖춘 법인이어야 한다.

ⓐ 임원 중 금고 이상의 실형의 선고를 받고 그 형의 집행이 종료(집행이 종료된 것으로 보는 경우를 포함한다)되거나 집행이 면제된 후 2년이 지나지 아니한 사람이 없을 것

ⓑ 임원 중 해당 도매시장 안에서 시장도매인의 업무와 경합되는 도매업 또는 중도매업을 하는 자가 없을 것

ⓒ 임원 중 파산선고를 받고 복권되지 아니한 자나 피성년후견인 또는 피한정후견인이 없을 것

ⓓ 임원 중 시장도매인의 지정취소처분의 원인이 되는 사항에 관련된 자가 없을 것

ⓔ 거래규모·순자산액 비율 및 거래보증금 등 도매시장의 개설자가 업무규정으로 정하는 일정 요건을 충족할 것

ㄴ 시장도매인은 그 임원이 요건을 갖추지 아니하게 된 때에는 해당 임원을 지체 없이 해임하여야 한다.

④ **시장도매인의 지정절차**

ㄱ 시장도매인의 지정을 받으려는 자는 시장도매인의 지정신청서(전자문서로 된 신청서를 포함한다)에 다음의 서류(전자문서를 포함한다)를 첨부하여 도매시장의 개설자에게 제출하여야 한다. 이 경우 도매시장법인에 지정 관련 규정은 시장도매인의 지정절차에 관하여 이를 준용한다.

ⓐ 정관

ⓑ 주주명부

ⓒ 임원의 이력서

ⓓ 해당 법인의 직전 회계연도의 재무제표와 그 부속서류(신설 법인의 경우에는 설립일을 기준으로 작성한 대차대조표)

ⓔ 사업시작 예정일부터 5년간의 사업계획서(산지활동계획, 농수산물판매계획, 자금운용계획, 조직 및 인력운용계획 등을 포함한다)

ⓕ 거래규모·순자산액 비율 및 거래보증금 등 도매시장의 개설자가 업무규정으로 정한 요건을 충족하고 있음을 입증하는 서류

ㄴ 도매시장의 개설자는 신청을 받은 때에는 업무규정으로 정한 시장도매인의 적정 수의 범위 안에서 이를 지정하여야 한다.

⑤ **시장도매인의 인수·합병** : 시장도매인의 인수·합병에 대하여는 도매시장법인 인수·합병절차를 준용한다.

⑥ **시장도매인의 영업**

ㄱ 시장도매인은 도매시장에서 농수산물을 매수 또는 위탁받아 도매하거나 매매를 중개할 수 있다. 도매시장에서 시장도매인이 매수·위탁 또는 중개를 함에 있어서는 출하자와 협의하여 송품장에 적은 거래방법에 따라서 하여야 한다.

       ⓛ 도매시장 개설자는 거래질서 유지를 위하여 필요한 경우에는 업무규정으로 정하는 바에 따라 시장도매인이 거래한 명세를 도매시장 개설자가 설치한 거래신고소에 제출하게 할 수 있다.

       ⓒ 도매시장의 개설자는 다음과 같은 경우에는 품목과 기간을 정하여 시장도매인이 농수산물을 위탁받아 도매하는 것을 제한 또는 금지할 수 있다.

         ⓐ 대금결제 능력을 상실하여 출하자에게 피해를 입힐 우려가 있는 경우

         ⓑ 표준정산서에 거래량·거래방법을 거짓으로 적는 등 불공정행위를 한 경우

         ⓒ 그 밖에 도매시장의 개설자가 도매시장의 거래질서 유지를 위하여 필요하다고 인정하는 경우

       ⓔ 도매시장의 개설자는 시장도매인의 거래를 제한하거나 금지하고자 하는 경우에는 그 대상자, 해당 농수산물의 품목 및 기간을 정하여 공고하여야 한다.

       ⓜ 시장도매인은 해당 도매시장의 도매시장법인·중도매인에게 농수산물을 판매하지 못한다.

⑹ 중도매업

① 정 의

'중도매인'이란 농수산물도매시장·농수산물공판장 또는 민영농수산물도매시장의 개설자의 허가 또는 지정을 받아 다음의 영업을 하는 자를 말한다.

       ㉠ 농수산물도매시장·농수산물공판장 또는 민영농수산물도매시장에 상장된 농수산물을 매수하여 도매하거나 매매를 중개하는 영업

       ㉡ 농수산물도매시장·농수산물공판장 또는 민영농수산물도매시장의 개설자로부터 허가를 받은 비상장농수산물을 매수 또는 위탁받아 도매하거나 매매를 중개하는 영업

② 중도매업 허가 및 갱신허가

중도매인의 업무를 하고자 하는 자는 부류별로 해당 도매시장의 개설자의 허가를 받아야 한다. 다음 어느 하나에 해당하는 자는 중도매업의 허가를 받을 수 없다.

       ㉠ 파산선고를 받고 복권되지 아니한 사람이나 피성년후견인

       ㉡ 금고 이상의 실형을 선고받고 그 형의 집행이 끝나거나(집행이 끝난 것으로 보는 경우를 포함한다) 면제되지 아니한 사람

       ㉢ 중도매업의 허가가 취소된 날부터 2년이 지나지 아니한 자

       ㉣ 도매시장법인의 주주 및 임직원으로서 해당 도매시장법인의 업무와 경합되는 중도매업을 하려는 자

       ㉤ 임원 중에 ㉠부터 ㉣까지의 어느 하나에 해당하는 사람이 있는 법인(이 경우 법인인 중도매인은 그 임원을 지체 없이 해임하여야 한다)

       ㉥ 최저거래금액 및 거래대금의 지급보증을 위한 보증금 등 도매시장 개설자가 업무규정으로 정한 허가조건을 갖추지 못한 자

③ 도매시장 개설자는 허가를 받을 수 없는 사유에 해당하는 경우와 그 밖에 농안법 또는 다른 법령에 따른 제한에 위반되는 경우를 제외하고는 허가 및 갱신허가를 하여야 한다.

④ 중도매업의 허가를 받으려는 자는 도매시장의 개설자가 정하는 허가신청서에 다음의 서류를 첨부하여 도매시장의 개설자에게 제출하여야 한다.

개인의 경우	• 이력서 • 은행의 잔고증명서
법인의 경우	• 주주명부 • 해당 법인의 직전 회계연도의 재무제표 및 그 부속서류(신설법인의 경우 설립일 기준으로 작성한 대차대조표)

이 경우 중도매업의 허가를 받으려는 자가 법인인 경우에는 도매시장의 개설자가 「전자정부법」에 따른 행정정보의 공동이용을 통하여 법인 등기부등본을 확인하여야 한다.

중도매업의 갱신허가를 받으려는 자는 허가의 유효기간이 만료되기 30일 전까지 도매시장의 개설자가 정하는 갱신허가신청서에 다음 각 호의 서류를 첨부하여 도매시장의 개설자에게 제출하여야 한다.

㉠ 허가증 원본

㉡ 개인의 경우 : 은행의 잔고증명서

㉢ 법인의 경우

ⓐ 주주명부(변경사항이 있는 경우에만 해당한다)

ⓑ 해당 법인의 직전 회계연도의 재무제표 및 그 부속서류

도매시장의 개설자는 갱신허가를 한 경우에는 유효기간이 만료되는 허가증을 회수한 후 새로운 허가증을 발급하여야 한다.

⑤ **금지행위**

중도매인은 다음 행위를 하여서는 아니 된다.

㉠ 다른 중도매인 또는 매매참가인의 거래 참가를 방해하는 행위를 하거나 집단적으로 농수산물의 경매 또는 입찰에 불참하는 행위

㉡ 다른 사람에게 자기의 성명이나 상호를 사용하여 중도매업을 하게 하거나 그 허가증을 빌려 주는 행위

⑥ **허가 유효기간**

도매시장 개설자는 중도매업의 허가를 하는 경우 5년 이상 10년 이하의 범위에서 허가 유효기간을 설정할 수 있다. 다만, 법인이 아닌 중도매인은 3년 이상 10년 이하의 범위에서 허가 유효기간을 설정할 수 있다. 허가 유효기간이 만료된 후 계속하여 중도매업을 하려는 자는 농림축산식품부령 또는 해양수산부령으로 정하는 바에 따라 갱신허가를 받아야 한다.

⑦ **중도매인의 업무범위 등의 특례**

허가를 받은 중도매인은 도매시장 안에 설치된 공판장(도매시장공판장)에서도 그 업무를 행할 수 있다.

⑧ **법인인 중도매인의 인수·합병**

법인인 중도매인의 인수·합병에 대하여는 도매시장법인의 절차를 준용한다.

⑺ 매매참가인

① **정의** : '매매참가인'이란 농수산물도매시장·농수산물공판장 또는 민영농수산물도매시장의 개설자에게 신고를 하고, 농수산물도매시장·농수산물공판장 또는 민영농수산물도매시장에 상장된 농수산물을 직접 매수하는 자로서 중도매인이 아닌 가공업자·소매업자·수출업자 및 소비자단체 등 농수산물의 수요자를 말한다.

② **신고** : 매매참가인의 업무를 하려는 자는 도매시장·공판장 또는 민영도매시장의 개설자에게 매매참가인으로 신고하여야 한다. 매매참가인의 업무를 하려는 자는 매매참가인 신고서에 다음의 서류를 첨부하여 도매시장·공판장 또는 민영도매시장 개설자에게 제출하여야 한다.

개인의 경우	• 신분증 사본 또는 사업자등록증 1부 • 증명사진(2.5cm×3.5cm) 3매
법인의 경우	• 법인등기부등본 1부

⑻ 경매사

① **정의** : '경매사'란 도매시장법인의 임명을 받거나 농수산물공판장·민영농수산물도매시장 개설자의 임명을 받아 상장된 농수산물의 가격 평가 및 경락자 결정 등의 업무를 수행하는 자를 말한다.

② **경매사 임면** : 도매시장에서의 공정하고 신속한 거래를 위하여 도매시장법인이 확보하여야 하는 경매사의 수는 2명 이상으로 하되, 도매시장법인별 연간 거래물량 등을 고려하여 업무규정으로 그 수를 정한다.

③ **임면 결격사유**

　㉠ 경매사는 경매사 자격시험에 합격한 자로서 다음의 어느 하나에 해당하지 아니한 자 중에서 임명하여야 한다.

　　ⓐ 피성년후견인 또는 피한정후견인

　　ⓑ 금고 이상의 실형을 선고받고 그 형의 집행이 끝나거나(집행이 끝난 것으로 보는 경우를 포함한다) 집행이 면제된 후 2년이 지나지 아니한 사람

　　ⓒ 금고 이상의 형의 집행유예를 선고받거나 선고유예를 받고 그 유예기간 중에 있는 사람

　　ⓓ 해당 도매시장의 시장도매인, 중도매인, 산지유통인 또는 그 임직원

　　ⓔ 업무를 부당하게 수행하여 도매시장의 거래질서를 문란하게 하여 면직된 후 2년이 지나지 아니한 사람

　　ⓕ 업무를 부당하게 수행하여 도매시장의 거래질서를 문란하게 하여 업무정지기간 중에 있는 사람

　㉡ 도매시장법인은 경매사가 결격사유에 해당하는 경우에는 해당 경매사를 면직하여야 한다.

④ **신고** : 도매시장법인이 경매사를 임면(任免)하였을 때에는 임면한 날부터 15일 이내에 그 내용을 도매시장 개설자에게 신고하여야 하며, 도매시장 개설자는 농림축산식품부장관이 지정하여 고시한 인터넷 홈페이지에 그 내용을 게시하여야 한다.

⑤ **경매사 자격시험**

㉠ 시험방법 : 경매사 자격시험은 농림축산식품부장관 또는 해양수산부장관이 실시하되, 필기 시험과 실기시험으로 구분하여 실시한다.

㉡ 경매사 자격시험의 관리

ⓐ 농림축산식품부장관은 경매사자격시험(이하 '시험'이라 한다)의 관리(경매사자격증 발급 은 제외한다)에 관한 업무를 「한국산업인력공단법」에 따른 한국산업인력공단에 위탁한다.

ⓑ 한국산업인력공단이 시험을 실시하려는 경우에는 시험의 일시·장소 및 방법 등 시험 실시에 관한 계획을 수립하여 농림축산식품부장관의 승인을 받아 시험 실시 90일 전까 지 공고하여야 한다.

ⓒ 시험의 실시에 필요한 실비는 한국산업인력공단의 이사장이 농림축산식품부장관 승인 을 받아 정한다.

㉢ 시험과목 및 시험의 일부면제

ⓐ 시험은 제1차 선택형 필기시험과 제2차 실기시험으로 구분하여 시행한다. 이 경우 제2차 시험은 제1차 시험에 합격한 자 또는 제1차 시험을 면제받은 자를 대상으로 시행한다.

ⓑ 제1차 시험은 도매시장 관계 법과 그 하위법령, 농수산물유통론, 상품성 평가로 하며, 제2차 시험은 모의경매진행으로 한다.

ⓒ 제1차 시험에 합격한 자가 다음 회의 시험에 응시하는 경우 제1차 시험을 면제하며, 제2차 시험에 합격한 자가 다른 부류의 시험에 응시하는 경우에는 다음 회의 시험에 한하여 제1차 시험의 경농수산물 유통론을 면제한다.

ⓓ 청과부류·수산부류의 시험은 매년 실시하고, 그 밖의 부류의 시험은 2년마다 실시한다. 농림축산식품부장관 또는 해양수산부장관은 신속한 인력 충원의 필요성이 있다고 인정 하는 경우에는 시험의 실시 연도를 변경할 수 있다.

ⓔ 시험의 합격자 결정은 제1차 시험에 있어서는 매 과목 100점을 만점으로 하여 매 과목 40점 이상 전 과목 평균 60점 이상 득점한 자로 하며, 제2차 시험에 있어서는 100점을 만점으로 하여 70점 이상 득점한 자로 한다.

㉣ 시험부정행위자에 대한 조치 : 시험과 관련하여 부정한 행위를 한 응시자에 대하여는 그 시험을 무효로 하며, 그 처분이 있은 날부터 3년간 시험응시자격을 정지한다.

㉤ 경매사 자격증의 교부 등

ⓐ 농림축산식품부장관은 경매사자격증의 발급에 관한 업무를 한국농수산식품유통공사에 위탁한다.

ⓑ 한국농수산식품유통공사의 장은 시험에 합격한 자에 대하여 경매사 자격증을 발급하고 경매사 자격등록부에 이를 적어야 한다.

ⓒ 경매사 자격증의 발급에 필요한 실비는 한국농수산식품유통공사의 장이 농림축산식품 부장관의 승인을 받아 이를 정한다.

ⓗ 고유식별정보의 처리 : 농림축산식품부장관 또는 해양수산부장관(농림축산식품부장관 또는 해양수산부장관의 업무를 위탁받은 자를 포함한다)은 시험의 관리(경매사 자격증 발급을 포함한다)에 관한 업무를 수행하기 위하여 불가피한 경우 「개인정보 보호법 시행령」 제19조 제1호 또는 제4호에 따른 주민등록번호 또는 외국인등록번호가 포함된 자료를 처리할 수 있다.

⑥ **경매사의 업무** : 경매사는 다음의 업무를 수행한다.
  ㉠ 도매시장법인이 상장한 농수산물에 대한 경매우선순위의 결정
  ㉡ 도매시장법인이 상장한 농수산물의 가격평가
  ㉢ 도매시장법인이 상장한 농수산물의 경락자의 결정

⑦ **처 벌**
  ㉠ 경매사는 「형법」 제129조 내지 제132조의 적용에 있어서는 이를 공무원으로 본다.
  ㉡ 농림축산식품부장관 또는 도매시장의 개설자는 경매사가 업무를 부당하게 수행하여 도매시장의 거래질서를 문란하게 한 경우에는 도매시장법인 또는 도매시장공판장의 개설자로 하여금 해당 경매사에 대하여 6개월 이내의 업무정지 또는 면직을 명하게 할 수 있다.

⑼ **출하자**

① **출하자 신고**
  ㉠ 도매시장에 농수산물을 출하하고자 하는 생산자 및 생산자단체 등은 농수산물의 거래질서 확립과 수급안정을 위하여 해당 도매시장의 개설자에게 신고하여야 한다.
  ㉡ 도매시장의 개설자, 도매시장법인 또는 시장도매인은 신고한 출하자가 출하예약을 하고 농수산물을 출하하는 경우에는 위탁수수료의 인하 및 경매의 우선실시 등 우대조치를 할 수 있다.
  ㉢ 도매시장에 농수산물을 출하하려는 자는 출하자 신고서에 다음 서류를 첨부하여 도매시장 개설자에게 제출하여야 한다.

개인의 경우	• 신분증 사본 또는 사업자등록증 1부
법인의 경우	• 법인 등기사항증명서 1부

  ㉣ 도매시장의 개설자는 전자적 방법으로 출하자신고서를 접수할 수 있다.

② **산지유통인 등록 및 출하자 신고의 관리** : 농림축산식품부장관은 산지유통인 등록 및 출하자 신고에 관한 업무를 관리하기 위하여 정보통신망을 운영할 수 있다.

⑽ **공판장과 민영도매시장**

① **농수산물공판장 개설**
  ㉠ 농림수협 등, 생산자단체 또는 공익법인이 공판장을 개설하려면 시·도지사의 승인을 받아야 한다. 농림수협 등, 생산자단체 또는 공익법인이 공판장의 개설승인을 받으려면 농림축산식품부령 또는 해양수산부령으로 정하는 바에 따라 공판장 개설승인 신청서에 업무규정과 운영관리계획서 등 승인에 필요한 서류를 첨부하여 시·도지사에게 제출하여야 한다.

공판장의 업무규정 및 운영관리계획서에 정할 사항에 관하여는 도매시장 업무규정에 관한 규정을 준용한다.

ⓛ 시·도지사는 신청이 다음 어느 하나에 해당하는 경우를 제외하고는 승인을 하여야 한다.
　ⓐ 공판장을 개설하려는 장소가 교통체증을 유발할 수 있는 위치에 있는 경우
　ⓑ 공판장의 시설이 기준에 적합하지 아니한 경우
　ⓒ 운영관리계획서의 내용이 실현 가능하지 아니한 경우
　ⓓ 그 밖에 농안법 또는 다른 법령에 따른 제한에 위반되는 경우

ⓒ 개설허가권자는 요구되는 시설이 갖추어지지 아니한 경우에는 일정한 기간 내에 이를 갖출 것을 조건으로 개설허가를 할 수 있다.

② **민영도매시장의 개설**
　㉠ 민간인 등이 특별시·광역시·특별자치시·특별자치도 또는 시 지역에 민영도매시장을 개설하려면 시·도지사의 허가를 받아야 한다.
　㉡ 민간인 등이 민영도매시장의 개설허가를 받으려는 때에는 민영도매시장개설허가신청서에 ⓐ 민영도매시장의 업무규정, ⓑ 운영관리계획서, ⓒ 해당 민영도매시장의 소재지를 관할하는 시장 또는 자치구의 구청장 의견서를 첨부하여 시·도지사에게 제출하여야 한다.
　㉢ 시·도지사는 다음 어느 하나에 해당하는 경우를 제외하고는 허가하여야 한다.
　　ⓐ 민영도매시장을 개설하려는 장소가 교통체증을 유발할 수 있는 위치에 있는 경우
　　ⓑ 민영도매시장이 시설 기준에 적합하지 아니한 경우
　　ⓒ 운영관리계획서의 내용이 실현 가능하지 아니한 경우
　　ⓓ 그 밖에 농안법 또는 다른 법령에 따른 제한에 위반되는 경우
　㉣ 시·도지사는 민영도매시장 개설허가의 신청을 받은 경우 신청서를 받은 날부터 30일 이내(이하 "허가 처리기간"이라 한다)에 허가 여부 또는 허가처리 지연 사유를 신청인에게 통보하여야 한다. 이 경우 허가 처리기간에 허가 여부 또는 허가처리 지연 사유를 통보하지 아니하면 허가 처리기간의 마지막 날의 다음 날에 허가를 한 것으로 본다. 시·도지사는 허가처리 지연 사유를 통보하는 경우에는 허가 처리기간을 10일 범위에서 한 번만 연장할 수 있다.

③ **공판장의 거래관계자**
　㉠ 공판장에는 중도매인·매매참가인·산지유통인 및 경매사를 둘 수 있다.
　　ⓐ 공판장의 중도매인은 공판장의 개설자가 지정한다. 이 경우 중도매인의 지정 등에 관하여는 도매시장의 중도매인 지정에 관한 규정을 준용한다.
　　ⓑ 농수산물을 수집하여 공판장에 출하하고자 하는 자는 공판장의 개설자에게 산지유통인으로 등록하여야 한다.
　　ⓒ 공판장의 경매사는 공판장의 개설자가 임면한다.
　㉡ 공판장의 운영 및 거래방법 등에 관하여는 도매시장 관련 규정을 준용한다. 다만, 공판장의 규모·거래물량 등에 비추어 이를 준용하는 것이 적합하지 아니한 공판장의 경우에는 개설자가 합리적이라고 인정되는 범위 안에서 업무규정이 정하는 바에 따라 운영 및 거래방법 등을 달리 정할 수 있다.

④ **민영도매시장의 거래관계자**

　㉠ 민영도매시장의 개설자는 중도매인·매매참가인·산지유통인 및 경매사를 두어 직접 운영하거나 시장도매인을 두어 이를 운영하게 할 수 있다.

　　ⓐ 민영도매시장의 중도매인은 민영도매시장의 개설자가 지정한다.

　　ⓑ 농수산물을 수집하여 민영도매시장에 출하하고자 하는 자는 민영도매시장의 개설자에게 산지유통인으로 등록하여야 한다.

　　ⓒ 민영도매시장의 경매사는 민영도매시장의 개설자가 임면한다.

　　ⓓ 민영도매시장의 시장도매인은 민영도매시장의 개설자가 지정한다.

　㉡ 민영도매시장의 개설자가 중도매인·매매참가인·산지유통인 및 경매사를 두어 직접 운영하는 경우 그 운영 및 거래방법 등에 관하여는 도매시장 관련 규정을 준용한다. 다만, 민영도매시장의 규모·거래물량 등에 비추어 해당 규정을 준용하는 것이 적합하지 아니한 민영도매시장의 경우에는 그 개설자가 합리적이라고 인정되는 범위 안에서 업무규정이 정하는 바에 따라 그 운영 및 거래방법 등을 달리 정할 수 있다.

▌4 산지유통인과 포전매매의 계약

(1) 산지유통인

① **정의** : '산지유통인'이란 농수산물도매시장·농수산물공판장 또는 민영농수산물도매시장의 개설자에게 등록하고, 농수산물을 수집하여 농수산물도매시장·농수산물공판장 또는 민영농수산물도매시장에 출하하는 영업을 하는 자(법인을 포함한다)를 말한다.

② **산지유통인의 등록**

　㉠ 농수산물을 수집하여 도매시장에 출하하고자 하는 자는 부류별로 도매시장의 개설자에게 등록하여야 한다. 다만, 다음에 해당하는 경우에는 그러하지 아니하다.

> **등록 제외**
>
> ⓐ 생산자단체가 구성원의 생산물을 출하하는 경우
> ⓑ 도매시장법인이 매수한 농수산물을 상장하는 경우
> ⓒ 중도매인이 비상장농수산물을 매매하는 경우
> ⓓ 시장도매인이 매매하는 경우
> ⓔ 종합유통센터·수출업자 등이 남은 농수산물을 도매시장에 상장하는 경우
> ⓕ 도매시장법인이 다른 도매시장법인 또는 시장도매인으로부터 매수하여 판매하는 경우
> ⓖ 시장도매인이 도매시장법인으로부터 매수하여 판매하는 경우

　㉡ 도매시장 개설자는 농안법 또는 다른 법령에 따른 제한에 위반되는 경우를 제외하고는 등록을 해주어야 한다.

ⓒ 산지유통인으로 등록하고자 하는 자는 도매시장의 개설자가 정한 등록신청서를 도매시장의 개설자에게 제출하여야 한다. 도매시장의 개설자는 산지유통인의 등록을 한 때에는 등록 대장에 이를 기재하고 신청인에게 등록증을 교부하여야 한다. 등록증을 교부받은 산지유통인은 등록한 사항에 변경이 있는 때에는 도매시장의 개설자가 정하는 변경등록신청서를 도매시장의 개설자에게 제출하여야 한다.

ⓔ 도매시장법인, 중도매인 및 이들의 주주 또는 임직원은 해당 도매시장에서 산지유통인의 업무를 하여서는 아니 된다.

ⓜ 산지유통인은 등록된 도매시장에서 농수산물의 출하업무 외의 판매·매수 또는 중개업무를 하여서는 아니 된다.

ⓗ 도매시장의 개설자는 등록을 하여야 하는 자가 등록을 하지 아니하고 산지유통인의 업무를 행하는 때에는 도매시장에의 출입의 금지·제한 그 밖에 필요한 조치를 할 수 있다.

ⓢ 국가 또는 지방자치단체는 산지유통인의 공정한 거래를 촉진하기 위하여 필요한 지원을 할 수 있다.

(2) 포전매매 계약

① 농림축산식품부장관이 정하는 채소류 등 저장성이 없는 농산물의 포전매매(생산자가 수확하기 이전의 경작상태에서 면적단위 또는 수량단위로 매매하는 것을 말한다)의 계약은 서면에 의한 방식으로 하여야 한다.

② 농산물의 포전매매의 계약은 특약이 없는 한 매수인이 해당 농산물을 계약서에 기재된 반출약정일부터 10일 이내에 반출하지 아니한 때에는 그 기간이 지난 날에 해제된 것으로 본다. 다만, 매수인이 반출약정일이 경과되기 전에 반출지연사유와 반출예정일을 서면으로 통지한 경우에는 그러하지 아니하다.

③ 농림축산식품부장관은 포전매매의 계약에 필요한 표준계약서를 정하여 보급하고 그 사용을 권장할 수 있으며, 계약당사자는 표준계약서에 준하여 계약하여야 한다.

④ 농림축산식품부장관과 지방자치단체의 장은 생산자 및 소비자의 보호나 농산물의 가격과 수급의 안정을 위하여 특히 필요하다고 인정하는 때에는 대상품목·지역과 신고기간 등을 정하여 계약당사자에게 포전매매계약의 내용을 신고하도록 할 수 있다.

█ 5 도매시장 거래제도

(1) 수탁판매의 원칙

① **원칙** : 도매시장에서 도매시장법인이 행하는 도매는 출하자로부터 위탁을 받아 하여야 한다.

② **수탁판매의 예외** : 도매시장법인은 다음과 같은 특별한 사유가 있는 경우에는 농수산물을 매수하여 도매할 수 있다.

┌───┐

직접 매수하여 도매할 수 있는 경우

㉠ 농림축산식품부장관의 수매에 응하기 위하여 필요한 경우

㉡ 다른 도매시장법인 또는 시장도매인으로부터 매수하여 도매하는 경우

㉢ 해당 도매시장에서 주로 취급하지 아니하는 농수산물의 품목을 갖추기 위하여 대상품목과 기간을 정하여 도매시장 개설자의 승인을 받아 다른 도매시장으로부터 이를 매수하는 경우

㉣ 물품의 특성상 외형을 변형하는 등 가공하여 도매하여야 하는 경우로서 도매시장 개설자가 업무규정으로 정하는 경우

㉤ 도매시장법인이 겸영사업에 필요한 농수산물을 매수하는 경우

㉥ 수탁판매의 방법으로는 적정한 거래물량의 확보가 어려운 경우로서 농림축산식품부장관이 고시하는 범위에서 중도매인의 요청으로 그 중도매인에게 정가·수의매매로 도매하기 위하여 필요한 물량을 매수하는 경우

└───┘

③ **보고** : 도매시장법인은 농수산물을 매수하여 도매한 경우에는 업무규정에서 정하는 바에 따라 매수하여 도매한 물품의 품목·수량·원산지·매수가격·판매가격 및 출하자와 매수하여 도매한 사유를 기재한 보고서를 지체 없이 도매시장의 개설자에게 제출하여야 한다.

(2) 중도매인의 농수산물 거래

① **상장거래** : 중도매인은 도매시장법인이 상장한 농수산물 외의 농수산물의 거래를 할 수 없다.

② **상장되지 아니한 농수산물의 거래허가**

㉠ 도매시장법인이 상장하기에 적합하지 아니한 농수산물 그 밖에 이에 준하는 농수산물로서 그 품목과 기간을 정하여 도매시장의 개설자로부터 허가를 받은 농수산물의 경우에는 상장되지 아니한 농수산물을 거래할 수 있다.

㉡ 중도매인이 도매시장의 개설자의 허가를 받아 도매시장법인이 상장하지 아니한 농수산물을 거래할 수 있는 품목은 다음과 같다. 이 경우 도매시장개설자는 시장관리운영위원회의 심의를 거쳐 허가하여야 한다.

ⓐ 각 부류를 기준으로 연간 반입물량 누적비율이 하위 3퍼센트 미만에 해당하는 소량품목

ⓑ 품목의 특성으로 인하여 당해 품목을 취급하는 중도매인이 소수인 품목

ⓒ 그 밖에 상장거래에 의하여 중도매인이 해당 농수산물을 매입하는 것이 현저히 곤란하다고 도매시장의 개설자가 인정하는 품목

㉢ 중도매인이 상장되지 아니한 물품을 농수산물전자거래소에서 거래하는 경우에는 그 물품을 도매시장으로 반입하지 아니할 수 있다.

㉣ 중도매인은 도매시장법인이 상장한 농수산물을 중도매인이 해당 도매시장의 다른 중도매인과 거래하는 경우에는 중도매인이 해당 도매시장의 다른 중도매인으로부터 구매하거나 다른 중도매인에게 판매한 연간 총거래액이 해당 중도매인의 전년도 연간 거래액(중도매인 간 거래액은 포함하지 아니한다)의 20퍼센트 미만이어야 한다. 중도매인은 연간 거래액의 20퍼센트 미만에서 해당 도매시장의 다른 중도매인과 거래하는 경우를 제외하고는 다른

중도매인과 농수산물을 거래할 수 없다. 중도매인 간 거래액은 허가를 위한 최저거래금액 산정시 포함하지 아니한다. 다른 중도매인과 거래한 중도매인은 다른 중도매인으로부터 구매한 농수산물의 품목, 수량, 구매가격 및 판매자에 관한 자료를 업무규정에서 정하는 바에 따라 매년 도매시장 개설자에게 통보하여야 하며, 필요한 경우 다른 중도매인에게 판매한 농수산물의 품목, 수량, 판매가격 및 구매자에 관한 자료를 업무규정에서 정하는 바에 따라 매년 도매시장 개설자에게 통보할 수 있다.

⑶ **도매시장법인 매매방법**

도매시장법인은 도매시장에서 농수산물을 경매·입찰·정가매매 또는 수의매매(隨意賣買)의 방법으로 매매하여야 한다. 다만, 출하자가 매매방법을 지정하여 요청하는 경우 등 농림축산식품부령으로 매매방법을 정한 경우에는 경매·입찰 또는 정가매매·수의매매 방법으로 매매할 수 있다.

① **경매 또는 입찰**

  ㉠ 출하자가 경매 또는 입찰로 매매방법을 지정하여 요청한 경우(정가 또는 수의매매에 해당하는 경우는 제외한다)
  ㉡ 시장관리운영위원회의 심의를 거쳐 매매방법을 경매 또는 입찰로 정한 경우
  ㉢ 해당 농수산물의 입하량이 일시적으로 현저하게 증가하여 정상적인 거래가 어려운 경우 등 정가매매 또는 수의매매의 방법에 의하는 것이 극히 곤란한 경우

② **정가매매 또는 수의매매**

  ㉠ 출하자가 정가매매·수의매매로 매매방법을 지정하여 요청한 경우(위의 ㉡ 및 ㉢에 해당하는 경우는 제외한다)
  ㉡ 시장관리운영위원회의 심의를 거쳐 매매방법을 정가매매 또는 수의매매로 정한 경우
  ㉢ 전자거래 방식으로 매매하는 경우
  ㉣ 다른 도매시장법인 또는 공판장(경매사가 경매를 실시하는 농수산물집하장을 포함한다)에서 이미 가격이 결정되어 바로 입하된 물품을 매매하는 경우로서 당해 물품을 반출한 도매시장법인 또는 공판장의 개설자가 가격·반출지·반출물량 및 반출차량 등을 확인한 경우
  ㉤ 농림축산식품부장관이 거래방법·물품의 반출 및 확인절차 등을 정한 산지의 거래시설에서 미리 가격이 결정되어 입하된 수산물을 매매하는 경우
  ㉥ 경매 또는 입찰이 종료된 후 입하된 경우
  ㉦ 경매 또는 입찰을 실시하였으나 매매되지 아니한 경우
  ㉧ 도매시장 개설자의 허가를 받아 중도매인 또는 매매참가인 외의 자에게 판매하는 경우
  ㉨ 천재지변, 그 밖의 불가피한 사유로 인하여 경매 또는 입찰의 방법에 의하는 것이 극히 곤란한 경우

⑷ **경매 또는 입찰의 방법**

① 도매시장법인은 도매시장에 상장한 농수산물을 수탁된 순위에 따라 경매 또는 입찰의 방법으로 판매하는 경우에는 최고가격 제시자에게 판매하여야 한다. 다만, 출하자가 서면으로 거래성립 최저가격을 제시한 경우에는 그 가격 미만으로 판매하여서는 아니 된다.

② 경매 또는 입찰의 방법은 전자식(電子式)을 원칙으로 하되 필요한 경우 농림축산식품부령으로 정하는 바에 따라 거수수지식(擧手手指式), 기록식, 서면입찰식 등의 방법으로 할 수 있다. 이 경우 공개경매를 실현하기 위하여 필요한 경우 농림축산식품부장관 또는 도매시장 개설자는 품목별·도매시장별로 경매방식을 제한할 수 있다.

③ **전자식 경매·입찰의 예외**: 거수수지식·기록식·서면입찰식 등의 방법으로 경매 또는 입찰을 할 수 있는 경우는 농수산물의 수급조절과 가격안정을 위하여 수매·비축 또는 수입한 농수산물을 판매하는 경우와 그 밖에 품목별·지역별 특성을 고려하여 도매시장 개설자가 필요하다고 인정하는 경우이다.

(5) **우선판매**

도매시장 개설자는 효율적인 유통을 위하여 필요한 경우에는 대량 입하품, 표준규격품, 예약 출하품 등을 우선적으로 판매하게 할 수 있다. 도매시장 개설자는 다음 품목에 대하여 도매시장법인 또는 시장도매인으로 하여금 우선적으로 판매하게 할 수 있다.

> **우선 판매물품**
>
> ① 대량 입하품
> ② 도매시장 개설자가 선정하는 우수출하주의 출하품
> ③ 예약 출하품
> ④ 「농수산물 품질관리법」에 의한 표준규격품 및 우수관리인증농산물
> ⑤ 그 밖에 도매시장의 개설자가 도매시장의 효율적인 운영을 위하여 특히 필요하다고 업무규정으로 정하는 품목

(6) **거래의 특례**

도매시장 개설자는 입하량이 현저히 많아 정상적인 거래가 어려운 경우 등 농림축산식품부령으로 정하는 특별한 사유가 있는 경우에는 그 사유가 발생한 날에 한정하여 도매시장법인의 경우에는 중도매인·매매참가인 외의 자에게, 시장도매인의 경우에는 도매시장법인·중도매인에게 판매할 수 있도록 할 수 있다.

도매시장법인이 중도매인·매매참가인 외의 자에게, 시장도매인이 도매시장법인·중도매인에게 농수산물을 판매할 수 있는 경우는 다음과 같으며, 도매시장법인·시장도매인은 농수산물을 판매한 경우에는 판매한 물품의 품목·수량·금액·출하자 및 매수인, 판매한 사유를 적은 보고서를 지체 없이 도매시장 개설자에게 제출하여야 한다.

① **도매시장법인의 경우**
　　㉠ 해당 도매시장의 중도매인 또는 매매참가인에게 판매한 후 남는 농수산물이 있는 경우
　　㉡ 도매시장 개설자가 도매시장에 입하된 물품의 원활한 분산을 위하여 특히 필요하다고 인정하는 경우
　　㉢ 도매시장법인이 겸영사업으로 수출을 하는 경우

② **시장도매인의 경우**: 도매시장 개설자가 도매시장에 입하된 물품의 원활한 분산을 위하여 특히 필요하다고 인정하는 경우

(7) 도매시장법인의 영업제한

① **영업구역**: 도매시장법인은 도매시장 외의 장소에서 농수산물의 판매업무를 하지 못한다.

② **영업구역제한의 예외**(전자거래방식과 견본에 의한 거래): 도매시장법인은 도매시장 개설자의 사전승인을 받아 「전자문서 및 전자거래 기본법」에 따른 전자거래 방식으로 하는 경우(온라인에서 경매 방식으로 거래하는 경우를 포함한다)와 견본거래 대상물품 보관·저장시설의 기준 이상의 시설에 보관·저장 중인 거래대상 농수산물의 견본을 도매시장에 반입하여 거래하는 것에 대하여 도매시장 개설자가 승인한 경우에는 해당 거래물품을 도매시장으로 반입하지 아니할 수 있다.

③ **견본거래 대상물품 보관·저장시설의 기준**

   ㉠ 견본거래 대상물품 보관·저장시설의 기준은 165제곱미터 이상의 농산물 저온저장시설과 냉장 능력이 1천톤 이상이고 「농수산물 품질관리법」에 따라 수산물가공업(냉동·냉장업)을 등록한 시설 중 도매시장 개설자의 개설구역에 있는 시설을 말한다.

   ㉡ 도매시장법인이 견본거래를 하려면 시설에 보관·저장 중인 농수산물을 대표할 수 있는 견본품을 경매장에 진열하고 거래하여야 한다.

   ㉢ 견본품의 수량, 견본거래의 승인절차 및 거래시간 등은 도매시장의 개설자가 업무규정으로 정한다.

④ **전자거래방식에 의한 거래**

   ㉠ 도매시장법인이 「전자문서 및 전자거래 기본법」에 따른 전자거래방식으로 전자거래를 하려면 전자거래시스템을 구축하여 도매시장 개설자의 승인을 받아야 한다.

   ㉡ 전자거래시스템의 구성 및 운영방식 등에 필요한 세부사항은 농림축산식품부장관이 정한다.

⑤ **겸영제한**

   ㉠ 도매시장법인은 농수산물 판매업무 외의 사업을 겸영(兼營)하지 못한다. 농수산물의 선별·포장·가공·제빙(製氷)·보관·후숙(後熟)·저장·수출입·배송(도매시장법인이나 해당 도매시장 중도매인의 농수산물 판매를 위한 배송으로 한정한다) 등의 사업을 겸영하려는 도매시장법인은 다음 요건을 충족하여야 한다. 이 경우 ⓐ부터 ⓒ까지의 기준은 직전 회계연도의 대차대조표를 통하여 산정한다.

> **겸영요건**
>
> ⓐ 부채비율(부채 / 자기자본×100)이 300퍼센트 이하일 것
> ⓑ 유동부채비율(유동부채 / 부채총액×100)이 95퍼센트 이하일 것
> ⓒ 유동비율(유동자산 / 유동부채×100)이 100퍼센트 이상일 것
> ⓓ 당기순손실이 2개 회계연도 이상 계속하여 발생하지 아니할 것

ⓛ 도매시장법인은 겸영사업을 하려는 경우에는 그 겸영사업 개시 전에 겸영사업의 내용 및 계획을 해당 도매시장 개설자에게 알려야 한다. 이 경우 도매시장법인이 해당 도매시장 외의 장소에서 겸영사업을 하려는 경우에는 겸영하려는 사업장 소재지의 시장(도매시장 개설자와 다른 경우에만 해당한다)·군수 또는 자치구의 구청장에게도 이를 알려야 한다.

ⓒ 도매시장법인은 겸영사업을 하는 경우 전년도 겸영사업 실적을 매년 3월 31일까지 해당 도매시장 개설자에게 제출하여야 한다.

ⓔ 도매시장의 개설자는 산지 출하자와의 업무경합 또는 과도한 겸영사업으로 인하여 도매시장법인의 도매업무 약화가 우려되는 경우 겸영사업을 1년 이내의 범위에서 제한할 수 있다.

ⓜ 도매시장법인이 겸영사업으로 수탁·매수한 농수산물을 농안법상의 도매시장에서 거래 관련 규정을 위반하여 판매함으로써 산지출하자와의 업무경합 또는 과도한 겸영사업으로 인해 도매시장법인의 도매업무 약화가 우려되는 경우에는 시장관리운영위원회의 심의를 거쳐 겸영사업을 다음과 같이 제한할 수 있다.

> **행정처분 기준**
>
> ⓐ 제1차 위반: 보완명령
> ⓑ 제2차 위반: 1개월 금지
> ⓒ 제3차 위반: 6개월 금지
> ⓓ 제4차 위반: 1년 금지

ⓗ 겸영사업을 제한하는 경우 위반행위의 차수에 따른 처분기준은 최근 3년간 같은 위반행위로 처분을 받은 경우에 적용한다.

(8) 도매시장법인(시장도매인)의 공시

① 도매시장법인 또는 시장도매인은 출하자와 소비자의 권익보호를 위하여 거래물량·가격정보 및 재무상황 등을 공시하여야 한다.

② 공시는 해당 도매시장의 게시판이나 정보통신망에 하여야 하며, 도매시장법인 또는 시장도매인이 공시하여야 할 내용은 다음과 같다.

> **공시내용**
>
> ㉠ 거래일자별·품목별 반입량 및 가격정보
> ㉡ 주주 및 임원의 현황과 그 변동사항
> ㉢ 겸영사업을 하는 경우 그 사업내용
> ㉣ 직전 회계연도의 재무제표

(9) **수탁의 거부금지**

도매시장법인 또는 시장도매인은 그 업무를 수행함에 있어서 다음의 어느 하나에 해당하는 경우를 제외하고는 입하된 농수산물의 수탁 또는 위탁받은 농수산물의 판매를 거부·기피하거나 거래관계인에게 부당한 차별대우를 하여서는 아니 된다.

> **수탁을 거부할 수 있는 경우**
>
> ① 유통명령을 위반하여 출하하는 경우
> ② 출하자 신고를 하지 아니하고 출하하는 경우
> ③ 안전성 검사 결과 기준에 미달되는 경우
> ④ 도매시장의 개설자가 업무규정으로 정하는 최소출하량의 기준에 미달되는 경우
> ⑤ 농림축산식품부장관 또는 도매시장의 개설자가 정하여 고시한 품목을 「농수산물 품질관리법」 제4조에 따른 표준규격에 따라 출하하지 아니한 경우
> ⑥ 농림축산식품부장관 또는 도매시장의 개설자가 정하여 고시한 품목을 「농수산물 품질관리법」 제5조에 따른 표준규격에 따라 출하하지 아니한 경우

(10) **출하농수산물 안전성 검사**

① **검사 실시**: 도매시장 개설자는 해당 도매시장에 반입되는 농수산물에 대하여 「농수산물 품질관리법」에 따른 유해물질의 잔류허용기준 등의 초과 여부에 관한 안전성 검사를 하여야 한다. 이 경우 도매시장 개설자 중 시는 해당 도매시장의 개설을 허가한 도지사 소속의 검사기관에 안전성 검사를 의뢰할 수 있다.

② **출하 제한**: 도매시장 개설자는 안전성 검사 결과 그 기준에 못 미치는 농수산물을 출하하는 자에 대하여 1년 이내의 범위에서 해당 농수산물과 같은 품목의 농수산물을 해당 도매시장에 출하하는 것을 제한할 수 있다. 이 경우 다른 도매시장 개설자로부터 안전성 검사 결과 출하제한을 받은 자에 대해서도 또한 같다.

③ **출하 제한 기준**: 도매시장 개설자는 안전성 검사 결과 기준미달로 판정되면 기준미달품 출하자(다른 도매시장 개설자로부터 안전성 검사 결과 출하제한을 받은 자를 포함한다)에 대하여 다음에 따라 해당 농수산물과 같은 품목의 농수산물을 도매시장에 출하하는 것을 제한할 수 있다.

> **출하제한 기준**
>
> ㉠ 최근 1년 이내에 1회 적발시: 1개월
> ㉡ 최근 1년 이내에 2회 적발시: 3개월
> ㉢ 최근 1년 이내에 3회 적발시: 6개월

④ **출하 제한 통지**: 출하 제한을 하는 경우에 도매시장의 개설자는 안전성 검사 결과 기준 미달품 발생사항과 출하 제한 기간 등을 해당 출하자와 다른 도매시장 개설자에게 서면 또는 전자적 방법 등으로 알려야 한다.

(11) **출하농수산물 안전성 검사 실시기준 및 방법**

① 안전성 검사 실시기준

㉠ 안전성 검사계획 수립 : 도매시장 개설자는 검사체계, 검사시기와 주기, 검사품목, 수거시료 및 기준미달품의 관리방법 등을 포함한 안전성 검사계획을 수립하여 시행한다.

㉡ 안정성 검사 실시를 위한 농수산물 종류별 시료 수거량

ⓐ 곡류 · 두류 및 그 밖의 자연산물 : 1kg 이상 2kg 이하

ⓑ 채소류 및 과실류 자연산물 : 2kg 이상 5kg 이하

ⓒ 묶음단위 농산물의 한 묶음 중량이 수거량 이하인 경우 한 묶음씩 수거하고, 한 묶음이 수거량 이상인 시료는 묶음의 일부를 시료수거 단위로 할 수 있다. 다만, 묶음단위의 일부를 수거하면 상품성이 떨어져 거래가 곤란한 경우에는 묶음단위 전체를 수거할 수 있다.

ⓓ 수산물의 종류별 시료 수거량

종류별	수거량
초대형어류(2kg 이상/마리)	1마리 또는 2kg 내외
대형어류(1kg 이상~2kg 미만/마리)	2마리 또는 2kg 내외
중형어류(500g 이상~1kg 미만/마리)	3마리 또는 2kg 내외
준중형어류(200g 이상~500g 미만/마리)	5마리 또는 2kg 내외
소형어류(200g 미만/마리)	10마리 또는 2kg 내외
패 류	1kg 이상 2kg 이하
그 밖의 수산물	1kg 이상 2kg 이하

◈ 시료 수거량은 마리수를 기준으로 함을 원칙으로 한다. 다만, 마리수로 시료를 수거하기가 곤란한 경우에는 2kg 범위에서 분할 수거할 수 있다.

◈ 패류는 껍질이 붙어 있는 상태에서 육량을 고려하여 1kg부터 2kg까지의 범위에서 수거한다.

㉢ 안정성 검사 실시를 위한 시료수거 시기 : 시료수거는 도매시장에서 경매 전에 실시하는 것을 원칙으로 하되, 필요할 경우 소매상으로 거래되기 전 단계에서 실시할 수 있다.

㉣ 안전성 검사 실시를 위한 시료 수거 방법

ⓐ 출하일자 · 출하자 · 품목이 같은 물량을 하나의 모집단으로 한다.

ⓑ 조사대상 모집단의 대표성이 확보될 수 있도록 포장단위당 무게, 적재상태 등을 고려하여 수거지점(대상)을 무작위로 선정한다.

ⓒ 시료수거 대상 농수산물의 품질이 균일하지 않을 때에는 외관 및 냄새, 그 밖의 상황을 판단하여 이상이 있는 것 또는 의심스러운 것을 우선 수거할 수 있다.

ⓓ 시료 수거시에는 반드시 출하자의 인적사항을 정확히 파악하여야 한다.

② **안전성 검사 방법** : 농수산물의 안전성 검사는 「식품위생법」에 따른 식품 등의 공전의 검사방법에 따라 실시한다.

⑫ **매매농수산물의 인수**

① 도매시장법인 또는 시장도매인으로부터 농수산물을 매수한 자는 매매가 성립한 즉시 그 농수산물을 인수하여야 한다.

② 도매시장법인 또는 시장도매인은 매수인이 정당한 사유 없이 매수한 농수산물의 인수를 거부하거나 게을리한 때에는 당해 매수인의 부담으로 그 농수산물을 일정기간 보관하거나 그 이행을 최고하지 아니하고 그 매매를 해제하여 다시 매매할 수 있다.

③ 차손금이 생긴 때에는 당초의 매수인이 이를 부담한다.

⑬ **하역업무**

① 도매시장의 개설자는 도매시장 안에서의 하역업무의 효율화를 위하여 하역체제의 개선 및 하역기계화의 촉진에 노력하여야 하며, 하역비의 절감으로 출하자의 이익을 보호하기 위하여 필요한 시책을 수립·시행하여야 한다.

② 도매시장의 개설자가 업무규정으로 정하는 규격출하품에 대한 표준하역비(도매시장 안에서 규격출하품을 판매하기 위하여 필수적으로 드는 하역비를 말한다)는 도매시장법인 또는 시장도매인이 이를 부담한다.

③ 농림축산식품부장관은 하역체제의 개선 및 하역기계화와 규격출하의 촉진을 위하여 도매시장의 개설자에게 필요한 조치를 명할 수 있다.

④ 도매시장법인 또는 시장도매인은 도매시장 안에서의 하역업무에 대하여 하역전문업체 등과 용역계약을 체결할 수 있다.

⑭ **출하자에 대한 대금결제**

도매시장법인 또는 시장도매인은 매수하거나 위탁받은 농수산물이 매매된 때에는 그 대금의 전부를 출하자에게 즉시 결제하여야 한다. 다만, 대금의 지급방법에 관하여 도매시장법인 또는 시장도매인과 출하자 사이에 특약이 있는 때에는 그 특약에 의한다.

① 대금결제 절차

㉠ 도매시장법인 또는 시장도매인은 제1항에 따라 출하자에게 대금을 결제하는 경우에는 표준송품장(標準送品狀)과 판매원표(販賣元標)를 확인하여 작성한 표준정산서를 출하자와 정산조직(대금정산조직 또는 그 밖에 대금징산을 위한 조직 등을 말한다)에 각각 발급하고, 정산 조직에 대금결제를 의뢰하여 정산 조직에서 출하자에게 대금을 지급하는 방법으로 하여야 한다.

㉡ 별도의 정산창구를 통하여 대금결제를 하는 경우에는 다음의 절차에 의한다.

ⓐ 출하자는 송품장을 작성하여 도매시장법인 또는 시장도매인에게 제출

ⓑ 도매시장법인 또는 시장도매인은 출하자에게 받은 송품장의 사본을 도매시장의 개설자가 설치한 거래신고소에 제출

ⓒ 도매시장법인 또는 시장도매인은 표준정산서를 출하자와 정산창구에 발급하고, 정산창구에 대금결제를 의뢰

ⓓ 정산창구에서는 출하자에게 대금을 결제하고, 표준정산서의 사본을 거래신고소에 제출

ⓒ 대금결제를 위한 정산창구의 운영방법 및 관리에 관한 사항은 도매시장의 개설자가 업무규정으로 정한다.

ⓔ 대금정산조직 설립의 지원 : 도매시장 개설자는 도매시장법인·시장도매인·중도매인 등이 공동으로 출하대금과 도매시장법인과 중도매인 또는 매매참가인 간의 농수산물 거래에 따른 판매대금의 정산을 위한 조합, 회사 등(대금정산조직)을 설립하는 경우 그에 대한 지원을 할 수 있다.

② **도매시장법인의 직접대금결제** : 도매시장의 개설자가 업무규정으로 정하는 출하대금결제용 보증금을 납부하고 운전자금을 확보한 도매시장법인은 출하자에게 대금을 직접 결제할 수 있다.

③ **표준송품장의 사용**

ⓐ 도매시장에 농수산물을 출하하려는 자는 표준송품장을 작성하여 도매시장법인·시장도매인 또는 공판장의 개설자에게 제출하여야 한다.

ⓑ 도매시장·공판장 및 민영도매시장의 개설자나 도매시장법인 및 시장도매인은 출하자가 표준송품장을 이용하기 쉽도록 이를 보급하고, 기재요령을 배포하는 등 편의를 제공하여야 한다.

ⓒ 표준송품장을 제출받은 자는 업무규정이 정하는 바에 따라 이를 보관·관리하여야 한다.

④ **판매원표의 관리**

ⓐ 경매에 사용되는 판매원표 : 출하자명·품명·등급·수량·경락가격·매수인·담당경매사 등을 상세히 기입하도록 하되, 그 양식은 도매시장의 개설자가 정한다.

ⓑ 시장도매인이 사용하는 판매원표 : 출하자명·품명·등급·수량 등을 상세히 기입하도록 하되, 그 양식은 도매시장의 개설자가 정한다.

ⓒ 도매시장법인과 시장도매인은 일련번호를 붙인 판매원표를 순차적으로 사용하여야 하며, 입하물품의 부패·손상이나 판매원표의 분실·훼손 등의 사고로 인하여 판매원표를 정정한 경우에는 지체 없이 도매시장 개설자의 승인을 받아야 한다.

ⓔ 판매원표의 관리에 필요한 세부사항은 도매시장의 개설자가 업무규정으로 정한다.

⑤ **표준정산서** : 도매시장법인·시장도매인 또는 공판장 개설자가 사용하는 표준정산서에는 다음 사항이 포함되어야 한다.

ⓐ 표준정산서의 발행일 및 발행자명
ⓑ 출하자명
ⓒ 출하자 주소
ⓔ 거래형태(매수·위탁·중개) 및 매매방법(경매·입찰, 정가·수의매매)
ⓜ 판매명세(품목·품종·등급별 수량·단가 및 거래단위당 수량 또는 무게), 판매대금 총액 및 매수인
ⓗ 공제명세(위탁수수료, 운송료 선급금, 하역비, 선별비 등 비용) 및 공제금액 총액
ⓢ 정산금액
ⓞ 송금명세(은행명·계좌번호·예금주)

⒂ 수수료 등의 징수제한

도매시장의 개설자, 도매시장법인, 시장도매인, 중도매인 또는 대금정산조직은 해당 업무와 관련하여 징수 대상자에게 다음의 금액 외에는 어떠한 명목으로도 금전을 징수하여서는 아니 된다.

> **징수대상 수수료**
>
> ① 도매시장 개설자가 도매시장법인 또는 시장도매인으로부터 도매시장의 유지·관리에 필요한 최소한의 비용으로 징수하는 도매시장의 사용료
> ② 도매시장 개설자가 도매시장의 부수시설 중 농산물 품질관리실, 축산물 위생검사사무실 및 도체(屠體) 등급판정사무실을 제외한 시설에 대하여 사용자로부터 징수하는 시설사용료
> ③ 도매시장법인이나 시장도매인이 농수산물의 판매를 위탁한 출하자로부터 징수하는 거래액의 일정 비율 또는 일정액에 해당하는 위탁수수료
> ④ 시장도매인 또는 중도매인이 농수산물의 매매를 중개한 경우에 이를 매매한 자로부터 징수하는 거래액의 일정 비율에 해당하는 중개수수료
> ⑤ 거래대금을 정산하는 경우에 도매시장법인·시장도매인·중도매인·매매참가인 등이 대금정산조직에 납부하는 정산수수료

⒃ 사용료 징수기준

① 도매시장의 개설자가 징수하는 도매시장 사용료는 다음 기준에 따라 도매시장의 개설자가 이를 정한다.

   ㉠ 도매시장의 개설자가 징수할 사용료의 총액이 당해 도매시장의 거래금액의 1천분의 5(서울특별시 소재 중앙도매시장의 경우에는 1천분의 5.5)를 초과하지 아니할 것. 다만, 다음 방식으로 거래한 경우 그 거래한 물량에 대해서는 해당 거래금액의 1천분의 3을 초과하지 아니하여야 한다.

      ⓐ 도매시장법인이 상장하기에 적합하지 아니한 농수산물 그 밖에 이에 준하는 농수산물로서 그 품목과 기간을 정하여 도매시장의 개설자로부터 허가받은 농수산물을 농수산물전자거래소에서 거래한 경우

      ⓑ 정가·수의매매를 전자거래방식으로 한 경우와 거래대상 농수산물의 견본을 도매시장에 반입하여 거래한 경우

      ⓒ 생산지에서 출하된 농산물을 2016년 12월 31까지 법 제32조에 따른 정가매매 또는 수의매매로 거래한 경우

   ㉡ 도매시장법인·시장도매인이 납부할 사용료는 당해 도매시장법인·시장도매인의 거래금액 또는 매장면적을 기준으로 하여 징수할 것

② 도매시장의 시설 중 도매시장의 개설자의 소유가 아닌 시설에 대한 사용료는 이를 징수하지 아니한다.

⒄ **시설사용료 징수대상 시설**

도매시장의 개설자가 시설사용료를 징수할 수 있는 시설은 부수시설 중 농산물 품질관리실, 축산물 위생검사사무실 및 도체 등급판정사무실을 제외한 시설로 하며, 연간시설사용료는 당해 시설의 재산가액의 1천분의 50(중도매인점포·사무실의 경우에는 재산가액의 1천분의 10)을 초과하지 아니하는 범위 안에서 도매시장의 개설자가 이를 정한다. 다만, 도매시장의 시설 중 도매시장의 개설자의 소유가 아닌 시설에 대한 사용료는 징수하지 아니한다.

⒅ **위탁수수료 최고한도**

① 위탁수수료의 최고한도는 다음과 같다. 이 경우 도매시장의 개설자는 그 한도 내에서 업무규정으로 위탁수수료를 정할 수 있다.

> **위탁수수료 최고한도**
> ㉠ 양곡부류 : 거래금액의 1천분의 20
> ㉡ 청과부류 : 거래금액의 1천분의 70
> ㉢ 수산부류 : 거래금액의 1천분의 60
> ㉣ 축산부류 : 거래금액의 1천분의 20(도매시장 또는 공판장 안에 도축장이 설치된 경우 「축산물 위생관리법」에 의하여 징수할 수 있는 도살·해체수수료는 이에 포함되지 아니한다)
> ㉤ 화훼부류 : 거래금액의 1천분의 70
> ㉥ 약용작물부류 : 거래금액의 1천분의 50

② 위탁수수료는 도매시장법인이 정하되, 그 금액은 위의 최고한도를 초과할 수 없다.

③ 중도매인이 징수하는 중개수수료의 최고한도는 거래금액의 1천분의 40으로 하며, 도매시장의 개설자는 그 한도 내에서 업무규정으로 중개수수료를 정할 수 있다.

④ 시장도매인이 출하자와 매수인으로부터 각각 징수하는 중개수수료는 해당 부류 위탁수수료 최고한도의 2분의 1을 초과하지 못하며, 이 경우 도매시장의 개설자는 그 한도 내에서 업무규정으로 중개수수료를 정할 수 있다.

⑤ 정산수수료의 최고한도는 정률(定率)의 경우에는 거래건별 거래금액의 1천분의 4, 정액의 경우에는 1개월에 70만원이며, 도매시장 개설자는 그 한도에서 업무규정으로 정산수수료를 정할 수 있다.

⒆ **지방도매시장의 운영 등에 관한 특례**

지방도매시장의 개설자는 해당 도매시장의 규모 및 거래물량 등에 비추어 필요하다고 인정되는 경우 다른 내용의 특례를 업무규정에 정할 수 있다.

제3절 농수산물 산지 및 소비지 유통

1 산지판매제도의 확립

(1) 산지유통대책 수립 · 시행

농림수협 등 또는 공익법인은 생산지에서 출하되는 주요 품목의 농수산물에 대하여 산지경매제를 실시하거나 계통출하(系統出荷)를 확대하는 등 생산자 보호를 위한 판매대책 및 선별 · 포장 · 저장 시설의 확충 등 산지 유통대책을 수립 · 시행하여야 한다.

(2) 창고경매 및 포전경매

① 농림수협 등 또는 공익법인은 경매 또는 입찰의 방법으로 창고경매, 포전경매(圃田競賣) 또는 선상경매(船上競賣) 등을 할 수 있다.

② 지역농업협동조합, 지역축산업협동조합, 품목별 · 업종별협동조합, 조합공동사업법인, 품목조합 연합회, 산림조합 및 수산업협동조합과 그 중앙회(농림수협 등) 또는 한국농수산식품유통공사가 창고경매나 포전경매를 하려는 경우에는 생산농가로부터 위임을 받아 창고 또는 포전상태로 상 장하되, 품목의 작황 · 품질 · 생산량 및 시중가격 등을 고려하여 미리 예정가격을 정할 수 있다.

2 농수산물집하장의 설치 · 운영

(1) 생산자단체 또는 공익법인은 농수산물을 대량소비지에 직접 출하할 수 있는 유통체제를 확립하기 위하여 필요한 때에는 농수산물집하장을 설치 · 운영할 수 있다.

① 국가와 지방자치단체는 농수산물집하장의 효과적인 운영과 생산자의 출하편의를 도모할 수 있도록 그 입지선정과 도로망의 개설에 협조하여야 한다.

② 생산자단체 또는 공익법인은 운영하고 있는 농수산물집하장 중 공판장의 시설기준을 갖춘 집 하장을 시 · 도지사의 승인을 얻어 공판장으로 운영할 수 있다.

(2) 농림수협 등 생산자관련 단체 또는 공익법인이 농수산물집하장을 설치 · 운영하려면 농수산물의 출하 및 판매를 위하여 필요한 적정한 시설을 갖추어야 한다.

(3) 농업협동조합중앙회 · 산림조합중앙회 · 수산업협동조합중앙회의 장은 농수산물집하장의 설치와 운영에 관하여 필요한 기준을 정하여야 한다.

■ 3 농수산물산지유통센터의 설치·운영

(1) 운영·설치 지원

국가 또는 지방자치단체는 농수산물의 선별·포장·규격출하·가공·판매 등을 촉진하기 위하여 농수산물산지유통센터를 설치하여 운영하거나 이를 설치하려는 자에게 부지확보 또는 시설물설치 등에 필요한 지원을 할 수 있다.

(2) 운영위탁

국가 또는 지방자치단체는 농수산물산지유통센터의 운영을 생산자단체 또는 전문유통업체에 위탁할 수 있다.

(3) 시설물·장비 이용료 징수

농수산물산지유통센터의 운영을 위탁한 자는 시설물 및 장비의 유지·관리 등에 소요되는 비용에 충당하기 위하여 농수산물산지유통센터의 운영을 위탁받은 자와 협의하여 매출액의 1천분의 5를 초과하지 아니하는 범위에서 시설물 및 장비의 이용료를 징수할 수 있다.

■ 4 농수산물유통시설의 편의제공

국가 또는 지방자치단체는 그가 설치한 농수산물유통시설에 대하여 생산자단체 또는 농림수협중앙회나 공익법인의 이용요청이 있는 때에는 시설이용·면적배정 등에 있어서 우선적으로 편의를 제공하여야 한다.

■ 5 농수산물종합유통센터

(1) 정 의

'농수산물종합유통센터'란 국가 또는 지방자치단체가 설치하거나 국가 또는 지방자치단체의 지원을 받아 설치된 것으로서 농수산물의 출하경로를 다원화하고 물류비용을 절감하기 위하여 농수산물의 수집·포장·가공·보관·수송·판매 및 그 정보처리 등 농수산물의 물류활동에 필요한 시설과 이와 관련된 업무시설을 갖춘 사업장을 말한다.

(2) 설 치

① **설치권자 및 운영위탁**: 국가 또는 지방자치단체는 종합유통센터를 설치하여 생산자단체 또는 전문유통업체에 그 운영을 위탁할 수 있다.

② **지 원**

ㄱ) 국가 또는 지방자치단체는 종합유통센터를 설치하려는 자에게 부지확보 또는 시설물설치 등에 필요한 지원을 할 수 있다.

ㄴ) 국가 또는 지방자치단체의 지원을 받아 종합유통센터를 설치하려는 자는 지원을 받으려는 농림축산식품부장관 또는 지방자치단체의 장에게 다음의 사항이 포함된 종합유통센터 건설사업계획서를 제출하여야 한다.

> **계획서 포함사항**
>
> ⓐ 신청지역의 농수산물 유통시설 현황, 종합유통센터의 건설 필요성 및 기대효과
> ⓑ 운영자 선정계획, 세부적인 운영방법과 물량처리계획이 포함된 운영계획서 및 운영수
>   지분석
> ⓒ 부지·시설 및 물류장비의 확보와 운영에 필요한 자금 조달계획
> ⓓ 그 밖에 농림축산식품부장관 또는 지방자치단체의 장이 종합유통센터 건설의 타당성
>   검토를 위하여 필요하다고 판단하여 정하는 사항

ⓒ 농림축산식품부장관 또는 지방자치단체의 장은 사업계획서를 제출받은 때에는 사업계획의
 타당성을 고려하여 지원 대상자를 선정하고, 부지 구입, 시설물 설치, 장비 확보 및 운영을
 위하여 필요한 자금을 보조 또는 융자하거나 부지 알선 등의 행정적인 지원을 할 수 있다.

③ **시설기준**

국가 또는 지방자치단체가 설치하는 종합유통센터 및 지원을 받으려는 자가 설치하는 종합유
통센터가 갖추어야 하는 시설기준은 다음과 같다.

구 분	기 준
부 지	20,000m² 이상
건 물	10,000m² 이상
시 설	1. 필수시설 　• 농수산물 처리를 위한 집하·배송시설 　• 포장·가공시설　　　　　• 저온저장고 　• 사무실·전산실　　　　　• 농산물품질관리실 　• 거래처주재원실 및 출하주대기실　• 오수·폐수시설 　• 주차시설 2. 편의시설 　• 직판장　　　　　　　　• 수출지원실 　• 휴게실　　　　　　　　• 식당 　• 금융회사 등의 점포　　　• 그 밖에 이용자의 편의를 위하여 필요한 시설

④ 지원을 하려는 지방자치단체의 장은 제출받은 종합유통센터 건설사업계획서와 해당 계획의
 타당성 등에 대한 검토의견서를 농림축산식품부장관에게 제출하되, 시장·군수 또는 구청장
 의 경우에는 시·도지사의 검토의견서를 첨부하여야 하며, 농림축산식품부장관은 이에 대하
 여 의견을 제시할 수 있다.

⑤ 권고 및 명령

　　㉠ 농림축산식품부장관 또는 지방자치단체의 장은 종합유통센터가 효율적으로 그 기능을 수행할 수 있도록 종합유통센터를 운영하는 자 또는 이를 이용하는 자에게 그 운영방법 및 출하농어가에 대한 서비스의 개선 또는 이용방법의 준수 등 필요한 권고를 할 수 있다.

　　㉡ 농림축산식품부장관 또는 지방자치단체의 장은 종합유통센터를 운영하는 자 및 지원을 받아 종합유통센터를 운영하는 자가 권고를 이행하지 아니하는 때에는 일정한 기간을 정하여 운영방법 및 출하농어가에 대한 서비스의 개선 등 필요한 조치를 할 것을 명할 수 있다.

(3) 종합유통센터의 운영

① 국가 또는 지방자치단체가 종합유통센터를 설치하여 운영을 위탁할 수 있는 생산자단체 또는 전문유통업체(운영주체)는 다음의 자로 한다.

　　㉠ 농림수협 등(유통자회사를 포함한다)

　　㉡ 종합유통센터의 운영에 필요한 자금과 경영능력을 갖춘 자로서 농림축산식품부장관 또는 지방자치단체의 장이 농수산물의 효율적인 유통을 위하여 특히 필요하다고 인정하는 자

　　㉢ 종합유통센터를 운영하기 위하여 국가 또는 지방자치난체와 농림수협 등이 출자하여 설립한 법인

② 국가 또는 지방자치단체(위탁자)가 종합유통센터를 설치하여 운영을 위탁하려면 농수산물의 수집능력·분산능력, 투자계획, 경영계획 및 농수산물 유통에 대한 경험 등을 기준으로 하여 공개적인 방법으로 운영주체를 선정하여야 하며, 이 경우 위탁자는 5년 이상의 기간을 두어 위탁기간을 설정할 수 있다.

③ 위탁자는 종합유통센터의 시설물 및 장비의 유지·관리 등에 드는 비용을 충당하기 위하여 운영주체와 협의하여 운영주체로부터 종합유통센터의 시설물 및 장비의 이용료를 징수할 수 있으며, 이 경우 이용료의 총액은 당해 종합유통센터의 매출액의 1천분의 5를 초과할 수 없으며, 위탁자는 이용료 외에는 어떠한 명목으로도 금전을 징수해서는 아니 된다.

▌6 농수산물전자거래

(1) 정 의

'농수산물전자거래'란 농수산물의 유통단계를 단축하고 유통비용을 절감하기 위하여 「전자문서 및 전자거래 기본법」에 따른 전자거래의 방식으로 농수산물을 거래하는 것을 말한다.

(2) 농수산물전자거래의 촉진

① **유통공사 업무**: 농림축산식품부장관은 농수산물전자거래를 촉진하기 위하여 한국농수산식품 유통공사에 및 농수산물 거래와 관련된 업무경험 및 전문성을 갖춘 기관으로서 대통령령으로 정하는 기관에 다음 업무를 수행하게 할 수 있다.

　　㉠ 농수산물전자거래소(농수산물 전자거래장치와 그에 수반되는 물류센터 등의 부대시설을 포함)의 설치 및 운영·관리

ⓛ 농수산물전자거래 참여 판매자 및 구매자의 등록·심사 및 관리

ⓒ 농수산물전자거래 분쟁조정위원회의 운영 지원

ⓔ 대금결제 지원을 위한 정산소(精算所)의 운영·관리

ⓜ 농수산물전자거래에 관한 유통정보 서비스 제공

ⓗ 그 밖에 농수산물전자거래에 필요한 업무

② **지원**: 농림축산식품부장관은 농수산물전자거래의 활성화를 위하여 예산의 범위에서 필요한 지원을 할 수 있다.

③ **거래품목**: 거래품목은 법이 적용되는 모든 농산물·축산물 및 수산물과 임산물이다.

④ **수수료**: 거래수수료는 농수산물전자거래소를 이용하는 판매자 및 구매자로부터 다음 구분에 따라 징수하는 금전으로 한다.

ⓐ 판매자의 경우: 사용료 및 판매수수료

ⓑ 구매자의 경우: 사용료

⑤ **거래수수료 한도**: 거래수수료는 거래액의 1천분의 30을 초과할 수 없다.

⑥ **전자거래소를 통한 계약**: 농수산물전자거래소를 통하여 거래계약이 체결된 경우에는 한국농수산식품유통공사가 구매자를 대신하여 그 거래대금을 판매자에게 직접 결제할 수 있으며, 이 경우 한국농수산식품유통공사는 구매자로부터 보증금, 담보 등 필요한 채권확보수단을 미리 마련하여야 한다.

⑦ **전자거래 세부사항**: 농수산물전자거래에 관하여 필요한 사항은 한국농수산식품유통공사의 장이 농림축산식품부장관의 승인을 받아 정한다.

(3) 농수산물전자거래 분쟁조정위원회

① **설치**: 농수산물전자거래에 관한 분쟁을 조정하기 위하여 한국농수산식품유통공사에 농수산물전자거래 분쟁조정위원회(분쟁조정위원회)를 둔다. 분쟁조정위원회는 위원장 1명을 포함하여 9명 이내의 위원으로 구성하고, 위원은 농림축산식품부장관이 임명 또는 위촉하며, 위원장은 위원 중에서 호선한다.

② **분쟁조정위원회의 구성**: 분쟁조정위원회의 위원은 다음에 해당하는 사람으로 한다.

ⓐ 판사·검사 또는 변호사의 자격이 있는 사람

ⓑ 「고등교육법」에 따른 학교에서 법률학을 가르치는 부교수급 이상의 직에 있거나 있었던 사람

ⓒ 「농어업·농어촌 및 식품산업 기본법」에 따른 농어업 또는 식품산업 분야의 법인, 단체 또는 기관 등에서 10년 이상의 근무경력이 있는 사람

ⓓ 「비영리민간단체지원법」 제2조에 따른 비영리민간단체에서 추천한 사람

ⓔ 그 밖에 농수산물의 유통과 전자거래, 분쟁조정 등에 관하여 학식과 경험이 풍부하다고 인정되는 사람

③ **임기**: 분쟁조정위원회 위원의 임기는 2년으로 하며, 한 차례만 연임할 수 있다.

④ **위원의 제척** : 분쟁조정위원회의 위원이 다음 어느 하나에 해당하는 경우에는 해당 분쟁조정 사건의 조정에서 제척된다.

 ㉠ 위원 또는 그 배우자가 해당 사건의 당사자가 되거나 해당 사건에 관하여 공동권리자 또는 의무자의 관계에 있는 경우

 ㉡ 위원이 해당 사건의 당사자와 친족관계에 있거나 있었던 경우

 ㉢ 위원이 해당 사건에 관하여 증언이나 감정을 한 경우

 ㉣ 위원이 해당 사건에 관하여 당사자의 대리인으로서 관여하거나 관여하였던 경우

⑤ **위원의 기피** : 분쟁 당사자는 위원에게 공정한 조정을 기대하기 어려운 사정이 있는 경우에는 분쟁조정위원회에 기피신청을 할 수 있다. 이 경우 위원장은 기피신청이 타당하다고 인정하는 때에는 기피의 결정을 한다.

⑥ **회피** : 제척 사유에 해당하는 경우에는 스스로 해당 사건의 조정을 회피(回避)하여야 하고, 기피 사유에 해당하는 경우에는 위원장의 허가를 받아 해당 사건의 조정을 회피할 수 있다.

⑦ **위원의 해임** : 농림축산식품부장관 또는 해양수산부장관은 위원이 다음의 어느 하나에 해당하는 경우에는 해당 위원을 해임 또는 해촉(解囑)할 수 있다.

 ㉠ 자격정지 이상의 형을 선고받은 경우

 ㉡ 심신장애로 직무를 수행할 수 없게 된 경우

 ㉢ 직무와 관련된 비위사실이 있는 경우

 ㉣ 직무태만, 품위손상이나 그 밖의 사유로 위원으로 적합하지 아니하다고 인정되는 경우

 ㉤ 회피 사유에 해당하는데도 불구하고 회피하지 아니한 경우

 ㉥ 위원 스스로 직무를 수행하기 어렵다는 의사를 밝히는 경우

⑧ **위원장의 직무** : 분쟁조정위원회의 위원장은 분쟁조정위원회를 대표하며, 그 업무를 총괄한다. 분쟁조정위원회의 위원장이 부득이한 사유로 직무를 수행할 수 없는 때에는 위원장이 미리 지명한 위원이 그 직무를 대행한다.

⑨ **분쟁조정위원회의 운영**

 ㉠ 분쟁조정위원회의 위원장은 분쟁조정위원회의 회의를 소집하고, 그 의장이 된다. 분쟁조정위원회의 회의는 재적위원 과반수의 출석으로 개의하고, 출석위원 과반수의 찬성으로 의결한다.

 ㉡ 분쟁조정위원회의 업무를 효율적으로 수행하기 위하여 필요한 경우에는 소위원회를 둘 수 있다.

 ㉢ 분쟁조정위원회 또는 소위원회에 출석한 위원에 대해서는 예산의 범위에서 수당과 여비를 지급할 수 있다. 다만, 공무원인 위원이 소관업무와 직접적으로 관련하여 출석하는 경우에는 그러하지 아니하다.

⑩ **분쟁의 조정**

㉠ 농수산물전자거래와 관련한 분쟁의 조정을 받으려는 자는 분쟁조정위원회에 분쟁의 조정을 신청할 수 있다.

㉡ 분쟁조정위원회는 분쟁조정 신청을 받은 날부터 20일 이내에 조정안을 작성하여 분쟁 당사자에게 이를 권고하여야 한다. 다만, 부득이한 사정으로 그 기한을 연장하려는 경우에는 그 사유와 기한을 명시하고 분쟁 당사자에게 통보하여야 한다.

㉢ 분쟁조정위원회는 권고를 하기 전에 분쟁 당사자 간의 합의를 권고할 수 있다. 분쟁 당사자가 조정안에 동의하면 분쟁조정위원회는 조정서를 작성하여야 하며, 분쟁 당사자로 하여금 이에 기명·날인하도록 한다.

㉣ 그 밖에 분쟁조정위원회 및 소위원회의 구성·운영, 그 밖에 분쟁조정에 관한 세부절차 등에 관하여 필요한 사항은 분쟁조정위원회의 의결을 거쳐 위원장이 정한다.

제 4 절　농수산물의 생산조정 및 출하조절

1　농산물수급조절위원회

(1) **설치** : 농림축산식품부장관의 자문에 응하기 위하여 농림축산식품부에 농산물수급조절위원회를 둔다.

(2) **임무** : 위원회는 다음 사항에 관하여 농림축산식품부장관의 자문에 응한다.

　① 농산물의 수급상황 판단 및 수급조절에 관한 사항

　② 예시가격 결정에 관한 사항

　③ 유통조절명령에 관한 사항

　④ 그 밖에 농산물의 수급조절을 위하여 농림축산식품부장관이 필요하다고 인정하는 사항

(3) **구성** : 위원회는 위원장 2명을 포함한 20명 이내의 위원으로 구성하며, 위원장은 농림축산식품부의 고위공무원단에 속하는 일반직공무원 중에서 농림축산식품부장관이 지명하는 사람과 공무원이 아닌 위원 중에서 호선(互選)에 의하여 선출된 사람이 된다.

(4) **운영** : 기타 위원회의 구성과 운영에 필요한 사항은 농림축산식품부장관이 정한다.

2　유통협약 및 유통조절명령

(1) **유통협약의 정의**

　주요 농수산물의 생산자, 산지유통인, 저장업자, 도매업자·소매업자 및 소비자 등의 대표는 해당 농수산물의 자율적인 수급조절과 품질향상을 위하여 생산조정 또는 출하조절을 위해 체결하는 협약을 말한다.

(2) **유통조절명령의 정의**

　부패하거나 변질되기 쉬운 농수산물로서 유통협약을 체결한 농수산물과 생산이 전문화되고 생산지역의 집중도가 높은 농수산물의 현저한 수급 불안정을 해소하기 위하여 특히 필요하다고 인정되고 유통명령 대상품목인 농수산물의 수급조절과 품질향상을 위하여 유통조절추진위원회를 구성·운영하는 생산자 등과 유통명령 대상품목인 농수산물을 주로 생산하는 생산자단체가 요청할 때에는 공정거래위원회와 협의를 거쳐 일정 기간 동안 일정 지역의 해당 농수산물의 생산자 등에게 농림축산식품부장관이 생산조정 또는 출하조절을 하도록 하는 명령을 말한다.

　① **유통조절추진위원회의 조직** : 유통명령을 요청하려는 생산자 등은 유통명령 대상 품목의 생산자, 산지유통인, 저장업자, 도매업자·소매업자 및 소비자 등의 대표가 참여하여 유통명령의 요청 및 유통조절 추진에 관한 사항을 협의하는 위원회(유통조절추진위원회)를 구성하여야 하며, 유통명령의 원활한 시행을 위하여 필요한 경우에는 해당 농수산물의 주요 생산지에 유통조절추진위원회의 지역조직을 둘 수 있다. 유통조절추진위원회의 구성 및 운영방법 등에 관한 세부적인 사항은 농림축산식품부장관이 정한다. 농림축산식품부장관은 유통조절추진위원회의 생산·출하조절 등 수급안정을 위한 활동을 지원할 수 있다.

② **유통명령 포함사항**: 유통명령에는 다음의 사항이 포함되어야 한다.

> **유통명령 포함사항**
>
> ㉠ 유통조절명령의 이유(수급·가격·소득의 분석 자료를 포함한다)
> ㉡ 대상품목
> ㉢ 기간
> ㉣ 지역
> ㉤ 대상자
> ㉥ 생산조정 또는 출하조절의 방안
> ㉦ 명령이행 확인의 방법 및 명령 위반자에 대한 제재조치
> ㉧ 사후관리와 그 밖에 농림축산식품부장관이 유통조절에 관하여 필요하다고 인정하는 사항

③ **절차**: 생산자 등 또는 생산자단체가 유통명령을 요청하려는 경우에는 유통명령 사항이 포함된 요청서를 작성하여 이해관계인·유통전문가의 의견수렴 절차를 거치고 해당 농수산물의 생산자 등의 대표나 해당 생산자단체의 재적회원 3분의 2 이상의 찬성을 받아야 한다.

④ **유통명령의 발령기준**: 유통명령을 발하기 위한 기준은 다음의 사항을 감안하여 농림축산식품부장관이 정하여 고시한다.
　㉠ 품목별 특성
　㉡ 관측결과 등을 반영하여 산정한 예상 가격과 예상 공급량

(3) 유통명령의 집행

농림축산식품부장관은 유통명령이 이행될 수 있도록 유통명령의 내용에 관한 홍보, 유통명령 위반자에 대한 제재 등 필요한 조치를 하여야 한다. 농림축산식품부장관은 필요하다고 인정하는 경우에는 지방자치단체의 장, 해당 농수산물의 생산자 등의 조직 또는 생산자단체로 하여금 유통명령 집행업무의 일부를 수행하게 할 수 있다.

(4) 유통명령 이행자에 대한 지원

농림축산식품부장관은 유통협약 또는 유통명령을 이행한 생산자 등이 그 유통협약이나 유통명령을 이행함에 따라 발생하는 손실에 대하여는 농산물가격안정기금 또는 수산발전기금으로 그 손실을 보전(補塡)하게 할 수 있다. 농림축산식품부장관은 유통명령 집행업무의 일부를 수행하는 생산자 등의 조직이나 생산자단체에 필요한 지원을 할 수 있다.

3 농림업관측 및 수산업관측

(1) 관측 실시

농림축산식품부장관은 농수산물의 수급안정을 위하여 가격의 등락 폭이 큰 주요 농수산물에 대하여 매년 기상정보, 생산면적, 작황, 재고물량, 소비동향, 해외시장 정보 등을 조사하여 이를 분석하는 농림업관측 또는 수산업관측을 실시하고 그 결과를 공표하여야 한다.

(2) 국제곡물관측

농림업관측에도 불구하고 농림축산식품부장관은 주요 곡물의 수급안정을 위하여 농림축산식품부장관이 정하는 주요 곡물에 대한 상시 관측체계의 구축과 국제 곡물수급모형의 개발을 통하여 매년 주요 곡물 생산 및 수출 국가들의 작황 및 수급 상황 등을 조사·분석하는 국제곡물관측을 별도로 실시하고 그 결과를 공표하여야 한다.

(3) 관측 대행

농림축산식품부장관은 효율적인 농림업관측·수산업관측 또는 국제곡물관측을 위하여 필요하다고 인정하는 경우에는 품목을 지정하여 지역농업협동조합, 지역축산업협동조합, 품목별·업종별 협동조합, 산림조합, 수산업협동조합, 농업협동조합중앙회 및 산림조합중앙회, 수산업협동조합중앙회, 「한국농수산식품유통공사법」에 따른 한국농수산식품유통공사, 그 밖의 생산자조직 등으로서 농림축산식품부장관이 인정하는 자로 하여금 농림업관측·수산업관측 또는 국제곡물관측을 실시하게 할 수 있다.

(4) 전담기관 지정

농림축산식품부장관은 농림업관측업무·수산업관측업무 또는 국제곡물관측업무를 효율적으로 실시하기 위하여 농업 관련 연구기관 또는 단체를 농림업관측 전담기관(국제곡물관측업무를 포함한다)으로, 수산업 관련 연구기관 또는 단체를 수산업관측 전담기관으로 지정하고, 그 운영에 필요한 경비를 충당하기 위하여 예산의 범위에서 출연금(出捐金) 또는 보조금을 지급할 수 있다. 농림업관측 전담기관은 한국농촌경제연구원으로 하고, 수산업관측 전담기관은 한국해양수산개발원으로 한다. 농수산업관측 전담기관의 업무 범위와 필요한 지원 등에 관한 세부사항은 농림축산식품부장관이 정한다.

4 계약생산 및 출하

(1) 계약생산 또는 계약출하 장려

농림축산식품부장관은 주요 농수산물의 원활한 수급과 적정한 가격 유지를 위하여 농림수협 등이나 농수산물을 공동으로 생산하거나 농수산물을 생산하여 이를 공동으로 판매·가공·홍보 또는 수출하기 위하여 지역농업협동조합, 지역축산업협동조합, 품목별·업종별협동조합, 조합공동사업법인, 품목조합연합회, 산림조합 및 수산업협동조합과 그 중앙회(농림수협 등) 중 둘 이상이 모여 결성한 조직으로서 농림축산식품부장관이 정하여 고시하는 요건을 갖춘 단체, 「농어업경영체 육성 및 지원에 관한 법률」에 따른 영농조합법인 및 영어조합법인과 농업회사법인 및 어업회사법인, 「농업협동조합법」에 따른 농협경제지주회사의 자회사, 농수산물을 공동으로 생산하거나 농수산물을 생산하여 이를 공동으로 판매·가공·홍보 또는 수출하기 위하여 농업인 또는 어업인 5인 이상이 모여 결성한 법인격이 있는 조직으로서 농림축산식품부장관이 정하여 고시하는 요건을 갖춘 단체, 생산자 단체 중 둘 이상이 모여 결성한 조직으로서 농림축산식품부장관이 정하여 고시하는 요건을 갖춘 단체 또는 농수산물 수요자와 생산자 간에 계약생산 또는 계약출하를 하도록 장려할 수 있다.

⑵ 지 원

농림축산식품부장관은 생산계약 또는 출하계약을 체결하는 생산자단체 또는 농수산물 수요자에 대하여 농산물가격안정기금 또는 「수산업법」에 따라 설치된 수산발전기금으로 계약금의 대출 등 필요한 지원을 할 수 있다.

5 가격예시

⑴ 하한가격 예시

① 농림축산식품부장관은 농림축산식품부령으로 정하는 주요 농수산물의 수급조절과 가격안정을 위하여 필요하다고 인정할 때에는 해당 농산물의 파종기 또는 수산물의 종묘입식(種苗入植) 시기 이전에 생산자를 보호하기 위한 하한가격[예시가격(豫示價格)]을 예시할 수 있다.

② 농림축산식품부장관은 예시가격을 결정할 때에는 해당 농산물의 농림업관측, 주요 곡물의 국제곡물관측 또는 수산물의 수산업관측 결과, 예상 경영비, 지역별 예상 생산량 및 예상 수급상황 등을 고려하여야 한다.

③ 농림축산식품부장관은 예시가격을 결정할 때에는 미리 기획재정부장관과 협의하여야 한다.

⑵ 가격지지

농림축산식품부장관은 가격을 예시한 경우에는 예시가격을 지지(支持)하기 위하여 농림업관측·국제곡물관측 또는 수산업관측의 지속적 실시, 계약생산 또는 계약출하의 장려, 수매 및 처분, 유통협약 및 유통조질명팅, 비축사업 능을 연계하여 적절한 시책을 추진하여야 한다.

6 과잉생산시의 생산자보호

⑴ 수 매

① **수매**: 농림축산식품부장관은 채소류 등 저장성이 없는 농수산물의 가격안정을 위하여 필요하다고 인정할 때에는 그 생산자 또는 생산자단체로부터 농산물가격안정기금 또는 수산발전기금으로 해당 농수산물을 수매할 수 있다. 다만, 가격안정을 위하여 특히 필요하다고 인정할 때에는 도매시장 또는 공판장에서 해당 농수산물을 수매할 수 있다.

② **수확 이전 수매 및 처분**: 농림축산식품부장관은 저장성이 없는 농수산물을 수매할 때에 생산조정 또는 출하조절에도 불구하고 과잉생산이 우려되는 경우와 생산자보호를 위하여 필요하다고 인정되는 경우에는 수확 이전에 생산자 또는 생산자단체로부터 이를 수매할 수 있으며, 수매한 농수산물에 대해서는 해당 농수산물의 생산지에서 폐기하는 등 필요한 처분을 할 수 있다.

③ **우선수매**: 저장성이 없는 농수산물을 수매하는 경우에는 생산계약 또는 출하계약을 체결한 생산자가 생산한 농수산물과 출하를 약정한 생산자가 생산한 농수산물을 우선적으로 수매하여야 한다.

(2) **수매 농산물의 처분**

수매한 농수산물은 판매 또는 수출하거나 사회복지단체에 기증하거나 그 밖에 필요한 처분을 할 수 있다.

(3) **업무 위탁**

농림축산식품부장관은 수매 및 처분에 관한 업무를 농업협동조합중앙회·산림조합중앙회·수산업협동조합중앙회(농림수협중앙회) 또는 「한국농수산식품유통공사법」에 따른 한국농수산식품유통공사에 위탁할 수 있다.

▨▨ 7 몰수농산물 등의 이관

(1) **이 관**

농림축산식품부장관은 국내 농산물 시장의 수급안정 및 거래질서 확립을 위하여 「관세법」 제326조[5] 및 「검찰청법」에 따라 몰수되거나 국고에 귀속된 농산물을 이관받을 수 있다.

(2) **처 분**

농림축산식품부장관은 이관받은 몰수농산물 등을 매각·공매·기부 또는 소각하거나 그 밖의 방법으로 처분할 수 있다.

(3) **처분 대행**

농림축산식품부장관은 몰수농산물 등의 처분업무를 농업협동조합중앙회 또는 한국농수산식품유통공사 중에서 지정하여 대행하게 할 수 있다.

---

5) 관세법 제326조 제6항: 세관장은 몰수품 등이 농산물인 경우로서 국내시장의 수급조절과 가격안정을 도모하기 위하여 농림축산식품부장관이 요청할 때에는 몰수품 등을 농림축산식품부장관에게 이관할 수 있다. 세관장은 공매 그 밖의 방법으로 처분할 수 있는 몰수품 등이 농산물(몰수농산물)인 경우에는 관세청장이 정하는 바에 따라 농림축산식품부장관에게 이를 통보하여야 한다. 통보를 받은 농림축산식품부장관이 몰수농산물을 이관받고자 하는 경우에는 통보받은 날부터 20일 이내에 관세청장이 정하는 바에 따라 이관요청서를 세관장에게 제출하여야 한다. 세관장은 농림축산식품부장관이 제2항의 규정에 의한 기한 내에 이관요청서를 제출하지 아니하는 경우에는 처분할 수 있다. 농림축산식품부장관의 요청에 따라 이관하는 몰수농산물에 대한 보관료 및 관리비는 관세청장이 정하는 바에 따라 농림축산식품부장관이 지급하여야 한다.

(4) 몰수농산물 등의 인수

농림축산식품부장관은 몰수농산물 등을 이관받으려는 경우에는 처분대행기관의 장에게 이를 인수하도록 통보하여야 한다. 인수통보를 받은 처분대행기관장은 이관받은 품목의 품명·규격·수량·성질 및 상태 등을 정확히 파악한 후 인수하고, 그 결과를 농림축산식품부장관에게 지체 없이 보고하여야 한다.

(5) 비용처리 및 대금납입

몰수농산물 등의 처분으로 발생하는 비용 또는 매각·공매 대금은 농산물가격안정기금으로 지출 또는 납입하여야 한다.

8 주산지

(1) 지 정

① **지정 및 지원**: 시·도지사는 농수산물의 경쟁력 제고 꼬는 수급(需給)을 조절하기 위하여 생산 및 출하를 촉진 또는 조절할 필요가 있다고 인정할 때에는 주요 농수산물의 생산지역이나 생산수면을 지정하고 그 주산지에서 주요 농수산물을 생산하는 자에 대하여 생산자금의 융자 및 기술지도 등 필요한 지원을 할 수 있다.

② **주요 농수산물 품목 지정 및 고시**: 주요 농수산물은 국내 농수산물의 생산에서 차지하는 비중이 크거나 생산·출하의 조절이 필요한 것으로서 농림축산식품부장관이 지정하는 품목으로 한다. 농림축산식품부장관은 주요 농수산물 품목을 지정하였을 때에는 이를 고시하여야 한다.

(2) 주산지 지정요건

주산지는 주요 농수산물의 재배면적 또는 양식면적이 농림축산식품부장관이 고시하는 면적 이상이고 주요 농수산물의 출하량이 농림축산식품부장관이 고시하는 수량 이상인 지역 또는 수면(水面) 중에서 구역을 정하여 지정한다.

(3) 절 차

① 주요 농수산물의 생산지역이나 생산수면(주산지)의 지정은 읍·면·동 또는 시·군·구 단위로 한다.

② 특별시장·광역시장·특별자치시장·도지사 또는 특별자치도지사는 주산지를 지정하였을 때에는 이를 고시하고 농림축산식품부장관에게 통지하여야 한다.

③ 주산지 지정의 변경 또는 해제절차는 지정절차를 준용한다.

(4) 주산지협의체의 구성 등

① **협의체 설치** : 주산지의 시·도지사는 주산지의 지정목적 달성 및 주요 농수산물 경영체 육성을 위하여 생산자 등으로 구성된 주산지협의체(이하 "협의체"라 한다)를 설치할 수 있다.

    ㉠ 설치 : 시·도지사는 협의체를 주산지별 또는 시·도 단위별로 설치할 수 있다.

    ㉡ 구성 : 협의체는 20명 이내의 위원으로 구성하며, 위원은 다음 어느 하나에 해당하는 사람 중에서 시·도지사가 지명 또는 위촉한다.

        ⓐ 해당 시·도 소속 공무원

        ⓑ 「농업·농촌 및 식품산업 기본법」 제3조 제2호에 따른 농업인 또는 「수산업·어촌 발전 기본법」 제3조 제3호에 따른 어업인

        ⓒ 「농업·농촌 및 식품산업 기본법」 제3조 제4호에 따른 생산자단체의 대표·임직원 또는 「수산업·어촌 발전 기본법」 제3조 제5호에 따른 생산자단체의 대표·임직원

        ⓓ 산지유통인

        ⓔ 해당 농수산물 품목에 관한 전문적 지식이나 경험을 가진 사람 중 시·도지사가 필요하다고 인정하는 사람

    ㉢ 위원장 : 협의체의 위원장은 위원 중에서 호선하되, 공무원인 위원과 위촉된 위원 각 1명을 공동위원장으로 선출할 수 있다.

    ㉣ 협의체의 구성과 운영에 관한 세부사항은 농림축산식품부장관 또는 해양수산부장관이 정한다

② **중앙주산지협의회** : 협의체는 주산지 간 정보 교환 및 농수산물 수급조절 과정에의 참여 등을 위하여 공동으로 품목별 중앙주산지협의회(중앙협의회)를 구성·운영할 수 있다.

    ㉠ 구성 : 중앙협의회는 20명 이내의 위원으로 구성하며, 위원은 다음 어느 하나에 해당하는 사람이 된다.

        ⓐ 각 협의체가 추천한 협의체의 위원 중 농림축산식품부장관 또는 해양수산부장관이 위촉하는 사람 10명 이내

        ⓑ 농림축산식품부장관이 지명하는 농림축산식품부 소속 공무원 3명 이내 또는 해양수산부장관이 지명하는 해양수산부 소속 공무원 3명 이내

        ⓒ 해당 농수산물 품목에 관한 전문적 지식이나 경험을 가진 사람 중 농림축산식품부장관 또는 해양수산부장관이 필요하다고 인정하여 위촉하는 사람

    ㉡ 위원장 : 중앙협의회의 위원장은 위원 중에서 호선하되, 공무원인 위원과 위촉된 위원 각 1명을 공동위원장으로 선출할 수 있다.

    ㉢ 중앙협의회의 구성과 운영에 관한 세부사항은 중앙협의회 위원의 의견을 들어 위원장이 정한다.

③ **지원** : 국가 또는 지방자치단체는 협의체 및 중앙협의회의 원활한 운영을 위하여 필요한 경비의 일부를 지원할 수 있다.

9 비축사업

(1) 비축사업 목적 및 수매방법

① **가격 안정을 위한 비축 또는 출하 조절** : 농림축산식품부장관은 농수산물(쌀과 보리는 제외한다)의 수급조절과 가격안정을 위하여 필요하다고 인정할 때에는 농산물가격안정기금 또는 수산발전기금으로 농수산물을 비축하거나 농수산물의 출하를 약정하는 생산자에게 그 대금의 일부를 미리 지급하여 출하를 조절할 수 있다.

② **비축방법** : 비축용 농수산물은 생산자 및 생산자단체로부터 수매하여야 한다. 다만, 가격안정을 위하여 특히 필요하다고 인정할 때에는 도매시장 또는 공판장에서 수매하거나 수입할 수 있다. 농림축산식품부장관은 비축용 농수산물을 수입하는 경우 국제가격의 급격한 변동에 대비하여야 할 필요가 있다고 인정할 때에는 선물거래(先物去來)를 할 수 있다.

(2) 비축사업 등의 위탁

① **위탁대상사업** : 농림축산식품부장관은 다음의 비축 또는 출하조절 사업을 농업협동조합중앙회·산림조합중앙회·수산업협동조합중앙회 또는 한국농수산식품유통공사에 위탁하여 실시한다.

> **위탁대상사업**
> ㉠ 비축용 농수산물의 수매·수입·포장·수송·보관 및 판매
> ㉡ 비축용 농수산물을 확보하기 위한 재배·양식·선매 계약의 체결
> ㉢ 농수산물의 출하약정 및 선급금(先給金)의 지급
> ㉣ ㉠~㉢에 따른 사업의 정산

② **위탁방법** : 농림축산식품부장관은 농수산물의 비축사업 등을 위탁할 때에는 대상 농수산물의 품목 및 수량, 대상 농수산물의 품질·규격 및 가격, 대상농산물의 안전성 확인 방법, 대상 농수산물의 판매방법·수매 또는 수입시기 등 사업실시에 필요한 사항을 정하여 위탁하여야 한다.

(3) 비축사업 등의 자금의 집행·관리

① **자금지급** : 농림축산식품부장관은 농수산물의 비축사업 등을 위탁하였을 때에는 그 사업에 필요한 자금의 개산액(槪算額)을 농산물가격안정기금 또는 수산발전기금에서 해당 사업의 위탁을 받은 자(비축사업실시기관)에게 지급하여야 한다.

② **회계처리** : 비축사업실시기관은 비축사업 등을 위한 자금(비축사업 등 자금)을 지급받았을 때에는 해당 기관의 회계와 구분하여 별도의 계정을 설치하고 비축사업 등의 실시에 따른 수입과 지출을 구분하여 회계처리하여야 한다.

③ **정산** : 비축사업실시기관의 장은 사업이 끝났을 때에는 지체 없이 해당 사업에 대한 정산을 하고, 그 결과를 농림축산식품부장관에게 보고하여야 한다.

(4) 사업의 비용처리

농림축산식품부장관은 수매와 비축사업의 시행에 따라 생기는 감모(減耗), 가격 하락, 판매·수출·기증과 그 밖의 처분으로 인한 원가 손실 및 수송·포장·방제(防除) 등 사업실시에 필요한 관리비를 그 사업의 비용으로 처리한다.

① 비축사업 등 자금을 사용함에 있어서 그 경비를 산정하기 어려운 수매·판매 등에 관한 사업 관리비와 비축사업 등을 위탁한 경우 비축사업실시기관에 지급하는 비축사업 등 자금의 관리비는 농림축산식품부장관이 정하는 기준에 따라 산정되는 금액으로 한다.

② 비축사업 등의 실시과정에서 발생한 농수산물의 감모(減耗)에 대해서는 농림축산식품부장관이 정하는 한도에서 비용으로 처리한다.

③ 화재·도난·침수 등의 사고로 인하여 비축한 농수산물이 멸실·훼손·부패 또는 변질된 경우의 피해에 대해서는 비축사업실시기관이 변상한다. 다만, 그 사고가 불가항력으로 인한 것인 경우에는 기금에서 손비(損費)로 처리한다.

▋10 농산물의 수입추천

(1) 수입추천

「세계무역기구 설립을 위한 마라케쉬협정」에 따른 대한민국 양허표(讓許表)상의 시장접근물량에 적용되는 양허세율(讓許稅率)로 수입하는 농산물 중 다른 법률에서 달리 정하지 아니한 농산물을 수입하려는 자는 농림축산식품부장관의 추천을 받아야 한다.

(2) 수입추천의 대행

농림축산식품부장관은 농산물의 수입에 대한 추천업무를 농림축산식품부장관이 지정하는 비영리법인으로 하여금 대행하게 할 수 있다. 이 경우 품목별 추천물량 및 추천기준과 그 밖에 필요한 사항은 농림축산식품부장관이 정한다.

(3) 절 차

농산물을 수입하려는 자는 사용용도와 「관세법 시행령」에 따른 관세·통계통합품목분류표상의 품목번호, 품명, 수량, 총금액을 적어 수입 추천신청을 하여야 한다.

(4) 수입 판매

농림축산식품부장관은 필요하다고 인정할 때에는 추천 대상 농산물 중 ① 비축용 농산물로 수입·판매하게 할 수 있는 품목(고추·마늘·양파·생강·참깨), ② 생산자단체를 지정하여 수입·판매하게 할 수 있는 품목(오렌지·감귤류)을 비축용 농산물로 수입하거나 생산자단체를 지정하여 수입하여 판매하게 할 수 있다.

(5) 수입이익금의 징수

농림축산식품부장관은 추천을 받아 농산물을 수입하는 자에 대하여 국내가격과 수입가격 간의 차액의 범위에서 수입이익금을 부과·징수할 수 있다. 품목 및 금액산정방법은 다음과 같다.

① **고추·마늘·양파·생강·참깨**: 해당 품목의 판매수입금에서 농림축산식품부장관이 정하여 고시하는 비용산정 기준 및 방법에 따라 산정된 물품대금, 운송료, 보험료, 그 밖에 수입에 드는 비목(費目)의 비용과 각종 공과금, 보관료, 운송료, 판매수수료 등 국내판매에 드는 비목의 비용을 뺀 금액 또는 해당 품목의 수입자로 결정된 자가 수입자 결정시 납입 의사를 표시한 금액

② **참기름·오렌지·감귤류**: 해당 품목의 수입자로 결정된 자가 수입자 결정시 납입 의사를 표시한 금액

(6) 납 부

① 수입이익금을 납부하여야 하는 자는 수입이익금을 농림축산식품부장관이 고지하는 기한까지 농산물가격안정기금에 납입하여야 한다. 이 경우 수입이익금이 1천만원 이하인 경우에는 신용카드, 직불카드 등으로 납입할 수 있다.

② 수입이익금을 정하여진 기한까지 내지 아니하면 국세 체납처분의 예에 따라 징수할 수 있다.

(7) 환 급

농림축산식품부장관은 징수한 수입이익금이 과오납되는 등의 사유로 환급이 필요한 경우에는 농림축산식품부령으로 정하는 바에 따라 환급하여야 한다. 농림축산식품부장관은 수입이익금의 환급을 해야 하는 경우에는 지체 없이 환급하여야 할 금액을 납부자에게 알려야 한다. 이 경우 수입이익금 납부일 다음 날부터 환급 결정을 하는 날까지의 기간에 대하여 환급가산금을 합산하여 환급액을 정한다. 수입이익금 환급금과 환급가산금은 기금에서 지급한다.

제 5 절 농수산물 유통기구의 정비 등

1 정비기본방침

농림축산식품부장관은 농수산물의 원활한 수급과 유통질서를 확립하기 위하여 필요한 경우에는 다음의 사항을 포함한 농수산물 유통기구 정비기본방침(기본방침)을 수립하여 고시할 수 있다.

① 시설기준에 미달하거나 거래물량에 비하여 시설이 부족하다고 인정되는 도매시장·공판장 및 민영도매시장의 시설 정비에 관한 사항

② 도매시장·공판장 및 민영도매시장 시설의 바꿈 및 이전에 관한 사항

③ 중도매인 및 경매사의 가격조작 방지에 관한 사항

④ 생산자와 소비자 보호를 위한 유통기구의 봉사(奉仕) 경쟁체제의 확립과 유통 경로의 단축에 관한 사항

⑤ 운영 실적이 부진하거나 휴업 중인 도매시장의 정비 및 도매시장법인이나 시장도매인의 교체에 관한 사항

⑥ 소매상의 시설 개선에 관한 사항

2 지역별 정비

(1) **계획수립 및 승인**: 시·도지사는 기본방침이 고시된 때에는 그 기본방침에 따라 지역별 정비계획을 수립하고 농림축산식품부장관의 승인을 얻어 이를 시행하여야 한다.

(2) **수정·보완 승인**: 농림축산식품부장관은 지역별 정비계획의 내용이 기본방침에 부합되지 아니하거나 사정의 변경 등으로 실효성이 없다고 인정하는 때에는 그 일부를 수정 또는 보완하여 승인할 수 있다.

3 유사도매시장의 정비

(1) 시·도지사는 농수산물의 공정거래질서의 확립을 위하여 필요한 경우에는 농수산물유사도매시장의 정비를 위하여 유사도매시장구역을 지정하고, 농림축산식품부령이 정하는 바에 따라 그 구역 안의 농수산물도매업자의 거래방법개선·시설개선·이전대책 등에 관한 정비계획을 수립·시행할 수 있다.

(2) 특별시·광역시·특별자치시·특별자치도 또는 시는 정비계획에 따라 유사도매시장구역 안에 도매시장을 개설하고, 그 구역 안의 농수산물도매업자를 도매시장법인 또는 시장도매인으로 지정하여 운영하게 할 수 있다.

(3) 농림축산식품부장관은 정비계획의 내용을 수정 또는 보완하게 할 수 있으며, 정비계획의 추진에 필요한 지원을 할 수 있다.

(4) 시·도지사는 ① 특별시·광역시, ② 국고지원에 의하여 도매시장을 건설하는 지역, ③ 그 밖에 시·도지사가 농수산물의 공공거래질서의 확립을 위하여 특히 필요하다고 인정하는 지역 안에 있는 유사도매시장의 정비계획을 수립하여야 한다.

(5) **유사도매시장의 정비계획에 포함되어야 할 사항**

① 유사도매시장구역으로 지정하고자 하는 구체적인 지역의 범위

② 유사도매시장구역으로 지정하고자 하는 지역 안에 있는 농수산물도매업자의 거래방법의 개선방안

③ 유사도매시장의 시설개선 및 이전대책

④ 대책을 시행하는 때의 대상자의 선발기준

4 시장의 개설·정비명령

(1) **통합·이전 또는 폐쇄명령**

① 농림축산식품부장관 또는 해양수산부장관은 기본방침을 효과적으로 수행하기 위하여 필요하다고 인정할 때에는 도매시장·공판장 및 민영도매시장의 개설자에 대하여 대통령령으로 정하는 바에 따라 도매시장·공판장 및 민영도매시장의 통합·이전 또는 폐쇄를 명할 수 있다.

② 농림축산식품부장관 또는 해양수산부장관이 법 제65조 제1항에 따라 도매시장, 농수산물공판장(공판장) 및 민영농수산물도매시장(민영도매시장)의 통합·이전 또는 폐쇄를 명령하려는 경우에는 그에 필요한 적정한 기간을 두어야 하며, ㉠ 최근 2년간의 거래실적과 거래추세, ㉡ 입지조건, ㉢ 시설현황, ㉣ 통합·이전 또는 폐쇄로 인하여 당사자가 입게 될 손실의 정도를 비교·검토하여 조건이 불리한 시장을 통합·이전 또는 폐쇄하도록 하여야 한다.

③ 농림축산식품부장관은 도매시장·공판장 및 민영도매시장의 통합·이전 또는 폐쇄를 명하려면 미리 관계인에게 소명을 하거나 의견을 진술할 수 있는 기회를 주어야 한다.

④ **손실 보상**: 정부는 명령으로 인하여 발생한 도매시장·공판장 및 민영도매시장의 개설자 또는 도매시장법인의 손실에 관하여는 정당한 보상을 하여야 하며, 농림축산식품부장관은 명령으로 인하여 발생한 손실에 대한 보상을 하려는 경우에는 미리 관계인과 협의를 하여야 한다.

(2) **개설·제한 명령**

농림축산식품부장관 또는 해양수산부장관은 농수산물을 원활하게 수급하기 위하여 특정한 지역에 도매시장이나 공판장을 개설하거나 제한할 필요가 있다고 인정할 때에는 그 지역을 관할하는 특별시·광역시·특별자치시·특별자치도 또는 시나 농림수협등 또는 공익법인에 대하여 도매시장이나 공판장을 개설하거나 제한하도록 권고할 수 있다.

▎5 ▏ 도매시장법인의 대행

(1) 대행 가능기관

도매시장의 개설자는 도매시장법인이 판매업무를 행할 수 없게 되었다고 인정되는 때에는 기간을 정하여 그 업무를 대행하거나 관리공사 또는 다른 도매시장법인 또는 도매시장공판장의 개설자로 하여금 대행하게 할 수 있다.

(2) 업무처리 기준

도매시장법인의 업무를 대행하는 자에 대한 업무처리기준 그 밖에 대행에 관하여 필요한 사항은 도매시장의 개설자가 이를 정한다.

▎6 ▏ 유통시설의 개선

(1) 농림축산식품부장관은 농수산물의 원활한 유통을 위하여 도매시장·공판장 및 민영도매시장의 개설자나 도매시장법인에 대하여 농수산물의 판매·수송·보관·저장시설의 개선·정비를 명할 수 있다.

(2) 도매시장·공판장 및 민영도매시장이 보유하여야 하는 시설의 기준은 부류별로 그 지역의 인구 및 거래물량 등을 고려하여 정한다.

(3) 개설허가권자 또는 시·도지사는 축산부류의 도매시장 및 공판장의 개설자에 대하여 시설 외에 「축산물 위생관리법」에 의한 도축장 또는 도계장 시설을 갖추게 할 수 있다.

▎7 ▏ 농수산물소매유통의 개선

(1) 농림축산식품부장관 또는 지방자치단체의 장은 생산자와 소비자의 보호 및 상거래질서를 확립하기 위한 농수산물소매단계의 합리적 유통개선에 대한 시책을 수립·시행할 수 있다.

(2) 농림축산식품부장관은 시책을 달성하기 위하여 농수산물의 중도매업·소매업, 생산자와 소비자의 직거래사업, 생산자단체, 소비자단체 및 지방자치단체의 장이 직거래사업의 활성화를 위하여 필요하다고 인정하여 지정하는 단체가 운영하는 농수산물직판장, 소매시설의 현대화 등을 지원·육성한다.

(3) 농림축산식품부장관이 지원할 수 있는 사업

> **지원대상사업**
> ① 농수산물의 생산자 또는 생산자단체와 소비자 또는 소비자단체 간의 직거래사업
> ② 농수산물소매시설의 현대화 및 운영에 관한 사업
> ③ 농수산물직판장의 설치 및 운영에 관한 사업
> ④ 그 밖에 농수산물직거래 및 소매유통의 활성화를 위하여 농림축산식품부장관이 인정하는 사업

(4) 농림축산식품부장관 또는 지방자치단체의 장은 농수산물소매업자 등이 농수산물의 유통개선과 공동이익의 증진 등을 위하여 협동조합을 설립하는 경우에는 도매시장 또는 공판장의 이용편의 등을 지원할 수 있다.

8 유통자회사의 설립

(1) 농림수협 등은 농수산물유통의 효율화를 도모하기 위하여 필요한 경우에는 종합유통센터, 도매시장공판장의 운영과 다음과 같은 유통사업을 하는 별도의 법인(유통자회사)을 설립·운영할 수 있다.

① 농림수협 등이 설치한 농수산물직판장 등 소비지유통사업
② 농수산물의 상품화촉진을 위한 규격화 및 포장개선사업
③ 그 밖에 농수산물의 운송·저장사업 등 농수산물 유통의 효율화를 위한 사업

(2) 유통자회사는 「상법」상의 회사이어야 한다.

(3) 국가 또는 지방자치단체는 유통자회사의 원활한 운영을 위하여 필요한 지원을 할 수 있다.

9 유통정보화의 촉진

(1) 농림축산식품부장관은 유통정보의 원활한 수집·처리 및 전파를 통하여 농수산물의 유통효율 향상에 이바지할 수 있도록 농수산물 유통정보화와 관련한 사업을 지원하여야 한다.

(2) 농림축산식품부장관은 정보화사업을 추진하기 위하여 정보기반의 정비, 정보화를 위한 교육 및 홍보사업을 직접 수행하거나 이에 필요한 지원을 할 수 있다.

10 재정지원

정부는 농수산물유통구조 개선과 유통기구의 육성을 위하여 도매시장·공판장 및 민영도매시장의 개설자에 대하여 예산의 범위 안에서 융자하거나 보조금을 지급할 수 있다.

11 거래질서의 유지

(1) 누구든지 도매시장에서의 정상적인 거래와 도매시장의 개설자가 정하여 고시하는 시설물의 사용기준을 위반하거나 적절한 위생·환경의 유지를 저해해서는 아니 되며, 도매시장의 개설자는 도매시장에서의 거래질서가 유지되도록 필요한 조치를 하여야 한다.

(2) 농림축산식품부장관, 도지사 또는 도매시장의 개설자는 소속공무원으로 하여금 법을 위반하는 자를 단속하게 할 수 있다.

(3) 농림축산식품부장관은 위법행위에 대한 단속을 효과적으로 실시하기 위하여 필요한 경우 이에 대한 단속지침을 정할 수 있으며, 단속을 하는 공무원은 그 권한을 표시하는 증표를 관계인에게 내보여야 한다.

12 교육훈련

(1) 교육훈련 대상자

농림축산식품부장관은 농수산물의 유통개선을 촉진하기 위하여 경매사·중도매인 등 다음의 유통종사자에 대하여 교육훈련을 실시할 수 있다.

> **교육훈련 대상자**
>
> ① 도매시장법인, 공공출자법인, 공판장(도매시장공판장을 포함한다) 및 시장도매인의 임직원
> ② 경매사
> ③ 중도매인(법인을 포함한다)
> ④ 산지유통인
> ⑤ 종합유통센터를 운영하는 자의 임직원
> ⑥ 농수산물의 출하조직을 구성·운영하고 있는 농어업인
> ⑦ 농수산물의 저장·가공업에 종사하는 자
> ⑧ 그 밖에 농림축산식품부장관이 필요하다고 인정하는 자

(2) 경매사 교육훈련 및 교육 위탁

도매시장법인 또는 공판장의 개설자가 임명한 경매사는 농림축산식품부장관 또는 해양수산부장관이 실시하는 2년마다 교육훈련을 이수하여야 한다.

농림축산식품부장관 또는 해양수산부장관은 유통종사자에 대한 교육훈련을 한국농수산식품유통공사에 위탁하여 실시한다. 이 경우 도매시장법인 또는 시장도매인의 임원이나 경매사로 신규 임용 또는 임명되었거나 중도매업의 허가를 받은 자(법인의 경우에는 임원을 말한다)는 그 임용·임명 또는 허가 후 1년(2016년 7월 1일부터 2018년 7월 1일까지 임용·임명 또는 허가를 받은 자는 1년 6개월) 이내에 교육훈련을 받아야 한다. 교육훈련의 위탁을 받은 한국농수산식품유통공사의 장은 매년도의 교육훈련계획을 수립하여 농림축산식품부장관 또는 해양수산부장관에게 보고하여야 한다.

13 실태조사

농림축산식품부장관은 도매시장의 효율적인 운영·관리를 위하여 필요하다고 인정하는 때에는 한국농수산식품유통공사 및 한국농촌경제연구원으로 하여금 도매시장에 대한 실태조사를 하게 하거나 운영·관리의 지도를 하게 할 수 있다.

14 평가의 실시

(1) 평 가

① 농림축산식품부장관 또는 해양수산부장관은 도매시장 개설자의 의견을 수렴하여 ㉠ 해당 도매시장의 거래제도 및 물류체계 개선 등 운영·관리와 ㉡ 도매시장법인공판장, 시장도매인의 거래실적, 재무건전성 등 경영관리에 관한 평가를 실시하여야 한다. 이 경우 도매시장 개설자는 평가에 필요한 자료를 농림축산식품부장관 또는 해양수산부장관에게 제출하여야 한다.

② 도매시장 개설자는 중도매인의 거래 실적, 재무 건전성 등 경영관리에 관한 평가를 실시할 수 있다. 도매시장의 개설자는 평가결과와 시설규모, 거래액 등을 고려하여 도매시장법인, 시장도매인, 공판장의 개설자, 중도매인에 대하여 시설사용면적의 조정·차등지원 등의 조치를 할 수 있다.

③ 농림축산식품부장관은 중앙평가 결과에 따라 도매시장 개설자에게 다음 명령이나 권고를 할 수 있다.
  ㉠ 부진한 사항에 대한 시정명령
  ㉡ 부진한 도매시장의 관리를 관리공사 또는 한국농수산식품유통공사에 위탁 권고
  ㉢ 도매시장법인, 시장도매인 또는 도매시장공판장에 대한 시설 사용면적의 조정, 차등 지원 등의 조치명령

④ **도매시장 및 공판장의 평가 절차 및 방법**
  ㉠ 농림축산식품부장관 또는 해양수산부장관은 다음 연도의 평가대상·평가기준 및 평가방법 등을 정하여 매년 12월 31일까지 도매시장 개설자와 도매시장법인·도매시장공판장·시장도매인(도매시장법인 등)에게 통보
  ㉡ 도매시장법인 등은 재무제표 및 평가기준에 따라 작성한 실적보고서를 다음 연도 3월 15일까지 도매시장 개설자에게 제출
  ㉢ 도매시장 개설자는 다음 자료를 다음 연도 3월 31일까지 농림축산식품부장관 또는 해양수산부장관에게 제출
    ⓐ 도매시장개설자가 평가기준에 따라 작성한 도매시장 운영·관리 보고서
    ⓑ 도매시장법인 등이 제출한 재무제표 및 실적보고서
  ㉣ 농림축산식품부장관 또는 해양수산부장관은 평가기준 및 평가방법에 따라 평가를 실시하고, 그 결과를 공표

⑤ 도매시장 개설자가 중도매인에 대한 평가를 하는 경우에는 운영규정에 따라 평가기준, 평가방법 등을 평가대상 연도가 도래하기 전까지 미리 통보한 후 중도매인으로부터 제출받은 자료로 연간 운영실적을 평가하고 그 결과를 공표할 수 있다.

⑥ 그 밖에 도매시장 평가 실시 및 그 평가 결과에 따른 조치에 관한 세부 사항은 농림축산식품부장관 또는 해양수산부장관이 정한다.

(2) 도매시장법인 또는 시장도매인의 지정취소

도매시장 개설자는 도매시장법인 또는 시장도매인이 다음 어느 하나에 해당하는 경우에는 도매시장법인 또는 시장도매인의 지정을 취소할 수 있다.

① 중앙평가 결과 해당 지정기간에 3회 이상 또는 2회 연속 부진평가를 받은 경우

② 중앙평가 결과 해당 지정기간에 3회 이상 재무건전성 평가점수가 도매시장법인 또는 시장도매인의 평균점수의 3분의 2 이하인 경우

(3) 공판장 승인 취소

시·도지사는 도매시장공판장이 중앙평가결과 최근 5년간 3회 이상 또는 2회 연속 부진평가를 받은 경우 도매시장공판장의 승인을 취소할 수 있다.

15 위원회 설치

도매시장의 효율적인 운영·관리를 위하여 도매시장의 개설자 소속으로 시장관리운영위원회(위원회)를 둔다.

(1) 위원회의 심의사항

① 도매시장의 거래제도 및 거래방법의 선택에 관한 사항
② 수수료·시장사용료·하역비 등 각종 비용 결정에 관한 사항
③ 도매시장 출하품의 안전성 향상 및 규격화의 촉진에 관한 사항
④ 도매시장의 거래질서 확립에 관한 사항
⑤ 정가·수의매매 등 거래 농수산물의 매매방법 운용기준에 관한 사항
⑥ 최소출하량 기준의 결정에 관한 사항
⑦ 그 밖에 도매시장의 개설자가 특히 필요하다고 인정하는 사항

(2) 위원회의 구성·운영

시장관리운영위원회는 위원장 1명을 포함한 20명 이내의 위원으로 구성하며, 시장관리운영위원회의 구성·운영 등에 필요한 사항은 도매시장 개설자가 업무규정으로 정한다.

16 도매시장거래 분쟁조정위원회

도매시장 내 농수산물의 거래당사자 간의 분쟁에 관한 사항을 조정하기 위하여 도매시장의 개설자 소속으로 도매시장거래 분쟁조정위원회(조정위원회)를 둘 수 있다.

(1) 분쟁의 심의 · 조정

조정위원회는 당사자의 일방 또는 쌍방의 신청에 따라 다음의 분쟁을 심의 · 조정한다.

> **조정대상**
>
> ① 낙찰자결정에 관한 분쟁
> ② 낙찰가격에 관한 분쟁
> ③ 거래대금의 지급에 관한 분쟁
> ④ 그 밖에 도매시장의 개설자가 특히 필요하다고 인정하는 분쟁

(2) 위원회의 구성 · 운영

① 도매시장거래 분쟁조정위원회(조정위원회)는 위원장 1명을 포함하여 9명 이내의 위원으로 구성하며, 위원장은 위원 중에서 도매시장의 개설자가 지정하는 사람으로 한다.

② 조정위원회의 위원은 다음의 어느 하나에 해당하는 사람 중에서 도매시장의 개설자가 임명하거나 위촉한다. 이 경우 출하자를 대표하는 사람과 변호사의 자격이 있는 사람이 1명 이상 포함되어야 한다.

> **조정위원회 자격**
>
> ㉠ 출하자를 대표하는 사람
> ㉡ 변호사의 자격이 있는 사람
> ㉢ 도매시장 업무에 관한 학식과 경험이 풍부한 사람
> ㉣ 소비자단체에서 3년 이상 근무한 경력이 있는 사람

③ 조정위원회의 위원의 임기는 2년으로 한다.

④ 조정위원회에 출석한 위원에게는 예산의 범위에서 수당과 여비를 지급할 수 있다. 다만, 공무원인 위원이 소관업무와 직접적으로 관련하여 조정위원회의 회의에 출석하는 경우에는 그러하지 아니하다.

⑤ 조정위원회의 구성 · 운영 등에 관한 세부사항은 도매시장의 개설자가 업무규정으로 정한다.

(3) 분쟁조정의 신청

도매시장 거래 당사자 간에 발생한 분쟁에 대하여 당사자는 조정위원회에 분쟁조정을 신청할 수 있다.

① 조정위원회의 효율적인 운영을 위하여 분쟁조정을 신청받은 조정위원회의 위원장은 조정위원회를 개최하기 전에 사전 조정을 실시하여 분쟁 당사자 간 합의를 권고할 수 있다.

② 분쟁조정을 신청받은 조정위원회는 신청을 받은 날부터 30일 이내에 분쟁사항을 심의 · 조정하여야 하며, 이 경우 조정위원회는 필요하다고 인정하는 경우 분쟁 당사자의 의견을 들을 수 있다.

제 6 절 농산물가격안정기금

1 기금의 설치

정부는 농산물(축산물 및 임산물을 포함)의 원활한 수급과 가격안정을 도모하고 유통구조의 개선을 촉진하기 위한 재원을 확보하기 위하여 농산물가격안정기금(기금)을 설치한다.

2 기금의 조성

(1) 재 원

기금은 다음의 재원으로 조성한다.

① 정부의 출연금

② 기금운용수익금

③ 몰수농산물 등의 처분으로 발생하는 비용 또는 매각 · 공매대금 · 수입이익금 및 다른 법률의 규정에 의하여 납입되는 금액

④ 다른 기금으로부터의 출연금

(2) 자금 차입

농림축산식품부장관은 기금의 운영에 필요하다고 인정할 때에는 기금의 부담으로 한국은행 또는 다른 기금으로부터 자금을 차입(借入)할 수 있다.

3 기금의 운용 · 관리

(1) 운용 · 관리권자

기금은 국가회계원칙에 따라 농림축산식품부장관이 운용 · 관리한다.

(2) 위임 · 위탁

① 기금의 운용 · 관리에 관한 농림축산식품부장관의 업무는 그 일부를 국립종자원장과 한국농수산식품유통공사의 장에게 위임 또는 위탁할 수 있다.

② 농림축산식품부장관은 기금의 운용 · 관리에 관한 업무 중 다음 업무를 한국농수산식품유통공사의 장에게 위탁한다.

　㉠ 종자사업과 관련한 업무를 제외한 기금의 수입 · 지출

　㉡ 종자사업과 관련한 업무를 제외한 기금재산의 취득 · 운영 · 처분 등

　㉢ 기금의 여유자금의 운용

　㉣ 그 밖에 기금의 운용 · 관리에 관한 사항으로서 농림축산식품부장관이 정하는 업무

4 기금의 용도

(1) 기금의 융자 · 대출

① 기금은 다음의 사업을 위하여 필요한 경우에 융자 또는 대출할 수 있다.

> **기금의 융자 · 대출대상**
>
> ㉠ 농산물의 가격조절과 생산 · 출하의 장려 또는 조절
> ㉡ 농산물의 수출 촉진
> ㉢ 농산물의 보관 · 관리 및 가공
> ㉣ 도매시장, 공판장, 민영도매시장 및 경매식 집하장(농수산물집하장 중 경매 또는 입찰의 방법으로 농수산물을 판매하는 집하장을 말한다)의 출하촉진 · 거래대금정산 · 운영 및 시설설치
> ㉤ 농산물의 상품성 향상
> ㉥ 그 밖에 농림축산식품부장관이 농산물의 유통구조 개선, 가격안정 및 종자산업의 진흥을 위하여 필요하다고 인정하는 사업

② 기금의 융자를 받을 수 있는 자는 농업협동조합중앙회, 산림조합중앙회 및 한국농수산식품유통공사로 하고, 대출을 받을 수 있는 자는 농림축산식품부장관이 사업을 효율적으로 시행할 수 있다고 인정하는 자로 한다.

③ 기금을 융자 또는 대출받은 자는 융자 또는 대출을 할 때에 지정한 목적 외의 목적에 그 융자금 또는 대출금을 사용할 수 없다.

(2) 지 출

기금은 다음의 사업을 위하여 지출한다.

> **기금의 용도**
>
> ① 「농수산자조금의 조성 및 운용에 관한 법률」 제5조에 따른 농수산자조금에 대한 출연 및 지원
> ② 과잉생산시의 생산자보호(제9조), 몰수농산물의 처분비용(제9조의2), 비축사업(제13조) 및 「종자산업법」 제121조의 규정에 의한 사업 및 당해 사업의 관리
> ③ 기금이 관리하는 유통시설의 설치 · 취득 및 운영, 유통명령 이행자에 대한 지원
> ④ 도매시장 시설현대화 사업 지원
> ⑤ 농산물의 가공 · 포장 및 서장기술의 개발, 브랜드 육성, 저온유통, 유통정보화 및 물류 표준화의 촉진
> ⑥ 농산물의 유통구조 개선 및 가격안정사업과 관련된 조사 · 연구 · 홍보 · 지도 · 교육훈련 및 해외시장 개척
> ⑦ 종자산업의 진흥과 관련된 우수 종자의 품종육성 · 개발, 우수 유전자원의 수집 및 조사 · 연구
> ⑧ 식량작물과 축산물을 제외한 농산물의 유통구조 개선을 위한 생산자의 공동이용시설에 대한 지원
> ⑨ 농산물 가격안정을 위한 안전성 강화와 관련된 조사 · 연구 · 홍보 · 지도 · 교육훈련 및 검사 · 분석시설 지원

5 기금의 회계기관

(1) 농림축산식품부장관은 기금의 수입과 지출에 관한 사무를 행하게 하기 위하여 소속공무원 중에서 기금수입징수관·기금재무관·기금지출관 및 기금출납공무원을 임명한다.

(2) 농림축산식품부장관은 기금의 운용·관리에 관한 업무의 일부를 위임 또는 위탁한 경우, 위임 또는 위탁받은 기관의 소속공무원 또는 임직원 중에서 위임 또는 위탁받은 업무를 수행하기 위한 기금수입징수관 또는 기금수입담당임원, 기금재무관 또는 기금지출원인행위담당임원, 기금지출관 또는 기금지출원 및 기금출납공무원 또는 기금출납원을 임명하여야 한다. 이 경우 기금수입담당임원은 기금수입징수관의 직무를, 기금지출원인행위담당임원은 기금재무관의 직무를, 기금지출원은 기금지출관의 직무를, 기금출납원은 기금출납공무원의 직무를 행한다.

(3) 농림축산식품부장관은 기금수입징수관·기금재무관·기금지출관 및 기금출납공무원, 기금수입담당임원·기금지출원인행위담당임원·기금지출원 및 기금출납원을 임명한 때에는 감사원·기획재정부장관 및 한국은행총재에게 이를 통지하여야 한다.

6 기금의 손비처리

농림축산식품부장관은 과잉생산시의 생산자보호(제9조), 비축사업(제13조) 및 「종자산업법」의 규정에 의한 사업을 실시한 결과로 생긴 결손금과 차입금의 이자 및 기금운용상 필요한 경비는 기금에서 손비로 처리하여야 한다.

7 기금의 운용계획

(1) 농림축산식품부장관은 회계연도마다 「국가재정법」의 규정에 의하여 기금운용계획을 수립하여야 하며, 기금운용계획에는 다음의 사항이 포함되어야 한다.
① 기금의 수입·지출에 관한 사항
② 융자 또는 대출의 목적, 대상자, 금리 및 기간에 관한 사항
③ 그 밖에 기금운용상 필요한 사항

(2) 융자기간은 1년 이내로 하여야 한다. 다만, 시설자금의 융자 등 자금의 사용목적상 1년 이내로 하는 것이 부적당하다고 인정되는 경우에는 그러하지 아니하다.

8 여유자금의 운용

농림축산식품부장관은 기금의 여유자금을 다음의 방법으로 운용할 수 있다.
① 「은행법」에 따른 은행에의 예치
② 국채·공채 그 밖에 「증권거래법」 제2조 제1항의 규정에 따른 유가증권의 매입

9 결산보고

농림축산식품부장관은 회계연도마다 기금의 결산보고서를 작성하여 다음 연도 2월 말일까지 기획재정부장관에게 제출하여야 한다.

제7절 보칙과 벌칙

1 보 고

(1) 농림축산식품부장관 또는 시·도지사는 도매시장·공판장 및 민영도매시장의 개설자에 대하여 그 재산 및 업무집행상황을 보고하게 할 수 있으며, 농수산물의 가격 및 수급 안정을 위하여 특히 필요하다고 인정할 때에는 도매시장법인으로 하여금 그 재산 및 업무집행상황을 보고하게 할 수 있다.

(2) 도매시장·공판장 및 민영도매시장의 개설자는 도매시장법인·시장도매인에 대하여 기장사항, 거래내역 등을 보고하게 할 수 있으며, 농수산물의 가격과 수급안정을 위하여 특히 필요하다고 인정하는 때에는 중도매인 또는 산지유통인에 대하여 업무집행상황을 보고하게 할 수 있다.

2 검사 및 통지

(1) **도매시장·공판장·민영도매시장 및 도매시장법인**

① **검사**: 농림축산식품부장관, 도지사 또는 도매시장 개설자는 소속 공무원으로 하여금 도매시장·공판장·민영도매시장 및 도매시장법인의 업무와 이에 관련된 장부 및 재산상태를 검사하게 할 수 있다.

② **통지**: 농림축산식품부장관, 해양수산부장관, 도지사 또는 도매시장 개설자가 도매시장·공판장·민영도매시장·도매시장법인·시장도매인 및 중도매인의 업무와 이에 관련된 장부 및 재산상태를 검사하려는 때에는 미리 검사의 목적·범위 및 기간과 검사공무원의 소속·직위 및 성명을 통지하여야 한다.

(2) **도매시장법인 및 시장도매인 장부**

① **검사**: 도매시장의 개설자는 필요하다고 인정하는 경우에는 시장관리자의 소속직원으로 하여금 도매시장법인 및 시장도매인이 비치하고 있는 장부를 검사하게 할 수 있다.

② **통지**: 도매시장 개설자가 도매시장법인, 시장도매인, 도매시장공판장의 개설자 및 중도매인의 장부를 검사하려는 때에는 미리 검사의 목적·범위 및 기간과 검사직원의 소속·직위 및 성명을 동시하여야 한다.

3 명 령

(1) **개설자 및 운영자에 대한 명령**

① **도매시장·공판장 및 민영도매시장의 개설자에 대한 명령**: 농림축산식품부장관 또는 시·도지사는 도매시장·공판장 및 민영도매시장의 적정한 운영을 위하여 필요하다고 인정할 때에는 도매시장·공판장 및 민영도매시장의 개설자에 대하여 업무규정의 변경, 업무처리의 개선, 그 밖에 필요한 조치를 명할 수 있다.

② **도매시장법인 및 시장도매인에 대한 명령** : 농림축산식품부장관 또는 도매시장 개설자는 도매 시장법인 및 시장도매인에 대하여 업무처리의 개선 및 시장질서 유지를 위하여 필요한 조치를 명할 수 있다.

⑵ **기금관련 명령**

농림축산식품부장관은 기금에서 융자 또는 대출받은 자에 대하여 감독상 필요한 조치를 명할 수 있다.

4 행정처분

시·도지사는 지방도매시장 개설자(시가 개설자인 경우만 해당한다)나 민영도매시장 개설자에 대하여 개설허가를 취소하거나 해당 시설을 폐쇄하거나 그 밖에 필요한 조치를 할 수 있다. 농안법에 따른 행정처분의 기준은 다음과 같다.

⑴ **도매시장법인, 시장도매인 또는 도매시장공판장의 개설자에 대한 행정처분**

위반사항	처분기준		
	1차	2차	3차
1. 법 제82조 제2항 제1호를 위반하여 도매시장법인, 시장도매인 또는 도매시장공판장 개설자가 지정조건 또는 승인조건을 위반한 경우	경고	업무정지 3개월	지정 (승인)취소
2. 「축산법」 제35조 제4항을 위반하여 등급판정을 받지 않은 축산물을 상장한 경우	업무정지 15일	업무정지 1개월	업무정지 3개월
3. 「농수산물의 원산지 표시에 관한 법률」 제6조 제1항을 위반한 경우	경고	업무정지 3개월	지정 (승인)취소
4. 법 제23조 제2항을 위반하여 경합되는 도매업 또는 중도매업을 한 경우	경고	업무정지 10일	업무정지 1개월
5. 법 제23조 제3항 제5호를 위반하여 지정요건인 순자산액 비율 및 거래보증금을 갖추지 못한 경우	업무정지 15일	업무정지 1개월	업무정지 3개월
6. 법 제23조 제4항을 위반하여 도매시장법인이 지정요건을 기한에 갖추지 못한 경우	지정취소	–	–
7. 법 제23조 제5항을 위반하여 해당 임원을 해임하지 않은 경우	경고	지정취소	–
8. 법 제27조 제1항을 위반하여 일정 수 이상의 경매사를 두지 않거나 경매사가 아닌 사람으로 하여금 경매를 하도록 한 경우	경고	업무정지 10일	업무정지 1개월
9. 법 제27조 제3항을 위반하여 해당 경매사를 면직하지 않은 경우	경고	업무정지 10일	업무정지 1개월
10. 법 제29조 제2항을 위반하여 산지유통인의 업무를 한 경우	경고	업무정지 10일	업무정지 1개월

11. 법 제31조 제1항을 위반하여 매수하여 도매를 한 경우	업무정지 15일	업무정지 1개월	업무정지 3개월
12. 법 제33조 제1항 본문을 위반하여 상장된 농수산물을 수탁된 순위에 따라 경매 또는 입찰의 방법으로 최고가격 제시자에게 판매하지 않은 경우	주의	경고	업무정지 1개월
13. 법 제33조 제1항 단서를 위반하여 출하자가 거래 성립 최저가격을 제시한 농수산물을 출하자의 승낙 없이 그 가격 미만으로 판매한 경우	주의	경고	업무정지 10일
14. 법 제34조를 위반하여 지정된 자 외의 자에게 판매한 경우	경고	업무정지 15일	업무정지 1개월
15. 법 제35조를 위반하여 도매시장 외의 장소에서 판매를 하거나 농수산물의 판매업무 외의 사업을 겸영한 경우	경고	업무정지 15일	업무정지 1개월
16. 법 제35조의2를 위반하여 공시하지 않거나 거짓의 사실을 공시한 경우	경고	업무정지 10일	업무정지 1개월
17. 법 제36조 제2항 제5호를 위반하여 지정요건인 순자산액 비율 및 거래보증금을 갖추지 못한 경우	업무정지 15일	업무정지 1개월	업무정지 3개월
18. 법 제36조 제2항 제5호를 위반하여 도매시장 개설자가 지정조건에서 정한 최저거래금액기준에 미달한 경우			
가) 1개월 무실적	주의		
나) 2개월 무실적	경고		
다) 3개월 무실적	지정취소		
라) 3개월 평균거래실적이 월간 최저거래금액 기준에 미달한 경우	주의	경고	업무정지 10일
19. 법 제36조 제3항을 위반하여 해당 임원을 해임하지 않은 경우	경고	지정취소	–
20. 법 제37조 제1항 단서를 위반하여 제한 또는 금지된 행위를 한 경우	경고	업무정지 15일	업무정지 1개월
21. 법 제37조 제2항을 위반하여 해당 도매시장의 도매시장법인·중도매인에게 판매를 한 경우	업무정지 15일	업무정지 1개월	업무정지 3개월
22. 법 제38조를 위반하여 수탁 또는 판매를 거부·기피하거나 부당한 차별대우를 한 경우	경고	업무정지 10일	업무정지 1개월
23. 법 제40조 제2항에 따른 표준하역비의 부담을 이행하지 않은 경우	경고	업무정지 15일	업무정지 1개월
24. 법 제41조 제1항을 위반하여 대금의 전부를 즉시 결제하지 않은 경우	업무정지 15일	업무정지 1개월	업무정지 3개월

25. 법 제41조 제2항을 위반하여 대금결제의 방법을 위반한 경우	경고	업무정지 1개월	업무정지 3개월
26. 법 제42조를 위반하여 한도를 초과하여 수수료 등을 징수한 경우	업무정지 15일	업무정지 1개월	업무정지 3개월
27. 법 제74조 제1항을 위반하여 시설물의 사용기준을 위반하거나 개설자가 조치하는 사항을 이행하지 않은 경우	경고	업무정지 10일	업무정지 1개월
28. 정당한 사유 없이 법 제80조에 따른 검사에 응하지 않거나 검사를 방해한 경우	경고	업무정지 10일	업무정지 1개월
29. 제81조 제2항에 따른 도매시장 개설자의 조치명령을 이행하지 않은 경우	경고	업무정지 10일	업무정지 1개월
30. 법 제82조 제2항 제1호부터 제25호까지의 어느 하나에 해당하여 업무정지 처분을 받고 그 업무의 정지 기간 중에 업무를 한 경우	지정 (승인)취소		
31. 법 제82조 제4항에 따른 농림축산식품부장관, 해양수산부장관 또는 도매시장 개설자의 명령을 위반한 경우	업무정지 15일	업무정지 1개월	업무정지 3개월

(2) 중도매인에 대한 행정처분

중도매인에 대한 행정처분기준은 다음과 같으며, 도매시장 개설자가 중도매업의 허가를 취소한 경우에는 농림축산식품부장관이 지정하여 고시한 인터넷 홈페이지에 그 내용을 게시하여야 한다.

위반사항	처분기준		
	1차	2차	3차
1. 법 제82조 제5항 제1호부터 제10호까지의 어느 하나에 해당하여 업무의 정지 처분을 받고 그 업무의 정지 기간 중에 업무를 한 경우	허가취소		
2. 법 제25조 제3항 제1호부터 제4호까지의 규정을 위반하여 허가조건을 갖추지 못한 경우(법 제46조 제2항에 따라 준용되는 경우를 포함한다)	경고	업무정지 3개월	허가취소
3. 법 제25조 제3항 제6호(법 제46조 제2항에 따라 준용되는 경우를 포함한다)를 위반하여 개설자가 허가조건에서 정한 최저거래금액기준에 미달하는 경우			
가) 1개월 무실적	주의		
나) 2개월 무실적	경고		
다) 3개월 무실적	허가취소		
라) 3개월 평균거래실적이 월간 최저거래금액 기준에 미달한 경우	주의	경고	업무정지 10일

4. 법 제25조 제3항 제6호(법 제46조 제2항에 따라 준용되는 경우를 포함한다)를 위반하여 개설자가 허가조건에서 정한 거래대금의 지급보증을 위한 보증금을 충족하지 못한 경우	업무정지 15일	업무정지 1개월	업무정지 3개월
5. 법 제25조 제4항을 위반하여 자격요건을 갖추지 않은 임원을 해임하지 않은 경우(법 제46조 제2항에 따라 준용되는 경우를 포함한다)	경고	허가취소	–
6. 법 제25조 제5항 제1호(법 제46조 제2항에 따라 준용되는 경우를 포함한다)를 위반하여 다른 중도매인 또는 매매참가인의 거래참가를 방해하거나 정당한 사유 없이 집단적으로 경매 또는 입찰에 불참한 경우			
가) 주동자	업무정지 3개월	허가취소	
나) 단순가담자	업무정지 10일	업무정지 1개월	업무정지 3개월
다) 3개월 평균거래실적이 월간 최저거래금액 기준에 미달한 경우	주의	경고	업무정지 10일
7. 법 제25조 제5항 제2호(법 제46조 제2항에 따라 준용되는 경우를 포함한다)를 위반하여 다른 사람에게 자기의 성명이나 상호를 사용하여 중도매업을 하게 하거나 그 허가증을 빌려준 경우	업무정지 3개월	허가 취소	
8. 법 제29조 제2항을 위반하여 중도매인 및 이들의 주주 또는 임직원이 산지유통인의 업무를 한 경우	경고	업무정지 10일	업무정지 1개월
9. 법 제31조 제2항(법 제46조 제2항에 따라 준용되는 경우를 포함한다)을 위반하여 허가 없이 상장된 농수산물 외의 농수산물을 거래한 경우	업무정지 15일	업무정지 1개월	업무정지 3개월
10. 법 제31조 제3항(법 제46조 제2항에 따라 준용되는 경우를 포함한다)을 위반하여 중도매인이 도매시장 외의 장소에서 농수산물을 판매하는 등의 행위를 한 경우			
가) 법 제35조 제1항을 위반하여 도매시장 외의 장소에서 판매를 한 경우	경고	업무정지 15일	업무정지 1개월
나) 법 제38조를 위반하여 수탁 또는 판매를 거부·기피하거나 부당한 차별대우를 한 경우	경고	업무정지 10일	업무정지 1개월
다) 법 제39조를 위반하여 매수한 농수산물을 즉시 인수하지 않은 경우	경고	업무정지 10일	업무정지 15일

07

위반사항	1차	2차	3차
라) 법 제40조 제2항에 따른 표준하역비의 부담을 이행하지 않은 경우	경고	업무정지 15일	업무정지 1개월
마) 법 제41조 제1항을 위반하여 대금의 전부를 즉시 결제하지 않은 경우	업무정지 15일	업무정지 1개월	업무정지 3개월
바) 법 제41조 제3항에 따른 표준정산서의 사용, 대금결제의 방법 및 절차를 위반한 경우	경고	업무정지 1개월	업무정지 3개월
사) 법 제81조 제2항에 따른 도매시장 개설자의 조치명령을 이행하지 않은 경우	경고	업무정지 10일	업무정지 1개월
11. 법 제31조 제5항(법 제46조 제2항에 따라 준용되는 경우를 포함한다)을 위반하여 다른 중도매인과 농수산물을 거래한 경우	경고	업무정지 10일	업무정지 1개월
12. 법 제42조(법 제46조 제2항에 따라 준용되는 경우를 포함한다)를 위반하여 수수료 등을 징수한 경우	업무정지 15일	업무정지 1개월	업무정지 3개월
13. 법 제74조 제1항을 위반하여 개설자가 조치하는 사항을 이행하지 않거나 시설물의 사용기준을 위반한 경우(중대한 시설물의 사용기준을 위반한 경우를 제외한다)	경고	업무정지 10일	업무정지 1개월
14. 법 제74조 제1항을 위반하여 다른 사람에게 시설을 재임대 하는 등 중대한 시설물의 사용기준을 위반한 경우	업무정지 3개월	허가취소	
15. 법 제80조에 따른 검사에 정당한 사유 없이 응하지 않거나 검사를 방해한 경우	경고	업무정지 10일	업무정지 1개월
16. 「농수산물의 원산지 표시에 관한 법률」 제6조 제1항을 위반한 경우	경고	업무정지 3개월	허가 취소

(3) 산지유통인에 대한 행정처분

위반사항	처분기준		
	1차	2차	3차
1. 법 제29조 제4항을 위반하여 등록된 도매시장에서 농수산물의 출하업무 외에 판매·매수 또는 중개업무를 한 경우	경고	등록취소	─
2. 「농수산물의 원산지 표시에 관한 법률」 제6조 제1항을 위반한 경우	경고	업무정지 3개월	등록취소
3. 법 제82조 제5항 제1호부터 제10호까지의 어느 하나에 해당하여 업무정지 처분을 받고 그 업무정지 기간 중에 업무를 한 경우	등록취소		

(4) 경매사에 대한 행정처분

위반사항	처분기준		
	1차	2차	3차
법 제28조 제1항에 따른 업무를 부당하게 수행하여 도매시장의 거래질서를 문란하게 한 경우			
1. 도매시장법인이 상장한 농수산물에 대한 경매 우선순위의 결정을 문란하게 한 경우	경고	업무정지 15일	업무정지 1개월
2. 도매시장법인이 상장한 농수산물의 가격평가를 문란하게 한 경우	경고	업무정지 15일	업무정지 1개월
3. 도매시장법인이 상장한 농수산물의 경락자의 결정을 문란하게 한 경우	업무정지 15일	업무정지 3개월	업무정지 6개월

5 과징금

(1) 과징금의 부과

농림축산식품부장관, 시·도지사 또는 도매시장의 개설자는 도매시장법인, 시장도매인, 중도매인에 대하여 업무정지를 명하고자 하는 경우, 그 업무의 정지가 당해 업무의 이용자 등에게 심한 불편을 주거나 공익을 해할 우려가 있는 때에는 업무의 정지에 갈음하여 도매시장법인 등에게는 1억원 이하, 중도매인에게는 1천만원 이하의 과징금을 부과할 수 있다.

(2) 과징금 부과시 참작사항

① 위반행위의 내용 및 정도
② 위반행위의 기간 및 횟수
③ 위반행위로 취득한 이익의 규모

(3) 과징금의 징수

농림축산식품부장관, 시·도지사 또는 도매시상의 개설자는 과싱금을 내야 할 자가 납부기한까지 이를 납부하지 아니한 때에는 국세 또는 지방세 체납처분의 예에 따라 이를 징수한다.

● 과징금의 부과기준

① 도매시장법인(도매시장공판장의 개설자를 포함한다)

연간 거래액	1일 과징금액
100억원 미만	40,000원
100억원 이상 200억원 미만	80,000원
200억원 이상 300억원 미만	130,000원
300억원 이상 400억원 미만	190,000원
400억원 이상 500억원 미만	240,000원
500억원 이상 600억원 미만	300,000원
600억원 이상 700억원 미만	350,000원
700억원 이상 800억원 미만	410,000원
800억원 이상 900억원 미만	460,000원
900억원 이상 1천억원 미만	520,000원
1천억원 이상 1천500억원 미만	680,000원
1천500억원 이상	900,000원

② 시장도매인

연간 거래액	1일 과징금액
5억원 미만	4,000원
5억원 이상 10억원 미만	6,000원
10억원 이상 30억원 미만	13,000원
30억원 이상 50억원 미만	41,000원
50억원 이상 70억원 미만	68,000원
70억원 이상 90억원 미만	95,000원
90억원 이상 110억원 미만	123,000원
110억원 이상 130억원 미만	150,000원
130억원 이상 150억원 미만	178,000원
150억원 이상 200억원 미만	205,000원
200억원 이상 250억원 미만	270,000원
250억원 이상	680,000원

③ 중도매인

연간 거래액	1일 과징금액
5억원 미만	4,000원
5억원 이상 10억원 미만	6,000원
10억원 이상 30억원 미만	13,000원
30억원 이상 50억원 미만	41,000원
50억원 이상 70억원 미만	68,000원
70억원 이상 90억원 미만	95,000원
90억원 이상 110억원 미만	123,000원
110억원 이상	150,000원

6 청 문

농림축산식품부장관, 시·도지사 또는 도매시장의 개설자는 도매시장법인 등의 지정·승인취소와 중도매업의 허가, 산지유통인의 등록취소 처분을 하고자 하는 경우에는 청문을 실시하여야 한다.

7 권한의 위임 등

(1) 농림축산식품부장관은 지방도매시장의 개설구역에 인접한 구역의 개설구역으로의 편입(특별시·광역시 및 도 간의 구역편입을 제외)에 의한 지방도매시장·공판장 또는 민영도매시장의 통합·이전·폐쇄 및 개설명령에 관한 권한을 산림청장, 소속기관의 장 또는 시·도지사에게 위임할 수 있다.

(2) 도매시장의 개설자는 산지유통인의 등록과 도매시장에의 출입의 금지·제한 그 밖에 필요한 조치와 도매시장법인·시장도매인·중도매인 또는 산지유통인의 업무집행상황 보고명령에 관한 권한을 시장관리자에게 위탁할 수 있다.

8 벌 칙

(1) **행정형벌**

① **2년 이하의 징역 또는 2천만원 이하의 벌금**

㉠ 도매시장의 개설구역이나 공판장 또는 민영도매시장이 개설된 특별시·광역시·특별자치시·특별자치도 또는 시의 관할구역에서 허가를 받지 아니하고 농수산물의 도매를 목적으로 지방도매시장 또는 민영도매시장을 개설한 자

㉡ 도매시장법인의 지정을 받지 아니하거나 지정 유효기간이 지난 후 도매시장법인의 업무를 한 자

㉢ 허가 또는 갱신허가를 받지 아니하고 중도매인의 업무를 행한 자

㉣ 등록을 하지 아니하고 산지유통인의 업무를 행한 자

㉤ 도매시장 외의 장소에서 농수산물의 판매업무를 하거나 농수산물의 판매업무 외의 사업을 겸영한 자

㉥ 지정을 받지 아니하거나 지정유효기간이 경과한 후 도매시장 안에서 시장도매인의 업무를 행한 자

㉦ 승인을 얻지 아니하고 공판장을 개설한 자

㉧ 업무정지처분을 받고도 그 업(業)을 계속한 도매시장법인, 시장도매인 또는 도매시장공판장의 개설자

㉨ 수입 추천신청을 할 때에 정한 용도 외의 용도로 수입농산물을 사용한 자

② 2년 이하의 징역 또는 1천만원 이하의 벌금

    수입 추천신청을 할 때에 정한 용도 외의 용도로 수입농산물을 사용한 자

③ 1년 이하의 징역 또는 1천만원 이하의 벌금

    ㉠ 종합유통센터 운영방법 및 출하 농어가에 대한 서비스의 개선 또는 이용방법의 준수 등 필요한 권고를 이행하지 아니하는 경우 일정한 기간을 정하여 운영방법 및 출하 농어가에 대한 서비스의 개선 등 필요한 조치명령에 위반한 종합유통센터 운영자

    ㉡ 도매시장법인이 다른 도매시장법인을 인수하거나 합병하는 경우에 해당 도매시장 개설자의 승인을 받지 않고 인수·합병을 한 자

    ㉢ 다른 중도매인 또는 매매참가인의 거래참가를 방해하거나 정당한 사유 없이 집단적으로 경매 또는 입찰에 불참한 자

    ㉣ 결격사유에 해당하는 경매사를 임면한 자

    ㉤ 도매시장법인, 중도매인 및 이들의 주주 또는 임직원이 해당 도매시장에서 산지유통인의 업무를 행한 자

    ㉥ 등록된 도매시장에서 농수산물 출하업무 외의 판매·매수 또는 중개업무를 행한 산지유통인

    ㉦ 매수하거나 허위로 위탁받은 도매시장법인 또는 상장된 농수산물 외의 농수산물을 거래한 중도매인(제46조 제1항 또는 제2항의 규정에 따라 준용되는 경우를 포함한다)

    ㉧ 거래질서의 유지를 위하여 필요하다고 인정하는 경우 등 농림축산식품부령으로 정하는 경우에 품목과 기간을 정하여 농수산물을 위탁받아 도매하는 것을 제한 또는 금지를 위반한 시장도매인

    ㉨ 해당 도매시장 안의 도매시장법인 또는 중도매인에게 농수산물을 판매한 시장도매인

    ㉩ 도매시장 개설자, 도매시장법인, 시장도매인 또는 중도매인이 법에서 정해진 금액 외의 수수료 등 비용을 징수한 자

    ㉪ 표준하역비의 부담을 이행하지 아니한 자

(2) **양벌규정**

    법인의 대표자나 법인 또는 개인의 대리인, 사용인, 그 밖의 종업원이 그 법인 또는 개인의 업무에 관하여 위반행위를 하면 그 행위자를 벌하는 외에 그 법인 또는 개인에게도 해당 조문의 벌금형을 과한다. 다만, 법인 또는 개인이 그 위반행위를 방지하기 위하여 해당 업무에 관하여 상당한 주의와 감독을 게을리하지 아니한 경우에는 그러하지 아니하다.

(3) 과태료

농안법에 따른 과태료의 부과기준은 다음과 같다.

위반행위	위반횟수별 과태료 금액		
	1회	2회	3회 이상
가) 법 제10조 제2항에 따른 유통명령을 위반한 경우	250	500	1,000
나) 법 제27조 제4항을 위반하여 경매사 임면(任免) 신고를 하지 않은 경우	12	25	50
다) 법 제29조 제5항(법 제46조 제3항에 따라 준용되는 경우를 포함한다)에 따른 도매시장 또는 도매시장 공판장의 출입제한 등의 조치를 거부하거나 방해한 경우	25	50	100
라) 법 제38조의2 제2항에 따른 출하 제한을 위반하여 출하(타인명의로 출하하는 경우를 포함한다)한 경우	25	50	100
마) 매수인이 법 제53조 제1항을 위반하여 포전매매의 계약을 서면에 의한 방식으로 하지 않은 경우	125	250	500
바) 매도인이 법 제53조 제1항을 위반하여 포전매매의 계약을 서면에 의한 방식으로 하지 않은 경우	25	50	100
사) 매수인이 법 제53조 제3항의 표준계약서와 다른 계약서를 사용하면서 표준계약서로 거짓 표시하거나 농림수산식품부 또는 그 표식을 사용한 경우		1,000	
아) 법 제74조 제1항 전단을 위반하여 도매시장에서의 정상적인 거래와 시설물의 사용기준을 위반하거나 적절한 위생·환경의 유지를 저해한 경우(도매시장법인, 시장도매인, 도매시장공판장의 개설자 및 중도매인은 제외한다)	25	50	100
자) 법 제74조 제2항에 따른 단속을 기피한 경우	125	250	500
차) 법 제75조 제2항을 위반하여 교육훈련을 이수하지 않은 경우	25	50	100
카) 법 제79조 제1항에 따른 보고를 하지 않거나 거짓 보고를 한 경우	125	250	500
타) 법 제79조 제2항에 따른 보고(공판장 및 민영도매시장의 개설자에 대한 보고는 제외한다)를 하지 않거나 거짓 보고를 한 경우	25	50	100
파) 법 제81조 제3항에 따른 명령을 위반한 경우	25	50	100

07 실전예상문제

01 농림축산식품부장관이 농수산물전자거래를 촉진하기 위하여 한국농수산식품유통공사에 수행하게 할 수 있는 업무가 아닌 것은?

① 농수산물전자거래소(농수산물 전자거래장치와 그에 수반되는 물류센터 등의 부대시설을 포함한다)의 설치 및 운영·관리

② 농수산물전자거래에 관한 물류정보 서비스 제공

③ 농수산물전자거래 참여 판매자 및 구매자의 등록·심사 및 관리

④ 농수산물전자거래분쟁조정위원회의 운영 지원

⑤ 대금결제 지원을 위한 정산소(精算所)의 운영·관리

> **해설** ② 농수산물전자거래에 관한 유통정보 서비스의 제공이다.
>
> ⬙ **농림축산식품부장관이 농수산물전자거래를 촉진하기 위하여 한국농수산식품유통공사에 수행하게 할 수 있는 업무**
> 1. 농수산물전자거래소(농수산물 전자거래장치와 그에 수반되는 물류센터 등의 부대시설을 포함한다)의 설치 및 운영·관리
> 2. 농수산물전자거래 참여 판매자 및 구매자의 등록·심사 및 관리
> 3. 농수산물전자거래분쟁조정위원회의 운영 지원
> 4. 대금결제 지원을 위한 정산소(精算所)의 운영·관리
> 5. 농수산물전자거래에 관한 유통정보 서비스 제공
> 6. 그 밖에 농수산물전자거래에 필요한 업무

02 다음 중 「농수산물 유통 및 가격안정에 관한 법률」상 중앙도매시장이 아닌 것은?

① 서울특별시 가락동 농수산물도매시장

② 부산광역시 자갈치 수산물도매시장

③ 대구광역시 북부 농수산물도매시장

④ 서울특별시 노량진 수산물도매시장

⑤ 인천광역시 삼산 농산물도매시장

> **해설** ② 부산에 있는 도매시장은 부산광역시 엄궁동 농산물도매시장이다.

03 다음 중 「농수산물 유통 및 가격안정에 관한 법률」에서 다음의 기능을 하는 것은?

> 농수산물도매시장·농수산물공판장 또는 민영농수산물도매시장의 개설자에게 신고를 하고, 농수산물도매시장·농수산물공판장 또는 민영농수산물도매시장에 상장된 농수산물을 직접 매수하는 자로서 중도매인이 아닌 가공업자·소매업자·수출업자 및 소비자단체 등 농수산물의 수요자를 말한다.

① 중도매인
② 매매참가인
③ 농수산물도매시장
④ 산지유통인
⑤ 농수산물공판장

해설 ② 위의 내용은 매매참가인에 대한 설명이다.

04 농수산물 유통 및 가격안정에 관한 법령에서 규정하고 있는 주산지의 지정 및 해제에 대하여 사실과 다른 것은?

① 시·도지사는 농수산물의 수급조절을 위하여 생산 및 출하를 촉진 또는 조절할 필요가 있다고 인정하는 때에는 주요 농수산물의 생산지역이나 생산수면을 지정하고 그 주산지에서 주요 농수산물을 생산하는 자에 대하여 생산자금의 융자 및 기술지도 등 필요한 지원을 할 수 있다.

② 주요 농수산물은 국내 농수산물의 생산에서 차지하는 비중이 크고 생산·출하의 조절이 필요한 것으로서 농림축산식품부장관이 지정하는 품목으로 한다.

③ 시·도지사는 지정된 주산지가 지정요건에 적합하지 아니하게 된 때에는 그 지정을 변경하거나 해제할 수 있다.

④ 주요 농수산물의 생산지역이나 생산수면의 지정은 시·도 단위로 한다.

⑤ 주산지는 주요 농수산물의 재배면적 또는 양식면적이 농림축산식품부장관이 고시하는 면적 이상이고 주요 농수산물의 출하량이 농림축산식품부장관이 고시하는 수량 이상인 지역 또는 수면 중에서 구역을 정하여 이를 지정한다.

해설 ④ 주산지는 읍·면·동 또는 시·군·구 단위로 지정한다.

Answer   1. ②   2. ②   3. ②   4. ④

제7장 농수산물 유통 및 가격안정에 관한 법률 **561**

05 유통조절명령에 포함되어야 하는 사항이 아닌 것은?

① 이유(수급 · 가격 · 소득의 분석 자료를 포함)
② 명령이행확인의 방법 및 명령위반자에 대한 제재조치
③ 생산조정 또는 출하조절의 방안
④ 기간
⑤ 수입 대체 가능 상품

해설 ⑤ 수입 대체 가능 상품은 유통조절명령에 포함되어야 하는 사항이 아니다.

06 생산자단체가 농수산물의 판로확대, 수급조절 및 가격안정을 도모하기 위하여 조성된 자조금의 용도가 아닌 것은?

① 소비촉진을 위한 홍보사업
② 불법 수입 농수산물 단속 및 원산지 표시 홍보 사업
③ 품질향상, 자율적 수급조절 등을 위하여 당해 자조금조성단체의 구성원에게 실시하는 교육사업
④ 유통협약이나 유통조절명령(당해 농수산물과 관련된 경우에 한함)을 이행하기 위한 경비의 지출
⑤ 당해 농수산물에 관한 유통정보의 제공, 농림업관측 또는 수산업관측 및 당해 자조금조성단체 구성원 간의 유통정보화추진을 위한 사업

해설 ② 불법 수입 농수산물 단속 및 원산지 표시 홍보 사업은 자조금으로 할 수 있는 사업이 아니다.

07 도매시장의 업무규정에 정할 사항이 아닌 것은?

① 도매시장의 명칭 · 장소 및 면적
② 거래품목
③ 도매시장의 매매참가인 등 시장참여자 관리에 관한 사항
④ 지정하고자 하는 도매시장법인의 적정수, 임원의 자격, 자본금, 거래규모, 순자산액 비율, 거래대금의 지급보증을 위한 보증금 등 그 지정조건에 관한 사항
⑤ 도매시장법인이 다른 도매시장법인을 인수 · 합병하려는 경우 도매시장법인의 임원의 자격, 자본금, 사업계획서, 거래대금의 지급보증을 위한 보증금 등 그 승인요건에 관한 사항

해설 ③ 도매시장의 매매참가인 등 시장참여자 관리에 관한 사항은 업무규정에 정할 사항이 아니다.

08 공공출자법인에 대한 출자를 할 수 없는 자는?

① 국가 및 지방자치단체

② 관리공사

③ 농림수협 등

④ 당해 도매시장 또는 당해 도매시장으로 이전되는 시장에서 농수산물을 거래하는 상인과 그 상인단체

⑤ 도매시장법인

해설 ① 국가는 공공출자법인체에 출자할 수 없다.

09 다음 중 중도매업의 허가를 받을 수 있는 자는?

① 파산선고를 받고 복권되지 아니한 자

② 금고 이상의 실형의 선고를 받고 그 형의 집행이 종료(집행이 종료된 것으로 보는 경우를 포함)되거나 면제되지 아니한 자

③ 미성년자

④ 도매시장법인의 주주 및 임직원으로서 당해 도매시장법인의 업무와 경합되는 중도매업을 하고자 하는 자

⑤ 최저거래금액 및 거래대금의 지급보증을 위한 보증금 등 도매시장의 개설자가 업무규정으로 정한 허가조건을 충족하지 못한 자

해설 ③ 미성년자는 중도매업의 허가를 받을 수 있다.

10 농안법상 중도매인에 대한 설명 중 틀린 것은?

① '중도매인'이라 함은 농수산물도매시장·농수산물공판장 또는 민영농수산물도매시장의 개설자의 허가 또는 지정을 받아 농수산물도매시장·농수산물공판장 또는 민영농수산물도매시장에 상장된 농수산물을 매수하여 도매하거나 매매를 중개하는 영업을 하는 자를 말한다.

② 중도매인의 업무를 하고자 하는 자는 부류별로 당해 도매시장법인의 허가를 받아야 한다.

③ 도매시장의 개설자는 중도매업의 허가를 하는 경우 5년 이상 10년 이내의 범위에서 허가 유효기간을 설정할 수 있다.

④ 중도매인은 다른 중도매인 또는 매매참가인의 거래참가를 방해하는 행위나 집단적으로 농수산물의 경매 또는 입찰에 불참하는 행위를 하여서는 아니 된다.

⑤ 허가를 받은 중도매인은 도매시장 안에 설치된 공판장(도매시장공판장)에서도 그 업무를 행할 수 있다.

해설 ② 도매시장 개설자의 허가를 받아야 한다.

11 다음 중 중앙도매시장이 아닌 것은?

① 서울 강서 농산물도매시장
② 인천 구월 농산물도매시장
③ 인천 삼산 농산물도매시장
④ 대전 오정 농수산물도매시장
⑤ 수원 농수산물도매시장

해설 ⑤ 수원 농수산물도매시장은 지방도매시장이다.

12 농안법상 도매시장의 개설자가 도매시장법인 또는 시장도매인으로 하여금 우선적으로 판매하게 할 수 없는 품목은?

① 대량입하품
② 도매시장의 개설자가 선정하는 우수출하주의 출하품
③ 유통협약을 체결한 품목
④ 「농수산물 품질관리법」에 의한 표준규격품 및 품질인증품
⑤ 도매시장의 효율적인 운영을 위하여 특히 필요하다고 업무규정으로 정하는 품목

해설 ③ 예약출하품을 우선적으로 판매하게 할 수 있다.

13 도매시장법인 또는 시장도매인이 그 업무를 수행함에 있어서 입하된 농수산물의 수탁 또는 위탁받은 농수산물의 판매를 거부·기피하거나 거래관계인에게 차별대우를 할 수 있는 경우가 아닌 것은?

① 유통명령을 위반하여 출하하는 경우

② 출하자 신고를 하지 아니하고 출하하는 경우

③ 안전성 검사 결과 기준에 미달되는 경우

④ 도매시장법인이 업무규정으로 정하는 최소출하량의 기준에 미달되는 경우

⑤ 농림축산식품부장관 또는 도매시장의 개설자가 정하여 고시한 품목을 「농수산물 품질관리법」에 따른 표준규격에 따라 출하하지 아니한 경우

해설 ④ 업무규정은 개설자가 정한다.

14 농산물가격안정기금의 용도로 알맞지 않은 것은?

① 농산물의 가격조절과 생산, 출하의 장려 또는 조절

② 도매시장, 공판장, 민영도매시장 및 경매식집하장의 출하촉진, 시설 운영

③ 농산물의 상품성 제고

④ 농림축산식품부장관이 농산물의 유통구조 개선, 가격안정 및 종자산업진흥을 위하여 필요하다고 인정하는 사업

⑤ 농산물의 유통촉진, 보관, 관리 및 가공

해설 ⑤ 농산물의 수출촉진이다.

15 농안법상 농수산물종합유통센터에 대하여 사실과 다르게 설명하고 있는 것은?

① '농수산물종합유통센터'라 함은 농수산물의 출하경로를 다원화하고 물류비용을 절감하기 위하여 농수산물을 대량소비지에 직접 출하할 수 있는 유통체제를 확립하기 위하여 필요한 시설과 이와 관련된 업무시설을 갖춘 사업장을 말한다.

② 국가 또는 지방자치단체는 종합유통센터를 설치하여 생산자단체 또는 전문유통업체에 그 운영을 위탁할 수 있다.

③ 국가 또는 지방자치단체는 종합유통센터를 설치하고자 하는 자에게 부지확보 또는 시설물설치 등에 필요한 지원을 할 수 있다.

④ 국가 또는 지방자치단체(위탁자)가 종합유통센터를 설치하여 운영을 위탁하고자 하는 때에는 농수산물의 수집능력·분산능력, 투자계획, 경영계획 및 농수산물 유통에 대한 경험 등을 기준으로 하여 공개적인 방법으로 운영주체를 선정하여야 한다.

⑤ 농림축산식품부장관 또는 지방자치단체의 장은 종합유통센터가 효율적으로 그 기능을 수행할 수 있도록 종합유통센터를 운영히는 자 또는 이를 이용하는 자에게 그 운영방법 및 출하농어가에 대한 서비스의 개선 또는 이용방법의 준수 등 필요한 권고를 할 수 있다.

> **해설** ① '농수산물종합유통센터'라 함은 농수산물의 출하경로를 다원화하고 물류비용을 절감하기 위하여 농수산물의 수집·포장·가공·보관·수송·판매 및 그 정보처리 등 농수산물의 물류활동에 필요한 시설과 이와 관련된 업무시설을 갖춘 사업장을 말한다.

16 농수산물을 수집하여 도매시장에 출하하고자 하여 부류별로 도매시장의 개설자에게 등록을 해야 하는 경우는?

① 생산자단체가 구성원의 생산물을 출하하는 경우

② 도매시장법인이 매수한 농수산물을 상장하는 경우

③ 중도매인이 상장농수산물을 매매하는 경우

④ 시장도매인이 매매하는 경우

⑤ 종합유통센터·수출업자 등이 남은 농수산물을 도매시장에 상장하는 경우

> **해설** ③ 중도매인이 비상장농수산물을 매매하는 경우는 등록을 할 필요가 없으나 상장농수산물을 매매하는 경우에는 등록을 하여야 한다.

17 도매시장법인 또는 시장도매인이 농수산물의 판매를 위탁한 출하자로부터 징수하는 거래액의 일정률 또는 일정액에 해당하는 위탁수수료의 최고한도에 대한 설명 중 틀린 것은?

① 양곡부류 - 거래금액의 1천분의 30

② 청과부류 - 거래금액의 1천분의 70

③ 수산부류 - 거래금액의 1천분의 60

④ 축산부류 - 거래금액의 1천분의 20(도매시장 또는 공판장 안에 도축장이 설치된 경우 「축산물 위생관리법」에 의하여 징수할 수 있는 도살·해체수수료는 이에 포함되지 아니함)

⑤ 화훼부류 - 거래금액의 1천분의 70

해설 ① 양곡부류의 위탁수수료 최고한도는 거래금액의 1천분의 20이다.

18 농안법상 출하자가 도매시장에서 농수산물을 경매 또는 입찰 방법으로 하지 않고 정가매매 또는 수의매매로 매매방법을 지정하여 요청할 수 있는 경우가 아닌 것은?

① 「친환경농어업 육성 및 유기식품 등의 관리·지원에 관한 법률」에 따라 인증받은 친환경농산물

② 「농수산물 품질관리법」에 따라 유기농수산물 인증을 받은 농수산물

③ 동일한 출하자가 「농수산물 품질관리법」에 따라 동일한 포장규격·등급규격을 갖춘 농산물을 「산업표준화법」의 한국산업규격에 따른 파렛트에 적재하여 출하하는 경우

④ 전자거래 또는 견본거래를 하는 농수산물

⑤ 동일한 품목으로 수량이 5톤 이상이고, 차량에 적재되어 있는 농산물

해설 ② 유기농수산물 인증은 「친환경농어업 육성 및 유기식품 등의 관리·지원에 관한 법률」에 따라 받는다.

19 농림축산식품부장관이 농수산물전자거래를 촉진하기 위하여 농수산물유통공사에 수행하게
할 수 있는 업무가 아닌 것은?

① 농수산물전자거래소(농수산물 전자거래장치와 그에 수반되는 물류센터 등의 부대시설을
포함)의 설치 및 운영·관리

② 농수산물전자거래 참여 판매자 및 구매자의 등록·심사 및 관리

③ 농수산물전자거래 분쟁조정위원회의 운영 지원

④ 대금결제 지원을 위한 정산소(精算所)의 운영·관리

⑤ 농수산물전자거래에 관한 유통규칙 제정과 서비스 제공

해설 ⑤ 규칙 제정은 정부의 권한이다.

20 농안법상 중도매인에 대한 설명 중 틀린 것은?

① '중도매인'이라 함은 농수산물도매시장·농수산물공판장 또는 민영농수산물도매시장의
개설자의 허가 또는 지정을 받아 농수산물도매시장·농수산물공판장 또는 민영농수산
물도매시장에 상장된 농수산물을 매수하여 도매하거나 매매를 중개하는 영업을 하는 자
를 말한다.

② 중도매업의 허가를 받으려는 자가 법인인 경우에는 도매시장의 개설자가 「전자정부법」
에 따른 행정정보의 공동이용을 통하여 법인등기부등본을 확인하여야 한다.

③ 구류 이상의 실형의 선고를 받고 그 형의 집행이 종료(집행이 종료된 것으로 보는 경우를
포함한다)되거나 면제되지 아니한 자는 허가를 받을 수 없다.

④ 중도매인은 다른 중도매인 또는 매매참가인의 거래참가를 방해하는 행위나 집단적으로
농수산물의 경매 또는 입찰에 불참하는 행위를 하여서는 아니 된다.

⑤ 허가를 받은 중도매인은 도매시장 안에 설치된 공판장(도매시장공판장)에서도 그 업무를
행할 수 있다.

해설 ③ 금고 이상의 실형을 받은 경우 결격사유에 해당한다.

21 농안법상 상장되지 아니한 농수산물의 거래허가에 대한 설명 중 옳지 않은 것은?

① 도매시장법인이 상장하기에 적합하지 아니한 농수산물 그 밖에 이에 준하는 농수산물로서 그 품목과 기간을 정하여 도매시장의 개설자로부터 허가를 받은 농수산물의 경우에는 상장되지 아니한 농수산물을 거래할 수 있다.

② 중도매인이 도매시장 개설자의 허가를 받아 도매시장법인이 상장하지 아니한 농수산물을 거래할 수 있는 품목은 각 부류를 기준으로 연간 반입물량 누적비율이 상위 3퍼센트에 해당하는 품목이다.

③ 도매시장 개설자는 시장관리운영위원회의 심의를 거쳐 상장되지 아니한 농수산물 거래를 허가해야 한다.

④ 중도매인이 상장되지 아니한 물품을 농수산물전자거래소에서 거래하는 경우에는 그 물품을 도매시장으로 반입하지 아니할 수 있다.

⑤ 중도매인은 상장거래에 의하여 중도매인이 해당 농수산물을 매입하는 것이 현저히 곤란하다고 도매시장의 개설자가 인정하는 품목을 도매시장 개설자의 허가를 받아 도매시장법인이 상장하지 아니한 농수산물을 거래할 수 있다.

해설 ② 하위 3퍼센트 미만에 해당하는 품목이다.

22 농수산물 유통 및 가격안정에 관한 법령상 농수산물도매시장 개설에 관한 설명으로 옳은 것은?

① 특별시는 중앙도매시장을 개설할 수 있지만 지방도매시장은 개설할 수 없다.

② 특별자치도가 지방도매시장의 업무규정을 변경하는 경우에는 개설허가권자의 승인을 얻어야 한다.

③ 도매시장은 조건부로 개설허가를 받을 수 없다.

④ 특별시는 중앙도매시장을 개설하고자 하는 때에 미리 농림축산식품부장관의 허가를 받아야 한다.

⑤ 도매시장법인은 도매시장의 개설허가권자가 부류별로 이를 지정한다.

해설 ① 중앙도매시장의 경우에는 특별시·광역시 또는 특별자치도가 개설하고, 지방도매시장의 경우에는 특별시·광역시·특별자치도 또는 시가 개설한다. 따라서 특별시는 지방도매시장을 개설할 수 있다.
② 도매시장의 개설자가 업무규정을 변경하고자 하는 때에는 개설허가권자의 승인을 받아야 한다. 다만, 특별시·광역시 및 특별자치도가 지방도매시장의 업무규정을 변경하는 경우에는 그러하지 아니하다. 특별자치도가 개설허가권자이기 때문에 승인을 받을 필요가 없다.
③ 개설허가권자는 요구되는 시설이 갖추어지지 아니한 경우에는 일정한 기간 내에 이를 갖출 것을 조건으로 개설허가를 할 수 있다.
⑤ 중도매인의 업무를 하고자 하는 자는 부류별로 당해 도매시장의 개설자의 허가를 받아야 한다.

Answer   19. ⑤   20. ③   21. ②   22. ④

23 농수산물 유통 및 가격안정에 관한 법령상 농산물의 포전(圃田)매매에 관한 설명으로 옳지 않은 것은?

① 농림축산식품부장관이 정하는 채소류 등 저장성이 없는 농산물의 매매시 이용된다.

② 포전매매의 계약은 구두에 의한 방식으로 할 수 있다.

③ 포전매매의 계약은 특약이 없는 한 매수인이 당해 농산물을 반출약정일부터 10일 이내에 반출하지 아니한 때에는 그 기간이 경과한 날에 해제된 것으로 본다.

④ 농업협동조합과 그 중앙회는 포전매매에 있어서 표준계약서의 양식을 정하여 이를 계약서의 작성기준으로 이용할 것을 권장할 수 있다.

⑤ 지방자치단체의 장은 특히 필요하다고 인정하는 때에는 대상품목 등을 정하여 계약당사자에게 포전매매계약의 내용을 신고하도록 할 수 있다.

해설 ② 농림축산식품부장관이 정하는 채소류 등 저장성이 없는 농산물의 포전(圃田)매매의 계약은 서면에 의한 방식으로 하여야 한다.

24 농수산물 유통 및 가격안정에 관한 법령상 농수산물 유통기구의 정비 등에 관한 설명으로 옳지 않은 것은?

① 농림축산식품부장관은 농수산물의 원활한 수급과 유통질서를 확립하기 위하여 필요한 경우 농수산물유통기구정비기본방침을 수립하여 고시할 수 있다.

② 시·도지사는 기본방침이 고시된 때에는 기본방침에 따라 지역별 정비계획을 수립하고 농림축산식품부장관의 승인을 얻어 이를 시행하여야 한다.

③ 농림축산식품부장관은 농수산물의 공정거래질서 확립을 위하여 필요한 경우에는 유사도매시장구역을 지정할 수 있다.

④ 도매시장·공판장 및 민영도매시장의 통합·이전 또는 폐쇄를 명할 경우 미리 관계인에게 최근 2년간의 거래실적과 거래추세 등 필요한 사항에 대한 소명 기회를 주어야 한다.

⑤ 도매시장·공판장 및 민영도매시장의 통합·이전 또는 폐쇄로 인하여 도매시장 등의 개설자 또는 도매시장법인이 입게 될 손실에 대해서 미리 관계인과 협의를 거친 후 정당한 보상을 하여야 한다.

해설 ③ 시·도지사는 농수산물의 공정거래질서 확립을 위하여 필요한 경우에는 농수산물도매시장과 유사한 형태의 시장을 정비하기 위하여 유사도매시장구역을 지정하고, 농림축산식품부령으로 정하는 바에 따라 그 구역의 농수산물도매업자의 거래방법 개선, 시설 개선, 이전대책 등에 관한 정비계획을 수립·시행할 수 있다. 즉, 농림축산식품부장관이 아니고 '시·도지사'가 지정한다.
④ 농림축산식품부장관이 도매시장·공판장 및 민영도매시장의 통합·이전 또는 폐쇄를 명하려면 그에 필요한 적정한 기간을 두어야 하며, ㉠ 최근 2년간의 거래실적과 거래추세, ㉡ 입지조건, ㉢ 시설현황, ㉣ 통합·이전 또는 폐쇄로 인하여 당사자가 입게 될 손실의 정도를 비교·검토하여 조건이 불리한 시장을 통합·이전 또는 폐쇄하도록 하여야 한다. 또한 농림축산식품부장관은 도매시장·공판장 및 민영도매시장의 통합·이전 또는 폐쇄를 명하려면 미리 관계인에게 소명을 하거나 의견을 진술할 수 있는 기회를 주어야 한다.

25 농수산물 유통 및 가격안정에 관한 법령상 농수산물 도매시장의 개설 등에 관한 설명으로 옳지 않은 것은?

① 중앙도매시장의 경우는 특별시·광역시 또는 특별자치도가 개설하고 지방도매시장의 경우는 특별시·광역시·특별자치도 또는 시가 개설한다.

② 특별시·광역시·특별자치도 또는 시가 도매시장을 개설하려는 경우에는 미리 농림축산식품부장관의 허가를 받아야 한다.

③ 중앙도매시장에는 부류마다 도매시장 개설자가 부류별로 지정한 도매시장법인을 두어야 한다.

④ 도매시장의 명칭에는 그 도매시장을 개설한 지방자치단체의 명칭이 포함되어야 한다.

⑤ 중앙도매시장을 폐쇄하고자 하는 때에는 그 3개월 전에 개설허가권자의 허가를 받아야 한다.

해설 ② 시는 중앙도매시장을 개설할 수 없으므로 농림축산식품부장관의 허가를 받을 필요가 없다.

물류관리사

CERTIFIED PROFESSIONAL LOGISTICIAN

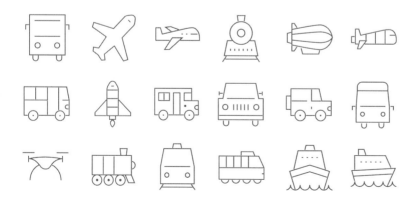

부록

용어정리

제1장 물류정책기본법

1. **물류**(物流): 재화가 공급자로부터 조달·생산되어 수요자에게 전달되거나 소비자로부터 회수되어 폐기될 때까지 이루어지는 운송·보관·하역(荷役) 등과 이에 부가되어 가치를 창출하는 가공·조립·분류·수리·포장·상표부착·판매·정보통신 등을 말한다.

2. **물류사업**: 화주(貨主)의 수요에 따라 유상(有償)으로 물류활동을 영위하는 것을 업(業)으로 하는 것으로 다음 각 목의 사업을 말한다.

   가. 자동차·철도차량·선박·항공기 또는 파이프라인 등의 운송수단을 통하여 화물을 운송하는 화물운송업

   나. 물류터미널이나 창고 등의 물류시설을 운영하는 물류시설운영업

   다. 화물운송의 주선(周旋), 물류장비의 임대, 물류정보의 처리 또는 물류컨설팅 등의 업무를 하는 물류서비스업

   라. 가목부터 다목까지의 물류사업을 종합적·복합적으로 영위하는 종합물류서비스업

3. **물류체계**: 효율적인 물류활동을 위하여 시설·장비·정보·조직 및 인력 등이 서로 유기적으로 기능을 발휘할 수 있도록 연계된 집합체를 말한다.

4. **물류시설**: 물류에 필요한 다음 각 목의 시설을 말한다.

   가. 화물의 운송·보관·하역을 위한 시설

   나. 화물의 운송·보관·하역 등에 부가되는 가공·조립·분류·수리·포장·상표부착·판매·정보통신 등을 위한 시설

   다. 물류의 공동화·자동화 및 정보화를 위한 시설

   라. 가목부터 다목까지의 시설이 모여 있는 물류터미널 및 물류단지

5. **물류공동화**: 물류기업이나 화주기업(貨主企業)들이 물류활동의 효율성을 높이기 위하여 물류에 필요한 시설·장비·인력·조직·정보망 등을 공동으로 이용하는 것을 말한다. 다만,「독점규제 및 공정거래에 관한 법률」제19조 제1항 각 호 및 같은 법 제26조 제1항 각 호에 해당하는 경우(같은 법 제19조 제2항에 따라 공정거래위원회의 인가를 받은 경우를 제외한다)를 제외한다.

6. **물류표준**:「산업표준화법」제12조에 따른 한국산업표준 중 물류활동과 관련된 것을 말한다.

7. **물류표준화**: 원활한 물류를 위하여 다음 각 목의 사항을 물류표준으로 통일하고 단순화하는 것을 말한다.

　　가. 시설 및 장비의 종류·형상·치수 및 구조

　　나. 포장의 종류·형상·치수·구조 및 방법

　　다. 물류용어, 물류회계 및 물류 관련 전자문서 등 물류체계의 효율화에 필요한 사항

8. **단위물류정보망**: 기능별 또는 지역별로 관련 행정기관, 물류기업 및 그 거래처를 연결하는 일련의 물류정보체계를 말한다.

9. **제3자물류**: 화주가 그와 대통령령으로 정하는 특수관계에 있지 아니한 물류기업에 물류활동의 일부 또는 전부를 위탁하는 것을 말한다.

10. **국제물류주선업**: 타인의 수요에 따라 자기의 명의와 계산으로 타인의 물류시설·장비 등을 이용하여 수출입화물의 물류를 주선하는 사업을 말한다.

11. **물류관리사**: 물류관리에 관한 전문지식을 가진 자로서 제51조에 따른 자격을 취득한 자를 말한다.

12. **물류보안**: 공항·항만과 물류시설에 폭발물, 무기류 등 위해물품을 은닉·반입하는 행위와 물류에 필요한 시설·장비·인력·조직·정보망 및 화물 등에 위해를 가할 목적으로 행하여지는 불법행위를 사전에 방지하기 위한 조치를 말한다.

13. **국가물류정보화사업**: 국가, 지방자치단체 및 제22조에 따른 물류관련기관이 정보통신기술과 정보가공기술을 이용하여 물류관련 정보를 생산·수집·가공·축적·연계·활용하는 물류정보화사업을 말한다.

제 2 장　물류시설의 개발 및 운영에 관한 법률

1. **물류시설**: 다음 각 목의 시설을 말한다.

　　가. 화물의 운송·보관·하역을 위한 시설

　　나. 화물의 운송·보관·하역과 관련된 가공·조립·분류·수리·포장·상표부착·판매·정보통신 등의 활동을 위한 시설

　　다. 물류의 공동화·자동화 및 정보화를 위한 시설

　　라. 가목부터 다목까지의 시설이 모여 있는 물류터미널 및 물류단지

2. **물류터미널**: 화물의 집화(集貨)·하역(荷役) 및 이와 관련된 분류·포장·보관·가공·조립 또는 통관 등에 필요한 기능을 갖춘 시설물을 말한다. 다만, 가공·조립 시설은 대통령령으로 정하는 규모 이하의 것이어야 한다.

3. **물류터미널사업** : 물류터미널을 경영하는 사업으로서 복합물류터미널사업과 일반물류터미널 사업을 말한다. 다만, 다음 각 목의 시설물을 경영하는 사업을 제외한다.

　가. 「항만법」 제2조 제5호의 항만시설 중 항만구역 안에 있는 화물하역시설 및 화물보관·처리 시설

　나. 「공항시설법」 제2조 제8호의 공항시설 중 공항구역 안에 있는 화물운송을 위한 시설과 그 부대시설 및 지원시설

　다. 「철도사업법」 제2조 제8호에 따른 철도사업자가 그 사업에 사용하는 화물운송·하역 및 보관시설

　라. 「유통산업발전법」 제2조 제14호 및 제15호의 집배송시설 및 공동집배송센터

4. **복합물류터미널사업** : 두 종류 이상의 운송수단 간의 연계운송을 할 수 있는 규모 및 시설을 갖춘 물류터미널사업을 말한다.

5. **일반물류터미널사업** : 물류터미널사업 중 복합물류터미널사업을 제외한 것을 말한다.

5의2. **물류창고** : 화물의 저장·관리, 집화·배송 및 수급조정 등을 위한 보관시설·보관장소 또는 이와 관련된 하역·분류·포장·상표부착 등에 필요한 기능을 갖춘 시설을 말한다.

5의3. **물류창고업** : 화주(貨主)의 수요에 따라 유상으로 물류창고에 화물을 보관하거나 이와 관련 된 하역·분류·포장·상표부착 등을 하는 사업을 말한다. 다만, 다음 각 목의 어느 하나에 해 당하는 것은 제외한다.

　가. 「주차장법」에 따른 주차장에서 자동차의 보관, 「자전거 이용 활성화에 관한 법률」에 따른 자전거주차장에서 자전거의 보관

　나. 「철도사업법」에 따른 철도사업자가 여객의 수하물 또는 소화물을 보관하는 것

　다. 그 밖에 「위험물안전관리법」에 따른 위험물저장소에 보관하는 것 등 국토교통부령으로 정하는 것

5의4. **스마트물류센터** : 첨단물류시설 및 설비, 운영시스템 등을 도입하여 저비용·고효율·안전 성·친환경성 등에서 우수한 성능을 발휘할 수 있는 물류창고로서 제21조의4 제1항에 따라 국토교통부장관의 인증을 받은 물류창고를 말한다.

6. **물류단지** : 물류단지시설과 지원시설을 집단적으로 설치·육성하기 위하여 제22조 또는 제22 조의2에 따라 지정·개발하는 일단(一團)의 토지 및 시설로서 도시첨단물류단지와 일반물류단 지를 말한다.

6의2. **도시첨단물류단지** : 도시 내 물류를 지원하고 물류·유통산업 및 물류·유통과 관련된 산 업의 육성과 개발을 촉진하려는 목적으로 도시첨단물류단지시설과 지원시설을 집단적으로 설 치하기 위하여 「국토의 계획 및 이용에 관한 법률」에 따른 도시지역에 제22조의2에 따라 지 정·개발하는 일단의 토지 및 시설을 말한다.

6의3. **일반물류단지** : 물류단지 중 도시첨단물류단지를 제외한 것을 말한다.

6의4. **물류단지시설** : 일반물류단지시설과 도시첨단물류단지시설을 말한다.

7. **일반물류단지시설**: 화물의 운송·집화·하역·분류·포장·가공·조립·통관·보관·판매·정보처리 등을 위하여 일반물류단지 안에 설치되는 다음 각 목의 시설을 말한다.

　가. 물류터미널 및 창고

　나.「유통산업발전법」제2조 제3호·제7호·제15호 및 제17조의2의 대규모점포·전문상가단지·공동집배송센터 및 중소유통공동도매물류센터

　다.「농수산물유통 및 가격안정에 관한 법률」제2조 제2호·제5호 및 제12호의 농수산물도매시장·농수산물공판장 및 농수산물종합유통센터

　라.「궤도운송법」에 따른 궤도사업을 경영하는 자가 그 사업에 사용하는 화물의 운송·하역 및 보관 시설

　마.「축산물위생관리법」제2조 제11호의 작업장

　바.「농업협동조합법」·「수산업협동조합법」·「산림조합법」·「중소기업협동조합법」또는「협동조합 기본법」에 따른 조합 또는 그 중앙회(연합회를 포함한다)가 설치하는 구매사업 또는 판매사업 관련 시설

　사.「화물자동차 운수사업법」제2조 제2호의 화물자동차운수사업에 이용되는 차고, 화물취급소, 그 밖에 화물의 처리를 위한 시설

　아.「약사법」제44조 제2항 제2호의 의약품 도매상의 창고 및 영업소시설

　자. 그 밖에 물류기능을 가진 시설로서 대통령령으로 정하는 시설

　차. 가목부터 자목까지의 시설에 딸린 시설(제8호 가목 또는 나목의 시설로서 가목부터 자목까지의 시설과 동일한 건축물에 설치되는 시설을 포함한다)

7의2. **도시첨단물류단지시설**: 도시 내 물류를 지원하고 물류·유통산업 및 물류·유통과 관련된 산업의 육성과 개발을 목적으로 도시첨단물류단지 안에 설치되는 다음 각 목의 시설을 말한다.

　가. 제7호 가목부터 자목까지의 시설 중에서 도시 내 물류·유통기능 증진을 위한 시설

　나.「산업입지 및 개발에 관한 법률」제2조 제7호의2에 따른 공장, 지식산업 관련 시설, 정보통신산업 관련 시설, 교육·연구시설 중 첨단산업과 관련된 시설로서 국토교통부령으로 정하는 물류·유통 관련 시설

　다. 그 밖에 도시 내 물류·유통기능 증진을 위한 시설로서 대통령령으로 정하는 시설

　라. 가목부터 다목까지의 시설에 딸린 시설

7의3. **복합용지**: 제7호의2, 제8호, 제9호 나목에서 마목까지의 시설을 하나의 용지에 전부 또는 일부 설치하기 위한 용지를 말한다.

8. **지원시설**: 물류단지시설의 운영을 효율적으로 지원하기 위하여 물류단지 안에 설치되는 다음 각 목의 시설을 말한다. 다만, 가목 또는 나목의 시설로서 제7호 가목부터 자목까지의 시설과 동일한 건축물에 설치되는 시설을 제외한다.

　가. 대통령령으로 정하는 가공·제조 시설

　나. 정보처리시설

　다. 금융·보험·의료·교육·연구·업무 시설

라. 물류단지의 종사자 및 이용자의 생활과 편의를 위한 시설

마. 그 밖에 물류단지의 기능 증진을 위한 시설로서 대통령령으로 정하는 시설

9. **물류단지개발사업**: 물류단지를 조성하기 위하여 시행하는 다음 각 목의 사업으로서 도시첨단물류단지개발사업과 일반물류단지개발사업을 말한다.

가. 물류단지시설 및 지원시설의 용지조성사업과 건축사업

나. 도로·철도·궤도·항만 또는 공항 시설 등의 건설사업

다. 전기·가스·용수 등의 공급시설과 전기통신설비의 건설사업

라. 하수도, 폐기물처리시설, 그 밖의 환경오염방지시설 등의 건설사업

마. 그 밖에 가목부터 라목까지의 사업에 딸린 사업

10. **도시첨단물류단지개발사업**: 물류단지개발사업 중 도시첨단물류단지를 조성하기 위하여 시행하는 사업을 말한다.

11. **일반물류단지개발사업**: 물류단지개발사업 중 도시첨단물류단지사업을 제외한 것을 말한다.

제 3 장   화물자동차 운수사업법

1. **화물자동차**:「자동차관리법」제3조에 따른 화물자동차 및 특수자동차로서 국토교통부령으로 정하는 자동차를 말한다.

2. **화물자동차 운수사업**: 화물자동차 운송사업, 화물자동차 운송주선사업 및 화물자동차 운송가맹사업을 말한다.

3. **화물자동차 운송사업**: 다른 사람의 요구에 응하여 화물자동차를 사용하여 화물을 유상으로 운송하는 사업을 말한다. 이 경우 화주(貨主)가 화물자동차에 함께 탈 때의 화물은 중량, 용적, 형상 등이 여객자동차 운송사업용 자동차에 싣기 부적합한 것으로서 그 기준과 대상차량 등은 국토교통부령으로 정한다.

4. **화물자동차 운송주선사업**: 다른 사람의 요구에 응하여 유상으로 화물운송계약을 중개·대리하거나 화물자동차 운송사업 또는 화물자동차 운송가맹사업을 경영하는 자의 화물운송수단을 이용하여 자기 명의와 계산으로 화물을 운송하는 사업을 말한다.

5. **화물자동차 운송가맹사업**: 다른 사람의 요구에 응하여 자기 화물자동차를 사용하여 유상으로 화물을 운송하거나 소속 화물자동차 운송가맹점(제3조 제3항에 따른 운송사업자인 가맹점만을 말한다)에 의뢰하여 화물을 운송하게 하는 사업을 말한다.

6. **화물자동차 운송가맹사업자**: 화물자동차 운송가맹사업의 허가를 받은 자를 말한다.

7. **화물자동차 운송가맹점**: 화물자동차 운송가맹사업자(이하 '운송가맹사업자'라 한다)의 운송가맹점으로 가입하여 그 영업표지(상호와 상표 등을 포함한다)의 사용권을 부여받은 자로서 다음 각 목의 어느 하나에 해당하는 자를 말한다.

    가. 운송가맹사업자로부터 운송 화물을 배정받아 화물을 운송하거나 운송가맹사업자가 아닌 자의 요구를 받고 화물을 운송하는 제3조 제3항에 따른 운송사업자

    나. 운송가맹사업자의 화물운송계약을 중개·대리하거나 운송가맹사업자가 아닌 자에게 화물자동차 운송주선사업을 하는 제24조 제2항에 따른 운송주선사업자

    다. 운송가맹사업자로부터 운송 화물을 배정받아 화물을 운송하거나 운송가맹사업자가 아닌 자의 요구를 받고 화물을 운송하는 자로서 제40조 제1항에 따라 화물자동차 운송사업의 경영의 일부를 위탁받은 사람(경영의 일부를 위탁한 운송사업자가 화물자동차 운송가맹점으로 가입한 경우는 제외한다)

7의2. **영업소**: 주사무소 외의 장소에서 다음 각 목의 어느 하나에 해당하는 사업을 영위하는 곳을 말한다.

    가. 제3조 제1항에 따라 화물자동차 운송사업의 허가를 받은 자 또는 화물자동차 운송가맹사업자가 화물자동차를 배치하여 그 지역의 화물을 운송하는 사업

    나. 제24조 제1항에 따라 화물자동차 운송주선사업의 허가를 받은 자가 화물 운송을 주선하는 사업

8. **운수종사자**: 화물자동차의 운전자, 화물의 운송 또는 운송주선에 관한 사무를 취급하는 사무원 및 이를 보조하는 보조원, 그 밖에 화물자동차 운수사업에 종사하는 자를 말한다.

9. **공영차고지**: 화물자동차 운수사업에 제공되는 차고지로서 특별시장·광역시장·특별자치시장·도지사·특별자치도지사(이하 '시·도지사'라 한다) 또는 시장·군수·구청장(자치구의 구청장을 말한다. 이하 같다)이 설치한 것을 말한다.

10. **화물자동차 휴게소**: 화물자동차의 운전자가 화물의 운송 중 휴식을 취하거나 화물의 하역(荷役)을 위하여 대기할 수 있도록 「도로법」에 따른 도로 등 화물의 운송경로나 「물류시설의 개발 및 운영에 관한 법률」에 따른 물류시설 등 물류거점에 휴게시설과 차량의 주차·정비·주유(注油) 등 화물운송에 필요한 기능을 제공하기 위하여 건설하는 시설물을 말한다.

11. **화물차주**: 화물을 직접 운송하는 자로서 다음 각 목의 어느 하나에 해당하는 자를 말한다.

    가. 제3조 제1항 제2호에 따라 개인화물자동차 운송사업의 허가를 받은 자(이하 "개인 운송사업자"라 한다)

    나. 제40조 제1항에 따라 경영의 일부를 위탁받은 사람(이하 "위·수탁차주"라 한다)

12. **화물자동차 안전운송원가**: 화물차주에 대한 적정한 운임의 보장을 통하여 과로, 과속, 과적 운행을 방지하는 등 교통안전을 확보하기 위하여 화주, 운송사업자, 운송주선사업자 등이 화물운송의 운임을 산정할 때에 참고할 수 있는 운송원가로서 제5조의2에 따른 화물자동차 안전운임위원회의 심의·의결을 거쳐 제5조의4에 따라 국토교통부장관이 공표한 원가를 말한다.

13. **화물자동차 안전운임**: 화물차주에 대한 적정한 운임의 보장을 통하여 과로, 과속, 과적 운행을 방지하는 등 교통안전을 확보하기 위하여 필요한 최소한의 운임으로서 제12호에 따른 화물자동차 안전운송원가에 적정 이윤을 더하여 제5조의2에 따른 화물자동차 안전운임위원회의 심의·의결을 거쳐 제5조의4에 따라 국토교통부장관이 공표한 운임을 말하며 다음 각 목으로 구분한다.

　가. 화물자동차 안전운송운임: 화주가 제3조 제3항에 따른 운송사업자, 제24조 제2항에 따른 운송주선사업자 및 운송가맹사업자(이하 "운수사업자"라 한다) 또는 화물차주에게 지급하여야 하는 최소한의 운임

　나. 화물자동차 안전위탁운임: 운수사업자가 화물차주에게 지급하여야 하는 최소한의 운임

제 4 장　철도사업법

1. **철도**: 「철도산업발전기본법」 제3조 제1호에 따른 철도를 말한다.

2. **철도시설**: 「철도산업발전기본법」 제3조 제2호에 따른 철도시설을 말한다.

3. **철도차량**: 「철도산업발전기본법」 제3조 제4호에 따른 철도차량을 말한다.

4. **사업용철도**: 철도사업을 목적으로 설치하거나 운영하는 철도를 말한다.

5. **전용철도**: 다른 사람의 수요에 따른 영업을 목적으로 하지 아니하고 자신의 수요에 따라 특수목적을 수행하기 위하여 설치하거나 운영하는 철도를 말한다.

6. **철도사업**: 다른 사람의 수요에 응하여 철도차량을 사용하여 유상(有償)으로 여객이나 화물을 운송하는 사업을 말한다.

7. **철도운수종사자**: 철도운송과 관련하여 승무(승무, 동력차 운전과 열차 내 승무를 말한다. 이하 같다) 및 역무서비스를 제공하는 직원을 말한다.

8. **철도사업자**: 「한국철도공사법」에 따라 설립된 한국철도공사(이하 '철도공사'라 한다) 및 제5조에 따라 철도사업 면허를 받은 자를 말한다.

9. **전용철도운영자**: 제34조에 따라 전용철도 등록을 한 자를 말한다.

제5장　유통산업발전법

1. **유통산업**: 농산물·임산물·축산물·수산물(가공물 및 조리물을 포함한다) 및 공산품의 도매·소매 및 이를 경영하기 위한 보관·배송·포장과 이와 관련된 정보·용역의 제공 등을 목적으로 하는 산업을 말한다.

2. **매장**: 상품의 판매와 이를 지원하는 용역의 제공에 직접 사용되는 장소를 말한다. 이 경우 매장에 포함되는 용역의 제공 장소의 범위는 대통령령으로 정한다.

3. **대규모점포**: 다음 각 목의 요건을 모두 갖춘 매장을 보유한 점포의 집단으로서 별표에 규정된 것을 말한다.
   가. 하나 또는 대통령령으로 정하는 둘 이상의 연접되어 있는 건물 안에 하나 또는 여러 개로 나누어 설치되는 매장일 것
   나. 상시 운영되는 매장일 것
   다. 매장면적의 합계가 3천제곱미터 이상일 것

4. **준대규모점포**: 다음 각 목의 어느 하나에 해당하는 점포로서 대통령령으로 정하는 것을 말한다.
   가. 대규모점포를 경영하는 회사 또는 그 계열회사(「독점규제 및 공정거래에 관한 법률」에 따른 계열회사를 말한다)가 직영하는 점포
   나. 「독점규제 및 공정거래에 관한 법률」에 따른 상호출자제한기업집단의 계열회사가 직영하는 점포
   다. 가목 및 나목의 회사 또는 계열회사가 제6호 가목에 따른 직영점형 체인사업 및 같은 호 나목에 따른 프랜차이즈형 체인사업의 형태로 운영하는 점포

5. **임시시장**: 다수(多數)의 수요자와 공급자가 일정한 기간 동안 상품을 매매하거나 용역을 제공하는 일정한 장소를 말한다.

6. **체인사업**: 같은 업종의 여러 소매점포를 직영(자기가 소유하거나 임차한 매장에서 자기의 책임과 계산하에 직접 매장을 운영하는 것을 말한다. 이하 같다)하거나 같은 업종의 여러 소매점포에 대하여 계속적으로 경영을 지도하고 상품·원재료 또는 용역을 공급하는 다음 각 목의 어느 하나에 해당하는 사업을 말한다.
   가. 직영점형 체인사업: 체인본부가 주로 소매점포를 직영하되, 가맹계약을 체결한 일부 소매점포(이하 이 호에서 '가맹점'이라 한다)에 대하여 상품의 공급 및 경영지도를 계속하는 형태의 체인사업
   나. 프랜차이즈형 체인사업: 독자적인 상품 또는 판매·경영 기법을 개발한 체인본부가 상호·판매방법·매장운영 및 광고방법 등을 결정하고, 가맹점으로 하여금 그 결정과 지도에 따라 운영하도록 하는 형태의 체인사업

    다. 임의가맹점형 체인사업: 체인본부의 계속적인 경영지도 및 체인본부와 가맹점 간의 협업에 의하여 가맹점의 취급품목·영업방식 등의 표준화사업과 공동구매·공동판매·공동시설활용 등 공동사업을 수행하는 형태의 체인사업

    라. 조합형 체인사업: 같은 업종의 소매점들이 「중소기업협동조합법」 제3조에 따른 중소기업협동조합을 설립하여 공동구매·공동판매·공동시설활용 등 사업을 수행하는 형태의 체인사업

7. **상점가**: 일정 범위의 가로(街路) 또는 지하도에 대통령령으로 정하는 수 이상의 도매점포·소매점포 또는 용역점포가 밀집하여 있는 지구를 말한다.

8. **전문상가단지**: 같은 업종을 경영하는 여러 도매업자 또는 소매업자가 일정 지역에 점포 및 부대시설 등을 집단으로 설치하여 만든 상가단지를 말한다.

9. **무점포판매**: 상시 운영되는 매장을 가진 점포를 두지 아니하고 상품을 판매하는 것으로서 산업통상자원부령으로 정하는 것을 말한다.

10. **유통표준코드**: 상품·상품포장·포장용기 또는 운반용기의 표면에 표준화된 체계에 따라 표기된 숫자와 바코드 등으로서 산업통상자원부령으로 정하는 것을 말한다.

11. **유통표준전자문서**: 「전자문서 및 전자거래 기본법」 제2조 제1호에 따른 전자문서 중 유통부문에 관하여 표준화되어 있는 것으로서 산업통상자원부령으로 정하는 것을 말한다.

12. **판매시점 정보관리시스템**: 상품을 판매할 때 활용하는 시스템으로서 광학적 자동판독방식에 따라 상품의 판매·매입 또는 배송 등에 관한 정보가 수록된 것을 말한다.

13. **물류설비**: 화물의 수송·포장·하역·운반과 이를 관리하는 물류정보처리활동에 사용되는 물품·기계·장치 등의 설비를 말한다.

14. **도매배송서비스**: 집배송시설을 이용하여 자기의 계산으로 매입한 상품을 도매하거나 위탁받은 상품을 「화물자동차 운수사업법」 제3조 및 제29조에 따른 허가를 받은 자가 수수료를 받고 도매점포 또는 소매점포에 공급하는 것을 말한다.

15. **집배송시설**: 상품의 주문처리·재고관리·수송·보관·하역·포장·가공 등 집하(集荷) 및 배송에 관한 활동과 이를 유기적으로 조정하거나 지원하는 정보처리활동에 사용되는 기계·장치 등의 일련의 시설을 말한다.

16. **공동집배송센터**: 여러 유통사업자 또는 제조업자가 공동으로 사용할 수 있도록 집배송시설 및 부대업무시설이 설치되어 있는 지역 및 시설물을 말한다.

제6장 농수산물 유통 및 가격안정에 관한 법률

1. **농수산물**: 농산물·축산물·수산물 및 임산물(목과류: 밤·잣·대추·호두·은행 및 도토리, 버섯류: 표고·송이·목이 및 팽이, 한약재용 임산물)을 말한다.

2. **농수산물도매시장**: 특별시·광역시·특별자치시·특별자치도 또는 시가 양곡류·청과류·화훼류·조수육류(鳥獸肉類)·어류·조개류·갑각류·해조류 및 임산물 등 대통령령으로 정하는 품목의 전부 또는 일부를 도매하게 하기 위하여 제17조에 따라 관할구역에 개설하는 시장을 말한다.

3. **중앙도매시장**: 특별시·광역시·특별자치시 또는 특별자치도가 개설한 농수산물도매시장 중 해당 관할구역 및 그 인접지역에서 도매의 중심이 되는 농수산물도매시장으로서 농림축산식품부령으로 정하는 것을 말한다.

4. **지방도매시장**: 중앙도매시장 외의 농수산물도매시장을 말한다.

5. **농수산물공판장**: 지역농업협동조합, 지역축산업협동조합, 품목별·업종별협동조합, 조합공동사업법인, 품목조합연합회, 산림조합 및 수산업협동조합과 그 중앙회(농협경제지주회사를 포함한다. 이하 '농림수협 등'이라 한다), 그 밖에 대통령령으로 정하는 생산자 관련 단체와 공익상 필요하다고 인정되는 법인으로서 대통령령으로 정하는 법인(이하 '공익법인'이라 한다)이 농수산물을 도매하기 위하여 제43조에 따라 특별시장·광역시장·특별자치시장·도지사 또는 특별자치도지사(이하 '시·도지사'라 한다)의 승인을 받아 개설·운영하는 사업장을 말한다.

6. **민영농수산물도매시장**: 국가, 지방자치단체 및 제5호에 따른 농수산물공판장을 개설할 수 있는 자 외의 자(이하 '민간인 등'이라 한다)가 농수산물을 도매하기 위하여 제47조에 따라 시·도지사의 허가를 받아 특별시·광역시·특별자치시·특별자치도 또는 시 지역에 개설하는 시장을 말한다.

7. **도매시장법인**: 제23조에 따라 농수산물도매시장의 개설자로부터 지정을 받고 농수산물을 위탁받아 상장(上場)하여 도매하거나 이를 매수(買受)하여 도매하는 법인(제24조에 따라 도매시장법인의 지정을 받은 것으로 보는 공공출자법인을 포함한다)을 말한다.

8. **시장도매인**: 제36조 또는 제48조에 따라 농수산물도매시장 또는 민영농수산물도매시장의 개설자로부터 지정을 받고 농수산물을 매수 또는 위탁받아 도매하거나 매매를 중개하는 영업을 하는 법인을 말한다.

9. **중도매인(仲都賣人)**: 제25조, 제44조, 제46조 또는 제48조에 따라 농수산물도매시장·농수산물공판장 또는 민영농수산물도매시장의 개설자의 허가 또는 지정을 받아 다음 각 목의 영업을 하는 자를 말한다.

가. 농수산물도매시장·농수산물공판장 또는 민영농수산물도매시장에 상장된 농수산물을 매수하여 도매하거나 매매를 중개하는 영업

나. 농수산물도매시장·농수산물공판장 또는 민영농수산물도매시장의 개설자로부터 허가를 받은 비상장(非上場) 농수산물을 매수 또는 위탁받아 도매하거나 매매를 중개하는 영업

10. **매매참가인**: 제25조의3에 따라 농수산물도매시장·농수산물공판장 또는 민영농수산물도매시장의 개설자에게 신고를 하고, 농수산물도매시장·농수산물공판장 또는 민영농수산물도매시장에 상장된 농수산물을 직접 매수하는 자로서 중도매인이 아닌 가공업자·소매업자·수출업자 및 소비자단체 등 농수산물의 수요자를 말한다.

11. **산지유통인**(産地流通人): 제29조, 제44조, 제46조 또는 제48조에 따라 농수산물도매시장·농수산물공판장 또는 민영농수산물도매시장의 개설자에게 등록하고, 농수산물을 수집하여 농수산물도매시장·농수산물공판장 또는 민영농수산물도매시장에 출하(出荷)하는 영업을 하는 자를 말한다.

12. **농수산물종합유통센터**: 제69조에 따라 국가 또는 지방자치단체가 설치하거나 국가 또는 지방자치단체의 지원을 받아 설치된 것으로서 농수산물의 출하 경로를 다원화하고 물류비용을 절감하기 위하여 농수산물의 수집·포장·가공·보관·수송·판매 및 그 정보처리 등 농수산물의 물류활동에 필요한 시설과 이와 관련된 업무시설을 갖춘 사업장을 말한다.

13. **경매사**(競賣士): 제27조, 제44조, 제46조 또는 제48조에 따라 도매시장법인의 임명을 받거나 농수산물공판장·민영농수산물도매시장 개설자의 임명을 받아, 상장된 농수산물의 가격 평가 및 경락자 결정 등의 업무를 수행하는 자를 말한다.

14. **농수산물 전자거래**: 농수산물의 유통단계를 단축하고 유통비용을 절감하기 위하여 「전자문서 및 전자거래 기본법」 제2조 제5호에 따른 전자거래의 방식으로 농수산물을 거래하는 것을 말한다.

제23회 기출문제

01 물류정책기본법상 다른 사람에게 자기의 성명 또는 상호를 사용하여 사업을 하게 하거나 그 인증서 · 등록증 · 지정증 또는 자격증을 대여하지 못하도록 금지되어 있는 자를 모두 고른 것은?

㉠ 인증우수물류기업	㉡ 국제물류주선업자
㉢ 물류관리사	㉣ 우수녹색물류실천기업

① ㉡, ㉢
② ㉠, ㉡, ㉣
③ ㉠, ㉢, ㉣
④ ㉡, ㉢, ㉣
⑤ ㉠, ㉡, ㉢, ㉣

해설 ⑤ 법 제66조 인증우수물류기업 · 국제물류주선업자 · 물류관리사 및 우수녹색물류실천기업은 다른 사람에게 자기의 성명 또는 상호를 사용하여 사업을 하게 하거나 그 인증서 · 등록증 · 지정증 또는 자격증을 대여하여서는 아니 된다.

02 물류정책기본법상 국제물류주선업의 등록을 할 수 있는 자는?

① 피한정후견인
② 「물류정책기본법」을 위반하여 금고 이상의 실형을 선고받고 그 집행이 종료되거나 집행이 면제된 날부터 2년이 지나지 아니한 자
③ 「유통산업발전법」을 위반하여 금고 이상의 형의 집행유예를 선고받고 그 유예 기간 중에 있는 자
④ 「화물자동차 운수사업법」을 위반하여 벌금형을 선고받고 2년이 지나지 아니한 자
⑤ 대표자가 피성년후견인인 법인

해설 ③ 물류정책기본법, 「화물자동차 운수사업법」, 「항공사업법」, 「항공안전법」, 「공항시설법」 또는 「해운법」을 위반하여 금고 이상의 형의 집행유예를 선고받고 그 유예기간 중에 있는 자는 등록을 할 수 없다. 유통산업발전법은 포함되지 않는다.

Answer   1. ⑤   2. ③

03 물류정책기본법상 지역물류현황조사에 관한 설명이다. (   )에 들어갈 내용을 바르게 나열한 것은?

> 시·도지사는 지역물류현황조사의 효율적인 수행을 위하여 필요한 경우에는 지역물류현황조사의 (㉠)를 전문기관으로 하여금 수행하게 할 수 있다. 시·도지사가 지역물류현황조사를 시장·군수·구청장에게 요청하는 경우에는 효율적인 지역물류현황조사를 위하여 조사의 시기, 종류 및 방법 등에 관하여 해당 시·도의 (㉡)(으)로 정하는 바에 따라 (㉢)을 작성하여 통보할 수 있다.

① ㉠ 전부   ㉡ 조례   ㉢ 조사현황
② ㉠ 전부 또는 일부   ㉡ 조례   ㉢ 조사지침
③ ㉠ 일부   ㉡ 규칙   ㉢ 조사지침
④ ㉠ 전부 또는 일부   ㉡ 규칙   ㉢ 조사현황
⑤ ㉠ 일부   ㉡ 조례   ㉢ 조사내용

해설 ② 시·도지사는 지역물류현황조사의 효율적인 수행을 위하여 필요한 경우에는 지역물류현황조사의 전부 또는 일부를 전문기관으로 하여금 수행하게 할 수 있다. 시·도지사는 제2항에 따라 지역물류현황조사를 요청하는 경우에는 효율적인 지역물류현황조사를 위하여 조사의 시기, 종류 및 방법 등에 관하여 해당 특별시·광역시·특별자치시·도 및 특별자치도(이하 "시·도"라 한다)의 조례로 정하는 바에 따라 조사지침을 작성하여 통보할 수 있다.

04 물류정책기본법령상 물류사업의 범위에 관한 대분류와 세분류의 연결이 옳지 않은 것은?
① 화물운송업 - 파이프라인운송업   ② 물류시설운영업 - 창고업
③ 물류서비스업 - 화물주선업   ④ 물류시설운영업 - 물류터미널운영업
⑤ 화물운송업 - 항만운송사업

해설 ⑤ 항만운송사업은 물류서비스업이다.

● 물류사업의 범위(제3조 관련)

대분류	세분류	세세분류
화물 운송업	육상화물운송업	화물자동차운송사업, 화물자동차운송가맹사업, 철도사업
	해상화물운송업	외항정기화물운송사업, 외항부정기화물운송사업, 내항화물운송사업
	항공화물운송업	정기항공운송사업, 부정기항공운송사업, 상업서류송달업
	파이프라인운송업	파이프라인운송업
물류시설 운영업	창고업 (공동집배송센터 운영업 포함)	일반창고, 냉장 및 냉동 창고, 농·수산물 창고업, 위험물품 보관업, 그 밖의 창고업
	물류터미널운영업	복합물류터미널, 일반물류터미널, 해상터미널, 공항화물터미널, 화물차전용터미널, 컨테이너화물조작장(CFS), 컨테이너장치장(CY), 물류단지, 집배송단지 등 물류시설의 운영업
물류 서비스업	화물취급업 (하역업 포함)	화물의 하역, 포장, 가공, 조립, 상표부착, 프로그램 설치, 품질검사 등 부가적인 물류업
	화물주선업	국제물류주선업, 화물자동차운송주선사업
	물류장비임대업	운송장비임대업, 산업용 기계·장비 임대업, 운반용기 임대업, 화물자동차임대업, 화물선박임대업, 화물항공기임대업, 운반·적치·하역장비 임대업, 컨테이너·파렛트 등 포장용기 임대업, 선박대여업
	물류정보처리업	물류정보 데이터베이스 구축, 물류지원 소프트웨어 개발·운영, 물류 관련 전자문서 처리업
	물류컨설팅업	물류 관련 업무프로세스 개선 관련 컨설팅, 자동창고, 물류자동화 설비 등 도입 관련 컨설팅, 물류 관련 정보시스템 도입 관련 컨설팅
	해운부대사업	해운대리점업, 해운중개업, 선박관리업
	항만운송관련업	항만용역업, 선용품공급업, 선박연료공급업, 선박수리업, 컨테이너 수리업, 예선업
	항만운송사업	항만하역사업, 검수사업, 감정사업, 검량사업
종합물류 서비스업	종합물류서비스업	종합물류서비스업

Answer   3. ② 4. ⑤

05 물류정책기본법령상 물류정보화를 통한 물류체계의 효율화 시책에 포함되어야 할 사항에 해당하지 않는 것은?

① 물류환경의 변화와 전망에 관한 사항
② 물류정보의 연계 및 공동활용에 관한 사항
③ 물류정보의 표준에 관한 사항
④ 물류정보의 보안에 관한 사항
⑤ 물류분야 정보통신기술의 도입 및 확산에 관한 사항

해설 ①은 시책에 포함되어야 할 사항이 아니다. 물류정보화를 통한 물류체계의 효율화 시책을 강구할 때에는 물류정보의 표준에 관한 사항, 물류분야 정보통신기술의 도입 및 확산에 관한 사항, 물류정보의 연계 및 공동활용에 관한 사항, 물류정보의 보안에 관한 사항, 그 밖에 물류효율의 향상을 위하여 필요한 사항이 포함되어야 한다.

06 물류정책기본법령상 국토교통부장관으로부터 물류기업이 행정적·재정적 지원을 받을 수 있는 물류보안 관련 활동에 해당하지 않는 것은?

① 물류보안 관련 시설·장비의 개발·도입
② 물류보안 관련 제도·표준 등 국가 물류보안 시책의 수립
③ 물류보안 관련 교육 및 프로그램의 운영
④ 물류보안 관련 시설·장비의 유지·관리
⑤ 물류보안 사고 발생에 따른 사후복구조치

해설 ② 국토교통부장관은 관계 중앙행정기관의 장과 협의하여 물류기업 또는 화주기업이 물류보안 관련 시설·장비의 개발·도입, 물류보안 관련 제도·표준 등 국가 물류보안 시책의 준수, 물류보안 관련 교육 및 프로그램의 운영, 그 밖에 대통령령으로 정하는 물류보안 활동, 물류보안 관련 시설·장비의 유지·관리, 물류보안 사고 발생에 따른 사후복구조치를 하는 경우 행정적·재정적 지원을 할 수 있다.

07 물류정책기본법령상 물류신고센터가 화주기업 또는 물류기업 등 이해관계인에게 조정을 권고하는 경우 서면으로 통지하여야 하는 사항을 모두 고른 것은?

㉠ 신고의 주요내용	㉡ 조정권고 내용
㉢ 조정권고에 대한 수락 여부 통보기한	㉣ 향후 신고 처리에 관한 사항
㉤ 그 밖에 물류신고센터의 장이 인정하는 사항	

① ㉠, ㉡
② ㉡, ㉢, ㉤
③ ㉠, ㉡, ㉢, ㉣
④ ㉠, ㉢, ㉣, ㉤
⑤ ㉡, ㉢, ㉣, ㉤

해설 ③ 물류신고센터가 조정을 권고하는 경우에는 신고의 주요내용, 조정권고 내용, 조정권고에 대한 수락 여부 통보기한, 향후 신고 처리에 관한 사항을 명시하여 서면으로 통지해야 한다.

08 물류정책기본법령상 국가물류정책위원회 위원의 해촉사유에 해당하지 않는 것은?

① 심신장애로 인하여 직무를 수행할 수 없게 된 경우
② 직무와 관련 없는 비위사실이 있는 경우
③ 직무태만으로 인하여 위원으로 적합하지 아니하다고 인정되는 경우
④ 품위손상으로 인하여 위원으로 적합하지 아니하다고 인정되는 경우
⑤ 위원 스스로 직무를 수행하는 것이 곤란하다고 의사를 밝히는 경우

해설 ② 심신장애로 인하여 직무를 수행할 수 없게 된 경우, 직무와 관련된 비위사실이 있는 경우, 직무태만, 품위손상이나 그 밖의 사유로 인하여 위원으로 적합하지 아니하다고 인정되는 경우, 위원 스스로 직무를 수행하는 것이 곤란하다고 의사를 밝히는 경우에는 그 지명을 철회할 수 있다.

09 물류시설의 개발 및 운영에 관한 법령상 화물의 운송 · 집화 · 하역 · 분류 · 포 장 · 가공 · 조립 · 통관 · 보관 · 판매 · 정보처리 등을 위하여 일반물류단지 안에 설치되는 일반물류단지시설에 해당하지 않는 것은?

① 「유통산업발전법」에 따른 공동집배송센터
② 「농수산물유통 및 가격안정에 관한 법률」에 따른 농수산물산지유통센터
③ 「화물자동차 운수사업법」에 따른 화물자동차운수사업에 이용되는 차고
④ 「철도사업법」에 따른 철도사업자가 그 사업에 사용하는 화물운송 · 하역 및 보관 시설
⑤ 「궤도운송법」에 따른 궤도사업을 경영하는 자가 그 사업에 사용하는 화물운송 · 하역 및 보관 시설

해설 ② 「농수산물유통 및 가격안정에 관한 법률」제?조 제2호 · 제5호 및 제12호의 농수산물도매시장 · 농수산물공판장 및 농수산물종합유통센터이다. 산지유통센터는 지원시설이다.

부록

Answer   5. ①   6. ②   7. ③   8. ②   9. ②

10 물류시설의 개발 및 운영에 관한 법령상 물류단지의 개발에 대한 설명으로 옳지 않은 것은?

① 국가 또는 지방자치단체는 물류단지시설용지와 지원시설용지의 조성비 및 매입비의 전부를 보조하거나 융자할 수 있다.

② 국가 또는 지방자치단체는 물류단지의 원활한 개발을 위하여 물류단지 안의 공동구 등 기반시설의 설치를 우선적으로 지원하여야 한다.

③ 시·도지사 또는 시장·군수는 물류단지개발사업을 촉진하기 위하여 지방자치단체에 물류단지개발특별회계를 설치할 수 있다.

④ 물류단지개발사업의 시행자인 지방자치단체가 실시계획 승인을 받은 경우 그가 조성하는 용지를 분양·임대받거나 시설을 이용하려는 자로부터 대금의 전부 또는 일부를 미리 받을 수 있다.

⑤ 물류단지지정권자는 물류단지개발사업의 시행자에게 용수공급시설·하수도시설·전기통신시설 및 폐기물처리시설을 설치하게 할 수 있다.

> **해설** ① 국가나 지방자치단체가 보조 또는 융자할 수 있는 비용의 종목은 물류단지의 간선도로의 건설비, 물류단지의 녹지의 건설비, 이주대책사업비, 물류단지시설용지와 지원시설용지의 조성비 및 매입비, 용수공급시설·하수도 및 공공폐수처리시설의 건설비, 문화재 조사비이다.

11 물류시설의 개발 및 운영에 관한 법령상 복합물류터미널사업에 대한 설명으로 옳지 않은 것은?

① 복합물류터미널사업이란 두 종류 이상의 운송수단 간의 연계운송을 할 수 있는 규모 및 시설을 갖춘 물류터미널사업을 말한다.

② 복합물류터미널사업을 경영하려는 자는 국토교통부령으로 정하는 바에 따라 국토교통부장관의 인가를 받아야 한다.

③ 복합물류터미널사업의 등록에 따른 권리·의무를 승계한 자는 국토교통부령으로 정하는 바에 따라 국토교통부장관에게 신고하여야 한다.

④ 복합물류터미널사업자는 복합물류터미널사업의 전부 또는 일부를 휴업하거나 폐업하려는 때에는 미리 국토교통부장관에게 신고하여야 한다.

⑤ 국토교통부장관은 복합물류터미널사업자가 다른 사람에게 등록증을 대여한 때에는 등록을 취소하여야 한다.

> **해설** ② 복합물류터미널사업을 경영하려는 자는 국토교통부령으로 정하는 바에 따라 국토교통부장관에게 등록하여야 한다.

12 물류시설의 개발 및 운영에 관한 법령상 물류시설개발종합계획에 포함되어야 할 사항이 아닌 것은?

① 물류시설의 장래수요에 관한 사항

② 물류시설의 공급정책 등에 관한 사항

③ 물류시설의 지정·개발에 관한 사항

④ 물류시설의 개별화·정보화에 관한 사항

⑤ 물류시설의 기능개선 및 효율화에 관한 사항

해설 ④ 물류시설의 장래수요에 관한 사항, 물류시설의 공급정책 등에 관한 사항, 물류시설의 지정·개발에 관한 사항, 물류시설의 지역별·규모별·연도별 배치 및 우선순위에 관한 사항, 물류시설의 기능개선 및 효율화에 관한 사항, 물류시설의 공동화·집단화에 관한 사항, 물류시설의 국내 및 국제 연계수송망 구축에 관한 사항, 물류시설의 환경보전·관리에 관한 사항, 도심지에 위치한 물류시설의 정비와 교외 이전(郊外移轉)에 관한 사항, 용수·에너지·통신시설 등 기반시설에 관한 사항이 포함되어야 한다.

13 물류시설의 개발 및 운영에 관한 법령상 물류단지의 지정에 대한 설명으로 옳은 것은?

① 100만 제곱미터 규모 이하의 일반물류단지는 국토교통부장관이 지정한다.

② 시·도지사는 일반물류단지를 지정하려는 때에는 일반물류단지개발계획을 수립하여 관계 행정기관의 장과 협의한 후 물류시설분과위원회의 심의를 거쳐야 한다.

③ 국토교통부장관이 노후화된 유통업무설비 부지 및 인근 지역에 도시첨단물류단지를 지정하려면 시·도지사의 신청을 받아야 한다.

④ 국토교통부장관 또는 시·도지사가 일반물류단지를 지정하려면 일반물류단지 예정지역 토지면적의 2분의 1 이상에 해당하는 토지소유자의 동의와 토지소유자의 총수 및 건축물 소유자 총수 각 2분의 1 이상의 동의를 받아야 한다.

⑤ 시·도지사가 일반물류단지개발계획을 수립할 때까지 일반물류단지개발사업의 시행자가 확정되지 아니한 경우에는 일반물류단지의 지정 후에 이를 일반물류단지개발계획에 포함시킬 수 있다.

해설 ① 시도지사가 지정한다.
② 지역물류정책위원회 심의를 거쳐야 한다.
③ 시장·군수·구청장의 신청을 받아야 한다.
④ 국토교통부장관 또는 시·도지사는 도시첨단물류단지를 지정하려면 도시첨단물류단지 예정지역 토지면적의 2분의 1 이상에 해당하는 토지소유자의 동의와 토지소유자 총수(그 지상권자를 포함하며, 1필지의 토지를 여러 명이 공유하는 경우 그 여러 명은 1인으로 본다) 및 건축물 소유자 총수(집합건물의 경우 각 구분소유자 각자를 1인의 소유자로 본다) 각 2분의 1 이상의 동의를 받아야 한다. 일반물류단지의 경우 동의에 관한 사항을 규정하고 있지 않다.

Answer 10. ① 11. ② 12. ④ 13. ⑤

14 물류시설의 개발 및 운영에 관한 법령상 물류단지의 개발에 관한 기본지침에 포함되어야 할 사항이 아닌 것은?

① 물류단지의 지정·개발·지원에 관한 사항

② 「환경영향평가법」에 따른 전략환경영향평가, 소규모 환경영향평가 및 환경영향평가 등 환경보전에 관한 사항

③ 문화재의 보존을 위하여 고려할 사항

④ 물류단지의 지역별·규모별·연도별 배치 및 우선순위에 관한 사항

⑤ 분양가격의 결정에 관한 사항

해설 ④ 물류단지의 계획적·체계적 개발에 관한 사항, 물류단지의 지정·개발·지원에 관한 사항, 「환경영향평가법」에 따른 전략환경영향평가, 소규모 환경영향평가 및 환경영향평가 등 환경보전에 관한 사항, 지역 간의 균형발전을 위하여 고려할 사항, 문화재의 보존을 위하여 고려할 사항, 토지가격의 안정을 위하여 필요한 사항, 분양가격의 결정에 관한 사항, 토지·시설 등의 공급에 관한 사항이 포함되어야 한다.

15 물류시설의 개발 및 운영에 관한 법령상 물류터미널 사업자가 물류터미널 공사시행인가를 받은 공사계획에 대해 인가권자의 변경인가를 받아야 하는 경우를 모두 고른 것은?

ㄱ 공사기간을 변경하는 경우
ㄴ 물류터미널 부지 면적의 3분의 1을 변경하는 경우
ㄷ 물류터미널 안의 건축물의 연면적(하나의 건축물의 각 층의 바닥면적 의 합계)의 2분의 1을 변경하는 경우
ㄹ 물류터미널 안의 공공시설 중 주차장, 상수도, 하수도, 유수지, 운하, 부두, 오·폐수시설 및 공동구를 변경하는 경우

① ㄱ, ㄴ   ② ㄷ, ㄹ   ③ ㄱ, ㄴ, ㄷ

④ ㄴ, ㄷ, ㄹ   ⑤ ㄱ, ㄴ, ㄷ, ㄹ

해설 ⑤ 공사의 기간을 변경하는 경우, 물류터미널의 부지 면적을 변경하는 경우(부지 면적의 10분의 1 이상을 변경하는 경우만 해당한다), 물류터미널 안의 건축물의 연면적(하나의 건축물의 각 층의 바닥면적의 합계를 말한다. 이하 같다)을 변경하는 경우(연면적의 10분의 1 이상을 변경하는 경우만 해당한다), 물류터미널 안의 공공시설 중 도로·철도·광장·녹지나 그 밖에 국토교통부령으로 정하는 시설을 변경하는 경우와 복합물류터미널사업자가 「산업집적활성화 및 공장설립에 관한 법률」 제2조에 따른 제조시설 및 그 부대시설과 「유통산업발전법」 제2조에 따른 대규모점포 및 준대규모점포의 매장과 그 매장에 포함되는 용역의 제공장소를 설치하는 경우에는 해당 인가권자의 변경인가를 받아야 한다.

16 물류시설의 개발 및 운영에 관한 법령상 물류단지개발사업의 시행자에 대한 설명으로 옳지 않은 것은?

① 물류단지개발사업의 시행자로 지정받은 「민법」 또는 「상법」에 따라 설립된 법인은 사업 대상 토지면적의 2분의 1 이상을 매입하여야 토지 등을 수용하거나 사용할 수 있다.

② 물류단지개발사업의 시행자는 물류단지개발실시계획을 수립하여 물류단지지정권자의 승인을 받아야 한다.

③ 물류단지지정권자가 물류단지개발사업의 시행자를 지정할 때에는 사업계획의 타당성 및 재원조달능력과 다른 법률에 따라 수립된 개발계획과의 관계 등을 고려하여야 한다.

④ 물류단지개발사업의 시행자는 물류단지개발사업 중 용수시설의 건설을 대통령령으로 정하는 바에 따라 지방자치단체에 위탁하여 시행할 수 있다.

⑤ 「한국도로공사법」에 따른 한국도로공사는 물류단지개발사업의 시행자로 지정 받을 수 있다.

해설 ① 사업대상 토지면적의 3분의 2 이상을 매입하여야 토지 등을 수용하거나 사용할 수 있다.

17 화물자동차 운수사업법령상 화물자동차 운송주선사업에 관한 설명으로 옳지 않은 것은?

① 운송주선사업자는 운송주선사업의 허가를 받은 날부터 5년마다 법령상의 허가기준에 관한 사항을 신고하여야 한다.

② 운송주선사업자는 요금을 정하여 미리 신고하여야 한다.

③ 운송주선사업의 허가취소 처분을 하려면 청문을 하여야 한다.

④ 관할관청은 운송주선사업 허가증을 발급하였을 때에는 그 사실을 협회에 통지하여야 한다.

⑤ 관할관청은 운송주선사업의 허가취소 등의 사유에 해당하는 위반행위를 적발하였을 때에는 특별한 사유가 없으면 적발한 날부터 30일 이내에 처분을 하여야 한다.

해설 ② 운송사업자는 운임과 요금을 정하여 미리 국토교통부장관에게 신고하여야 한다. 주선사업자는 운임을 신고하지 않아도 된다.

Answer 14. ④ 15. ⑤ 16. ① 17. ②

18 화물자동차 운수사업법상 공영차고지에 관한 설명으로 옳지 않은 것은?

① 「공공기관의 운영에 관한 법률」에 따른 공공기관 중 대통령령으로 정하는 공공기관은 공영차고지를 설치하여 직접 운영할 수 있다.

② 도지사는 공영차고지를 설치하여 운송사업자에게 운영을 위탁할 수 있다.

③ 군수는 공영차고지를 설치하여 운송가맹사업자에게 임대할 수 있다.

④ 「지방공기업법」에 따른 지방공사가 공영차고지의 설치·운영에 관한 계획을 수립하는 경우에는 미리 시·도지사의 인가를 받아야 한다.

⑤ 시·도지사를 제외한 차고지설치자가 인가받은 공영차고지의 설치·운영에 관한 계획을 변경하려면 미리 시·도지사에게 신고하여야 한다.

해설 ⑤ 시·도지사를 제외한 차고지설치자가 설치·운영계획을 수립하는 경우에는 미리 시·도지사의 인가를 받아야 한다.

19 화물자동차 운수사업법상 화물자동차 운송사업의 허가 등에 관한 설명으로 옳지 않은 것은?

① 화물자동차 운송가맹사업의 허가를 받은 자는 화물자동차 운송사업의 허가를 받지 아니한다.

② 개인 운송사업자가 아닌 운송사업자는 주사무소 외의 장소에서 상주(常住)하여 영업하려면 국토교통부령으로 정하는 바에 따라 국토교통부장관의 허가를 받아 영업소를 설치하여야 한다.

③ 국토교통부장관은 운송사업자의 허가취소 사유와 직접 관련이 있는 화물자동차의 위·수탁차주였던 자에 대하여 임시허가를 할 수 있다.

④ 국토교통부장관은 화물자동차 운수사업의 질서를 확립하기 위하여 화물자동차 운송사업의 허가를 수반하는 변경허가에 조건 또는 기한을 붙일 수 있다.

⑤ 국토교통부장관은 운송사업자가 사업정지처분을 받은 경우에는 주사무소를 이전하는 변경허가를 하여서는 아니 된다.

해설 ③ 국토교통부장관은 해지된 위·수탁계약의 위·수탁차주였던 자가 허가취소 또는 감차 조치가 있는 날부터 3개월 내에 허가를 신청하는 경우 6개월 이내로 기간을 한정하여 허가(임시허가)를 할 수 있다. 다만, 운송사업자의 허가취소 또는 감차 조치의 사유와 직접 관련이 있는 화물자동차의 위·수탁차주였던 자는 제외한다.

20 화물자동차 운수사업법상 운수종사자의 준수사항이 아닌 것은?

① 운송사업자에게 화물의 종류·무게 및 부피 등을 거짓으로 통보하는 행위를 하여서는 아니 된다.

② 고장 및 사고차량 등 화물의 운송과 관련하여 자동차관리사업자와 부정한 금품을 주고 받는 행위를 하여서는 아니 된다.

③ 일정한 장소에 오랜 시간 정차하여 화주를 호객(呼客)하는 행위를 하여서는 아니 된다.

④ 문을 완전히 닫지 아니한 상태에서 자동차를 출발시키거나 운행하는 행위를 하여서는 아니 된다.

⑤ 택시 요금미터기의 장착 등 국토교통부령으로 정하는 택시 유사표시행위를 하여서는 아니 된다.

해설 ① 운수종사자의 준수사항이 아니다.

21 화물자동차 운수사업법령상 운송가맹사업자의 허가사항 변경신고 대상에 해당하지 않는 것은?

① 상호의 변경

② 화물취급소의 설치 및 폐지

③ 주사무소·영업소의 이전

④ 화물취급소의 이전

⑤ 화물자동차 운송가맹계약의 체결 또는 해제·해지

해설 ① 변경신고를 하여야 하는 사항은 대표자의 변경(법인인 경우만 해당한다), 화물취급소의 설치 및 폐지, 화물지동차의 대폐차(화물자동차를 직접 소유한 운송가맹사업자만 해당한다), 주사무소·영업소 및 화물취급소의 이전, 화물자동차 운송가맹게약의 체결 또는 해제·해지이다.

22 화물자동차 운수사업법령상 화물자동차 운수사업의 운전업무 종사자격에 관한 설명으로 옳은 것은?

① 여객자동차 운수사업용 자동차를 운전한 경력이 있는 자가 화물자동차 운수사업의 운전업무에 종사하려면 그 운전경력이 2년 이상이어야 한다.

② 파산선고를 받고 복권되지 아니한 자는 화물운송 종사자격을 취득할 수 없다.

③ 화물운송 종사자격이 취소된 자에게는 500만원 이하의 과태료를 부과한다.

④ 국토교통부장관은 화물운송 종사자격을 취득한 자가 화물운송 중에 고의나 과실로 교통사고를 일으켜 사람을 사망하게 한 경우 화물운송 종사자격을 취소하여야 한다.

⑤ 화물운송 종사자격의 효력정지 처분은 처분 대상자의 주소지를 관할하는 시·도지사가 관장한다.

> **해설** ① 여객자동차 운수사업용 자동차를 1년 이상 운전한 경력이 있으면 된다.
> ② 복권이 된 자는 자격을 취득할 수 있다.
> ③ 과태료 금액은 50만원이다.
> ④ 과실로 사람을 2명 이상 사망하게 한 경우에는 취소하여야 한다. 1명 이하는 자격정지이다.

23 화물자동차 운수사업법령상 화물자동차 운송사업의 폐업에 관한 설명으로 옳지 않은 것은?

① 운송사업자가 화물자동차 운송사업의 전부를 폐업하려면 국토교통부령으로 정하는 바에 따라 미리 신고하여야 한다.

② 운송사업자가 화물자동차 운송사업의 전부를 폐업하려면 미리 그 취지를 영업소나 그 밖에 일반 공중(公衆)이 보기 쉬운 곳에 게시하여야 한다.

③ 운송사업자가 화물자동차 운송사업의 폐업신고를 한 경우 해당 화물자동차의 자동차등록증과 자동차등록번호판을 반납하여야 한다.

④ 운송사업자가 화물자동차 운송사업의 폐업신고를 하는 경우 관할관청에 화물운송종사자격증명을 반납하여야 한다.

⑤ 국토교통부장관은 화물자동차 운송사업의 전부폐업 신고에 관한 권한을 시·도지사에게 위임한다.

> **해설** ④ 종사자격은 대인에 관한 것으로 운송사업을 폐지하는 경우에도 반납의무가 없다.

24 화물자동차 운수사업법령상 적재물배상보험등에 관한 설명으로 옳지 않은 것은?

① 적재물배상보험등에 가입하려는 이사화물운송주선사업자는 사고 건당 500만원 이상의 금액을 지급할 책임을 지는 적재물배상보험 등에 가입하여야 한다.

② 적재물배상보험 등에 가입하려는 운송사업자는 사고 건당 2천만원 이상의 금액을 지급할 책임을 지는 적재물배상보험 등에 가입하여야 한다.

③ 최대 적재량이 5톤 이상인 특수용도형 화물자동차 중 「자동차관리법」에 따른 피견인자동차를 소유하고 있는 운송사업자는 적재물배상보험 등에 가입하여야 한다.

④ 총중량이 10톤 이상인 화물자동차 중 국토교통부령으로 정하는 화물자동차를 직접 소유하고 있는 운송가맹사업자는 각 화물자동차별 및 각 사업자별로 사고 건당 2천만원 이상의 금액을 지급할 책임을 지는 적재물배상보험 등에 가입하여야 한다.

⑤ 보험회사가 「보험업법」에 따라 허가를 받거나 신고한 적재물배상보험요율과 책임준비금 산출기준에 따라 손해배상책임을 담보하는 것이 현저히 곤란하다고 판단한 경우에는 다수의 보험회사 등이 공동으로 책임보험계약 등을 체결할 수 있다.

해설 ③ 건축폐기물·쓰레기 등 경제적 가치가 없는 화물을 운송하는 차량으로서 국토교통부장관이 정하여 고시하는 화물자동차, 「대기환경보전법」 제2조 제17호에 따른 배출가스저감장치를 차체에 부착함에 따라 총중량이 10톤 이상이 된 화물자동차 중 최대 적재량이 5톤 미만인 화물자동차, 특수용도형 화물자동차 중 「자동차관리법」 제2조 제1호에 따른 피견인자동차는 적재물배상보험을 가입하지 않아도 된다.

25 화물자동차 운수사업법상 위·수탁계약의 해지에 관한 설명이다. (   )에 들어갈 내용으로 옳지 않은 것은?

> 운송사업자가 (   )에 해당하는 사유로 화물자동차 운송사업허가의 취소를 받은 경우에는 해당 운송사업자와 위·수탁차주의 위·수탁계약은 해지된 것으로 본다.

① 부정한 방법으로 화물자동차 운송사업 허가를 받은 경우

② 부정한 방법으로 화물자동차 운송사업 변경허가를 받은 경우

③ 화물자동차 운송사업의 허가기준을 충족하지 못하게 된 경우

④ 화물자동차 운송사업자의 직접운송 의무를 위반한 경우

⑤ 법인의 임원 중 화물자동차 운송사업 허가를 받을 수 없는 결격사유에 해당하는 자가 있게 되었음에도 3개월 이내에 그 임원을 개임(改任)하지 않은 경우

해설 ④ 1. 부정한 방법으로 허가(제19조 제1항 제1호)·변경허가(제2호)·허가기준 미달(제3호) 또는 결격사유(제5호), 그 밖에 운송사업자의 귀책사유(위·수탁차주의 고의에 의하여 허가취소 또는 감차 조치될 수 있는 경우는 제외한다)로 허가취소 또는 감차 조치되는 경우로서 대통령령으로 정하는 경우 해당 운송사업자와 위·수탁차주의 위·수탁계약은 해지된 것으로 본다.

Answer   22. ⑤   23. ④   24. ③   25. ④

26 화물자동차 운수사업법령상 화물자동차 운송사업자에 관한 설명으로 옳은 것은?

① 운송사업자는 감차(減車) 조치 명령을 받은 후 2년이 지나지 아니하면 증차를 수반하는 허가사항을 변경할 수 없다.

② 견인형 특수자동차를 사용하여 컨테이너를 운송하는 운송사업자는 운임과 요금을 정하여 미리 국토교통부장관의 인가를 받아야 한다.

③ 운송사업자는 화물자동차의 안전운전을 확보하기 위하여 화물자동차 운전자의 교통사고, 교통법규 위반사항 및 범죄경력을 기록·관리하여야 한다.

④ 일반화물자동차 소유 대수가 1대인 운송사업자는 연간 운송계약 화물의 100분의 50 이상을 직접 운송하여야 한다.

⑤ 국토교통부장관은 운송사업자가 정당한 사유 없이 집단으로 화물운송을 거부하여 화물운송에 커다란 지장을 주어 국가경제에 매우 심각한 위기를 초래하면 국무회의의 심의를 거쳐 그 운송사업자에게 업무개시를 명할 수 있다.

해설 ① 감차(減車) 조치 명령을 받은 후 1년이 지나지 아니한 경우에는 증차를 수반하는 허가사항을 변경할 수 없다.
② 요금을 신고해야 했다. 그러나 견인형 특수자동차는 2020년 6월 16일 시행령이 개정되어 신고대상에서 제외되었다.
③ 국토교통부장관은 화물자동차의 안전운전을 확보하기 위하여 화물자동차 운전자의 교통사고, 교통법규 위반사항 및 제9조의2 제1항에 따른 범죄경력을 기록·관리하여야 한다.
④ 일반화물자동차 운송사업자는 자동차 소유대수가 20대 이상이다.

27 유통산업발전법령상 대규모점포를 구성하는 매장에 관한 설명으로 옳지 않은 것은?

① 매장이란 상품의 판매와 이를 지원하는 용역의 제공에 직접 사용되는 장소를 말한다.

② 하나 또는 대통령령으로 정하는 둘 이상의 연접되어 있는 건물 안에 하나 또는 여러 개로 나누어 설치되는 매장이어야 한다.

③ 상시 운영되는 매장이어야 한다.

④ 매장면적의 합계가 2천제곱미터 이상이어야 한다.

⑤ 개설등록 당시 매장면적의 10분의 1 이상을 변경할 경우 변경등록을 하여야 한다.

해설 ④ 매장면적의 합계가 3천제곱미터 이상이어야 한다.

28 유통산업발전법상 대규모점포 등에 대한 영업시간의 제한 등에 관한 설명으로 옳은 것은?

① 특별자치시장·시장·군수·구청장은 건전한 유통질서 확립, 근로자의 건강권 및 대규모점포 등과 중소유통업의 상생발전을 위하여 필요하다고 인정하는 경우 대형 마트와 준대규모점포에 대하여 영업시간제한 또는 의무휴업을 명하여야 한다.

② 연간 총매출액 중 「농수산물 유통 및 가격안정에 관한 법률」에 따른 농수산물의 매출액 비중이 50퍼센트 이상인 대규모점포 등으로서 해당 지방자치단체의 조례로 정하는 대규모점포 등에 대하여는 영업시간제한 또는 의무휴업을 명하여서는 아니 된다.

③ 특별자치시장·시장·군수·구청장은 영업시간을 제한할 경우 오전 0시부터 오전 11시까지의 범위에서 제한할 수 있다.

④ 특별자치시장·시장·군수·구청장은 의무휴업일을 지정할 경우 매월 이틀을 지정하여야 한다.

⑤ 특별자치시장·시장·군수·구청장은 의무휴업일을 지정할 경우 공휴일 중에서 지정하여야 하고, 이해당사자와 합의를 거치더라도 공휴일이 아닌 날을 의무휴업일로 지정할 수는 없다.

해설 ① 영업시간 제한을 명하거나 의무휴업일을 지정하여 의무휴업을 명할 수 있다.
② 농수산물의 매출액 비중이 55퍼센트 이상인 대규모점포 등으로서 해당 지방자치단체의 조례로 정하는 대규모점포 등에 대하여는 그러하지 아니하다.
③ 오전 0시부터 오전 10시까지의 범위에서 영업시간을 제한할 수 있다.
⑤ 매월 이틀을 의무휴업일로 지정하여야 한다. 이 경우 의무휴업일은 공휴일 중에서 지정하되, 이해당사자와 합의를 거쳐 공휴일이 아닌 날을 의무휴업일로 지정할 수 있다.

부록

Answer 26. ⑤   27. ④   28. ④

29 유통산업발전법령상 대규모점포 등의 개설등록에 관한 설명으로 옳지 않은 것은?

① 대규모점포를 개설하려는 자는 영업을 시작하기 전에 산업통상자원부령으로 정하는 바에 따라 상권영향평가서 및 지역협력계획서를 첨부하여 특별자치시장·시장·군수·구청장에게 등록하여야 한다.

② 특별자치시장·시장·군수·구청장은 개설등록을 하려는 대규모점포 등의 위치가 전통상업보존구역에 있을 때에는 등록을 제한하거나 조건을 붙일 수 있다.

③ 특별자치시장·시장·군수·구청장은 개설등록하려는 점포의 소재지로부터 산업통상자원부령으로 정하는 거리 이내의 범위 일부가 인접 특별자치시·시·군·구에 속하여 있는 경우 인접지역의 특별자치시장·시장·군수·구청장에게 개설 등록을 신청 받은 사실을 통보하여야 한다.

④ 대규모점포 등 개설등록신청서를 제출받은 특별자치시장·시장·군수 또는 구청장은 별도의 서류확인절차 없이 그 신청에 따라 등록하여야 한다.

⑤ 특별자치시장·시장·군수 또는 구청장은 대규모점포 등의 개설등록을 한 때에는 그 신청인에게 대규모점포 등 개설등록증을 교부하여야 한다.

> **해설** ④ 특별자치시장·시장·군수·구청장은 제출받은 상권영향평가서 및 지역협력계획서를 검토하는 경우 협의회의 의견을 청취하여야 하며, 필요한 때에는 대통령령으로 정하는 전문기관에 이에 대한 조사를 하게 할 수 있다.

30 유통산업발전법령상 용어의 정의에 관한 설명으로 옳지 않은 것은?

① "프랜차이즈형 체인사업"이란 체인본부의 계속적인 경영지도 및 체인본부와 가맹점 간의 협업에 의하여 가맹점의 취급품목·영업방식 등의 표준화사업과 공동구매·공동판매·공동시설활용 등 공동사업을 수행하는 형태의 체인사업을 말한다.

② "유통산업"이란 농산물·임산물·축산물·수산물(가공물 및 조리물을 포함한다) 및 공산품의 도매·소매 및 이를 경영하기 위한 보관·배송·포장과 이와 관련된 정보·용역의 제공 등을 목적으로 하는 산업을 말한다.

③ "임시시장"이란 다수(多數)의 수요자와 공급자가 일정한 기간 동안 상품을 매매하거나 용역을 제공하는 일정한 장소를 말한다.

④ "전문상가단지"란 같은 업종을 경영하는 여러 도매업자 또는 소매업자가 일정 지역에 점포 및 부대시설 등을 집단으로 설치하여 만든 상가단지를 말한다.

⑤ "무점포판매"란 상시 운영되는 매장을 가진 점포를 두지 아니하고 상품을 판매하는 것으로서 다단계판매, 전화권유판매, 카탈로그판매, 텔레비전홈쇼핑 등에 해당하는 것을 말한다.

> **해설** ① 임의가맹점형 체인사업에 대한 설명이다.

31 유통산업발전법의 적용이 배제되는 시장 · 사업장 및 매장이 아닌 것은?

① 「농수산물 유통 및 가격안정에 관한 법률」 제2조에 따른 농수산물도매시장

② 「전통시장 및 상점가 육성을 위한 특별법」 제2조에 따른 전통시장

③ 「축산법」 제34조에 따른 가축시장

④ 「농수산물 유통 및 가격안정에 관한 법률」 제2조에 따른 민영농수산물도매시장

⑤ 「농수산물 유통 및 가격안정에 관한 법률」 제2조에 따른 농수산물종합유통센터

해설 ② 유통산업발전법 제4조에서는 「농수산물 유통 및 가격안정에 관한 법률」 제2조 제2호 · 제5호 · 제6호 및 제12호에 따른 농수산물도매시장 · 농수산물공판장 · 민영농수산물도매시장 및 농수산물종합유통센터와 「축산법」 제34조에 따른 가축시장은 적용을 배제하고 있다.

32 항만운송사업법상 항만운송사업의 등록에 관한 설명으로 옳지 않은 것은?

① 항만운송사업을 하려는 자는 항만하역사업, 감정사업, 검수사업, 검량사업의 종류별로 등록하여야 한다.

② 항만하역사업과 감정사업은 항만별로 등록한다.

③ 항만하역사업의 등록은 이용자별 · 취급화물별 또는 「항만법」 제2조 제5호의 항만 시설별로 등록하는 한정하역사업과 그 외의 일반하역사업으로 구분하여 행한다.

④ 항만운송사업의 등록을 신청하려는 자는 해양수산부령으로 정하는 바에 따라 사업계획을 첨부한 등록신청서를 제출하여야 한다.

⑤ 해양수산부장관은 감정사업의 등록신청을 받으면 사업계획과 감정사업의 등록기준을 검토한 후 등록요건을 모두 갖추었다고 인정하는 경우에는 해양수산부령으로 정하는 바에 따라 등록증을 발급하여야 한다.

해설 ② 항만하역사업과 검수사업은 항만별로 등록한다.

부록

Answer 29. ④ 30. ① 31. ② 32. ②

33 항만운송사업법령상 항만시설운영자 등이 부두운영계약을 해지할 수 있는 사유로 옳지 않은 것은?

① 「항만법」에 따른 항만재개발사업의 시행 등 공공의 목적을 위하여 항만시설 등을 부두 운영회사에 계속 임대하기 어려운 경우

② 항만시설 등이 멸실되어 부두운영계약을 계속 유지할 수 없는 경우

③ 부두운영회사가 항만시설 등의 임대료를 2개월 이상 연체한 경우

④ 부두운영회사가 항만시설 등의 분할 운영 금지 등 금지행위를 하여 부두운영계약을 계속 유지할 수 없는 경우

⑤ 부두운영회사가 항만시설 등의 효율적인 사용 및 운영 등을 위하여 항만시설운영자 등과 해양수산부장관이 협의한 사항을 정당한 사유 없이 이행하지 아니하여 부두운영계약을 계속 유지할 수 없는 경우

해설 ③ 부두운영회사가 항만시설 등의 임대료를 3개월 이상 연체한 경우

34 항만운송사업법령상 항만운송사업의 운임 및 요금에 관한 설명으로 옳지 않은 것은?

① 검량사업의 등록을 한 자는 해양수산부령으로 정하는 바에 따라 요금을 정하여 해양수산부장관에게 미리 신고하여야 한다.

② 항만하역사업의 등록을 한 자는 해양수산부령으로 정하는 항만시설에서 하역하는 화물에 대하여 해양수산부령으로 정하는 바에 따라 그 운임과 요금을 정하여 신고하여야 한다.

③ 항만하역사업의 등록을 한 자는 해양수산부령으로 정하는 항만시설에서 해양수산부령으로 정하는 품목에 해당하는 화물에 대하여 신고한 운임과 요금을 변경할 때에는 변경신고를 하여야 한다.

④ 해양수산부장관으로부터 적법하게 권한을 위임받은 시·도지사는 해양수산부령으로 정하는 품목에 해당하는 화물에 대하여 항만하역사업을 등록한 자로부터 운임 및 요금의 설정 신고를 받은 경우 신고를 받은 날부터 30일 이내에 신고수리 여부를 신고인에게 통지하여야 한다.

⑤ 해양수산부장관이 운임 및 요금의 신고인에게 신고수리 여부 통지기간 내에 신고수리 여부를 통지하지 아니하면 그 기간이 끝난 날에 신고를 수리한 것으로 본다.

해설 ⑤ 해양수산부장관이 정한 기간 내에 신고수리 여부 또는 민원 처리 관련 법령에 따른 처리기간의 연장을 신고인에게 통지하지 아니하면 그 기간(민원 처리 관련 법령에 따라 처리기간이 연장 또는 재연장된 경우에는 해당 처리기간을 말한다)이 끝난 날의 다음 날에 신고를 수리한 것으로 본다.

35 철도사업법령상 국토교통부장관의 인가를 받아야 하는 경우가 아닌 것은?

① 전용철도의 등록을 한 법인이 합병하려는 경우
② 철도사업자가 사업계획 중 여객열차의 운행구간을 변경하려는 경우
③ 철도사업자가 공동운수협정에 따른 운행구간별 열차 운행횟수의 5분의 1을 변경하려는 경우
④ 철도사업자가 그 철도사업을 양도·양수하려는 경우
⑤ 국가가 소유·관리하는 철도시설에 건물을 설치하기 위해 국토교통부장관으로부터 점용허가를 받은 자가 그 점용허가로 인하여 발생한 권리와 의무를 이전하려는 경우

해설 ① 전용철도의 등록을 한 법인이 합병하려는 경우에는 국토교통부령으로 정하는 바에 따라 국토교통부장관에게 신고하여야 한다.

36 철도사업법상 제재수단에 관한 설명이다. (   )에 들어갈 내용을 바르게 나열한 것은?

> 국토교통부장관이 철도사업자에게 (㉠)처분을 하여야 하는 경우로서 그 (㉠)처분이 그 철도사업자가 제공하는 철도서비스의 이용자에게 심한 불편을 주거나 그 밖에 공익을 해칠 우려가 있을 때에는 그 (㉠)처분을 갈음하여 1억원 이하의 (㉡)(을)를 부과·징수할 수 있다.

① ㉠ 사업정지, ㉡ 과태료
② ㉠ 사업정지, ㉡ 과징금
③ ㉠ 면허취소, ㉡ 과태료
④ ㉠ 면허취소, ㉡ 과징금
⑤ ㉠ 사업정지 또는 면허취소, ㉡ 벌금

해설 ② 국토교통부장관은 철도사업자에게 사업정지처분을 하여야 하는 경우로서 그 사업정지처분이 그 철도사업자가 제공하는 철도서비스의 이용자에게 심한 불편을 주거나 그 밖에 공익을 해칠 우려가 있을 때에는 그 사업정지처분을 갈음하여 1억원 이하의 과징금을 부과·징수할 수 있다.

37 철도사업법령상 법인의 결격사유에 관한 설명이다. (   )에 들어갈 법률에 해당하지 않는 것은?

> (   )을 위반하여 금고 이상의 형의 집행유예를 선고받고 그 유예 기간 중인 임원이 있는 법인은 철도사업의 면허를 받을 수 없다.

①「도시철도법」
②「철도사업법」
③「국가철도공단법」
④「철도산업발전 기본법」
⑤「철도물류산업의 육성 및 지원에 관한 법률」

해설 ⑤「철도산업발전 기본법」,「철도안전법」,「도시철도법」,「국가철도공단법」,「한국철도공사법」

Answer 33. ③ 34. ⑤ 35. ① 36. ② 37. ⑤

38 철도사업법령상 국토교통부장관이 철도사업자에 대하여 사업의 일부정지를 명할 수 있는 경우는?

① 거짓이나 그 밖의 부정한 방법으로 철도사업의 면허를 받은 경우
② 중대한 과실에 의한 1회의 철도사고로 3명의 사망자가 발생한 경우
③ 사업 경영의 불확실로 인하여 사업을 계속하는 것이 적합하지 아니할 경우
④ 철도사업의 면허기준에 미달하게 되었으나 3개월 이내에 그 기준을 충족시킨 경우
⑤ 「철도안전법」 제21조에 따른 요건을 갖추지 아니한 사람을 1년 이내에 2회 운전업무에 종사하게 한 경우

해설 ① 면허취소, ② 처분 없음, ④ 처분 없음, ⑤ 처분 없음

위반내용	처분기준
가. 면허받은 사항을 정당한 사유 없이 시행하지 아니한 경우	사업 일부정지(20일)
나. 사업 경영의 불확실 또는 자산상태의 현저한 불량이나 그 밖의 사유로 사업을 계속하는 것이 적합하지 아니할 경우	사업 일부정지(30일)
다. 철도사업자 또는 그 소속 종사자의 고의 또는 중대한 과실로 다음 각 목의 사고가 발생한 경우	사업 일부정지
1) 1회에 40명 이상의 사망자가 발생한 철도사고	(180일)
2) 1회에 20명 이상 40명 미만의 사망자가 발생한 철도사고	(90일)
3) 1회에 10명 이상 20명 미만의 사망자가 발생한 철도사고	(60일)
4) 1회에 5명 이상 10명 미만의 사망자가 발생한 철도사고	(30일)
라. 거짓이나 그 밖의 부정한 방법으로 법 제5조에 따른 철도사업의 면허를 받은 경우	사업 면허취소
마. 법 제5조 제1항 후단에 따라 면허에 붙인 부담을 위반한 경우	사업 일부정지(60일)
바. 법 제6조에 따른 면허기준에 미달하게 된 때부터 3개월이 경과된 후에도 그 기준을 충족시키지 아니한 경우	사업 일부정지(60일)
사. 법 제7조 제1호 각 목의 어느 하나에 해당하게 된 때부터 3개월이 경과된 후에도 그 임원을 바꾸어 임명하지 아니한 경우	사업 면허취소
아. 법 제8조를 위반하여 국토교통부장관이 지정한 날 또는 기간에 운송을 개시하지 아니한 경우	사업 일부정지(20일)
자. 법 제15조에 따른 휴업 또는 폐업의 허가를 받지 않거나 신고를 하지 않고 영업을 하지 않은 경우	사업 일부정지(20일)
차. 법 제20조 제1항에 따른 준수사항을 1년 이내에 3회 이상 위반한 경우	사업 일부정지(30일)
카. 법 제21조에 따른 개선명령을 위반한 경우	사업 일부정지(20일)
타. 법 제23조에 따른 명의 대여 금지를 위반한 경우	사업 일부정지(20일)

39 농수산물 유통 및 가격안정에 관한 법령상 농수산물종합유통센터의 시설기준 중 필수시설에 해당하는 것은?

① 식당　　　　　　　② 휴게실　　　　　　　③ 주차시설
④ 직판장　　　　　　⑤ 수출지원실

해설 ③ 직판장, 수출지원실, 휴게실, 식당, 금융회사 등의 점포, 그 밖에 이용자의 편의를 위하여 필요한 시설은 지원시설이다.

40 농수산물 유통 및 가격안정에 관한 법령상 농수산물도매시장에 대한 설명으로 옳지 않은 것은?

① 시(市)가 지방도매시장을 개설하려면 도지사의 허가를 받아야 한다.
② 중앙도매시장의 개설자는 청과부류와 수산부류에 대하여는 도매시장법인을 두어야 한다.
③ 도매시장 개설자는 법인이 아닌 자를 시장도매인으로 지정할 수 없다.
④ 중앙도매시장에 두는 도매시장법인은 농림축산식품부장관 또는 해양수산부장관이 도매시장 개설자와 협의하여 지정한다.
⑤ 시장도매인은 해당 도매시장의 도매시장법인·중도매인에게 농수산물을 판매하지 못한다.

해설 ④ 도매시장법인은 <u>도매시장 개설자가</u> 부류별로 지정하되, 중앙도매시장에 두는 도매시장법인의 경우에는 농림축산식품부장관 또는 해양수산부장관과 협의하여 지정한다. 산업인력관리공단에서는 ⑤의 경우도 정답으로 발표했다.

부록

Answer　38. ③　39. ③　40. ④,⑤

03 제24회 기출문제

01 물류정책기본법상 물류계획의 수립·시행에 관한 설명으로 옳지 않은 것은?

① 국토교통부장관 및 해양수산부장관은 국가물류정책의 기본방향을 설정하는 10년 단위의 국가물류기본계획을 5년마다 공동으로 수립하여야 한다.

② 국가물류기본계획에는 국가물류정보화사업에 관한 사항이 포함되어야 한다.

③ 국토교통부장관은 국가물류기본계획을 수립하거나 변경한 때에는 관계 중앙행정기관의 장에게 통보하며, 관계 중앙행정기관의 장은 이를 시·도지사에게 통보하여야 한다.

④ 국토교통부장관 및 해양수산부장관은 국가물류기본계획을 시행하기 위하여 연도별 시행계획을 매년 공동으로 수립하여야 한다.

⑤ 특별시장 및 광역시장은 지역물류정책의 기본방향을 설정하는 10년 단위의 지역물류기본계획을 5년마다 수립하여야 한다.

해설 ③ 국토교통부장관은 국가물류기본계획을 수립하거나 변경한 때에는 이를 관보에 고시하고, 관계 중앙행정기관의 장 및 시·도지사에게 통보하여야 한다.

02 물류정책기본법상 국제물류주선업에 관한 설명으로 옳은 것은?

① 국제물류주선업을 경영하려는 자는 국토교통부령으로 정하는 바에 따라 시·도지사에게 등록하여야 한다.

② 국제물류주선업 등록을 하려는 자는 2억원 이상의 자본금(법인이 아닌 경우에는 4억원 이상의 자산평가액을 말한다)을 보유하여야 한다.

③ 거짓이나 그 밖의 부정한 방법으로 등록을 한 경우에는 국제물류주선업 등록을 취소하거나 6개월 이내의 기간을 정하여 사업의 전부 또는 일부의 정지를 명할 수 있다.

④ 국제물류주선업자가 사망한 때 상속인에게는 국제물류주선업의 등록에 따른 권리·의무가 승계되지 않는다.

⑤ 국제물류주선업의 등록에 따른 권리·의무를 승계하려는 자는 국토교통부장관의 허가를 얻어야 한다.

해설 ② 등록을 하려는 자는 3억원 이상의 자본금(법인이 아닌 경우에는 6억원 이상의 자산평가액을 말한다)을 보유하여야 한다.
③ 거짓이나 그 밖의 부정한 방법으로 등록을 한 경우에는 등록을 취소하여야 한다.
④ 국제물류주선업자가 그 사업을 양도하거나 사망한 때 또는 법인이 합병한 때에는 그 양수인·상속인 또는 합병 후 존속하는 법인이나 합병으로 설립되는 법인은 국제물류주선업의 등록에 따른 권리·의무를 승계한다.
⑤ 국제물류주선업의 등록에 따른 권리·의무를 승계한 자는 국토교통부령으로 정하는 바에 따라 시·도지사에게 신고하여야 한다.

03 물류정책기본법령상 국가물류정책위원회에 관한 설명으로 옳지 않은 것은?

① 국가물류정책에 관한 주요 사항을 심의하기 위하여 산업통상자원부장관 소속으로 국가물류정책위원회를 둔다.

② 국가물류정책위원회는 위원장을 포함한 23명 이내의 위원으로 구성한다.

③ 공무원이 아닌 국가물류정책위원회 위원의 임기는 2년으로 하되, 연임할 수 있다.

④ 국가물류정책위원회의 업무를 효율적으로 추진하기 위하여 분과위원회를 둘 수 있다.

⑤ 국가물류정책위원회 전문위원의 임기는 3년 이내로 하되, 연임할 수 있다.

해설 ① 국가물류정책에 관한 주요 사항을 심의하기 위하여 국토교통부장관 소속으로 국가물류정책위원회를 둔다.

04 물류정책기본법상 물류관련협회에 관한 설명으로 옳은 것을 모두 고른 것은?

> ㉠ 물류관련협회를 설립하려는 경우에는 해당 협회의 회원이 될 자격이 있는 기업 100개 이상이 발기인으로 정관을 작성하여 해당 협회의 회원이 될 자격이 있는 기업 200개 이상이 참여한 창립총회의 의결을 거쳐야 한다.
> ㉡ 물류관련협회는 설립인가를 받아 설립등기를 함으로써 성립한다.
> ㉢ 물류관련협회에 관하여 이 법에 규정한 것 외에는 「민법」 중 재단법인에 관한 규정을 준용한다.
> ㉣ 국토교통부장관 및 해양수산부장관은 물류관련협회의 발전을 위하여 필요한 경우에는 물류관련협회를 행정적·재정적으로 지원할 수 있다.

① ㉠, ㉢   ② ㉡, ㉣   ③ ㉢, ㉣
④ ㉠, ㉡, ㉣   ⑤ ㉠, ㉡, ㉢, ㉣

부록

해설 ㉢ 물류관련협회에 관하여 이 법에 규정한 것 외에는 「민법」 중 사단법인에 관한 규정을 준용한다.

Answer   1. ③   2. ①   3. ①   4. ④

05 물류정책기본법에 따른 행정업무 및 조치에 관한 설명으로 옳지 않은 것은?

① 국토교통부장관·해양수산부장관 및 산업통상자원부장관의 업무소관이 중복되는 경우에는 서로 협의하여 업무소관을 조정한다.

② 국제물류주선업자에게 사업의 정지를 명하여야 하는 경우로서 그 사업의 정지가 해당 사업의 이용자 등에게 심한 불편을 주는 경우에는 그 사업정지처분을 갈음하여 1천만원 이하의 과징금을 부과할 수 있다.

③ 과징금을 기한 내에 납부하지 아니한 때에는 시·도지사는 「지방재정법」에 따라 징수한다.

④ 국제물류주선업자에 대한 등록을 취소하려면 청문을 하여야 한다.

⑤ 이 법에 따라 업무를 수행하는 위험물질운송단속원은 「형법」 제129조부터 제132조까지의 규정에 따른 벌칙의 적용에서는 공무원으로 본다.

해설 ③ 과징금을 기한 내에 납부하지 아니한 때에는 시·도지사는 「지방행정제재·부과금의 징수 등에 관한 법률」에 따라 징수한다.

06 물류정책기본법상 위반행위자에 대한 벌칙 혹은 과태료의 상한이 중한 것부터 경한 순서로 바르게 나열한 것은?

> ㉠ 국가물류통합정보센터 또는 단위물류정보망에 의하여 처리·보관 또는 전송되는 물류정보를 훼손한 자
> ㉡ 우수물류기업의 인증이 취소되었음에도 인증마크를 계속 사용한 자
> ㉢ 단말장치의 장착명령에 위반했음을 이유로 하여 내린 위험물질 운송차량의 운행중지 명령에 따르지 아니한 자
> ㉣ 국제물류주선업의 등록을 하지 아니하고 국제물류주선업을 경영한 자

① ㉠ - ㉢ - ㉡ - ㉣   ② ㉠ - ㉣ - ㉢ - ㉡   ③ ㉢ - ㉠ - ㉣ - ㉡
④ ㉣ - ㉠ - ㉡ - ㉢   ⑤ ㉣ - ㉢ - ㉡ - ㉠

해설 ㉠ 5년 이하의 징역 또는 5천만원 이하의 벌금
㉡ 1차 50만원, 2차 100만원, 3차 200만원 과태료
㉢ 1천만원 이하의 벌금
㉣ 1년 이하의 징역 또는 1천만원 이하의 벌금

07 물류정책기본법령상 물류정보화에 관한 설명으로 옳지 않은 것은?

① 국토교통부장관·해양수산부장관·산업통상자원부장관 또는 관세청장은 물류정보화를 통한 물류체계의 효율화를 위하여 필요한 시책을 강구하여야 한다.

② 단위물류정보망은 물류정보의 수집·분석·가공 및 유통 등을 촉진하기 위하여 구축· 운영된다.

③ 「한국토지주택공사법」에 따른 한국토지주택공사는 단위물류정보망 전담기관으로 지정될 수 있다.

④ 국토교통부장관, 해양수산부장관, 시·도지사 및 행정기관은 단위물류정보망 전담기관에 대한 지정을 취소하려면 청문을 하여야 한다.

⑤ 단위물류정보망 전담기관이 시설장비와 인력 등의 지정기준에 미달하게 된 경우에는 그 지정을 취소하여야 한다.

해설 ⑤ 전담기관을 지정하여 단위물류정보망을 구축·운영하는 관계 행정기관은 단위물류정보망 전담기관이 다음 각 호의 어느 하나에 해당하는 경우에는 그 지정을 취소할 수 있다. 다만, 제1호에 해당하는 경우에는 지정을 취소하여야 한다.

> 1. 거짓이나 그 밖의 부정한 방법으로 지정을 받은 경우
> 2. 단위물류정보망 전담기관이 시설장비와 인력 등의 지정기준에 미달하게 된 경우

08 물류정책기본법상 물류체계의 효율화에 관한 설명으로 옳지 않은 것은?

① 국토교통부장관은 효율적인 물류활동을 위하여 필요한 물류시설 및 장비를 확충할 것을 물류기업에 명할 수 있다.

② 해양수산부장관은 효율적인 물류활동을 위하여 필요한 물류시설 및 장비의 확충에 필요한 행정적·재정적 지원을 할 수 있다.

③ 시·도지사는 물류공동화를 추진하는 물류기업이나 화주기업 또는 물류 관련 단체에 대하여 예산의 범위에서 필요한 자금을 지원할 수 있다.

④ 산업통상자원부장관은 물류공동화를 확산하기 위하여 필요한 경우에는 시범지역을 지정하거나 시범사업을 선정하여 운영할 수 있다.

⑤ 시·도지사는 물류공동화 촉진을 위한 조치를 하려는 경우에는 중복을 방지하기 위하여 미리 해당 조치와 관련하여 국토교통부장관·해양수산부장관 또는 산업통상자원부장관과 협의하여야 한다.

해설 ① 국토교통부장관·해양수산부장관 또는 산업통상자원부장관은 효율적인 물류활동을 위하여 필요한 물류시설 및 장비를 확충할 것을 물류기업에 권고할 수 있다.

Answer 5. ③ 6. ② 7. ⑤ 8. ①

09 물류시설의 개발 및 운영에 관한 법령상 지원시설에 해당하지 않는 것은?

① 교육·연구 시설

② 선상수산물가공업시설

③ 단독주택·공동주택 및 근린생활시설

④ 물류단지의 종사자의 생활과 편의를 위한 시설

⑤ 「건축법 시행령」 별표 1 제5호에 따른 문화 및 집회시설

> **해설** ② 법령에서 정하고 있지 않다. 금융·보험·의료·교육·연구·업무 시설, 물류단지의 종사자 및 이
> 용자의 생활과 편의를 위한 시설, 「건축법 시행령」 별표 1 제5호에 따른 문화 및 집회시설, 입주기업체
> 및 지원기관에서 발생하는 폐기물의 처리를 위한 시설(재활용시설을 포함한다), 물류단지의 종사자 및
> 이용자의 주거를 위한 단독주택, 공동주택 등의 시설 단독주택·공동주택·숙박시설·운동시설·위
> 락시설 및 근린생활시설은 법령에서 정하고 있는 지원시설이다.

10 물류시설의 개발 및 운영에 관한 법령상 물류시설개발종합계획의 수립에 관한 설명으로 옳은
것은?

① 국토교통부장관은 물류시설개발종합계획을 10년 단위로 수립하여야 한다.

② 물류시설개발종합계획에는 용수·에너지·통신시설 등 기반시설에 관한 사항이 포함되
어야 하는 것은 아니다.

③ 국토교통부장관은 물류시설개발종합계획 중 물류시설별 물류시설용지면적의 100분의 5
이상으로 물류시설의 수요·공급계획을 변경하려는 때에는 물류시설분과위원회의 심의
를 거쳐야 한다.

④ 국토교통부장관은 관계 기관에 물류시설개발종합계획을 수립하는 데에 필요한 자료의
제출을 요구할 수 있으나, 물류시설에 대하여 조사할 수는 없다.

⑤ 관계 중앙행정기관의 장이 물류시설개발종합계획의 변경을 요청할 때에는 물류시설개
발종합계획의 주요 변경내용에 관한 대비표를 국토교통부장관에게 제출하여야 한다.

> **해설** ⑤ 물류시설개발종합계획의 주요 변경내용에 관한 대비표를 제출해야 한다.
> ① 5년 단위로 수립해야 한다.
> ② 용수·에너지·통신시설 등 기반시설에 관한 사항이 포함되어야 한다.
> ③ 물류시설별 물류시설용지면적의 100분의 10 이상으로 물류시설의 수요·공급계획을 변경하려는
> 때에는 심의를 거쳐야 한다.
> ④ 국토교통부장관은 물류시설개발종합계획을 효율적으로 수립하기 위하여 필요하다고 인정하는 때
> 에는 물류시설에 대하여 조사할 수 있다.

11 물류시설의 개발 및 운영에 관한 법률상 국토교통부장관이 복합물류터미널사업자의 등록을 취소하여야 하는 것을 모두 고른 것은?

> ㉠ 거짓이나 그 밖의 부정한 방법으로 제7조 제1항에 따른 등록을 한 때
> ㉡ 제7조 제3항에 따른 변경등록을 하지 아니하고 등록사항을 변경한 때
> ㉢ 제16조를 위반하여 다른 사람에게 등록증을 대여한 때
> ㉣ 제17조에 따른 사업정지명령을 위반하여 그 사업정지기간 중에 영업을 한 때

① ㉠, ㉣   ② ㉡, ㉢   ③ ㉠, ㉡, ㉢
④ ㉠, ㉢, ㉣   ⑤ ㉡, ㉢, ㉣

해설 ㉡ 제7조 제3항에 따른 변경등록을 하지 아니하고 등록사항을 변경한 때에는 6개월 이내의 기간을 정하여 사업의 정지를 명할 수 있다.

12 물류시설의 개발 및 운영에 관한 법령상 물류터미널사업에 관한 설명으로 옳지 않은 것은?

① 「한국농어촌공사 및 농지관리기금법」에 따른 한국농어촌공사는 복합물류터미널사업의 등록을 할 수 있는 자에 해당한다.
② 일반물류터미널사업을 경영하려는 자는 물류터미널 건설에 관하여 필요한 경우 국토교통부장관의 공사시행인가를 받아야 한다.
③ 물류터미널 안의 공공시설 중 오·폐수시설 및 공동구를 변경하는 경우에는 인가권자의 변경인가를 받아야 한다.
④ 복합물류터미널사업자는 복합물류터미널사업의 일부를 휴업하려는 때에는 미리 국토교통부장관에게 신고하여야 하며, 그 휴업기간은 6개월을 초과할 수 없다.
⑤ 물류터미널을 선설하기 위한 부지 안에 있는 국가 또는 지방자치단체 소유의 토지로서 물류터미널 건설사업에 필요한 토지는 해당 물류터미널 건설사업 목적이 아닌 다른 목적으로 매각하거나 양도할 수 없다.

해설 ② 일반물류터미널사업을 경영하려는 자는 물류터미널 건설에 관하여 필요한 경우 시·도지사의 공사시행인가를 받을 수 있다.

부록

13 물류시설의 개발 및 운영에 관한 법령상 물류단지개발지침에 관한 설명으로 옳지 않은 것은?

① 국토교통부장관은 물류단지개발지침을 작성하여 관보에 고시하여야 한다.

② 물류단지개발지침에는 문화재의 보존을 위하여 고려할 사항이 포함되어야 한다.

③ 국토교통부장관은 물류단지개발지침을 작성할 때에는 미리 시·도지사의 의견을 듣고 관계 중앙행정기관의 장과 협의한 후 물류시설분과위원회의 심의를 거쳐야 한다.

④ 국토교통부장관은 물류단지개발지침에 포함되어 있는 토지가격의 안정을 위하여 필요한 사항을 변경할 때에는 물류시설분과위원회의 심의를 거쳐야 한다.

⑤ 물류단지개발지침은 지역 간의 균형 있는 발전을 위하여 물류단지시설용지의 배분이 적정하게 이루어지도록 작성되어야 한다.

> **해설** ④ 토지가격의 안정을 위하여 필요한 사항을 변경할 때에는 심의를 하지 않아도 된다.

14 물류시설의 개발 및 운영에 관한 법령상 일반물류단지의 지정에 관한 설명으로 옳지 않은 것은?

① 일반물류단지는 국토교통부장관이 지정하지만, 100만 제곱미터 이하의 일반물류단지는 관할 시·도지사가 지정한다.

② 시·도지사는 일반물류단지를 지정하려는 때에는 일반물류단지개발계획을 수립하여 관계 행정기관의 장과 협의한 후 지역물류정책위원회의 심의를 거쳐야 한다.

③ 시·도지사는 일반물류단지를 지정할 때에는 일반물류단지개발계획과 물류단지개발지침에 적합한 경우에만 일반물류단지를 지정하여야 한다.

④ 일반물류단지개발계획에는 일반물류단지의 개발을 위한 주요시설의 지원계획이 포함되어야 한다.

⑤ 중앙행정기관의 장은 일반물류단지의 지정이 필요하다고 인정하는 때에는 대상지역을 정하여 국토교통부장관에게 일반물류단지의 지정을 요청할 수 있으며, 이 경우 일반물류단지개발계획안을 작성하여 제출하여야 한다.

> **해설** ⑤ 중앙행정기관의 장 이외의 자는 일반물류단지개발계획안을 작성하여 제출하여야 한다.

15 물류시설의 개발 및 운영에 관한 법령상 특별법에 따라 설립된 법인인 시행자가 물류단지개발사업의 시행으로 새로 공공시설을 설치한 경우에는 종래의 공공시설은 시행자에게 무상으로 귀속되고 새로 설치된 공공시설은 그 시설을 관리할 국가 또는 지방자치단체에 무상으로 귀속되는 바, 이러한 공공시설에 해당하지 않는 것은?

① 방풍설비   ② 공원   ③ 철도
④ 녹지   ⑤ 공동구

해설 ① 방풍설비는 공공시설이 아니다.

16 물류시설의 개발 및 운영에 관한 법령상 물류단지의 원활한 개발을 위하여 국가나 지방자치단체가 설치를 우선적으로 지원하여야 하는 기반시설에 해당하는 것을 모두 고른 것은?

㉠ 물류단지 안의 공동구	㉡ 유수지 및 광장
㉢ 보건위생시설	㉣ 집단에너지공급시설

① ㉠, ㉡   ② ㉠, ㉡, ㉣   ③ ㉠, ㉢, ㉣
④ ㉡, ㉢, ㉣   ⑤ ㉠, ㉡, ㉢, ㉣

해설 ㉢ 보건위생시설은 우선적으로 지원해야 하는 기반시설이 아니다. 이외에도 도로·철도 및 항만시설, 용수공급시설 및 통신시설, 하수도시설 및 폐기물시설이 있다.

17 화물자동차 운수사업법령상 적재물배상보험 등에 관한 설명으로 옳지 않은 것은?

① 이사화물을 취급하는 운송주선사업자는 적재물배상보험 등에 가입하여야 한다.

② 건축폐기물·쓰레기 등 경제적 가치가 없는 화물을 운송하는 차량으로서 국토교통부장관이 정하여 고시하는 화물자동차는 적재물배상보험 등의 가입 대상에서 제외된다.

③ 운송주선사업자의 경우 각 화물자동차별로 적재물배상보험 등에 가입하여야 한다.

④ 보험회사 등은 적재물배상보험 등에 가입하여야 하는 자가 적재물배상보험 등에 가입하려고 하면 대통령령으로 정하는 사유가 있는 경우 외에는 적재물배상보험 등의 계약의 체결을 거부할 수 없다.

⑤ 이 법에 따라 화물자동차 운송사업을 휴업한 경우 보험회사 등은 책임보험계약 등의 전부 또는 일부를 해제하거나 해지할 수 있다.

> **해설** ③ 운송주선사업자의 경우 각 사업자별로 가입하여야 한다.

18 화물자동차 운수사업법상 운송주선사업자에 관한 설명으로 옳은 것은?

① 운송주선사업자는 운송 또는 주선 실적을 관리하고 국토교통부령으로 정하는 바에 따라 국토교통부장관의 승인을 받아야 한다.

② 운송주선사업자가 위·수탁차주에게 화물운송을 위탁하는 경우에는 운송가맹사업자의 화물정보망을 이용할 수 있다.

③ 운송사업자로 구성된 협회, 운송주선사업자로 구성된 협회 및 운송가맹사업자로 구성된 협회는 그 공동목적을 달성하기 위하여 국토교통부령으로 정하는 바에 따라 공동으로 연합회를 설립하여야 한다.

④ 부정한 방법으로 허가를 받고 화물자동차 운송주선사업을 경영한 자에 대하여는 500만원 이하의 과태료를 부과한다.

⑤ 운송주선사업자는 주사무소 외의 장소에서 상주하여 영업하려면 국토교통부령으로 정하는 바에 따라 국토교통부장관에게 신고하고 영업소를 설치하여야 한다.

> **해설** ② 운송주선사업자가 운송사업자나 위·수탁차주에게 화물운송을 위탁하는 경우에는 운송가맹사업자의 화물정보망이나 「물류정책기본법」 제38조에 따라 인증 받은 화물정보망을 이용할 수 있다.
> ① 주선 실적을 관리하고 이를 국토교통부장관에게 신고하여야 한다.
> ③ 운송주선사업자로 구성된 협회 및 운송가맹사업자로 구성된 협회는 그 공동목적을 달성하기 위하여 국토교통부령으로 정하는 바에 따라 각각 연합회를 설립할 수 있다.
> ④ 2년 이하의 징역 또는 2천만원 이하의 벌금에 처한다.
> ⑤ 운송주선사업자는 주사무소 외의 장소에서 상주하여 영업하려면 국토교통부령으로 정하는 바에 따라 국토교통부장관의 허가를 받아 영업소를 설치하여야 한다.

19 화물자동차 운수사업법령상 자가용 화물자동차의 사용에 관한 설명으로 옳은 것은?

① 특수자동차를 제외한 화물자동차로서 최대 적재량이 2.5톤 이상인 자가용 화물자동차는 사용신고 대상이다.

② 자가용 화물자동차를 사용하여 화물자동차 운송사업을 경영한 경우 국토교통부장관은 6개월 이내의 기간을 정하여 그 자동차의 사용을 제한하거나 금지할 수 있다.

③ 이 법을 위반하여 자가용 화물자동차를 유상으로 화물운송용으로 제공하거나 임대한 자에게는 1천만원 이하의 과태료를 부과한다.

④ 시·도지사는 자가용 화물자동차를 무상으로 화물운송용으로 제공한 자를 수사기관에 신고한 자에 대하여 대통령령으로 정하는 바에 따라 포상금을 지급할 수 있다.

⑤ 자가용 화물자동차로서 대통령령으로 정하는 화물자동차로 사용하려는 자는 국토교통부령으로 정하는 기준에 따라 시·도지사의 허가를 받아야 한다.

해설 ② 시·도지사가 금지한다.
③ 2년 이하의 징역 또는 2천만원 이하의 벌금에 처한다.
④ 자가용 화물자동차를 유상으로 화물운송용으로 제공하거나 임대한 자를 시·도지사나 수사기관에 신고 또는 고발한 자에 대하여 대통령령으로 정하는 바에 따라 포상금을 지급할 수 있다.
⑤ 국토교통부령으로 정하는 사유에 해당되는 경우로서 시·도지사의 허가를 받으면 화물운송용으로 제공하거나 임대할 수 있다.

20 화물자동차 운수사업법령상 화물자동차 휴게소의 건설사업 시행에 관한 설명으로 옳지 않은 것은?

① 「한국철도시설공단법」에 따른 한국철도시설공단은 화물자동차 휴게소 건설사업을 할 수 있는 공공기관에 해당하지 않는다.

② 화물자동차 휴게소 건설사업을 시행하려는 자는 사업의 명칭·목적, 사업을 시행하려는 위치와 면적 등 대통령령으로 정하는 사항이 포함된 건설계획을 수립하여야 한다.

③ 화물자동차 휴게소의 건설 대상지역 및 시설기준은 국토교통부령으로 정한다.

④ 「도로법」 제10조에 따른 고속국도 또는 일반국도에 인접한 지역으로서 총중량 8톤 이상인 화물자동차의 일일 평균 교통량이 3천대 이상인 지역은 화물자동차 휴게소의 건설 대상지역이다.

⑤ 사업시행자는 건설계획을 수립한 때에는 이를 공고하고, 관계 서류의 사본을 20일 이상 일반인이 열람할 수 있도록 하여야 한다.

해설 ① 「한국철도시설공단법」에 따른 한국철도시설공단은 화물자동차 휴게소 건설사업을 할 수 있다.

Answer 17. ③ 18. ② 19. ① 20. ①

21 화물자동차 운수사업법상 공제조합에 관한 규정 내용이다. ( )에 들어갈 내용을 바르게 나열한 것은?

> 공제조합을 설립하려면 공제조합의 조합원 자격이 있는 자의 (㉠) 이상이 발기하고, 조합원 자격이 있는 자 (㉡)인 이상의 동의를 받아 창립총회에서 정관을 작성한 후 국토교통부장관에게 인가를 신청하여야 한다.

① ㉠ : 5분의 1   ㉡ : 50
② ㉠ : 5분의 1   ㉡ : 100
③ ㉠ : 5분의 1   ㉡ : 200
④ ㉠ : 10분의 1   ㉡ : 100
⑤ ㉠ : 10분의 1   ㉡ : 200

해설 ⑤ 공제조합을 설립하려면 공제조합의 조합원 자격이 있는 자의 10분의 1 이상이 발기하고, 조합원 자격이 있는 자 200인 이상의 동의를 받아 창립총회에서 정관을 작성한 후 국토교통부장관에게 인가를 신청하여야 한다.

22 화물자동차 운수사업법상 과징금에 관한 설명으로 옳지 않은 것은? (단, 권한위임에 관한 규정은 고려하지 않음)

① 국토교통부장관은 운송사업자에게 이 법에 의한 감차 조치를 명하여야 하는 경우에는 이를 갈음하여 과징금을 부과할 수 없다.
② 과징금을 부과하는 경우 그 액수는 총액이 1천만원 이하여야 한다.
③ 과징금을 부과하려면 사업정지처분이 해당 화물자동차 운송사업의 이용자에게 심한 불편을 주거나 그 밖에 공익을 해칠 우려가 있어야 한다.
④ 국토교통부장관은 과징금 부과처분을 받은 자가 과징금을 정한 기한에 내지 아니하면 국세 체납처분의 예에 따라 징수한다.
⑤ 징수한 과징금은 법에서 정한 외의 용도로는 사용할 수 없다.

해설 ② 사업정지처분을 갈음하여 2천만원 이하의 과징금을 부과·징수할 수 있다.

23 화물자동차 운수사업법령상 화물자동차 운송사업의 차량충당조건에 관한 설명으로 옳은 것은?

① 신규등록에 충당되는 화물자동차는 차령이 2년의 범위에서 대통령령으로 정하는 연한 이내여야 한다.

② 제작연도에 등록된 화물자동차의 차량충당 연한의 기산일은 제작연도의 말일이다.

③ 부득이한 사유가 없는 한 대폐차 변경신고를 한 날부터 30일 이내에 대폐차하여야 한다.

④ 대폐차의 절차 및 방법 등에 관하여 국토교통부령으로 규정한 사항 외에 필요한 세부사항은 국토교통부장관이 정하여 고시한다.

⑤ 국토교통부장관은 차량충당조건에 대하여 2014년 1월 1일을 기준으로 5년마다 그 타당성을 검토하여 개선 등의 조치를 하여야 한다.

> **해설** ④ 대폐차의 절차 및 방법 등에 관하여 필요한 세부사항은 국토교통부장관이 정하여 고시한다.
> ① 화물자동차 운송사업 및 화물자동차 운송가맹사업의 신규등록, 증차 또는 대폐차(代廢車: 차령이 만료된 차량 등을 다른 차량으로 대체하는 것을 말한다)에 충당되는 화물자동차는 차령이 3년의 범위에서 대통령령으로 정하는 연한 이내여야 한다.
> ② 제작연도에 등록된 화물자동차: 최초의 신규등록일
> ③ 기한: 대폐차 변경신고를 한 날부터 15일 이내에 대폐차할 것. 다만, 국토교통부장관이 정하여 고시하는 부득이한 사유가 있는 경우에는 3개월 이내에 대폐차할 수 있다.
> ⑤ 국토교통부장관은 차량충당조건에 대하여 2014년 1월 1일을 기준으로 3년마다(매 3년이 되는 해의 기준일과 같은 날 전까지를 말한다) 그 타당성을 검토하여 개선 등의 조치를 하여야 한다.

24 화물자동차 운수사업법령상 운송사업자의 준수사항에 관한 설명으로 옳지 않은 것은?

① 최대적재량 1.5톤 이하의 화물자동차의 경우에는 주차장, 차고지 또는 지방자치단체의 조례로 정하는 시설 및 장소에서만 밤샘주차할 것

② 화주로부터 부당한 운임 및 요금의 환급을 요구받았을 때에는 환급할 것

③ 「자동차관리법」에 따른 검사를 받지 아니하고 화물자동차를 운행하지 아니할 것

④ 개인화물자동차 운송사업자의 경우 주사무소가 있는 특별시·광역시·특별자치시 또는 도와 맞닿은 특별시·광역시·특별자치시 또는 도에 상주하여 화물자동차 운송사업을 경영하지 아니할 것

⑤ 화물자동차 운전자가 「도로교통법」을 위반해서 난폭운전을 하지 않도록 운행관리를 할 것

> **해설** ④ 개인화물자동차 운송사업자의 경우 주사무소가 있는 특별시·광역시·특별자치시 또는 도와 이와 맞닿은 특별시·광역시·특별자치시 또는 도 외의 지역에 상주하여 화물자동차 운송사업을 경영하지 아니할 것

Answer   21. ⑤   22. ②   23. ④   24. ④

부록

25 화물자동차 운수사업법상 위·수탁계약에 관한 설명으로 옳은 것은? (단, 권한위임에 관한 규정은 고려하지 않음)

① 국토교통부장관은 해지된 위·수탁계약의 위·수탁차주였던 자가 감차 조치가 있는 날부터 6개월이 지난 후 임시허가를 신청하는 경우 3개월로 기간을 한정하여 허가할 수 있다.

② 임시허가를 받은 자가 허가 기간 내에 다른 운송사업자와 위·수탁계약을 체결하지 못하고 임시허가 기간이 만료된 경우 6개월 내에 임시허가를 신청할 수 있다.

③ 국토교통부장관이 건전한 거래질서의 확립과 공정한 계약의 정착을 위하여 표준 위·수탁계약서를 고시한 경우에는 계약당사자의 위·수탁계약은 이에 따라야 한다.

④ 운송사업자가 부정한 방법으로 변경허가를 받았다는 사유로 위·수탁차주의 화물자동차가 감차 조치를 받은 경우에는 해당 운송사업자와 위·수탁차주의 위·수탁계약은 해지된 것으로 본다.

⑤ 위·수탁계약의 내용 중 일부에 대하여 당사자 간 이견이 있는 경우 계약내용을 일방의 의사에 따라 정함으로써 상대방의 정당한 이익을 침해한 경우에는 그 위·수탁계약은 전부 무효로 한다.

해설 ④ 운송사업자가 다음 각 호의 어느 하나에 해당하는 사유로 제19조 제1항에 따른 허가취소 또는 감차 조치(위·수탁차주의 화물자동차가 감차 조치의 대상이 된 경우에만 해당한다)를 받은 경우 해당 운송사업자와 위·수탁차주의 위·수탁계약은 해지된 것으로 본다.
① 국토교통부장관은 제40조의3 제3항에 따라 해지된 위·수탁계약의 위·수탁차주였던 자가 허가취소 또는 감차 조치가 있는 날부터 3개월 내에 제1항에 따른 허가를 신청하는 경우 6개월 이내로 기간을 한정하여 허가를 할 수 있다.
② 임시허가를 받은 자가 허가 기간 내에 다른 운송사업자와 위·수탁계약을 체결하지 못하고 임시허가 기간이 만료된 경우 3개월 내에 제1항에 따른 허가를 신청할 수 있다.
③ 국토교통부장관은 건전한 거래질서의 확립과 공정한 계약의 정착을 위하여 표준 위·수탁계약서를 고시하여야 하고, 이를 우선적으로 사용하도록 권고할 수 있다.
⑤ 위·수탁계약의 내용이 당사자 일방에게 현저하게 불공정한 경우로서 다음 각 호의 어느 하나에 해당하는 경우에는 그 부분에 한정하여 무효로 한다.

1. 운송계약의 형태·내용 등 관련된 모든 사정에 비추어 계약체결 당시 예상하기 어려운 내용에 대하여 상대방에게 책임을 떠넘기는 경우
2. 계약내용에 대하여 구체적인 정함이 없거나 당사자 간 이견이 있는 경우 계약내용을 일방의 의사에 따라 정함으로써 상대방의 정당한 이익을 침해한 경우
3. 계약불이행에 따른 당사자의 손해배상책임을 과도하게 경감하거나 가중하여 정함으로써 상대방의 정당한 이익을 침해한 경우
4. 「민법」 및 이 법 등 관계 법령에서 인정하고 있는 상대방의 권리를 상당한 이유 없이 배제하거나 제한하는 경우
5. 그 밖에 위·수탁계약의 내용 중 일부가 당사자 일방에게 현저하게 불공정하여 해당 부분을 무효로 할 필요가 있는 경우로서 대통령령으로 정하는 경우

26 화물자동차 운수사업법상 화물자동차 운송사업의 허가를 받을 수 없는 결격사유가 있는 자에 해당하는 것을 모두 고른 것은?

> ㉠ 이 법을 위반하여 징역 이상의 형(刑)의 집행유예를 선고받고 그 유예기간이 지난 후 1년이 지난 자
> ㉡ 이 법을 위반하여 징역 이상의 실형(實刑)을 선고받고 그 집행이 면제된 날부터 1년이 지난 자
> ㉢ 부정한 방법으로 화물자동차 운송사업의 허가를 받아 허가가 취소된 후 3년이 지난 자
> ㉣ 화물운송 종사자격이 없는 자에게 화물을 운송하게 하여 허가가 취소된 후 3년이 지난 자

① ㉡
② ㉠, ㉢
③ ㉡, ㉢
④ ㉠, ㉡, ㉣
⑤ ㉡, ㉢, ㉣

해설 ㉡ 이 법을 위반하여 징역 이상의 실형(實刑)을 선고받고 그 집행이 끝나거나(집행이 끝난 것으로 보는 경우를 포함한다) 집행이 면제된 날부터 2년이 지나지 아니한 자
㉢ 제19조 제1항 제1호 또는 제2호에 해당하여 허가가 취소된 후 5년이 지나지 아니한 자
㉠ 이 법을 위반하여 징역 이상의 형(刑)의 집행유예를 선고받고 그 유예기간 중에 있는 자
㉣ 제19조 제1항(제1호 및 제2호는 제외한다)에 따라 허가가 취소(제4조 제1호 또는 제2호에 해당하여 제19조 제1항 제5호에 따라 허가가 취소된 경우는 제외한다)된 후 2년이 지나지 아니한 자

Answer 25. ④ 26. ③

27 유통산업발전법상 중소유통공동도매물류센터에 대한 지원에 관한 설명이다. (   )에 들어갈 수 있는 내용을 바르게 나열한 것은?

> • (㉠)은 「중소기업기본법」 제2조에 따른 중소기업자 중 대통령령으로 정하는 소매업자 50인 또는 도매업자 10인이 공동으로 중소유통기업의 경쟁력 향상을 위하여 상품의 보관·배송·포장 등 공동물류사업 등을 하는 물류센터를 건립하거나 운영하는 경우에는 필요한 행정적·재정적 지원을 할 수 있다.
> • 중소유통공동도매물류센터의 건립, 운영 및 관리 등에 필요한 사항은 (㉡)이 정하여 고시한다.

① ㉠: 기획재정부장관　　　㉡: 산업통상자원부장관
② ㉠: 산업통상자원부장관　　㉡: 지방자치단체의 장
③ ㉠: 지방자치단체의 장　　　㉡: 중소벤처기업부장관
④ ㉠: 중소벤처기업부장관　　㉡: 기획재정부장관
⑤ ㉠: 기획재정부장관　　　㉡: 중소벤처기업부장관

해설 • 산업통상자원부장관, 중소벤처기업부장관 또는 지방자치단체의 장은 「중소기업기본법」 제2조에 따른 중소기업자 중 대통령령으로 정하는 소매업자 50인 또는 도매업자 10인 이상의 자(이하 이 조에서 "중소유통기업자단체"라 한다)가 공동으로 중소유통기업의 경쟁력 향상을 위하여 상품의 보관·배송·포장 등 공동물류사업 등을 하는 물류센터(이하 "중소유통공동도매물류센터"라 한다)를 건립하거나 운영하는 경우에는 필요한 행정적·재정적 지원을 할 수 있다.
　　• 중소유통공동도매물류센터의 건립, 운영 및 관리 등에 필요한 사항은 중소벤처기업부장관이 정하여 고시한다.

28 유통산업발전법령상 유통업상생발전협의회(이하 "협의회"라 함)에 관한 설명으로 옳은 것은?
① 협의회는 회장 1명을 포함한 9명 이내의 위원으로 구성한다.
② 해당 지역의 대·중소유통 협력업체·납품업체 등 이해관계자는 협의회의 위원이 될 수 없다.
③ 협의회 위원의 임기는 3년으로 한다.
④ 협의회의 회의는 재적위원 3분의 1 이상의 출석으로 개의하고, 출석위원 과반수 이상의 찬성으로 의결한다.
⑤ 협의회는 분기별로 1회 이상 개최하는 것을 원칙으로 한다.

해설 ⑤ 협의회는 분기별로 1회 이상 개최하는 것을 원칙으로 하되, 회장은 필요에 따라 그 개최 주기를 달리할 수 있다.
　　① 유통업상생발전협의회(이하 "협의회"라 한다)는 성별 및 분야별 대표성 등을 고려하여 회장 1명을 포함한 11명 이내의 위원으로 구성한다.
　　② 대·중소유통 협력업체·납품업체·농어업인 등 이해관계자는 위원이 될 수 있다.
　　③ 위원의 임기는 2년으로 한다.
　　④ 협의회의 회의는 재적위원 3분의 2 이상의 출석으로 개의하고, 출석위원 3분의 2 이상의 찬성으로 의결한다.

29 유통산업발전법상 대규모점포의 등록결격사유가 있는 자로 옳지 않은 것은?

① 미성년자

② 피성년후견인

③ 파산선고를 받고 복권된 후 3개월이 지난 자

④ 이 법을 위반하여 징역의 실형을 선고받고 그 집행이 면제된 날부터 6개월이 지난 자

⑤ 이 법을 위반하여 징역형의 집행유예선고를 받고 유예기간 중에 있는 자

해설 ③ 파산선고를 받고 복권되지 아니한 자는 결격사유가 있다. 복권되고 3개월이 지났으므로 등록을 할 수 있다.

30 유통산업발전법상 지방자치단체의 장이 행정적·재정적 지원을 할 수 있는 대상으로 옳지 않은 것은?

① 재래시장의 활성화

② 전문상가단지의 건립

③ 비영리법인의 판매사업 활성화

④ 중소유통공동도매물류센터의 건립 및 운영

⑤ 중소유통기업의 창업 지원 등 중소유통기업의 구조개선 및 경쟁력 강화

해설 ④ 지방자치단체의 장은 중소유통기업자단체가 공동으로 중소유통기업의 경쟁력 향상을 위하여 중소유통공동도매물류센터를 건립하거나 운영하는 경우에는 필요한 행정적·재정적 지원을 할 수 있다.
① 정부는 재래시장의 활성화에 필요한 시책을 수립·시행하여야 하고, 정부 또는 지방자치단체의 장은 이에 필요한 행정적·재정적 지원을 할 수 있다.
② 지방자치단체의 장은 전문상가단지를 건립할 수 있는 기준에 해당하는 자가 전문상가단지를 세우려는 경우에는 필요한 행정적·재정적 지원을 할 수 있다.
⑤ 지방자치단체의 장은 중소유통기업의 창업 지원 등의 사항이 포함된 중소유통기업의 구조개선 및 경쟁력 강화에 필요한 시책을 수립·시행할 수 있고, 이에 필요한 행정적·재정적 지원을 할 수 있다.

Answer 27. ③ 28. ⑤ 29. ③ 30. ④

31 유통산업발전법령상 유통분쟁조정위원회(이하 "위원회"라 함)에 관한 설명으로 옳지 않은 것은?

① 위원회는 위원장 1명을 포함하여 11명 이상 15명 이하의 위원으로 구성한다.

② 유통분쟁조정신청을 받은 위원회는 신청일부터 7일 이내에 신청인 외의 관련 당사자에게 분쟁의 조정신청에 관한 사실과 그 내용을 통보하여야 한다.

③ 분쟁의 조정신청을 받은 위원회는 원칙적으로 조정신청을 받은 날부터 60일 이내에 이를 심사하여 조정안을 작성하여야 한다.

④ 당사자가 조정안을 수락하고 조정서에 기명날인하거나 서명하였을 때에는 당사자 간에 조정서와 동일한 내용의 합의가 성립된 것으로 본다.

⑤ 위원회는 동일한 시기에 동일한 사안에 대하여 다수의 분쟁조정이 신청된 경우에는 그 다수의 분쟁조정신청을 통합하여 조정할 수 있다.

> **해설** ② 유통분쟁조정위원회는 유통분쟁조정신청을 받은 경우 신청일부터 3일 이내에 신청인 외의 관련 당사자에게 분쟁의 조정신청에 관한 사실과 그 내용을 통보하여야 한다.

32 항만운송사업법령상 타인의 수요에 응하여 하는 행위로서 항만운송에 해당하는 것은?

① 선박에서 발생하는 분뇨및 폐기물의 운송

② 탱커선에 의한 운송

③ 선박에서 사용하는 물품을 공급하기 위한 운송

④ 선적화물을 싣거나 내릴때 그 화물의 용적 또는 중량을 계산하거나 증명하는 일

⑤ 「해운법」에 따른 해상여객운송사업자가 여객선을 이용하여 하는 여객운송에 수반되는 화물 운송

> **해설** 나머지는 항만운송에서 제외하거나 항만운송관련사업이다.

33 항만운송사업법령상 항만운송 분쟁협의회(이하 "분쟁협의회"라 함)에 관한 설명으로 옳지 않은 것은?

① 분쟁협의회는 취급화물별로 구성·운영된다.

② 분쟁협의회는 위원장 1명을 포함하여 7명의 위원으로 구성한다.

③ 분쟁협의회의 위원장은 위원 중에서 호선한다.

④ 분쟁협의회의 위원에는 항만운송사업의 분쟁관련 업무를 담당하는 공무원 중에서 해당 항만을 관할하는 지방해양수산청장 또는 시·도지사가 지명하는 사람이 포함된다.

⑤ 분쟁협의회는 항만운송과 관련된 노사 간 분쟁의 해소에 관한 사항을 심의·의결한다.

> **해설** ① 항만별로 항만운송 분쟁협의회를 구성·운영할 수 있다.

34 항만운송사업법령상 2020년 6월 화물 고정 항만용역업에 채용된 甲이 받아야 하는 교육훈련에 관한 설명으로 옳은 것은?

① 화물 고정 항만용역작업은 안전사고가 발생할 우려가 높은 작업에 해당되지 않으므로 甲은 교육훈련의 대상이 아니다.

② 甲은 채용된 날부터 6개월 이내에 실시하는 신규자 교육훈련을 받아야 한다.

③ 甲이 2020년 9월에 실시하는 신규자 교육훈련을 받는다면, 2021년에 실시하는 재직자 교육훈련은 면제된다.

④ 甲이 최초의 재직자 교육훈련을 받는다면, 그 후 매 3년마다 실시하는 재직자 교육훈련을 받아야 한다.

⑤ 甲의 귀책사유 없이 교육훈련을 받지 못한 경우에도 甲은 화물 고정 항만용역작업에 종사하는 것이 제한되어야 한다.

> **해설** ② 신규자 교육훈련 : 작업에 채용된 날부터 6개월 이내에 실시하는 교육훈련
> ① 화물 고정 항만용역업은 안전사고가 발생할 우려가 높은 작업이다.
> ③④ 재직자 교육훈련 : 신규자 교육훈련을 받은 연도의 다음 연도 및 그 후 매 2년마다 실시하는 교육훈련
> ⑤ 작업에 종사하는 사람의 귀책사유 없이 교육훈련을 받지 못한 경우에는 작업에 종사하는 것을 제한할 수 없다.

35 철도사업법령상 철도사업자의 사업계획 변경에 관한 설명으로 옳지 않은 것은?

① 철도사업자는 여객열차의 운행구간을 변경하려는 경우에는 국토교통부장관에게 신고하여야 한다.

② 철도사업자는 사업용 철도노선별로 여객열차의 정차역을 10분의 2 이상 변경하려는 경우에는 국토교통부장관의 인가를 받아야 한다.

③ 국토교통부장관은 노선 운행중지, 감차 등을 수반하는 사업계획 변경명령을 받은 후 1년이 지나지 아니한 철도사업자의 사업계획 변경을 제한할 수 있다.

④ 국토교통부장관은 사업의 개선명령을 받고 이를 이행하지 아니한 철도사업자의 사업계획 변경을 제한할 수 있다.

⑤ 국토교통부장관이 지정한 날 또는 기간에 운송을 시작하지 아니한 철도사업자의 사업계획 변경에 대하여 국토교통부장관은 이를 제한할 수 있다.

> **해설** ① 운행구간을 변경(여객열차의 경우에 한한다)하려는 경우에는 국토교통부장관의 인가를 받아야 한다.

Answer 31. ② 32. ④ 33. ① 34. ② 35. ①

부록

36 철도사업법령상 과징금처분에 관한 설명으로 옳지 않은 것은?

① 국토교통부장관이 사업정지처분을 갈음하여 철도사업자에게 부과하는 과징금은 1억원 이하이다.

② 과징금의 수납기관은 과징금을 수납한 때에는 지체 없이 그 사실을 국토교통부장관에게 통보하여야 한다.

③ 과징금은 이를 분할하여 납부할 수 있다.

④ 국토교통부장관은 과징금을 부과하고자 하는 때에는 그 위반행위의 종별과 해당 과징금의 금액 등을 명시하여 이를 납부할 것을 서면으로 통지하여야 한다.

⑤ 국토교통부장관은 매년 10월 31일까지 다음 연도의 과징금 운용계획을 수립하여 시행하여야 한다.

해설 ③ 과징금은 이를 분할하여 납부할 수 없다.

37 철도사업법령상 전용철도를 운영하는 자가 등록사항의 변경을 등록하지 않아도 되는 사유에 해당하는 것을 모두 고른 것은?

> ㉠ 운행시간을 연장한 경우
> ㉡ 운행횟수를 단축한 경우
> ㉢ 전용철도 건설기간을 4월 조정한 경우
> ㉣ 주사무소ㆍ철도차량기지를 제외한 운송관련 부대시설을 변경한 경우

① ㉠, ㉡　　　　　　② ㉢, ㉣　　　　　　③ ㉠, ㉡, ㉢
④ ㉡, ㉢, ㉣　　　　⑤ ㉠, ㉡, ㉢, ㉣

해설 1. 운행시간을 연장 또는 단축한 경우
2. 배차간격 또는 운행횟수를 단축 또는 연장한 경우
3. 10분의 1의 범위 안에서 철도차량 대수를 변경한 경우
4. 주사무소ㆍ철도차량기지를 제외한 운송관련 부대시설을 변경한 경우
5. 임원을 변경한 경우(법인에 한한다)
6. 6월의 범위 안에서 전용철도 건설기간을 조정한 경우

38 철도사업법령상 철도서비스 향상 등에 관한 설명으로 옳지 않은 것은?

① 국토교통부장관은 공정거래위원회와 협의하여 철도사업자 간 경쟁을 제한하지 아니하는 범위에서 우수 철도서비스에 대한 인증을 할 수 있다.

② 철도사업자의 신청에 의하여 우수철도서비스인증을 하는 경우에 그에 소요되는 비용은 예산의 범위 안에서 국토교통부가 부담한다.

③ 철도서비스 평가업무 등을 위탁받은 자는 철도서비스의 평가 등을 할 때 철도사업자에게 관련 자료 또는 의견 제출 등을 요구할 수 있다.

④ 철도사업자는 철도사업 외의 사업을 경영하는 경우에는 철도사업에 관한 회계와 철도사업 외의 사업에 관한 회계를 구분하여 경리하여야 한다.

⑤ 철도사업자는 관련 법령에 따라 산출된 영업수익 및 비용의 결과를 회계법인의 확인을 거쳐 회계연도 종료 후 4개월 이내에 국토교통부장관에게 제출하여야 한다.

해설 ② 철도사업자의 신청에 의하여 우수철도서비스인증을 하는 경우에는 그에 소요되는 비용은 당해 철도사업자가 부담한다.

39 농수산물 유통 및 가격안정에 관한 법령상 경매사에 관한 설명으로 옳지 않은 것은?

① 도매시장법인은 2명 이상의 경매사를 두어야 한다.

② 경매사는 경매사 자격시험에 합격한 자 중에서 임명한다.

③ 도매시장법인은 경매사가 해당 도매시장의 산지유통인이 된 경우 그 경매사를 면직하여야 한다.

④ 도매시장법인이 경매사를 임면하면 도매시장 개설자에게 신고하여야 한다.

⑤ 도매시장 개설자는 경매사의 임면 내용을 전국을 보급지역으로 하는 일간신문 또는 지정·고시된 인터넷홈페이지에 게시하여야 한다.

해설 ⑤ 도매시장법인이 경매사를 임면(任免)하였을 때에는 농림축산식품부령 또는 해양수산부령으로 정하는 바에 따라 그 내용을 도매시장 개설자에게 신고하여야 하며, 도매시장 개설자는 농림축산식품부장관 또는 해양수산부장관이 지정하여 고시한 인터넷 홈페이지에 그 내용을 게시하여야 한다.

40 농수산물 유통 및 가격안정에 관한 법령상 중도매인(仲都賣人)에 관한 설명으로 옳지 않은 것은?

① 중도매인의 업무를 하려는 자는 부류별로 해당 도매시장 개설자의 허가를 받아야 한다.

② 도매시장 개설자는 법인이 아닌 중도매인에게 중도매업의 허가를 하는 경우 3년 이상 10년 이하의 범위에서 허가 유효기간을 설정할 수 있다.

③ 중도매업의 허가를 받은 중도매인은 도매시장에 설치된 공판장에서는 그 업무를 할 수 없다.

④ 해당 도매시장의 다른 중도매인과 농수산물을 거래한 중도매인은 농림축산식품부령 또는 해양수산부령으로 정하는 바에 따라 그 거래 내역을 도매시장 개설자에게 통보하여야 한다.

⑤ 부류를 기준으로 연간 반입물량 누적비율이 하위 3퍼센트 미만에 해당하는 소량품목의 경우 중도매인은 도매시장 개설자의 허가를 받아 도매시장법인이 상장하지 아니한 농수산물을 거래할 수 있다.

해설 ③ 허가를 받은 중도매인은 도매시장에 설치된 공판장(도매시장공판장)에서도 그 업무를 할 수 있다.

Answer 36. ③ 37. ⑤ 38. ② 39. ⑤ 40. ③

박민규 교수

- 2016 ~ 2019 농림축산식품부 지리적표시심판위원회 위원
- 2016 ~ 2018 인천본부세관 특허심사위원회 위원
- 2016 ~ 2018 인천본부세관 보세공장특허심사위원회 위원
- 2015. 1 ~ 2017 한국국제경제법학회 이사
- 2014 농림축산식품부 자문관
- 2014. 3 ~ 2016 국제통상학과 학과장
- 2014. 1 ~ 2015 현재 JKT 편집위원
- 2014. 1 ~ 2016 한국 무역학회 이사
- 2012. 3 ~ 현재 인천본부세관 과세 전 적부심사위원회 위원
- 2011. 1 ~ 현재 인하대 국제통상학부 교수
- 2010. 1 ~ 2010. 12 미국 Georgetown Law School Visiting Researcher
- 2009. 1 ~ 현재 한국 수산경영학회 이사
- 2007. 10 ~ 2010. 12 인하대 법학전문대학원 교수
- 2007. 9 ~ 현재 대법원 전문심리위원
- 2007. 9 ~ 2009 국토교통부 민간투자사업 심의위원회 위원
- 2007. 7 ~ 2017 산업통상자원부 지역청년무역전문가 양성 사업단 단장
- 2007. 7 ~ 2009 외교부 한·EU FTA 농업분과 자문위원
- 2007. 7 ~ 2008 인천공항세관 과세 전 적부심사위원회 위원
- 2007. 3 ~ 2011 해경 자체평가위원회 위원
- 2007. 2 ~ 2012 식품의약품안전처 연구성과평가전문위원회 위원
- 2007. 1 ~ 현재 행정고등고시·7급·9급 국가공무원 시험위원
- 2007. 1 ~ 2009. 12 한국 무역학회 이사
- 2006 ~ 2008 인하대학교 국제통상물류대학원 부원장
- 2006 ~ 현재 국토교통부 우수물류기업 인증 심사위원
- 2006 ~ 2007 외교부 한미 FTA 해운분과 자문위원장
- 2005 ~ 현재 물류관리사·관세사 시험위원회 위원
- 2003. 9 ~ 2007 인하대 국제통상학부 교수
- 2001. 9 ~ 현재 미국 뉴욕주 변호사
- 1995. 4 ~ 2003. 8 해양수산부 해운국·기획관리실·국제협력관실 근무
- 1993. 10 제37회 행정고시 합격

최/신/개/정/판

물류관리사 | 물류관련법규

초판인쇄 2020년 8월 5일 | **초판발행** 2020년 8월 10일 | **편저자** 박민규 | **발행인** 박 용

발행처 (주)박문각출판 | **등록** 2015. 4. 29. 제2015-000104호

주소 06654 서울시 서초구 효령로 283 서경 B/D 4층

교재주문 (02) 3489-9400 | **동영상문의** (02) 3489-9500 | **팩스** (02) 584-2927

판권본사소유

ISBN 979-11-6444-725-1 | ISBN 979-11-6444-729-9(세트)

정가 28,000원